Familie Jöh

Eva Prawitt, Karin Kuretschka, Ellen Heil

Jeden Tag ist Gott willkommen

Andachten für Kinder und Eltern

BORN-VERLAG, KASSEL

Impressum:

Printed in Germany

3. Auflage 2000

Umschlag: Bernd Drescher, Lüdenscheid
Satz: Fotosatz Rosengarten, Kassel
Grafik: Bernd Drescher, Lüdenscheid
Druck: Westermann-Druck, Zwickau

ISBN 3-87092-220-6
Bestellnummer: 182.220

Liebe Kinder, liebe Eltern!

Einführung

Wie lässt sich Gott willkommen heißen?

„Jeden Tag ist Gott willkommen." Wie lässt sich diese Einladung am besten aussprechen? An wen muss man da schreiben? Kann man so etwas mit der Post schicken?

Viele Eltern, die gern mit ihren Kindern eine gemeinsame Zeit mit Gott gestalten wollen, haben uns in den letzten Jahren gefragt: „Wir möchten gerne mit unseren Kindern eine Andacht halten. Welches Material gibt es dafür?" Aus eigener Erfahrung kann ich bestätigen: Es gibt wenig, was für alle Tage des Jahres reicht.

Deshalb haben wir 366 Andachten für Kinder im Alter von 5 bis 9 Jahren und für Eltern geschrieben. Mit dem Buch möchten wir allen Kindern und Familien helfen, die sich jeden Tag Zeit nehmen und sich eine geistliche Atempause gönnen.

Der Glaube der Kinder orientiert sich an dem, was sie in der Familie und in der Gemeinde erleben. Sie lernen am Vorbild und können spüren, dass die Zeit für und mit Gott ein wichtiger Impuls im Tagesablauf ist.

Am besten lassen sich:

- die Zeiten nach einer gemeinsamen Mahlzeit nutzen,
- die Tagesausklänge gestalten,
- die selbständig lesenden Kinder motivieren,

um Gott in der eigenen Familie willkommen zu heißen.

Wie sind die Beiträge aufgeteilt?

Kinder lernen vor allem an täglichen Erfahrungen aus der Umwelt. Deshalb beginnt die Andacht stets mit einer Geschichte, die von anderen Kindern, Erwachsenen, Tieren oder Personen aus der Bibel handelt. Jede Geschichte ist in sich abgeschlossen, so dass man an jedem Tag des Jahres in das Andachtsbuch einsteigen kann.

Der Impuls fasst die entdeckte Wahrheit zusammen. Manchmal hebt er einen Gedanken der Erzählung besonders heraus und verstärkt ihn. Ist der Impuls bereits in der Geschichte verarbeitet, wird er nicht noch einmal besonders aufgeführt.

Für jeden Tag des Jahres gibt es ein biblisches Wort. Uns liegt daran, dass Kinder und Eltern entdecken, wie nah die Bibel an unserem Alltag dran ist. Dies ermutigt zugleich alle Kinder, die vielleicht später einmal selbständig die Bibel lesen werden, noch mehr in Gottes Wort zu entdecken.

Zitiert wurde die Bibel nach der Gute-Nachricht-Bibel 1997 oder nach der Luther-Bibel 1984.

Manchmal wird noch eine Aktion vorgeschlagen, die das Gehörte vertieft oder eine gute Idee für die Gestaltung des Tages bietet. Die Aktionen sind so konzipiert, dass sie ohne große Hilfe der Eltern ausgeführt werden können.

Wer hat die Geschichten geschrieben?

Drei Autorinnen haben die Geschichten für euch zu Papier gebracht:

Eva Prawitt lebt in Kassel und ist Mutter von drei aufregenden Kindern und Ehefrau eines gaaanz lieben Mannes. Sie lebt in einem Haus, das fast nur in den Farben weiß und blau ausgestattet ist. So aus Hobby hat sie begonnen, Geschichten zu schreiben und zu erzählen, und damit verkürzt sie gern neugierigen Kindern die Zeit.
Wenn sie nicht im Garten neue Blumen pflanzt, sich ihre Garderobe selbst schneidert oder irgend etwas anderes Interessantes findet, arbeitet sie im Büro eines Rechtsanwalts.
Am liebsten mag sie ihre Familie und die bunte Katze Minka. Rote Beete und Selleriesalat isst sie gern, und sie freut sich auf das Meer, auf die Sonntage und an Gott, der alles gegeben hat.
Sie hat die Geschichten für die Monate Januar, Juni, Juli, August, September, November und Dezember geschrieben.

Karin Kuretschka ist Schriftstellerin. Sie hat schon viele Kinderbücher geschrieben, lustige Familiengeschichten und auch Krimis. Die Krimis schreibt sie unter einem anderen Namen, sie heißt dann Sally Plonsky. Für den Hörfunk entwirft sie christliche und andere Geschichten, die dann als Hörspiele gesendet werden.
Ihre beiden Jungs sind schon groß. Karin isst am liebsten Spaghetti mit Tomatensoße, Pizza mit Meeresfrüchten, und wenn sie viel Zeit hat, geht sie gern in ausländische Restaurants.

Ellen Heil ist freie Autorin, schreibt Bilder-, Kinder- und Jugendbücher, Hörspiele und Drehbücher. Sie hat einen Jungen, doch der ist schon erwachsen. Trotzdem liest er riesig gern die Geschichten, die sich Ellen ausdenkt.
Weil sich von der Phantasie nur manchmal gut leben lässt, arbeitet sie als Lektorin an einer Schule für zukünftige Schriftstellerinnen und Schriftsteller. Es macht ihr großen Spaß zu sehen, wie bei ihren Schülern gute Geschichten entstehen, so dass den Kindern beim Lesen der Bücher nicht langweilig wird.
Ellen isst am liebsten Schokoladeneis. Sie hat einen ganz süßen Hund. Der heißt Cinta Mani, ist total schwarz und ein Tibet-Terrier.
Karin und Ellen sind ein Autorenteam und haben gemeinsam die Geschichten der Monate Februar, März, April, Mai und Oktober geschrieben.
Nun wünschen wir uns, dass die Geschichten, Impulse und Bibelverse euch ermutigen, über den Glauben an Jesus Christus ins Gespräch zu kommen.

Konrad Flämig — Kassel, Juli 98

1. Januar

„Heut ist ein besonderer Tag“, denkt Sofie. Die Sonne scheint in ihr Zimmer, denn es ist bald Mittagszeit. Trotzdem liegt Sofie noch im Bett, nicht weil sie krank ist, sondern weil sie in der Nacht so lange wach geblieben ist. Einmal im Jahr darf sie bis nach Mitternacht aufbleiben, nämlich an Silvester. Das alte Jahr wird verabschiedet und ein neues beginnt. Und der erste Tag dieses neuen Jahres ist für Sofie ein besonderer Tag. Er ist wie die erste Seite in einem neuen Schulheft.

Wenn Sofie so ein neues Heft aufschlägt, nimmt sie sich immer vor, besonders schön und sorgfältig zu schreiben. Meistens hält sie das aber nur die ersten zwei Seiten durch. Danach purzeln ihre Buchstaben wieder schief und unordentlich wie immer zwischen den Linien umher. Sofie seufzt. Vielleicht werden die kommenden Tage genauso schief und unordentlich durch das Jahr purzeln. Was hat sie sich nicht alles vorgenommen: Sie wollte ihr Zimmer aufräumen, niemals das Zähneputzen vergessen, zeitig aufstehen und mal für Mama und Papa den Frühstückstisch decken. Aber nun hat das nicht mal am ersten Tag geklappt. Schon schiefgelaufen, denkt Sofie zerknirscht. Aus der Küche hört sie Geschirrgeklapper. Es riecht nach Kakao und frischem Toast.

Sofie klettert aus ihrem Bett und schlappt in die Küche.

„Frohes neues Jahr“, ruft Papa, und Mama gibt ihr einen Guten-Tag-Kuss auf die Stirn.

„Eigentlich wollte ich euch heute Frühstück machen“, sagt Sofie.

„Ja, ja, so ist das mit den Vorsätzen“, schmunzelt Papa und zwinkert Mama lustig zu. Die streicht sich gerade dick Butter auf ihren Toast. „Ich zum Beispiel hatte mir vorgenommen, ein bisschen abzunehmen. Aber daraus wird wohl nichts“, sagt sie. „Es wird nicht gleich alles automatisch neu, nur weil ein neues Jahr begonnen hat“, erklärt Papa.

„Das wäre auch zu schön, wenn gleich mit einem Schwups ein paar Kilo weg wären“, lacht Mama.

„Oder automatisch immer saubere Zähne oder immer einen fertig gedeckten Tisch oder immer super Hausaufgaben“, schwärmt Sofie

„Oder immer artig und gehorsam“ fällt Mama ein.

„Oder, oder, oder...“, trällert Papa, „Kinder, so geht es nicht.“

Wie aber dann?

Impuls

Jesus möchte uns verändern. Dabei geht es ihm nicht darum, wieviel wir wiegen oder ob wir immer blitzblanke Zähne haben. Er möchte nicht, dass wir uns anstrengen oder irgend etwas Tolles erreichen. Jesus möchte, dass wir zu ihm gehören und von ihm lernen wollen. Mal sehen, vielleicht geschieht dann etwas ganz Neues in diesem Jahr?

Biblisches Wort

Wenn also ein Mensch zu Christus gehört, ist er schon „neue Schöpfung“. Was er früher war, ist vorbei; etwas ganz Neues hat begonnen. (2. Kor. 5,17)

2. Januar

Hast du auch Angst, dass du irgend etwas in diesem Jahr nicht schaffen könntest? Jesus hat versprochen, dass er alle Tage bei uns ist. Er wird dich nicht allein lassen, sondern dir helfen, Mama und Papa bestimmt auch.

Auf all deinen Wegen wird er dich beschützen, vom Anfang bis zum Ende, jetzt und in aller Zukunft.
(Ps. 121,8)

Ein funkelnagelneues Jahr hat begonnen.
„Herzlich willkommen, neues Jahr", ruft Ralf und springt aus dem Bett. Dann hopst er durch den Flur und hinüber in Mamas und Paps Schlafzimmer.
„Aufwachen, ein neues Jahr hat angefangen, es ist schon der zweite Tag", ruft er und krabbelt zu Mama unter die Decke.
„Ist es schon Morgen?" brummt Mama.
„Klar", kräht Ralf, „wach auf, Mama! Was machen wir denn heute?"
„Schlafen", brummt Papa von der anderen Bettseite herüber.
Aber das geht doch nicht. Papa kann doch nicht den schönen neuen Tag verschlafen. Wenn das Jahr schon so anfängt... na, das kann ja heiter werden!
„Ich will aber Schlittenfahren und, Papa, du hast versprochen, mit mir die Lego-Polizeistation aufzubauen, und dann wollten wir heute nachmittag Waffeln backen, und vielleicht gibt es noch eine schöne Kindersendung im Fernsehen. Mama, du wolltest mal in der Zeitung nachgucken. Und dann wollten wir noch die Stiegmanns von gegenüber einladen..."
„Ach, du liebe Zeit, was hast du denn alles vor?" seufzt Papa, „das schaffen wir nie."
„Doch, ich schon", verkündet Ralf und macht sich gleich ans Werk. Ich muss einfach mit einer Sache anfangen, überlegt er. Und er entscheidet, dass diese eine Sache seine Lego-Polizeistation ist. Sofort spaziert er rüber in sein Zimmer und kippt die Legokiste aus. Aber es ist gar nicht so einfach, alle Steine zu sortieren. Und schließlich gibt er es auf. Er kann ja schon mal den Waffelteig für heute nachmittag anrühren. Also auf in die Küche, Eier, Mehl und Milch in eine Schüssel, und dann kräftig rühren! Aber der Teig sieht irgendwie anders aus als bei Mama. Vielleicht sollte Ralf lieber den Schlitten aus dem Keller holen. Doch der Schlitten ist schwer. Da lässt Ralf ihn mitten auf der Kellertreppe stehen. Er kann ja schon mal die Stiegmanns anrufen.
„Hallo", ruft er in den Hörer. Aber da antwortet ihm eine ganz fremde Stimme. Verzweifelt knallt Ralf den Hörer auf und trottet wieder zu Mama und Papa ins Schlafzimmer.
„Ich schaffe es nicht", murmelt er, „ich schaffe es heute nicht und wahrscheinlich auch nicht im ganzen Jahr."
„Doch", tröstet Papa, „das Jahr hat ja erst angefangen. Es kommen noch viele Tage. Und weißt du was? Ich stehe jetzt auf und helfe dir. Mal sehen, ob dann wenigstens eine Sache klappt, o.k.?"

3. Januar

Jesus ist der Anfang der neuen Schöpfung, der Erstgeborene aller Toten, der zuerst zu neuem Leben gelangt ist. (Kol. 1,18)

Papa hat Urlaub. Seine freie Zeit hat er erst einmal zum Feiern genutzt. Weihnachten natürlich, das noch gar nicht so lange her ist, und gleich danach Silvester. Und dann hat er sich ausgeruht. Und nun hat er immer noch ein paar Urlaubstage übrig. In denen will er mal einige Sachen in Ordnung bringen, zu denen er lange nicht gekommen ist. Zum Beispiel Keller aufräumen. Bianca findet das super, denn im Keller gibt es herrliches Gerümpel, und wenn Papa das ein bisschen auseinander nimmt, kann sie bestimmt prima darin spielen.

„O nein", lacht Papa, „der ganze alte Kram ist nicht zum Spielen da, sondern soll in den Müll. Außerdem komme ich bestimmt zu gar nichts, wenn du mit runter kommst."

Da ist Bianca enttäuscht und zieht einen Flunsch.

„Sei nicht traurig", tröstet Mama. „Bis Papa fertig ist, machen wir beide es uns auf dem Sofa gemütlich, und ich lese dir ein bisschen vor, einverstanden?"

Bianca nickt und will gleich lossausen, um ihr dickes Märchenbuch zu holen. Aber Mama hat schon die Kinderbibel aus dem Bücherregal gezogen.

„Jesus zuerst", sagt sie.

Da ist Bianca schon wieder enttäuscht. Aber Mama zieht sie auf ihren Schoß. Und dann erklärt sie ihr, dass Jesus nicht nur ein Märchenmann ist, sondern jemand, der lebt und der sie lieb hat. „Du bist für Jesus ganz wichtig", sagt sie, „deshalb kannst du immer sicher und geborgen sein, auch wenn du dich manchmal schwach oder einsam oder ängstlich fühlst. Denn Jesus ist bei dir. Willst du ihn dann nicht auch an die erste Stelle setzen?"

Doch, das will Bianca schon, und deshalb ist sie plötzlich sehr gespannt auf die Kinderbibel-Geschichten. Und die sind sogar ganz schön aufregend. Bianca merkt gar nicht, wie die Zeit vergeht. Aber plötzlich hört Mama mitten im Lesen auf. Verwundert schaut sie auf die Uhr. „Papa müsste eigentlich längst fertig sein. Wo er nur so lange bleibt", wundert sie sich.

Ach ja, Papa ist ja in den Keller gegangen, um Gerümpel auszusortieren. Nun muss Bianca aber doch mal nach ihm schauen. Aber als sie die Kellertreppe herunterkommt, steht Papa immer noch vor alten Bettgestellen, verbeulten Zinkeimern und kaputten Werkzeugteilen.

„Owei", seufzt er, „womit fange ich nur an?"

„Natürlich mit Jesus", ruft Bianca fröhlich. Da wundert Papa sich aber!

4. Januar

„Neujahrspost“, ruft Mama und schwenkt einen dicken Umschlag herum. Als sie ihn aufreißt, rutschen lauter kleine Briefchen heraus. „Typisch Oma“, lacht Theresa und hebt die Zettelchen vom Boden auf. Oma schreibt immer für jeden aus der Familie einen Extra-Gruß, für Mama, für Papa, für Theresa und sogar für Theresas kleine Schwester Janina, die noch fast ein Baby ist. Janina nuckelt schon an ihrem Briefchen. Macht nichts, denn da steht sowieso nur drauf, dass Oma Janina lieb hat. Und das weiß Janina bestimmt schon längst. Auf Theresas Brief steht etwas Ähnliches. Aber Papas Zettel ist voller Geheimnisse. Laut liest er vor:

„Jesus soll die Losung sein, da ein neues Jahr erschienen,
Jesu Name soll allein denen zum Paniere dienen,
die in seinem Bunde stehn und auf seinen Wegen gehen.“

„Was ist denn eine Losung?“ fragt Theresa.
„Eigentlich ist eine Losung ein Erkennungszeichen“, erklärt Papa.
„Ach so“, nickt Theresa, „wir sollen also in diesem Jahr Jesus erkennen.“
Papa lacht. Er möchte gerne noch mehr erklären, zum Beispiel, dass Oma bestimmt meint, dass sie jeden Tag nach Jesus fragen sollen. Aber da hat Theresa schon die nächste Frage parat: „Und was ist ein Panier?“
„Etwa Paniermehl“, meint Janina. Und da muss Mama auch lachen. „Na, das wär' ja lustig, wenn Jesus Paniermehl wäre.“
„Damit meint Oma“, will Papa erklären, aber Theresa kichert einfach dazwischen: „dass wir richtig mit Jesus paniert werden, so, wie Mama Koteletts paniert, mit Eiern und Paniermehl.“
„Eier und Paniermehl“, zwitschert Janina.
„Ach Unsinn“, sagt Papa, „meine Güte, was seid ihr drei albern. Panier bedeutet, dass jemand ein Ziel verfolgt, ohne sich davon abbringen zu lassen. Früher trugen die ersten Soldaten in der Schlacht die Fahne, das Panier, voran. Die anderen folgten ihnen.“
„Stimmt genau“, gluckst Mama, „und deshalb ist Theresas Idee mit dem Paniermehl auch gar nicht so verkehrt. Wenn wir nämlich nach Jesus fragen.“
„Wenn Jesus unsere Losung ist“, wirft Theresa dazwischen, „dann ist er unser Ziel“, ergänzt Mama.
„Ach so, und nun meint ihr, wir behalten dieses Ziel am besten im Blick, wenn Jesus uns umgibt wie Paniermehl das Kotelett?“
„Klar“, nickt Theresa. „Jesus muss rundherum um uns drum sein. Dann vergessen wir ihn bestimmt nicht. Und das an jedem Tag.“

Paulus schreibt: Darum lebe ich nun nicht mehr ich, sondern Christus lebt in mir. Das Leben lebe ich im Vertrauen auf den Sohn Gottes, der mir seine Liebe erwiesen und sein Leben für mich gegeben hat. (Gal. 2,20)

5. Januar

Der Frühling ist ein Bösewicht,
der Sommer spuckt dir ins Gesicht,
der Herbst tritt mit dem Fuß nach dir,
der Winter ist gemein zu mir.

Was für ein hässliches Gedicht, wenn die Jahreszeiten wirklich so böse wären, was gäbe das für ein Jahr!
Versuchen wir es einmal anders:

Der Frühling gibt sich etwas Mühe,
dass im Sommer Grünkohl blühe.
Der Herbst bringt Sturm und noch mehr Quatsch
und der Winter Schneegematsch.

Naja, so wird das Jahr auch nicht besonders toll. Ob das an den Worten liegt?
Jedes Wort für sich ist ganz o.k. Aber zusammen machen sie nur dummes Zeug.
Wenn sie sich nicht vernünftig zusammenfügen, kommt beim Reimen niemals etwas Gutes heraus. Noch ein Versuch:

Der Frühling kommt mit Sonnenschein
im Sommer gehen die Primeln ein....

Stopp! „Primeln eingehen" ist auch nicht in Ordnung. Welche Worte beschreiben das Jahr freundlicher? Vielleicht diese?

Der Frühling bringt uns Sonnenschein,
der Sommer Ferienspaß, wie fein.
Der Herbst bringt Wind zum Drachensteigen,
der Winter Eis zum Schlittschuhreigen.

Impuls

So hört sich das Gedicht viel hübscher an. Ob wir auch ausdrücken können, wem wir die Jahreszeiten zu verdanken haben?
Hab Dank, Gott, für die Jahreszeiten,
hab Dank, denn du willst uns begleiten durch Frühling, Sommer, Herbst und Winter,
Alte, Junge und uns Kinder.

Biblisches Wort

Mit unseren Worten loben wir den Herrn und Vater.
(Jak. 3,9)

Aktion

Versuche selber einmal zu reimen. Ich fange an, und du machst weiter, zum Beispiel so:
Danke, Gott, für diesen Tag...
Fallen dir noch mehr Reime ein?

6. Januar

Der Baum vertraut auf die Sonne und auf den Frühling. Die Belohnung für sein Vertrauen werden seine Blätter und im Herbst seine Früchte sein. Welche Belohnung hält Gott wohl für uns bereit, wenn wir auf ihn vertrauen?

Werft eure Zuversicht nicht weg, die doch so reich belohnt werden soll.
(Hebr. 10,35)

Es ist zwar Januar, aber noch immer hat es nicht einmal richtig geschneit. Doch in dieser Nacht fiel endlich, endlich Schnee. Jetzt ist die Wiese weiß, und die Häuser haben eine Mütze bekommen. Der Apfelbaum im Garten beugt seine Äste unter der Schneelast.
Daniel schlüpft in seine gefütterten Winterstiefel und zieht die warmen Fäustlinge über. Simon ist schon draußen. Hinter dem Stamm des Apfelbaumes hat er einen Schneeballberg aufgehäuft. Denn wenn Daniel kommt, will er ihn richtig empfangen. Aber dazu kommt es nicht, denn Daniel stürzt sofort auf den Apfelbaum zu, hinter dem sich Simon versteckt. Na warte, denkt er, greift nach den Zweigen, rüttelt und schüttelt, und schon fegt ein ganzes Schneegestöber über Simon. Es reißt ihn zu Boden und begräbt ihn unter sich.
„Ihhhh", schreit Simon, „ist das aber kalt und nass und schwer!"
„Nun hab dich nicht so! Denk mal an den Baum. Der stand die ganze Nacht so da."
„Ja, Daniel, und nun ist er ganz nackt. Und du bist daran schuld."
„Quatsch, der Baum kann froh sein, dass er nicht mehr so schwer tragen muss."
Daniel schüttelt rasch noch ein bisschen Schnee von den Zweigen.
„Aber schön ist der Apfelbaum nicht mehr", findet Simon, „er sieht sogar ein bisschen wie tot aus. So schwarz und still und kahl."
„Aber er bekommt doch wieder Blätter und Blüten und im Herbst Äpfel, weißt du nicht mehr?" fragt Daniel. Er ist jetzt auch ein wenig erschrocken, denn wie soll er sich da so sicher sein? Der Baum sagt nichts dazu. Er steht einfach da, regt und rührt sich nicht, lässt den eisigen Winterwind um sich pfeifen und beugt sich, wenn sich Schnee auf ihn legt. „Vielleicht schläft er auch nur", flüstert Daniel, „oder er wartet."
„Ja, auf den Frühling", sagt Simon, „ich glaube, der Baum weiß ganz genau, dass dann wieder Blätter wachsen."
„Ja, wenn es erst wieder warm wird. Der Baum traut das bestimmt der Sonne und dem Frühling zu", stimmt Daniel ein. Und Simon fügt noch hinzu: „Deswegen kann er jetzt auch so stillstehen."
Er selber steht nun aber überhaupt nicht mehr still. Er hat wieder seinen Schneeballberg entdeckt. Und nun wird er es Daniel heimzahlen. Na warte, Daniel, jetzt bist du fällig!

7. Januar

Hurra! Der Schnee ist liegengeblieben. Kaum hat Daniel sein Frühstück aufgegessen, stürzt er schon raus in den Garten. Zuerst stapft er tiefe Fußspuren in den frischen Schnee. Das gibt ein hübsches Muster im Garten. Aber dann schießt er ganz schnell darüber hinweg und bringt seine schöne Spur durcheinander. Dabei lacht er wie wild. Dann breitet er die Arme aus, spreizt auch noch die Beine wie ein Hampelmann und lässt sich mitten in den Schnee fallen. Nun drückt sein Körper eine ganze Menschspur in den Boden. Als Daniel aufsteht und sie betrachtet, sieht es aus wie ein Engel.

„Was machst du denn da?" brüllt Simon. Er hat sein Kinderzimmerfenster aufgerissen und schaut mit großen Augen zu, wie sein Bruder lustig herumtobt.

„Komm raus und mach mit!", ruft Daniel fröhlich.

Aber Simon tippt sich mit dem Zeigefinger an die Stirn. Der Daniel ist ganz schön ausgeflippt, denkt er. Schnell schließt er wieder das Fenster, denn mittlerweile ist es ganz schön kalt geworden. Aber schauen muss Simon doch. Was macht Daniel denn jetzt? Rollt er nicht gerade eine dicke Kugel? Und nun noch eine, und dann noch eine kleine. Daniel setzt die Kugeln aufeinander, drückt in die obere Kugel Steine als Augen ein und ein Stöckchen dahin, wo der Mund sein soll. Als Nase nimmt er einen dicken Tannenzapfen. Lustig sieht er aus, der Daniel-Schneemann. Daniel hat eine ganze Weile an ihm gearbeitet, und nun sind seine Hände eiskalt gefroren. Außerdem ruft Mama schon zum Mittagessen.

Simon hat den Vormittag in seinem Zimmer herumgelungert. Missmutig stochert er nun in seinem Essen.

„Mensch, mach doch nicht so ein Gesicht", lacht Daniel, „freu dich lieber, denn draußen liegt so schöner Schnee!"

„Ach was", sagt Simon, „morgen ist der bestimmt wieder weggetaut." Mama nickt. „Stimmt", sagt sie, „im Wetterbericht haben sie gesagt, dass es wieder wärmer werden soll."

„Da siehst du es", triumphiert Simon.

Aber Daniel lacht trotzdem. „Na und", sagt er, „dann patschen wir morgen eben ein bisschen in meiner Schneemann-Pfütze. Hast du Lust?" Eigentlich schon, denkt Simon.

Impuls

Daniel schafft es tatsächlich, jeden Tag etwas zu finden, worüber er sich freuen kann. Das kannst du auch, wenn du jeden Tag neugierig darauf bist, statt alles nur mieszumachen.

Biblisches Wort

Dies ist der Tag, den der Herr macht; lasst uns freuen und fröhlich an ihm sein. (Ps. 118,24)

Aktion

Wenn es gerade geschneit hat, kannst du ja auch einen Schneemann bauen. Wenn aber kein Schnee liegt, dann male doch einfach deinen Schneemann.

8. Januar

Soll ich mir eine Geschichte ausdenken? Also: Es war einmal eine blaue Blume. Oder möchtest du lieber eine Geschichte von einem Rotkehlchen hören? Auch gut. Dann erzähle ich dir von einem Rotkehlchen, das in einem tiefen dunklen Wald lebte. Oder soll es in einem Park oder in einem Garten wohnen? Ich kann mir auch ausdenken, dass das kleine Rotkehlchen auf den Tragflächen eines Flugzeugs bis nach China geflogen ist. Dort besuchte es dreißig Wochen lang den Kaiser und aß mit ihm jeden Tag Pflaumenkuchen mit Schlagsahne. Und davon bekam es schlimme Bauchschmerzen.
Was wäre wohl aus ihm geworden, wenn es in einem dunklen Wald gelebt hätte? Oder hätte ich lieber von der blauen Blume erzählen sollen?
Geschichten erfinden ist gar nicht so einfach. Man muss sich vorher genau überlegen, wer darin vorkommen und was passieren soll. Ich kenne jemanden, der sich supergute Sachen ausdenken kann, das ist Gott.
Einmal hat Gott sich sieben Tage lang etwas ausgedacht. Das war ganz am Anfang. Überall war es finster und wüst und leer. Da beschloss Gott: „Ich will nicht mehr, dass es überall so dunkel ist. Deshalb soll es Licht werden." Und er dachte sich die Sterne und den Mond und für den Tag die Sonne aus.
Danach schuf er eine Menge Wasser und dann das feste Land. Und auf dem Land ließ er Bäume und Büsche, Gras und Blumen wachsen. Nun sah die Erde aus wie ein wunderhübscher Garten. Die Blumen leuchteten bunt im Sonnenschein, und an den Bäumen wuchsen Äpfel und Birnen und Kirschen und Tomaten. Nein, die Tomaten hingen natürlich an Sträuchern und die Johannisbeeren und der Holunder auch. Und wer sollte nun das ganze leckere Obst essen? Und wer sollte auf den Wiesen weiden? Und wer im Meer herumplanschen und wer die Wolken besuchen?
Da dachte Gott sich aus, dass er etwas Lebendiges machen würde. So formte er Tiere, große wie die Elefanten und winzigkleine wie die Ameise. Manchen gab er Flügel, damit sie fliegen konnten, das wurden dann die Vögel. Und anderen schenkte er Flossen, damit sie im Wasser schwimmen konnten. Gott hat sich eine Menge Tiere ausgedacht, jedes einzigartig und besonders. Zum Schluss schaute er sich alles an. Und was er sah, gefiel ihm gut.

Findest du nicht auch, dass Gott ein prima „Ausdenker" ist? Er hat jedem ein einzigartiges Gesicht gegeben, jedem Tier bestimmte Eigenschaften. Da kannst du nur staunen und loben.

Durch solches Vertrauen gelangen wir zu der Einsicht, dass die ganze Welt durch das Wort geschaffen wurde. (Hebr. 11,3)

Erfinde doch selbst ein Tier. Vielleicht eines mit sieben Beinen und einem Korkenzieherhals, mit Schlappohren und einem Schweineschwänzchen. Bestimmt hast du selber schon längst eine tolle Idee. Nun brauchst du sie nur noch aufzumalen.

9. Januar

„Spielst du mit mir?“ fragt Monika.
Gerade ist Papa zur Haustür hereingekommen. Er stellt seine Aktentasche in die Ecke. Dann streicht er Monika über den Kopf. „Ach, Moni“, seufzt er, „ich habe den ganzen Tag gearbeitet, nun muss ich mich erst einmal ausruhen.“
Das versteht Monika, und deswegen lässt sie ihren Papa erst einmal in Ruhe. Aber nach dem Abendessen klettert sie ihm auf den Schoß. Sie hat ihr Lieblingsbuch mitgebracht. „Liest du mir vor?“ bittet sie. „Jetzt nicht“, sagt Papa, „ich muss noch nach dem Abfluss in der Küche schauen.“
Monika wartet bis zum Wochenende. Samstags muss Papa nicht ins Büro. Vielleicht hat er dann Zeit und baut mit ihr einen Schneemann? Aber am Samstag vormittag fährt Papa mit Mama einkaufen, am Nachmittag schaut er Fußball und am Sonntag kommt Besuch. Mit dem erzählen Mama und Papa stundenlang.
Als Papa am Sonntag abend zu Monika ans Bett kommt, um mit ihr zu beten, beschwert Moni sich bei ihm. „Nie hast du Zeit“, wirft sie ihm vor.
„Ach, Moni“, seufzt Papa, „Gott hat den Tag nun mal nicht länger gemacht. Und nun sieh mal auf die Uhr. Es ist schon wieder ziemlich spät. Wollen wir uns nicht noch Zeit zum Beten nehmen?“
Nanu, überlegt Monika, kann man sich Zeit denn auch nehmen? Sie muss doch gleich mal fragen, was das denn bedeutete.
„Es bedeutet, dass ich Zeit für das habe, was mir wichtig ist“, erklärt Papa.
„Wie zum Beispiel arbeiten und einkaufen und Fußball gucken?“ fragt Monika.
Papa nickt. „Ja, das ist alles wichtig und braucht Zeit.“
„Aber ich möchte trotzdem, dass du mal mit mir spielst“, sagt Moni. Da seufzt Papa schon wieder.
„Ich sollte mir wirklich mal Zeit für dich nehmen“, gibt er zu.
Aber dann nimmt Papa Moni in den Arm.
„Weißt du was“, flüstert er ihr ins Ohr, „eigentlich wollte ich schon lange mal einen Schneemann bauen, und dein Buch, das interessiert mich auch. So, aber jetzt beten wir noch zusammen, o.k.?“

Impuls

Monika faltet die Hände und betet: „Lieber Gott, danke, dass du die Zeit gemacht hast. Kannst du nicht auch machen, dass Papa morgen mit mir im Schnee spielt?“ Ob Gott Monikas Gebet erhört? Ihr Vater wird sich auch für seine Tochter einmal Zeit nehmen müssen.

Biblisches Wort

Alles hat seine Zeit.
(Pred. 3,1)

Aktion

Überlege einmal, wofür du heute Zeit hast. Zeit zum Lachen oder Traurigsein, Zeit zum Spielen, Lernen und Schlafen? Nimm dir heute mal Zeit für einen anderen Menschen. Damit kannst du ihm zeigen, dass er dir wichtig ist. Vielleicht lädst du einen Freund ein und spielst mit ihm, wozu er Lust hat, oder du besuchst jemanden, der sonst viel allein ist? Vielleicht fällt dir aber auch noch etwas viel Besseres ein.

10. Januar

Impuls Gott sorgt für die Menschen wie ein Hirte für seine Schafe. Es ist tausendmal besser, ihm zu folgen, als mit sich selbst allein zu bleiben.

Biblisches Wort Habe deine Lust am Herrn, der wird dir geben, was dein Herz sich wünscht. (Ps. 37,4)

Aktion Wie Gott sich kümmert, kannst du in Psalm 23 nachlesen.

Im Stall ist es wunderbar kuschelig und warm. Das Heu duftet, und die anderen Tiere blöken zufrieden. Lilli Lämmchen gähnt und streckt wohlig ihre Beinchen aus. Am liebsten möchte sie sich noch einmal auf die Seite drehen und eine Runde schlafen. Doch draußen zwitschern schon die Vögel. Der Tag hat längst begonnen. Und heute soll es besonders aufregend werden. Heute nämlich soll Lilli Lämmchen mit den anderen Schafen hinaus auf die Weide. Es ist das erste Mal, dass sie mit hinaus soll.

Doch wenn Lilli es sich recht überlegt, möchte sie das überhaupt nicht. Hier im Stall ist es doch hübsch. Hier kennt sie sich aus. Wer weiß, was dort draußen vor der Stalltür auf sie wartet? Dort scheint zwar die Sonne. Aber so wohlig, wie es hier drinnen ist, kann sie bestimmt nicht wärmen. Und sicher, auf der Wiese gibt es frische und saftige Kräuter und Gräser. Lilli Lämmchen weiß das, weil die anderen Schafe es ihr erzählt haben. Aber hier im Stall hat sie doch Heu in Hülle und Fülle. Und bestimmt kann kein Gräschen so lecker schmecken wie ihre Heuhalme.

Ja, und Lilli weiß auch, dass es auf der Wiese Platz zum Springen und Toben gibt. Aber wenn die anderen Schafe erst draußen sind, wird sie auch genug Platz hier im Stall haben. Und überhaupt, wozu soll springen schon gut sein? Nein, nein, Lilli Lämmchen hat keine Lust, ihr gemütliches Eckchen im Stall zu verlassen. Sollen die anderen nur gehen.

Und da kommt auch schon der Hirte. Weit sperrt er die Stalltür auf, und sofort hoppeln die Schafe heraus.

Wie eilig die es haben, denkt Lilli Lämmchen. Sie hat das nicht nötig. Sie erhebt sich nicht einmal.

„Willst du nicht mit?" blökt da ein altes Schaf.

„Ach, nein", murmelt Lilli Lämmchen, „ich habe keine Lust, mit dem Hirten zu gehen. Ich kann mir nämlich nicht vorstellen, dass es beim Hirten besser ist als hier im Stall."

Da lacht das alte Schaf. „Dummerchen, beim Hirten ist es sogar tausendmal besser als im dunklen und muffigen Stall."

„Wie bitte, dunkel und muffig ist es hier?" wundert sich Lilli Lämmchen. So hat sie den Stall noch nie gesehen. Sollte es beim Hirten wirklich schöner sein?

11. Januar

Noah fand Gnade vor dem Herrn, denn Noah war ein frommer Mann und lebte mit Gott. (1. Mose 6,8.9)

Herr Markus und Frau Ruth lehnen sich aus ihrem Fenster. Sie haben die ganze Zeit miteinander gezankt.
„Er braucht das große Feld, um Rüben darauf anzubauen", hat Frau Ruth behauptet.
„Ach, Unsinn, er will eine Rinderherde dort weiden lassen", hat Herr Markus gemeint. Jeder glaubte, dass er es besser wüsste als der andere, und keiner wollte nachgeben. Was muss der Herr Noah auch so ein großes Grundstück kaufen? Ist ihm sein eigener Garten etwa nicht groß genug?
Frau Ruth und Herr Markus sind ganz in ihren Streit vertieft. Herr Markus möchte gerade Frau Ruth anbrüllen, was sie doch für eine alberne Besserwisserin sei. Aber plötzlich bleibt ihm das Wort im Halse stecken. Denn was macht der Herr Noah denn jetzt? Er plagt sich mit riesigen Baumstämmen ab. Einen nach dem anderen zieht er auf sein neues Grundstück. Und seine drei Jungen helfen ihm. Was will er bloß mit so viel Holz? Also eines steht jedenfalls fest: Auf das neue Feld kommen weder Kühe noch Rüben oder sonst irgend ein Gemüse. Denn da liegen jetzt Berge von dicken Balken herum. Und nun holt der Herr Noah auch noch seine Werkzeugkiste und die Jungen die große Säge. Ja, sind die denn verrückt geworden? Die hämmern und sägen und schlagen mit der Axt, dass es durch die ganze Straße dröhnt. Und dabei ist noch nicht einmal die Mittagszeit vorüber.
„Aufhören", brüllt Frau Ruth, „hat man denn niemals seine Ruhe?"
Herr Noah nickt freundlich zu ihr herüber, und Frau Noah will Frau Ruth ein Stück von ihrem selbstgebackenen Kuchen bringen. Denn Frau Noah möchte keinen Streit mit ihrer Nachbarin. Aber Frau Ruth schlägt ihr vor der Nase das Fenster zu.
„Schade", sagt Frau Noah traurig. Und auch Herr Noah wackelt bekümmert mit dem Kopf.
„Die Menschen sind so böse", sagt er, „kein Wunder, dass Gott mit ihnen nichts mehr zu tun haben will."
Da verteilt Frau Noah den Kuchen, den sie eigentlich Frau Ruth schenken wollte, an ihren Mann und ihre drei Jungen. Bevor sie zu essen anfangen, faltet Herr Noah die Hände. Dann dankt er Gott, dass er für ihn und seine Familie sorgt, und zum Schluss bittet er:
„Lieber Gott, verlass uns nicht. Du hast gesagt, dass wir diesen merkwürdigen riesigen Kasten bauen sollen. Wir verstehen nicht, weshalb. Aber wir wollen dir gehorchen." Willst du wissen, was Noah und seine Jungen bauen sollen? Morgen erzähle ich es dir.

12. Januar

Noah hat auf Gott gehört, auch wenn um ihn herum alle spotteten. Für ihn zählt Gottes Wort mehr als die Meinung der Leute.

Wie glücklich ist ein Mensch, der Freude findet an den Weisungen des Herrn. (Ps. 1,2)

Noah hat drei Söhne. Sie heißen Sem, Ham und Japhet. Sie sind erwachsen und sogar schon verheiratet. Also gehören zu Noahs Familie zusammen mit ihm und seiner Frau acht Leute. Und diese acht Leute sind schwer am Arbeiten. Die Männer bauen aus Tannenholz einen riesigen Kasten. Er soll 133 Meter lang und 13 Meter hoch werden, und innen drin soll Noah viele Kammern einbauen. So jedenfalls hat Gott es bestimmt.

Noahs Frau und seine drei Schwiegertöchter kleben alle Ritzen mit Pech zu. Das ist eine schmierige Arbeit, und ich glaube, das macht den vieren keinen Spaß. Außerdem brennt die Sonne heiß vom Himmel. Frau Ruth, die Nachbarin der Noahs, hat deshalb ihre Wäsche draußen auf die Leine gehängt. Nun schaut sie über den Gartenzaun zu Noahs herüber.

„Was macht ihr euch für eine Mühe", spottet sie, „euer Kasten sieht ja aus wie ein Schiff. Aber was wollt ihr hier in eurem Garten mit einem Schiff, wo es weit und breit kein Wasser gibt?"

„Gott wird Wasser schicken", sagt Frau Noah und wischt sich den Schweiß aus der Stirn. Da lacht Frau Ruth nur noch lauter.

„Es gibt keinen Fluss in der Nähe, und auch bis zum Meer ist es weit."

„Es wird regnen", erklärt Herr Noah.

„Unsinn, Noah, der Himmel ist blau und wolkenlos", sagt Frau Ruth. Dann läuft sie rasch zum nächsten Nachbarn, um ihm zu erzählen, wie verrückt die Familie Noah ist.

„Das müssen wir sehen", wispern die Leute. Viele machen sich auf den Weg zu Herrn Noahs Grundstück. Da stehen sie und gaffen und lachen und spotten.

Herr Noah und seine Jungs, seine Schwiegertöchter und seine Frau sind fast fertig. Vorne am Schiff hat Herr Noah eine Tür eingebaut, so groß wie ein Scheunentor. Die reißt er jetzt sperrangelweit auf. Und wie staunen die Nachbarn, als plötzlich aus allen Ecken und Winkeln Tiere herbeiströmen, Ameisen und Katzen und Kühe, Pferde, Giraffen und Affen. Als die Löwen und Bären kommen, verkriechen sich die Nachbarn ängstlich in ihren Häusern. Vom Fenster aus sehen sie noch Elefanten und Zebras, Schlangen, Insekten und eine Menge Vögel.

„Will Herr Noah einen Zoo einrichten?" fragen sie sich gegenseitig. Neugierig kommen sie wieder vor die Tür. Doch was ist das? Der Himmel wird plötzlich so dunkel. Frau Ruth schaut besorgt nach oben. Da pitscht ein dicker Regentropfen genau auf ihre Nase.

15. Januar

„Keine Zeit, keine Zeit, keine Zeit ...." tickt das kleine Uhrenmännchen. Es ist schon ganz schwarz vor lauter Sorge, dass es eine Sekunde verpassen könnte. Und es ist dünn wie ein Bindfaden, weil es dauernd nur herumflitzt.

„Komm, flieg mit uns!", schmeicheln die Wolken. Aber das Uhrenmännchen tickt unaufhörlich weiter. Da ziehen die Wolken an ihm vorbei.

„Komm, tanz mit uns", hauchen die Schneeflocken, aber das Uhrenmännchen hastet über das Zifferblatt der Uhr, hopst von Zahl zu Zahl und zählt die Stunden. Da fliegen die Schneeflocken davon.

„Komm, lach mit uns", rufen die Kinder, aber das Uhrenmännchen hört nicht auf sie, weil es keine Zeit hat. Da drehen die Kinder sich weg. Das Uhrenmännchen aber denkt: „Ich darf keine Minute verlieren", achtet nicht auf die Wolken, auf den Schnee und die Kinder, kann sich nicht freuen und kann auch nicht lachen, denn dazu hat es keine Zeit. Aber eines Tages muss es doch stehenbleiben. Die Batterie, die hinten im Uhrenkasten wohnt, ist leer. Das Uhrenmännchen kann nicht mehr rasen und die Zeit zählen. Und weil es nichts mehr zu tun hat, fühlt es sich plötzlich sehr einsam.

„Ach, kämen doch Kinder, die mit mir lachen und spielen, oder ein Schneeflöcken, um mir etwas vorzutanzen", wünscht sich das Uhrenmännchen. Aber niemand kommt, denn es hatte ja für niemanden Zeit. Nicht einmal ein klitzekleines Wölkchen lässt sich blicken. Da beschließt das kleine Uhrenmännchen: „Ich will fortgehen und nach den Kindern suchen." Als es seine Uhr verlassen will, stößt es an das Uhrenglas. Das Uhrenglas aber ist dick und kalt und fest verschlossen.

„Ich bin ja gefangen", ruft das Uhrenmännchen erschrocken. Das hat es früher überhaupt nicht bemerkt. Und vor lauter Verzweiflung fängt es an zu weinen. Das sieht Gott, und er hat Mitleid. Er öffnet das Uhrenglas und nimmt das kleine Uhrenmännchen in seine Hände. Liebevoll flüstert er ihm ins Ohr: „Ich habe die Wolken und die Schneeflocken, die Kinder und die ganze schöne Welt gemacht, damit du dich daran freuen sollst. Nun nimm dir auch die Zeit dazu."

Und als das Uhrenmännchen nur ein kleines bisschen stille hält, da kehren plötzlich die Kinder zurück. Das hat Gott wirklich gut gemacht.

Wer nur noch rasen muss, der ist wirklich schlimm dran. Gott hetzt uns nicht, er schenkt uns auch Zeit zum Feiern.

Freuet euch und jubelt ohne Ende über das, was ich nun schaffe. (Jes. 65,18)

Schneide einen Kreis aus Karton und male ein Zifferblatt darauf. Dann male ein kleines Uhrenmännchen (oder einen Zeiger mit einem Gesicht), schneide auch das aus und klebe es genau auf die Uhrzeit, die für dich die schönste des Tages ist.

16. Januar

Manchmal bist du an deiner Langeweile selber schuld. Wenn ihr gemeinsam die Pflichten erledigt, bleibt auch Zeit zum Spielen. So haben beide Freude.

Darum achtet genau auf eure Lebensweise. Lebt nicht wie Unwissende, sondern bei Menschen, die wissen, worauf es ankommt. (Eph. 5,15)

„Maximilian, hilfst du mir mal abtrocknen?" ruft Papa aus der Küche.
„Nö, keine Zeit", antwortet Maximilian. Dabei sitzt er am Fenster und starrt in das Schneetreiben. Er malt sich aus, wie es wohl wäre, ein riesengroßes Schneehaus zu bauen. Ob Papa ihm vielleicht dabei hilft?
„Maximilian, bitte", ruft Papa, „wenn du hilfst, werden wir schneller fertig."
„Nö", sagt Maximilian wieder. Jetzt schließt er sogar noch die Augen, denn mit geschlossenen Augen lässt es sich tausendmal besser von seinem Iglu träumen. In der Küche klappert Papa mit dem Geschirr. Mittenhinein hört Maximilian die Türglocke. Aber er steht immer noch nicht auf. Papa öffnet. Dann spricht Papa mit jemandem, und dann ruft er in Richtung Kinderzimmer: „Maximilian, kannst du jetzt mal kommen?"
„Keine Zeit", ruft Maximilian zurück, bleibt sitzen und träumt und verträumt schließlich den halben Nachmittag. Aber irgendwann wird ihm das Herumlungern zu langweilig. Vielleicht könnte er jetzt mal Papa wegen seinem Iglu fragen. Maximilian trottet in die Küche. Die ist blitzeblank. Aber Papa ist nicht mehr dort. Papa sitzt an seinem Schreibtisch und schreibt einen Brief.
„Papa, ich hätte gern eine Schneehöhle", sagt Maximilian.
„Meinetwegen." Papa schaut nur einmal kurz hoch.
„Aber ich kann das nicht allein. Hilfst du mir?"
„Jetzt habe ich leider keine Zeit. Schade. Wenn ich vorhin schneller in der Küche fertig geworden wäre, ja dann ... Aber frag doch mal Sven. Er war vorhin hier und wollte mit dir spielen."
Sofort schießt Maximilian aus Papas Arbeitszimmer und raus aus dem Haus und rüber zu seinem Freund Sven. Aber Sven ist nicht mehr da.
„Er sagte, du hättest keine Zeit", sagt Svens Mutter, „deshalb ist er mit Lukas zum Schlittenfahren gegangen."
Enttäuscht schlendert Maximilian zurück nach Hause. So ein mieser Nachmittag. Gerade will er sich in sein Kinderzimmer verziehen, da entdeckt er genau vor seiner Tür einen Brief. Maximilian faltet ihn auseinander. Dann liest er:
„Mein lieber Junge, hast du deinen Nachmittag gut genutzt? Es schien, als wärst du sehr beschäftigt. Aber falls du morgen Zeit hast, könnten wir ja im Garten ein Iglu bauen. Was meinst du dazu? Und was hältst du davon, mir zu helfen, das Abendbrot vorzubereiten?"
„Davon halte ich eine ganze Menge", ruft Maximilian und stürzt in die Küche.
„Hallo, da bist du ja", freut sich Papa und lacht.

17. Januar

Draußen wird es schon um vier Uhr nachmittags dunkel. Mama macht es sich im Wohnzimmer gemütlich. Judith schleppt das dicke Fotoalbum herbei. Nicht ihres, wo Mama ihre vielen Babybilder eingeklebt hat. Das kennt Judith schon in- und auswendig. Heute will sie sich das anschauen, wo Mama als kleines Kind abgebildet ist. Die Bilder sind schon ein bisschen gelb. Aber sie haben hübsche gewellte Ränder, die aussehen wie richtige Bilderrahmen. Und außer Mama mit großer Propellerschleife mitten auf dem Kopf sind da noch viele dunkel angezogene Menschen zu sehen, die Judith überhaupt nicht kennt. Dabei sind das alles ihre Verwandten, sagt Mama jedenfalls.
„Hier, schau mal", sagt sie und tippt mit ihrem Finger auf einen dicken Mann mit einer spiegelblanken Glatze, „das ist mein Onkel Ferdi. Der hat immer viel Spaß gemacht. Deswegen lache ich wahrscheinlich heute so gerne. Und hier, das ist Tante Lilli. Eigentlich hieß sie Helene. Wir haben manchmal auch fromme Helene zu ihr gesagt, weil sie für jeden aus der Familie gebetet hat. Ich glaube, sie hat jeden Morgen zwei Stunden gebetet. Auch für mich. Bestimmt habe ich deshalb heute Jesus so lieb."
„Und wer ist das?" fragt Judith und zeigt auf einen jungen Kerl, der gegen einen Baum lehnt, einen Grashalm zwischen den Lippen hält und frech in die Welt grinst.
„Ach, das ist mein Cousin Jochen. Wir haben Jockel zu ihm gesagt, weil er so eingebildet wie ein Gockel war. Weißt du, aus dem ist nie was Rechtes geworden. Er wanderte nach Amerika aus, denn er dachte, da braucht man das Geld nur von der Straße aufzuheben. Aber natürlich muss man auch in Amerika arbeiten, um Geld verdienen und leben zu können. Wir haben ihn irgendwann aus den Augen verloren. Vielleicht ist er sogar schon gestorben. Jedenfalls ist von ihm nichts geblieben."
Eine Weile betrachtet Judith versonnen das Bild von Jockel. Dann sagt sie: „Von Onkel Ferdi ist dir das Lachen geblieben und von Tante Lilli dein Glaube an Gott, nicht wahr, Mama?"
„Ja, Judith, die beiden haben ihre Zeit so genutzt, dass bis heute etwas von ihnen geblieben ist."
„Bleibt von dir auch etwas, Mama?" fragt Judith.
Da lacht Mama und sagt: „Na, das will ich doch hoffen."

Biblisches Wort

Wir wollen nicht müde werden zu tun, was gut und recht ist. Denn wenn die Zeit da ist, werden wir auch die Ernte einbringen. (Gal. 6,9)

18. Januar

Unzufriedenheit macht alles mies. Ein Dankeschön lässt die Sonne wieder scheinen. Gott will, dass wir nicht nur Klagelieder singen, sondern auch Danklieder.

Herr, es macht Freude, dir zu danken, dich, den Höchsten, mit Liedern zu preisen. (Ps. 92,2)

Dichte ein kleines Danklied.

Lustlos stochert Friederike in ihrem Essen herum, Wurstsalat. Friederike mag keine Wurst. Am liebsten möchte sie „Igitt“ sagen. Aber sie weiß, dass Mama dann böse wird. Mama wird überhaupt schnell böse. „Sei nicht so undankbar, Friederike“, sagt sie streng und schickt Friederike in ihr Zimmer. Ach, Mama hat ja keine Ahnung. Friederike hat allen Grund, unzufrieden zu sein. Sie muss immer essen, was sie nicht mag, und erst ihr Zimmer...... Sie findet ihren Schreibtisch ganz hässlich, ihr Bett ist viel zu eng, und auch zum Spielen hat sie kaum Platz. Überall steht irgend etwas herum. Friederike weiß gar nicht, wo sie ihre Autorennbahn aufbauen soll. Sie bleibt nörgelig bis zum Abend.

Zum Abendbrot gibt es Brot, nichts als Brot. Mama schaut in den Kühlschrank. „Kein Käse da, und Wurst magst du ja nicht“, verkündet sie. Friederike kaut an ihrer trockenen Scheibe. So etwas hat es ja noch nie gegeben. Sie will sich schon beschweren, da fällt Mama ihr ins Wort.

„Du, Friederike“, sagt sie, „in der nächsten Woche werden Tina und Tom zu uns kommen. Ihre Kinderzimmer werden neu tapeziert, und da müssen sie vorübergehend ausziehen. Ich habe gedacht, wir könnten zwei Luftmatratzen in dein Zimmer legen. Und wenn du ein bisschen aufräumst, könnt ihr zusammen an deinem Schreibtisch Schulaufgaben machen.“

Friederike möchte laut protestieren. Aber Mama guckt schon wieder ganz streng, und da ist Friederike lieber still.

Und dann ziehen Tom und Tina ein. Friederike kann toll mit ihnen spielen. Tina findet einen prima Platz für die Autorennbahn. Und Tom richtet sich auf Friederikes Schreibtisch nur ein kleines Eckchen ein. Trotzdem . . .

„Mama, es ist einfach zu eng für drei Kinder“, beklagt sich Friederike. Mama nimmt Friederike auf den Schoß. „Nur noch ein paar Tage“, tröstet sie. Und dann ist die Woche vorüber. Tom und Tine lassen die Luft aus ihren Matratzen und räumen ihre Schreibtischecke leer. Wieviel Platz Friederike plötzlich hat! Ihre Schulhefte sehen auf dem Schreibtisch richtig verloren aus, und ohne die Matratzen scheint das Kinderzimmer riesig. Friederike atmet tief auf. „Ach, hab’ ich es gut“, singt sie, breitet die Arme aus und tanzt im Zimmer umher.

Und sie freut sich schon aufs Abendessen, denn da gibt es wieder was auf das Brot.

19. Januar

„Geh dir mal die Hände waschen!“ sagt Mama. Der Tisch ist gedeckt. In den Schüsseln dampfen Nudeln und Tomatensoße. Papa sitzt schon auf seinem Platz.

„Beeil dich aber, sonst wird alles kalt“, sagt Mama. Aber Christian zieht nur eine Flunsch und sagt: „Nö, keine Lust.“

„Was soll das denn?“ fragt Mama. „Willst du etwa schmutzig zum Essen kommen?“

„Bin gar nicht schmutzig“, sagt Christian. Aber da wird Mama ärgerlich.

„Hör mal, Freundchen, warum bist du denn so bockig?“

Christian schaut Mama böse an.

„Weil du immer kommandieren musst. Und deshalb finde ich dich ziemlich doof.“

Da ist Mama aber sprachlos. Sie klappt ihren Mund auf und zu wie ein Fisch. Und weil das so komisch aussieht, möchte Christian am liebsten laut loslachen. Er grinst sogar schon ein bisschen. Aber da findet Mama ihre Sprache wieder.

„Also, so eine Frechheit“, schimpft sie.

Und da endlich schaltet sich Papa ein.

„Also, ich fange jetzt an“, verkündigt er. Und weil er jede Mahlzeit mit einem Gebet beginnt, faltet er gleich die Hände. Stumm setzt Mama sich zu ihm. Christian bleibt stehen. Er kann ja nicht einfach weggehen, solange Papa betet. Außerdem möchte er auch gerne Nudeln essen. Aber nachgeben will er nicht.

„Lieber Gott“, sagt Papa, „danke für das gute Essen und für Mama, die es für uns gekocht hat. Amen. Und nun, Christian, setzt dich.“

Christian gehorcht. Aber er grinst immer noch. „Ätsch“, denkt er, „jetzt musste ich doch keine Hände waschen.“ Er fühlt sich schon wie ein Sieger. Aber da fordert Papa ihn plötzlich auf: „So, und nun entschuldigst du dich bei Mama.“

Entschuldigen? Nein, das will Christian nicht. Er weiß zwar, dass er wirklich ziemlich frech war. Aber entschuldigen kann er sich auf gar keinen Fall. Da muss ihm schon etwas anderes einfallen.

„Ich geh’ doch lieber Hände waschen“, schlägt er schließlich vor. Aber als er aufspringen will, hält Papa ihn zurück.

„Ungewaschene Hände sind zwar schlecht, weil dann mit dem Essen auch Dreck in deinem Bauch landen kann“, erklärt Papa, „aber was dich wirklich schmutzig macht, ist nicht das, was in deinen Mund reingeht, sondern das, was rauskommt. Verstehst du das?“

Klar weiß Christan, was Papa meint. Du auch?

Saubere Hände bekommt Christian, wenn er sie wäscht. Und wann bekommt er saubere Gedanken und Worte? Vielleicht, wenn er auf Papa hört und sich bei Mama entschuldigt? Saubere Gedanken und Worte bekommt er, wenn er auf Jesus hört.

So ist es mit der Zunge: Sie ist nur klein und bringt doch gewaltige Dinge fertig. Denkt daran, wie klein die Flamme sein kann, die einen großen Wald in Brand setzt! (Jak. 3,5)

20. Januar

Die Gemeinde funktioniert wie ein Körper. Kinder, Jugendliche und Erwachsene sind Körperteile, die aufeinander angewiesen sind. Die Gitarren, Sänger, Hauskreise, Kindergruppen oder Pastoren tragen dazu bei, dass es im „Gemeinde-Körper" klappt.

Man kann die, die zu Jesus gehören, mit einem Leib vergleichen, der viele Glieder hat. Obwohl er aus vielen Teilen besteht, ist es doch ein Leib. Genauso hat Jesus uns miteinander verbunden.
(1. Kor. 12,12)

Male auf Pappe ein Männchen mit Kopf, Körper, Armen und Beinen. Nun schneide dein Männchen in mindestens drei Teile. Male noch mehr solcher Männchen und schneide sie in genau die gleichen Teile wie das erste. Nun kannst du die Teile ganz unterschiedlich zusammenpuzzeln. Es entsteht dann immer ein neues Männchen.

„Gibst du mir mal das Nutella?" fragt Julia ihre Schwester Yvonne.
„Nö", mault Yvonne, „hol es dir doch selber."
„Blöde Kuh", zischt Julia. Wenn Yvonne ihr das Nutella nicht herüberreicht, dann muss sie aufstehen und um den Tisch herumlaufen. Papa schaut schon ärgerlich herüber. Er mag es nicht, wenn die Mädchen während der Mahlzeiten um den Tisch springen. Und Mama seufzt: „Müsst ihr denn dauernd streiten? Wir gehören doch zusammen. Da kann doch einer dem anderen ein bisschen helfen."
„Gar nicht", mault Yvonne, „was geht es mich an, wenn Julia Nutella will."
„Eine ganze Menge", sagt Mama. Aber Yvonne verdreht nur gelangweilt die Augen. Hauptsache, sie hat ihr Nutellabrötchen. Sie freut sich schon auf den ersten Biss. Das Wasser läuft ihr im Mund zusammen. Sie will gerade ihr Brötchen nehmen. Aber plötzlich kann sie ihre Hand nicht bewegen. „Nanu", denkt Yvonne und ruckelt ein bisschen mit ihrem Arm hin und her. „Hand, was ist los mit dir?"
„Ich will nicht", flüstert die Hand, „es ist viel gemütlicher, faul in deinem Schoß herumzuliegen."
„Aber Mama wird schimpfen, wenn ich nicht die Hände auf den Tisch lege. Und außerdem möchte ich jetzt mein Brötchen essen."
„Na und", kichert die Hand, „was geht es mich an, was du möchtest, wenn ich etwas ganz anderes will."
„Na hör mal, Hand, so geht es aber nicht", ärgert sich Yvonne. Aber die Hand lacht nur leise.
„Warum denn nicht?" fragt sie.
„Weil … weil … weil ich dann nicht essen kann. Und wenn du mit deinen Dummheiten nicht endlich aufhörst, dann werde ich verhungern. Und wenn ich verhungere, dann stirbst du auch."
„Meinst du?" fragt die Hand.
„Klar, Hand, wir gehören doch zusammen. Da kannst du nicht einfach machen, was du willst."
„Ach so", sagt die Hand und hebt sich langsam auf den Tisch.
Gerade in diesem Augenblick bittet Julia noch einmal: „Yvonne, kannst du mir mal das Nutella reichen?"
„Klar", sagt Yvonne. Als sie das Glas greift, gehorcht ihr ihre Hand sofort.

21. Januar

Doris steht der Mund offen.
„So schöne Haare hätte ich auch gerne", staunt sie und streicht dem Mädchen in der Zeitschrift über den Kopf. Doris und Vater kuscheln gemütlich auf dem Sofa.
„Ich hab gar keine schönen Haare", schmollt sie, „und sieh mal, Papa, wie dick meine Nase ist." Doris zieht eine Grimasse, und der Vater muss lachen.
„Gott hat dich so gemacht, wie du bist. Und ich finde das prima", sagt er.
„Aber ich nicht. Ich finde, Gott hat gar nicht richtig überlegt. Sonst hätte ich Haare bis hierher." Doris zeigt an ihren Bauchnabel. „Wenn Gott richtig überlegt hätte, dann wäre vieles besser. Dann könnte ich Autofahren und bestimmt sogar fliegen."
„Meinst du?" fragt der Vater. Aber Doris ist schon vom Sofa gesprungen.
„Ich gehe jetzt spielen", verkündet sie und rauscht ab in ihr Kinderzimmer.
Da steht noch die Legostadt. Doris hat alles genau geplant und aufgebaut: Straßen und Autos und Häuser. Es gibt sogar einen Flugplatz und einen Bahnhof. Und natürlich Legomenschen. Einer gefällt Doris besonders gut. Er ist blau und trägt eine gelbe Mütze. Doris stellt ihn als Schaffner auf den Bahnhof.
Aber plötzlich reißt sich der blaue Mann die Mütze vom Kopf und schmeißt sie auf die Legoschienen.
„Was machst du?" wundert sich Doris. „Das darf doch ein Legomännchen nicht tun."
„Und warum nicht?" fragt der kleine Kerl.
„Weil ...", stottert Doris, „na ja, ich habe dir die gelbe Mütze gegeben, weil du doch der Schaffner bist. Und blau, blau ist meine Lieblingsfarbe."
„Ich mag blau aber nicht", schmollt der Legomann, „und gelbe Mützen schon gar nicht. Und überhaupt, ... am liebsten würde ich fliegen. Dann müsste ich auch kein Schaffner sein. Warum hast du dir nicht ausgedacht, dass ich fliegen kann?"
„Weil Vögel fliegen", erklärt Doris. „Ich hab mir das schon richtig überlegt."
Energisch setzt sie dem kleinen Kerl seine gelbe Mütze wieder auf. Das wäre ja noch schöner... Der kleine Mann sollte sich lieber freuen, denn ohne Doris gäbe es ihn überhaupt nicht.
Und Doris selbst? Sollte sie sich nicht auch lieber freuen? Obwohl auch sie nicht fliegen kann?

Impuls

Wir möchten gern über andere bestimmen. Wenn andere über uns bestimmen, gefällt uns das nicht. Jeder muss lernen zu unterscheiden: sich dort zu wehren, wo jemand Falsches verlangt – und sich dort einzuordnen, wo es notwendig ist, um miteinander auszukommen. Und vor allem hat Gott Entscheidendes in unser Leben hinein zu sagen, hören wir auf ihn.

Biblisches Wort

Spricht auch ein Werk zu seinem Meister: Warum machst du mich so? (Röm. 9,20.21)

22. Januar

Impuls

Gott hat seinen Sohn Jesus geschickt, um uns zu sich einzuladen. Glaubst du das? Glauben bedeutet, auf Jesus zu hören und anzunehmen, was Gott uns versprochen hat.

Biblisches Wort

Sie haben erkannt, dass ich von dir ausgegangen bin, und sie glauben, dass du mich gesandt hast.
(Joh. 17,8)

Hanna langweilt sich. Sie lungert auf der Straße herum. Manchmal schaut sie sehnsüchtig zum Nachbarhaus hinüber. Im ersten Stock wohnt ihr Freund Micha. Schade, dass er heute nicht zum Spielen herauskommt. Er hat gesagt, dass er auf seinen Papa wartet. Dabei wäre sie so gern mit ihm zu der Wiese gelaufen, wo seit gestern eine Stute mit ihrem Fohlen weidet. Hanna hat Tiere gern, Pferde besonders. Aber allein mag sie nicht gehen, schon deswegen nicht, weil sie sich ein bisschen vor Pferden fürchtet. Micha hat keine Angst. Das kommt daher, weil sein Vater manchmal mit ihm auf einen Ponyhof fährt. Dort darf Micha sogar reiten. Hanna würde auch gerne mal im Sattel sitzen. Aber daraus wird wohl nie etwas werden.

Sie seufzt und will gerade nach Hause schlendern. Doch plötzlich fliegt die Tür des Nachbarhauses auf. Micha stürzt auf die Straße.

„Hallo, Hanna", schreit er und fuchtelt aufgeregt mit den Armen in der Luft. „Papa ist da, und weißt du, was? Er hat gesagt, dass du mitkommen darfst."

„Wohin denn?" will Hanna wissen.

„Zu den Ponys."

„Gar nicht wahr, ich hab' deinen Vater überhaupt nicht heimkommen sehen. Dabei stehe ich schon die ganze Zeit vor dem Haus. Er hat dich bestimmt nicht geschickt."

„Doch", beteuert Micha, „er hat sogar schon deine Mutter gefragt. Wir gehen erst reiten, und heute abend bringt Papa dich wieder heim. Mensch, Hanna, glaub' mir doch!"

Hanna schüttelt den Kopf. Sie hat sich so gewünscht, einmal reiten zu dürfen. Aber jetzt kann sie es kaum fassen, dass Michas Vater sie mit auf den Ponyhof nehmen will. Unschlüssig hopst sie von einem Fuß auf den anderen. Micha wird schon ganz ungeduldig.

„Also was nun", drängelt er, „glaubst du nun, dass Papa mich geschickt hat? Wenn nicht, dann musst du eben hier bleiben."

Aber das will Hanna auf gar keinen Fall. Wenn sie also mit zum Reiten möchte, dann muss sie schon glauben, dass Michas Papa ihn geschickt hat. Und sie will sich ja nicht die tolle Gelegenheit entgehen lassen.

23. Januar

Seit einigen Tagen nimmt Mama, wenn sie Benni vom Kindergarten abholt, auch noch Jonas mit nach Hause. Jonas Eltern bauen nämlich gerade ein Haus. Und da hat Jonas' Mama nicht so viel Zeit, um Mittagessen zu kochen und Jonas selber abzuholen. Jonas darf dann meistens den ganzen Nachmittag bei Benni bleiben. Benni findet das prima, denn er kann Jonas gut leiden.

Aber eines Tages kommt Jonas nicht in den Kindergarten.

„Frau Grünbauer hat mir gar nicht gesagt, dass Jonas heute zu Hause bleibt", wundert sich Mama, als sie die beiden Jungen mittags abholen will. Benni hat seinen Freund auch schon vermisst. Hoffentlich ist nichts passiert, denkt er. Mama fährt gleich bei Grünbauers vorbei, um sich nach Jonas zu erkundigen. Frau Grünbauer öffnet die Tür. Sie sieht gar nicht gut aus. Ihre Augen sind ganz rot geweint.

„Jonas liegt im Krankenhaus", schluchzt sie, „heute morgen hat ihn ein Auto angefahren. Es sieht gar nicht gut aus."

„Jonas ist in Gottes Hand", tröstet Mama. Dann drückt sie stumm Frau Grünbauers Hände. Auch auf dem Heimweg sagt sie kein Wort. Benni macht das ein bisschen Angst. Wenn er jetzt selber etwas sagt, dann ist die Stille vielleicht nicht mehr so schlimm. Deshalb fragt er: „Mama, was bedeutet denn, dass es gar nicht gut aussieht?"

„Es bedeutet, dass Jonas vielleicht nicht mehr gesund wird."

„Bleibt er dann immer krank?"

„Vielleicht, Benni. Vielleicht muss er sogar sterben."

Erschrocken schlägt Benni seine Hände vor das Gesicht. Einen Augenblick kann er nun auch nicht reden, weil plötzlich ein dicker Kloß in seinem Hals sitzt. Aber dann sprudelt er heraus: „Ich will aber nicht, dass Jonas stirbt. Wir wollten noch so viel zusammen spielen, und nächstes Jahr wollen wir zusammen in die Schule. Und außerdem kann er dann gar nicht in dem Kinderzimmer wohnen, das seine Mama und sein Papa gerade bauen."

„Im Himmel bekommt er auch ein schönes Zimmer", sagt Mama, „denn Jesus hat versprochen, dass er Wohnungen vorbereitet für die, die er zu sich holt."

Aber dann holt Jesus Jonas doch nicht zu sich. Jonas muss zwar viele Wochen im Krankenhaus liegen. Aber schließlich ist er wieder ganz gesund. Benni freut sich riesig darüber. Da bleibt das Kinderzimmer im Himmel eben noch eine Weile leer.

Biblisches Wort

Jesus verspricht: Im Haus meines Vaters gibt es viele Wohnungen. Ich gehe, um euch eine vorzubereiten. Dann will ich wiederkommen und euch zu mir nehmen, damit ihr seid, wo ich auch bin. (Joh. 14,2.3)

Aktion

Bau in einen Schuhkarton dein Traumzimmer. Vielleicht haben Mama und Papa noch ein Stückchen Tapete für die Wände. Du kannst aber auch buntes Geschenkpapier benutzen. Die Möbel kannst du aus Streichholz- oder Käseschachteln basteln.

24. Januar

Gott verspricht: Noch ehe sie zu mir um Hilfe rufen, habe ich ihnen schon geholfen. (Jes. 65,24)

„Mama, hast du das Buch von Sandra gesehen?" ruft Alice. „Ich muss es ihr morgen zurückgeben."
Aber Mama schüttelt den Kopf.
„Keine Ahnung", sagt sie, „ich weiß nicht einmal, was für ein Buch du meinst."
„So ein blaues mit einem Schiff vorne drauf. Wenn es nun verschwunden ist..."
„Tja, dann musst du Sandra wohl ein neues besorgen", sagt Mama.
Alice seufzt. Sandras Buch war bestimmt sehr teuer. Und so viel Taschengeld bekommt Alice nun auch wieder nicht. Bestimmt muss sie sehr lange sparen, bis sie ein neues Buch kaufen kann. Und obendrein wird Sandra auch noch böse sein und Alice nie wieder etwas borgen.
„Such noch mal ganz gründlich", schlägt Mama vor.
„Aber ich habe schon überall nachgeschaut. Was soll ich denn noch machen?"
Alice ist richtig verzweifelt. Da nimmt Mama sie auf den Schoß und sagt: „Weißt du was, wir können Gott bitten, dass er dich das Buch finden lässt."
„Ich denke, wir sollen nur um ganz wichtige Sachen beten", wendet Alice ein. Aber Mama ist sicher, dass Gott sich auch um die kleinen Dinge kümmert.
„Und außerdem", fügt sie hinzu, „ist es dir doch wichtig, Sandras Buch zu finden, oder?"
Also betet Alice mit Mama zusammen. Dann macht sie sich zum Schlafengehen fertig. Aber als sie ihre Bettdecke zurückschlägt, was entdeckt sie da? Unter dem Kopfkissen liegt Sandras Buch. Und als Mama zum Gute-Nacht-Sagen hereinkommt, hält Alice ihr das Buch entgegen.
„Da hat Gott aber schnell gehört", ruft sie.
„Das wundert mich nicht", nickt Mama. „Gott weiß nämlich schon vorher, um was wir bitten werden."
Alice überlegt. „Dann hätte ich gar nicht beten brauchen. Das Buch war ja die ganze Zeit hier, und Gott hat es längst gewusst."
„Stimmt", lacht Mama, „trotzdem möchte Gott, dass wir mit ihm darüber sprechen, was uns bedrückt. Stell dir mal vor, Alice, du hättest das Buch nun ohne zu beten gefunden ...."
„Dann hätte ich wahrscheinlich nicht einmal an Gott gedacht", gibt Alice zu, „und dann hätte ich niemals geglaubt, dass Gott sich auch um die kleinen Dinge kümmert."

25. Januar

Weißt du, was ein Erfinder ist? Ein Erfinder ist jemand, der sich etwas ausdenkt, was es vorher noch nicht gab. Zum Beispiel Johannes Gutenberg, der sich vor 550 Jahren ausgedacht hat, wie man mit vielen Metallbuchstaben Bücher drucken kann. Ein anderer, nämlich Johannes Philipp Reis, hat das Telefon erfunden. Und vor etwa 150 Jahren hat Rudolf Diesel sich den Diesel-Motor ausgedacht. Etwa um die gleiche Zeit lebte in Amerika Thomas Alva Edison. Ihm fiel ein, wie man eine elektrische Glühbirne bauen kann. Und die Brüder Wright, die auch Amerikaner waren, hatten die Idee für das erste Motorflugzeug. Alle haben wichtige und richtig tolle Maschinen erfunden.
Aber der beste Erfinder ist Gott selber. Was, das glaubst du mir nicht? Du meinst, Gott hätte noch nie eine Maschine erfunden? Gott hat aber die Luft, das Wasser und die Erde gemacht. Er hat die Bäume und die Blumen und alle anderen Pflanzen geschaffen, und er hat sich die Tiere ausgedacht. Und zum Schluß sagte er: „Nun möchte ich noch ein Wesen machen, das alles, was ich gemacht habe, versorgen und pflegen soll. Und weil das eine sehr wichtige Aufgabe ist, soll dieses Wesen so ähnlich sein wie ich selber.“ So dachte Gott sich den Menschen aus. Und er gab ihm den Namen Adam. Damit Adam nicht so allein war, gab er ihm noch eine Frau. Und die hieß Eva.
Adam und Eva waren Gottes allerbeste Erfindung. Nun denkst du bestimmt: Adam und Eva waren keine richtigen Erfindungen, denn eine Erfindung ist doch eine Maschine. Aber überleg mal: Eigentlich funktioniert ein Mensch genauso wie eine Maschine. Da gibt es eine Pumpe, die das Blut überall hin pumpt. Diese Pumpe ist das Herz. Dann gibt es noch einen Blasebalg, mit dem der Mensch atmen kann. Diesen Blasebalg nennen wir Lunge. Und außerdem hat jeder Mensch noch eine Menge anderer Maschinen, zu denen wir Organe sagen. Die sind dafür da, dass du essen und trinken, herumlaufen, schlafen, denken und reden kannst. Und diese Mensch-Maschine ist tausendmal besser ausgedacht als Flugzeug und Telefon und Glühbirne, und deshalb ist Gott auch der beste Erfinder.

Als der Mensch fertig war, sah Gott ihn sich noch einmal genau an. Und dann überlegte er sich, dass er eigentlich keine Maschine haben wollte, sondern jemanden, der ihn lieb haben und den er lieb haben konnte. Deshalb blies er dem Adam und der Eva seinen Atem ein. Da wurden sie lebendig. Und das war die allerbeste Erfindung überhaupt.

Ist er es nicht, der euch geschaffen hat und wie ein Vater für euch sorgt? (5. Mose 32,6)

Gibt es bei dir zu Hause ein Lexikon? Dann schau darin mal nach, wie ein Mensch von innen aussieht. Wenn du kein Lexikon findest, dann male den Menschen so, wie du ihn dir vorstellst.

26. Januar

Alexander und Emanuel gehen in eine Klasse und wohnen in der gleichen Straße. Allerdings wohnt Alexander auf der anderen Seite. Auf der Südseite, dort, wo die Bungalows stehen. Emanuel wohnt auf der Nordseite, dort, wo die vierstöckigen Mietshäuser sich dicht aneinander drängen.
Emanuel lebt mit seinen Eltern, zwei Schwestern, seinem Mischlingshund Stromer und seinen beiden Goldfischen Fritz und Frieder im Erdgeschoß in einer Vier-Zimmer-Wohnung.

Obwohl die beiden so nah beieinander wohnen, spielen sie nie zusammen, denn Alexander ist ein richtiger Angeber.
Alles, was Emanuel hat, hat Alexander auch. Nur bei Alexander ist alles viel besser, viel größer und viel schöner.
Alter Angeber, denkt Emanuel nur.

Mitte Februar ist es – Emanuel sitzt gerade mit seinen Eltern und Geschwistern am Mittagstisch – da klingelt es. Emanuel öffnet die Tür, und davor steht Alexander in Tränen aufgelöst.
„Was ist'n mit dir los?" fragt Emanuel verwundert.
„Ich hab' meinen Hausschlüssel verloren! Und meine Mama ist bei meiner Tante und mein Papa ist auch nicht zu Hause. Ich habe Hunger und draußen ist es kalt. Wohin soll ich nur", flüstert der sonst so selbstbewusste Alexander.
„Komm rein", sagt Emanuel.

Emanuel erzählt seiner Mama, was Alexander passiert ist. Da holt sie noch einen Teller und füllte ihn mit der dampfenden Linsensuppe. Emanuel weiß, dass seine Mama für jedes Kind nur ein Saitenwürstchen gekauft hat. Er teilt seines mitten durch und gibt eine Hälfte Alexander. „Danke", war alles, was dieser hervorbrachte.
„Ist schon okay", antwortet Emanuel. „Das kann jedem passieren."
Alexander nickt. Während er heißhungrig die Suppe löffelt, denkt er daran, wie gemein er neulich zu Emanuel war.

Später gehen die beiden in Emanuels Zimmer und machen ihre Hausaufgaben. Als sie damit fertig sind, spielen sie gemeinsam mit den Schwestern von Emanuel: 'In 80 Tagen um die Welt'. Alexander, der solche Gemeinschaftsspiele nicht kennt, findet es echt super.
So vergeht dieser Nachmittag wie im Flug. Gegen sieben Uhr abends klingelt es. Alexander hört die Stimme seiner Mutter aufgeregt nach ihm fragen.
Emanuel, der spürt, wie schwer seinem Mitschüler der Abschied fällt, meint grinsend: „Kannst ja mal wieder zu uns kommen. Du musst ja nicht wieder deinen Schlüssel verlieren."

Auf dem Heimweg beginnt Alexander zu begreifen: Immer die neuesten, schönsten, und teuersten Sachen zu kriegen, ist ja ganz schön. Doch Freunde zu haben, richtige Freunde, findet er plötzlich viel, viel besser!

Mancher, der angibt, ist im Grunde sehr einsam. Brücken zu bauen, ist immer eine gute Sache, damit keiner einsam bleibt.

Ich liege wach, ich bin wie ein Vogel einsam und allein auf dem Dach. (Ps. 102,8)

Du kannst dir das Spiel: 'In 80 Tagen um die Welt' aus der Bücherei leihen und es dann mit deinen Freunden spielen.

27. Januar

Ulli hat den schönsten, höchsten und dicksten Schneemann gebaut. So einen gibt es in der ganzen Straße nicht mehr. Und bestimmt auch nicht im Wohnviertel und vielleicht nicht einmal in der ganzen Stadt. Ulli hat tagelang gebraucht, bis er seinen Schneemann so hatte, wie er jetzt im Garten steht: mindestens zwei Köpfe größer als Ulli selber, mit einer echten Pudelmütze und Mutters schwärzesten Knöpfen als Augen und einem dicken roten Duplostein als Nase. Ullis Schneemann ist sogar angezogen. Ulli hat ihm Vaters alte Gartenjacke umgehängt. Damit er nicht friert, hat er Mutter erklärt. „Aber Ulli, ein Schneemann friert doch nicht", hatte Mutter gelacht. „Und wenn doch?" hatte Ulli gefragt.

Nun sitzt er am Fenster, drückt seine Nase an der Scheibe platt und starrt hinaus in den Garten. Draußen ist es längst dunkel, und ein eisiger Wind jault ums Haus.

„Armer Schneemann", murmelt Ulli, „nun musst du ganz allein da draußen in der Kälte stehen." Da kann Mutter noch so viel reden, dass Schneemännern Schnee und Wind nichts ausmachen, dass sie sich im Dunkeln überhaupt nicht fürchten und dass sie bestimmt kein Bett zum Schlafen brauchen. Ulli tut der Schneemann trotzdem leid. Und deswegen überlegt er, wie er ihm helfen kann. Er hat auch schon eine Idee.

Er geht ins Bett wie jeden Abend. Aber heute schläft er nicht gleich ein, sondern tut nur so. In Wirklichkeit bleibt Ulli wach. Er hört, wie Vater und Mutter noch ein bisschen fernsehen und dann in ihrem Schlafzimmer verschwinden. Endlich wird es ganz still im Haus. Da klettert Ulli aus seinem Bett, tappt durch den dunklen Flur, öffnet die Haustür und huscht über den schneenassen Gartenweg zu seinem Schneemann hinaus. „Komm mit", flüstert er dem Schneemann ins Ohr, „drinnen ist es warm, und ich mach' dir Platz in meinem Bett!" Da fasst der Schneemann Ullis Hand und folgt ihm in sein Kinderzimmer. Und wie, glaubst du, sieht am nächsten Morgen der Teppich in Ullis Zimmer aus? Und wie seine Bettdecke und sein Kopfkissen? Meinst du, es ist patschnass? Nein, ist es nicht, denn der Schneemann ist natürlich nicht mit hereingekommen. Schneemänner können nämlich nicht laufen. Und hereintragen konnte Ulli ihn auch nicht, denn so ein Schneemann ist ganz schön schwer, und für so einen großen, wie Ulli ihn gebaut hat, ist auch die Haustür viel zu klein. Und ich glaube, dass ist auch ganz gut so!

Eigentlich ist es ganz gut, dass nicht alles klappt, was wir uns ausdenken. Überlege mal, was wäre passiert, wenn Ullis Schneemann tatsächlich mit ins Haus gekommen wäre? Was hätten Vater und Mutter gesagt? Gott ist manchmal froh, dass nicht alles klappt, was sich die Menschen ausdenken. Es wäre nicht gut für sie.

Des Menschen Herz erdenkt sich seinen Weg; aber der Herr allein lenkt seinen Schritt. (Spr. 16,9)

28. Januar

Kuno hat lange gespart. Er hat in den Ferien gearbeitet, und zum Geburtstag hat er sich nichts anderes gewünscht als Geld. Und das hat er auch bekommen, von seiner Oma, von Onkel und Tante und von seinen Eltern. Selbst seine Freunde haben ihm kleine Scheinchen zusammengerollt und zwischen bunte Blumensträuße gesteckt. Und keinen dieser Scheinchen hat Kuno ausgegeben. Und zu Weihnachten war es dasselbe. Auch da eine Menge kleiner Scheinchen. Und viele Scheinchen ergeben ein paar große.
Und jetzt ist Kuno reich. Und was macht er mit seinem Reichtum? Er erfüllt sich einen Wunsch. Seit er 18 Jahre alt ist und seinen Führerschein gemacht hat, wünscht er sich ein Auto. Und nun, endlich, endlich, steht es vor der Tür. Seine Schwester Tanja steht am Gartenzaun und staunt.
Das Auto ist zwar klein und hat sogar schon ein paar Beulen. Aber es gehört Kuno. Und der ist mächtig stolz. Natürlich will er sofort damit losbrausen. Schon klimpert der Autoschlüssel in seiner Hosentasche.
„Nicht, Kuno!" ruft Tanja.
Aber Kuno schaut nicht mal auf. In seinen Augen ist Tanja noch ein Baby. Sie ist erst sechs Jahre alt, und einer, der ein eigenes Auto hat, hört doch nicht auf so kleine Kinder. Deshalb stolziert Kuno hochnäsig an ihr vorbei, schließt sein Auto auf und rutscht auf den Fahrersitz.
„Halt, Kuno", ruft Tanja noch einmal, „fahr heute lieber nicht!" In der Nacht war Eisregen gefallen, und an manchen Stellen ist die Straße spiegelglatt. Wenn die Sonne darauf scheint, kann man es deutlich sehen.
Aber Kuno hört nicht. Schon lässt er den Motor aufheulen, reißt das Steuer herum und schießt auf die eisige Fahrbahn. „Lieber Gott", stöhnt Tanja. Aber da ist es auch schon passiert. Kunos kleines Auto schlingert und schlittert genau in den Gartenzaun. Tanja kann gerade noch zur Seite springen. Aber erschreckt hat sie sich ganz fürchterlich und Kuno auch. Der krabbelt verdattert aus seinem Auto. Und das hat nun noch ein paar Beulen mehr.
„So ein Mist", schimpft Kuno und haut ärgerlich mit der flachen Hand auf das demolierte Blech. Nun ist sein schönes Auto hin. Aber mal ehrlich, eigentlich ist er selber daran schuld!

Gott will uns zeigen, was gut für uns ist. Manchmal tut er das auch durch andere Menschen.

Das hast du dir selbst zuzuschreiben, Volk Israel! Ich, der Herr, dein Gott, ging dir voraus und wollte dich führen, doch du hast dich von mir abgewandt. (Jer. 2,17)

29. Januar

„Also, jetzt reicht es", schimpft Mama und reißt Rudis Bettdecke zur Seite. Wieder einmal hat Rudi im Bett Schokolade genascht. Und jetzt ist sein Bettlaken voller brauner Flecken. Mama hat ihm das schon hundertmal verboten. Aber Rudi will einfach nicht hören.

„So, Rudi, jetzt beziehst du dein Bett ganz allein! Und dann ab ins Bad zum Zähneputzen!" bestimmt Mama. Träge kugelt Rudi sich hoch. Ramona, Rudis Schwester, hockt auf ihrem eigenen Bett und kichert.

„Der Rudi ist ein hoffnungsloser Fall", winkt sie ab. Und dann hopst sie ins Bad.

Aber was ist das? Die Badezimmertür schleift so komisch über die Fliesen. „Mama!" schreit sie, „die Tür geht schon wieder nicht auf."

„Auch das noch", seufzt Mama, „die hat sich sicher wieder verzogen.

„Was heißt denn 'verzogen' ", fragt Ramona.

„Ach weißt du", erklärt Mama, „verzogen bedeutet, dass die Tür arbeitet."

„Wie bitte?" wundert sich Ramona, „was arbeitet sie denn, geht die Tür etwa ins Büro, oder wäscht sie ab oder gräbt im Frühling den Garten um? Oder macht sie vielleicht Schularbeiten?"

„Nein", lacht Mama, „das Holz bewegt sich. Das passiert manchmal, zum Beispiel, wenn es feucht wird, so wie manchmal im Badezimmer."

„Und kann man was dagegen machen?"

„Die Tür muss abgehobelt werden", erklärt Mama, „unten wird ihr ein bisschen Holz weggenommen. Und dann schleift sie nicht mehr."

Owei, ob der Tür das weh tut? Darauf kann Mama nicht antworten, denn gerade kommt Rudi hereingepoltert.

„Hast du dein Bett schon abgezogen?" fragt Mama. Dabei weiß sie ganz genau, dass Rudi es längst noch nicht gemacht hat. Und wahrscheinlich muss Mama sich noch eine Strafe ausdenken, bis er ihr gehorcht. Und Ramona weiß das auch, weil Rudi ganz oft ungehorsam ist. „Er ist eben ein hoffnungsloser Fall", wiederholt sie.

Aber da schüttelt Mama den Kopf. „Nein, das ist er nicht", sagt sie, „manchmal ist Rudi eben genauso verzogen wie die Tür. Und dann muss eben ein bisschen an ihm gehobelt werden." Und leider ist das nicht immer so schön.

Biblisches Wort

Denn ich bin bei dir, spricht der Herr, dass ich dir helfe. Mit dir will ich nicht ein Ende machen. Ich will dich mit Maßen bestrafen, doch ungestraft kann ich dich nicht lassen. (Jer. 30,11)

30. Januar

Der Herr hat Geduld mit euch und will nicht, dass jemand verloren werde, sondern dass jedermann zur Umkehr finde. (2.Petr. 3,9)

Elke ist ein „Uhren-Mensch", das jedenfalls sagt ihre Schwester Nicki. „Du tickst nicht richtig", meint sie. Und sie sagt es immer dann, wenn Elke lauter verrückte Sachen einfallen. Wie neulich zum Beispiel. Da hat sie ihrer Schildkröte rote und grüne Tupfen auf den Panzer gemalt. Weil das viel hübscher aussieht, hat Elke gemeint. Aber Nicki hat gelacht und gesagt: „Du tickst ja nicht richtig!"

Nicki lacht aber nicht immer. Meistens ist sie sogar ziemlich sauer. Dann meckert sie so lange herum, bis Elke ganz still wird und sich in ihr Zimmer verkriecht. Sie sitzt dann allein in einer Ecke und überlegt, was sie wohl diesmal wieder falsch gemacht hat. Aber ihr will beim besten Willen nicht einfallen, was so schlimm daran ist, wenn sie morgens um fünf Uhr zu Nicki ins Bett krabbelt. Oder was dabei ist, wenn sie Nickis Filzstifte leer malt und ihrer Barbiepuppe die Haare abschneidet.

Elke versteht auch nicht, warum Nicki nervös wird, wenn sie ihr beim Hausaufgabenmachen über die Schulter schaut. Ist es denn so schlimm, wenn sie dauernd fragt, was diese lustigen, runden Zeichen in Nickis Heften bedeuten?

Anfangs hat Nicki noch erklärt. Sie hat mit ihrem Finger auf einen Kringel getippt und gesagt: „Das ist ein R."

„Und warum?" wollte Elke wissen.

„Darum", raunzte Nicki und malte noch ein paar Kreise und Striche in ihr Heft.

„Und was ist das?" fragte Elke und patschte mit ihrer Hand mitten auf Nickis schöne neue Seite. Sie hatte wirklich nicht gewollt, dass dabei die Tinte verschmierte und die Seite nun gar nicht mehr schön und neu aussah.

„Du gehst mir ganz schön auf den Wecker!" schreit Nicki. Und da ist Elke wieder einmal ganz kleinlaut in ihrem Zimmer verschwunden. Was ist nun schon wieder verkehrt gelaufen? Elke wünscht sich, dass ihr das mal jemand erklärt, denn sie würde wirklich gerne richtig tikken und nicht nur dauernd auf den Wecker fallen.

31. Januar

Martha war am Wirbeln. Ein Bote hatte ihr die Nachricht gebracht, dass Jesus mit vierzig Leuten in zwei Stunden in Bethanien sein werde. Gern würde er zu ihr ins Haus kommen. Natürlich war er willkommen. Aber so unangekündigt vierzig Gäste für mehrere Tage aufzunehmen, das brauchte ganzen Einsatz. Gut, dass ihre Schwester Maria auch zu Hause war, die konnte kräftig mit anpacken.

Bald kam Jesus. „Herzlich willkommen in unserem Haus!" begrüßte ihn Martha. „Wir wollen alles tun, dass du dich hier wohl fühlst."

„Danke", antwortete Jesus„ „ ich möchte gern noch ein wenig mit meinen Jüngern sprechen. Wir ziehen uns in den großen Innenraum zurück." Jesus und alle Leute, die mit ihm gekommen waren, setzten sich nieder.

Martha hatte zu tun, schließlich wollte sie eine gute Gastgeberin sein. Sie schaffte und schaffte. Plötzlich fiel ihr ein: „Wo ist denn Maria? In der letzten halben Stunde war sie nicht zu sehen. Ist ihr etwas zugestoßen?" Martha ging los, um sie zu suchen, denn sie brauchte dringend deren Hilfe. Und da saß sie, mitten unter den Jüngern, hörte Jesus zu und hatte alle ihre Gastgeberpflichten vergessen.

„So gut möchte ich es auch einmal haben, ich würde mich auch freuen, Jesus zuhören zu können", dachte Martha. Auf ihre Zeichen reagierte Maria nicht. Warum ließ sie sich überhaupt auf Gespräche über Gott ein, das war doch eigentlich Männersache.

Martha ging auf Jesus zu. „Kümmert es dich nicht, dass mich meine Schwester die ganze Arbeit allein tun lässt? Sag Maria, dass sie mir helfen soll. Ich kann es sonst nicht schaffen."

Jesus antwortete: „Martha, du machst dir viele Sorgen. Eines ist notwendig. Maria hat eine gute Wahl getroffen. Sie hat sich für das unverlierbare Gut entschieden, das ihr nicht genommen werden kann."

Martha blieb vor Staunen der Mund offen stehen. Mit allem hatte sie gerechnet, aber nicht mit einer solchen Antwort. Wollte Jesus nichts zu essen haben? Sollte sie sich selbst mit hinsetzen und das Vorbereiten Vorbereiten sein lassen? Was war wirklich wichtig?

Nachdenklich ging sie weg.

Impuls

Es gibt Zeiten, da ist Handeln dran. Es gibt aber auch Zeiten, das sind Stille und Zuhören dran. Jesus erinnert Martha daran, nicht immer nur aktiv sein zu wollen, sondern sich auch ohne schlechtes Gewissen Ruhezeiten für Gott zu gönnen.

Biblisches Wort

Eines ist notwendig, Maria hat die gute Wahl getroffen; sie hat sich für das unverlierbare Gut entschieden, das ihr nicht genommen werden kann. (Luk. 10,42)

1. Februar

Felix und Noah sind dicke Freunde. Jede Minute in ihrer Freizeit verbringen sie miteinander. Jetzt im Winter haben sie viel Spaß, sie rodeln, bauen Schneemänner, und nun warten sie nur noch darauf, dass der Teich zufriert, damit sie Schlittschuh laufen können. Endlich ist es soweit. Felix klingelt bei Noah Sturm und ruft zum Fenster hinauf: „Komm schnell runter und bring deine Schlittschuhe mit! Der Teich ist zu."

„Super", schreit Noah zurück, knallt das Fenster zu und angelt seine Schlittschuhe unterm Bett hervor. Dann rast er zu seiner Mama: „Wir gehen Schlittschuhlaufen, der Teich ist zu. Felix wartet unten auf mich!"

„Ist der Teich auch freigegeben worden? Passt ja gut auf!" sagt Mama.

„Jaja, machen wir doch!" antwortet Noah und flitzt die Treppe hinunter.

„Meine Mutter hat gefragt, ob der Teich schon freigegeben ist", sagt Noah, als er mit Felix zum Teich geht. „Ich habe kein Warnschild gesehen", antwortet Felix. „Also können wir laufen."

Am Teich angekommen, wundern die beiden sich, dass außer ihnen keine anderen Kinder da sind.

„Vielleicht müssen die anderen erst noch ihre Hausaufgaben machen. Wir sind mal wieder schneller fertig geworden", sagt Felix und zieht sich seine Schlittschuhe an.

Als auch Noah seine anhat, probieren sie erst einmal vorsichtig, ob das Eis auch wirklich trägt. Sie bleiben sicherheitshalber zuerst einmal am Teichrand. Sie ziehen Schleifen, spielen Fangen und kommen so immer weiter zur Teichmitte hin. Auf einmal knirscht das Eis, und da bricht auch schon Noah ein.

Eiskalt ist das Wasser. Noah ist erschrocken und japst nach Luft. Krampfhaft versucht er, sich am Eisrand festzuhalten. Felix steht fassungslos da und wagt sich nicht zu rühren. Zum Glück steht am Weg ein junger Mann, der den beiden zugesehen hat. Er schneidet mit einem Taschenmesser schnell einen Weidenstock ab, läuft ein Stück über die Eisfläche, legt sich dann flach auf das Eis und robbt ganz vorsichtig zu Noah hin. „Halt aus, Junge, halt aus! Ich hab's gleich geschafft."

Noah versucht mit letzter Kraft, nicht unter die Eisfläche zu geraten. Da sieht er den Stock, ergreift ihn und hält sich daran fest. Der junge Mann robbt noch ein Stückchen weiter zu Noah, ergreift dessen Hand und zieht ihn mit aller Kraft aus dem Wasser.

„War echt leichtsinnig von euch. Ist ja noch mal gut gegangen. Jetzt aber ab nach Hause, sonst erkältest du dich!"

„Au weia, was wird meine Mutter wohl dazu sagen?" fragt Noah zähneklappernd.

Impuls

Du siehst, was alles passieren kann, wenn du leichtsinnig bist und dich unnötig in Gefahr begibst. Es ist wichtig, auf gute Ratschläge zu hören.

Biblisches Wort

War ich leichtfertig, als ich mir das vorgenommen habe? (2.Kor. 1,17)

Aktion

Du sitzt mit deinen Freunden am Tisch und legst fünf bis zehn Streichholzschachteln darauf. Einer darf in eine Streichholzschachtel ein Bonbon hineinlegen. Schiebt die Schachteln hin und her. Und wer zuerst die Schachtel mit dem Bonbon findet, darf das nächste Bonbon verstecken.

2. Februar

Moritz geht in die zweite Klasse. Das mit dem Gehen stimmt nicht ganz, denn er muss mit dem Rollstuhl in die Schule gefahren werden. Dafür ist er der Beste in seiner Klasse. Er liest viel, denn er kann ja nicht draußen herumrennen. Aber in Essen gibt es einen Tischtennisclub, und da bringt ihn seine Mama zweimal die Woche hin. Seine Freunde kommen ihn oft besuchen. In den Unterrichtspausen muss Moritz nie allein im Klassenzimmer bleiben. Seine Freunde nehmen ihn immer mit in den Pausenhof.

Sein Vater muss die Arbeitsstelle wechseln, und dann müssten sie wegziehen.
„Ich will nicht wegziehen", sagt Moritz, „mir gefällt es hier in Essen!"
„Mir auch", seufzt sein Vater. „Doch mir bleibt nur die Wahl zwischen einem Umzug oder der Arbeitslosigkeit!"
„Im Allgäu wird es dir ganz bestimmt auch gefallen", sagt Mama.

Nach dem Umzug muss Moritz in die Schule. Mama fährt ihn im Rollstuhl hin.
„He, guckt mal, da kommt ein Behinderter", sagt ein kleiner Junge.
„Musst du nicht in eine besondere Schule?" fragt ein größeres Mädchen.
„Ich bin nicht geistig behindert", antwortet Moritz wütend. „Wer weiß, wer weiß", lacht sie.

Im Klassenzimmer wissen die Kinder nicht, wie sie sich Moritz gegenüber verhalten sollen. Aber auch er weiß nicht, was er tun soll.
Am schlimmsten ist ein Junge, der Philipp heißt.

Einige Wochen später schneit es. Vater fragt ihn, ob er Lust hätte, im Garten eine Schneeburg zu bauen. Natürlich hat er Lust!
Beim Bauen freut sich Moritz und lacht viel mit seinem Papa. Da entdeckt er Philipp, der über den Gartenzaun guckt.
Papa, der ihn ebenfalls gesehen hat, fragt: „Sollen wir ihn nicht mithelfen lassen?"
„Hm", sagt Moritz. Und rasch erzählt er seinem Vater, wie gemein Philipp immer zu ihm ist. Vater denkt nach und sagt: „Vielleicht kommt das daher, weil er denkt, du wärst kein normaler Junge." Zögernd stimmt Moritz zu.
Philipp kommt nur zu gerne, um mitzuhelfen. Und als die Schneeburg fertig ist, lädt Mama ihn zu heißer Schokolade und Kuchen ein.
Danach spielen sie. Mitten im Spiel sagt Philipp verlegen: „Du bist ja ganz normal. Hätte ich das gewusst, wären wir längst Freunde. Tut mir leid, dass ich mich blöd benommen habe."
„Ach, vergiss es", antwortet Moritz.
In den folgenden Tagen kommt Philipp und bringt Andreas mit. Wenn es ihnen draußen bei der Schneeburg zu kalt wird, gehen sie in Moritz' Zimmer und spielen dort mit seiner Rennbahn oder mit dem Computer. Die drei werden dicke Freunde, und auf einmal gefällt es Moritz in der kleinen Stadt im Allgäu genauso gut wie noch vor wenigen Wochen in Essen.

Tut dir jemand weh oder beleidigt dich, dann verzeih ihm.

Selbst wenn er siebenmal am Tag an dir schuldig wird, sollst du ihm verzeihen, wenn er kommt und sagt: Es tut mir leid!
(Luk. 17,4)

Einer hat die Augen verbunden, er muss raten, was er hört. Du kannst Papier zerknüllen, mit dem Kochlöffel auf verschiedene Gegenstände schlagen, Papier lochen, in einen Apfel beißen, Wasser in ein Glas gießen und …

3. Februar

Rahels Sohn Josef hatte zehn Halbbrüder. Da Josef Vaters Lieblingssohn war, waren seine Brüder auf ihn eifersüchtig. Eines Tages ließ Jakob seinem Lieblingssohn einen prächtig bunten Mantel schneidern. Alle Farben, die Josef liebte, waren darin enthalten. Josefs Brüder hassten ihn dafür, denn sie hatten nur einfache Mäntel.

Einmal erzählte Josef seinen Brüdern seinen Traum: „Ich habe geträumt, wir waren alle auf dem Feld und haben Garben aus Getreide gebunden. Meine Garbe blieb aufrecht stehen. Eure Garben aber, die stellten sich um Kreis um sie herum und verneigten sich vor meiner."

Seine Brüder sagten zu ihm: „Du willst wohl noch König werden und über uns herrschen?"

Josef erzählte ihnen noch einen weiteren Traum: „Ich sah die Sonne, den Mond und elf Sterne. Stellt euch vor: Die alle verneigten sich vor mir."

Aber da schimpfte sogar der Vater mit Josef: „Du glaubst doch nicht, dass wir uns je vor dir niederwerfen werden?"

Die Brüder hassten ihn. Der Vater behielt Josefs Traum im Gedächtnis.

„Deine Brüder sind mit den Schafen weit fort", sagte der Vater zu Josef. „Gehe hin und sieh nach, ob alles in Ordnung ist."

Die Brüder hatten Josef kommen sehen, da sie an einem einsamen Ort waren. Sie beschlossen, ihn zu töten und in den ausgetrockneten tiefen Brunnen zu werfen.

„Wir sagen einfach, wilde Tiere hätten ihn gefressen", sagten sie untereinander. „Wir schlachten ein Schaf, tauchen Josefs Mantel in dessen Blut und zeigen ihn dann dem Vater."

Ruben, einer der Brüder wollte das nicht: „Ich schlage vor, ihn lebend in den Brunnen zu werfen, ihn dann einfach liegen zu lassen." Die anderen waren damit einverstanden. Und Ruben hoffte insgeheim, ihn später befreien zu können.

So geschah es und anschließend setzten sich die Brüder hin, so, als wäre nichts geschehen. Josef rief unterdessen aus dem Brunnen heraus um Hilfe.

Da kam eine Kamelkarawane, die zum Verkauf ihrer Waren nach Ägypten zog. Die Brüder beschlossen, Josef an die Gewürzhändler zu verkaufen.

„Wir wären ihn los und bekämen sogar noch Geld dafür", sagten sie sich.

Der Gewürzhändler zahlte 20 Silberstücke, denn Josef war jung, stark und sah gut aus. Die Händler fesselten Josef, verschleppten ihn nach Ägypten und verkauften ihn dort. Die Brüder tauchten Josefs Mantel in das Blut eines geschlachteten Schafes und brachten ihn dann dem Vater.

„So haben wir den Mantel auf der Weide gefunden", sagten sie. „Die wilden Tiere haben Josef in Stücke gerissen. Und der Vater sagte traurig: „Nie wieder werde ich meinen geliebten Sohn wiedersehen."

Impuls

Manchmal wächst Neid in unserem Herzen. Sorge dafür, dass er nicht durch Grübeleien und böse Gedanken immer weiter wächst. Sorge dafür, dass gute Gedanken wachsen.

Biblisches Wort

Lernt Gutes zu tun, sorgt für Gerechtigkeit, haltet die Gewalttätigen in Schranken. (Jes. 1,17)

Aktion

Abzählreime: Eine kleine Dickmadam fuhr mit der Eisenbahn. Eisenbahn, die krachte, Dickmadam, die lachte. Eins, zwei, drei, du bist frei.

Ene, mene, miste, es rappelt in der Kiste. Ene, mene, meck, und du bist weg.

4. Februar

Josef wurde als Sklave von den Gewürzhändlern an Potifar, eine Hofbeamten des Pharaos verkauft. Josef wurde in dessen Haus beschäftigt, und Gott half ihm über die Einsamkeit hinweg. Ihm glückte alles, was er tat.
Potifar erkannte, dass Gott Josef half, und dadurch wurde das Leben für Josef leichter. Auf Potifars Haus ruhte der Segen Gottes, und auf den Feldern gedieh das Getreide.
Da war aber die Frau von Potifar, die sich in Josef verliebte. Josef sagte zu ihr: „Dein Mann vertraut mir, ich will ihn nicht enttäuschen."
Die Frau wurde wütend, und aus Rache machte sie ihn bei ihrem Mann schlecht. Eines Tages riss sie Josef dessen Mantel weg. Sie schrie zu ihrer Dienerschaft: „Seht euch das an! Mein Mann hat uns diesen Hebräer ins Haus gebracht, der Sklave Josef wollte sich mir nähern."
Als Potifar das hörte, geriet er in Wut und warf Josef ins Gefängnis. Ohne ihn überhaupt gefragt zu haben, ob das wahr wäre, ließ er Josef abführen.
Wieder war Josef in eine schwierige Situation gekommen, ohne dass er etwas falsch gemacht hatte. Aber auch im Gefängnis ließ Gott ihn nicht im Stich.

Impuls

Wenn man einen Strich zeichnen müsste, wie das Leben des Josef auf und ab geht, so wäre das eine interessante Linie. Mal ist er oben, mal unten. Manchmal geht es langsam aufwärts, aber dann fällt er wieder nach unten. In allen Lebenslagen aber vertraut er Gott.

Biblisches Wort

Bring bei einem Gerichtsverfahren keine Gerüchte vor. Lass dich von jemand, der Unrecht getan hat, nicht für eine falsche Zeugenaussage gewinnen. 2. Mose 23,1

5. Februar

Im Gefängnis kamen zwei Gefangene, ein Mundschenk und ein Bäkker, und baten Josef, ihnen ihre merkwürdigen Träume zu deuten. Josef tat es und sagte, dass der eine wieder in Gnaden aufgenommen, während der andere nach drei Tagen Schlimmes erleiden würde. Und so geschah es.

Der Pharao hatte zwei Träume und erzählte sie: „Ich stand am Nil, und aus ihm stiegen sieben schöne, wohlgenährte Kühe und weideten in dem Gras, das am Ufer wuchs. Danach sah ich sieben andere Kühe aus dem Nil steigen, hässlich und mager, und die stellten sich neben die fetten Kühe. Die mageren Kühe fielen über die fetten her und fraßen sie auf.
Mein zweiter Traum: Auf einem einzigen Halm wuchsen sieben dicke, volle Ähren. Nach ihnen wuchsen sieben andere Ähren auf, die waren kümmerlich und ausgedörrt. Die kümmerlichen Ähren verschlangen die sieben dicken, vollen Ähren." Niemand konnte die Träume des Pharao deuten. Da fiel dem Mundschenk ein, wie Josef seinen Traum im Gefängnis gedeutet hatte und alles in Erfüllung gegangen war.
„Bring ihn sofort zu mir!", befahl der Pharao.
Josef sagte zu ihm: „Aus eigener Kraft kann ich deine Träume nicht deuten. Aber Gott hilft mir, sie zu verstehen. Josef hörte aufmerksam zu und sagte: „Gott hat dir im Traum gezeigt, was er vorhat. Beide Träume bedeuten dasselbe: Es wird in den folgenden sieben Jahre gute Ernten für Ägypten geben, dann folgen sieben Hungerjahre. Gott sagt dir aber auch in den Träumen, dass dein Volk nicht zu hungern braucht. Du musst nur in den sieben guten Jahren für Vorräte sorgen."
Da übertrug der Pharao diese Aufgabe dem Josef, steckte ihm gleich seinen Ring an den Finger, damit jeder sehen konnte, dass Josef nur noch dem Pharao unterstellt war.

Wer an Gott glaubt, muss manchmal durch schwierige Zeiten gehen. Er ist auch da nicht allein. Gott sorgt für seine Leute.

Pharao meinte: Man hat mir gesagt, dass du jeden Traum auf der Stelle deuten kannst. Nicht ich, erwiderte Josef. Die Antwort kommt von Gott.
(1.Mose 41,15.16)

Alle Kinder sitzen im Kreis. Ein Kind flüstert seinem Nachbarn einen Satz ins Ohr. Der gibt ihn weiter an den nächsten Nachbarn usw. Das letzte Kind sagt dann den Satz laut, und es ist sicher ein ganz anderer.

6. Februar

In Kanaan herrschte Hungersnot. Jakob forderte seine Söhne auf: „Wir verhungern hier, und ihr tut nichts. Geht nach Ägypten, dort gibt es genug Getreide. Kauft welches."

So machten sich Josefs Halbbrüder auf den Weg. Nur der Jüngste, Benjamin, durfte nicht mit, denn es war eine beschwerliche Reise. Völlig erschöpft kamen sie in Ägypten an.

Tief verneigten sie sich vor Josef und baten um Getreide. Josef konnte es nicht fassen: Da waren seine Brüder, die ihn als Sklave verkauft hatten, von denen er geträumt hatte, dass sie sich einmal vor ihm verneigen würden. Die Brüder erkannten Josef nicht.

Und Josef gab sich auch nicht zu erkennen. Er sprach mit ihnen ägyptisch und führte die Verhandlungen über einen Dolmetscher. Stattdessen stellte er sie auf die Probe: „Ihr seid in Wahrheit nicht wegen des Getreides gekommen, ihr wollt die Lage in Ägypten ausspionieren. Ihr seid Spione!"

Da riefen sie voller Angst: „Nein, nein, wir sollen wirklich nur Getreide kaufen. Vater und unser jüngster Bruder würden in Kanaan verhungern."

Da hatte Josef große Sehnsucht nach Benjamin. Er wollte ihn gern sehen und sagte: „Holt mir Benjamin her, und ich werde euch glauben. Einen von euch werde ich hierbehalten, bis ihr zurück seid. Ihr bekommt drei Tage Bedenkzeit." Während der drei Tage im Gefängnis kam ihnen die Idee, dass dies die Strafe für den Verkauf ihres Bruders Josef sein könnte.

Schwer mit Kornsäcken beladen, in denen Josef das bezahlte Geld wieder zurückgesteckt hatte, reisten sie nach Hause zurück. Simeon blieb als Gefangener dort.

Impuls

Was die Brüder nie für möglich gehalten hätten, das ist wahr geworden: Sie fallen vor ihrem Bruder nieder. Gottes Führung hatte Josef in eine Position gebracht, die auch er nie für möglich gehalten hätte. So ist es mit dem, was Gott tut. Immer wieder gibt es Überraschungen.

Biblisches Wort

Macht also einander Mut und helft euch gegenseitig weiter.
(1.Thess. 5,11)

7. Februar

Als Josefs Brüder wieder nach Hause kamen, erzählten sie alles ihrem Vater Jakob. Doch der wollte Benjamin nicht gehen lassen. Bald war das Getreide aufgebraucht, und so mussten die Brüder mit Benjamin zurück nach Ägypten.
Josef freute sich, als er die Brüder mit Benjamin kommen sah. „Bring sie zu mir nach Hause", sagte er zu einem Diener, „wir werden ein Fest feiern." Die Brüder waren sehr eingeschüchtert und wollten ihm auch das Geld vom letzten Mal zurückgeben.
Sie wunderten sich, dass sie von Josef zu einem Fest eingeladen wurden.

Nach dem Fest zogen sie wieder mit vollen Getreidesäcken in Richtung Heimat. Kaum hatten sie aber die Stadt verlassen, wurden die Säcke durchsucht, da sie angeblich einen silbernen Becher gestohlen haben sollten. Der Becher wurde in den Säcken von Benjamin gefunden. Alle kehrten um.
Josef sagte, dass Benjamin bei ihm als Diener bleiben müsse. Die anderen könnten gehen. Da sagte Juda: „Vater hat schon einen Sohn verloren. Wir haben ihn verkauft. Noch einen zu verlieren, würde Vater umbringen."
Da gab sich Josef zu erkennen. „Ich bin euer Bruder Josef." Die Brüder waren sprachlos und erschrocken. „Gott hat es so gefügt, damit ich euch vor der Hungersnot retten kann. Sagt es Vater. Ich bin euch nicht böse. Denn Gott hat alles gut gemacht", meinte Josef. Die Träume waren wahr geworden. Josef holte mit großer Freude seine Geschwister und seinen Vater nach Ägypten.

Impuls

Ist jemand in Not, so hilf ihm, so gut du kannst. Frage aber vorher deine Eltern, wie du es am besten tun kannst.

Biblisches Wort

Josef erwiderte: Habt keine Angst! Ich werde doch nicht umstoßen, was Gott selbst entschieden hat. Ihr hattet Böses mit mir vor, aber Gott hat es zum Guten gewendet. (1.Mose 50,19.20)

Aktion

Eine Zeitung wird ausgebreitet. An einer Ecke wird das Blatt so eng wie möglich zusammengerollt, bis es einen langen Stab gibt. Dann nimm einen Luftballon und versuche bei Musik den Luftballon so lange in der Luft zu halten, bis er abstürzt. Wer den Luftballon tanzen lassen kann, ist Sieger.

8. Februar

Seit Tagen redet Sara von nichts anderem mehr als vom Kinderfest. Dieses Jahr will sie eine Prinzessin sein. Endlich kommt der große Tag. Faschingsdienstag! Mama bringt sie mit dem Auto zur Turnhalle.
Es dauert nicht lange, da beginnt der Musiker alle Kinder aufzufordern, an einer Polonaise teilzunehmen. Sara reiht sich ein. Hinter ihr marschiert ein größerer Junge, sie kennt ihn von der Schule her. Er heißt Matze und geht in die zweite Klasse.
„Hey, Schokoladenprinzessin", sagt er grinsend.
„Blödmann", antwortet Sara und schluckt. Ach, immer wieder machen sich die Kinder über ihre Hautfarbe lustig. Was kann sie dafür, dass sie braun ist?
Nach der Polonaise tritt der Clown Charly auf. Später fordert der Musiker alle Kinder auf, an der Kostümprämierung teilzunehmen. Zuerst traut sich Sara nicht so recht, wegen ihrer Hautfarbe. Doch als sie den Matze in seinem zusammengestückelten Cowboykostüm auf der Bühne herumtoben sieht, meint sie, dass ja das schönste Kostüm ausgewählt werden würde, und sicher kommt es nicht auf die Farbe ihrer Haut an. Kurz entschlossen springt sie auf die Bühne.
Plötzlich verstummt die Musik, der Clown Charly geht zum Mikro und ruft in den Saal: „Die Jury hat einstimmig eine Prinzessin zur Schönsten gewählt", und auf einmal steht der Clown neben ihr.
„Haha, die Schokoladenprinzessin hat doch nicht das schönste Kostüm", schreit Matze so laut, dass man es bis hinten hören kann. Sara wird rot, und zwei kleine Tränen kullern ihr die Wangen runter.
„Aber, aber, wer wird denn weinen wollen", sagt der Clown Charly, tritt mit Sara zum Schreihals Matze hin und sagt: „Mein lieber Freund, schreib dir eins hinter die Ohren: Auf die Hautfarbe eines Menschen kommt es nicht an, sondern allein auf seinen Charakter. Und der scheint bei dir nicht sonderlich gut zu sein."
Nun wird Matze über und über rot. Da tut er Sara leid, und sie flüstert ihm leise zu: „Du, wir teilen uns meinen Preis."
Da grinst Matze sie erleichtert an und flüstert zurück: „Danke, Sara, du bist echt super! Und sollte mal wieder so'n Dummkopf sich in der Schule über dich lustig machen, sag's mir ruhig! Dann kriegt er es nämlich mit mir zu tun. Einverstanden?"
„Einverstanden", lacht Sara glücklich, und sie weiß, dass sie heute einen Freund gewonnen hat. Und das, so findet sie, das ist viel mehr wert als der erste Preis für das schönste Kostüm.

Impuls

Es ist immer gut, sich um andere zu kümmern, auch wenn sie anders sind. Es kann vorkommen, dass du manche von ihnen beschützen musst.

Biblisches Wort

Sich vor Menschen fürchten bringt Gefahr; auf Gott vertrauen bringt Sicherheit. (Spr. 29,25)

Aktion

Jedes Kind denkt sich ein Bild aus über: Wir verreisen, auf dem Schulhof, im Kindergarten, auf der Eisbahn usw. und schneidet sich aus alten Katalogen all das heraus, was es zu seinem Bild braucht. Alle Bilder werden dann auf einen Karton geklebt, so dass ein großes Bild entsteht. Was fehlt, wird mit Buntstiften ergänzt.

9. Februar

Als Tanja zum Frühstück in die Küche kommt, steht Oma am offenen Fenster und füttert die Vögel. Sie fliegen Oma sogar auf die Hand.
„Wenn du ein paar Tage da bist und immer neben mir stehst, gewöhnen sich die Vögel auch an dich, und du wirst sehen, dass sie auch zu dir ans Fensterbrett kommen und du sie füttern kannst."
„Wie heißen die Vögel?" fragt Tanja.
„Dort drüben, am Futterhäuschen tummeln sich die Hausfinken und Meisen. Unten am Boden warten die Spatzen auf ihr Futter und ..."
„Was ist denn nun los?" unterbricht Tanja ihre Oma, denn auf einmal fliegen alle Vögel eilig fort.
„Schau, dort hinter dem Baum schleicht die Katze Mimi herum. Sie tut den Vögeln zwar nichts, doch das wissen die nicht."
Oma schließt das Fenster. Tanja setzt sich mit Oma an den Frühstückstisch. Nach einer Weile kratzt es an der Tür.
„Wer ist denn das?" fragt Tanja.
„Da ist Bello. Der kommt mich jeden Morgen besuchen."
„Du brauchst keine Angst zu haben. Bello, der Bernhardiner vom Nachbarn Krause, ist wie alle jungen Hunde sehr stürmisch, doch er mag Kinder", erklärt Oma.
„Lass ihn rein", sagt Tanja. „Bei dir ist es überhaupt nicht langweilig. Ich bin gern bei dir!"

Impuls Die Tiere brauchen die Fürsorge der Menschen. Es ist schön, wenn du dich um sie kümmerst, sie zuverlässig fütterst und sie vor Gefahren bewahrst. Du tust damit etwas, was Gott dem Menschen als Aufgabe in der Schöpfung gegeben hat.

Biblisches Wort Gott, der Herr, brachte den Menschen in den Garten Ede. Er übertrug ihm die Aufgabe, den Garten zu pflegen und zu schützen. (1.Mose 2,15)

Aktion Füttere mal die Vögel. Dazu brauchst du kein Vogelhäuschen. Streue einfach Vogelfutter auf einen Platz im Garten.

10. Februar

Draußen stürmt und regnet es. Die Regentropfen laufen eilig die Fensterscheiben hinunter. Am liebsten würde Carina weinen und ihre Tränen genau so runterkullern lassen. Aber nicht einmal dafür ist Zeit.
„Carina, bist du schon angezogen?“ ruft Mama aus dem Bad.
Carina steht in der Küche am Küchentisch, trinkt ihren Kaba und kaut noch immer an ihrem Nutellabrot herum. „Ist doch noch massig Zeit“, sagt sie und wundert sich, warum ihre Mama vor ihrem heutigen Auftritt sich so aufregt. 'Ich weiß doch selbst, dass ich ganz gut tanzen kann. Nicht ganz so toll, wie es Mama von mir erwartet. Aber nach zwei Jahren Ballettunterricht ist nicht mehr drin. Ich will sowieso keine Tänzerin werden', denkt sie, schiebt sich das letzte Stück Brot in den Mund und wischt sich die Hände am Handtuch ab.
„Hier ist das Kleid, zieh es an“, sagt Mama.
„Muss das denn sein?“ fragt Carina. „In dem Kleid sehe ich wie eine Tonne aus, und am Hals kratzt es. Ich will lieber die Jeans und ein T-Shirt anziehen.“
„Wir haben oft genug darüber gesprochen, und du weißt, wie wichtig es für dich ist, wenn du vor und nach der Vorstellung toll aussiehst“, antwortet Mama.
„In meinem Kostüm zum Vortanzen sehe ich doch ganz super aus.“
Aber die Mama besteht auf dem rosa Kleid, und so muss sich Carina fügen. Und, weil das nicht genügt, bindet ihr Mama zum rosa Kleid passend noch eine rosa Schleife ins Haar.
Da wäre Carina am liebsten daheim geblieben. Doch das geht nicht, denn Mama will unbedingt, dass sie in die Ballettschule des Staatstheaters aufgenommen wird.

Als sie dann etwas später zum Auftritt ihr Ballettkleid anhat, bekommt sie plötzlich Bauchweh.
„Ist nur Lampenfieber“, sagt die Ballettmeisterin. „Ist gleich vorbei!“
Und schiebt Carina auf die Bühne.
„Und es ist doch Bauchweh“, sagt Carina.
Während sie tanzt, vergisst sie alles um sich herum. Sie tanzt wie im Traum. Sie ist nicht mehr Carina, sondern ein kleines Schwanenkind, das seine Mama und seine Geschwister verloren hat und sie unbedingt wiederfinden will. Nach langem Suchen findet sie alle wieder und ist ein glücklicher kleiner Schwan.
Am Ende des Tanzes verbeugt sie sich. Zuerst ist es ganz still, dann applaudieren die Ballettmeisterin und die anderen, die zu bestimmen haben, wer in die Ballettschule aufgenommen wird.
Mama ist ganz stolz, denn Carina ist aufgenommen worden. Carina freut sich, denn eigentlich macht ihr das Tanzen riesigen Spaß. Sie tanzt wirklich sehr gern.

Impuls

Wenn du etwas Neues lernen kannst, ist das schön – sei es ein Musikinstrument, Theaterstück oder einen Tanz. Wichtig ist, dass du übst und Freude daran gewinnst. Wenn es nur dem Ehrgeiz anderer dient, solltest du zurückhaltend sein.

Biblisches Wort

Der Herr hat Freude an einem redlichen Menschen und lenkt alle seine Schritte. Er mag fallen, aber er stürzt nicht zu Boden – denn der Herr hält ihn fest an der Hand.
(Ps. 37,23.24)

Aktion

Tanze mal mit deiner Mama oder deinem Papa.

11. Februar

Du brauchst nicht bei Gott anzuklingeln, wenn du mit ihm sprechen willst. Er hört dich auch so.

Der Herr hört mich, wenn ich ihn rufe. (Ps. 4,4)

Nimm einen Schuhkarton, schneide ein Loch hinein, so dass du mit der Hand hineingreifen kannst. Einer legt nach und nach Schere, Löffel, Bleistift, Geldstück, Nagel usw. in die Schachtel hinein. Jeder darf hineingreifen und muss die Gegenstände erraten, die er fühlt. Du kannst den anderen auch mit verbundenen Augen raten lassen.

Carolin wohnt in einem Hochhaus. Es hat zweiundzwanzig Stockwerke. Carolin würde viel öfter auf dem Spielplatz spielen, doch ihre Mama muss immer mit hinunter, weil Carolin noch klein ist. Eines Tages ist ihr langweilig. Sie beschließt, einfach groß zu sein und alleine nach unten zu gehen. Leise schleicht sie aus der Wohnung, drückt auf den Aufzugsknopf und fährt nach unten.
Auf dem Spielplatz sind viele Kinder, und sie tobt mit ihnen herum.
„Carolin", hört sie plötzlich Mama. „Was fällt dir ein, du kannst doch nicht einfach rausgehen, ohne mir etwas zu sagen. Ich habe dich überall gesucht und mir schon große Sorgen gemacht."
„Ich bin doch schon groß. Außerdem war's mir langweilig, und es macht riesigen Spaß, hier unten mit den anderen zu spielen", sagt Carolin.
„Gut, das kann ich alles verstehen. Aber das nächste Mal sagst du mir Bescheid, wenn du nach unten willst. Einverstanden?"
Carolin nickt und fragt: „Darf ich noch ein bisschen unten bleiben?"
„Meinetwegen", sagt Mama. „Bleib aber hier auf dem Spielplatz, geh nicht woanders hin. Versprichst du mir das?"
„Na klar!"
Sie spielt den ganzen Nachmittag, und auf einmal hat sie Hunger.
„Ich geh mal schnell nach oben, was essen", ruft sie den anderen zu und rennt zum Eingang.
„Komm aber gleich wieder", schreit ihr Melina hinterher.
Atemlos steht sie vor der Klingelanlage. Plötzlich weiß sie nicht, auf welchen Klingelknopf sie drücken muss. Sie drückt dann einfach auf einen. Die Tür geht nicht auf. Da drückt sie gleich auf mehrere. Durch die Sprechanlage hört sie Stimmen, aber die von ihrer Mama nicht. Endlich ertönt der Summer, und sie drückt gegen die Tür.
Oben angekommen erzählt sie Mama, was passiert ist.
Papa hat dann abends die Idee, neben dem Klingelknopf einen roten Punkt zu malen. Gesagt, getan.
Zwei Tage später will Carolin wieder auf die Klingel mit dem roten Knopf daneben drücken. Doch sie weiß wieder einmal nicht, auf welchen Klingelknopf sie drücken muss, denn es gibt plötzlich noch mehr Klingeln mit einem roten Punkt. Kurz entschlossen drückt sie auf einen Knopf mit dem roten Punkt daneben und wird ins Haus gelassen. Da hat Papa die Idee, alle Bewohner mit dem roten Punkt neben dem Klingelknopf zu einer Versammlung einzuladen. Damit jedes Kind seinen Klingelknopf finden kann, schlägt er vor, dass sich jede Familie eine andere Farbe auswählt. Seitdem hat Carolin keine Schwierigkeiten mehr, ihren Klingelknopf zu finden. Und die anderen Kinder auch nicht.

12. Februar

Es war einmal ein alter Wolf. Meist waren die anderen Tiere schneller als er, so dass er mitunter tagelang nichts zum Fressen hatte. So irrte er oft hungrig in der Gegend umher.
Eines Tages kam er in eine felsige Gegend. Da entdeckte er eine Ziege auf dem höchsten Felsen. Da lief ihm das Wasser im Maul zusammen. Er überlegte, wie es ihm gelingen könnte, auf den Felsen hinaufzuklettern oder aber die Ziege herunterzulocken. Endlich hatte er eine Idee. So rief er zu der Ziege hinauf: „Hallo, Ziege, was machst du dort oben auf dem kahlen Felsen? Siehst du denn nicht, dass du bei jedem Schritt dein Leben aufs Spiel setzt? Ein falscher Schritt, und du liegst tot hier unten. Komm doch herunter, dann kannst du hier von dem saftigen, grünen Gras fressen."
Die Ziege beugte sich hinunter. Das Gras sah wirklich lecker aus. So richtig grün und saftig, genau so, wie es sein sollte. Trotzdem überlegte sie, denn sie war nicht dumm. Da unten, auf der Wiese, stand der Wolf, der ihr Feind war. Darum rief sie hinunter: „Wieso bist du eigentlich so freundlich zu mir? Wie kommt es, dass du dir Sorgen machst, ob ich Futter finde? Ich weiß, du bist nicht ehrlich zu mir. Du wartest doch nur, dass ich hinunterkomme und du mich fressen kannst."
Der Wolf sah ein, dass ihn die Ziege durchschaut hatte, drehte sich um und ging zähneknirschend und mit knurrendem Magen seines Weges.

Impuls: Nicht alle haben gute Absichten. Mancher erzählt etwas, um seine bösen Absichten zu vertuschen. Versuche zu durchschauen, was der andere will.

Biblisches Wort: Wer von euch etwas Besonderes will, der soll den anderen dienen. (Mark. 10,43)

Aktion: Aus alten Wollsokken oder Fausthandschuhen kannst du dir eine Handpuppe machen. Dazu brauchst du für die Augen zwei Knöpfe, Mund und Nase kannst du ebenfalls mit Knöpfen, aber auch mit Filz- und Stoffresten machen. Den Kopfschmuck machst du aus Wollresten oder Fellstücken.

13. Februar

„Die Mandeln müssen raus", sagt Doktor Bender, „nur Mut, Mischa. Ist alles halb so schlimm. Hauptsache, du hast keine Halsentzündungen mehr."
„Tut es weh?"
„Von der Operation spürst du gar nichts. Hinterher tut es ein wenig weh. Doch du bekommst viel Eis zu essen", antwortet Doktor Bender.
Auf dem Heimweg sagt Mischa zu seiner Mama: „Kriege ich ehrlich soviel Eis, wie ich will?"
„Du wirst schon genug Eis bekommen", antwortet Mama.
„Das beste an der ganzen Sache ist, dass ich nicht in die Schule muss. Zwei Wochen Extraferien sind super!"
„Du bist doch erst ein paar Monate in der Schule", sagt Mama.
„Extraferien sind Extraferien. Egal in welche Klasse ich gehe und wie lange ich in der Schule bin."

Am nächsten Tag wird Mischa von einer ganz netten Krankenschwester durch viele Gänge in ein großes Zimmer geführt. „Hallo, ihr Rasselbande, hier bringe ich euch Mischa. Er wird ein paar Tage bleiben."
„Was fehlt dir denn?" fragt der pausbäckige kleine Junge an der Tür.
„Mir fehlt nichts. Ich habe zwei Mandeln zuviel", sagt Mischa. „Die müssen raus."
„Mandeln kann doch niemand zuviel haben", sagt ein langes, ziemlich dürres Mädchen.
„Egal, sie müssen halt raus."
„Spielst du mit uns Schwarzer Peter?"
Mischa guckt die nette Schwester fragend an.
„Kannst du ruhig", sagt sie, „du wirst erst morgen früh operiert. Mach's dir bis dahin gemütlich."

Nach der Operation liegt Mischa im Bett und ist verzweifelt, denn er kann nicht richtig schlucken und kaum reden. Er bekommt zwar wirklich sehr viel Eis, doch es will ihm nicht so richtig schmecken. Die anderen Kinder im Zimmer trösten ihn. Der pausbäckige, dicke Junge sagt: „Das wird schon wieder werden. Guck mich an, mir hat es gleich am nächsten Tag wieder geschmeckt."
„Kann ich mir gut vorstellen", krächzt Mischa und grinst.

Zwei Tage später spielt und tobt er mit den anderen auf den Gängen umher. Sein Hals tut kaum mehr weh, und das Eis schmeckt ihm ganz toll. Er darf soviel Eis essen, wie er will. Das nützt er weidlich aus. Abends bekommt er Bauchschmerzen. Ihm ist furchtbar schlecht. Die Stationsschwester sagt, dass das vom vielen Eis kommt. Da sagt Mischa: „Nie mehr in meinem Leben esse ich Eis." Als es ihm wieder besser geht, wartet er auf den Nachtisch. Und was gibt es: Eis!

Impuls Du brauchst weder vor den Ärzten noch den Schwestern Angst zu haben. Gott ist auch im Krankenhaus. Bete für Ärzte und Schwestern, dass sie immer gut helfen können.

Biblisches Wort Seid mutig und entschlossen! Habt keine Angst! Erschreckt nicht vor ihnen! Der Herr, euer Gott, wird selbst mit euch ziehen. Er wird euch gewiss nicht im Stich lassen.
(5.Mose 31,6)

Aktion Sicher hat deine Mama oder Oma einen Koffer voller alter Kleidungsstücke. Es macht Spaß, sich mit diesen zu verkleiden. Vielleicht kannst du dich sogar als Krankenpfleger oder Ärztin anziehen.

14. Februar

„Aylin, trödel nicht so rum! Du brauchst ja eine halbe Ewigkeit, bis du dir die Zähne geputzt hast", sagt Mama und steht schon ungeduldig mit dem Autoschlüssel in der Hand im Flur.
„Seine Zähne muss man immer besonders gut pflegen. Das hast du selbst gesagt", ruft Aylin aus dem Bad.
„Jaja, beeile dich. Der Zug wartet nicht. Wenn du ihn versäumst, warten Oma und Opa vergeblich in München auf dich."
„Was ist denn eine halbe Ewigkeit?" fragt Aylin und kommt mit ihrer Zahnbürste aus dem Bad.
„Die halbe Ewigkeit ist die Hälfte von der ganzen", sagt Mama ohne nachzudenken.
„Und wie lange dauert die ganze Ewigkeit?" fragt Aylin und stopft ihre Zahnbürste in ihren Rucksack.
„Das erkläre ich dir auf dem Weg zum Bahnhof", sagt Mama und nimmt den Rucksack. Aylin schnappt sich ihre Reisetasche und läuft hinter Mama her zum Auto.
„Was ist nun mit der ganzen Ewigkeit?" fragt Aylin, als sie im Auto sitzen.
„Ich habe mal folgendes gelesen: Ein kleiner Vogel kommt zu einem hohen Berg. Dort, an der obersten Spitze wetzt er seinen Schnabel. Er macht das schon Jahrtausende, und am Gestein ist noch kaum etwas zu sehen. Wenn ein ganz winziges Stückchen Gestein oben an der Bergspitze wegbricht, dann ist erst eine Sekunde der Ewigkeit vorbei. Leider weiß ich es nicht mehr genau. Aber die Ewigkeit ist unvorstellbar."
„Das kann ich mir überhaupt nicht vorstellen", sagt Aylin.
„Stimmt, die Ewigkeit kann sich niemand vorstellen. Auch die Erwachsenen nicht, denn sie dauert, wie das Wort schon sagt, ewig. Sie hat keinen Anfang und kein Ende. Sie ist mit einem Kreis zu vergleichen. Bei ihm findest du auch keinen Anfang und kein Ende", erklärt Mama.
„Also ist die Ewigkeit endlos?"
„Ja und trotz allem irgendwie nicht zu begreifen."
„Wieso hast du denn gesagt, dass ich im Bad eine halbe Ewigkeit brauche?"
„Das ist doch nur eine Redensart und hat mit der wirklichen Ewigkeit nichts zu tun", sagt Mama und biegt auf dem Parkplatz zum Bahnhof ein.
„Sei brav bei Oma und Opa", sagt Mama, bevor Aylin in den Zug einsteigt.
„Bin ich doch immer", antwortet Aylin, hängt sich den Rucksack um, nimmt die Reisetasche und sucht ihren Platz. Sie nimmt sich vor, Oma und Opa zu fragen, ob sie vielleicht auch etwas von der Ewigkeit wissen.

Impuls

Die Ewigkeit ist eine so unvorstellbar lange Zeit, dass sie sich kein Mensch vorstellen kann. Schon tausend Jahre kann sich niemand vorstellen. Und außerdem ist die Ewigkeit eine Zeit mit Gott, wenn wir auf der Erde schon auf ihn hören.

Biblisches Wort

Du, Gott, warst schon, bevor die Berge geboren wurden und die Erde unter Wehen entstand, und du bleibst in alle Ewigkeit. (Ps. 90,2)

Aktion

Male einen riesigen Berg mit einem winzigen Vögelchen darauf.

15. Februar

Das dritte Gebot sagt, dass du den Feiertag heiligen sollst. Am Feiertag solltest du nicht arbeiten. Du brauchst Zeit, um dich auszuruhen. Durch die Ruhe bekommst du wieder Kraft zum Lernen.

Am siebten Tag hatte Gott sein Werk vollendet und ruhte sich von all seiner Arbeit aus. Und Gott segnete den siebten Tag und erklärte ihn zu einem heiligen Tag, der ihm gehört, denn an diesem Tag ruhte Gott, nachdem er sein Schöpfungswerk vollbracht hatte. (1.Mose 2,2.3)

Frage deinen Papa, deine Mama, ob sie an einem Sonntag etwas mit dir unternehmen. Zeit füreinander zu haben, ist das beste Geschenk, was ihr euch gegenseitig machen könnt.

Als Gott die Erde, Tiere und Menschen erschaffen hatte, ruhte er sich von seiner Arbeit aus. Er segnete den siebten Tag und sagte zu seinen Engeln: „Dieser Tag soll für die Menschen ein erholsamer Tag sein. Sie sollen an diesem Tag nicht arbeiten, sondern sich ausruhen." Er befahl dem Engel Seliel, auf die Menschen aufzupassen, damit sie den Sonntag einhielten.

Der Engel hatte anfangs kaum Schwierigkeiten, denn die Menschen lobten Gott, hielten den Ruhetag ein, später gingen sie am Sonntag in die Kirche. Doch dann merkte Seliel, dass immer weniger Menschen den Sonntag heiligten. In die Kirche gingen auch nicht mehr viele.
„Ich muss etwas tun", sagte er sich, und im selben Augenblick wusste er, was: Er würde zu jedem einzelnen Menschen gehen, um ihn an Gottes drittes Gebot zu erinnern. Und das tat er auch.
„Hallo, du lernst an einem Sonntag?" fragte er in die Gedanken von Alice hinein, die an ihrem Schreibtisch saß und einen kleinen Text aus ihrem Lesebuch abschrieb.
„Muss ich doch, denn schließlich will ich die Beste in meiner Klasse werden", antwortete sie ebenfalls in Gedanken. Sie dachte sich nichts dabei, denn sie führte oft mit sich selbst in Gedanken irgendwelche Gespräche.
„So, so, die Beste in deiner Klasse willst du werden", sagte der Engel Seliel.
„Logo, muss ich doch! Später will ich Kinderärztin werden", antwortete Alice wieder in Gedanken, die der Engel mühelos lesen konnte.
„Wieso willst du denn Kinderärztin werden?" fragte der Engel Seliel, der zwar genau wusste, warum Alice das werden wollte. Er fragte sie trotzdem, denn er wollte die Antwort von ihr selbst noch einmal hören.
„Mein Bruder Jakob ist gestorben, weil der Arzt, der ihn behandelte, nicht sofort erkannt hatte, dass er an Gehirnhautentzündung erkrankt war. Deshalb machte er vieles falsch. Hätte er gleich die gefährliche Krankheit richtig behandelt, würde Jakob heute noch leben."
„Und deshalb lernst du an einem Sonntag?"
„Ja, an jedem Sonntag", murmelte Alice vor sich hin.
„Schon mal an Gott gedacht? Du weißt doch, dass ohne ihn nichts läuft."
„Klaro, weiß ich das. Aber ohne mein Zutun..."
„... läuft nichts, das weiß ich auch. Dennoch solltest du dir überlegen, weshalb Gott euch Menschen gesagt hat, dass ihr an diesem Tag ausruhen sollt. Er will, dass du dich erholst. Lege an jedem Sonntag ein kleines Päuschen ein, und du wirst sehen, dass du es auch so schaffst", sagte der Engel Seliel. „Gott ist mit dir!"
Da wurde Alice plötzlich sehr froh, klappte ihr Buch zu und beschloss, am Montag weiterzulernen.

16. Februar

„Wie kann man nur so ungastlich sein", sagten die Tiere untereinander und schütteln ihre Köpfe. „Noch nie hat Frau Fuchs jemanden von uns eingeladen. Warum eigentlich nicht?"
Das hörte Frau Fuchs, und sie überlegte angestrengt, wen sie wohl zum Essen einladen könnte. Schließlich wollte sie nicht ungastlich sein. Es ließ ihr aber keine Ruhe, denn sie wollte nicht, dass ihr Gast zuviel von ihren Vorräten wegfraß. Da Füchse sehr schlau sind, fiel ihr bald eine Lösung ein: Sie lud Frau Storch ein. „Ein Storch hat einen langen Schnabel", sagte die Füchsin zu ihrem Mann, „ich werde ihr ein gutes Süppchen in einem ganz flachen Teller servieren."
Ihr Mann war mit diesem Vorschlag einverstanden und nickte beifällig.
So kam es, dass Frau Storch bei Frau Fuchs am Tisch saß und mit ihrem langen Schnabel versuchte, die Suppe zu schlürfen. Sie versuchte und versuchte es, doch es klappte nicht. Nicht den winzigsten Schluck bekam sie aus dem Teller. So sehr sie auch den Hals verdrehte, mit dem Schnabel auf dem Teller herumhackte, es half nichts. Frau Fuchs aber tat, als würde sie all die vergeblichen Versuche ihres Gastes nicht bemerken. Sie leckte ihre Suppe genüsslich vom Teller. Frau Storch war nach dem Essen noch hungrig, als Frau Fuchs die Teller wieder abräumte.
„Warte nur, wie du mir, so ich dir", dachte Frau Storch und lud einige Tage später Frau Fuchs zu sich nach Hause ein. Sie servierte Fleischbrühe in hohen Krügen mit schmalem Hals. Frau Fuchs roch die leckere Fleischbrühe und meinte: „Hm, das wird aber lecker schmecken", und gierig stürzte sie sich auf das Essen. Doch sie konnte nichts, rein gar nichts von der Brühe erwischen, denn die Öffnung des Kruges war viel zu schmal. So sehr sie auch ihre Schnauze in die Öffnung steckte, ihre Zunge dünn und lang machte, sie kam nicht ein bisschen der Fleischbrühe nah.
Frau Storch aber steckte ihren langen Schnabel in den Krug und aß in aller Ruhe. Sie freute sich über den Reinfall von Frau Fuchs, denn diesmal war sie es, die hungrig vom Tisch aufstand. Mit knurrendem Magen und beschämt herabhängendem Kopf eilte sie nach Hause.

Es ist nicht schön, den anderen reinzulegen. Dadurch tust du dem anderen keinen Gefallen und auch dir selbst nicht. Es ist wichtig, das gute Verhältnis zu anderen nicht aufs Spiel zu setzen. Jesus ermutigt uns zum Frieden.

Soweit es möglich ist und auf euch ankommt, lebt mit allen in Frieden. (Röm. 12,18)

Einer von euch steht als Storch auf einem Bein aufrecht da. Die anderen Mitspieler kauern als Frösche auf dem Boden und hüpfen um den Storch herum. Der Storch muss versuchen, einen der Frösche zu fangen. Hat er einen, wird der gefangene Frosch zum Storch.

17. Februar

Zwei Jahre lang hatte Steven eifrig gespart. Auch das Geld, das er von seiner Oma, seinen Tanten und Onkel zu Weihnachten, zum Geburtstag und zu Ostern bekam, hatte er zur Bank gebracht. Er verzichtete auf Süßigkeiten, verkniff sich oft den Wunsch nach einem Comic und kaufte sich nur ganz selten mal eine von seinen Lieblingskassetten. Er sparte deshalb so eifrig, weil er sich ein Fahrrad kaufen wollte. Er wusste genau, wie es aussehen musste: lila-schwarz der Rahmen, die Lenkstange fast gerade, sechs Gänge sollte es mindestens haben, und ein Tacho musste auch dabei sein. Jetzt endlich hatte er das Geld für sein Traumrad zusammen.

Es ist Freitag nachmittag, und Papa geht mit ihm zur Bank. Steven holt nun fast all sein Geld von seinem Sparbuch ab. Dann gehen sie ins Fahrradgeschäft. Ganz hinten im Laden, inmitten von vielen anderen Rädern, steht genau das Rad, das er sich wünscht.

„Da ist es", jubelt er und stürzt zu dem Rad mit dem lila-schwarzen Rahmen. „Papa, ist es nicht toll?"

„Ein Superrad", antwortet Papa.

„Du hast einen guten Geschmack, junger Mann", sagt der Verkäufer. „Doch es ist nicht billig."

„Ich weiß", sagt Steven, „ich habe ja auch lange genug dafür gespart."

Nach gründlicher Überprüfung und einer kleinen Probefahrt über den Hof sagt er: „Ich nehme es! Haben Sie auch einen passenden Tacho?"

Der nette Verkäufer läuft zu einer Vitrine und holt einige Tachos heraus.

Steven sucht sich einen schwarzen Tacho aus.

An der Kasse holt er stolz seinen Geldbeutel hervor und legt die Geldscheine auf den Ladentisch.

Daheim bewundert Stevens Mama sein Rad. „Ein tolles Fahrrad", sagt sie und drückt mit ihrem Daumen gegen die Klingel.

Nach dem verspäteten Mittagessen bittet ihn Mama, ein Päckchen zur Post zu fahren. Fünf Minuten später kommt er laut weinend, das Fahrrad neben sich herschiebend, zurück.

„Mein neues Rad ist kaputt", schluchzt er.

Papa guckt sich das Rad an: „Die Kette ist doch nur runtergefallen", sagt er beruhigend.

„Du darfst nicht die Gänge schalten, wenn du nicht fährst. Das ist alles."

Dann drückt Papa die Kette wieder auf den Zahnkranz. „So, das war's, nun ab zur Post."

„Danke", ruft Steven glücklich, schwingt sich wieder auf sein neues Rad und braust los.

Impuls

So wie der Papa von Steven die Kette wieder auf den Zahnkranz legt, so findet Gott immer wieder Wege, dem Menschen zu helfen, der hilflos vor einem Problem steht.

Biblisches Wort

Es ist ein köstlich Ding, geduldig sein und auf die Hilfe des Herrn warten.
(Klagel. 3,26)

Aktion

Nimm ein kleines Hartholzbrettchen, das deine Mama zum Zwiebelschneiden braucht, und male mit Holz- oder Filzfarben eine Landschaft mit einem Schneemann drin. Am nächsten Tag kannst du es mit Klarlack überziehen, damit sich das Bild nicht abwischen lässt.

Paula hat immer viele Wünsche. Sie hat keine Geschwister, und ihre Eltern sind sehr reich. Sie erfüllen ihr immer jeden Wunsch. Nie muss sie bis zum Geburtstag, bis Ostern oder bis Weihnachten warten. Was immer sie will, bekommt sie sofort. Sie sagt nicht einmal mehr danke, wenn sie etwas geschenkt bekommt. Ihr Kinderzimmer ist zu klein geworden für all das Spielzeug, die Kuscheltiere, Bücher, Kassetten und Videos. Als sie sich deshalb bei ihren Eltern beschwert, darf sie sich einen der Hobbyräume im Untergeschoss aussuchen. Der gehört ihr nun auch. Aber es dauert nicht lange, da ist der genauso vollgestopft wie ihr Kinderzimmer.

An einem Sonntag fragt Marie-Luise, ob sie mit in den Kindergottesdienst kommen würde. Weil Paula sich trotz ihres vielen Spielzeugs langweilt, geht sie mit. Zum Schluss des Kindergottesdienstes erzählt Frau Bergmann den Kindern vom Waisenhaus am Rande der Stadt: „Diese Kinder haben meistens keine Eltern mehr. Sie werden oft von ihren Geschwistern getrennt."
„Oh, die armen Kinder", sagt Marie-Luise.
„Ja, sie sind wirklich arm. Sie haben wenig Spielzeug und Kleidung. Und deshalb wäre es nicht schlecht, wenn wir gemeinsam für diese Kinder sammeln würden. Sicher habt ihr altes Spielzeug oder Sachen zum Anziehen, die euch längst zu klein geworden sind", sagt Frau Bergmann.
„Ich habe ein altes Fahrrad, das kann ich verschenken", sagt Matthias.
„Und ich einige Märchenbücher", ruft Julia.
„Wir haben zu viele Kuscheltiere", sagen die Zwillinge Andrea und Andreas.
Paula, die gut zugehört hat, wird es immer unbehaglicher zumute. Sie rutscht unruhig auf ihrem Stuhl hin und her. Plötzlich kommen ihr Zweifel: 'Ist es ehrlich so toll, so viel Spielzeug zu besitzen? Spielzeug, das sie bald langweilt? Gibt es nicht andere Sachen, die wichtiger sind?' Und so überlegt sie, ob sie nicht auch irgend etwas für die armen Kinder im Waisenhaus tun kann.
„Ich habe jede Menge Spielzeug", sagt sie. „Kann ich davon nicht etwas den Kindern im Waisenhaus schenken?"
„Fragt alle eure Eltern, und dann bringt am nächsten Sonntag die Sachen mit, die ihr nicht mehr braucht", sagt Frau Bergmann.
Zu Hause angekommen, spricht Paula gleich mit Mama.
„Du darfst verschenken, was du willst, denn es sind ja deine Sachen", sagt Mama. Darüber ist Paula sehr glücklich, und sie läuft sofort in den Hobbyraum, um viele Sachen zusammenzupacken.

18. Februar

Impuls

Es ist schön, mit anderen zu teilen oder Sachen abzugeben. Denke immer daran, dass es nicht nur fröhliche Geber, sondern auch fröhliche Nehmer geben muss.

Biblisches Wort

Die Einsichtigen werden leuchten wie der taghelle Himmel, und alle, die anderen den rechten Weg gezeigt haben, werden glänzen wie die Sterne für ewige Zeiten. (Dan. 12,3)

Aktion

Schneide erst einmal aus starker Pappe größere Ringe aus. Stelle einige Flaschen auf den Boden, und dann versuche mit deinen Freunden, die Pappringe über die Flaschen zu werfen. Wer die meisten Ringe um die Flasche hat, hat gewonnen.

19. Februar

Am nächsten Sonntag fährt Papa mit Paula zum Waisenhaus. Sie hat so viele Sachen für die Kinder vom Waisenhaus herausgesucht, dass Papa entschieden hat, alles im Auto direkt ins Waisenhaus zu bringen. Er hatte dies vorher mit Frau Bergmann ausgemacht.

Im Waisenhaus angekommen, empfängt sie die Oberin. Paula fragt sie, ob sie nicht mit den Kindern spielen darf, während Papa die Sachen aus dem Auto lädt. Natürlich darf sie. Die Oberin bittet Schwester Agnes, Paula mit zu den Kindern zu nehmen. Paula hüpft neben Schwester Agnes her und ist gespannt, was für Kinder im Waisenhaus wohnen. Noch bevor sie das Spielzimmer erreichen, kommen schon Kinder auf sie zugestürmt und rufen durcheinander: „Bleibst du jetzt bei uns?"

„Wie heißt du?"

„Weshalb bist du hier?"

„Halt, halt", sagt Schwester Agnes. „Erst mal alle zurück ins Zimmer, setzt euch hin, und dann werde ich es euch sagen."

Als jeder sich einen Platz auf dem Boden gesucht hat, sagt Schwester Agnes: „Das ist Paula. Sie ist nur zu Besuch und möchte gerne einmal mit euch zusammen sein."

„Schwester Agnes, lies uns doch bitte eine Geschichte vor", sagt Flori.

„Oh ja!" Alle freuen sich, und Schwester Agnes beginnt eine Geschichte zu erzählen.

Paula setzt sich neben ein kleines Mädchen auf den Boden. Das Mädchen gefällt ihr, und sie fragt, wie sie heißt.

„Nicole", flüstert sie und legt den Finger auf den Mund. „Du musst leise sein, wenn Schwester Agnes vorliest."

„Muss man bei euch immer so leise sein?" fragt Paula ebenfalls flüsternd.

Nicole nickt mit dem Kopf.

Später gibt es im Speisesaal noch Kakao, und Paula darf wieder neben Nicole sitzen. Nicole erzählt Paula, dass ihre Eltern bei einem Autounfall ums Leben gekommen sind.

Kurz danach holt Papa Paula ab. Sie fahren nach Hause. Paula erzählt und merkt gar nicht, dass sie fast nur von Nicole redet. „Wäre doch schön, wenn ich so eine Schwester wie Nicole hätte. Können wir sie nicht einmal zu uns einladen?"

Abends überlegen die Eltern von Paula, ob es nicht möglich wäre, dass Nicole ab und an zu Besuch kommt. Nachdem Paula und Nicole einverstanden sind, wird Nicole sogar als Pflegekind in die Familie aufgenommen. Paula hat inzwischen gelernt zu teilen.

Impuls: Nicht alle Eltern können fremde Kinder bei sich aufnehmen. Aber ab und zu kannst du Kinder, die allein sind, zum Spielen bei dir einladen.

Biblisches Wort: Alle sollen sehen, wie freundlich und gütig ihr zueinander seid. (Phil. 4,5)

Aktion: Du nimmst ein Buch, schlägst einfach eine Seite auf und tippst mit dem Finger auf ein Wort. Mache das sechsmal hintereinander. Du hast nun sechs Wörter, die du aufschreibst. Alle anderen Kinder müssen nun aus diesen sechs Wörtern eine Geschichte erfinden.

20. Februar

An einem Abend gingen die Jünger Jesu zum See hinunter. Sie warteten eine ganze Weile auf Jesus, aber der kam nicht. Da fuhren sie mit ihrem Bott los, über den See nach Kafarnaum. Die wenigen Leute, die noch am Ufer waren, wunderten sich und fragten, weshalb Jesus noch immer nicht bei seinen Jüngern war.

Es wurde dunkel. Jesus war noch immer nicht gekommen. Ein starker Wind kam auf, und die Wellen des Sees gingen hoch. Es war eine Riesenanstrengung, die Fahrt schien ihnen endlos. Die Jünger waren schon ein großes Stück weit weg vom Ufer. Sie wurden noch immer von den Wellen hin- und hergeworfen und hatten alle Mühe, von den Wellen nicht über Bord gespült zu werden. Da sahen sie plötzlich eine Gestalt, die über das Wasser ging und sich ihrem Boot näherte. Sie bekamen Angst schrieen: „Es ist ein Geist! Es kann nur ein Geist sein."

„Habt keine Angst, ich bin es!" sagte Jesus und kam langsam näher. Die Jünger sahen zu ihm hin, um ihn genau zu erkennen. Inzwischen war es ganz finster geworden. „Meister, wenn du es wirklich bist, dann sage mir, dass ich zu dir über das Wasser kommen soll", rief ihm Petrus zu.

„Komm!" sagte Jesus.

Voller Angst sahen die Jünger zu, wie Petrus über Bord kletterte und Jesus entgegenging. Er ging ganz sicher. Doch auf einmal fiel Petrus ein, dass er ja über das Wasser ging. Er bekam fürchterliche Angst und in diesem Augenblick begann er unterzugehen.

„Hilfe, Herr, hilf mir!" schrie Petrus.

Jesus reichte ihm die Hand und sagte: „Dein Glaube ist so klein, warum hast du gezweifelt?"

Dann stiegen sie beide ins Boot. In diesem Augenblick legte sich der Wind, und das Wasser des Sees wurde ruhig.

Da riefen die Jünger: „Wahrhaftig, du bist Gottes Sohn!"

Sie fuhren hinüber ans andere Ufer. Die Leute, die das alles mit angesehen hatten, erinnerten sich am nächsten Tag, dass nur ein einziges Boot am Ufer gelegen hatte. Sie wussten auch, dass Jesus nicht ins Boot gestiegen war und seine Jünger ohne ihn abgefahren waren.

„Die Jünger sind allein losgefahren. Wie nur konnte Jesus zu ihnen kommen? Wie konnte so etwas geschehen?" fragten sie sich erstaunt.

Wenn du ganz fest glaubst, kannst du vieles erreichen. Du musst nur ganz fest daran glauben. Manchmal dauert es auch eine Weile.

Jesus sprach sie an: Fasst Mut. Ich bin es, fürchtet euch nicht. (Matth. 14,27)

Nimm eine Apfelsine und lass dir von deiner Mama einige Gewürznelken geben. Dann stecke die Nelken dicht nebeneinander in die Schale der Apfelsine. Es dürfen nur noch die Blüten herausschauen. Der Nelkenigel ist fertig und duftet ganz toll.

21. Februar

Manchmal sieht es so aus, als würde gar nichts mehr gelingen. Aber dann kommt ganz unerwartet von Gott Hilfe. Dafür kannst du sehr dankbar sein.

Mit dem Herrn rechnen ist besser, als auf die Hilfe der Mächtigen warten. (Ps. 118,9)

Ein kleines Gemeinschaftsspiel: Lege mitten auf den Tisch viele kleine Hölzchen. Dann nimm drei Würfel und würfele damit. Jeder darf sich so viele Hölzchen nehmen, wie er Augen auf den Würfeln hat. Wer zuerst 25 Hölzchen vor sich liegen hat, hat gewonnen.

„Schon wieder hat Mama geweint", flüstert Vanessa ihrer Puppe zu. „Und wenn ich sie frage, was los ist, sagt sie immer nur 'Es wird schon alles wieder gut werden'. Heute abend will ich es aber genau wissen." Sie zieht sich allein aus. „Bin fertig", ruft sie, als sie schon im Bett liegt. „Ich will endlich wissen, was los ist."
„Na schön", sagt Mama seufzend und setzt sich zu Vanessa aufs Bett, „im März habe ich keine Arbeit mehr, weil der Herr Kessler seinen Laden zumacht."
„Haben wir dann kein Geld mehr?"
„Ein bisschen schon, aber es ist zu wenig."
„Such dir doch einfach eine andere Arbeit!"
„Neue Arbeit zu finden, ist heute nicht leicht, mein Schätzchen."

Vanessa kuschelt sich unter die Decke und überlegt, wie sie Mama helfen könnte. Plötzlich fällt ihr ein, dass Tante Christa erst neulich gesagt hat, dass jeder Mensch mit Gott reden und zu ihm kommen kann. Da weiß sie auf einmal, was sie tun kann. Sie nimmt Püppi und schleicht leise aus der Wohnung. Draußen ist es kalt.
„Wenn ich Gott gefunden habe, sage ich ihm, dass er Mama wieder Arbeit geben soll", sagt sie zu Püppi.
Lange läuft sie durch die menschenleeren Straßen. Da schießt ein Hund um die Ecke.
„Tu mir nichts", flüstert Vanessa.
„Wolf, komm her", ruft eine Frau. „Was machst du denn so ganz allein mitten in der Nacht?" fragt die Frau und nimmt den Hund an die Leine.
„Ich will zu Gott, mit ihm reden, damit er Mama wieder Arbeit gibt", sagt Vanessa. Sie zittert vor Kälte und Angst.
„Zu Gott? Ja weißt du denn nicht, dass er überall ist? Deshalb brauchst du doch nicht wegzulaufen. Wo wohnst du denn?"
„In der Rheinstraße 17."
„Das ist ja am anderen Ende der Stadt", ruft die Frau erschrocken aus. „Komm mit, ich hole das Auto und fahre dich nach Hause."
„Ich darf nicht zu Fremden ins Auto steigen", sagt Vanessa.
„Wir rufen deine Mama an. Einverstanden?"
Vanessa nickt.

Mama nimmt Vanessa ganz fest in den Arm und lädt die Frau zu einer Tasse Kaffee ein.
Am nächsten Morgen wundert sich Vanessa sehr, denn Mama ist fröhlich.
„Was ist passiert?" fragt Vanessa.
„Stell dir vor, Schätzchen, ich habe eine neue Arbeitsstelle in einer Bäckerei gefunden. Die nette Frau von gestern abend sucht dringend eine Verkäuferin."
Da wird Vanessa ganz froh und glücklich und sagt: „Dann hat Gott doch geholfen."

22. Februar

René weiß genau, wie er andere Kinder, Geschwister, Eltern und Lehrer ärgern kann. Er ist glücklich, wenn alle wütend sind nach seinem lässig dahingesprochenen Satz: „Das genügt mir!“
Wenn er sich mit den Kindern in der Schule prügelt und die ihm dann drohen, nie wieder mit ihm zu spielen, da lacht er nur und sagt: „Das genügt mir!“ Da wissen sie nicht, genügt es ihm, dass er sie geprügelt hat, oder genügt es ihm, dass sie nicht mehr mit ihm spielen wollen?
Bekommt er eine Fünf im Rechnen, sagt er zu seiner Lehrerin: „Das genügt mir!“
Meint Mama, er soll sein Zimmer aufräumen, weil es in ihm schlampig aussieht, sagt er: „Ein schlampiges Zimmer genügt mir!“
Einmal schnitt er der Lieblingspuppe seiner Schwester einen der beiden Zöpfe ab. Als sie sich bei Mama beschwerte, sagte er: „Ein Zopf genügt mir!“
Wenn er etwas geschenkt bekommt, sagt er nicht wie alle anderen Kinder „Dankeschön“, sondern einfach nur: „Das genügt mir!“
Und so geht das tagein, tagaus.

René hat eine Großmutter. Sie kommt zu Besuch und hört dieses „Das genügt mir!“ Da überlegt sie, wie sie ihm wohl diesen Satz abgewöhnen kann. Sie überlegt und merkt, dass ihrem Enkel die Liebe zu Gott fehlt. Sie erzählt ihm jeden Tag eine Geschichte aus der Bibel. Sie fängt mit der Erschaffung der Welt an. Sie erzählt ihm von Adam und Eva, von Kain und Abel, von Noah und der Sintflut und all die anderen Geschichten aus dem Alten Testament. Später erzählt sie von Jesus, seiner Geburt, der Flucht nach Ägypten, den Wundern, die er mit Gottes Hilfe tun konnte, und auch von seinem Sterben und seiner Auferstehung. René gefallen die Geschichten so gut, die ihm seine Großmutter erzählt, dass er immer seltener sagt: „Das genügt mir!“
Kurz vor ihrer Abreise sagt er zu seiner Großmutter: „Von den Geschichten kann ich wirklich nicht genug hören. Kannst du mir nicht mehrere davon erzählen, bevor du abreist?“
Da lacht die Großmutter und fragt: „Genügen dir zwei?“
„Nein“, sagt René. „Nein, mir genügt das nicht.“
„Ich denke, dir genügt das“, sagt die Großmutter ernst.
Da merkt René, wie dumm er ist, die anderen immer mit seinem Spruch „Das genügt mir!“ zu ärgern. Und er verspricht seiner Großmutter, diesen Satz nie wieder zu sagen. Und er hält sein Wort.

Impuls

Auch mit Worten kannst du andere ärgern und nerven. Achte darauf, welche Sprüche du machst. Mit Worten kann man viel kaputtmachen oder viel Gutes weitergeben, wie z. B. die Geschichten von Jesus.

Biblisches Wort

Der Geist in euch ist willig, aber eure menschliche Natur ist schwach. (Mark. 14,38)

Aktion

Versteckt einen Gegenstand im Zimmer und ruft demjenigen zu, der sucht: „Warm – oder kalt.“

23. Februar

Tanja hat sich ihr linkes Bein gebrochen. Nun kann sie nicht in den Kindergarten, und Mama weiß nicht, wohin mit ihr, denn sie muss arbeiten gehen.
„Ich will nicht zur Oma, dort ist es jetzt langweilig. Ich kann nicht einmal im Garten sitzen, weil es so kalt ist", meckert Tanja. „Die anderen Kinder dort gehen sicher Eislaufen und Schlittenfahren. Was soll ich denn da?"
„Bei Oma bist du gut aufgehoben und versorgt. Sie kocht für dich und spielt mit dir. Ab und zu kommen bestimmt auch Laura und Janina zu dir. Sie wohnen doch gleich nebenan."
„Die haben ja Schule und sicher keine Zeit. Und Oma ist schon sooo alt."
„So alt ist die Oma nun auch wieder nicht. Außerdem weiß ich sonst nicht, wohin mit dir. Du wirst sehen, nachher gefällt es dir so gut, dass du nicht mehr nach Hause willst."

Oma zeigt Tanja gleich die beiden Häschen Mohrle und Flöckchen, die sie von einer Nachbarin in Pflege hat. Tanja findet die beiden süß und vergisst ganz, dass sie eigentlich motzen wollte. Sie spielt mit den beiden. Plötzlich ruft Oma sie ans Fenster und zeigt ihr ein Elsternpaar, das bei der offenen Mülltonne auf der anderen Straßenseite nach Futter sucht. Sie werfen das Papier einfach raus und sorgen so für viel Unordnung. Tanja lacht, denn so etwas hat sie noch nie gesehen.
„Die beiden kommen jeden Tag und suchen nach Futter", sagt Oma. „Die Nachbarn freuen sich natürlich nicht darüber. Aber sie sind nicht böse und lassen die Elstern gewähren."

Oftmals kommt es anders als du denkt. Irgend etwas erscheint dir langweilig und dann ist es doch ganz anders. Du kannst immer gespannt sein, welche Überraschungen Gott dir schickt.

Seht euch die Raben an! Sie säen nicht und ernten nicht, sie haben weder Scheune noch Vorratskammer. Aber Gott sorgt für sie. Und ihr seid ihm doch viel mehr wert als die Vögel!
(Luk. 12,24)

24. Februar

In Kafarnaum lebte ein gelähmter Mann. Er konnte nicht gehen. Er lag auf der Straße und bettelte die Leute an. Aber darüber war er nicht so sehr unglücklich. Er war viel mehr unglücklich über das viele Unrecht, das er in seinem Leben getan hatte. Er dachte gerade darüber nach, was er alles so falsch gemacht hatte, da kamen seine vier Freunde vorbei. Sie riefen ihm zu: „Jesus ist in der Stadt! Er heilt Kranke."
„Was hat das mit mir zu tun?" fragte der gelähmte Mann. „Ich kann ja nicht zu ihm gehen, denn schließlich bin ich gelähmt."
Da sagte einer von den vieren: „Du brauchst ja nicht selbst zu gehen. Schau doch her, wir haben eine Trage mitgebracht." Sie legten den gelähmten Mann darauf, ehe er auch nur antworten konnte.
„Bleib nur schön liegen: Wir bringen dich zu Jesus", versicherten ihm seine Freunde. Sie wollten ihn in das Haus hineintragen und vor Jesus niederlegen. Aber die Menschenmenge davor war so groß, dass sie beim besten Willen nicht durchkommen konnten. So sehr sie auch baten: „Lasst uns durch, wir wollen zu Jesus", sie hatten keinen Erfolg.
„Gebt es doch auf und bringt mich wieder nach Hause", sagte der gelähmte Mann.
Nein, so schnell würden sie nicht aufgeben. Plötzlich hatten sie eine Idee: „Wie wär's, wenn wir ihn auf das Dach bringen würden? Wir lösen einige Ziegel ab und lassen die Trage mit dem Kranken genau vor Jesus nieder."
„So machen wir es", sagten sie.
Da schrie der gelähmte Mann voller Angst auf: „Was macht ihr denn mit mir? Wollt ihr mich vom Dach stürzen? Wozu soll das gut sein?"
Sie waren zu beschäftigt, um ihm zu antworten.
Als das Loch im Dach groß genug war, ließen sie den gelähmten Mann vorsichtig mit der Trage hinuntergleiten, die sie an Seilen befestigt hatten. Der gelähmte Mann landete genau vor Jesu Füßen. Seine Freunde glaubten fest daran, dass Jesus ihn heilen würde.
Jesus sah die Angst in den Augen des gelähmten Mannes und sagte sanft: „Deine Schuld ist dir vergeben. Ich befehle dir: Stehe auf, nimm die Trage und gehe nach Hause."
Sofort stand der gelähmte Mann vor allen Leuten auf, war nicht mehr gelähmt, nahm seine Trage, auf der er gelegen hatte, und ging nach Hause. Dabei pries er Gott.
Die vier Freunde rannten hinunter, umarmten und beglückwünschten den geheilten Mann. Und jeder, der ihn laufen sah, war starr vor Staunen. Sie erzählten überall: „Unglaubliche Dinge haben wir heute erlebt!" Und lobten Gott.

Impuls: Mit Gott kannst du die unglaublichsten Dinge erleben, und das macht das Leben mit ihm so spannend und aufregend.

Biblisches Wort: Eine große Erregung erfasste alle, die versammelt waren, und sie priesen Gott. (Luk. 5,26)

Aktion: Male den Mann so, wie du dir vorstellst, dass er zu Jesus gebracht wird.

25. Februar

Tiere sind Geschöpfe Gottes und in manchen Fällen gute Spielgefährten. Aber nicht immer werden deine Eltern damit einverstanden sein, wenn du ihnen Tiere ins Haus bringst. Sei darüber nicht ärgerlich, denn sie wissen, weshalb sie nein sagen.

Ich setze euch über die Fische im Meer, die Vögel in der Luft und alle Tiere, die auf Erden leben, und vertraue sie eurer Fürsorge an.
(1.Mose 1,28)

Male die Geschichte oder eine andere Geschichte von Mäusen.

„Was ist denn los?“ fragt Papa und sieht Mama leicht beunruhigt an.
„Ich weiß nicht, überall finde ich Spuren von einer Maus. Noch nie haben wir eine Maus in unserer Wohnung gehabt“, antwortet Mama und deckt den Abendbrottisch.
„Wie soll denn eine Maus zu uns in den ersten Stock kommen?“ fragt Gabriel.
„Mit dem Aufzug natürlich“, sagt Sarah.
„Bist du dumm, die kann doch gar nicht auf die Knöpfe drücken. Außerdem kann sie nicht lesen und weiß also nicht, wo wir wohnen“, sagt Gabriel.
„Dann gibt es auch keine Maus bei uns“, antwortet Sarah.
„Wer knabbert denn dann den Käse in der Speisekammer an?“ fragt Mama. „Und wer frisst ein Loch ins Brot? Und in der Salami habe ich auch ein kleines Loch entdeckt.“
„Vielleicht die Heinzelmännchen?“ sagt Papa und grinst.

Später, als alle im Bett liegen, holt Gabriel seine kleine Maus Kim unter seinem Bett hervor. Er hat für sie eine kleine Holzkiste besorgt, Löcher hineingebohrt und mit alten Tüchern ausgepolstert. Er holt sie heraus und nimmt sie in die Hand.
„So, Kim, jetzt gibt es Happahappa. Du kannst dir wieder in der Speisekammer aussuchen, was du willst. Magst du leckeren Käse oder lieber von der guten Wurst? Überlege es dir. Wichtig ist, dass wir ganz leise sind, denn sonst kriegen wir beide Ärger“, flüstert er Kim zu und schleicht mit ihr in Richtung Küche.
Da steckt Sarah vorsichtig ihren Kopf aus ihrer Tür. Als sie aus dem Kindergarten kam, hat sie Gabriel in der Zoohandlung beobachtet, wie er etwas gekauft hat. Jetzt will sie es genau wissen. Sie sieht Gabriel in der Speisekammer verschwinden, huscht ihm nach und reißt mit einem Ruck die Tür auf. Erschrocken fährt Gabriel herum und lässt vor lauter Schreck die Maus los. Kim rennt blitzschnell auf den Flur.
„Dumme Pute, jetzt kann ich Kim suchen“, sagt Gabriel empört.
„Ich helfe dir“, sagt Sarah.
Plötzlich steht Papa vor ihnen und fragt: „Was macht ihr denn hier?“
„Wir suchen Kim“, sagt Sarah.
„Wer ist denn Kim?“ fragt Mama, die ebenfalls aufgestanden ist.
„Die Maus von Gabriel“, ruft Sarah ganz laut.
„Olle Petze!“ murmelt Gabriel und guckt unter dem Schuhschrank. Dort angelt er Kim hervor, hält sie seinem Papa hin und fragt: „Ist Kim nicht niedlich? Darf ich sie behalten?“
Papa sieht sich Kim genau an, schaut zur Mama und sagt: „Wenn Mama nichts dagegen hat.“
Mama guckt sich die Maus an, sieht, dass es eine weiße Tanzmaus ist, und nickt seufzend: „Meinetwegen, aber pass auf, dass sie nicht mehr in die Speisekammer geht.“
„Versprochen“, sagt Gabriel und geht glücklich mit Kim wieder in sein Zimmer zurück.

26. Februar

Ta, wie er von allen genannt wird, ist seit ein paar Wochen im Kindergarten. Er fühlt sich nicht besonders wohl, denn er sieht ein bisschen anders aus als die anderen Kinder. Ta ist ein Mischlingskind. Seine Mama kommt aus China, sein Papa ist in Berlin geboren. Die Kinder sind nett zu ihm, dafür sorgt schon Tante Brigitte, trotzdem hat er noch keine richtigen Freunde.
Alle anderen ausländischen Kinder spielen zusammen und besuchen sich gegenseitig auch außerhalb des Kindergartens. Nur er hat niemand, denn er ist der einzige, dessen Mama aus China kommt. Da sie noch nicht lange in dem Viertel wohnen, kennt seine Mama auch kaum jemand.

Heute hat Tante Brigitte Geburtstag und feiert mit ihren Kindern ein richtiges Fest. Sie hat für jeden Jungen ein Hütchen und für jedes Mädchen eine Schleife mitgebracht. Als alle Kinder ihre kleinen Geschenke an Tante Brigitte gegeben haben, kommt Ta mit seiner Mama. Alle Kinder sehen ihn erstaunt an. Er trägt einen echten bunten chinesischen Anzug, hat ein kleines schwarzes Käppchen auf dem Kopf und schwarze Stoffschuhe an. Genau so, wie sie die Kinder in China tragen. In der Hand trägt er eine Laterne, die er Tante Brigitte zum Geburtstag schenkt.
„Siehst du aber fein aus!" ruft Juliane.
„Lass mich doch mal anfassen", sagt Michael, kommt auf Ta zu und befühlt den seidig glänzenden Stoff. „Au, ist der aber zart."
„Wo hast du das Kostüm her?" fragt Sophie.
„Das habe ich von meiner Tante aus China geschenkt bekommen", antwortet Ta. „Mama sagt, dass bekomme ich an besonderen Tagen an, und heute ist doch einer."
„Möchte ich auch mal haben", sagt Marina.
„Ist ja toll, dass du dich extra für Tante Brigitte so fein gemacht hast", sagt Kai anerkennend. Und er nimmt Ta an die Hand, und sie setzen sich nebeneinander.
„Setz euch auch", ruft Tante Brigitte den anderen Kindern zu. „Gleich gibt es Kaba und Streuselkuchen. Drei große Bleche habe ich für euch gebacken."
Das lassen sich die Kinder nicht zweimal sagen.
Ta schmeckt es besonders gut, denn auf einmal fühlt er sich bei Kai und den anderen Kindern wohl. Er flüstert Kai zu: „Willst du mal mit deiner Mama zu uns kommen?"
Kai kann nur nicken, denn er hat seinen Mund voll.
„Prima", antwortet Ta.

Impuls

Vielleicht gibt es auch in deinem Kindergarten oder in deiner Schule Kinder, die Eltern unterschiedlicher Hautfarbe haben. Kümmere dich besonders um sie, denn sie sind manchmal etwas unsicher.

Biblisches Wort

Lasst einander gelten und nehmt euch gegenseitig an, so wie Christus euch angenommen hat. (Röm. 15,7)

Aktion

Bindet ein Stück Apfel an eine Schnur fest. Halte den Apfel an der Schnur in geringem Abstand über den Köpfen deiner Mitspieler. Sie müssen nun versuchen, hoch genug zu springen, um mit den Zähnen das Apfelstück zu erwischen.

27. Februar

Gott weiß immer, wo es langgeht. Er wird dir den richtigen Weg zeigen. Du musst nur auf ihn hören.

Wer mir folgen will, muss sich und seine Wünsche aufgeben, sein Kreuz auf sich nehmen und auf meinem Weg hinter mir hergehen.
(Mark. 8,34)

Einer von euch sagt in Gedanken das Alphabet. Ein anderer ruft nach einer kleinen Weile „stopp". Mit dem Buchstaben, bei dem er gelandet ist, sucht euch dann eine Stadt, ein Land und einen Fluss. Ihr könnt euch das auch aufschreiben. Wer die meisten Städte, Länder und Flüsse weiß, hat gewonnen.

Janusch, der kleine Eisbär, stand am Rande einer Eisscholle und schaute ins Wasser.
„Träumst du wieder vom Südpol?" fragte ihn Mama.
„Am Südpol", antwortete er, „da muss es toll sein!"
„Ich weiß es nicht", sagte Mama, „ich war noch nie dort."
„Ich will dahin", sagte er.
„Der Südpol ist weit weg von hier. Er liegt genau unter uns, auf der anderen Seite der Erde."
„Aber wenn er genau unter uns liegt, müssen wir doch hinkommen können", überlegte Janusch. „Ich könnte ganz tief und lange tauchen, und dann wäre ich schon dort."
„So lange kannst du nicht tauchen", sagte Mama.
„Kann ich doch", sagte er und sprang mit einem gewaltigen Satz ins eiskalte Wasser. Er tauchte lange und tief, doch irgendwann ging ihm die Luft aus, und er musste wieder an die Oberfläche. Er musste sehr lange getaucht sein, denn er landete vor einer Kolonie von Seehunden.
„Wo, bitte schön, geht es zum Südpol?" fragte er einen.
„Immer gerade aus und dann rechts herum", sagte ein Seehund und wies mit seinem Kopf nach links. Janusch entschied, sich nach links zu wenden, denn in irgendeine Richtung musste er ja gehen.
Lange lief er so durch die Eiswüsten des Nordpols. Dann traf er eine Robbe.
„Hey, Robbi, wo geht's zum Südpol?" fragte er.
„Immer gerade aus und dann links herum", sagte Robbi und deutete nach rechts.
„Der kann auch nicht rechts und links unterscheiden", sagte sich Janusch. Und weil er ja in irgendeine Richtung gehen musste, ging er nach rechts. Wieder lief er lange durch die Eiswüsten des Nordpols.
„Wo willst du denn hin?" fragte ihn eine Seelöwenfrau mit einem Jungen.
„Zum Südpol. Weißt du zufällig, ob ich schon da bin?"
„So, so, zum Südpol willst du", sagte sie und kicherte. „Da hast du noch einen weiten Weg vor dir. Der Südpol liegt am anderen Ende der Erde. Schwimme einfach immer geradeaus nach unten."
„Nach unten, aha", sagte Janusch und hatte auf einmal ein merkwürdiges Gefühl. Er wollte nicht mehr zum Südpol, nur noch zu seiner Mama. Und so fragte er die Seelöwenfrau: „Wie komme ich zu meiner Mama?"
„Immer der Nase nach", antwortete sie und lachte. „Dein Heimweh wird dich zu ihr bringen."
Und so war es auch. Es dauerte nicht lange, da entdeckte Janusch seine Mama. Sie stand immer noch auf derselben Eisscholle.
„Hallo, Mama, da bin ich wieder", sagte Janusch.
„Fein", sagte sie. „Ich habe auf dich gewartet. Wie war's am Südpol?"
„Da war ich nicht. Der Weg ist zu weit, und niemand weiß, wo's langgeht. Ich denke, ich bleibe noch eine Weile bei dir", sagte er und kuschelte sich ganz nah an Mama an.
„Ist besser so", sagte sie und knuddelte ihn zärtlich.

28. Februar

Bernie steht schon eine ganze Weile am Fenster und sieht nach unten auf den Spielplatz. Plötzlich fragt er: „Mama, welche Hautfarbe hat Gott?"

„Wie kommst du darauf?" fragt Mama und setzt das Spaghettiwasser auf.

„Da unten auf der Bank sitzt Gott!"

„Wer? Gott? Bernie, werd nicht albern!" sagt Mama streng und schaltet die Herdplatte ein. „Gott sitzt doch nicht einfach so auf einer Bank."

„Sieh doch selbst", sagt Bernie überzeugt und stupst mit seinem Zeigefinger nachdrücklich gegen die Fensterscheibe.

„Red nicht so'n dummes Zeug! Gott lebt mitten unter uns! Das, was ich dir gesagt habe, stimmt. Aber er lebt unsichtbar bei uns. Verstehst du denn das nicht?" erklärt Mama.

„Nein! Guck doch, er hat einen langen weißen Bart, lange weiße Haare und himmelblaue Augen."

„Und vom fünften Stock aus kannst du die Farbe der Augen erkennen?" fragt Mama und schüttet etwas Salz und Öl ins Spaghettiwasser.

„Na klar", sagt Bernie.

Mama war nahe dran, die Geduld zu verlieren: „Gott hat also himmelblaue Augen? Schön! Dann kannst du mir auch sicher sagen, welche Hautfarbe er hat."

„Weiß!"

„Du bist also sicher, dass Gott ein Weißer ist?" fragt Mama. „Weiß wie Schnee."

„So, und jetzt will ich dir was sagen, mein Kleiner! Gottes Hautfarbe ist alles andere als weiß!"

„Und welche hat er nun?" fragt Bernie.

Da Mama weiß, dass Bernie nicht aufhört zu fragen, bis alle Fragen beantwortet sind, denkt sie einen Augenblick nach und sagt dann: „Gottes Hautfarbe? Gottes Hautfarbe ist die Liebe! Ja, die Liebe! Anders kann ich ihn mir nicht vorstellen! Und seine Liebe ist schwarz wie die Menschen in Afrika und die Ureinwohner in Australien. Sie ist wunderschön braun wie die Lateinamerikaner, die Mischlinge, die Inder und ein großer Teil der Asiaten. Und sie ist rötlich braun wie die Indianer in Amerika. Sie ist aber auch hübsch gelblich-bräunlich getönt wie die Chinesen, Japaner, Mongolen und Eskimos. Und die Liebe ist hellhäutig wie wir Europäer und die Amerikaner.

Gottes Hautfarbe ist wie seine Liebe: für alle Menschen dieser Erde! Gottes Hautfarbe ist so herrlich, dass wir sie uns nur allein in seiner Liebe zu uns vorstellen können."

„Dann ist die Liebe aber ganz schön bunt", sagt Bernie.

„Genau! Denke immer daran: Gott sieht nicht auf die Hautfarbe eines Menschen, Gott sieht nur in die Herzen", sagt Mama und schüttet die Spaghetti ins Wasser.

Weil Gott dich unendlich liebt, kannst du dich freuen.

Darum will ich dich preisen, Herr, und deinen Ruhm besingen unter den Völkern. (2. Sam. 22,50)

Blase ein Ei aus und fülle etwas Gießmasse hinein. Dadurch steht das Ei immer wieder auf. Klebe dem Ei ein Gesicht auf, setze auf die aufgeklebten Haare ein Hütchen oder eine Mütze drauf, und schon hast du einen Stehauf-Clown.

29. Februar

Den Wechsel von Jahreszeiten gibt es nicht überall auf der Erde. Es gibt Gegenden, da ist immer Sommer oder immer Winter. Oder es fehlt das Wasser, so dass nicht wachsen kann. Wir können Gott nicht genug danken, dass er alles so gut gemacht hat.

Dankt Gott, dem Vater, zu jeder Zeit für alles im Namen unseres Herrn Jesus Christus. (Eph. 5,20)

Male alles, was dir zeigt, dass es bald Frühling wird.

Tante Fränzi ist die lustigste und liebste Tante der Welt. Ich bin froh, dass sie die Schwester von Papa ist und nicht von sonst irgend jemand anderen. So gehört sie zu unserer Familie, und wir gehören zu ihr!

Neulich besuchte sie uns. Sie ließ ihren Hund Raps angeleint, zwinkerte mir fröhlich zu und sagte: „Ich hab' was gesehen."

„Klar", lachte Dennis, „du hast jede Menge gesehen."

„Jede Menge und noch viel, viel mehr", sagte Dominik.

„Was hast du gesehen?" fragte ich neugierig. Die Zwillinge folgten uns.

„Jede Menge", antwortete sie, „du hörst es doch von deinen Brüdern."

„Sag's schon", quengelte Dennis und setzte sich vor Tante Fränzi auf den Fußboden.

„Ich hab' den Frühling gesehen", sagte sie.

„Den Frühling?" fragte ich erstaunt, warf einen kurzen Blick durchs Fenster und sah, wie große Schneeflocken herumwirbelten.

„Du machst Spaß", sagte Dominik, der ebenfalls zum Fenster hingesehen hatte.

„Mache ich nicht. Zieht euch an und ich zeige euch den Frühling", sagte sie und wartete, bis wir uns angezogen hatten. Draußen war es kalt, das Schneegestöber war im vollem Gang.

„Wo soll nun der Frühling sein?" fragte ich und nahm ihre Hand.

„Guckt euch doch um", meinte sie, „der Frühling ist da, hat sich vor den Schneeflocken nur ein winziges bisschen versteckt."

„Das glaube ich nicht", sagte Dennis, der bereits fror. Damit Tante Fränzi es merken sollte, klapperte er laut mit den Zähnen.

„Ich auch nicht", sagte Dominik, der nicht fror und trotzdem mit den Zähnen klapperte, weil er es lustig fand.

„Ist es noch weit?" fragte ich, denn warm war es nicht gerade.

„Noch ein kleines Stück", sagte Tante Fränzi.

„Raps friert nicht", stellte ich fest, denn Tante Fränzi hatte ihn von der Leine gelassen.

„Hier ist der Frühling", sagte Tante Fränzi, blieb plötzlich am Zaun des letzten Hauses stehen und bückte sich.

„Wo?" fragte ich, hockte mich neben Tante Fränzi und sah durch den Maschendraht.

„Na, hier", sagte sie und deutete auf ein winziges Etwas.

„Ich sehe nur ein Schneeglöckchen", sagte ich etwas enttäuscht. „Nur ein einziges mickriges Schneeglöckchen."

„Das ist der Frühlingsbeginn", sagte Tante Fränzi. „Nun dauert es nicht mehr lange, und der ganze Frühling kommt."

„Der ganze Frühling", sagte ich und freute mich. Ich dachte an die warme Sonne, die bunten Blumen in den Vorgärten, die blühenden Bäume und an die Vögel, die bald aus dem Süden zurückkehren würden. Mir war auf einmal gar nicht mehr kalt.

„Ja, der ganze Frühling", sagte Tante Fränzi. Ich sah es ihr an, dass sie sich auch riesig darauf freute.

1. März

„Heute fahren wir mit der S-Bahn in den Zoo", verkündet Papa eines Sonntagmorgens.
„Au fein! War das die Überraschung, die du uns versprochen hast?" fragt Manuel.
„Toll!" sagt Louis.
„Ja, das ist die Überraschung, und wir fahren mit der S-Bahn", sagt Mama.
Da gibt es kein Halten mehr.
Mit dem Auto fahren sie zur nächsten S-Bahn-Station.
Eine ganze Stunde dauert die Fahrt. Manuel und Louis genießen die Fahrt, denn allzu oft haben sie keine Gelegenheit, mit der Bahn zu fahren.

Vom Bahnhof bis zum Zoo ist es nicht weit.
„Gehen wir zuerst zu den Affen?" fragt Louis, nachdem sie im Zoogelände sind.
„Und ich will zuerst ins Aquarium, die Fische angucken", ruft Manuel.
„Halt! Ich habe keine Lust kreuz und quer durch den Zoo zu laufen, um mir später euer Gejammer anzuhören, dass euch die Füße weh tun", sagt Papa. „Wir nehmen den normalen Rundgang!"
Endlich kommen sie zu den Affen. Louis hat schon befürchtet, dass sie nie hinkommen würden. Die Affen sind im Freigehege.
Manuel guckt zu den Tieren hinüber. Er sieht, wie ein winziges kleines Äffchen am Bauch der Mutter hängt, ein anderes, größeres auf dem Rücken eines anderen Affen sitzt.
Die Kinder schauen den Tieren eine ganze Weile interessiert zu, dann fragt Manuel: „Stammen wir wirklich von den Affen ab?"
„Fast könnte man es glauben, wenn man manche von den Kindern hier beobachtet", sagt Papa lachend und zeigt auf einen ungefähr dreizehnjährigen Jungen, der Grimassen schneidet, danach mit hängenden Armen affig herumhopst und sich dann auch noch wie die Tiere kratzt.
Ihr wisst doch, dass Gott uns Menschen erschaffen hat und..."
„... und die Tiere und die Pflanzen", unterbricht Manuel.
„Auch das sind Geschöpfe Gottes", sagt Papa. Dann gehen sie weiter, um sich die Elefanten anzusehen.
„Wann kriegen wir denn endlich unser Eis?" fragt Louis, dem beim Anblick der Elefanten einfällt, was Mama vorhin vom Eis und den Elefanten ohne Rüssel gesagt hat.
Die Elefanten, die er sieht, haben nämlich alle einen Rüssel. Und wo ist nun der Stand mit dem Eis?

Impuls: Gott hat sich bei der Erschaffung der Welt alles bis in die Einzelheiten überlegt.

Biblisches Wort: Deshalb knie ich vor Gott nieder und bete zu ihm. Er ist der Vater, der alle Wesen in der himmlischen und irdischen Welt beim Namen gerufen hat und am Leben erhält. (Eph. 3,14.15)

Aktion: Frage deine Mama und deinen Papa, ob sie mit dir mal in einen Zoo gehen können. Überlege dir, welche Tiere in einem Zoo leben.

2. März

Ungeduldig rutscht Thomas auf seinem Stuhl hin und her. Er mag schon längst nicht mehr stillhalten. Er sitzt neben Mama in einem Saal zwischen lauter Erwachsenen und muss sich irgend einen komischen Vortrag anhören. Vorne auf der Bühne steht ein Mann und zeigt Dias von einem Land in Afrika. Die Bilder findet Thomas spannend. Aber von dem, was der Mann erzählt, versteht Thomas überhaupt nichts.

Der Mann sagt, er sei Missionar. Missionare sind Leute, die Gott in ein besonderes Land schickt, damit sie dort den Menschen von ihm und seinem Sohn Jesus erzählen. Thomas würde gerne wissen, wie Gott das mit dem Schicken macht. Ob er dem Missionar eine Fahrkarte für Afrika geschickt hat oder ob er ihn angerufen und gesagt hat: So, nun mach dich mal auf den Weg nach Afrika! Thomas glaubt das nicht. Denn Gott spaziert ja nicht in der Welt herum und telefoniert oder verschickt Fahrkarten. Aber wie hat Gott sonst den Missionar geschickt? „Gott hat mich geführt", erklärt der Missionar, „in der Bibel steht: Ich will dir den Weg zeigen, den du gehen sollst, ich will dich mit meinen Augen leiten."

Das kann ja gar nicht sein, denkt Thomas, denn keiner kann Gottes Augen sehen. Doofer Vortrag, ärgert sich Thomas.

Aber dann kommt es noch schlimmer. Als der Missionar endlich zu Ende geredet hat, die Bilder alle gezeigt sind und das Licht im Saal wieder angeht, da drängeln alle Erwachsenen in einen anderen großen Raum. Hier stehen auf langen Tischen Kaffee und Kuchen bereit. Aber zum Kaffeetrinken hat Thomas erst recht keine Lust. Er will schon losmaulen, da sieht er, wie Mama ihn streng anschaut. Sofort ist er still und trottet hinter Mama zu einem der Tische. Mama schiebt ihm ein Stück Schokoladentorte auf den Teller. Eigentlich mag Thomas Schokoladentorte. Aber er ist so ärgerlich, dass er mit seiner Gabel lustlos darin herum panscht. Wieder genügt ein Blick von Mama, und Thomas weiß sofort, dass er ordentlich essen soll. Mama braucht überhaupt nichts sagen. Er braucht sie nur anzusehen, und schon weiß er, was sie von ihm möchte.

Impuls Mit Gott ist es genauso: der Missionar braucht Gott nur ansehen, und dann weiß er, was Gott von ihm will. Die Frage ist nur: Kann der Missionar Gott erkennen? Und Thomas vielleicht auch?

Biblisches Wort Ich will dich mit meinen Augen leiten. (Psalm 32,8)

Aktion Überleg mal, wie du Gott erkennen kannst! Wo kannst du etwas über ihn erfahren?

3. März

Simone stürmt ins Kinderzimmer, reißt die Schubladen ihrer Kommode auf, greift sich wahllos Jeans, T-Shirts und Socken. Danach rast sie in den Flur und stopft alles in die Sporttasche ihres Bruders Pascal.

„So, jetzt ziehe ich aus“, sagt sie. „Mama wird schon sehen, was sie davon hat! Wieso verbietet sie mir auch die Videofilme, die Jessica mir ausgeliehen hat? Immer sagt sie: 'Zuviel Fernsehen ist nicht gut für Kinder.' Jessicas Mama sagt nie etwas.“

Simone steht schmollend auf, nimmt die Tasche und läuft auf Zehenspitzen aus der Wohnung.

Sie läuft zu ihrer Freundin Jessica. Dort angekommen, sagt Jessica zu ihr: „Setz dich! Philipp und ich sehen uns gerade die Biene Maja an.“

„Kannst du mir nicht zuerst zeigen, wo ich schlafen kann?“ fragt Simone, „ich will nämlich bei dir übernachten!“

„Nachher! Sei still und stör' hier nicht rum!“ antwortet Jessica ungehalten.

„Darfst du denn bei uns bleiben?“ fragt Philipp.

„Ich bleib' einfach. Mama erlaubt mir nämlich...“, weiter kam sie nicht, denn Jessica ruft noch ungehaltener als vorhin: „Pscht! Du bist echt nervig! Setz dich hin!“

Schweigend hockt sich Simone neben Jessica auf den Teppichboden und schaut sich den Film an. Am Ende des Films fragt sie: „Kann ich was zu trinken haben?“

„Später“, entgegnet Jessica. „Erst wollen wir noch Dick und Doof sehen.“

Zuerst blickt Simone noch voller Spannung auf den Fernseher. Doch bald fängt sie sich an zu langweilen: „Habt ihr nichts anderes als solch olle Filme?“

„Wir haben jede Menge anderer Filme! Aber jetzt wollen wir diesen Film sehen. Was dagegen?“ fragt Jessica.

„N n nö“, stottert Simone und schaut noch eine Weile zu.

Irgendwann kommt Jessicas Mama ins Wohnzimmer, bringt ihnen ein Tablett mit Schokoriegeln und Fruchtsäften und fragt, was sie zum Abendessen haben wollen.

„Nichts, ich gehe gleich nach Hause“, sagt Simone schnell, steht auf, nimmt die Sporttasche und verabschiedet sich.

„Willst du nicht heute bei uns schlafen?“ fragt Jessica.

„Bei euch ist's zu langweilig“, sagt Simone und läuft eilig aus dem Zimmer.

Auf dem Heimweg ist Simone froh, nicht bei Jessica geblieben zu sein.

„Bei Mama und Papa und Pascal ist es doch am schönsten“, denkt sie noch, ehe sie ihren kleinen Zeigefinger voller Wucht auf den schwarzen Klingelknopf drückt.

Manchmal denkt man, die anderen haben es besser. Aber auch zu viel Fernsehen kann langweilig werden. Wenn du liest oder spielst, kannst du dir alles viel besser vorstellen.

Der Sohn denkt: Ich will zu meinem Vater gehen und ihm sagen: Vater, ich bin vor Gott und dir schuldig geworden. (Luk. 15,18)

Nimm einen Karton, schneide in die vordere Seite ein bildschirmgroßes Loch. Bedecke es mit einem weißen Tuch. Stelle es auf einen Tisch, und hinter dem Karton stelle eine Lampe auf. Schneide Männer, Frauen, Kinder und Tiere aus einem Katalog oder einer Zeitschrift aus. Klebe sie auf einen Karton, schneide diesen auch aus. Klebe die einzelnen Figuren auf einen kleinen Stab, den du in der Hand halten kannst. Wenn du die Figuren jetzt hinter dem Bildschirm bewegst, kannst du mit ihren Schatten ganze Geschichten erzählen.

4. März

Tante Fränzi ist die lustigste und liebste Tante der Welt. Ich bin froh, dass sie die Schwester von Papa ist und nicht von sonst irgend jemand anderen. So gehört sie zu unserer Familie, und wir gehören zu ihr! Sie erzählt uns die lustigsten Geschichten. Außerdem feiern wir dreimal im Jahr Geburtstag. Toll, was?

Da Dennis und Dominik Zwillinge sind, kommen wir drei genau auf zwei Geburtstage. Aber Tante Fränzi sagt, dass das ungerecht wäre, wenn drei Geschwister nur zweimal im Jahr Geburtstag feiern können. Und das kam so:

An meinem sechsten Geburtstag brachte sie zwei Päckchen mit. Ziemlich große Päckchen in wunderhübschem Geschenkpapier. Sie gab mir einen dicken Kuss, dann fragte sie, wo die Geburtstagskinder wären.

„Das bin doch ich", sagte ich, nahm ihr eins der Päckchen ab. Da sah sie Mama ziemlich komisch an und meinte: „Oh, Hanna, ich schätze, mir ist da ein bedeutender Fehler unterlaufen! Ich dachte, die Jungens haben Geburtstag."

Zuerst glaubte ich, sie macht nur Spaß. Doch als ich rasch das Päckchen öffnete, war da 'n großes rotes Feuerwehrauto drin.

Enttäuscht riss ich das Papier des anderen Geschenkes auf, und was war da drin?

Ein flotter Polizeiwagen. Dabei hatten ja die Zwillinge erst nächsten Monat Geburtstag.

„Und was hast du mir zu meinem Geburtstag mitgebracht?" fragte ich Tante Fränzi.

„Ähm, weißt du, Kleines, äh – nichts", antwortete sie total verlegen.

„Nichts?" Ich konnte es kaum glauben.

Sie war doch meine Lieblingstante, und ich war ihr Patenkind, und es war noch nie passiert, dass sie mir nichts zum Geburtstag mitgebracht hatte.

Während ich noch überlegte, ob ich nun einfach losheulen sollte, beugte sie sich zu mir hinunter, nahm mich ganz lieb in ihre Arme und sagte: „Rike, Kleines, es tut mir ja so furchtbar leid! Du, ehrlich, irgendwie muss ich eure Geburtstage verwechselt haben! Sei nicht traurig! Wir ziehen uns jetzt schnell an und fahren sofort in den Spielzeugladen, und da darfst du dir ein ganz großes Geburtstagsgeschenk aussuchen. Einverstanden?"

Da konnte ich nur noch erleichtert nicken.

„Hast du denn wirklich vergessen, dass ich mir 'ne Barbiepuppe gewünscht habe?" fragte ich sie unterwegs.

„Nein, das habe ich nicht vergessen", sagte Tante Fränzi, „darum gehen wir ja jetzt die Puppe kaufen."

Impuls

Gott kennt dich und weiß immer, was du machst, wo du bist, was du denkst und was du fühlst. Gott vergisst dich nicht, niemals. Auch nicht an deinem Geburtstag.

Biblisches Wort

Herr, du durchschaust mich, du kennst mich bis auf den Grund. (Ps. 139,1)

Aktion

Beklebe runde oder viereckige Schachteln und Dosen mit buntem Glanzpapier oder bemale sie mit Wasserfarben oder Buntstiften. Dann hast du eine schöne Verpackung für Geschenke.

5. März

Babette hatte einige schöne Stücke Käse auf das Fensterbrett in die Sonne gelegt. Der Käse sollte trocknen, denn sie erwartete am Abend Besuch und wollte Rotwein mit Käse servieren. Auf dem Baum vor dem Fenster saß der Rabe Eduard. Gerne hätte er ein Stück von dem Käse gefuttert, denn er war etwas hungrig. Er überlegte eine Weile, dann beschloss er zu warten, bis Babette aus der Küche ging. Sie hatte kaum die Türe hinter sich geschlossen, da flog Eduard vom Baum. Er drehte einige Runden, um sich dann im Sturzflug ein Stückchen Käse zu schnappen.

Rasch flog er auf seinen Lieblingsbaum, der im nahen Wald stand. Er wollte gerade das Stückchen Käse fressen, da sah er einen Fuchs durchs Unterholz schleichen. Aber auch der Fuchs hatte den Raben mit dem Käse gesehen. Da er sehr hungrig war, dachte er bei sich: ‚Wenn ich es geschickt anstelle, habe ich diesen Käse zum Abendessen.'

Er stellte sich unter den Baum und rief zum Eduard hinauf: „Guten Abend, Herr Rabe! Sie sehen heute aber prächtig aus. Ihr Gefieder glänzt wie der Mond, der gerade am Himmel aufgeht. Ihre Flügel sind beinahe so wundervoll und groß und mächtig wie die des Adlers. Und wenn Sie eine Stimme hätten, würden Sie bestimmt so bezaubernd wie eine Nachtigall singen können."

Über so viel Lob freute sich Eduard. Er drehte sich auf seinem Ast hin und her, damit der Fuchs ihn auch so richtig bewundern konnte.

Der Fuchs schaute ihm begeistert zu: „Wirklich, Herr Rabe, Sie sind ja auch noch so wendig wie eine Schlange. Wetten, dass Sie wie ein junger Hirsch hüpfen können?"

Eduard nickte mit dem Kopf und hatte nichts Eiligeres zu tun, als von Ast zu Ast zu hüpfen.

„Sehr gut, Herr Rabe", sagte der Fuchs listig und klatschte Beifall. „Trotzdem bezweifle ich, dass Sie so herrlich wie die Nachtigall singen können."

Das ärgerte Eduard. Nun wollte er zeigen, dass er auch singen konnte. Er öffnete seinen Schnabel, und dabei fiel ihm der Käse herunter.

„Vielen Dank", sagte der Fuchs, schnappte sich den Käse und verschlang ihn. Bevor er lachend weglief, sagte er noch: „Ich habe zwar viel über Ihre Schönheit gesagt, Herr Rabe, aber nichts über Ihren Verstand!"

Impuls

Leute, die schmeicheln, sind keine guten Ratgeber. Es ist besser, seinen Verstand zu gebrauchen, statt eitel zu sein.

Biblisches Wort

Sei nicht neidisch auf das Glück schlechter Menschen – suche nicht ihre Freundschaft! Sie haben nichts als Verbrechen im Sinn, und sooft sie den Mund aufmachen, kommt jemand zu schaden. (Spr. 24,1.2)

Aktion

Male auf einem Blatt Papier Punkte und verbinde diese mit Strichen. Daraus bilde Figuren. Kannst du das noch nicht allein, nimm ein Stück Butterbrotpapier und lege es auf die Bilder von Tieren in deinem Bilderbuch. Setze Punkte und dann klappe das Buch zu und versuche, die Punkte mit Strichen zu verbinden, so dass du auch Tiere hast.

6. März

Jesus hatte seine Jünger in die Dörfer der Umgebung geschickt. Sie sollten dort vom Reich Gottes erzählen und Kranke heilen. Nun kehrten die Jünger zurück und erzählten Jesus, was sie alles getan hatten. Darüber wurde es Abend, und sie waren müde. Deshalb führte Jesus seine Jünger zu einem ruhigen Ort.

Doch jemand hatte sie gesehen, als sie mit den Booten abgefahren waren. Am nächsten Tag strömten die Menschen aus allen Richtungen zu Jesus. Obwohl Jesus müde war, hatte er großes Verständnis für sie. Er stieg auf einen Hügel, damit ihn die Leute besser sehen konnten, und erzählte ihnen vom Reich Gottes.

Die Jünger begannen sich zu sorgen. Bald würde es dunkel werden, und wie sollten dann die Leute nach Hause finden? Am meisten bedrückte sie, dass die Leute den ganzen Tag noch nichts zu essen bekommen hatten.

Darum gingen die Jünger zu Jesus und sagten zu ihm: „Schicke die Leute nach Hause, bevor es ganz dunkel wird. So können sie sich noch etwas zu essen besorgen und sich um Übernachtungsmöglichkeiten kümmern." Jesus wusste, dass seine Jünger wirklich sehr besorgt waren. Und er antwortete ihnen: „Gebt doch ihr ihnen zu essen."

„Wir haben nur fünf Brote und zwei Fische. Wir müssen erst losgehen, um etwas zu kaufen. Wenn wir für die Menschen hier Brot kaufen wollten, müssten wir eine Menge Geld ausgeben", sagten sie zu Jesus. Es waren ungefähr fünftausend Menschen versammelt.

„Sorgt dafür, dass die Leute sich in Gruppen von je fünfzig hinsetzen", sagte Jesus. Die Jünger taten, was Jesus ihnen gesagt hatte, obwohl sie sich darüber wunderten. Alle Menschen setzten sich.

Jesus nahm die fünf Brote und die zwei Fische, sah zum Himmel auf und sprach das Segensgebet darüber. Er brach die Brote in Stücke, zerteilte auch die Fische und gab alles den Jüngern, damit sie es an die Menschen verteilen konnten.

Alle waren satt geworden und konnten keinen Bissen mehr essen. Da befahl Jesus den Jüngern: „Geht und sammelt alle Essensreste auf, damit nichts verdirbt." Die Jünger waren völlig verwirrt und verwundert, denn für all die Essensreste, die sie aufsammelten, benötigten sie zwölf Körbe.

Impuls: Denke immer daran, so wie Jesus früher Wunder wirkte, so kann er es auch heute noch.

Biblisches Wort: Jesus sagte zu ihnen: Gebt ihr ihnen zu essen. (Luk. 9,13)

Aktion: Die Geschichte lässt sich nachlesen in Luk. 9,10-17. Male Körbe mit Fischen und Brote.

7. März

„Christoph, nun aber husch ins Bett", sagt Mama zu ihm. „Sag Papa noch gute Nacht!"

„Die Saskia und Nils dürfen sogar noch fernsehen. Nur ich, ich muss ins Bett!"

„Geh ins Bad, putze deine Zähne, und dann ab mit dir! Du weißt ja, im Kindergarten solltest du nicht immer der letzte sein."

„Ich geh ja schon", sagt er und geht im Schneckentempo ins Bad. Mama hört ihn ein wenig später die Treppe hinauftapsen. Doch ehe sie ihm folgen kann, hört sie ihn schreien: „Wo ist Herr Feddersen?" Mama geht hoch und sagt: „Wahrscheinlich dort, wo du ihn zuletzt hingelegt hast."

„Weiß ich nicht! Ich spiel immer und überall mit ihm. Eins steht jedenfalls fest, ohne ihn kann ich nicht schlafen. Und weil ich ohne ihn nicht schlafen kann, brauche ich nicht ins Bett. So einfach ist das!" sagt Christoph.

„Hallo, mein Lieber, so einfach sehe ich das nicht! Du gehst ins Bett, und ich suche nach Herrn Feddersen", sagt Mama bestimmt und kramt als erstes in der Spielkiste herum. Danach sucht sie in allen Ecken des Kinderzimmers. Aber der Teddy war nirgends zu finden.

„Kommst du, Melanie, der Film beginnt gleich", ruft Papa von unten.

„Geht nicht, Herr Feddersen ist weg. Du weißt doch, dass Christoph ohne seinen Teddy nicht schlafen kann."

Also macht sich Papa auch auf die Suche nach Herrn Feddersen. Er sucht im Wohnzimmer, schaut in jeden Winkel, sogar unter die Couch, während Mama oben im Schlafzimmer und im Gang rumsucht, kommen Saskia und Nils vom Tischtennisspielen heim.

„Was machst du denn unterm Sofa?" fragt Saskia und kichert.

„Herr Feddersen ist verschwunden", knurrt Papa.

„Auch das noch", seufzt Nils, wirft sein Sportzeug einfach in die nächste Ecke und rennt in den Garten hinaus. Er weiß, dass Christoph den Teddy meistens mit nach draußen in den Garten nimmt.

Saskia durchstöbert die Küche, das Bad, guckt sogar in die Speisekammer.

Inzwischen stapft Christoph durch das ganze Haus und jammert nach Herrn Feddersen. Die einzige, die nicht mit suchen hilft, ist Chinta, die Hirtenhündin. Sie liegt bewegungslos auf ihrer Decke und rührt sich nicht. Sie sieht nur interessiert der großen Suchaktion zu.

„Du hast es gut", sagt Christoph zur Chinta, setzt sich neben sie und streichelt ihr langes, schwarzes Fell, „liegst faul herum, anstelle mir beim..." Weiter kommt er nicht, denn etwas zottliges Braunes schaut unter ihrem Bauch hervor: der Arm von Herrn Feddersen.

Jubelnd zerrt er seinen Teddy unter Chinta hervor, knuddelt ihn und schreit: „Er ist wieder da!"

Da sind Mama und Papa und Saskia und Nils sehr froh, dass Christoph endlich ins Bett gehen kann.

Impuls

Hast du etwas verloren, freust du dich, wenn du es wiedergefunden hast. Gott freut sich auch, wenn jemand von ihm weg war und dann wieder zu ihm zurückkommt.

Biblisches Wort

Und wenn die Frau ihr Silberstück gefunden hat, ruft sie ihre Freundinnen und Nachbarinnen zusammen und sagt ihnen: Freut euch mit mir, ich habe es wieder gefunden! (Luk. 15,9)

Aktion

Erzähle deinen Freunden die Geschichte vom verschwundenen Teddy.

8. März

Moni und Utz sitzen auf der Alm und hüten die Ziegen. Utz rupft ein paar Grashalme ab, wirft sie nachdenklich in die Luft und sagt: „Die Ziege riecht irgendwie nach Wüste."

„Nach Wüste?" fragt Moni.

„Ja! Ich denke, sie riecht sogar nach Wüstenfuchs! Die arme Liese! Hoffentlich gräbt sie sich eines Tages nicht noch hier am Hang ein. Dann habt ihr nämlich keine einzige Ziege mehr."

„Graben sich Wüstenfüchse denn ein?"

„Klar graben sie sich ein. Sie leben praktisch immer unter der Erde."

„Warst du denn schon mal in der Wüste?" fragt Moni.

„Nein, noch nie. Aber ein Onkel von mir war dort. Das genügt doch wohl, oder? Außerdem hat er mir ein Säckchen mit reinem Wüstensand mitgebracht. Schau!" Utz kramt in seiner kleinen Hirtentasche und zeigt ihr ein winziges Säckchen.

„Da ist echter Wüstensand drin?" fragt Moni erstaunt.

Er nickt, und sie spürt, dass er mächtig stolz auf seinen Schatz ist.

„Darf ich den Sand mal sehen?"

Utz überlegt lange, dann meint er: „Meinetwegen. Aber nicht anfassen!"

Moni verspricht es. Er öffnet vorsichtig die Schnur, die er viele Male um das Säckchen herumgewickelt hat, und dann blickt sie hinein: Wirklich, der Sand ist goldgelb und sehr feinkörnig. Solchen feinen Sand hat Moni noch nie gesehen. Nachdem sie sich den Sand eine Weile angesehen haben, bindet er das Säckchen wieder sorgfältig zu. Das ärgert Moni ein bisschen, weil Utz doch ihr Freund ist und er sie den Sand trotzdem nicht hatte anfassen lassen. Deshalb sagt Moni: „Ich glaube dir nicht, dass die Wüstenfüchse immer nur unterm Sand leben. Bestimmt kommen sie mal aus ihren Löchern raus. Irgendwas müssen sie ja fressen, und Wasser brauchen sie auch, wenigstens ab und zu."

„Na klar", gibt er nun zu, „sie kommen nachts raus, weil sie tagsüber schlafen. Alle Wüstentiere kommen nachts aus dem Sand raus. Der Wüstenfuchs hier in meinem Sack kommt auch immer nachts raus. Dann füttere ich ihn."

„In dem kleinen Säckchen kann doch gar kein Fuchs drin sein", sagt Moni und lacht.

„Ist das mein Sand oder dein Sand?" fragt er und sieht sie grinsend an.

„Dein Sand", muss Moni widerwillig zugeben.

„Na also! Dann muss **ich** ja schließlich wissen, was nachts aus meinem Sand rauskommt!" sagt er, und seine Stimme klingt sehr befriedigt.

So ist der Utz! Immer erzählt er irgendwelche Geschichten.

Impuls: Sich Geschichten ausdenken ist ganz toll. Das kannst du auch, denn du hast viel Phantasie. Phantasie zu haben, ist auch ein Geschenk Gottes.

Biblisches Wort: Sand und Steine sind schwer, aber noch schwerer wiegt der Ärger, den man mit Dummköpfen hat. (Spr. 27,3)

Aktion: Nimm ein kleines Säckchen, fülle es mit feinem Sand und schon hast du wie Utz deinen eigenen Sand und kannst dir etwas hineindenken.

9. März

Bea steht auf ihrem Hocker hinter dem verschlossenen Fenster ihres Kinderzimmers und schaut den Regentropfen zu, wie sie die Scheibe runterkullern. Einige sehen ähnlich wie die Perlen aus ihrer Spielzeugkiste aus, andere wie Kügelchen. Manche laufen eilig wie kleine Bächlein das Glas hinunter. Von innen verfolgt Bea mit ihrem Zeigefinger den Lauf der Tropfen.

Plötzlich hört es auf zu regnen, die Sonne kommt hinter einer dicken, schwarzen Regenwolke hervor, und ein wunderschöner Regenbogen spannt sich von einem Ende des Himmels zum anderen. Geschwind hüpft Bea vom Hocker, rennt zur Mama in die Küche, um sie ans Fenster zu holen.

„Sieh mal, ein Regenbogen!" sagt Bea. „Ist er nicht toll?"

„Wunderschön", sagt Mama.

„Sind in dem Regenbogen alle Farben vom Regenbogen drin?" fragt Bea.

„Natürlich", sagt Mama, „deswegen sagen wir doch manchmal zu Dingen, die schön bunt sind, sie haben dieselben Farben wie der Regenbogen."

„Warum hat Gott den Regenbogen gemacht?" fragt Bea.

„Gott will uns damit eine Freude machen. Und wie du auch weißt, ist der Regenbogen das Versprechen Gottes, nie wieder eine große Flut über unsere Erde zu schicken. Du kennst doch die Geschichte von Noah und der Arche?" sagt Mama.

Bea nickt, wird aber durch einen herrlich gelben Schmetterling abgelenkt, der auf den Regenbogen zufliegt. Als er, wie sie glaubt, ziemlich nahe dran ist, fragt sie Mama: „Können Schmetterlinge auf dem Regenbogen tanzen?"

„Nein", antwortet Mama verwundert.

„Wenn ich ein Schmetterling wäre, würde ich aber auf dem Regenbogen tanzen. Bestimmt sind zwischen den Farben Treppchen, die würde ich hochhopsen. Zwischendrin würde ich in jede einzelne Farbe eintauchen. Dann wäre ich der allerschönste Schmetterling der Welt. Und außerdem wäre ich dann der einzige Regenbogenfarbenschmetterling, den es überhaupt gibt." „Schmetterlinge tanzen nicht auf dem Regenbogen", sagt Mama. „Und in die Farben des Regenbogens könnte höchstens ein Engel eintauchen, denn der Regenbogen ist nur eine farbige Lichterscheinung auf einer sonnenbeschienenen Regenwolke, die wir auch nicht anfassen können."

„Aber Schmetterlinge können den Regenbogen anfassen", sagt Bea. „Ich möchte jedenfalls ein Schmetterling sein und auf dem Regenbogen tanzen." Sie kichert.

Mama geht in die Küche, und Bea sieht vom Fenster aus, wie der Regenbogen mehr und mehr verblasst und dann ganz verschwindet. ‚Schade, dass Schmetterlinge nicht auf dem Regenbogen tanzen. Es würde bestimmt schön aussehen', denkt Bea.

Impuls

Der Regenbogen ist ein Zeichen dafür, dass Gott sein Versprechen hält. Gott hat versprochen, keine große Flut mehr zu schicken.

Biblisches Wort

Das ist der Bund, den ich für alle Zeiten mit euch und mit allen lebenden Wesen bei euch schließe. Als Zeichen dafür setze ich meinen Bogen in die Wolken. Er ist der sichtbare Garant für die Zusage, die ich der Erde mache. (1.Mose 9,12.13)

Aktion

Male einen wunderschönen Regenbogen und einen Schmetterling, der auf dem Regenbogen tanzt.

10. März

Gott hört deine Gebete. Aber manchmal erhört er sie anders als gedacht. Es ist spannend, wie Gott handelt.

Durch ihn habt ihr zum Glauben gefunden an den Vater. Darum setzt ihr nun euer Vertrauen und eure Hoffnung auf Gott. (1. Petr. 1,21)

Male auf weißen Karton ein Bild. Nimm dann aus Leder-, Stoff- und Wollresten kleine Stückchen und klebe sie auf dein Bild. So kannst du dir ein feines, buntes Mosaikbild machen.

Laura lebt allein mit ihrer Mama. Sie hätte wahnsinnig gerne Geschwister gehabt, mindestens drei oder vier. Aber Mama sagt, dass das nicht gehen würde, da sie keinen Papa haben. Laura kennt ihren Papa nur von alten Fotos. Manchmal vermisst sie ihn schon sehr.

Ihr Freund Manni hat gleich drei Schwestern und einen kleinen Bruder. Deshalb nervt sie ihre Mama oft. Mama sagt dann immer: „Dafür wohnt Gott bei uns, natürlich unsichtbar. Doch seine Nähe spürst du."

‚Das stimmt', denkt Laura, denn oftmals merkt sie ganz deutlich, dass er da ist. Und er erhört auch viele ihrer Gebete. Zwar nicht alle, aber Mama sagt, dass das auch nicht gut für sie wäre.

Eines Tages kommt eine Neue in die Klasse von Laura. Die hat keine Mama, dafür aber einen Papa. Laura findet sie nicht sonderlich nett, denn sie gibt mit ihrem Papa fürchterlich an. Weil die Neue in derselben Straße wie sie wohnt, treffen sich Lauras Mama und Isabellas Vater öfters beim Einkaufen.

Viele Monate später ruft Mama Laura zu sich, nimmt sie auf den Schoß und sagt, dass sie bald eine Schwester und einen neuen Papa bekommen würde. Laura freut sich riesig, tanzt wie verrückt im Wohnzimmer herum und singt vor Freude: „Eine Schwester, einen Papa, eine Schwester, einen Papa", und dabei fällt ihr ein, dass sie doch Gott nur um eine Schwester gebeten hat.

Als Mama ihr aber sagt, dass es Isabella ist, wird sie wütend: „Was, der ihr Papa soll mein Papa werden? Und Isabella meine Schwester?"

„Er wird dir ein lieber Papa sein, und Gott hat ihn dir ausgesucht", sagt Mama und lächelt.

Aber Laura versteht überhaupt nichts mehr, geht in ihr Zimmer und heult. Später kommt Mama, setzt sich auf die Bettkante und fragt sie: „Magst du denn Isabellas Papa nicht?"

„Doch schon", antwortete Laura und schluckt. „Aber der hat doch auch nur die Isabella, und ich will doch viele Geschwister haben."

Da lächelt Mama ganz lieb, streichelt zärtlich über ihren Kopf und sagt: „Wenn wir eine richtige Familie sind, dann schenkt uns Gott bestimmt noch ein oder zwei Kinder."

„Geht denn das?" fragt Laura ungläubig.

„In Gottes Liebe wohnt die Hoffnung, vergiss das nie, meine Kleine!" flüstert ihr Mama leise ins Ohr.

11. März

Kai hat zu seinem Geburtstag einen Spielcomputer geschenkt bekommen. Nun kann er endlich am Tausch der Spieleprogramme seiner Mitschüler teilnehmen. Gleich nach der Schule setzt er sich hin und beginnt, mit dem Computer zu spielen. Danach guckt er fern. Seine Hausaufgaben macht er schnell, wenn er überhaupt daran denkt. Für Tests und Klassenarbeiten lernt er nur noch flüchtig.
So kommt, was kommen muss: Im Zwischenzeugnis steht: Versetzung gefährdet. In den Hauptfächern ist er innerhalb kurzer Zeit von drei auf fünf gerutscht.
‚Was werden Mama und Papa nur dazu sagen?' überlegt er, während er langsam nach Hause trottet. Er wird einfach sagen: ‚Mama, seitdem du arbeiten gehst, habe ich zwei Fünfen im Zeugnis, weil du mir einfach fehlst. Aber Mama wird das nicht glauben. Blödsinn, wird sie sagen.' Da fällt es ihm ein, in diesem Jahr gibt es einfach keine Zwischenzeugnisse, weil der Klassenlehrer krank ist. Ist er ja wirklich. Und wer weiß schon was von der Vertretung? Und unterschreiben wird er das Zeugnis selber.
„Wo ist denn dein Zeugnis?" will Mama natürlich gleich wissen, als er nach Hause kommt.
„Gibt's für unsere Klasse nicht, der Lehrer ist doch krank." Kai guckt angestrengt auf seinen Teller.
„Glück muss man haben", sagt der Vater und sieht ihn streng an.
Kai schmecken seine Spaghetti plötzlich nicht mehr. „Ich glaube, ich werde krank", sagt er, steht auf und geht in sein Zimmer.
Vier Tage hat er ein schlechtes Gewissen. Und all seine Mühe, eine großzügige, energische Unterschrift hinzubekommen, ist umsonst. Da läuft Kai endlich zu seinem Vater und gibt kleinlaut zu, dass er geschwindelt hat.
„Kai, wir wissen längst, dass deine Versetzung gefährdet ist. Papa hat mit deinen Lehrern gesprochen. Aber wir finden es gut, dass du den Mut gefunden hast, uns doch noch dein Zeugnis zu zeigen. Versuch in Zukunft mehr zu lernen und weniger mit dem Computer zu spielen und fernzusehen", sagt Mama.
Papa hält ihm keine lange Standpauke. Er sagt nur: „Du bist selbst für das, was du tust, verantwortlich, und wenn du einmal etwas falsch gemacht hast, stehe auch dafür ein." Das nimmt sich Kai fest vor, denn er will auf keinen Fall sitzenbleiben.
Und Kai schafft es.

Impuls

Wenn du etwas falsch gemacht hast, ist es wichtig, es Mama und Papa zu sagen. Sie werden sicher einen Weg finden, dir zu helfen.

Biblisches Wort

Wenn wir behaupten, Gemeinschaft mit Gott zu haben, und gleichzeitig im Dunkeln leben, dann lügen wir und tun nicht, was der Wahrheit entspricht. (1. Joh. 1,6)

Aktion

Schneide aus buntem Transparentpapier Figuren aus, klebe sie auf ein größeres, helles Stück Transparentpapier, und so hast du ein schönes Fensterbild.

12. März

Gott schickt seine Boten, damit sie die Menschen behüten. Trotzdem darfst du nicht leichtsinnig sein.

Der Herr läßt nicht zu, daß du zu Fall kommst. Er gibt immer auf dich acht.
(Ps. 121,3)

An einem Sonntagnachmittag sitzt Martha mit Mama und Papa, Tante Gaby und Onkel Wolfgang am fein gedeckten Kaffeetisch und langweilt sich schrecklich.
'Komisch, dass sich die Großen nie langweilen', denkt Martha und zerbricht den Rest ihres Marmorkuchens in zwei Teile. Sie schiebt die Teile auf ihrem Teller hin und her, und schon verwandelt sich der Kuchenteller in einen riesigen Ozean und die Kuchenstücke in lustige Schiffchen. Martha pustet, dass die Kuchenkrümel von ihrem Teller in alle Richtungen fliegen. „Martha, lass den Unfug", sagt Mama und unterbricht ihr Gespräch mit Tante Gaby.
„Wenn dir langweilig ist, kannst du ja in deinem Zimmer spielen", sagt Papa. Martha steht auf und geht hinauf. In ihrem Zimmer setzt sie sich auf ihr Bett und schluchzt. Niemand ist da, der mit ihr spielt. Da hört sie plötzlich ein Geräusch. Klopfenden Herzens fragt sie leise: „Ist da jemand?"
„Ja, hier neben dir, aber du siehst mich nicht. Ich bin unsichtbar!"
„Wer bist du?" fragt Martha.
„Ein Engel. Ich bin dein Engel und bleibe es dein ganzes Leben lang. Von mir hat deine Mama dir doch schon erzählt. Ich passe immer auf dich auf."
„Wie lange lebst du eigentlich? Mama sagt, ihr hört nie auf zu leben."
„Das stimmt", antwortet der Engel. „Gott hat es so gewollt."
„Hört Gott wirklich alles, was ich zu ihm sage?"
„Ja, und er weiß im voraus, was du tun oder unterlassen wirst. Und wann immer du meine Hilfe brauchst."
„Wieso beten wir dann, wenn Gott sowieso alles weiß?"
„Bittest du deine Mama nicht manchmal um ein neues Bilderbuch?"
„Na klar, sonst denkt sie, ich will kein neues", sagt Martha.
„Siehst du, und mit den Gebeten zu Gott verhält es sich ähnlich. Er freut sich, wenn du mit ihm redest", sagt der Engel sanft.
Nach einer Weile fragt Martha: „Fliegen meine Gebete so wie Seifenblasen zu Gott?"
„So kannst du dir das vorstellen", antwortet der Engel. „Nur zerplatzen die Gebete unterwegs nicht so, wie die Seifenblasen es tun."
„Martha, wach auf", sagt Mama und rüttelt sie an der Schulter, „Tante Gaby und Onkel Wolfgang wollen gehen. Du musst ihnen auf Wiedersehen sagen."
Martha setzt sich auf, umarmt ihre Mama und sagt: „Ich bin froh, dass es nur ein Traum war. Mein Engel hat mit mir geredet, und ich hatte ein ganz klein bisschen Angst."
„Es war wirklich nur ein Traum, aber vor deinem Engel brauchst du niemals Angst zu haben."

13. März

Es war kurz vor Sonnenaufgang. Die kleine Eintagsfliege Ottilie schlüpfte aus ihrer schützenden Haut. Als die ersten zaghaften Sonnenstrahlen den wolkenlosen Himmel rötlich färbten, hatte Ottilie bereits ihre Flügel auseinandergefaltet. Als der glutrote Sonnenball über den Horizont ragte, tanzte sie, und mit ihr tanzten viele Tausende von Eintagsfliegen über dem warmen Wasser des Tümpels.
„Wie herrlich ist doch die Erde", jubelte Ottilie und bestaunte die bunte Pracht des tropischen Regenwaldes.
Plötzlich kam ein uralter Elefant an die Wasserstelle.
Er war groß und schwer, und seine Beine waren dick wie Säulen.
Ottilie ließ sich auf seinen langen, runzligen Rüssel nieder und fragte: „Wie kommt es nur, dass du so riesengroß bist?"
„Alle Elefanten sind groß. Wir wachsen im Laufe der Zeit", antwortete der Elefant gutmütig. Dann tauchte er seinen Rüssel ins Wasser und spritzte das Wasser über sich.
„Im Laufe der Zeit?" wunderte sich Ottilie. „Werdet ihr an einem einzigen Tag so groß?"
„Nein, nicht an einem einzigen Tag. Das dauert mehrere Jahre!"
„Lebst du wirklich länger als nur einen Tag? Und was sind, bitteschön, Jahre?" fragte Ottilie erstaunt, denn sie konnte sich beim besten Willen nichts unter dem Wort 'Jahre' vorstellen.
„Ein Jahr sind viele, viele Tage hintereinander", sagte der Elefant und fügte noch hinzu: „Wir Elefanten leben viele, viele Jahre. So ungefähr zwischen 70 und 75 Jahre!"
„Ich lebe nur einen einzigen Tag", sagte Ottilie.
„Oh, das ist aber wenig", meinte der Elefant. „Was hast du denn dann überhaupt von deinem Leben? Ein Tag ist doch eigentlich nichts."
„Oh doch", erwiderte Ottilie, „ich freue mich, dass ich einfach leben darf. Ich bin Gott für jede einzelne Sekunde dankbar und genieße die Zeit, die er mir geschenkt hat. Weißt du, ich denke, es kommt nicht so sehr darauf an, aus wieviel Tagen oder Jahren ein Leben besteht, sondern was wir aus unserem Leben machen, wie wir es ausfüllen. Ein einziger Tag mit Gott gelebt ist tausendmal besser und schöner als 70 oder 75 Jahre ohne Gott. Doch nun entschuldige mich bitte. Den Rest meines Lebens möchte ich zur Ehre Gottes tanzen", sagte Ottilie. Sie breitete ihre Flügel aus und mischte sich unter die anderen tanzenden Eintagsfliegen.

Impuls

Alles, was du tust, sollst du Gott zur Ehre tun. Ottilie tanzte zur Ehre Gottes, und du kannst zu seiner Ehre spielen, lernen oder beten.

Biblisches Wort

Alles, war ihr tut und was ihr sagt, soll zu erkennen geben, dass ihr Jesus, dem Herrn, gehört. (Kol. 3,17)

Aktion

Schau dir in Büchern aus der Bibliothek Elefanten und die Eintagsfliege an. Lass dir von deinen Eltern erzählen, wo und wie sie leben.

14. März

Werft nicht alles gleich weg. Manches, was man zunächst nicht beachtet, kann noch viel Freude machen.

Lauter gute Gaben, nur vollkommene Gaben kommen von oben, von dem Schöpfer der Gestirne. (Jak. 1,17)

Du brauchst zwei kleinere Blechdosen ohne Deckel (Kaffee- oder Kondensmilchdose). Jeweils in der Mitte wird ein Loch gebohrt. Eine dünne, aber feste Kordel, die etwa sechs Meter lang sein kann, wird mit beiden Enden von innen her durch die beiden Dosen geführt und außen verknotet. Der eine nimmt die eine Büchsenöffnung ans Ohr, und der andere spricht in die andere Büchsenöffnung hinein. Schon hast du ein Telefon.

„Samstage sind doof", sagt Pia.
„Regentage sind noch doofer", sagt Michael.
„Es regnet doch gar nicht", sagt Alisha.
„Was sollen wir machen?" fragt Andreas.
„Sollen wir Verstecken spielen?" fragt Pia. „Oder Monopoli oder..."
„... alles ist langweilig", sagt Michael. Andreas nickt.
„Wir können mal was ganz anderes machen", schlägt Alisha vor.
„Und was zum Beispiel?" fragt Pia.
„Zum Beispiel Sachensuchen", sagt Alisha und grinst. „Wäre doch nicht schlecht, oder? Wir brauchen nur einen Sack dazu oder eine Tasche."
„Toll, und wie geht das?" fragt Pia.
„Und was sollen wir überhaupt suchen?" fragt Andreas.
„Sachen, einfach all die Sachen, die die Leute wegwerfen und wir ganz prima gebrauchen können", antwortet Alisha.
„Und wo suchen wir die Sachen, die andere wegschmeißen?" fragt Michael.
„Im kleinen Wäldchen, gleich hinter der Brücke, die über den Bach führt", erklärt Alisha.
Andreas, der gleich um die Ecke wohnt, holt einen alten Kartoffelsack. Dann ziehen sie los. Was sie nicht alles neben den Waldwegen entdecken: leere Coladosen, eine alte Matratze, Kronenkorken, eine Puppe ohne Kopf, eine alte, verrostete Bratpfanne und – fünf funkelnagelneue Gartenzwerge.
„Die sind ja super", ruft Pia glücklich aus. „Die kommen in unseren Garten!"
„Nein, in unseren Vorgarten", sagen Andreas und Michael.
„Es war meine Idee. Sie gehören mir", sagt Alisha bestimmt.
„Du hast ja gar keinen Garten", sagt Pia.
„Na und, ich kann sie ja auf meine Fensterbank stellen, was dagegen?" sagt Alisha.
So geht das noch eine ganze Weile hin und her. Irgendwann wird es ihnen langweilig, und so sagt Alisha: „Wisst ihr was? Jeder bekommt einen, und den fünften darf jeder eine Woche bei sich behalten, damit die anderen sich nicht so einsam fühlen."
„Eine super Idee", sagt Pia und ärgert sich, dass ihr das nicht eingefallen ist.
Nachdem sich jeder einen Gartenzwerg ausgesucht hat, gehen sie heim.
„War ein toller Samstag, was?" fragt Andreas.
„Super!" sagt Michael.
„Das können wir öfters machen, wer weiß, was wir noch alles finden", sagt Pia.
„Ja, die Leute werfen die tollsten Sachen weg", sagt Alisha und ist froh, dass sie die gute Idee mit dem Sachensuchen hatte.

15. März

Einige Jahre waren vergangen. Josef und der alte Pharao waren gestorben. Der neue Pharao war gegen die Israeliten. Und je mehr er gegen sie kämpfte, um so zahlreicher wurden sie. „Wir müssen die Israeliten kleinkriegen!" sagte der Pharao hasserfüllt eines Tages zu seinen Ratgebern. „Kein israelitischer Junge soll leben dürfen. Nur die Mädchen sollen als Sklavinnen aufwachsen."

Eine Frau aus dem israelischen Stamm Levi brachte einen Jungen zur Welt. Drei Monate lang hielt sie ihn versteckt, aus Angst, er würde ermordet werden.

Als er größer geworden war, konnte sie ihn nicht mehr im Haus verstecken. Sein Schreien hörte man auch draußen. Da bekamen die Eltern große Angst. Die Mutter bat Gott um Hilfe. Sie ging hinunter zum Nil, schnitt Schilfhalme ab und machte daraus ein kleines Körbchen. Damit kein Wasser durch die Ritzen hereinkommen konnte, dichtete sie es mit Pech ab. Das Innere legte sie mit weichen Tüchern aus. Traurig und verzweifelt nahm sie den kleinen, schlafenden Jungen, küsste ihn noch einmal zärtlich und legte ihn in das Binsenkörbchen. Dann ging sie hinunter zum Fluß und setzte das Körbchen im Schilf ab.

Mirjam, die Schwester des kleinen Jungen, hatte sich versteckt und wollte wissen, was nun weiter geschehen würde. Da kam die Tochter des Pharaos ans Ufer des Nils, um zu baden. Sie entdeckte das Körbchen und fand darin einen weinenden kleinen Jungen.

„Das ist einer von den Hebräerjungen", rief sie ihren Freundinnen zu.

Da kam Mirjam aus ihrem Versteck und sagte: „Soll ich eine hebräische Frau rufen, die das Kind stillen kann und auf ihn aufpasst?"

„Ja, kennst du denn jemand?" fragte die Tochter des Pharaos.

Mirjam nickte, rannte los und brachte ihre Mutter zur Tochter des Pharaos.

„Sorge für das Kind", sagte die Tochter des Pharaos, „ich werde dich dafür bezahlen."

Überglücklich nahm die junge Mutter ihr eigenes Baby in die Arme. Sie würde es gut umsorgen. Alles wurde besser, als sie je gehofft hatte.

Als der Junge größer wurde, erzählte ihm die Mutter von Gott, von Abraham, Isaak und Jakob. Als er alt genug war, brachte sie ihn in den Palast des Pharaos und die Tochter des Pharaos erzog ihn wie einen eigenen Sohn.

„Ich habe ihn aus dem Wasser gezogen, darum nenne ich ihn Mose", sagte sie zu ihren Freundinnen.

Gott hält seine Hand über die Seinen. Er hat manchmal Überraschungen bereit, um seine Leute zu beschützen.

Da kam die Tochter des Pharaos an den Nil, um zu baden. Ihre Dienerinnen ließ sie am Ufer zurück. Auf einmal sah sie das Kästchen im Schilf. Sie schickte eine Dienerin, um es zu holen.
(2.Mose 2,5)

Lege Weidenruten ein oder zwei Tage ins Wasser. Sind sie schön biegsam, flechte daraus ein Körbchen. Du kannst es später für Ostern verwenden.

16. März

„Guck mal, bei uns baut ein Schwalbenpaar ein Nest", ruft Robert glücklich seinem Papa zu, als dieser gerade mit dem Traktor in den Hof fährt. Er will schon immer, dass sich Schwalben auch in ihrem Hof niederlassen, denn beim Nachbarn sind viele Schwalbennester unterm Dach.

Papa steigt vom Traktor, nimmt Robert an die Hand und lässt sich von ihm das Schwalbennest zeigen. Tatsächlich, neben dem Scheunentor, hoch oben, unter dem Dachbalken fliegt gerade eine Schwalbe aus dem halbfertigen Nest.

„Oh, das ist schön. Du wirst sehen, bald werden sie Junge haben."

„Hoffentlich frisst Minka sie nicht auf", antwortet Robert.

„Glaube ich nicht. Die Schwalben haben sich einen sicheren Platz ausgesucht. Da kommt Minka nicht dran", sagt Papa. „Jetzt müssen wir schon ein paar Wochen warten. Komm, wir gehen rein zur Mama, die hat sicher schon das Abendessen fertig."

Robert will natürlich alles über die Schwalben wissen. Mama erzählt ihm, dass bei ihnen Mehlschwalben einziehen.

„Du wirst sehen, eines Tagen haben sie auch Junge. Nach vier Wochen schon fliegen die Jungen aus. Die Eltern bringen sie aber immer wieder zum Füttern ins Nest zurück", erklärt ihm Mama weiter.

„Und was fressen sie?" fragt Robert.

„Insekten, also Fliegen, Mücken und Motten. Sie jagen sie im Flug. Du siehst doch immer die Schwalben, wenn sie über die Dorfstraße oder ganz dicht über der Wasserfläche vom Bach fliegen", sagt Papa.

„Oma hat gesagt, wenn die Schwalben tief fliegen, gibt es schlechtes Wetter. Fliegen sie ganz oben, knapp unter dem Himmel, gibt es schönes Wetter", sagt Robert. „Und jetzt wissen wir auch immer ganz genau, wie das Wetter wird. Wir haben ein eigenes Schwalbenpaar."

„So ist das, Robert", sagt Papa.

Einige Wochen später hat das Schwalbenpaar vier Junge. Robert ist sehr glücklich darüber und sieht jeden Tag mehrmals nach ihnen. „Vergiss nicht", sagt Papa, „eines Tages fliegen sie weg, in den Süden.

„Ich weiß, aber sie kommen wieder. Und dann, im nächsten Jahr haben wir bestimmt noch mehr Schwalbennester. Genau so viele oder noch viel, viel mehr als beim Bauern Ludwig."

Impuls

Überall, egal ob du in der Stadt oder auf dem Land wohnst, findest du Geschöpfe Gottes. Darüber kannst du dich freuen.

Biblisches Wort

Weil Gott die Welt geschaffen hat, können die Menschen sein unsichtbares Wesen, seine ewige Macht und göttliche Majestät mit ihrem Verstand an seinen Schöpfungswerken wahrnehmen. (Röm. 1,20)

Aktion

Forme aus Ton ein Schwalbennest und setze kleine Vögelchen hinein.

17. März

Lena lebt mit ihrer Mama allein. Ihre Mama muss arbeiten gehen. Lena hat keinen Platz im Kinderhort bekommen, und ihre Omas wohnen alle beide weit weg. Wenn Lena aus der Schule kommt, steht immer etwas zu essen auf dem Herd. Sie braucht es nur zu wärmen. Das kann sie sehr gut, obwohl sie erst sieben Jahre alt ist.

„Du kannst dir dein Essen gar nicht allein machen", sagt ihre Freundin Marion eines Tages zu ihr. „Ist doch viel zu gefährlich. Meine Mama würde mich nie an unseren Herd ranlassen."

„Ich darf auch nicht an unseren Elektroherd", sagt Tillmann, „und ich bin sogar zwei Monate älter als du."

„Ich zeig's euch", sagt Lena und lädt kurzerhand die beiden zu sich ein.

„Kriegen wir dann auch etwas von deinem Essen ab?" fragt Tillmann, der immer gerne viel isst. Deshalb ist er auch ein bisschen zu dick.

„Wir möchten auch kommen", sagen die anderen aus der Klasse.

„Dann kommt eben alle", sagt Lena großzügig und freut sich. „Zu trinken haben wir genug. Nur soviel zu essen gibt es nicht, denn Mama hat ja nur für mich gekocht."

„Ein Marmeladenbrot wirst du ja wohl noch haben", sagt Tillmann.

Nach der Schule gehen alle mit Lena nach Hause. Sie zeigt voller Stolz, was sie von ihrer Mama gelernt hat. Im Nu ist das Essen gewärmt. Dann holt sie das Brot, die Butter, die Marmelade und den Rest Leberwurst und schmiert für alle Brote. Tillmann hilft ihr dabei, denn nur so kann er sicher sein, ganz bestimmt wenigstens eine Scheibe Brot zu ergattern. Doch es reicht für alle.

„Setzt euch", sagt Lena großzügig und sieht zu, wie sich jeder einen Platz sucht. Sogar auf Mamas Bett setzen sich einige.

Als Mama am Abend heimkommt, merkt sie gleich, dass Lena Gäste gehabt hat. Überall liegen Brotkrümel herum, an dem Sofa, auf dem Teppich klebt Marmelade, und auch sonst herrscht ein heilloses Durcheinander. Lena hat auch die Gläser und Tassen, aus denen sie Sprudel getrunken haben, nicht gespült.

„Mama, denk dir, die ganze Klasse war hier und wollte wissen, ob ich auch wirklich mein Essen selbst aufwärmen kann. Da musste ich ihnen doch etwas zum Essen und Trinken geben. Jetzt glauben sie es! Du sagst immer, wir müssen nett zu unseren Gästen sein. Ich helfe dir auch jetzt beim Aufräumen und Abwaschen."

„Schön, dann wollen wir mal! Aber, dass das nicht noch einmal vorkommt! Du weißt, ich mag nicht, wenn jemand Fremdes in der Wohnung ist, solange ich nicht da bin. Versprich mir, dass du das nie wieder tust."

Lena verspricht es.

Impuls: Gastfreundschaft ist manchmal anstrengend. Auf jeden Fall solltest du es gemeinsam mit deinen Eltern vorbereiten, wenn du viele Gäste einladen möchtest.

Biblisches Wort: Bringe einem Kind am Anfang seines Lebens gute Gewohnheiten bei, es wird sie auch im Alter nicht vergessen. (Spr. 22,6)

Aktion: Wasche das Geschirr ab, so dass deine Mama einmal Zeit für sich hat.

18. März

Rebekka sitzt in der Küche auf dem Fußboden und spielt mit ihren kleinen Autos. Sie kurvt mächtig mit den Autos herum. Es macht ihr Spaß, die Autos auf dem glatten Steinfußboden flitzen zu lassen. Mama steht am Bügelbrett und bügelt Papas Hemden. Da knallen plötzlich zwei Autos zusammen. Ein Rädchen rutscht unter den kleinen Küchenschrank. Rebekka legt sich auf den Bauch und will das Rad wieder vorholen.

„Es geht so nicht", sagt sie.

„Dann lass es. Nächste Woche kommen die Maler und dann wird der Schrank sowieso weggerückt", sagt Mama.

„Ohne Rad kann das Auto nicht mehr fahren", antwortet Rebekka.

„Da siehst du einmal, wie wichtig Räder sind", sagt Mama.

„Nichts ist wichtig, hat Kims Bruder gesagt. Und der muss es wissen, denn er geht ja schon in die Schule."

„Schau, Rebekka, da hat Micha nicht recht. Ganz sicher hat er einmal etwas gehört und es nicht richtig verstanden."

„Wieso?" fragt Rebekka.

„Alles ist wichtig, und wer etwas anderes behauptet, weiß nicht sehr viel. Unser Struppi zum Beispiel passt auf, damit keine Einbrecher kommen. Mohrle fängt Mäuse, damit sie das Getreide in der Scheune nicht wegfressen und..."

„...die Hühner legen Eier, die Kühe geben Milch, damit wir zu essen und trinken haben", unterbricht Rebekka lachend ihre Mama und freut sich, dass ihr auch etwas eingefallen ist.

„Toll", antwortet Mama, „und so ist es auch mit dem Rädchen. Das unter dem Schrank hast du im Augenblick nicht, also kann dein Auto auch nicht fahren."

„Ja, natürlich", sagt Rebekka und deutet eifrig auf die Blinker beim blauen VW. „Die sind genau so wichtig, damit die Leute sehen, wohin das Auto fährt. Und die Scheibenwischer wischen die Scheiben, damit Papa bei Regen gut gucken kann. Alles ist wichtig bei einem Auto."

„Nicht nur bei einem Auto, sondern überhaupt. Alles und jedes ist wichtig. Wenn etwas nicht an seinem Platz ist, klappt gleich vieles nicht mehr. Jedes Ding und jeder Mensch hat seinen Platz. Das hat Gott sehr gut eingerichtet", sagt Mama.

„Finde ich auch", sagt Rebekka, holt sich einen Kochlöffel, legt sich noch einmal auf den Bauch, und jetzt angelt sie das Rädchen unter dem Schrank hervor. Triumphierend hält sie es hoch und ist froh, dass sie nicht bis nächste Woche warten muss und das Auto gleich wieder fahren kann. „Ich werde dem Micha sagen, dass alles wichtig ist und alles auf seinen bestimmten Platz gehört, weil Gott es so bestimmt hat."

Impuls

Gott hat jeden an seinen Platz gestellt. Wo du stehst, bist du ganz wichtig.

Biblisches Wort

Du sahst mich schon fertig, als ich noch ungeformt war. Im voraus hast du alles aufgeschrieben; jeder meiner Tage war schon vorgezeichnet, noch ehe der erste begann. (Ps. 139,16)

Aktion

Schneide aus einem stärkeren Karton eine runde Scheiben, auf der du die Zahlen von eins bis zwölf schreibst. Schneide noch zwei ungleich große Zeiger aus dem Karton und befestige die in der Mitte der runden Scheibe. So hast du eine Uhr.

19. März

„Bist du mutiger als die anderen? Hast du Freunde, wirst du bewundert und alles ist gut", denkt Bernie und kickt seinen Fußball lustlos durchs Kinderzimmer. Schon im Kindergarten, genau wie jetzt in der ersten Klasse, lachen die Kinder, weil er so klein ist und eine Brille hat. Immer lassen sie ihn stehen, nie darf er in der Pause mit ihnen spielen. Nach der Schule lassen sie ihn nicht beim Fußballspielen mitspielen. Wie gerne würde er mit ihnen zum Schwimmen gehen, und keiner von ihnen hat ihn je zu sich nach Hause eingeladen. Doch heute hat ihn der Neue angesprochen ihn gefragt, ob er nicht sein Freund sein will.

„Du brauchst nicht ohne Freunde sein. Ich will dein Freund sein. Zuerst musst du aber eine Mutprobe bestehen. Weißt du, mit Feiglingen will ich nichts zu tun haben", sagt Jean angeberisch.

„Was muss ich tun?" fragt Bernie ängstlich.

„Wirst schon sehen, sei einfach morgen nach der Schule an der Brücke unten am Fluss." Jean dreht sich um und geht einfach weg.

Am nächsten Tag geht Bernie nach der Schule zur Brücke. Da sieht er, dass alle seine Klassenkameraden dort schon versammelt sind. Er sieht Jean, wie der auf dem Brückengeländer herumturnt. Unten fließt der Rhein.

„Komm rauf, wenn du Mut hast, und zeig, dass du kein Feigling bist, wie die anderen behaupten", ruft Jean vom Geländer zu ihm hinunter.

Bernie wird es ganz mulmig. Er überlegt krampfhaft, was er tun soll. Er weiß, dass es gefährlich ist, auf dem Geländer herumzuturnen. Einerseits will er kein Feigling sein und andererseits einen Freund haben.

„Bernie, tu's nicht", ruft da plötzlich Nicole, „es ist viel zu gefährlich, auf dem Brückengeländer herumzuspazieren. Und wer ein wirklicher Freund sein will, verlangt so einen Schwachsinn nicht. Außerdem, was du nicht weißt, weil du ein paar Tage krank warst, ist, dass Jean von einem Zirkus kommt und mit seiner Schwester auf einem Drahtseil balancieren kann. Er ist eh nur ein paar Wochen in unserer Klasse."

Alle starren abwechselnd von Bernie zu Jean. Nach einer Weile wenden sich alle von Jean ab und Bernie zu. Sie nehmen ihn in ihre Mitte und sagen, dass er kein Feigling sei.

Da sieht Jean ein, dass er auf so eine Art keinen Freund gewinnen kann. Er springt von dem Brückengeländer hinunter, rennt ihnen nach und sagt zu Bernie: „Tut mir leid, es war wirklich dumm von mir! Ich wollte halt auch wie du einen Freund haben, und da dachte ich..."

„Schon gut", sagt Bernie und legt ihm seinen Arm um die Schulter. „Wir können auch ohne Mutprobe Freunde werden."

Überlege dir, ob das, was jemand von dir verlangt, sinnvoll ist. Denke auch an die möglichen Folgen. Gefährliche Dinge solltest du niemals tun.

Der Herr ist denen Freund, die ihn fürchten.
(Ps. 25,14)

Möchtest du dir eine Rassel basteln? Beklebe eine Toilettenpapierrolle schön bunt, fülle sie mit Erbsen, Bohnen oder Steinchen. Verschließe beide Öffnungen mit zurechtgeschnittener Pappe, die du dann aufklebst.

20. März

Impuls

Es ist schön, wenn du dich mit deinen Eltern, Großeltern, Geschwister gut verstehst. Du wirst dadurch auch viel Freude erleben.

Biblisches Wort

Liebe deinen Mitmenschen wie dich selbst! (Luk. 10,27)

Aktion

Erfinde mit deinen Freunden Geschichten auf Anruf. Beispiel: Es war einmal ein ‚Pferd' sagt ein anderer. Dann ruft der nächste das Wort Stall. Es war einmal ein Pferd, das lebte in einem Stall. Wieder ein anderer sagt: reiten. Es war einmal ein Pferd, das lebte in einem Stall und ein Junge wollte es reiten... Und so weiter, bis sich niemand mehr so richtig den langen Satz merken kann. Dann beginnt wieder eine andere Geschichte.

Mein Opa ist der liebste und beste Opa der Welt. Immer, wenn ich bei ihm bin, laufen wir durch den Wald und über die Wiesen. Dann erzählt er mir Geschichten, sagt, wie die Bäume, Sträucher und Blumen heißen. Viele Vögel kenne ich schon an ihrem Singen. Die Schmetterlinge erkenne ich an ihren Farben, und einige Pilzarten kenne ich schon mit ihren richtigen Namen. Neulich zeigte er mir einen Ameisenhaufen und erklärte mir, wie bei denen alles so abläuft. Droht Gefahr, nehmen die Arbeiterinnen die Eier und bringen sie in Sicherheit. Oft spielen Opa und ich im Wald verstecken. Opa weiß nicht, wenn er sich hinter einem Baum versteckt, dass sein Bauch ein bisschen hervorguckt. So finde ich ihn immer sehr schnell. Doch damit er auch mal gewinnt, tue ich manchmal so, als würde ich ihn nicht sehen. Da freut er sich riesig darüber.

Jeden Freitag geht mein Opa mit mir angeln. Er hat mir auch eine Angel gekauft, und die werfen wir dann auch in den See. Ich habe schon viel gefangen. Einmal hing an meiner Angel ein alter Schuh und ein anderes Mal ein roter Eimer mit einem Loch. Der war schwer rauszubekommen, da er sich im Schilf verfangen hatte. Ein Schuh und ein Eimer hat auch der kleine Wassermann aus meinem Kinderbuch gefunden. Das erzähle ich Opa, und er sagt: „Pass nur auf, dass du nicht einmal den kleinen Wassermann am Haken hast."

„Wieso?"

„Na, du weißt doch, dass der auch in einem See wohnt. Vielleicht wohnt er gerade in unserem See hier."

„Das glaube ich nicht, denn der See, in dem der kleine Wassermann wohnt, hat einen Bach und an dem Bach steht ein Mühlrad. Siehst du hier irgendwo eines?"

„Ja, der Mühlbauer hat eines in seinem Hof stehen", sagt Opa.

Abends kuschle ich mich immer an Opa. Dann erzählt er mir ein Märchen. Und wenn ich müde bin, trägt er mich in mein Bett. Ja, mein Opa ist ganz lieb, und ich mag ihn sehr.

Schade, dass ich nicht immer bei ihm sein kann, nur in den Ferien, denn ich gehe schon in die Schule, und da muss ich auch hin. Ich finde es dumm, dass es so wenig Ferien gibt und mehr Schule. Eigentlich wäre es gut, wenn es umgekehrt wäre. Das wäre toll!

21. März

In der ersten Gemeinde gab es Streit. Einige Hilfsbedürftige waren nicht versorgt worden. Alle gehörten sie zu den griechisch sprechenden Ausländern. Das konnte kein Zufall sein.
„Das muss geklärt werden", meinte Parmenas, und brachte die Angelegenheit vor. Die zwölf Apostel riefen daraufhin die gesamte Gemeinde zusammen. „Es hat Ärger gegeben", meinte Petrus. „Wir als die zwölf Apostel möchten gern vielen Menschen die Botschaft von Jesus Christus verkündigen. Vielleicht gibt es Leute, die wir mit der gerechten Verteilung der Lebensmittel beauftragen können."
„Da macht sowieso niemand mit. Wer will schon eine so heikle Angelegenheit übernehmen", entgegnete Titus skeptisch. „Warum nicht", meinte ein anderer, „schließlich gibt es in unserer Mitte genug Leute, die mit dem Geist Gottes begabt sind."
„Ich schlage vor", so Johannes, „wir wählen aus der Gemeinde sieben Männer aus, die diese Aufgabe übernehmen. Wir wollen unsere ganze Kraft weiterhin für die Verkündigung der guten Nachricht einsetzen."
Schnell war eine ausreichende Zahl von Mitarbeitern zusammen. Die Gemeinde betete für sie und segnete sie für diesen Dienst ein. So konnte ein Streitpunkt aus der Welt geschafft werden. Die erste Gemeinde erhielt dadurch viel Ansehen, weil sie auf so gute Art und Weise ihre Angelegenheiten geregelt hatte.

Impuls

Manchmal gibt es Streit in der Gemeinde, weil dem einen das eine und dem anderen etwa anderes nicht gefällt. Wichtig ist, dass der Konflikt so geklärt wird, dass beide Seiten damit leben können. Vielleicht finden sich für euren Kinderkreis neue Mitarbeiterinnen oder Mitarbeiter.

Biblisches Wort

Darum wählt aus eurer Mitte sieben Männer aus die einen guten Ruf haben und vom Geist Gottes und von Weisheit erfüllt sind. Ihnen wollen wir die Aufgabe übertragen. (Apg. 6,3)

Aktion

Stecke einen Apfelkern in die Erde eines Blumentopfes. Gieße oft. Es wird ein kleines Pflänzchen wachsen.

22. März

Manchmal hören wir nicht gern zu, weil es um etwas geht, was wir nicht gerne tun. Aber beides gehört zusammen, etwas erledigen und etwas geschenkt bekommen.

Wer Gott zum Vater hat, hört, was Gott sagt. (Joh. 8,47)

Stelle deine Bausteine oder Dominosteine so hintereinander auf, dass sie, wenn du einem von ihnen einen leichten Stoß gibst, einer nach dem anderen umfallen.

Judith hört nicht besonders gut. Versucht ihre Mama sie morgens zu wecken, weil sie ja in die Schule muss, rüttelt ihre Mama sie so lange, bis sie sich endlich bequemt aufzustehen.
Sagt ihre Mama manches Mal nach dem Mittagessen: „Judith, sei bitte so lieb und hilf mir das Geschirr abzutrocknen!“ bleibt Judith ruhig am Küchentisch sitzen. Sie spielt seelenruhig weiter mit dem Löffel, der eigentlich gar kein Löffel, sondern ein Dampfer ist.
Meint die Mama dann später: „Jetzt ist es Zeit für die Hausaufgaben“, geht Judith einfach ohne zu antworten aus der Küche. Sie läuft ins Kinderzimmer und spielt dort mit ihren Puppen. Auch wenn sie ins Bett geht, hört sie schlecht.
Eines Tages, Judith hat es mit ihrer Schwerhörigkeit sehr übertrieben, geht Mama mit ihr kurzerhand zum Ohrenarzt. Das Wartezimmer ist voll. Sie müssen lange, lange warten. Endlich wird ihr Name durch einen Lautsprecher aufgerufen.
„Na, was fehlt uns denn?“ fragt der Doktor.
„Herr Doktor Liebermann, ich glaube, meine Tochter ist schwerhörig“, antwortet Judiths Mama.
Judith bringt keinen Ton heraus. Au weia, jetzt kommt mir der Arzt auf die Schliche, denkt sie und beschließt, sich wie zu Hause taub zu stellen.
Der Doktor nimmt Judith mit in das Nebenzimmer und sagt: „Wenn du fein mit mir zusammenarbeitest, bekommst du nachher einen riesengroßen Lutscher“, flüstert der Arzt so leise, dass sie sich wirklich anstrengen muss, um ihn zu verstehen.
„Toll“, ruft Judith voller Freude aus und vergisst ganz, dass sie eigentlich schwerhörig ist. „Hast du welche mit Himbeergeschmack?“
„Ja“, sagt der Arzt, und in dem Moment fällt ihr ein, dass sie ganz schön hereingelegt wurde. Doch der Doktor ist echt nett und tut so, als wäre nichts geschehen. Er geht mit ihr zur Mama zurück und sagt: „Organisch fehlt der Kleinen nichts! Ihre Schwerhörigkeit ist in diesem Alter normal. Das legt sich aber mit der Zeit.“
Auf dem Heimweg trödelt Judith hinter Mama her. Der große Lutscher mit Himbeergeschmack, den ihr der Doktor geschenkt hat, schmeckt ihr überhaupt nicht. Ob ich Mama lieber gleich sage, dass ich überhaupt nicht schlecht höre, überlegt sie und leckt nachdenklich am Lutscher. Nachdem sich Judith alles gründlich überlegt hat, kommt sie zu dem Ergebnis, sich in Zukunft nicht mehr schwerhörig zu stellen. Mama würde bestimmt nichts mehr zweimal sagen müssen.
Na ja, meistens nicht, denkt sie und plötzlich schmeckt ihr der Lutscher so, wie ihr bisher alle Lutscher geschmeckt haben: einfach prima!

23. März

Moritz' Eltern sind sehr, sehr reich. So reich, dass sie für ihn extra eine Kinderfrau anstellen, die sich nur um ihn kümmern muss. Das ist auch notwendig, da seine Eltern dauernd unterwegs sind. Doch trotz der Kinderfrau ist Moritz sehr unglücklich und einsam. Besonders abends, wenn er allein in seinem Bett liegt.

'Wie schön wäre es, wenn ich jemanden hätte, der stets bei mir wäre. Ich könnte mit ihm spielen und erzählen. Nicht einmal Freunde habe ich. Und in einen Kindergarten darf ich auch nicht gehen', denkt er öfters.

Eines Abends, er liegt schon eine ganze Weile im Bett, sitzt auf einmal ein kleiner Junge neben ihm. Moritz wundert sich kein bisschen, denn er weiß, dass Freunde manchmal ganz überraschend auftauchen.

„Hallo", sagt er, „das ist aber toll, dass du mich besuchst.
Wie heißt du?"

„Herr Schmidt", antwortet der kleine Junge.

„Herr Schmidt?" wundert sich Moritz. „Und wie heißt du mit dem Vornamen?"

„Ich habe keinen, ich heiße nur Herr Schmidt."

„Seltsam", sagt Moritz.

„Mach dir nichts draus. Nicht jeder kann Herr Schmidt heißen, nur ich. Hast du Lust zu spielen?"

„Prima", sagt Moritz, springt aus dem Bett, und dann spielen die beiden mit seinem Piratenschiff.

Von jenem Tag an kommt Herr Schmidt jeden Abend zu Moritz.

Als seine Eltern von ihrer Geschäftsreise aus Amerika zurückkommen, erzählt ihnen Moritz voller stolz von seinem neuen Freund, Herrn Schmidt.

Seine Mutter will unbedingt wissen, woher Herr Schmidt kommt und wie er ihn kennengelernt hat. Nachdem ihr Moritz das erzählt hat, glaubt sie ihm nicht und fragt die Kinderfrau. Doch die weiß von nichts.

Weil seine Mutter ihm nicht glaubt, sagt er: „Komm doch einfach heute abend in mein Zimmer, und dann zeige ich dir den Herrn Schmidt."

Wie jeden Abend kommt Herr Schmidt, aber seine Mutter sieht ihn nicht. Sie ist entsetzt und geht mit ihm zum Kinderarzt. Der sagt, dass Moritz sich eine Phantasiegestalt ausgedacht hat, da er möglicherweise immer viel allein ist.

Von dem Tag sorgt seine Mutter dafür, dass Moritz jeden Tag von der Kinderfrau in den Kindergarten gebracht wird. Er hat bald Freunde, und die darf er mit nach Hause bringen. So kommt es, dass Herr Schmidt ihn immer seltener besucht. Irgendwann bleibt er ganz aus.

Impuls

Wenn du einsam bist, sage es Gott, und du wirst merken, dass du nicht mehr alleine bist.

Biblisches Wort

Herr, wende dich mir zu und hab Erbarmen; ich bin so verlassen und hilflos. (Ps. 25,16)

Aktion

Stelle folgende Dinge auf den Tisch: Zimt, Käse, Essig, Brot, Marmelade, Honig, Pfefferminzbonbon, Schokolade und... Dann probiere mit deinen Freunden aus, wer mit verbundenen Augen erraten kann, was er riecht.

24. März

Impuls

Du musst nicht nur Menschen helfen, wenn sie deine Hilfe brauchen, sondern auch Tieren.

Biblisches Wort

Denn die Liebe, die Christus uns erwiesen hat, bestimmt mein ganzes Handeln. (2.Kor. 5,14)

Aktion

Ich sehe was, was du nicht siehst...

Es ist ein wundervoller Sonntag im März. Papa und Mama beschließen, mit Anna und Fréderick an den nahen Waldsee zu laufen. Fréderick freut sich riesig, und Anna nimmt ihren Ball mit. Natürlich darf Herr König nicht fehlen. Den Namen hat Anna dem Mischlingshund gegeben, denn die Könige in ihren Bilderbüchern haben ihr immer am besten gefallen.

Am See angekommen, packen sie den Rucksack aus und fangen gleich an zu essen. Plötzlich springt Herr König hoch und rennt hin und her. Bevor ihn Papa zurückrufen kann, hört Anna Steine rollen, erst lautes Heulen, dann leises Winseln und dann ist von Herrn König nichts mehr zu sehen und zu hören.

„Was ist denn mit dem Hund los?" fragt Mama und verteilt die belegten Brötchen.

„Keine Ahnung", antwortet Papa, legt sein Brötchen neben den Rucksack und rennt an den Rand des Sees. Er weiß, dass es dort steil nach unten geht. Er schaut nach unten und entdeckt Herrn König halb im Wasser liegend. Inzwischen sind auch Anna, Fréderick und Mama bei Papa angelangt.

„Papa, da kannst du nicht hinunter", sagt Fréderick, „denn es ist viel zu steil."

„Trotzdem werde ich es versuchen", sagt Papa, „wir können doch Herrn König nicht einfach im Stich lassen. Er wartet doch darauf, dass wir ihm helfen, denn wir sind ja seine Familie." Vorsichtig und halb rutschend klettert er den Abhang hinunter und ist bald bei Herrn König. Er tastet ihn behutsam ab und ruft hinauf: „Gebrochen hat er sich nichts, nur die Vorderpfoten sind geschwollen und tun ihm vermutlich weh. Ich bringe ihn jetzt nach oben." Papa nimmt Herrn König hoch, legt ihn sich auf den Rücken, und dann beginnt die schwierige Kletterei nach oben. Endlich ist es geschafft.

„Herr König kann nicht laufen. Wir müssen uns überlegen, wie wir ihn nach Hause bringen", sagt Papa.

„Ich suche nach zwei dicken Stöcken", sagt Mama. „Wir machen eine Trage und legen Herrn König darauf."

Es dauert nicht lange, da bringt Anna einen dicken Ast. Papa hat inzwischen auch einen gefunden. Er zieht sein Hemd aus, den Pullover wieder an und steckt die beiden Äste in das Hemd. Danach legen sie Herrn König auf diese Trage. Dann fasst Mama vorne die beiden Stöcke an, Papa hinten und so geht es heim.

Herr König genießt das Getragenwerden sehr.

„Jetzt ist Herr König wirklich ein König, denn er wird genau so getragen wie der alte König in meinem Bilderbuch", sagt Anna und streichelt Herrn König zärtlich über den Kopf.

25. März

GOTT IST IMMER BEI MIR

Wenn ich mit dir Fernseh'n seh'
oder draußen spielen geh',
lässt mich Gott allein? Nein!

Nachts, wenn es ganz dunkel ist
und du nicht mehr bei mir bist,
Gott ist für mich da?
Ja!
(Anne Jäger)

ABENDS; WENN ICH SCHLAFEN GEH'

Abends, wenn ich schlafen geh',
vierzehn Engel um mich stehn:
zwei zu meinen Häupten,
zwei zu meinen Füßen,
zwei zu meiner Rechten,
zwei zu meiner Linken,
zweie, die mich decken,
zweie, die mich wecken,
zweie, die mich weisen
zu Himmels Paradeisen!
(Engelbert Humperdinck)

Impuls

Gott ist auch immer bei dir, egal was du machst oder wo du gerade bist.

Biblisches Wort

Ich bin immer bei euch, jeden Tag, bis zum Ende der Welt. (Matth. 28,20)

Aktion

Lerne die beiden Verse auswendig.

26. März

Gott hat dir einen Engel zur Seite gegeben, damit er auf dich aufpasst.

Der Herr wendet Gefahr von dir ab und bewahrt dein Leben. (Ps. 121,7)

Kaufe mit deiner Mama oder deinem Papa Maiskörner. Dann gib einen Löffel Öl in einen hohen Topf. Ist das Öl heiß, schütte die Maikörner hinein. (Achte darauf, dass nur der Topfboden mit den Maiskörnern bedeckt ist. Hast du zuviel Körner drin, gehen viele nicht auf.) Danach decke gleich einen Deckel darauf, damit die Maiskörner nicht durch die Küche fliegen. Knallt es nicht mehr im Topf, nimm ihn vom Herd, öffne vorsichtig den Deckel und schütte gleich etwas Zucker darüber. Lass dir das Popcorn schmecken!

BEWAHRT

Fiel beinah vom Kletterturm,
aß beinah 'nen kleinen Wurm.

Rannte beinah in den reißenden Bach,
hatte beinah mit der Schwester Krach.

Bin beinah in ein Auto gelaufen,
musst mich beinah mit den Großen raufen.

Stürzte beinah aus meinem Bett.
Vergaß beinah das Abendgebet.

Mama ruft: Wie gut, mein Kind,
deine Engel bei dir sind!
(Anne Jäger)

27. März

Robert lebte allein in einem reetgedeckten Haus gleich hinter dem Deich. Hinter seinem Haus befand sich ein kleiner Garten. Hier zog er sein Gemüse, steckte Zwiebeln und Kartoffeln, und an großen Stangen kletterten dicke Bohnen hoch. Sieben Hühner und ein Hahn liefen im Sommer zwischen den Beeten herum, pickten die Samen des Grases. Natürlich kaufte Robert jedes Jahr für seine Hühner beim Bauern Jansen einen Sack voll Getreide. Die Eier, die die Hühner legten, verkaufte er immer samstags auf dem Markt in der nahen Stadt. Ab und zu gönnte er sich allerdings auch mal ein Ei zum Frühstück.
„Was habe ich doch für ein schönes Leben", sagte er sich des öfteren und war glücklich und zufrieden.

An einem Samstag sagte Bauer Jansen, der seine Kartoffeln und sein Gemüse auf dem Markt verkaufte: „Hey, Robert, ich habe eine Gans, die tut bei mir nicht gut. Sie zwickt die anderen und hat erst kürzlich den Briefträger Heinrich Hinrichsen ins Bein gebissen. Er hat gedroht, meine Post auf den Misthaufen zu werfen, wenn ich nicht dafür sorge, dass die Gans ihn nicht mehr beißt. Kannste dir vorstellen, dass die Briefe von meiner Tochter Sophie, die in Hamburg wohnt, auf dem Misthaufen landen? Ich nicht! Also, ums kurz zu machen: Willst du die Gans haben?"
„Du weißt doch, dass ich kein Geld habe, mir so ein wertvolles Tier anzuschaffen", knurrte Robert ungehalten.
„Wer redet denn von Geld? Ich will dir die Gans schenken", antwortete Bauer Jansen.
„Nee, ich lass mir nix schenken", sagte Robert, nahm ein paar Eier und gab sie Bauer Jansen.
„Wie du willst", sagte Bauer Jansen, nahm die Eier und brachte ihm noch am selben Tag die Gans.

Als Robert am nächsten Tag in den Hühnerstall kam, in dem er auch die Gans untergebracht hatte, wunderte er sich mächtig, denn in einem Nest lag ein goldenes Ei.
„Das kann nur die Gans gelegt haben", murmelte er vor sich hin, freute sich mächtig über das goldene Ei und beschloss, nach Hamburg zu fahren, um es dort bei einem Juwelier zu verkaufen. Doch in der folgenden Woche lag wieder ein goldenes Ei im Nest. Er bekam viel Geld für die goldenen Eier, und so konnte er sich endlich all das kaufen, was er sich schon lange gewünscht hatte. Robert wurde bald sehr reich. Irgendwann dachte er, dass er noch reicher werden könnte, wenn er den Goldklumpen, der sich in der Gans befinden würde, gleich auf einmal verkaufen könnte. So schlachtete er die Gans. Doch als er sie aufschnitt, war von Gold keine Spur. Die Gans war tot, und er konnte keine goldenen Eier mehr verkaufen. Er ärgerte sich mächtig über seine Dummheit und war nun nicht mehr glücklich und zufrieden.

Impuls

Wenn du alles haben willst, kann es dir passieren, dass du gar nichts bekommst.

Biblisches Wort

Ein Mensch mit Erfahrung sieht das Unglück kommen und bringt sich in Sicherheit; die Unerfahrenen laufen mitten hinein und müssen es büßen. (Spr. 22,3)

Aktion

Male eine Gans, die in einem Nest ein goldenes Ei gelegt hat.

28. März

Das Volk Israel wurde von den Ägyptern unterdrückt. Gott wollte ihnen helfen und sie in das ihnen verheißene Land führen. So beauftragte er Mose und seinen Bruder Aaron zum Pharao zu gehen, um diesen zu bitten, Gottes Volk in Frieden ziehen zu lassen. Doch der Pharao wollte nicht auf die billigen Arbeitskräfte verzichten.
„Wenn ich euch glauben soll, dass ihr eine Botschaft von eurem Gott bringt, lasst mich von ihm ein Zeichen sehen!“ sagte der Pharao.
Da warf Aaron seinen Stab auf die Erde, und dieser verwandelte sich sofort in eine Schlange. Aber so leicht war der Pharao nicht zu beeindrucken. Er ließ seine Zauberer kommen. Die warfen ebenfalls ihre Stäbe auf die Erde, und daraus wurden auch Schlangen. Aarons Stab verschlang sie alle. Der Pharao war zufrieden.
Da befahl Gott dem Mose, seinen Stab zu nehmen, um damit den Nil zu berühren. Mose tat es. Das Wasser des Nils verwandelte sich in Blut. Alle Fische starben, die Ägypter hatten kein Trinkwasser mehr. Der Pharao ließ wieder seine Zauberer kommen, und die verwandelten mit einem Trick das Blut wieder in Wasser.
Gott schickte unendlich viel Frösche. Doch die Zauberer des Pharaos zauberten auch Frösche herbei. Weil aber die unendlich vielen Frösche überall herumhopsten, ließ der Pharao Mose und Aaron kommen und versprach ihnen, das Volk der Israeliten ziehen zu lassen, wenn die Froschplage aufhören würde.
Kaum war jedoch die Froschplage vorbei, brach der Pharao sein Versprechen. Nichts von all den Plagen, die Gott noch schickte, ließ dem Pharao sein Wort halten. Immer wieder brach er es. Gott ließ ihn zum letzten Mal warnen. Wieder hörte er nicht, und so mussten viele sterben. Da endlich ließ der Pharao die Israeliten ziehen.
Das Volk Israel konnte sich schützen. Das Passafest erinnert bis heute daran, dass das Volk aus Ägypten ins verheißene Land ziehen konnte.

Kein Mensch der Welt kann gegen den Willen Gottes etwas tun.

Mose sagte zum Volk: Feiert jedes Jahr den Tag, an dem ihr aus Ägypten gezogen seid, und erinnert euch daran, wie der Herr euch mit starker Hand aus dem Land herausgeführt hat. (2.Mose 13,3)

Sieh dir in einem Tierbuch mal die Heuschrecken an. Die großen, die den Himmel verdunkeln und die Felder kahlfressen.

29. März

Abends, wenn er ins Bett geht, lässt Felix seine Nachttischlampe brennen, denn er fürchtet sich. Er hat Angst vor Gewitter. Muss er mal abends in den Keller gehen, rast er in Rekordzeit runter und rauf. Etwas ist immer hinter ihm her: ein Tiger oder eine Maus.
Vor dem starken Daniel, der in seiner Straße wohnt, hat er auch Angst.
Natürlich erzählt er niemanden etwas von seinen vielen Ängsten. Nur seine Mama, die weiß es. Aber die sagt es auch nicht weiter.
Eines Tages kommt Onkel Bill aus Amerika zu Besuch. Er weiß die tollsten Geschichten zu erzählen. Einmal, als Felix wieder mit hochrotem Kopf aus dem Keller gespurtet kommt, erzählt ihm Onkel Bill folgende Geschichte:
Vor langer Zeit lebte einmal ein Indianerjunge, ‚Furchtloser Büffel' genannt. Aber der kleine Indianer war alles andere als ein furchtloser Büffel. Er war ein Angsthase. Und deshalb hätten ihn seine Eltern eigentlich Hasenfuß rufen sollen. Aber das taten sie nicht. Sie machten sich Gedanken, wie sie ihrem Sohn helfen konnten.
„Wenn ‚Furchtloser Büffel' schneller wachsen würde, würde er vielleicht seine Angst verlieren", sagte Mama.
„Das dauert zu lange", sagte sein Papa. „Seine Angst muss jetzt verjagt werden!"
„Fast alle Kinder haben Angst", erklärte der weise Mann.
„Weißt du ein Mittel dagegen?" fragte der Vater.
„Natürlich", antwortete der Mann schmunzelnd und fuhr fort: „Die bösen Geister der Angst können durch Wissen vertrieben werden."
„Durch Wissen?" fragte seine Mutter.
„Ja", nickte der alte Mann. „Wovor hat euer Sohn Angst? Wenn ihr das wisst, könnt ihr ihm helfen. Ihr dürft nicht vergessen, Gott beschützt auch euren Jungen."

„Gott beschützt mich?" fragt Felix seinen Onkel Bill, als dieser die Geschichte zu Ende erzählt hat.
„Ja, die Indianer wissen, dass er sie beschützt, dass ihnen nichts geschehen kann, wenn er es nicht will. Auch du brauchst keine Angst zu haben, denn Gott passt auch auf dich auf. Er weiß immer, wo du gerade bist und was du gerade tust", sagt Onkel Bill.
„Sieht Gott mich auch, wenn ich in den Keller muss?" fragt Felix.
„Natürlich, er weiß, dass du Angst hast", antwortet Onkel Bill.
Felix sagt: „Dann bin ich ja gar nicht alleine im Keller und brauche ja auch keine Angst mehr zu haben."
„Das brauchst du wirklich nicht", sagt Onkel Bill.

Seitdem hat Felix fast keine Angst mehr, nur manchmal ein bisschen noch vor dem starken Daniel. Doch auch die verliert er, weil ihm Onkel Bill ein paar Judogriffe beibringt.

Du brauchst dich nicht zu schämen, wenn du Angst hast. Es ist wirklich so, dass Beten dagegen hilft.

Die Angst presst mir das Herz zusammen. Mach mich frei, nimm den Druck von mir! (Ps. 25,17)

Bastle dir aus bunten Federn einen Indianerkopfschmuck.

30. März

Die am häufigsten gebrauchten Wörter von Melanie sind: „Keine Lust! Mag ich nicht! Will ich nicht! Kann ich nicht!“ Sie geht in die erste Klasse der Grundschule, ist sechs Jahre alt und wirklich keine gute Schülerin. Zum Rechnen und Lesen hat sie keine Lust und zum Schreiben schon gar nicht. Will Mama mit ihr Schulaufgaben machen, schreit sie sofort: „Keine Lust!“ Will Papa mit ihr eine spannende Geschichte lesen, mault sie: „Mag ich nicht!“

Und bei Oma will sie kein Brot holen und meckert: „Will ich nicht!“ Zum Arbeiten hat sie auch keine Lust. Nur zum Spielen und Fernsehen, dazu hat sie immer Lust. Sie schwindelt und sagt der Mama oft, dass sie keine Aufgaben aufhat. So ist das mit Melanie.

Eines Tages sagt ihr Mama: „Wenn du so weitermachst, hat Frau Hoffmann, deine Lehrerin, gesagt, ist deine Versetzung in die zweite Klasse nicht möglich.“

Da bekommt Melanie einen Schreck. Nein, sitzenbleiben will sie nicht. Sie würde ja dann ihre Freundinnen verlieren. Vielleicht würden sie ihr sogar Sitzenbleiberin nachrufen.

„Was soll ich denn dagegen tun?“ fragt Melanie ihre Mama zaghaft.

„Ich würde es mal mit Lernen probieren“, antwortet Mama leichthin.

„Ich soll immer nur lernen, damit mich die doofe Frau Hoffmann in die zweite Klasse lässt. Das lasse ich mir nicht gefallen. Sie wird schon sehen, was sie davon hat.“

„Nichts hat sie davon“, sagt ihre Mama ruhig. „Du wirst die erste Klasse wiederholen müssen, und damit hat es sich.“

„Damit hat es sich nicht. Ich habe trotzdem keine Lust zum Lernen“, mault Melanie hinter ihrer Mama her, die in die Küche geht.

So hat Mama noch nie mit ihr gesprochen. Mama ist es doch tatsächlich egal, ob sie sitzenbleibt oder nicht. Na warte, denkt sie erbost, ich werde es dir zeigen, und der Frau Hoffmann auch. Sie rennt in ihr Zimmer und macht sich zum ersten Mal unaufgefordert an ihre Hausaufgaben.

In den folgenden Tagen und Wochen lernt sie mächtig. Als Mama wieder mit der Lehrerin spricht, muss Melanie hören, dass sie sich nur ein bisschen verbessert hat. Das ärgert sie sehr. Da merkt sie, dass es leichter ist, immer zu lernen, als das Versäumte aufzuholen. Sie nimmt sich vor, im nächsten Schuljahr mehr zu lernen. Ein bisschen bloß! Und nur sicherheitshalber.

Impuls

Du hast es leichter, wenn du gleich von Anfang an richtig lernst. Gott freut sich, wenn wir unsere Gaben einsetzen und dazulernen.

Biblisches Wort

Für die Faulen ist jeder Weg mit Dornen versperrt; Tüchtige finden immer eine gebahnte Straße. (Spr. 15,19)

Aktion

Umwickle kleine Röhrchen mit Bast und befestige sie aneinander. Du kannst sie als Blumenvase für ganz wenige Blumen verwenden.

31. März

In einem kleinen Gewächshaus lag zwischen Töpfen, Samentütchen und Säcken voller Blumenerde ein kleines Kistchen. Darin ruhte eine Zwiebel. Sie war klein, dunkel und ein bisschen verschrumpelt. Der Gärtner hatte alle Sträucher und Stauden in den Garten gepflanzt. Nur die kleine Zwiebel lag allein in ihrem Kasten. Draußen schlug eine stolze Rose mit ihren Zweigen gegen die Glaswand des Gewächshauses.
„Kleine Zwiebel", rief sie, „der Gärtner hat dich wohl vergessen? Du bist zu nichts nütze, nicht einmal zum Essen für die Menschen."
Die Zwiebel seufzte. Wie gerne würde sie neben der Rose liegen. Früher einmal war die Rose wunderschön gewesen. Sie hatte rot geblüht und zart geduftet. Sie hatte sich sanft zur Seite geneigt und den Menschen ihren hübschen Kopf entgegengestreckt. Aber dann hatte sie alle Blätter verloren. Selbst die Blütenblätter riss der Herbstwind herunter, so dass die Rose kahl und hässlich aussah.
Und trotzdem wäre die kleine Zwiebel jetzt lieber bei ihr gewesen als allein im Gewächshaus. Ich werde wohl sterben müssen, dachte sie traurig. Da kam der Gärtner. Vorsichtig hob er die Zwiebel auf. „Bist du bereit?" fragte er. Die kleine Zwiebel schmiegte sich in seine Hand. Sie wusste nicht, was der Gärtner vorhatte. Vielleicht hatte er sie tatsächlich zum Sterben bestimmt. Der Gärtner trug sie in den Garten zum Rosenbeet, grub ein kleines Loch und legte sie in die Erde.
„Das siehst du es!" triumphierte die Rose. Aber die Zwiebel antwortete nicht mehr. Der Herbst legte eine dicke Blätterschicht über sie. Dann kam der Winter. Er ließ die Rose vor Kälte erstarren und deckte den Garten mit einer weißen Decke zu. Die Rose jammerte, aber die kleine Zwiebel sagte nichts. Sie schlief fest in der Erde.
Jetzt aber ist Frühling. Die Sonne taut die frostige Erde auf und kitzelt mit einem Sonnenstrahl die kleine Zwiebel wach. Die gähnt, reckt sich und wächst aus der Erde hervor zu einer fröhlichen, sonnengelben Frühlingsblüte.
„Wer bist du denn?" wundert sich die Rose.
„Ja, kennst du mich denn nicht mehr?" fragt da die schöne Narzisse.

Biblisches Wort

Wenn das Weizenkorn nicht in die Erde fällt und erstirbt, bleibt es allein, wenn es aber erstirbt, so bringt es viel Frucht. (Joh. 12,24)

1. April

„Möchtest du mit uns in den Garten fahren?“ fragt Mama Lisa am Sonntag morgen.
„Nein“, antwortet Lisa.
„Warum nicht?“ fragt Papa.
„Weil ich dort nicht fernsehen kann“, sagt Lisa.
„Du musst doch nicht dauernd vor dem Kasten hocken“, mischt sich nun Lisas Bruder Daniel ein.
„Ich hocke ja auch nicht dauernd vor dem Fernseher“, entgegnet Lisa.
„Nein“, gibt Daniel zurück, „nachts schläfst du zum Glück. Da kann sich der Kasten erholen.“
„Du siehst auch gerne fern, und das viel zu viel“, sagt Papa zu ihm.
„Wollen wir den ganzen Tag über das Fernsehen reden, oder hilft jemand beim Einpacken des Essens?“ fragt Mama.
Lisa bleibt sitzen. Soll Mama doch selbst einpacken! Sie will sowieso nicht mit in den Garten.
„Ich bleibe hier“, sagt Lisa nachdrücklich.
„Du bleibst nicht allein zu Hause“, sagt Papa streng, und damit ist für ihn das Thema erledigt.
„Und ich werde daheim bleiben“, schmollt Lisa. Sie wirft ihrem Bruder einen pfiffigen Blick zu, hopst ins Wohnzimmer, schaltet den Fernseher ein, nimmt ihr Kuschelkissen und macht es sich auf dem Teppichboden gemütlich.
Die Sendung mit der Maus kommt. Lisa ist voll dabei, und so überhört sie Mamas Ruf: „Lisa, wir fahren! Komm jetzt!“
„Fahrt doch endlich“, murmelt Lisa leise vor sich hin. Als das Auto wegfährt, atmet Lisa hörbar auf. „Uff, das geht ja leicht“, sagt sie sich und holt sich ein Glas Orangensaft. Die Sendung mit der Maus ist zu Ende.
Lisa hat Hunger. Sie läuft zum Kühlschrank, nur eine grüne Gurke und ein Salatkopf sind drin.
„Schrott!“ schimpft sie und schmettert die Kühlschranktür heftig zu.
Mit knurrendem Magen sucht sie nach Essbarem. Doch außer einem winzigen Kanten trockenen Brotes findet sie nichts.
Lisa denkt an die leckeren Hähnchen, die Mama mit in den Garten genommen hat, und bereut, nicht mitgegangen zu sein. „Und alles nur wegen dem blöden Fernseher“, denkt sie verärgert.

Als Mama und Papa und Daniel viel später vom Garten heimkommen, ist Lisa unendlich froh. Mama hat ein halbes Hähnchen übriggelassen. Es ist kalt, doch Lisa ist es egal.
„Nächsten Sonntag komme ich mit euch in den Garten“, verkündet sie, nachdem sie sich satt gegessen hat.
„Da haben wir keinen Fernseher“, erinnert sie Daniel.
„Ist mir wurscht!“ antwortet Lisa.
„Fernsehen ist eh auf die Dauer langweilig“, sagt Daniel und grinst seine kleine Schwester an.
„Hast recht“, bestätigt Lisa, und Daniel starrt sie ungläubig an.
Lisa lacht: „Jaja, guck' du bloß mal 'n ganzen Sonntag fern.“

Götter sind nicht nur Statuen, sondern auch Dinge, die du übermäßig liebst, mit denen du viel Zeit verbringst und auf die du nicht verzichten willst, wie zum Beispiel das Fernsehen.

Wirf dich nicht vor fremden Göttern nieder und diene ihnen nicht. Denn ich, der Herr, dein Gott, bin ein leidenschaftlich liebender Gott und erwarte auch von dir ungeteilte Liebe. (2.Mose 20,5)

Sammle Steine verschiedener Größe am Bach, Fluss oder am Strand, bemale sie und klebe sie mit festem Klebstoff (Uhu, Pattex oder ähnlichem Kleber) zu einfachen Tieren aufeinander. Mit Moos und Blättern kannst du die Tiere noch echter machen.

2. April

„Lukas, deck bitte den Tisch!“ ruft Mama und gießt das Spaghettiwasser ab.
„Ich habe keinen Hunger“, schreit Lukas vom Kinderzimmer her.
„Aber wir“, sagt Mama. Weil Lukas nicht kommt, deckt sie selbst den Tisch. Als Julia aus der Schule kommt, ruft sie: „Essen kommen!“ Das hört Lukas, riecht die gute Spaghettisoße und hat nun doch Appetit. Er rast in die Küche.
„Du brauchst dich gar nicht so zu beeilen“, sagt Mama ein klein wenig spöttisch, „der Tisch ist schon gedeckt!“
„Prima“, antwortet Lukas und setzt sich.
Nach dem Essen sagt Mama: „Julia, du wäscht ab und Lukas trocknet ab. Ich hänge noch die Wäsche auf.“
„Immer muss ich abwaschen“, beschwert sich Julia.
„Immer muss ich abtrocknen“, mault auch Lukas.
Mama schaut ihre beiden Kinder einen Augenblick nachdenklich an und sagt: „Immer ist euch jeder Handgriff zuviel! Aber das lässt sich ändern! Heute wird noch abgewaschen, morgen wird das nicht mehr nötig sein!“
Julia und Lukas machen sich freudig an ihre Arbeit. Sie wissen, was Mama verspricht, hält sie auch!

Am nächsten Tag sagt Mama zu Lukas nicht mehr: „Decke den Tisch.“ Er wundert sich kein bisschen darüber. Es dauert auch nicht lange, da hört er Mama rufen: „Essen auf dem Tisch!“ Er hat riesigen Hunger und läuft eilig in die Küche. Doch an der Küchentür bleibt er wie angewurzelt stehen und glaubt seinen Augen nicht zu trauen: Das Essen ist wirklich auf dem Tisch! Fein säuberlich hat Mama auf der Wachstuchtischdecke vor jedem ihrer Plätze ein Häufchen Kartoffeln, ein Stück Fleisch sowie etwas Gemüse gelegt. Ohne Teller!
Julia, die eben durch die Küchentür gestürmt kommt, bleibt ebenfalls wie vom Donner gerührt stehen: „Wwwas iiist dddenn dddas?“ stottert sie total geschockt.
„Was soll das schon sein“, antwortet Mama nun ihrerseits verwundert: „Das Essen ist auf dem Tisch! Habe ich euch doch gesagt! Und wie gestern versprochen, braucht ihr heute auch nicht abwaschen und abtrocknen!“
„Aber Mama!“ ruft Lukas, „wie kannst du nur unser Essen auf den Tisch werfen?“
„Ja, wie kannst du nur“, empört sich auch Julia.
„Hört mal, ihr beiden Faulpelze“, sagt Mama energisch, „ich habe alles sehr ordentlich auf den Tisch gelegt. Außerdem habt ihr nicht widersprochen, als ich euch versprochen habe, dass ihr heute nicht abzuwaschen braucht! Auch ich mag nicht dauernd immer die gleichen Arbeiten verrichten! Kapiert? Also setzt euch gefälligst hin und esst!“
Luk und Julia sehen sich an, setzen sich auf ihre Plätze und essen. Das Essen ist sehr gut, aber ein Teller auf dem Tisch hätte ihnen besser gefallen.

Impuls

Wir brauchen uns gegenseitig. Einmal hat man davon einen Nutzen, ein anderes Mal muss man sich selbst einsetzen. Gemeinsam geht es besser.

Biblisches Wort

Sogenannte Freunde können dich ruinieren, aber ein echter Freund hält fester zu dir als ein Bruder.
(Spr. 18,24)

Aktion

Halbiere eine Kartoffel, schneide auf der oberen Seite eine Figur oder Buchstaben aus, nimm Wasserfarben und stemple dann auf ein Blatt Papier oder ein Stück Stoff. So hast du ein feines Geschenk.

3. April

Großmutter und ich leben am Rande von Bogotá. Eines Tages meint sie, es wäre endlich Zeit für mich, eine Schule zu besuchen. Ich finde, Schule ist überflüssig. Schließlich bin ich ja schon neun Jahre alt. Doch Großmutter besteht darauf.

In einem kahlen Zimmer sitzt eine ältere Dame und blickt uns prüfend an.

„Die will mich nicht in der Schule haben!" denke ich.

„Du bist zu klein und zu mager", sagt sie.

Großmutter versucht, der älteren Dame zu sagen, dass ich trotz meiner neun Jahre schon ziemlich reif bin. Doch diese lächelt bloß milde, stößt mir ihren schrecklich dicken Zeigefinger in den Bauch und meint: „So spindeldürr, wie ihr Enkel ist, kippt der Ihnen bereits nach der ersten Schulwoche um!"

„Zugegeben, Simon ist nicht gerade ein ansehnlicher Wonneproppen, aber zäh", sagt Großmutter.

„Lebt Simon ständig bei Ihnen?" fragt sie und sieht meine Großmutter mißbilligend an.

„Ja, seitdem seine Eltern..." Weiter kommt sie nicht, denn die Dame unterbricht Großmutter: „Ich bitte Sie, doch nicht vor dem Kind!"

„Das Kind weiß doch, dass seine Eltern bei einem Unfall ums Leben gekommen sind", sagt Großmutter.

„Schon gut, schon gut! Also, Sie beantragen eine Einschulung des Jungen?"

„Warum sind wir sonst hier?" fragt Großmutter.

„Gehen Sie noch arbeiten?"

„Nein", erwidert Großmutter.

„Warum möchten Sie ihn bei uns einschulen?" fragt die Dame streng.

„Weil ich möchte, dass Simon etwas lernt! Einiges habe ich ihm schon beigebracht!"

„Kannst du lesen?" fragt sie mich.

Ich nicke.

Sie hält mir ein bunt bebildertes Buch vor die Nase und fordert mich auf, daraus vorzulesen. Großmutter hält die Luft an, aber ich lese den Text fließend vor. Nicht ein einziges Mal komme ich ins Stottern. Die Dame staunt. Sie gibt mir einige kinderleichte Rechenaufgaben. Ich habe sie sofort ausgerechnet. Dann kommt ein kleines Diktat. Natürlich mache ich keinen einzigen Fehler! „Gut", sagt sie zur Großmutter, „der Simon darf am Unterricht in unserer Schule teilnehmen. Ich werde ihn für die Mittelstufe vorschlagen!"

Nachdem wir die Schule hinter uns gelassen haben, sehen wir uns an, und ich sage: „Na, jetzt ist ja alles in Butter, oder?"

„In Butter? Nein, das war reinste Sahne, was du der Dame geliefert hast!" sagt Großmutter, und dann lachen wir, bis uns die Luft wegbleibt.

„Aber die allererste Sahne bist du, Großmutter! Ich bin froh, dass ich dich habe!" erwidere ich.

Impuls Lernen ist wichtig für dich, denn wenn du lesen kannst, kannst du selbst nachprüfen, ob dass, was dir erzählt wird, auch stimmt. Wenn du fleißig lernst, freuen sich deine Mama, dein Papa, aber auch die Lehrer.

Biblisches Wort Gehorcht euren Gemeindeleitern und folgt ihren Anweisungen. Ihre Aufgabe ist es, über euch zu wachen, und sie werden über ihren Dienst Rechenschaft geben müssen. Das sollen sie mit Freude tun können, anstatt mit Seufzen und Stöhnen; denn das würde für euch böse Folgen haben. (Hebr. 13,17)

Aktion Bastle dir selbst ein Bilderbuch. Schneide Figuren und Tiere aus Zeitschriften aus, klebe sie auf einen Karton (Schulheftgröße A4). Das machst du so oft, bis du mehrere solcher Seiten hast. Dann loche die Blätter und binde sie mit einem stärkeren Faden oder Band zusammen.

4. April

Anne freut sich, einige Tage bei Tante Julie bleiben zu dürfen. Sie lebt allein in einer Vier-Zimmer-Altbauwohnung in Stuttgart. Anne darf in einem der Zimmer allein wohnen. Das ist das Allergrößte, und sie fühlt sich wohl.
Nebenan liegt das Arbeitszimmer von Tante Julie. Dort herrscht ein ziemliches Chaos, denn sie arbeitet für eine Zeitung. Anne darf dort kein Buch, kein Blatt ungefragt wegnehmen. Toll findet sie Tante Julies Schreibtisch. Da stehen jede Menge Bilder drauf. Ein Bild liebt Anne besonders: Es zeigt Jesus inmitten von vielen Schafen. Ein ganz kleines Lämmchen trägt er auf dem Arm, in seiner rechten Hand hält er einen Hirtenstab. Vorne steht drauf: Ich bin der gute Hirte.

Gleich nach ihrer Ankunft gehen beide ins Arbeitszimmer. Das Bild mit Jesus und den Schafen ist an seinem Platz. Anne betrachtet es lange. Plötzlich kommt ihr eine Idee, und sie fragt: „Wie heißt das Schäfchen im Arm von Jesus?"
„Ich weiß nicht", antwortet Tante Julie.
„Wenn du es nicht weißt, dann will ich das Lämmchen sein, und es soll wie ich Anne heißen. Ich will nahe bei Jesus sein wie das kleine süße Schaf", sagt Anne.
„Gut", meint Tante Julie, „das kleine Lämmchen heißt also Anne."
„Fein, und was nun?" fragt Anne.
„Nun darfst du dich freuen, so nah bei Jesus zu sein", antwortet Tante Julie.
„Jetzt kann ich ihm alles sagen, denn ich bin näher bei seinem Kopf als die anderen Schafe!"
„Seinem Kopf?" wundert sich Tante Julie.
„Da bin ich ganz nah an seinen Ohren, und er kann mich besser hören."
„Oh, Kleines, Jesus hört dich überall. Der Herr sieht und hört dich immer, egal, ob du nun das kleine Schäfchen auf seinem Arm bist oder das Lämmchen ganz weit hinter ihm." „Wirklich?" Ungläubig schaut Anne ihre Tante an.
„Wirklich! Und er hilft dir immer, wenn du ihn um etwas bittest."
„Ja, ich bin ja sein kleines Schäfchen!" sagt Anne.
„Womit du unbedingt Recht hast", lacht Tante Julie und gibt ihr einen Kuss.

Jesus sieht und hört alles. Du kannst jederzeit mit ihm reden, egal ob am Tag oder in der Nacht, ob in der Kirche, der Schule oder zu Hause. Das ist toll.

Jesus sagte: Vater, ich danke dir, dass du meine Bitte erfüllst. (Joh. 11,41)

Sammle Flaschenkorken, durchsteche mehrere und ziehe entweder Draht oder mit einer dicken Nadel einen dikken Faden durch. Füge dann die Korken zu Tieren zusammen. Du kannst Schafe, Pferde, Giraffen, Hunde, Schlangen und... basteln.

5. April

Wer anderen gegenüber böse ist, schadet nicht nur den anderen. Er verdirbt sich auch selbst.

Ich gebe euch jetzt ein neues Gebot: Ihr sollt einander lieben! Genauso wie ich euch geliebt habe, sollt ihr einander lieben! (Joh. 13,34)

Nimm ein sauberes Marmeladenglas. In einer kleinen Schüssel rührst du dann Wasser und Mehl so lange, bis es einen schönen, glatten Brei gibt. Lass alles fünf Minuten stehen. Diesen kalten Klebestoff schmierst du außen auf das Marmeladenglas und rollst es so lange in Sand, bis es völlig bedeckt ist. Lass es trocknen, und fertig ist deine Vase!

Eine alte russische Legende berichtet von einer Bauersfrau, die ihr ganzes Leben lang nichts anderes tat als Geld zu sammeln, um es aufzuheben. Nie hatte sie den armen Leuten im Dorf auch nur einen einzigen Pfennig oder ein Stück Brot gegeben. Jeden Bettler, der an ihrem Hof vorüberging, jagte sie unbarmherzig davon. Nur einmal schenkte sie einer armen Frau, weil sie zu sehr jammerte, ein kleines Zwiebelchen. Nachdem die reiche Bauersfrau gestorben war, hinterließ sie ihren drei Kindern sehr viel Geld. Vor Jesus stand sie mit leeren Händen da.
Obwohl Jesus wusste, dass sie ihr ganzes Leben lang geizig und vielen Menschen gegenüber unbarmherzig gewesen war, fragte er sie dennoch. „Was für Schätze hast du auf Erden für Gott gesammelt?"
Sie überlegte und überlegte, aber ihr fiel überhaupt nichts ein.
„Bring sie weg von mir", sagte Jesus zu einem seiner Engel.

Sie war schon eine halbe Ewigkeit weg, da erinnerte sie sich an das Zwiebelchen, das sie der armen Frau geschenkt hatte. Deshalb schrie sie aus der Tiefe zum Herrn. „Ich habe doch etwas Gutes getan! Weißt du noch, wie ich ein Zwiebelchen an eine arme Frau verschenkt hatte? Gut, es war nur ein kleines Zwiebelchen, aber immerhin war ich einmal in meinem Leben barmherzig."
„Gut", sagte Jesus, „ich werde dir eine letzte Gelegenheit geben. Ein Engel wird dich an dem Zwiebelchen heraufholen, das du verschenkt hattest."
Blitzschnell stürzte der Engel in die Tiefe und hielt der Bauersfrau das Zwiebelchen entgegen, damit sie sich daran festhalte. Dann begann der Engel mit ihr ganz langsam in die Höhe zu schweben.
Als das die anderen Verdammten sahen, wollten sie auch gerettet werden und klammerten sich voller Verzweiflung an die Bauersfrau. Doch die Frau wollte es nicht erlauben, dass auch einige andere gerettet wurden, und deshalb schrie sie: „Lasst los, lasst los, es war mein Zwiebelchen, das ich verschenkte!" Und dann stieß sie die anderen unbarmherzig weg.
Da konnte sie der Engel nicht mehr halten, und sie stürzte mitsamt dem Zwiebelchen wieder zurück in den Abgrund.
Jesus aber war unendlich traurig und sagte zu ihr: „Es gibt ein einziges Gebot, das ich allen Menschen geben habe: ‚Liebe deinen Nächsten wie dich selbst'. Warum hast du das vergessen?"

6. April

Jahre nach der Sintflut gab es wieder viele Menschen auf der Erde. Sie lebten weit auseinander in Tälern, auf Hügeln, in den Bergen, an Seen, Flüssen und am Meer. Doch obwohl sie so weit voneinander entfernt wohnten, hatten sie alle dieselbe Sprache. Im Tal wie in den Bergen, am Fluss wie am Meer, auf den Hügeln wie an den Seen, überall gebrauchten sie die gleichen Worte für die gleichen Dinge. Tiere und Pflanzen hatten auch an jedem Ort die gleichen Namen. Die Leute verstanden sich untereinander sehr gut, so gut, dass sie beschlossen, eine große Stadt zu bauen. Als diese Stadt dann fertig war, meinten sie, ein riesiger Turm, der bis in den Himmel reichen würde, wäre genau das, was ihrer schönen Stadt noch fehlte. Damit, so dachten sie, würden sie berühmt werden. Außerdem konnte so ein himmelhoher Turm jedem Reisenden schon von weitem zeigen, welch ein großes und mächtiges Volk in dieser Stadt lebte. Sie gingen an die Arbeit, und es dauerte nicht lange, da wuchs der Turm in die Höhe.

Aber Gott gefiel der Turm nicht, denn er entdeckte in den Herzen der Menschen viel Böses, das ihn traurig machte. Wieder waren die Menschen dabei, ihn zu vergessen. Viele redeten nicht mehr mit ihm. Einige sprachen bloß noch über ihn im Zusammenhang mit dem Turm. Ja, mit dem Turm wollten sie bis in den Himmel kommen, in den Himmel zu Gott.
Gott wusste natürlich, dass die Menschen nie so einen hohen Turm bauen konnten, dass sie bis zu ihm kommen würden. Aber falls sie weiterbauten, würden sie bald stolz werden und überhaupt nicht mehr auf ihn hören. Und Gott griff ein!

Eines Morgens, die Baumeister, die Maurer, Mörtelmischer, Gerüstebauer, Steinschlepper und Ziegelbrenner hatten gerade mit ihrer Arbeit begonnen, da verstanden sie sich plötzlich nicht mehr. Jeder rief dem anderen in seltsamen Worten etwas zu. Weil nun keiner wusste, was der andere meinte, begannen sie aufeinander einzuschreien. Doch all ihr Geschrei half ihnen nichts, denn sie vernahmen ja nur fremdklingende Worte. Wütend verließen sie die Baustelle und hofften, dass sie sich am nächsten Tag wieder verstehen würden. Aber am folgenden Tag und alle Tage danach wurde es auch nicht besser. Da stellten sie den Turmbau ein.
Mit der Zeit entdeckten die Menschen von Babel, dass es doch in der großen Stadt noch Leute gab, deren Sprache sie verstanden. Sie freuten sich darüber und beschlossen die Stadt zu verlassen.
So wurden die Menschen in alle Welt zerstreut, und seither hat jedes Volk seine eigene Sprache.

Impuls

Die Menschen wollten so sein wie Gott. Sie kommen dann auf Ideen, mit denen sie ihre Kraft und Stärke beweisen wollen. Doch Gott steht über allen. Darum sprechen die Menschen bis heute alle in ihrer eigenen Sprache.

Biblisches Wort

Der Herr zerstreute sie über die ganze Erde, und sie konnten die Stadt nicht weiterbauen. (1.Mose 11,8)

Aktion

Sammle Baumrinde, die die Form eines Schiffchens hat. Nimm ein Holzstöckchen als Mast und bastle dir aus Papier ein kleines Fähnchen. Klebe das Fähnchen auf das Stöckchen. Dann kannst du das Schiffchen im Waschbekken schwimmen lassen.

7. April

In einem kleinen Dorf in der Nähe von Jerusalem lebte vor langer Zeit ein Junge. Er hieß Benjamin. Sein Vater hatte eine weiße Eselin. Benjamin führte sie jeden Tag an die Hänge des Ölberges zum Grasen. Er lag meistens im Gras und träumte, bald mit dem Füllen der Eselin hierher kommen zu können.
Wenige Wochen danach kam ein süßes kleines Füllen zur Welt. Benjamin nannte es Jotam. Als es etwas größer war, sprang es vergnügt auf der Weide umher. Später versuchte Benjamin auf Jotam zu reiten, aber er warf ihn immer wieder ab.
„Magst du keinen Menschen auf dir dulden?“ fragte Benjamin.

Dann, sechs Tage vor dem Passahfest, kamen frühmorgens zwei fremde Männer ins Dorf. Sie gingen in den Stall, in dem die Esel standen.
Einer der beiden Männer sagte zu Benjamin: „Der Herr braucht dein weißes Eselfüllen.“
„Wofür?“ fragte Benjamin erstaunt.
„Für Jesus“, antwortete der Mann und führte den Esel fort.
Wozu brauchte ein Herr seinen Jotam? Das beste und weißeste Eselfüllen des ganzen Dorfes? Benjamin überlegte nicht lange und rannte hinter den beiden Männern her.

Vor dem Dorf sah er einen Mann in einem weißen Gewand warten.
„Wahrscheinlich ist das der Herr“, dachte er.
Der Mann bestieg Jotam, und sein Eselfüllen warf diesen Mann nicht ab. Die Männer nahmen den Weg zum Ölberg hinauf. Am Weg standen viele Menschen. Benjamin hörte sie rufen: „Gesegnet sei der König! Er kommt im Namen des Herrn. Im Himmel Friede und Herrlichkeit in der Höhe!“
Da folgte er Jesus bis nach Jerusalem. Noch mehr Menschen standen am Weg, jubelten dem Mann zu und schwenkten Palmzweige.
Benjamin lief weiter hinter seinem Esel her. In der Menschenmenge verlor er aber sein Füllen aus den Augen. Benjamin hatte Angst: 'Was, wenn die Männer seinen Esel einfach stehlen?' Aufgeregt rannte er durch die engen Gassen von Jerusalem. Aber nirgends sah er den Mann mit seinem Esel.

Abends machte sich Benjamin traurig auf den Heimweg. Mit gesenktem Kopf lief er durch das südliche Stadttor von Jerusalem. Plötzlich hörte er ein ihm sehr vertrautes „Iah, iah!“ Er hob den Kopf, schaute sich um, und dann sah er sein Eselfüllen: Es stand mitten auf dem steinigen Weg, der hinab zum Dorf führte. Voller Freude rannte Benjamin zu seinem Esel hin und führte ihn nach Hause.

Solltest du dir einmal etwas leihen, gib es wieder zurück. Verleihst du etwas, kannst du es ebenso zurückfordern. Doch sei nicht gleich grob, denn der andere könnte es wirklich – ohne böse Absicht – vergessen haben, dir wiederzugeben.

Am nächsten Tag hörte die große Menge, die zum Passahfest gekommen war, Jesus sei auf dem Weg nach Jerusalem. Da nahmen sie Palmzweige, zogen ihm entgegen vor die Stadt und riefen laut: Gepriesen sei Gott! Heil dem, der in seinem Auftrag kommt! (Joh. 12,12.13)

Sammle mit Mama oder Papa Zweige. Stelle sie in eine mit Wasser gefüllten Vase und hänge die ausgeblasenen, bemalten Eier an die Zweige. So wirst du zu Ostern ein Osterbäumchen haben.

8. April

Das Passahfest stand bevor. Die Jünger fragten Jesus: „Wo sollen wir das Fest feiern?“
Jesus antwortete: „Geht nach Jerusalem. Dort werdet ihr einen Mann finden, der einen Wasserkrug trägt. Er wird euch zu einem Haus führen und euch ein Zimmer zeigen. Da könnt ihr alles vorbereiten.“
Am Abend gingen sie alle in den vorbereiteten Raum zum Passahmahl. Es war üblich, dass ein Diener jedem Gast vor Betreten des Hauses die staubigen Füße abwusch. Aber an diesem Abend eilten die Jünger ins Zimmer, ohne sich die Füße waschen zu lassen. Bevor das Essen aufgetragen wurde, band sich Jesus ein Tuch um, schüttete Wasser aus einem Krug in eine Schüssel und begann, seinen Jüngern die Füße zu waschen und abzutrocknen. Die Jünger schämten sich. Als er zu Petrus kam, rief dieser aus: „Du, Herr, willst mir die Füße waschen?“ Jesus antwortete ihm: „Was ich tue, kannst du jetzt nicht verstehen, aber später wirst du es begreifen.“
Da ließ sich auch Petrus die Füße waschen. Als Jesus fertig war, setzte er sich und sagte: „Ihr nennt mich Meister und Herr. Ich bin euer Herr und Lehrer, und doch habe ich euch die Füße gewaschen. So sollt auch ihr euch gegenseitig und anderen die Füße waschen. Seid auch ihr euch nicht zu schade, solche Aufgaben zu übernehmen. Wenn ihr euch gegenseitig dient, werdet ihr glücklich und gesegnet sein. Wer einen Menschen aufnimmt, den ich gesandt habe, nimmt mich auf. Und wer mich aufnimmt, nimmt den auf, der mich gesandt.“

Jesus ist ein gutes Vorbild. Er will nicht über andere bestimmen, sondern ihnen helfen.

Ich habe euch ein Beispiel gegeben, damit auch ihr so handelt, wie ich an euch gehandelt habe. (Joh. 13,15)

Bete zusammen mit deinem Eltern und Geschwistern das Vaterunser, wie es Jesus gelehrt hat.

9. April

Jesus ist einsam auf dem Weg ans Kreuz. Seine Jünger verpassen die Gelegenheit, ihn im Gebet zu unterstützen.

Jesus sagte: Wenn ihr mich sucht, dann lasst diese hier gehen. (Joh. 18,8)

Male einen Garten und darin Jesus mit seinen drei schlafenden Jüngern.

Nach dem Abendmahl ging Jesus mit seinen Jüngern in den Garten von Gethsemane. Es war sehr dunkel, und ab und zu leuchtete der Mond durch die Bäume. Still war es und kein Vogel sang. Am Eingang des Gartens ließ Jesus die meisten seiner Jünger zurück. Nur drei nahm er mit. Jesus war sehr traurig. „Bleibt hier und wacht mit mir", sagte er, „ich bin unsagbar traurig." Nach einigen Schritten warf er sich zu Boden und betete: „Vater, lass diesen Kelch an mir vorübergehen. Aber dein Wille geschehe!" Dann ging er zurück zu den drei Jüngern. Sie hatten nicht gebetet, sie waren eingeschlafen. „Simon Petrus", sagte Jesus, „konntest du nicht eine Stunde wach bleiben?" Da schämte sich Petrus sehr.
Nachdem die anderen zwei erwacht waren, schämten auch sie sich sehr, denn sie wussten, sie hatten Jesus in all seiner Not allein gelassen.
Jesus betete noch zweimal, und noch zweimal waren seine Jünger eingeschlafen.

Der Verräter Judas kannte den Garten Gethsemane sehr gut, denn er war oft mit Jesus dort gewesen. Jetzt führte er die Soldaten dorthin. Die Männer waren bewaffnet und trugen Fackeln. Judas stand bei ihnen und sagte zu den Soldaten: „Der, den ich küssen werde, der ist Jesus." Judas ging zu Jesus und küsste ihn. Jesus wusste, was mit ihm geschehen würde. Er ging zu den Soldaten und fragte sie: „Wen sucht ihr?"
„Jesus von Nazareth", antworteten sie.
„Ich bin es", sagte Jesus.
Als Simon Petrus sein Schwert zog, sagte Jesus zu ihm: „Steck dein Schwert weg! Diesen Weg hat mein Vater für mich bestimmt. Muss ich ihn dann nicht gehen?"
Zu den Soldaten sagte er: „Bin ich etwa ein Aufrührer? Kommt ihr deswegen mit Waffen, um mich mitzunehmen? Ich habe jeden Tag im Tempel gelehrt. Warum habt ihr mich dort nicht verhaftet? Ich bin Jesus von Nazareth, den ihr festnehmen sollt. Lasst meine Jünger laufen."
Nachdem seine Jünger sahen, was geschehen würde, rannten sie davon und versteckten sich.

10. April

Die römischen Soldaten mit ihrem Offizier verhafteten Jesus. Die Jünger verließen ihn. Petrus und Johannes aber sorgten sich um Jesus und folgten ihm im weiten Abstand, um nicht aufzufallen. Jesus wurde in das Haus des Hohenpriesters Kaiphas gebracht und musste auf Fragen des Hohen Rates antworten.
Petrus und Johannes warteten im Vorhof des Palastes. Petrus sah, wie falsche Zeugen in den Palast gebracht wurden, um gegen Jesus auszusagen. Sie hatten Geld bekommen, um zu lügen, denn die Priester wollten Jesus töten, obwohl er nichts Böses getan hatte. Jesus sagte nichts dazu.
Da fragte Kaiphas Jesus: „Bist du Gottes Sohn?“
Jesus antwortete: „Ja, du hast es gesagt! Ihr werdet den Menschensohn zur Rechten Gottes und auf Wolken des Himmels sitzen sehen.“
„Er lästert Gott!“ rief Kaiphas. „Das reicht!“ Er zerriss sein Gewand, so war es bei den Juden üblich, wenn sie eine Gotteslästerung hörten. „Was sollen wir jetzt mit ihm tun?“ fragte er die Hohenpriester und Ältesten.
„Er muss zum Tode verurteilt werden“, schrien sie und begannen, Jesus zu schlagen.

Am nächsten Morgen brachten sie Jesus zum römischen Gouverneur Pilatus, der als einziger das Recht hatte, ein Todesurteil auszusprechen. Pilatus verhörte Jesus, konnte aber nichts finden, was ein Todesurteil gerechtfertigt hätte. Deshalb wollte er Jesus auspeitschen und dann gehen lassen.
Das Volk war empört. Lieber wollten sie den Mörder Barabbas frei sehen als Jesus. Pilatus fragte noch einmal die Menschenmenge: „Wen soll ich freilassen? Jesus oder Barabbas?“
„Barabbas“, schrien die Leute.
„Und was soll ich mit Jesus tun?“
„Ihn kreuzigen“, schrie die aufgebrachte Menge.
Pilatus wollte mit dieser Entscheidung nichts zu tun haben und wusch sich vor aller Augen seine Hände. Barabbas wurde begnadigt und Jesus zur Kreuzigung geführt.

Versuche, nichts Unwahres zu sagen, denn sonst tust du anderen weh. Pilatus hat Angst um seine Macht, deshalb urteilt er ungerecht. Wer viel Angst hat, wird oft den Mut zur Wahrheit nicht haben.

Jesus sagte: Mein Königtum stammt nicht von dieser Welt. Ich bin in die Welt gekommen, um die Wahrheit offenbar zu machen und als Zeuge für sie einzutreten. (Joh. 18,36.37)

Koche mit Mama oder Papa viele Eier hart. Wenn sie kalt sind, kannst du sie mit bunten Stiften bemalen.

11. April

Der Vorhang im Tempel ist deshalb zerrissen, weil Gott will, dass die Menschen direkt zu ihm kommen können. Jesus hat die Last aller Schuld der Welt getragen. Deshalb können wir unsere Schuld abgeben und Vergebung erhalten.

Jesus sagte: Jetzt ist alles vollendet. Dann ließ er den Kopf sinken und gab sein Leben in die Hände des Vaters zurück. (Joh. 19,30)

Nimm einige leere Käseschachteln und bemale sie mit kleinen Osterhäschen, kleinen Küken, Blumen oder... So kannst du deine Ostergeschenke fein einpacken.

Die Soldaten führten Jesus ab. Sie legten ihm einen roten Umhang um, setzten ihm eine Dornenkrone auf und gaben ihm einen Stab in die Hand. Sie knieten sich vor ihm nieder, machten sich über ihn lustig und sagten: „Heil dir, du König der Juden!" Dann schlugen sie mit dem Stock auf ihn ein. Pilatus zeigte ihn noch einmal der Menschenmenge und hoffte, dass sie nun Mitleid mit ihm haben würden. Aber sie schrien wieder: „Kreuzige ihn!"
Pilatus sagte zu Jesus: „Ich kann dich freilassen oder kreuzigen!"
„Du hättest nicht die Macht dazu, wenn sie dir nicht von oben gegeben wäre", antwortete Jesus.
Da übergab Pilatus Jesus zur Kreuzigung.

Jesus musste sein Kreuz selbst aus der Stadt bis nach Golgatha hinaustragen. Er war so schwach, dass er auf dem Weg stürzte. Simon von Cyrene, der zufällig dort stand, wurde gezwungen, für ihn das Kreuz zu tragen. Sie nagelten Jesus ans Kreuz und mit ihm noch zwei andere, den einen links, den anderen rechts, und Jesus in die Mitte. Pilatus ließ ein Schild am Kreuz Jesu anbringen und darauf stand: Jesus von Nazareth, der König der Juden.
Hilflos mussten die Freunde Jesu zusehen, wie die Soldaten ihn ans Kreuz nagelten.
Jesus rief: „Vater, vergib ihnen, denn sie wissen nicht, was sie tun!"
Die Soldaten teilten sich die Kleider Jesu, sie würfelten darum. Die Priester riefen spöttisch: „Wenn du Gottes Sohn bist, steige doch vom Kreuz herab! Dann glauben wir dir!"
Jesus antwortete ihnen nicht.
Bei dem Kreuz standen die Frauen und hofften, ihn trösten zu können.
Von den beiden Dieben, die gekreuzigt worden waren, bereute der eine seine Tat. Jesus sagte zu ihm: „Noch heute wirst du mit mir im Paradies sein!"
Dann rief Jesus aus: „Mein Gott, mein Gott, warum hast du mich verlassen?"
Nach einer Weile sagte er: „Ich habe Durst." Da tauchte einer der Soldaten einen Schwamm in Essig und gab ihm zu trinken.
Wenig später sagte er: „Es ist vollbracht. Vater, ich gebe meinen Geist in deine Hände!" Und er starb.
Drei Stunden herrschte Dunkelheit im ganzen Land. Und als er starb, bebte die Erde und der Vorhang im Tempel zerriss.
Die römischen Soldaten, die ihn gekreuzigt hatten, erstarrten vor Schreck. Ein römischer Hauptmann bekannte: „Dieser Mann war wirklich Gottes Sohn!"

12. April

Am selben Abend bat Josef aus Arimathäa Pilatus um die Erlaubnis, den Körper Jesu vom Kreuz abnehmen zu dürfen. Josef war ein Jünger von Jesus, aber nur heimlich, weil er vor den führenden Männern Angst hatte. Pilatus überließ ihm den Toten. Josef ging und nahm ihn vom Kreuz ab. So ging Josef nach Golgatha, und Nikodemus, ein Mitglied des Hohen Rates und insgeheim schon lange ein Jünger Jesu, ging mit ihm. Die beiden nahmen den Leichnam von Jesus und wickelten ihn mit den Duftstoffen in Leinenbinden, wie es der jüdischen Sitte entsprach.
Nahe der Stelle, wo Jesus gekreuzigt worden war, befand sich ein Garten. Darin war eine neue Grabhöhle in den Felsen hineingehauen, in der noch niemand gelegen hatte. Dort hinein legten sie Jesus. Nun rollte Josef einen schweren Stein vor das Grab. Maria und die anderen Frauen blieben trauernd an der Grabstätte zurück. Erst später verließen sie den Garten.

Die Hohenpriester und Pharisäer suchten Pilatus auf und baten für drei Tage um eine Wache am Grab. Jesus hatte gesagt, er würde am dritten Tag nach seinem Tod wieder auferstehen. Pilatus gab seine Erlaubnis, sie sicherten das Grab und stellten Wachen davor. Sie brachten am Eingang noch ein Siegel an, so dass niemand den Stein wegrücken konnte, ohne dass das Siegel zerbrach.

Impuls

Danke Gott, dass er seinen Sohn auf die Erde gesandt hat, um uns von all unseren Sünden zu erlösen. Preise den Herrn und vergiss nie, was er für uns getan hat!

Biblisches Wort

Nahe bei der Stelle, wo Jesus gekreuzigt worden war, befand sich ein Garten. Darin war eine neue Grabkammer, in der noch niemand gelegen hatte. Dort hinein legten sie Jesus. (Joh. 19,41.42a)

Aktion

Nimm die Schalen von Zwiebeln und koche sie. Damit kannst du Ostereier färben. Im Supermarkt gibt es auch Farben, die du verwenden kannst.

13. April

Am frühen Sonntag morgen kam Maria aus Magdala und noch einige andere Frauen zum Grab. Sie hatten Salben und Öle mit, um den Toten einzureiben. Sie waren noch immer sehr traurig und wollten Jesus etwas Gutes tun. Da sahen sie, dass der Stein vom Eingang des Grabes entfernt worden war. Maria lief zu den Jüngern und berichtete ihnen: „Sie haben den Herrn aus dem Grab genommen, und wir wissen nicht, wohin sie ihn gelegt haben."

Die Jünger liefen zum Grab. Johannes war als erster dort, beugte sich vor und sah die Leinenbinden liegen, aber ging nicht hinein. Petrus jedoch ging in die Grabkammer und sah, dass etwas weiter weg von den Leinenbinden das Tuch lag, das Jesu Gesicht bedeckt hatte. Es war fein säuberlich zusammengelegt. War Jesus auferstanden, oder hatte man ihn gestohlen? Beide Jünger gingen nach Hause zurück. Nur Maria stand noch draußen vor dem Grab und weinte. Sie war traurig, weil nun auch noch der Leichnam Jesu weg war.

Sie sah einen Mann, den sie für den Gärtner hielt. Ihn fragte sie: „Weißt du nicht, wohin man Jesus gebracht hat?" Der Mann antwortete: „Maria." An diesem Wort erkannte Maria, dass Jesus lebendig vor ihr stand. Maria war erstaunt, schockiert und voller Freude. „Geh zu den anderen Jüngern und erzähle ihnen, dass ich auferstanden bin!"

Impuls: Freue dich, dass Jesus auferstanden ist. Dadurch kannst du sicher sein, dass er immer bei dir ist.

Biblisches Wort: Jesus trat in ihre Mitte und sagte: Friede sei mit euch! (Joh. 20,19)

14. April

Als Theresa am Sonntag morgen aufwacht, muss es noch sehr früh am Morgen sein. Sie öffnet die Balkontür und schaut erwartungsvoll in den kleinen Garten hinunter. Sie wartet auf den Osterhasen. Julian hat es ihr gesagt und den Osterhasen genau beschrieben: „Wenn etwas großes Braunes über euren Rasen hoppelt mit langen Schlappohren und einem riesigen Korb mit bunten Eiern auf dem Rücken, dann kannst du sicher sein, dass das der Osterhase ist!"

„Ja, hast du ihn denn mal gesehen?" will sie wissen.

„Klaro, letzte Ostern!" hat Julian großspurig geantwortet und sie ein kleines bisschen mitleidig angesehen, weil sie es anscheinend verpasst hat, schon längst nach dem Osterhasen zu gucken.

„Diesmal passe ich auf", hat sie ihm gesagt.

„Sei aber vorsichtig", hat er ihr noch geraten, „Osterhasen mögen es nicht, wenn sie bei ihrer Arbeit gestört werden! Und dann kriegst du nichts!"

Nein, das will sich Theresa nicht vorstellen. Zudem hat sie sich vom Osterhasen noch eine Puppe gewünscht.

Nun steht sie in ihrem Schlafanzug auf den Balkon und schaut in den Garten hinunter.

Da, kommt da nicht etwas aus Nachbars Garten durch die Hecke geschlüpft? Oh, es ist nur eine dicke Amsel, die auf dem Rasen herumhüpft und nach Würmern sucht.

Da schreit sie: „Hau ab, der Osterhase kommt gleich! Und wenn er mir wegen dir nichts bringt, bist du schuld!"

Theresas entrüstetes Geschrei weckt ihren Papa: „Was machst du denn um diese Zeit hier?"

Erschrocken stottert sie: „Iiich wwwarte auf, auf den Osterhasen! Julian hat den Osterhasen letzte Ostern gesehen."

„Oh Theresa, der Julian ist ein schlimmer Schlingel!" erwidert Papa. „Es macht ihm wohl Spaß, kleine dumme Mädchen um halb sechs Uhr früh auf den Balkon zu schicken, um sie nach dem Osterhasen Ausschau halten zu lassen."

Papa nimmt Theresa auf den Arm und trägt sie ins Kinderzimmer. Sie merkt plötzlich, dass sie friert. In ihrem Bett schläft sie schnell wieder ein.

Als Theresa am Ostermorgen zum zweiten Mal aufwacht, läuft sie rasch ins Wohnzimmer. „Fröhliche Ostern, Theresa", rufen ihr Mama und Papa zu.

Mit ihrem Bruder läuft sie in den Garten. Hinterm Kirschbaum findet sie ihre heiß ersehnte Puppe und Sascha seinen heiß erträumten Jeep mit Fernsteuerung.

Theresa nimmt sich vor, Julian zu sagen, dass er ein ganz gemeiner Schwindler ist. Ja, das ist er, denn der Osterhase muss immer mindestens zwei große Körbe tragen: Den hinteren mit Ostereiern, den vorderen voller Spielsachen! Ja, von dem Korb mit den Spielsachen hat der dusslige Julian überhaupt nichts gesagt.

Impuls: Ostern ist das Fest der Freude, denn der Herr ist auferstanden. Darum bekommst du auch bunte Ostereier und ein kleines Geschenk. Weil es Frühling ist, werden im Garten oder Wald Ostereier versteckt, die du dann suchen darfst.

Biblisches Wort: Christus ist für unsere Sünden gestorben. Er ist am dritten Tag vom Tod auferstanden und hat sich Petrus gezeigt, danach dem ganzen Kreis der Zwölf. (1.Kor. 15,3.4)

Aktion: Spiele mit deinen Geschwistern und Freunden Wattepusten.

15. April

Als Jesus kam, war Thomas nicht dabei. Die anderen Jünger berichteten ihm: „Wir haben Jesus gesehen, er lebt!"
Thomas sagte zu ihnen: „Das kann nicht wahr sein! Da müsste ich erst die Spuren von den Nägeln an seinen Händen sehen und sie mit meinem Finger fühlen und meine Hand in seine Seitenwunde legen – sonst glaube ich das nicht!"
Aber es sollte noch sieben Tage dauern, bis Thomas glaubte.
Die Jünger waren wieder im Haus zusammen. Thomas war bei ihnen.
Die Tür war verschlossen. Da stand plötzlich Jesus vor ihnen.
„Friede sei mit euch!" begrüßte er sie.
Alle starrten ihn ungläubig an.
Da hielt er ihnen seine Hände entgegen. Er ging auf Thomas zu und sagte: „Leg deinen Finger hier her und sieh dir meine Hände an! Nimm deine Hand und lege sie in meine Seitenwunde! Höre auf zu zweifeln und glaube!"
Thomas war überzeugt. Voller Ehrfurcht und unendlicher Liebe sagte er: „Mein Herr und mein Gott!"
Da sagte Jesus zu ihm: „Du glaubst nur, weil du mich gesehen hast. Glücklich sind die, die mich nicht sehen und trotzdem glauben."

Impuls

Thomas glaubte erst, nachdem er Jesus gesehen hatte. Er wollte seinen Freunden nicht glauben, was sie ihm erzählten. Wir erfahren heute etwas über Jesus, wenn andere Christen von ihm erzählen.

Biblisches Wort

Freuen dürfen sich alle, die mich nicht sehen und doch glauben. (Joh. 20,29)

Aktion

Nimm eine Schüssel mit Spülwasser und einen Strohhalm. So kannst du prima Seifenblasen in allen Größen pusten.

16. April

Wühli nennt Martin den dicksten der Regenwürmer. Alle befinden sich in der Holzkiste auf dem Balkon. Jeden Tag läuft er öfters zu der Kiste, um zu sehen, wie es seinen Würmern geht. Stundenlang kann er sie beobachten. Ihm wird nie langweilig dabei. Es sind seine Regenwürmer. Er hat sie immer, wenn es regnet, von den Gehwegen aufgelesen, damit sie in der warmen Sonne nicht vertrocknen.

Als Papa mit Martin einmal im Radio hört, wie man mit Hilfe von Regenwürmern Gartenerde machen kann, finden beide die Idee super und machen sich gleich daran, eine Holzkiste zu bauen. Nachdem sie fertig ist, holen sie gemeinsam Erde von einem Feldrand. Danach setzen sie Martins Würmer rein und sagen Mama, dass sie von nun an mit Gemüse- und Salatabfällen, Kartoffelschalen und den Kaffeesatz aus den Filtertüten die Regenwürmer füttern soll.

Auch Wühli wohnt in der Holzkiste. Er entwickelt sich im Laufe der Monate zu einem prachtvollen Burschen und wird von Martin sehr geliebt.
Nachdem es zum zweiten Male Frühling geworden ist, ist Wühli dick und fett. Martin denkt: „Vielleicht wird er eine kleine Schlange werden und frisst die anderen Regenwürmer auf." Da überlegt er, was er tun soll. Zwei Tage dauert es, bis er schweren Herzens zu dem Entschluss kommt, Wühli ein neues Zuhause zu suchen. Drei weitere Tage braucht er, bis er für seinen Lieblingswurm die passende Wiese gefunden hat: Eine große, riesengroße Wiese nahe am Waldrand, auf der jede Menge Frühlingsblumen blühen.
Martin packt seinen Wühli am Spätnachmittag in ein Marmeladenglas. Er legt ihn behutsam ins Gras. Froh und glücklich über das Ende seiner Gefangenschaft kriecht Wühli in eine kleine Erdspalte und ist verschwunden. Martin hat es genau beobachtet.
Auf dem Heimweg beschließt er, den nächsten dicken Wurm auch Wühli zu nennen. Falls dieser genauso dick und fett werden würde wie der erste Wühli, würde er auch ihm die Freiheit schenken.
Es kommen noch viele Wühlis, denn er holt sich immer wieder bei Regenwetter die Würmer von den Gehwegen. Wie gut, dass der liebe Gott jede Menge Regenwürmer erschaffen hat. Martin war ihm sehr dankbar dafür.

Impuls

Gott hat sich alles gut überlegt. Der kleinste Wurm ist genau so wichtig wie der Elefant, die Biene, das Pferd, die Kuh, das Huhn, das Schwein, das Schaf und all die vielen anderen Tiere.

Biblisches Wort

Dann sprach Gott: Die Erde soll Leben hervorbringen: Alle Arten von Vieh und wilden Tieren und alles, was auf der Erde kriecht. So geschah es. (1.Mose 1,24)

Aktion

Male alle Tiere, die dir einfallen, auf einen großen Pappkarton. Male sie schön bunt an!

17. April

Zeit ist ein Geschenk Gottes. Du kannst mitbestimmen, was du damit anfangen willst und wem du deine Zeit schenkst.

Dann sprach Gott: Am Himmel sollen Lichter entstehen, die Tag und Nacht voneinander scheiden, leuchtende Zeichen, um die Zeiten zu bestimmen: Tage und Feste und Jahre. (1.Mose 1,14)

Schau dir eine Uhr mit einem Sekundenzeiger an, dann siehst du, wie die Zeit vergeht.

Neulich besuchte uns Tante Fränzi, und da brachte sie für mich, Dennis und Dominik nur einen einzigen Bonbon, einen Keks und einen Kaugummi mit. Ich wunderte mich mächtig, denn Tante Fränzi gehört nicht zu den geizigen Leuten.

„Was sollen wir mit nur einem einzigen Bonbon?" fragte ich.

„Ja, und was mit dem Keks?" fragte Dennis.

„Und was mit dem Kaugummi?" fragte Dominik.

Tante Fränzi schaute uns verschmitzt lachend an und sagte: „Jeder von euch darf sich eins von den Süßigkeiten aussuchen. Fang du an, Rike."

Ich überlegte lange, was ich nehmen sollte. Als Dominik drängelte, nahm ich den Kaugummi, denn ich wollte ja lange etwas davon haben.

Dennis nahm sich schnell den Bonbon, und so blieb für Dominik nur noch der einsame Keks übrig.

„Das ist gemein", beschwerte der sich. „Der Keks ist so schnell weg!"

Ich wollte schon meinen Kaugummi auspacken, das sagte Tante Fränzi: „Halt, warte noch etwas. Du kannst den Kaugummi nicht so einfach auspacken und futtern. Da hängt nämlich eine Geschichte dran. Die muss ich zuerst erzählen."

„Eine Geschichte?" fragte ich erstaunt und betrachtete den Kaugummi genauer. Doch es war nur ein ganz gewöhnlicher. „Ja, eine Geschichte", sagte sie. „Steckt in meinem Bonbon auch eine Geschichte?" fragte Dennis und besah sich seinen Bonbon genauer.

„Dann steckt auch in meinem Keks eine Geschichte?" wollte nun auch Dominik wissen.

„So ist es", antwortete sie. „Gehört mir die Geschichte zu meinem Kaugummi dann ganz allein?" fragte ich. „Ja, natürlich. Doch deine Brüder dürfen sie auch hören."

„Fein", freute sich Dennis. „Dann erzählst du uns heute drei Geschichten?"

„Erraten", lachte Tante Fränzi und erzählte das Märchen von den Sterntalern.

Für Dennis erzählte sie die Fabel vom schlauen Fuchs und dem dummen Raben. Und Dominik bekam die Geschichte vom Fischer und seiner Frau von Tante Fränzi geschenkt.

„Und, wisst ihr, was das allerbeste ist?" fragte sie, nachdem sie mit dem Erzählen fertig war.

„Nein", sagte ich und sah sie gespannt an.

„Das beste ist, dass ich Zeit für euch hatte", antwortete sie lachend, kramte in ihrer Tasche und schenkte uns noch einmal einen Kaugummi, ein Bonbon und einen Keks.

18. April

Die Feldmaus Ludmilla hatte einmal ihre Freundin Clothilde zu sich nach Hause eingeladen. Da Clothilde in der Stadt lebte, dachte Ludmilla, dass das Beste gerade gut genug für ihre Freundin wäre. Sie holte aus ihrem Keller Getreidekörner, Gerstensamen, Nüsse und wilde Beeren. Das alles stellte sie hin und war mächtig stolz, Clothilde so viel anbieten zu können. Als sie kam, warf sie nur einen kurzen Blick auf die Vorräte, rümpfte die Nase und sagte: „Wie kannst du nur in solch einem Loch wohnen? Und was du mir so an Futter anbietest, ist ja auch nicht gerade sonderlich üppig. Komm doch einmal mit zu mir nach Hause, und dann wirst du sehen, was ich dir alles zum Essen bieten kann. Du wirst dich wundern, was es an Köstlichkeiten dort gibt."
„Was denn? Los, erzähl mal!" antwortete Ludmilla.
Clothilde ließ sich nicht lange bitten und begann aufzuzählen: „In der Vorratskammer gibt es Würste und Schinken, viele Sorten Käse und leckere Schokolade, feinstes Weißbrot und frischen Kuchen. Ja, das alles kann ich dir auftischen."
„Hm, lecker", sagte Ludmilla und wollte gleich mit in die Stadt.

Das Haus, in dem Clothilde wohnte, gefiel Ludmilla sehr gut.
„Morgen kannst du dir das ganze Haus ansehen. Jetzt möchte ich dir gerne all die Köstlichkeiten zeigen, von denen ich dir erzählt habe", sagte Clothilde und rannte in die Vorratskammer.
Ludmilla, die Feldmaus, folgte ihr in gespannter Vorfreude. Was würde sie bald für leckere Dinge futtern können! Fröhlich sprang sie hinter Clothilde her.
„Hast du schon mal so dicke Würste gesehen?" fragte Clothilde und zeigte voller Stolz auf die vielen Würste, die übereinander gestapelt auf einem großen Teller lagen.
„Noch nie", gab Ludmilla ehrlich zu und wollte sich schon an eines der Wurstenden heranmachen, da hörte sie ein heiseres ‚Miau'. Die Hauskatze kam durch die Türe hereingestürzt. Ludmilla erstarrte vor Schreck. Clothilde rannte zu einem kleinen Loch und war plötzlich verschwunden.
„Komm schon", rief sie Ludmilla zu. Da flitzte Ludmilla auch in das Loch hinein. Dort waren sie vor der Katze sicher.

Am nächsten Tag verabschiedete sich Ludmilla und sagte: „Du hast ein schönes Haus und riesig viel zu fressen. Aber du musst dich immer vor der Katze verstecken. Da ziehe ich lieber meine eigenen Vorräte und mein sicheres Erdloch vor."

Impuls

Bevor du etwas tust, überlege dir, ob es für dich gut ist. Manchmal ist man auf den anderen neidisch, weil er mehr hat. Aber nicht alles, was gut aussieht, ist wirklich so gut.

Biblisches Wort

Der Reiche hält sich selbst für klug, aber ein Armer mit Scharfsinn durchschaut ihn. (Spr. 28,11)

Aktion

Schau dir ein Bilderbuch an! Suche eine Maus und male sie ab!

19. April

Am Fluss des Tigris lag vor langer Zeit die Stadt Ninive. Dort herrschte ein reges, fröhliches Leben. Aber in den Herzen der Menschen von Ninive fand Gott vieles, was ihn traurig machte. Die meisten Menschen hatten ihn vergessen, und viele andere redeten nicht mehr mit ihm.
Deshalb sagte Gott zu seinem Propheten Jona: „Mach dich auf den Weg, gehe nach Ninive und warne die Menschen. Wenn sie weiterhin so gottlos leben, werde ich ihre Stadt zerstören."
„Ich?" rief Jona ängstlich aus. Diesen Auftrag Gottes wollte er nicht ausführen, deshalb beschloss er zu fliehen.
So floh Jona nach Jafo, einer kleinen Stadt am Meer, und bestieg dort ein Schiff, das nach Tarschisch fuhr.
Er hatte Angst, Gott würde ihn finden. Darum bezahlte er eilig beim Kapitän den Fahrpreis und lief hastig unter Deck.

Aber Gott wusste, wo sich Jona befand. Er schickte einen Seesturm, dass das Schiff beinahe auseinanderbrach. Die Seeleute bekamen Angst. Der Kapitän ließ die gesamte Ladung über Bord werfen. Dabei entdeckte er Jona.
„Wach auf", brüllte er ihn an, „wir sind in höchster Gefahr! Rufe deinen Gott zu Hilfe, vielleicht kann er uns retten!"
Inzwischen hatte die Besatzung des Schiffes herausgefunden, dass Jona an ihrem Unglück schuld war. Sie fragten ihn, wer er wäre.
Wahrheitsgemäß antwortete Jona: „Ich bin Hebräer und bete zu dem Gott, der Himmel und Erde geschaffen hat. Ich wollte vor ihm fliehen!"
Die Matrosen bekamen nun noch mehr Angst.
Da sagte Jona: „Nehmt mich und werft mich über Bord. Dann wird sich das Meer beruhigen, und ihr bleibt verschont! Ich weiß, dass dieser gewaltige Sturm durch meine Schuld über euch gekommen ist."
Da griffen sie Jona und warfen ihn ins Meer. Sofort legte sich der Sturm.

Jona ertrank jedoch nicht im Meer. Gott schickte ihm einen großen Fisch, der ihn verschlang. Drei Tage und drei lange Nächte lebte Jona in dessen Bauch.
Da begriff Jona, dass kein Mensch vor dem allmächtigen Gott fliehen konnte, und er betete.
Gott hörte die Stimme und die Gebete seines Propheten und befahl dem Fisch, ihn an Land zu bringen.
Jona hörte die Stimme Gottes: „Jona, geh nach Ninive und bringe den Leuten dort meine Warnung!"
Diesmal gehorchte Jona, und die Menschen von Ninive glaubten seinen Worten, wandten sich von ihren bösen Taten ab und von dem Unrecht, das sie begangen hatten.
Gott sah ihre Reue und verschonte die Stadt und die Menschen, die darin wohnten.

Niemand kann vor Gott fliehen. Er weiß immer, wo du bist. Und er möchte, dass du deine Ohren nicht zuhältst, wenn er dir etwas zu sagen hat.

In meiner Not rief ich zu dir, Herr, und du hast mir geantwortet. (Jona 2,3)

Blase viele Luftballons ein wenig auf, nimm Lackfarbe aus der Tube und male darauf, was du möchtest. (Kreise, Vierecke, Gesichter und...) Bei deinem nächsten Fest kannst du das Zimmer schön ausschmücken.

20. April

Daheim hatten wir ein Haus mit vier Zimmern und Hühnern und Enten und Gänsen. Auch ein kleines Schweinchen und eine Kuh besaßen wir. Hinter unserem Haus befand sich ein Gemüsegarten. Dort pflanzte Oma Tomaten, Bohnen, Salat, Kartoffeln, Kohl, Zwiebeln und alles, was wir sonst so brauchten.
Es war schön, bei uns daheim!
Hinter der großen Baumwiese floss ein Bach vorbei. Im Sommer konnten Boris, Sascha und ich drin rumplanschen. Schwimmen konnten wir in diesem kleinen Flüsschen nicht, denn dazu war das Wasser nicht tief genug.
Mir hat's in meiner Heimat Russland gefallen. Doch weil meine Urgroßeltern aus Deutschland gekommen waren, wollten Mama und Papa wieder nach Deutschland zurück.
Wir freuten uns alle auf unsere neue Heimat. Dabei hat Omas Großvater uns soviel von Deutschland erzählt: Von den vielen Burgen und Ruinen, die sich hoch über dem Rhein erheben, von den Hansestädten Hamburg, Bremen, Lübeck. Vom Schwarzwald, von den Alpen, von Berlin, dem Erzgebirge und vom Thüringer Wald. Aber als wir dort ankamen, war uns alles fremd.

Von Frankfurt aus wurden wir mit einem Zug ins Lager Friedland gefahren. In diesem Lager blieben wir drei Monate. Danach kamen meine Familie und ich in dieses Dorf. Am Anfang gefiel es Boris, Sascha und mir prima, weil wir in einem feinen alten Haus an einem kleinen Flüsschen wohnen durften. Aber dann kamen die Kinder aus dem Dorf und beschimpften uns. Natürlich verstanden wir die deutsche Sprache nicht, denn wir hatten ja nur russisch gelernt. Doch Oma sagte uns, dass sie uns mit dem Wort 'Aussiedlerpack' beschimpften. Und dann sagte sie noch, die Kinder meinten, dass wir wieder dorthin zurückgehen sollten, woher wir gekommen waren.
Schluchzend fragte ich sie: „Können wir denn wieder zurück?“
„Nein“, antwortete Oma.
Und dann nahm sie mich auf ihren Schoß, strich mir zärtlich übers Haar und sagte: „Dort wie hier sind wir unerwünscht. Wir sollten uns entscheiden, wo unsere Heimat sein soll! Doch dazu müssen wir all unseren Mut zusammennehmen, um nach Freunden zu suchen.“
Damals verstand ich meine Großmutter nicht. Aber heute, fünf Jahre nach all dem, weiß ich, was sie mir sagen wollte: Heimat ist da, wo wir Freunde haben!
Heute habe ich jede Menge Freunde hier in meinem Land, in Deutschland!

Impuls

Fährst du im Urlaub in ein anderes Land, bist du froh, wenn die Menschen freundlich und nett zu dir sind. Deshalb sei auch nett und freundlich zu den Kindern, die hier fremd sind.

Biblisches Wort

Beutet die Fremden nicht aus, die bei euch leben. Ihr wisst doch, wie es einem Fremden zumute ist, weil ihr selbst in Ägypten als Fremde gelebt habt. (2.Mose 23,9)

Aktion

Lade deine Freunde zu einem kleinen Picknick im Garten oder im Haus ein!

21. April

April ist es, als Fridolin aus seinem langen Winterschlaf erwacht. Das erste, was er spürt, als er die poröse Kalkschale vom unteren Ende seines Schneckenhäuschens mit seinem dicken Fuß entfernt, ist ein riesiger Hunger. Ist ja kein Wunder nach all den vielen Monaten Schlaf.

Die Sonne scheint, der Boden ist warm und riecht herrlich nach feuchter Erde. Als Fridolin sich aus seinem Häuschen herausgerollt hat, reckt und streckt er sich ausgiebig. Dann blinzelt er. Das nach langen Wintermonaten helle Sonnenlicht tut seinen Augen weh. So zieht er schnell wieder die Fühler ein, denn dort sitzen seine Augen. Doch rasch hat er sich an die Lichtfülle gewöhnt. Er macht sich auf, nach frischen, jungen Kräutern zu suchen. Bald hat er sie gefunden, und so frisst er sich erst einmal ordentlich satt.

Auch die nächsten Tage und Wochen verbringt er mit Fressen und Schlafen, Schlafen und Fressen.

Zwischendurch kriecht er sehr bedächtig im Wiesenrain herum. Ja, Fridolin lebt an einem Hang. Weiter unten fließt ein kleiner Bach. Aber bis dahin ist er noch nicht gekommen. Aus seiner Schneckensicht liegt der Bach viel zu weit von ihm entfernt. Und das findet er gut so. Denn besonders liebt er das fließende Gewässer nicht. Viel lieber mag er den erfrischenden Regen im Frühling oder den warmen Sommerregen.

Eines Tages fühlt sich Fridolin sehr einsam. Er bekommt große Sehnsucht nach einer anderen Schnecke. Er beschließt, danach zu suchen. Doch, oh Wunder, kaum ist er einige Meter gekrochen, da sieht er vor sich ein wunderschönes braun-weißes Schneckenhaus.

„Ob es bewohnt ist?“ fragt er sich neugierig und streckt suchend seine Fühler aus.

Es ist bewohnt!

Eine Schnecke schaut ihn an.

„Hallo, ich heiße Fridolin.“

„Wie seltsam“, sagt die andere Schnecke, „ich heiße fast so, Fridoline.“

„Na sowas!“ wundert sich Fridolin, „heißen wir alle so?“

„Keine Ahnung“, entgegnet die andere Schnecke. „Ich kenne nur mich!“

„Ist ja auch egal, wie wir heißen“, sagt Fridolin, „Hauptsache, wir wissen, wer wer ist!“

„Ja, du bist Fridolin und ich bin Fridoline“, kichert die Schnecke.

Ihr Kichern ist so ansteckend, dass nun auch der Fridolin lachen muss. Sie lachen und lachen, bis sie vor Müdigkeit einschlafen. Am nächsten Tag spielen sie miteinander, gehen gemeinsam auf Futtersuche und tanzen im Schneckentempo umeinander herum.

Abends sagt Fridoline zu Fridolin: „Ich finde es schön, nicht mehr allein zu sein. Zu zweit macht alles viel mehr Spaß!“

Impuls Wenn du Freunde hast, macht das Spielen viel mehr Freude, als wenn du allein etwas unternimmst.

Biblisches Wort Freut euch mit den Fröhlichen. (Röm. 12,15)

Aktion Sammle leere Schneckenhäuser. Du findest sie an der Uferböschung kleinerer Bäche oder in Gräben oder an Wiesenhängen. Dann male sie schön bunt an und hebe sie dir auf.

22. April

Vicky wohnt in Frankfurt. Mitten drin! Dort wo der meiste Verkehr ist und an den Häusern Werbeschilder die Nacht zum Tag machen.
Seit gestern ist sie bei ihrer Oma zu Besuch. Die wohnt an der Nordsee in einem kleinen Häuschen hinter dem Deich.
Gras wächst am Deich. Feines, saftiges Gras. Es wird von Schafen gemäht. Von echten Schafen, die määähh sagen, lustig herumhopsen und niedliche Lämmer haben.
Vicky ist entzückt von den Schafen und will sie streicheln. Aber sie lassen es nicht zu. Nicht von Vicky und auch nicht von den anderen Kindern, die über den Deich gehen. Vor dem Deich sind die Dünen. Dann kommt der Sandstrand. Und dann, ja dann sieht Vicky zum ersten Mal in ihrem Leben das Meer.
Das Meer! Soweit sie sehen kann: Wasser, nichts als Wasser. Kleine Wellen rollen ans Ufer, drücken ihre Spuren in den weichen Sand, spülen Muscheln an Land. Vicky bückt sich und hebt eine besonders schöne Muschel auf: „Darf ich die mit nach Hause nehmen?" fragt sie Oma.
„Aber sicher! Du kannst dir so viel Muscheln mitnehmen, wie du möchtest", sagt Oma.
„Ehrlich?" fragt Vicky etwas ungläubig und sieht sich die Muschel genauer an. „Schau mal, Oma, wie wunderschön sie ist! Guck mal, innen schimmert sie silbern!"
Oma nimmt die Austernmuschel behutsam in ihre Hände, betrachtet sie lange und sagt lächelnd: „Ja, sie ist wunderschön! Vollkommen in ihrer Form. Ein Wunderwerk der Schöpfung. Ein Geschenk Gottes an uns Menschen!"
„Ein Geschenk Gottes? Die Muschel?"
„Ja!"
Vicky staunt.
„Ja", wiederholt Oma und deutet auf die vielen Muscheln, die am Meeressaum liegen, „jede einzelne Muschel ist ein Geschenk Gottes an uns! Sieh nur, keine Muschel gleicht der anderen. Jede ist einzigartig. Und schau die Möwen über uns. Auch sie sind Geschenke von Gott. Das Meer, die Fische in ihm – alles ist da, um uns Freude zu schenken."
Vicky geht näher zu den vielen Muschelhäufchen hin und sagt: „Darf ich eine Menge mitnehmen?"
„Brauchst du denn so viele?" fragt Oma.
„Ja, für jedes Kind in meinem Kindergarten mindestens zwei Muscheln. Bei uns gibt's doch keine! Und wie sollen meine Freunde sonst ein Geschenk von Gott kriegen?"
„Na ja, Geschenke von Gott bekommen auch die Kinder von Frankfurt", sagt Oma schmunzelnd.

Gott hat ganz viel Verschiedenes geschaffen. Jeder Mensch, jedes Kind ist ein Original. Es ist schön, solche Geschenke zu entdecken.

Auf, mein Herz, preise den Herrn! Herr, mein Gott, wie groß bist du. (Ps. 104,1)

Wenn du am Meer wohnst, kannst du dir eine kleine Flasche mit Meerwasser füllen, dann etwas Sand hineingeben, einige kleinere Muscheln dazu, und schon hast du den Ozean in der Flasche.

23. April

Stellas große Schwester durfte zwei Wochen bei ihrer Brieffreundin in London verbringen. Als sie wieder nach Hause kommt, bringt sie Stella eine Dose mit Sahnebonbons mit.

„Siehst du hier den Buckingham-Palast?“ fragt Mama und deutet auf das bunte Bild, das sich oben auf der Dose befindet. „Dort wohnt die Königin von England.“
Sabine hat ihr das kleine Geschenk einfach nur auf den Tisch gestellt und ist dann ohne erst ihren Koffer auszupacken, zu ihrer Freundin Nina gegangen.

„Hast du den Palast gesehen, als du mit Papa und Oma in London warst?“ will Stella wissen. „Na klar waren wir da! Wer nach London fährt, muss auf jeden Fall dort gewesen sein. Auch die Wachablösung haben wir gesehen. Sonst wären wir nicht so richtig in London gewesen“, antwortet Mama lachend.
„Sind in der Dose auch wirklich Bonbons drin und stammen die echt aus London?“
„Natürlich! Und die Dose ist prallvoll damit. Du siehst die Bonbons nur nicht, denn sie sind ja in der Dose und auf den ersten Blick einfach nicht da, also unsichtbar“, sagt Mama.
„So unsichtbar wie Gott?“ fragt Stella und schaut ihrer Mama zu, wie diese die Hähnchen für das Mittagessen zubereitet.
„Schau mal“, sagt Mama und schiebt die Hähnchen in die Röhre, „wenn ich den Backofen jetzt zumache, siehst du die Hähnchen auch nicht mehr. Sie sind zwar da, aber nicht sichtbar. Machen wir den Backofen wieder auf, sind sie nach wie vor da.“
Stella schaut in den Backofen: „Ja, ich sehe sie“, ruft sie aus und freut sich riesig.
„Na, siehst du, und genauso ist das mit Gott. Wir können ihn zwar nicht sehen, trotzdem ist er immer bei uns, und das spüren wir. Auch seine Liebe können wir fühlen!“
„Gottes Liebe?“
„Ja, Liebe können wir auch nicht sehen, trotzdem ist sie vorhanden. Du spürst unsere Liebe zu dir, und wir spüren deine Liebe zu uns! Gottes Liebe ist vorhanden, da kannst du sicher sein. Jeden Tag aufs Neue. Ist das nicht toll?“ fragt Mama.
„Ja“, sagt Stella und beschließt, sich genau zu merken, was Mama ihr über die unsichtbare Liebe erzählt hat.
Eins steht fest: Diese feine Dose würde sie jetzt gleich öffnen, um die vielen Bonbons sichtbar zu machen und sie zu zählen. Eines würde sie gleich essen.

Impuls Du siehst Gottes Liebe nicht, trotzdem ist sie da. Du spürst sie, wenn du an ihn denkst, ihm etwas sagst oder betest.

Biblisches Wort So wie der Vater mich liebt, habe ich euch meine Liebe erwiesen. Bleibt in dieser Liebe! (Joh. 15,9)

Aktion Blase einen Luftballon auf, hänge ihn dir über dein Bett und sieh zu, wie die Luft langsam entweicht. Luft ist nicht zu sehen, du kannst sie nur spüren.

24. April

„Ich bin superstark", sagt die Sonne zum Wind. „Ohne mich wachsen keine Blumen, haben die Bäume keine Blätter, und Luft zum Atmen für die Menschen gibt es auch nicht."

„Stimmt nicht", sagt der Wind. „Ich bin der stärkste! Ich treibe die Regenwolken vor mir her, lasse sie abregnen. Ohne Wasser wachsen keine Blumen, und die Blätter gäbe es auch nicht an den Bäumen. Aus diesem Grunde gäbe es auch keine Menschen, denn sie hätten ja keine Luft zum Atmen."

„Zu viel Wasser ist aber auch nicht gut. Die Blumen und Bäume würden Schaden nehmen. Deshalb sorge ich dafür, dass die Erde wieder trocknet", sagt die Sonne und blinzelt hinter einer dunklen Regenwolke hervor.

So streiten Sonne und Wind mehrere Tage herum und können sich nicht einigen, wer nun wirklich am stärksten ist.

„Probieren wir es doch einfach mal aus, wer von uns beiden am stärksten ist", sagt die Sonne eines Tages, weil ihr die Streiterei zuviel wird.

„Einverstanden", antwortet der Wind.

„Sieh, dort unten geht gerade ein Mann mit einem Mantel über die Straße. Wer es von uns beiden fertig bringt, dass der Mann seinen Mantel auszieht, ist der Gewinner", sagt die Sonne und zieht sich hinter eine dicke Regenwolke zurück.

„Nichts einfacher als das", sagt der Wind erfreut, weil er die Streiterei auch satt hat. Er beginnt zu blasen und zu blasen und zu blasen. Er pfeift um den Mann herum, so dass dieser den Kopf einzieht. Weil das alles nichts nutzt, heult und rast er so heftig gegen den Mann an, dass dieser fast von der Straße geweht wird. Der Mann eilt in den Stadtpark, will unter den Bäumen Schutz vor dem heftig wehenden Wind suchen. Der Wind strengt sich noch mehr an. Aber je kälter der Wind wird, desto fester hüllt sich der Mann in den Mantel ein.

„Halt", sagt die Sonne und kommt wieder hinter den Wolken hervor. „Jetzt lass mich mal ran." Zuerst schickt sie nur einige zaghafte Strahlen auf den Mann. Dieser blickt zum Himmel, sieht die Sonne und knöpft seinen Mantel auf. Da wird die Sonne mutig und schickt noch wärmere Strahlen hinunter. Bald wird es dem Mann derart warm, dass er seinen Mantel auszieht und nach einem schattigen Plätzchen im Stadtpark sucht.

„Ich bin die Gewinnerin", jubelt die Sonne und strahlt.

Da verschwindet der Wind kleinlaut hinter der nächsten Häuserecke.

Impuls: Du siehst, dass mit Wärme viel mehr zu erreichen ist als mit Kälte. Genau so ist es auch zwischen den Menschen. Wenn du jemanden lieb hast, tut er etwas für dich. Du brauchst ihn nur zu bitten. Mit bösen Worten erreichst du nichts.

Biblisches Wort: Aber ich weiß, dass Gott dir auch jetzt keine Bitte abschlägt. (Joh. 11,22)

Aktion: Stelle ein Windrädchen ans Fenster, und du wirst sehen, dass es sich dreht, wenn der Wind weht.

25. April

Der kleine Floh Springinsfeld schlägt auf der Wiese einen Purzelbaum nach dem anderen und schreit: „Ich bin frei, heijeijei." Er ist nämlich still und leise abgehauen aus der engen Behausung des Flohzirkus' vom Senior Alfonso. Dort hat es ihm nicht mehr gefallen, weil Esmarella, seine Frau, so viele kleine Flöhchen bekommen hat. Da kann er auch nicht mehr üben. Aber üben muss ein Zirkusfloh, sonst wird er dick und fett und ist zu nichts mehr zu gebrauchen. Das weiß er. Es geht ganz leicht. Senior Alfonso hat das überhaupt nicht gemerkt, so beschäftigt ist er mit dem Zählen von Esmarellas Nachwuchs.
Es ist für Springinsfeld nicht schwierig, in den Garten zu springen. Dort kann er nicht bleiben, denn Senior Alfonso hätte ihn sicher bald zwischen Blumen oder Kopfsalat entdeckt. So wartet er unter einem Erdbeerblatt, bis es dunkel wird. Später schlüpft er durch ein kleines Astloch des Gartenzauns in die große weite Welt. Er ist glücklich, hopst auf die goldgelbe Blüte einer Ringelblume und macht es sich zwischen ihren Blütenblättern gemütlich.

Zwei Tage und zwei Nächte genießt er seine Freiheit. Doch am dritten Tag bekommt er Sehnsucht nach Esmarella und sogar nach den kleinen, quirligen Flöhchen. Er vermisst sogar die brummige Stimme von Senior Alfonso.
„Freiheit ist ja schön", denkt er kummervoll. „Aber nur Freiheit, keine Arbeit, keine Esmarella und keine Flöhchen macht keinen Spaß. Freiheit ist nur schön, wenn ich sie mit jemandem teilen kann", sagt er. Da hört er plötzlich die Stimme von Senior Alfonso: „Allez hopp!" rufen.
Blitzschnell hüpft er wie ein kleiner Wirbelwind auf den ausgestreckten Zeigefinger von Senior Alfonso.
„Na, da bist du ja, du Ausreißer", brummt dieser und setzt ihn auf den Rand der Kiste ab. Springinsfeld fällt Esmarella glücklich um den Hals. Die kleinen Flöhchen kommen angewuselt, umringen ihn und veranstalten ein wahres Freudengeheul. Nachdem die erste stürmische Wiedersehensfreude ein bisschen nachgelassen hat, nimmt ihn Esmarella an die Hand und fragt: „Wie findest du sie?"
„Och, die Flöhchen sind ganz süß", antwortet er.
„Oh Springinsfeld, ich meine nicht die Kinder, ich meine die neue Kiste!"
Erstaunt blickt sich Springinsfeld um: Tatsächlich, die Kiste, in der sie sich befinden, ist viel größer als die alte.
„Donnerwetter", lacht er, „das ist ja toll! Da habe ich ja jetzt wieder jede Menge Platz zum Üben!" Übermütig schlägt er einen Purzelbaum nach dem andern.

Impuls

Weglaufen hat keinen Sinn, denn damit löst du keine Schwierigkeiten. Du solltest versuchen, dich mit deinen Freunden, deinen Geschwistern oder deinen Eltern zu einigen.

Biblisches Wort

Darum lasst uns durchhalten in dem Wettlauf, zu dem wir angetreten sind, und alles ablegen, was uns dabei hindert, vor allem die Sünde, die uns so leicht umgarnt.
(Hebr. 12,1)

Aktion

Spiele mit deinen Freundinnen und Freunden das Murmelspiel. Dazu kannst du Knöpfe, Steine oder Murmeln nehmen. Mach eine kleine Mulde oder ein selbstgebautes Hindernis aus Pappe, in das du Türen hineinschneidest. Durch die Türen müssen dann die Murmeln. Wer durch eine Tür kommt, hat gewonnen.

26. April

„Ich gehe einkaufen! Willst du mit?" fragt Mama.
„Ja", sagt Anne. „Kaufst du mir einen kerngesunden Müsliriegel?" fragt Anne hoffnungsvoll.
„Nein", erwidert Mama und steuert den Einkaufswagen direkt zur Fleischabteilung. Mama stellt sich an den Schluss der Schlange.

„Ich geh mir derweil Micky-Maus-Heftchen angucken!" sagt Anne. Auf dem Weg zum Zeitungsstand entdeckt sie auf einem kleinen Tischchen ein großes Silbertablett mit köstlichen Pralinen. Eine Frau steht hinter dem Tischchen und fordert alle Erwachsenen, die vorbeikommen, auf, doch von der neuesten Pralinensorte zu probieren. Sie fragt immer nur die großen Leute oder die Kinder, die neben ihrer Mama oder ihrem Papa gehen. Anne überlegt, wie sie an die leckeren Pralinen herankommen könnte. Da hat sie eine Idee: Sie stellt sich neben eine dicke Frau. Sofort reicht die Verkäuferin auch ihr das Silbertablett hinunter, und Anne nimmt drei Stück. Sie läuft ein paar Schritte hinter der dicken Frau her. Dann dreht sich Anne um, geht zurück zum Pralinentisch, stellt sich neben einen Papa mit zwei Jungen und greift wieder nach den Pralinen. Diesmal nimmt sie fünf Stück. Die Verkäuferin achtet nicht auf sie. Beim dritten Mal stellt sich Anne neben einer Mama mit einem Baby. Sie nimmt gleich sieben Stück.
Noch einige Male wendet Anne ihren Trick an. Dann kommt ihre Mama.
„Komisch", sagt die Verkäuferin zur Mama, „ich weiß nicht, was los ist, aber alle kleinen Mädchen, die hier vorbeikommen, haben genau das gleiche Kleid an wie ihre Tochter."
„Ja?" sagt Mama nur und will eine Schachtel Pralinen mitnehmen. Doch Anne, der mit einem Mal schrecklich schlecht wird, möchte keine Pralinen mehr.
„Möchtest du dann lieber einen Müsliriegel?" fragt Mama besorgt und befühlt Annes Stirn.
„Nein, nichts Süßes!" ist alles, was Anne noch stöhnen kann, und dann muss sie sich übergeben. Die Verkäuferin verzieht angewidert ihr Gesicht.
„Das kommt von deiner Praline", sagt Anne vorwurfsvoll. Sie ist überzeugt, dass die, die sie gerade im Beisein von Mama essen musste, bestimmt nicht so gut war wie all die anderen vorher. Deshalb will sie auch nicht, dass Mama eine ganze Schachtel davon kauft. „Wer weiß, ob da nicht genau die Sorte drin ist, von der es mir so schlecht geworden ist", murmelt Anne.

Impuls

Du musst keine Angst haben, etwas zu verpassen, auch wenn du nicht sofort alles bekommst. Manches macht sogar mehr Freude, wenn man lange darauf warten muss. Gott schenkt uns viel, um das Leben zu genießen. Wer gierig ist, kann nicht genießen.

Biblisches Wort

Hütet euch vor jeder Art Habgier! Denn der Mensch gewinnt sein Leben nicht aus seinem Besitz, auch wenn er noch so groß ist. (Luk. 12,15)

Aktion

Schneide aus Karton viereckige Kärtchen, klebe darauf ausgeschnittene Bilder aus Zeitschriften. Legt die Karten mit dem Bild nach unten hin und dann rate, wo was ist.

27. April

Ich heiße Daniel. Danni werde ich gerufen. Julian und Nadine sagen, ich wäre beinahe noch ein Baby. Das stimmt nicht! Immerhin bin ich schon über fünf Jahre alt!

Berry, mein Hündchen, ist schon sieben. Dabei habe ich ihn erst vor einem Jahr zum Geburtstag geschenkt bekommen. Papa hat mir erzählt, dass Hunde schneller älter werden als Menschen.

Neulich war ich auf Mama sauer! Hat sie doch 'Schmuddelkind' zu mir gesagt! Und das bloß, weil ich mit Berry abgehauen bin! So schmutzig war ich doch nicht. Sie hat mich erst letzten Samstag gründlich gewaschen.

Dienstag war es, wo sie mich schon wieder baden wollte!

„Nein! Jeden Tag baden, das ist zuviel!" habe ich ihr gesagt und bin mit Berry in unseren Garten gegangen. Dort sind wir zwei im Regen herumgesprungen und durch die Pfützen gepatscht. Hatte uns jede Menge Spaß gemacht! Mit dem Sand aus dem Sandkasten habe ich Berry beworfen. Er hat ein Loch gebuddelt, und so bekam ich auch einen Haufen Sand in die Haare.

Als wir dann später wieder ins Haus kamen, fing Mama wieder an, sie wolle mich waschen.

Da bin ich aber wütend geworden und habe zu ihr gesagt, dass ich absolut keine Lust hätte, mein ganzes Leben im Badezimmer zu verbringen.

Da sagte Mama, dass ich ein richtiges Schmuddelkind wäre.

„Ich bin kein Schmuddelkind", habe ich ihr gesagt.

„Dreck hält warm!" hat sich dann Julian eingemischt, und das war das einzige Mal, dass er mir beigestanden ist.

Am Mittwoch morgen habe ich noch vor dem Kindergarten ein Bad genommen. Freiwillig! Ja, das habe ich! Der Sand, der von Berries Wühlerei in meine Haare geflogen ist, hat mich die ganze Nacht gejuckt.

Ich fand's gemein von Berry, dass er unter meinem Bett nur blöde hervorknurrte, als ich ihn hervorzerren wollte, weil ich mich langweilte und darum Lust hatte, mit ihm zu spielen.

Mama sagte am nächsten Morgen bloß, nachdem ich ihr das von Berry erzählt hatte: „Tja, so ist das! Hunde und Schmuddelkinder haben eben ein unterschiedliches Empfinden für Sandkörner und sonstigen Dreck!"

Trotzdem werde ich so bald nicht wieder baden. Auch Händewaschen und Zähneputzen finde ich ziemlich überflüssig. Aber das habe ich nur dem Berry ganz leise ins Ohr geflüstert, damit Mama es nicht hört. Berry wird mich nicht verraten. Schließlich ist er mein Hund! Sollten wir zwei uns aber mal wieder streiten, und würde dann Berry versuchen zu petzen, so weiß nur ich, dass Mama zum Glück die Hundesprache nicht versteht.

Wasser ist eine kostbare Gabe Gottes. Du brauchst es nicht nur zum Waschen, sondern auch zum Trinken. Gottes Wort ist wie das Wasser, es wäscht den alten Dreck, die Schuld ab und erfrischt unser Leben.

Voller Freude werdet ihr Wasser schöpfen an Gottes reichen Quellen, aus denen euch seine Hilfe strömt. (Jes. 12,3)

Welche Hunderassen kennst zu?

28. April

Ich heiße Madeleine und wohne mit meinen neuen Eltern in Paris. Ich mag sie. Wir sind schon über drei Jahre zusammen.
Dort, wo ich herkomme, lebten so nur die reichen Kinder.
Ich war ein Straßenkind! Genauer gesagt ein Bettelkind. Und dazu war ich noch ein Mädchen.
Meine ersten Eltern hatten mich verkauft. Ich war ungefähr vier Jahre alt. Oder war ich schon fünf? Ich weiß es nicht mehr genau. Jedenfalls war ich ihr siebentes Mädchen.
Als ein Junge geboren wurde, wurde ich an einen komischen Mann in unserem Viertel verkauft. Er wurde Bettelkönig genannt.

Eines Nachts gingen Frauen durch unsere Straße und sammelten alle Straßenkinder ein. Wir wurden in ein richtiges Haus aus Ziegelsteinen gebracht. Dort sah ich zum ersten Mal richtige Betten. Zuerst mussten wir uns waschen und bekamen gleich was zu essen. In der ersten Nacht wachte ich oft auf und hatte Angst, der Bettelkönig würde mich wieder abholen, weil er mich ja gekauft hatte. Doch niemand holte mich!
Alle Bettel- und Straßenkinder hatten es gut in dem Haus. Es war ein Waisenhaus. An einem Sonntagmorgen rief Schwester Agnes mich in den großen Speisesaal. Sie sagte, es wäre ein Ehepaar da, das ein Kind haben wollte. Ehrlich, das konnte ich mir überhaupt nicht vorstellen. Ich senkte meinen Blick, denn ich konnte mir nicht vorstellen, dass jemand ein Mädchen haben wollte. Das war sicher ein Irrtum. Da kam die Dame auf mich zu und sagte: „Oh, ist das ein niedliches kleines Mädchen!“ Sie griff mir unters Kinn, hob meinen Kopf, und ich blickte in zwei wunderschöne blaue Augen! Die Dame gefiel mir gleich ganz doll. Sie sah mich lange an, lächelte und sagte spontan zu dem Mann, der neben ihr stand: „Jean-Paul, ich denke, wir haben gefunden, was wir suchten!“
Ihr Mann nickte und antwortete: „In Ordnung, Liebling! Mir gefällt dieses kleine Mädchen auch.“
Schwester Agnes schaute mich lange an und fragte mich: „Möchtest du mit den Herrschaften nach Paris reisen und für immer bei ihnen bleiben?“ Ich konnte nur stumm nicken, weil ich es nicht fassen konnte, dass ich ausgesucht worden war.
Seitdem wohne ich in Paris und darf zur Schule gehen. Ich lerne fleißig, es macht mir Spaß, und Mama und Papa freuen sich darüber. Wir sind eine richtige glückliche Familie. Ist das nicht toll?

Impuls

Es ist schön, wenn man in einer Familie lebt, in der Eltern und Geschwister gut miteinander sind. Aber auch wenn das nicht so ist, bist du nicht allein. Mit Gott kannst du auch über schwierige Situationen reden.

Biblisches Wort

Gott spricht: Ich werde euch trösten, wie euch eine Mutter tröstet. (Jes. 66,13)

Aktion

Male den Eiffelturm von Paris!

29. April

„Zieh dich an, wir gehen spazieren und anschließend auf den Spielplatz“, sagt Mama.

„Ich will nicht mit“, ruft Benni aus seinem Kinderzimmer, weil er gerade mit seinen zwei besten Autos ein Rennen zwischen der bergigen Landschaft seines Bettes veranstaltet.

„Ich möchte nicht, dass du allein daheim bleibst. Tobi muss an die frische Luft“, sagt Mama, die gerade mit Tobi ins Zimmer kommt.

„Immer muss ich mit!“ beschwert sich Benni. „Krieg' ich dann auch was Süßes?“ fragt er Mama.

„Ich kann dir nicht immer was Süßes kaufen“, antwortet Mama und setzt den Tobi in den Kinderwagen.

Nachdem sie eine Weile unterwegs sind, sagt Benni: „Kauf' mir lieber ein Eis.“

„Erst willst du was Süßes, dann ein Eis, was denn noch alles?“ fragt Mama.

„Erdnüsse, Knabberbrezeln und ein Überraschungsei“, sagt Benni spontan und merkt nicht, dass Mama ihn ziemlich entnervt ansieht.

„Sonst noch was?“

„Eine Schachtel Mohrenköpfe, einen Müsliriegel und eine Milchschnitte könntest du mir auch noch kaufen“, antwortet Benni eifrig.

Während er noch überlegt, wie er Mama dazu bringen kann, ihm was Süßes zu kaufen, entdeckt er in einem Laden Überraschungseier. Er rast in den Laden und nimmt sich einfach eines aus dem Karton.

Mama ist ihm gefolgt, nimmt ihm das Ei aus der Hand und legt es wieder zurück.

Ehe er protestieren kann, hört er die Frau an der Kasse zur Mama sagen: „Hören Sie mal, das können Sie nicht machen! Sie müssen das Ei kaufen!“

„Nein, das muss und werde ich nicht tun“, antwortet Mama ganz ruhig. „Diese Überraschungseier sind wohl in der Absicht so nahe an die Tür gestellt worden, damit die Kinder sich einfach bedienen sollen. Ich meine, es ist Ihr Problem, wenn die Kinder das tun! Ich jedenfalls bin nicht bereit, das Ei zu kaufen.“

„So was habe ich noch nie erlebt“, schimpft die Kassiererin.

„Alles passiert irgendwann zum ersten Mal“, entgegnet Mama nur und verlässt den Laden.

„Ich will mein Überraschungsei!“ schreit Benni und trampelt wütend – wie das Rumpelstilzchen im Märchen – neben Mama herum.

Doch Mama packt ungerührt seine Hand und schiebt den Kinderwagen mit Tobi einfach weiter. Nun bleibt dem Benni nichts anderes übrig, als voller Wut neben ihr herzugehen. Dabei nimmt er sich fest vor, nie, nie wieder mit Mama spazierenzugehen.

Impuls: Nicht immer ist das, was dir in den Sinn kommt, das Richtige und das Wichtigste.

Biblisches Wort: Zorn ist grausam und Wut wie überschäumendes Wasser. (Spr. 27,4)

Aktion: Lass dir die Geschichte vom Rumpelstilzchen vorlesen.

30. April

Müde kommt Pias Papa von der Arbeit heim. Er lässt sich gleich in seinen Lieblingssessel plumpsen.
„Hier wird nicht ausgeruht", ruft Mama, „komm, Abendbrot essen. Danach machen wir es uns gemütlich." Aber aus der Gemütlichkeit wird nichts.
„Wir müssen heute abend noch zu Gundi und Gert, wir können unmöglich absagen", seufzt Papa, „dabei hatte ich einen wirklich harten Arbeitstag."
„Übermorgen ist Wochenende", tröstet Mama ihn, „da werden wir Zeit haben und uns richtig ausruhen."
Pia freut sich schon darauf, denn einen richtigen Ausruh-Sonntag zusammen mit Mama und Papa gab es schon lange nicht mehr. Immer war irgend etwas los. Entweder musste Mama unbedingt den Keller aufräumen oder Papa die Waschmaschine reparieren. Futsch war da das schöne Wochenende. Fast genauso war es am letzten Samstag. Da wollte Mama nur mal schnell durch den SB-Möbelmarkt schlendern. Und dort fanden sie genau den Hängeschrank, den sie schon lange für die Küche gesucht hatten. Natürlich verging dann fast der ganze Sonntag, bis Papa und Mama den blöden Schrank aufgebaut und an die Wand gedübelt hatten. Ruck, zuck war schon wieder ein Wochenende vorbei.
Aber diesmal, übermorgen also, werden Pia, Mama und Papa einfach nur faul sein und einen richtig gemütlichen Ausruh-Sonntag verbringen.
Doch beim Samstags-Frühstück hetzt Mama schon wieder: „Los, Beeilung, wir müssen noch einkaufen."
„Wofür das denn?" brummt Papa, der nichts Gutes ahnt.
„Ja, hast du denn vergessen, dass wir Gundi und Gert versprochen haben, sie bald auch einmal einzuladen? Und am Wochenende passt es doch am allerbesten."
Oh, nein, denkt Pia enttäuscht, und auch Papa fragt bestürzt: „Muss es denn dieses Wochenende sein?"
Gerade in diesem Augenblick klingelt das Telefon. Mama geht dran. „Hallo", sagt sie, dann hört sie eine Weile zu. Schließlich legt sie ihre Hand auf die Muschel und flüstert Papa und Pia zu: „Es ist Gundi. Sie fragt, ob wir am Sonntag schon was vorhaben."
Da nicken Papa und Pia wie auf Kommando mit ihren Köpfen.
„Klar haben wir schon was vor", flüstert Papa zurück, und Pia ruft: „Nämlich ausruhen."

Biblisches Wort

Sechs Tage in der Woche sind für die Arbeit da. Aber am siebenten Tag darfst du ausruhen. Genauso hat Gott es gemacht, als er die Welt erschuf. (2.Mose 20,9.10)

1. Mai

Dominik erzählt immer gerne selbst erfundene Geschichten. Einmal ist er einem Riesen begegnet, einmal fährt er allein mit Papas Motorboot, und wieder ein anderes Mal behauptet er in der Schule, die Masern zu haben. Weil ihm das seine Freunde nicht glauben, kommt er am folgenden Tag mit roten Pünktchen im Gesicht in die Schule. Frau Albertini, die Lehrerin, sieht das, und sagt zu ihm: „Dominik, geh in den Waschraum und wasche dir die Farbe vom Gesicht."
„Masern kann kein Mensch der Welt abwaschen", sagt er und wartet, was Frau Albertini nun sagen wird.
„Du hast keine Masern, also geh und wasch dich!"
„Sehen aber wie echt aus", antwortet er und trollt sich dann grinsend in Richtung Tür.
Die anderen lachen, und Alex ruft: „Schwindler!"
„Bin ich nicht", schreit Dominik zurück.
„Bist du doch! Du lügst immer", ruft Julia und streckt ihm die Zunge raus.

Einige Tage danach bekommt Dominik plötzlich Bauchweh. Als er das seiner Mama sagt, denkt sie, dass er sich nur vor seinen Hausaufgaben drücken will. Später, als Papa nach Hause kommt, erzählt er auch ihm von seinem Bauchweh. Papa nimmt ihn hoch, wirbelt ihn im Kreis herum und fragt lachend: „Ist es jetzt besser?"
„Nein", sagt Dominik und beginnt zu heulen.
„Heute gibt es deine Lieblingsnachspeise: Wackelpudding mit Vanillesoße", sagt Mama.
„Mag ich nicht!"
„Seit wann denn das? Das sind ja ganz neue Töne", sagt Papa lachend und nimmt sich ein Wurstbrot.
Als er wirklich keinen Wackelpudding mit Vanillesoße isst, wundert sich Mama, blickt ihn forschend an und sieht, dass Dominik ganz blass aussieht. Dann befühlt sie seine Stirn: „Du bist ja ganz heiß! Willst du dich hinlegen?"
„Ja, mir ist schlecht!"
„Komm, ich bringe dich ins Bett", sagt Papa, trägt ihn ins Kinderzimmer, während Mama zum Telefon geht, um Doktor Wenzel anzurufen. Der kommt auch gleich. Dominiks Papa muss ihn mit dem Auto ins Krankenhaus fahren. Er hat eine Blinddarmentzündung und muss sofort operiert werden.
Nach einer Woche darf er nach Hause, aber noch nicht in die Schule. Alex und Julia besuchen ihn. Dominik erzählt, dass er mit Blaulicht und mordsmäßigem Tatütata ins Krankenhaus gefahren wurde.
„Du schwindelst ja schon wieder", sagt Julia und fährt fort: „deine Mama hat meiner Mama gesagt, dass dich bloß dein Papa ins Krankenhaus gefahren hat."
„Mach nur so weiter, dann glaubt dir niemand mehr was."

Impuls: Mit Worten lässt sich viel erreichen, Gutes und Böses. Man kann trösten, helfen, den Weg erklären – oder schwindeln, zum Bösen anstiften oder beleidigen. Es ist besser, das Richtige zu sagen, dann wird man dir auch trauen.

Biblisches Wort: Du sollst nichts Unwahres über deinen Mitmenschen sagen. (2. Mose 20,16)

Aktion: Male einen Krankenwagen mit Blaulicht.

2. Mai

Vanessa rennt heulend zu ihrer Mama: „Niki sagt, dass ich ihm seine kleine Kette aus seiner Piratenschatzkiste geklaut habe."

„Hat sie auch", beschwert er sich, „ich habe sie extra auf meinen Schreibtisch gelegt. Vanessa kommt dauernd in mein Zimmer und nimmt sich, was sie will. Sie ist echt schlimm!"

„Bin ich nicht, und ich war's auch nicht. Ich nehme dir nie was weg", ruft Vanessa und heult weiter.

„Doch! Vorgestern hast du mir den goldenen Knopf von meiner Jacke geklaut. Der lag nämlich auch auf meinem Schreibtisch. Mama, sie nimmt mir immer alles von meinem Schreibtisch", sagt Niki und ist echt sauer.

„Vielleicht hast du die Kette und den Knopf doch woanders hingelegt", meint Mama, gibt ihm das Handtuch: „Hilf mir bitte abzutrocknen. Ist sinnvoller als sich zu streiten."

Niki nimmt das Handtuch, wirft es wütend auf den Boden und schreit: „Vanessa ist eine Klaujule, eine ganz gemeine Diebin!"

„Bin ich nicht! Überhaupt finde ich deinen Piratenschmuck sowieso blöd. Ist eh nicht echt!" verteidigt sich Vanessa.

„Hört endlich auf zu streiten. Davon wird nichts besser", sagt Mama. „Kommt beide mit in Nikis Zimmer, dann sehen wir dort mal nach."

Energisch geht Mama durch den Flur. Niki rennt voraus, öffnet die Tür und sieht gerade noch, wie ein großer schwarz-weißer Vogel mit seinem neuen, silbernen Bleistiftspitzer durchs Fenster verschwindet.

„Mama, hast du das gesehen? Ein großer Vogel ist der Stehler!" ruft Niki aufgeregt.

„Das ist eine Elster", erklärt Mama und fährt fort, „diese großen Vögel lieben alles, was glitzert und glänzt. Vermutlich hat sie auch den Knopf und die Piratenkette gestohlen."

„Und was machen sie damit?" fragt Vanessa erstaunt und war froh, dass Niki nun weiß, dass sie ihm nichts geklaut hat.

„Sie nehmen die Glitzerdinger mit in ihr Nest und freuen sich einfach daran", sagt Mama.

„In ihren Nestern wurden sogar schon Silberlöffel gefunden."

„Echte?" fragt Niki erstaunt.

„Echte", bestätigt Mama.

„Suchen wir das Nest der Elster, damit ich mir meine Sachen wieder holen kann?"

„Geht vermutlich nicht", sagt Mama, „wir wissen doch gar nicht, wo sie wohnt."

„Schade, aber so wertvoll war das Kettchen und der Knopf ja auch nicht."

„Ich kaufe dir einen neuen Spitzer!"

„Siehste, ich bin doch keine Stehlerin", sagt Vanessa, und Niki sieht's ihr an, dass sie froh darüber ist.

„Tut mir leid", murmelt er, „kann ich doch nicht wissen."

Impuls

Sammelt keine Schätze hier auf der Erde! Denn ihr müsst damit rechnen, dass Motten und Rost sie zerfressen oder Einbrecher sie stehlen. (Matth. 6,19)

Aktion

Nimm Zeichenpappe oder ein großes weißes Blatt und klebe Fotos von deiner Mama, deinem Papa, deinem Bruder, deiner Schwester, deiner Oma und deinem Opa darauf. Du kannst die ‚Fotowand' noch mit einem hübschen bunten Band umranden. Klebe es einfach fest, denn dann sieht es aus wie ein großes Bild.

3. Mai

Sabrina lebt mit ihren Eltern auf einem Schleppkahn. Hinten ist ein kleines Häuschen, in dem sich die Wohnung und das Ruderhaus befinden. Mitten auf dem Schiff befindet sich ihr Spielplatz. Er ist rundum eingezäunt, damit sie nicht während der Fahrt über Bord fällt. Sabrina hat noch zwei Schwestern, die aber in einem Internat für Schifferkinder leben. So ist sie immer allein. Aber sie hat nie Langeweile, denn unterwegs begegnen ihnen viele Schiffe, und sie kennt fast alle Leute, die auf den Schiffen arbeiten. Sie winken ihr immer zu und rufen: „Ahoi, Sabrina, wie geht's so?"

„Gut wie immer", ist alles, was sie antworten kann, da die Schiffe sehr schnell aneinander vorbeifahren.

Schön findet sie es auch, wenn Mama Wäsche hat. Die flattert lustig im Wind und ist ganz schnell trocken. Sie darf in einer Schüssel ihre Puppenkleider waschen und auf einer kleinen Leine aufhängen.

Oft legen sie bei größeren Städten an. Papa und Mama nehmen sie dann mit in die Stadt, und Struppi darf auch mit. Struppi ist der Schiffshund, und eigentlich fühlt er sich auf dem Schiff am wohlsten. Aber Sabrina meint, dass er auch die Städte kennenlernen muss. Sie kennt alle Städte – rheinauf- und rheinabwärts mit allen Sehenswürdigkeiten, denn Papa will, dass sie viel lernt. In Köln besuchen sie immer die Oma. In dem Haus der Oma wohnt Katrin. Sie ist so alt wie sie. Katrin ist ihre beste Freundin, und mit ihr kann sie endlich so richtig spielen und rumtoben.

Einmal fragt Katrin Sabrinas Papa: „Darf ich nicht mal mit euch mitfahren?"

„Wenn deine Eltern damit einverstanden sind, kannst du gerne mitfahren", sagt Sabrinas Papa.

Zuerst sind die Eltern von Katrin dagegen, denn sie haben Angst, dass Katrin ins Wasser fallen könnte, zumal sie nicht einmal schwimmen kann. Doch Papa erklärt ihren Eltern, dass das Schiff wegen der Kinder abgesichert ist. Außerdem ist Sabrinas Mama ja auch da und wird bestimmt auf Katrin besonders aufpassen. „Und ohne Schwimmweste geht da gar nichts", sagt Sabrinas Papa.

Da sind die Eltern von Katrin einverstanden, und Katrin darf bis Basel und zurück mitfahren. Für Sabrina und Katrin ist's die schönste Zeit, und sie beschließen, im nächsten Jahr wieder zusammen zu fahren. Vielleicht in den Sommerferien, damit auch die beiden Schwestern von Sabrina dabei sein können.

Impuls Freunde sind wichtig. Willst du Gottes Freund werden, dann sprich mit Gott. Du kannst mit ihm reden wie mit einem Freund.

Biblisches Wort Ein Freund steht allezeit zu dir, auch in Notzeiten hilft er dir wie ein Bruder. (Spr. 17,17)

Aktion Suche dir ein Stück Holz wie ein Schiff. Male es mit Wasserfarben an. Hinten kannst du noch ein kleines Fähnchen drauf stecken. Vielleicht hilft dir dein Papa oder die Mama, dass du es über deinem Bett aufhängen kannst.

4. Mai

Stefano lebt mit seiner Mama, seinen vier kleinen Schwestern im Elendsviertel von Rio de Janeiro. Für ihn gibt es nur drei wichtige Dinge im Leben: Ein Dach über dem Kopf, täglich satt zu werden und ein wenig Zeit, um mit Gott reden zu können.
Obwohl er schon acht Jahre alt ist, hat er noch nie eine Schule von innen gesehen, denn er muss immer arbeiten, um ein paar Pesetos zu verdienen, damit seine Mama das Nötigste zum Essen kaufen kann.

Am Abend geht er müde von der Arbeit in die kleine Kirche Santa Maria. Er betet wie schon so oft: „Ach, Herr Jesus, warum nur, warum gibt es so viele arme Menschen? Und weshalb sind ausgerechnet meine Familie und ich darunter? Könntest du nicht dafür sorgen, dass wir reich werden? Wenigstens ein bisschen?“ Erwartungsvoll blickt er zu Jesus empor. Stefano traut seinen Augen nicht, der marmorne Jesus bewegt seine Lippen und sagt: „Selig, die arm sind vor Gott, denn ihnen gehört das Himmelreich!“
„Ja ja, ich weiß“, erwidert Stefano und ist kein bisschen erstaunt darüber. „Aber können wir nicht auch ein winziges Fleckchen Erde auf deiner Erde kriegen, das unserer Familie allein gehört? Mehr brauchen wir wirklich nicht! Aber so hätten wir wenigstens ein Stück irdische Sicherheit.“
„Es gibt keine irdische Sicherheit, Stefano“, antwortet der marmorne Jesus.
Staunend und ungläubig zugleich reißt Stefano seine Augen auf und fragt: „Was ist aber mit der ewigen Sicherheit?“
„Zweifelst du an Gottes Wort?“
„Nein, nein“, beeilt sich Stefano zu antworten.
Jesus sagt weiter: „Der Mächtigste des gesamten Universums, Gott, schenkt dir und all den Armen dieser Welt sein Himmelreich! Was zählt da dagegen ein Stück Land? Eine armselige Hütte auf steinigem, unfruchtbarem Boden?“
„Nichts“, erwidert Stefano beschämt und denkt, dass er träumt.
„So glaub's mir doch endlich, du ungläubiger Stefano“, sagt Jesus, „ich bin einer von euch! Für euch bin ich geboren und gekreuzigt worden und wieder auferstanden und in den Himmel aufgefahren.“
„Dann ist ja Jesus einer von uns“, denkt Stefano froh.
Glücklich schaut er noch einmal zu Jesus hoch und lächelt glücklich. Und plötzlich versteht Stefano, der Schuhputzer aus einem der vielen Slums von Rio de Janeiro, dass Gott wahrhaftig lebt, dass er immer und überall gegenwärtig ist und dass er jeden Menschen liebt, egal, ob dieser arm oder wunschlos glücklich ist!

Vergiss nie, dass Jesus immer bei dir ist und für dich da ist. Und vielleicht kannst du mit einer Spende dafür sorgen, dass auch Stefano noch etwas fröhlicher ist.

Freut euch, die ihr jetzt Hunger habt! Gott wird euch satt machen. Freut euch, die ihr jetzt weint! Bald werdet ihr lachen. (Luk. 6,21)

Putze die Schuhe deiner Mama und deines Papas!

5. Mai

Miky und seine Mama sind wieder einmal umgezogen. Er freut sich kein bisschen darüber, dass er schon wieder in eine andere Schule muss. Bestimmt würde wieder alles so sein wie im Kindergarten und in der alten Schule: die Kinder würden ihn auslachen, niemand würde ihn mögen. Und zu ihm nach Hause kommen? Das wird niemand tun, da ist er sich ganz sicher. Weshalb auch hatte er eine dunklere Hautfarbe als all die anderen Kinder? Mama meint zwar, dass er ganz schön braun aussieht. Andere Menschen würden deswegen lange in der Sonne liegen bleiben, um so schön braun zu werden. Aber was weiß Mama schon davon? Sie hat genau so eine helle Hautfarbe wie all die anderen. Warum muss Mama immer umziehen?

Am nächsten Morgen geht er in die neue Klasse. Er wundert sich, dass niemand ihn auslacht, ihn anstarrt oder ihn gar ‚Negerküsschen' nennt. Als die Lehrerin ins Klassenzimmer kommt, staunt Miky noch mehr, denn sie kommt auf ihn zu, streckt ihm die Hand entgegen und sagt: „Du bist sicher unser Miky. Wir haben uns schon sehr auf dich gefreut."

Miky bringt keinen Ton heraus, starrt sie nur mit offenem Mund an.

„Wo willst du dich hinsetzen?"

„Ich, ich, ich weiß nicht", flüstert er verlegen.

„Such dir einfach einen Platz aus", sagt die nette Lehrerin.

Miky sieht sich kurz um und steuert auf den letzten Tisch zu, an dem niemand sitzt. Gerade als er seinen Ranzen hinstellt, ruft Laura: „Warum setzt du dich nicht zu uns? Neben mir ist doch ein Platz frei!"

Fragend schaut Miky die Lehrerin an.

„Willst du wirklich allein sitzen?"

Stumm schüttelt er den Kopf, nimmt seinen Ranzen und setzt sich neben Laura.

„Finde ich super, dass du zu uns kommst."

Miky versteht nicht, warum alle so nett zu ihm sind. Zuerst überlegt er eine kleine Weile, dann gibt er sich innerlich einen Ruck und fragt Laura: „Warum lacht hier keiner über meine Hautfarbe?"

„Ganz einfach, weil Frau Gerster uns neulich im Religionsunterricht erklärt hat, dass Gott alle Menschen liebt und es ihm egal ist, welche Hautfarbe sie haben. Hauptsache, sie sind lieb."

„Außerdem hat er ja die unterschiedlichen Hautfarben erfunden", fügte Daniel hinzu.

Miky freut sich und weiß, dass er zum ersten Mal in seinem Leben irgendwo dazugehört. Er nimmt sich vor, seiner Mama gleich alles zu erzählen, und hofft, dass sie nie wieder umzieht.

Impuls: Gott hat die Menschen erschaffen und ihnen verschiedene Hautfarben gegeben, damit sie in allen Gebieten der Erde leben können. Deswegen darf niemand andere mit anderer Hautfarbe auslachen.

Biblisches Wort: So schuf Gott die Menschen nach seinem Bild, als Gottes Ebenbild schuf er sie. (1. Mose 1,27)

Aktion: Schaue dir doch mal ein Bilderbuch über Menschen verschiedener Hautfarben an.

6. Mai

„Was schenken wir denn Papa zum Geburtstag?" fragt Jonathan seinen großen Bruder.
„Gute Frage!" Simon grinst ihn an und meint: „Überleg dir was! Aber ich sag's dir gleich: Allzuviele Gedanken brauchst du dir nicht zu machen! Papa hat nämlich schon alles!"
„Außer einer neuen Krawatte!" schreit Jonathan triumphierend.
„Bist du blöd! Erstens hat Papa eine Unmenge von solchen Dingern, die er eh nicht anzieht. Und zweitens garantiere ich dir, dass ihm beide Omas wieder welche schenken."
„Stimmt, Papa wird noch in Krawatten ertrinken", sagt Jonathan. „Soll ich mal meine Kumpels im Kindergarten fragen, was die so ihrem Papa schenken?"
„Die haben genau so wenig Ahnung wie du, nämlich null", sagt Simon und sieht ihn spöttisch an.
„Frag du doch deine Kumpels in der Schule. Wetten, dass die auch nix wissen?"
„Ha, ha, ha, sehr witzig!" Simon setzt sich auf den Teppichboden und beginnt mit seinen kleinen Matchboxautos zu spielen.
Jonathan stupst mit dem Fuß leicht gegen die Autos und sagt: „So kommen wir auch nicht weiter!"
„Ich weiß, das bringt nix! Kannst immer bloß die doofen Sprüche der Großen nachquatschen."
„Ich könnte Papa ein Bild malen", schlägt Jonathan zögernd vor.
„Mit den Bildern von dir kann er ja unser ganzes Wohnzimmer tapezieren", lacht Simon.
Am folgenden Morgen kommt Jonathan zu Simon ins Zimmer gerannt und sagt: „Ich weiß jetzt, was wir Papa zum Geburtstag schenken!"
„Was denn?" fragt Simon verschlafen.
„Willst du es wirklich wissen?" fragt Jonathan und hopst aufs Bett.
„Klar", sagt Simon und schubst ihn vom Bett runter. „Lass das!"
„Er hat alles, aber noch keinen Stern!" ruft Jonathan fröhlich.
„Einen Stern? Was für einen Stern willst du denn Papa schenken?" fragt Simon.
„Einen echten Stern, ist doch wohl logo! Einen von den vielen, die jeden Abend am Himmel leuchten. Es sind so viele da, er darf sich einen aussuchen! Und den, den er sich aussucht, der gehört ihm dann ganz allein!"
„Aha!" antwortet Simon, weil ihm im Moment nichts anderes einfällt.
„Verstehst du das nicht?" sagt Jonathan. „Papa hat doch schon alles, aber einen richtigen, echten Stern hat er noch nicht. Nur, wie können wir das machen?"
Simon überlegt eine Weile, dann sagt er: „Ich und du, wir beide, schreiben Papa, dass wir ihm einen Stern am Himmel schenken. Einen Stern, der ihm ganz allein gehört!"
„Au super, so ein Geschenk hat Papa noch nie bekommen", lacht Jonathan.

Gott hat den Himmel, die Sonne, den Mond und die Sterne gemacht. Die Sterne leuchten bei Nacht, und wir freuen uns darüber.

Gott setzte sie an das Himmelsgewölbe, damit sie der Erde Licht geben. (1.Mose, 1,17)

Male auf Silber- oder Goldpapier Sterne und schneide sie aus. Dann klebe sie auf dunkelblauen oder schwarzen Karton oder Tonpapier.

7. Mai

Katharinas Opa ist gestorben. Darüber ist sie sehr, sehr traurig. Auch Mama und Papa sind traurig. Wenige Tage später muss Opas Wohnung ausgeräumt werden. Katharina darf dabeisein und helfen. Was es da nicht alles zu bestaunen gibt! Sie war oft beim Opa gewesen, und doch hatte sie viele Dinge noch niemals zuvor gesehen: eine uralte Schreibmaschine, Marke Adler, eine zerbeulte Trompete und eine riesige Menge alter Zeitungen.

„Au, was ist denn das?“ fragt sie, als sie in der untersten Kommodenschublade mehrere Glaskästen findet, in denen lauter Schmetterlinge liegen.

„Was?“ fragt Mama, die in der Küche das Geschirr in einen großen Umzugskarton verpackt, und kommt zu ihr ins Wohnzimmer gelaufen.

„Na, die vielen Schmetterlinge da“, antwortet Katharina und deutet mit ihrem Zeigefinger auf die verstaubten Glaskästen.

Mama erschrickt, als sie die Schmetterlingssammlung sieht.

„Warum hat Opa die Schmetterlinge eingesperrt? Waren die mal früher lebendig?“

„Ja, sie hatten gelebt, sind über die Wiesen geflattert, haben sich vom Sommerwind schaukeln lassen, haben auf den Blumen gesessen und ein bisschen Honig genascht“, sagt Mama, nimmt einen der Kästen aus der Schublade und fährt mit dem Geschirrtuch leicht über das Glas.

Nun kann Katharina die Schönheit der Flieger voll bewundern: „Sind die aber schön!“ ruft sie aus. „Wie sind die denn in Opas Glaskasten gekommen?“

„Opa hat sie mit einem Schmetterlingsnetz gefangen“, erklärt Mama.

„Und dann einfach lebendig in den Kasten gesperrt?“

„Nein, so nicht! Zuerst hat er jeden Schmetterling betäubt, dann auf eine Nadel gespießt und danach erst in den Kasten gesteckt“, sagt Mama, und Katharina sieht’s ihr an, dass Mama nicht sonderlich begeistert ist, das erzählen zu müssen.

„Warum hat er sie totgemacht?“

„Opa liebte Schmetterlinge und sammelte sie.“

Katharina denkt einen Augenblick nach, und dann fragt sie: „Musste er sie denn totmachen? Er hätte sie doch in einen Käfig sperren können, so wie Pünktchen und Fünkchen, unsere beiden Wellensittiche?“

„Schmetterlinge können nur in der Freiheit leben. Die Gitterstäbe an einem Käfig wären sowieso für sie zu weit. Sie könnten wegfliegen. Also musste er sie töten, wenn er sie behalten wollte.“

„Ich will sie nicht behalten. Ich mag keine toten Schmetterlinge. Lebendig sind sie viel, viel schöner.“

„Gut, dann schenken wir sie der Schule. Papa kann sie vielleicht im Biologieunterricht gebrauchen“, sagt Mama, seufzt erleichtert und holt einen neuen Karton, um die Glaskästen einzupacken.

Impuls

Tiere sind Geschöpfe Gottes, wir können ihre Schönheit bewundern. Sie haben das gleiche Recht wie du, in Frieden und so lange Gott es will zu leben. Deshalb brauchen sie Fürsorge und Schutz.

Biblisches Wort

Herr, was für Wunder hast du vollbracht. Alles hast du weise geordnet, die Erde ist voll von deinen Geschöpfen. (Ps. 104,24)

Aktion

Wenn du mal sonntags mit deinen Eltern und Geschwistern spazierengehst und du einen Schmetterling siehst, beobachte ihn und freue dich an seiner Schönheit. Du kannst natürlich auch in ein Buch gucken, in dem Schmetterlinge abgebildet sind.

8. Mai

Neulich besuchte uns Tante Fränzi, und da brachte sie ihren Hund Raps mit. Raps hat ein rabenschwarzes, zottliges Fell. Als Tante Fränzi ihn zum ersten Mal zu uns bringt, fragen wir sie, weshalb sie einem schwarzen Hund den Namen Raps gegeben hat.
„Raps ist doch 'ne Pflanze", sagt Dennis.
„Und Raps ist gelb", meint Dominik.
„Richtig", lacht Tante Fränzi verschmitzt. „Deswegen heißt er ja auch Raps."
„Das kapiere ich nicht", sage ich, und da erklärt sie mir: „Wenn der Raps auf den Feldern blüht, sieht er doch wunderschön gelb aus. Oder?"
„Ja", antworte ich.
„Na siehst du! Das ist genau der Grund, weshalb ich dem Hund den Namen Raps gegeben habe! Mein Raps ist nämlich genauso schwarz wie der Raps auf den Feldern gelb ist!"
„Aha!" antworte ich bloß, weil ich immer noch nicht ganz verstand.

Zuerst ist Raps sehr lieb und spielt mit uns im Garten. Ganz brav bringt er uns die Stöckchen zurück, die wir werfen. Dann springt er auch über die Hürden, die wir extra für ihn aufgebaut haben. Später ist er so kaputt, dass er eine ganze lange Weile unterm Tisch schläft. Doch gegen Abend ist er wieder putzmunter: Er rast durch unsere Wohnung und gehorcht Tante Fränzi überhaupt nicht, als sie „Platz, Raps!" ruft. Da droht sie ihm: „Wenn du dich nicht augenblicklich benimmst, Raps, kommst du in den Mixer!"
Kaum hat sie das Wort Mixer gesagt, da kriecht Raps ganz brav unter den Tisch und bleibt mucksmäuschenstill liegen.
Dennis, Dominik und ich staunen.
„In den Mixer? In so ein Ding, in dem wir Bananenmilch machen, willst du ihn stecken?" fragt Dennis verwundert.
„Ja, in so ein Ding", sagt Tante Fränzi ernst und ungerührt.
„Der passt ja gar nicht in den Mixer", kichere ich.
Tante Fränzi lacht ebenfalls, zwinkert uns zu und sagt: „Natürlich würde ich meinen Raps niemals in einen blöden Mixer reinstecken. Und außerdem wisst ihr ja genauso gut wie ich, dass er nicht in so ein kleines Ding reinpasst. Aber Raps weiß das nicht! Deshalb dürfen wir ihm auch nicht den Mixer zeigen. Sonst merkt er womöglich, dass er da wirklich nicht reinpasst, und dann folgt er überhaupt nicht mehr!"
„Nein, nein, wir verraten es ihm nicht", versprechen wir ihr.
Unser Versprechen haben wir bis heute gehalten.

Impuls

Wenn du etwas versprichst, musst du es auch halten. Überlege dir also, ob du überhaupt etwas versprechen willst. Lass dich auf keinen Fall zu einem Versprechen zwingen.

Biblisches Wort

Wie Wolken und Wind ohne Regen, so ist ein Mensch, der Versprechungen macht und sie nicht hält. (Spr. 25,14)

Aktion

Male den Hund Raps, wie er neben einem gelben Rapsfeld steht oder herumläuft. Du kannst natürlich auch den Hund Raps aus Knetmasse formen.

9. Mai

Noch früher als sonst kommen Marius und Bianca ins Schlafzimmer geschlichen, um nachzusehen, ob Mama nicht endlich aufgewacht ist. Dabei stolpert Bianca über Mamas Hausschuhe und fällt auf Mama. Die dreht sich auf die andere Seite und versucht weiterzuschlafen. Marius ruft laut: „Pscht!" und lässt versehentlich die Türklinke los. Weil Papa gerade das Wohnzimmer lüftet, knallt die Tür mit einem lauten Schlag zu. Erschrocken fährt Mama hoch, und schon jubelt Marius: „Mama ist wach!"

Da kommt Papa mit dem Frühstückstablett herein. Obwohl Mama eigentlich ja mal gründlich ausschlafen wollte, muss sie nun frühstükken. Die drei setzen sich zu ihr aufs Bett und sehen ihr zu. Da schmeckt's Mama nicht so richtig, und sie gibt jedem ein halbes Brötchen ab. Weil Papa seine Brötchenhälfte nicht so trocken herunterwürgen will, holt er sich rasch eine Tasse Kaffee und bringt den Kindern gleich ihren Kakao mit.

„Ist das gemütlich!" lacht Bianca, zieht ihre Schuhe aus und kriecht zu Mama ins Bett. Kakao tropft auf Mamas Bettdecke. Nein, den ganzen Inhalt der Tasse verschüttet sie nicht, ein paar Schluck bleiben der Kleinen noch.

Marius will auch zu Mama ins Bett und lässt dabei sein Brötchen fallen. Natürlich mit der Marmeladenseite nach unten. Papa bemüht sich, den Schaden mit Hilfe seines Taschentuches zu beheben.

„Alles wieder in Ordnung", meint er und beißt herzhaft in sein Brötchen. Ein wahrer Krümelhagel rieselt auf Mama, denn die Brötchen sind von gestern und aufgebacken worden. „Macht nix", sagt er und fegt sie mit seiner Hand von der Decke auf den Bettvorleger.

Mama seufzt und sagt: „Ich nehme nachher schnell den Staubsauger."

„Ach, die paar Krümel! Lass nur, heute ist Muttertag, und da wird nicht gearbeitet", antwortet Papa fröhlich.

Nachdem alle fertig gefrühstückt haben, gibt's noch eine zünftige Kissenschlacht, wobei in der Hitze des Gefechts die Nachttischlampe runterfällt.

„Scherben bringen Glück", sagt Papa grinsend und bückt sich, um sie einzusammeln. Aber er hat noch nicht einmal eine in der Hand, da blutet er auch schon.

Nun darf Mama endlich aufstehen, Papas Schnittwunde verarzten, die Scherben beseitigen und die Splitter samt Krümel wegsaugen.

Später sagt Bianca: „Muttertag ist schön, nur sollte es ihn viel öfters geben."

Da meint Mama mit einem verschmitzten Lächeln: „Also, mir reicht ein Muttertag im Jahr vollkommen!"

Du sollst deine Mama und deinen Papa lieben, ihnen vertrauen und immer daran denken, dass sie es mit dir gut meinen. Sie wollen nicht, dass dir etwas passiert.

Du sollst deinen Vater und deine Mutter ehren, das ist das erste Gebot, dem eine Zusage folgt. (Eph. 6,2)

Pflücke deiner Mama eine Blume!

10. Mai

Jean-Paul kriecht auf allen vieren behende die steinige Uferböschung bis zur Trauerweide hoch. Durch die tief hängenden Zweige erspäht er sie dann: die riesigen Wohnwagen der Roma. Er sieht ein kleines braungebranntes Mädchen mit langen, schwarzen Haaren auf einem Trampolin herumhüpfen. Ihr Lachen klingt bis zu ihm herüber. Plötzlich steht sie unter ihm und guckt neugierig zu ihm hinauf und fragt: „Bist du der Trauerweiden-Baumprinz?"

„Der Trauerweiden-Baumprinz?" wiederholt er erstaunt.

„Ja, auf jeder Trauerweide am Fluss wohnt ein Prinz oder ein König, je nachdem, wie alt der Baum ist. Dieser hier ist alt, uralt! Hast du vergessen, mit dem Baum zu wachsen, und bist ein dummer Junge geblieben? Wer nämlich auf Bäumen sitzt, um der Prinzessin Monique beim Trampolinspringen zuzusehen, anstatt sie zu fragen, ob man mitspringen darf, ist entweder ein Prinz oder ein dummer Junge!"

„Bin kein dummer Junge", grinst er und klettert hinunter.

„Naja, hätt' mich gewundert, in dieser uralten Trauerweide einen jungen Baumprinzen zu entdecken! Hier wohnt bestimmt ein uralter Baumkönig! Kannst du mir mal deinen Namen sagen?"

„Ich heiße Jean-Paul."

„Mach dir nichts daraus", tröstet sie ihn, „nicht jeder kann eine Prinzessin sein und Monique heißen."

„Bist du wirklich eine echte Prinzessin?" fragt er.

„Wenn du Lust hast, können wir trotzdem jeden Tag miteinander spielen", sagt sie.

„Und ob ich Lust habe!" sagt er.

„Gut, dann komme morgen früh wieder", sagt Prinzessin Monique und läuft zu den Wohnwagen.

Daheim rennt Jean-Paul zu seiner Großmutter und erzählt ihr von der Prinzessin Monique. Sie hört ihm aufmerksam zu, und als er geendet hat, sagt sie: „Junge, weißt du überhaupt, was du heute für ein Glück gehabt hast? Echte Prinzessinnen sind so selten wie die Perlen in den Austern! Prinzessinnen sind wie Schmetterlinge: Sie sind nur glücklich, wenn sie frei sind. Sie werden eines Tages verschwunden sein, aber sie kommen immer wieder."

Prinzessin Monique und Jean-Paul verbringen einen wunderschönen Mai. Sie spielen, lachen und sind fröhlich. Doch eines Morgens ist der Platz leer. Da weiß Jean-Paul, dass seine Prinzessin auf dem Weg in den Süden ist.

Er ist traurig, aber dann denkt er an die Worte seiner Großmutter: „Prinzessinnen sind wie Schmetterlinge: Sie sind nur glücklich, wenn sie frei sind. Sie werden eines Tages verschwunden sein, aber sie kommen immer wieder." Und plötzlich wird Jean-Paul ganz froh, denn er weiß: Im kommenden Jahr würde er Monique wiedersehen!

Impuls

Kinder wachsen ganz verschieden auf. Es ist schön zu entdecken, was Gott anderen geschenkt hat. Ausländische Menschen sollst du achten. Du kannst auch versuchen, sie zu verstehen, mit ihnen zu spielen und sie auch mal zu dir nach Hause einzuladen.

Biblisches Wort

Weiter ließ der Herr dem Volk Israel durch Mose sagen: Ihr dürft die Fremden, die bei euch wohnen, nicht ausbeuten oder unterdrücken. Vergesst nicht, dass ihr selbst in Ägypten Fremde gewesen seid. (2. Mose 22,20)

Aktion

Fädele Erbsen und Bohnen mit einer Nadel auf einen langen Faden auf. So hast du Ketten, Armbänder und Ringe. Du kannst dir auch damit ein Stirnband basteln.

11. Mai

Mein Freund Enrico hat den zweitbesten Papa der Welt. Den besten Papa der Welt habe ich. Enricos Papa kann nicht zur Arbeit gehen, weil er keine Arbeit hat. Mama sagt, dass er arbeitslos ist. Aber das stimmt nicht! Er hat jede Menge Arbeit! Ich weiß das, denn ich bin fast jeden Tag bei Enrico.
Gestern durfte ich gleich nach dem Kindergarten mit Enrico nach Hause gehen, weil Mama mit Papa in die Stadt zum Einkaufen gefahren war. Enricos zweitbester Papa fragte uns, was wir gerne essen wollten.
„Spaghetti mit Tomatensoße“, rief Enrico.
„Ich will Bouletten mit Kartoffelbrei“, sagte ich.
„Und ich werde mir Schnitzel mit Pommes frites machen. Dazu gibt's noch Salat“, sagte Enricos Papa.
„Willst du wirklich soviel kochen?“ fragte ich verwundert.
„Klar! Denkt ihr, ich habe Spaß gemacht?“ sagte er.
Enrico und ich durften dem Papa helfen.
Nachdem wir gegessen hatten, fragte uns Enricos Papa, ob wir Lust hätten, ihm abwaschen zu helfen.
„Nö“, sagte Enrico. „Wir wollen lieber mit dir spielen!“
„Ja, spielen ist viel besser als arbeiten“, sagte ich.
„Gut, einverstanden“, sagte Enricos Papa lachend, und so spielten wir so lange Memory, bis es wieder Zeit war, in den Kindergarten zu gehen.

Als wir am Nachmittag aus dem Kindergarten kamen, hatte er uns einen Nusskuchen gebacken und Kakao dazu gekocht. Danach fuhr er mit uns ins Hallenbad.
„Du“, sagte ich zu Enrico, „ich find's toll, dass dein Vater soviel Zeit für dich hat. Mein Vater muss jeden Tag arbeiten. Wenn er dann abends heimkommt, ist er müde und hat keine Lust mehr mit mir zu spielen.“
„Ja, seitdem Papa keine Arbeit mehr hat, ist es bei uns daheim viel schöner. Aber leider fängt er nächsten Monat wieder an zu arbeiten. Ich find's echt doof. Doch Papa freut sich auf seine neue Arbeitsstelle“, sagte Enrico.
„Das ist echt schade“, sagte ich, und auf dem Heimweg nahm ich mir fest vor, von jetzt an jeden Tag zu Enrico zu gehen, um dort zu essen und zu spielen. Jedenfalls so lange, bis sein Vater wieder arbeiten muss. Ich nahm mir vor, Mama zu sagen, wie viel Enricos Papa arbeitete. Vielleicht fängt Mama dann auch mal an zu arbeiten? Es wäre echt toll, wenn sie für mich immer das kochen würde, was ich gerade möchte!

Impuls: Es ist schön, dass der Papa zu Hause ist, Zeit für dich hat. Aber er muss für dich, deine Geschwister und deine Mama sorgen. Darum sag Gott danke, wenn dein Papa Arbeit hat.

Biblisches Wort: Den Herrn will ich preisen zu jeder Zeit, nie will ich aufhören, ihm zu danken. (Ps. 34,2)

Aktion: Wenn dein Papa mal Zeit hat, kannst du mit ihm Spaghetti mit Tomatensoße kochen. Vielleicht hat er danach noch Lust, mit dir zu spielen.

12. Mai

Ralph Rabbit ist ausgerissen. Aus dem Hut des Seniors Fernando Rodrigues, wuppdich, springt er mitten während der Abendvorstellung aus der Manage. Er rennt aus dem Zirkus, aus der Stadt hinaus. Bald riecht es nach frischem Klee.
Da erscheint dem weißen Kaninchen die Welt plötzlich groß und weit. Jubelnd schlägt es unzählige Haken und Purzelbäume und hoppelt glücklich kreuz und quer über die Felder.

Am nächsten Morgen entdeckt er dann Kathinka.
„Wollen wir ein bisschen spielen?" fragt sie.
„Ja", erwidert er, und so jagen die beiden Kaninchen vergnügt durch den Klee.
Sie sind so sehr in ihrem Spiel vertieft, dass sie den Habicht, der hoch oben über ihnen kreist, erst gar nicht sehen. Doch in dem Moment, als sich ein riesiger Schatten pfeilschnell dem Boden nähert, bemerkt ihn Kathinka: „Achtung, Feind von oben!" schreit sie und verschwindet blitzschnell in einem Erdloch.
Ralph Rabbit starrt verstört zum Himmel hinauf und blickt direkt in die riesigen Schwingen des großen Raubvogels. Ängstlich sucht er vergeblich das Schlupfloch, in dem Kathinka verschwunden ist.
Die großen Krallen des Greifvogels kommen näher und näher! Ralph Rabbit schlägt Haken und rennt um sein Leben und direkt in eine Erdhöhle hinein. Nach einer Weile öffnet Ralph Rabbit vorsichtig die Augen und schaut sich ängstlich um.
„Beruhige dich", sagt Kathinka. „Du bist in meinem Erdloch gelandet. Vergiss den Habicht! Hast du Hunger?"
„Ich kann jetzt nicht fressen! Hier ist es viel gefährlicher, als ich dachte! Bei Senior Fernando Rodrigues hatte ich ein ruhiges Leben."
„Wer ist das denn?" fragt Kathinka neugierig.
Da beginnt Ralph Rabbit, ihr von seinem Leben mit dem Zauberer zu erzählen.
„Das ist ja toll", meint Kathinka.
Ralph Rabbit schlägt ihr vor, mit ihm in den Zirkus zu kommen.
„Geht das denn so einfach?" fragt Kathinka.
„Natürlich, Senior Fernando Rodrigues wird begeistert sein!"

„Hejo, da ist er ja, mein kleiner Ausreißer", ruft Senior Fernando Rodrigues lachend aus und beugt sich über den Hasenkäfig.

Später weiht Ralph Rabbit Kathinka in die Geheimnisse des doppelwandigen Zylinders ein. Sie sind sehr stolz auf ihre gemeinsame Arbeit und alle drei sehr, sehr glücklich.

Impuls

Auch wenn es viel Interessantes gibt, kannst du nicht einfach von zu Hause weglaufen. Mama und Papa würden sich große Sorgen um dich machen. Denn so viel Glück wie Ralph Rabbit hat nicht jeder.

Biblisches Wort

Da fragte Jesus die Zwölf: Und ihr, was habt ihr vor? Wollt ihr mich auch verlassen? (Joh. 6,67)

Aktion

Stelle deine Nachttischlampe so, dass sie gegen die Wand strahlt. Zwischen Wand und Lampe machst du mit beiden Händen je ein Häschen und lässt sie miteinander spielen.

13. Mai

So wie ein Doktor dir, wenn du krank bist, hilft, so hilft dir auch Gott, wenn du Hilfe brauchst. Gott ist lieb zu dir und versteht dich.

Darum wollen wir mit Zuversicht vor den Thron unseres gnädigen Gottes treten. Dort werden wir, wenn wir Hilfe brauchen, stets Liebe und Erbarmen finden. (Hebr. 4,16)

Lass dir erklären, was der Doktor alles in seiner Tasche hat, die er immer zu den Krankenbesuchen mitbringt.

Fabian geht es nicht gut. Sein Hals tut ihm weh, und außerdem hat er fürchterliche Bauchschmerzen. Am nächsten Morgen kommt Doktor Nowak.
„Na, wo fehlt es uns denn?“ fragt er Fabian.
„Mir fehlt ein gesunder Hals, und mein Bauch ist auch krank!“ antwortet Fabian.
„Na, dann mach mal den Mund auf und sage mal aaah“, sagt Doktor Nowak und steckt ihm ein Holzstück in den Mund.
„Ähhh“, krächzt Fabian.
„Schön kannst du das“, lobt ihn Doktor Nowak. „In deinem Hals sieht es aus wie auf einem Erdbeerfeld! Alles ist knallrot!“
„Ich mag Erdbeeren“, sagt Fabian, während der Doktor nun seinen Bauch abtastet.
„Ich kann auch nichts essen“, fährt er fort. „Wegen meinem Hals! Ich hab nur ein paar Vitaminbonbons gelutscht! Ja, die, von denen auf der Packung Nimm 2 steht! Ich habe aber nicht nur 2 Stück genommen, sondern mindestens 12, damit es mehr hilft. Du verstehst? Zwölf mal 2 macht nämlich 24! Ja, 24 Vitamine habe ich gelutscht!“ erklärt er und ist mächtig stolz auf seine Rechenkünste.
Doktor Nowak nickt verständnisvoll und fragt: „Und was hast du noch gegessen?“
„Gesunde Kinderschokolade! Natürlich nur die Sorte, in der eine extra Portion Milch drin ist.“
„Dacht' ich's mir doch!“ murmelt der Doktor.
„Was dachtest du dir?“ fragt Fabian neugierig.
„Tja, die Sache ist schwieriger, als ich dachte“, sagt Doktor Nowak, „die 24 Vitamine, die du gelutscht hast, liegen im Streit mit der extra Portion Milch von der gesunden Kinderschokolade. Darum geht es dir nicht gut! Du verstehst?“
Fabian nickt.
„Also um es kurz zu machen, der Kampf zwischen den Vitaminen und der Milch wird noch eine Weile dauern. Wenn der Kampf vorüber ist, wird es dir besser gehen. Aber dann musst du darauf achten, dass die beiden nie wieder zusammen in deinen Magen kommen. Kapiert?“
Fabian nickt und sagt: „Oh ja, der Kampf muss bald aufhören. Und ich werde jetzt immer darauf achten, dass die beiden nicht mehr zusammen in meinen Magen kommen. Versprochen!“
„Dann wird ja alles wieder gut werden“, sagt Doktor Nowak tröstend, und Fabian findet, dass zu ihm der netteste Doktor der ganzen Stadt gekommen ist.
„Übrigens“, fragt der Doktor Nowak, als er schon fast an der Türe war, „weiß deine Mama, dass du die extra Portion Milch mit den Vitaminen zusammen eingenommen hast?“
Fabian schüttelt den Kopf: „Nein, und du brauchst es ihr auch nicht unbedingt zu sagen!“
„Klar, ich verstehe!“ lacht Doktor Nowak und zwinkert ihm verständnisvoll zu.

14. Mai

In dem Augenblick, als die kleine Regenwolke Samanta an einem warmen Sommertag über dem Meer den blauen Himmel entdeckte, tauchte plötzlich ein heißer Südwind auf und versuchte, sie aufs Festland zu treiben. Ihr gefiel das gar nicht, denn sie wollte über dem Ozean bleiben. Sie schaute gerne dem Spiel der lustigen Wellen zu. Auch an den Albatrossen und Lachmöwen hatte sie ihre helle Freude. Und nun kam der Südwind daher und wollte sie einfach wegblasen. Nein, das konnte und wollte sie sich nicht von dem windigen Gesellen gefallen lassen! Sie wich ihm aus und schwebte höher und höher und... schwebte direkt dem Wolkenriesen Nord in die Arme. Eiskalte Wolkenfäden, unzählbar wie die vielen Arme des Tintenfisches, umschlangen sie und hielten sie unerbittlich fest.

„Bitte, bitte, lass mich frei", flehte die kleine Regenwolke Samanta.

„Nichts da, wer sich einmal in meiner Macht befindet, wird von mir nie wieder frei gelassen! Warum glaubst du wohl, du Dummchen, bin ich so riesig?" donnerte sie Nord an.

„Wwweiß nnnicht", stotterte Samanta und zitterte vor Kälte.

„Weiß nicht, weiß nicht", dröhnte die gewaltige Stimme von Nord.

Die kleine Regenwolke Samanta fühlte sich von seinen eisigen Händen gepackt und in ein Wolkengebirge gestopft. Die Enge im Wolkengebirge des schrecklichen Nord tat ihr weh. Außerdem piekstensie die rundum gefrorene Regentropfen. Den anderen Wolken um sie herum schien es nicht besser zu ergehen.

Samanta wunderte sich, dass das Wolkengebirge, in dem sie steckte, sich immer nur hin und her bewegte. Doch plötzlich begriff sie: Der widerliche Nord fürchtete sich vor dem heißen Südwind. Da kam sie auf die Idee, wie sie fliehen konnte. Während Nord schlief, änderte sie, mit Hilfe der anderen kleinen Wolken, heimlich die Richtung. Anstatt wieder von Norden nach Osten zu fliegen, flogen sie in Windeseile nach Süden. In ihrem Wolkengebirge wurde es wärmer und wärmer, und als das endlich auch Nord merkte, befanden sie sich bereits im Reich des Mistral. Eilig öffneten alle kleinen Wolken ihre Regenschleier.

Da war die kleine Regenwolke sehr, sehr glücklich, denn nun konnte sie wieder in Freiheit über den Himmel jagen. Das machte ihr riesigen Spaß.

Impuls

Andere können sehr mächtig sein und uns beeinflussen. So mächtig wie Gott ist niemand. Daran solltest du immer denken.

Biblisches Wort

Herr, mein Gott, du hast begonnen, mir, deinem Diener, deine Größe und Macht zu zeigen. Nirgends im Himmel und auf der Erde gibt es einen Gott, der so gewaltige Taten und erstaunliche Wunder vollbringt wie du. (5. Mose 3,24)

Aktion

Wenn du einen alten Regenschirm auftreiben kannst, kannst du ihn mit bunten Stoffresten bekleben. Vielleicht findest du irgendwo sogar noch weißes Spitzenband, das du drum herum kleben kannst.

15. Mai

Wer viel hat, kann viel teilen. Aber auch wer wenig hat, kann teilen. Teilen ist schön. Es kann nicht nur fröhliche Nehmer geben, sondern auch fröhliche Geber.

Einer, der das Rechte tut, beutet niemand aus; er fordert kein Pfand, wenn er etwas ausleiht; er nimmt niemand etwas weg, sondern gibt den Hungernden zu essen und den Frierenden Kleidung. (Ez. 18,16)

Knete aus Knetmasse oder Ton kleine Zwerge und male sie bunt an.

Im Zwergenland lebte der kleine Zwerg Rudi Radke. Doch wenn die anderen Zwerge von ihm sprachen, nannten sie ihn nur Rudi Raffke. Rudi brachte es nämlich nicht über sein Herz, mit den anderen Zwergen zu teilen. Feierten die Zwerge ein Fest, so brachte jeder Zwerg etwas zum Essen mit. Nur er brachte nichts mit. „Ich bring mich selber mit, und das ist das meiste", sagte er immer und lachte dabei. Da lachten auch die gutmütigen Zwerge und gaben ihm was zu essen.
Einmal war der Sommer heiß und trocken, und bald herrschte im ganzen Zwergenreich große Not. Rudi Raffke jedoch kümmerte das wenig. Er hatte immer eine volle Speisekammer und Säcke voller Korn. Er dachte nicht im Traum daran, mit den anderen Zwergen zu teilen. Sie wurden furchtbar böse.
„Wir könnten ihn verhauen", schlug der Zwerg Heinrich vor.
„Quatsch, mit Gewalt lösen wir dieses Problem nicht", sagte Karli empört.
„Wir könnten ihn aus unserer Zwergengemeinschaft rausschmeißen", riet Gustav.
„Das wäre aber sehr gemein von uns", entgegnete der immer auf Ausgleich bedachte Albert.
„Ich hab's", rief plötzlich der kleinste Zwerg Niko, „wir lehren ihn zu teilen!"
„Wie das?"
„Das lernt er nie!"
„Hast du schon mal einem Hund das Miauen beigebracht?"
So schrien die Zwerge durcheinander.
„Ruhe!" donnerte plötzlich die tiefe Stimme des Oberzwerges durch den Versammlungsraum. „Ich habe da einen Plan..."

Als Rudi Raffke am nächsten Mittag wieder allein an seinem reich gedeckten Tisch saß, klopfte es. Hastig wollte Rudi all die guten Sachen zusammenraffen, um sie wieder in seine Speisekammer zurückzutragen. Doch dazu kam er nicht, denn die Tür sprang auf, sämtliche Zwerge sprangen ins Zimmer und schauten ihn vorwurfsvoll und hungrig an. Das war dem Rudi peinlich. Die Zwerge blieben stumm stehen. Nach einer Weile wurde es Rudi zu ungemütlich, und er sagte unsicher: „Wenn ihr wollt, könnt ihr bei mir essen. Doch was habt ihr zum Essen mitgebracht?"
„Wir bringen uns selber mit, und das ist das meiste", sagte der Oberzwerg, und all die anderen Zwerge nickten.
„Ja, das ist das meiste! Also setzt euch. Ich habe jede Menge zu essen", antwortete Rudi Raffke, nachdem er lange, lange nachgedacht hatte.
Das ließen sich die Zwerge nicht zweimal sagen.
Von diesem Tag an aßen die Zwerge immer gemeinsam bei Rudi Raffke. Und seine Vorräte reichten den ganzen langen Winter durch.

16. Mai

„Na, wie gefällt es dir hier?“ fragt Papa, während sie hinter Onkel Bastian hergehen, der ihnen den Kuhstall zeigt. Iris sieht sich neugierig um. Zum ersten Mal in ihrem Leben steht sie in einem Stall mit richtigen Kühen, die vorne muhen und hinten mit ihren langen Schwänzen wedeln.
Trotzdem ist Iris ein kleines bisschen enttäuscht. Der Stall ist nicht so sauber wie im Bilderbuch und riecht sehr streng.
„Hmmm“, macht Iris und zieht ihr Nase in die Höhe. „Es stinkt!“
„Das ist die gesunde Landluft“, lacht Onkel Bastian. Er zeigt auf eine besonders dicke Kuh und sagt: „Das ist unsere Rosa! Sie wird bald kalben.“
„Kalben?“ fragt Iris und betrachtet die Kuh mit besonderem Interesse.
„Ja, so nennt man das, wenn eine Kuh ein Kälbchen bekommt“, erklärt Papa. „Ein Kälbchen ist das Kind von einer Kuh.“
„Warum heißt es denn nicht Kuhchen?“
„Weiß ich auch nicht“, sagt Onkel Bastian.
„Wann wird denn gemolken?“ fragt Iris. „In meinem Bilderbuch vom Bauernhof sitzt die Bäuerin auf einem Schemel und melkt die Kuh mit beiden Händen. Außerdem heißt die Kuh Lisa und nicht Rosa.“
„Die Kühe werden erst heute abend wieder gemolken“, sagt Onkel Bastian und fährt fort:
„So, Lisa heißt die Kuh in deinem Bilderbuch.“ Er nimmt Iris an die Hand und führt sie zu der Kuh ganz am Ende des Stalles. „Das ist unsere Lisa! Sieht sie der Kuh in deinem Bilderbuch ähnlich?“
Iris guckt sich die Kuh genau an, dann ruft sie enttäuscht: „Nein, das ist auch nicht die Lisa aus meinem Bilderbuch! Die schaut ganz anders aus! Vor allem hat die nicht so viele braune Flecken am Bauch!“
„Das denke ich mir“, nickt Onkel Bastian. „Deine Lisa in deinem Bilderbuch ist genauso einzigartig wie alle Geschöpfe, die Gott erschaffen hat.“
„Ist das wahr?“ fragt Iris.
„Natürlich“, antwortet Onkel Bastian. „Jeder von uns, du, dein Papa, deine Mama, Tante Marga, ich, alle Tiere und selbst jeder Baum und Strauch, jede Blume, alle sind einzigartig. Jeder von ihnen ist ein Gedanke Gottes!“
„Prima“, lacht Iris zufrieden, „dann sind wir bei dir genau richtig! Ich liebe nämlich die Gedanken Gottes!“ Iris geht zur Kuh Lisa, streichelt sie und flüstert ihr ins Ohr: „Hallo Lisa, findest du es nicht auch toll, dass wir beide, du und ich, zwei Gedanken Gottes sind?“
„Muhhh“, antwortet Lisa, und Iris kommt es vor, als sei Lisa sehr zufrieden. Und Iris hat plötzlich das Gefühl, als würde es nichts Schöneres auf der Welt geben, als die herrlichen Gedanken Gottes zu bewundern, auch wenn sie ein klein wenig streng riechen.

Impuls

Freue dich, dass auch du ein Gedanke Gottes bist. Danke ihm dafür.

Biblisches Wort

Herr, mein Gott! Du hast so viel für uns getan; niemand ist wie du! Deine Pläne, deine wunderbaren Taten - wenn ich sie alle aufzählen wollte, ich käme nie an ein Ende. (Ps. 40,6)

Aktion

Nimm durchsichtiges Papier und male aus deinem Bilderbuch oder einer Zeitung alle Tiere ab, die zu einem Bauernhof gehören.

17. Mai

Irgendwo in der Savanne lag ein Löwe im warmen Sand auf der Erde und schlief fest. Ein großer Baum schützte ihn vor den heißen Sonnenstrahlen. Ganz in der Nähe spielte eine kleine Maus. Sie war so in ihr Spiel vertieft, dass sie nicht merkte, wie sie immer näher an den schlafenden Löwen herankam. Da war es auch schon passiert, dass sie versehentlich über die dicken Tatzen des Löwen huschte.

Der Löwe erwachte, gähnte herzhaft und schaute sich nach dem Störenfried um. Er entdeckte die kleine Maus, die wie erstarrt nur einen Tatzenhieb weit von ihm entfernt saß. Verärgert griff er sich die kleine Maus, um sie zu zerquetschen.

Da rief die Maus ängstlich: „Lieber Löwe, verschone mich. Was nützte ich dir wohl? Ich wäre doch nur ein winziger Bissen für dich. Lass mich am Leben. Vielleicht könnte ich dir eines Tages einen Gefallen tun oder dir gar nützlich sein. Du weißt, so etwas kann doch vorkommen."

Der Löwe lachte und sagte: „Wie sollte das wohl sein, dass du, kleine Maus, mir einmal helfen oder gar nützlich sein könntest?" Er besann sich eine Weile, ließ aber dann doch die kleine Maus laufen.

Tage waren vergangen. Der Löwe streifte gemächlich durch die Savanne und suchte nach einer Gefährtin. Dabei geriet er in das Fangnetz eines Großwildjägers. Verzweifelt versuchte der Löwe sich zu befreien. Aber je mehr er strampelte und sich herumwarf, desto mehr verstrickte er sich im Netz. Er brüllte los, und sein Geschrei dröhnte weit über die Ebene bis hinüber in den Wald, in dem die kleine Maus zu Hause war. Sie hörte den Löwen brüllen, wusste, dass er in Gefahr war, und rannte sofort los. Bei dem Löwen angekommen, versuchte sie die Stricke des Netzes, in denen der Löwe gefesselt war, durchzubeißen. Es war eine mühselige Arbeit, und sie musste öfters eine Pause einlegen. Aber sie ruhte nicht eher, bis sie mit ihren kleinen Zähnen ein so großes Loch in das Netz gebissen hatte, dass der Löwe hindurchschlüpfen konnte.

Da erkannte der Löwe: Sind deine Freunde noch so klein, sie können dir von Nutzen sein.

Impuls

Nichts ist vor Gott so gering und klein, dass er es nicht liebt. Wenn man sich auf dich verlassen kann, ist das schön. Wenn du Hilfe erwartest, ist es wichtig, vorher Vertrauen zu gewinnen.

Biblisches Wort

Jesus fuhr fort: Wer in kleinen Dingen zuverlässig ist, wird es auch in großen sein, und wer in kleinen unzuverlässig ist, ist es auch in großen. (Luk. 16,10)

Aktion

Male einen Löwen und eine kleine Maus.

18. Mai

Vater unser im Himmel
Wir sind froh, dass es dich gibt, du uns liebst, du immer für uns da bist. Wir können dir vertrauen, und deshalb sind wir glücklich.
Geheiligt werde dein Name
Wenn wir deinen Namen sagen, wissen wir, dass du uns hörst. Haben wir Fragen, gibst du uns Antwort. Wir können immer zu dir kommen, wann immer wir dich brauchen.
Dein Reich komme
Das Leben ist schön auf der Erde. Aber im Himmel soll es noch schöner sein, sagt uns dein Sohn, Jesus Christus.
Dein Wille geschehe, wie im Himmel so auf Erden
Alles, was so passiert, geschieht nur, weil du es willst. Nicht die kleinste Blume verwelkt, ohne dass du es willst. Der Wind kann nicht ohne deinen Willen wehen. Wir können nichts tun, ohne dass du es nicht weißt.
Unser täglich Brot gib uns heute
Du schenkst uns all das, was wir brauchen, um groß zu werden. Du hilfst uns auch, dass Mama oder Papa all das kaufen können, was wir jeden Tag haben müssen: zum Trinken, zum Essen, zum Anziehen, zum Wohnen, zum Lernen und zum Spielen.
Und vergib uns unsere Schuld
Ab und zu verschweigen wir eine schlechte Note in Mathe oder Deutsch, manchmal schwindeln wir auch. Wir sind dann und wann zu unseren Freundinnen und Freunden ungerecht.
Wie auch wir vergeben unseren Schuldigern
Oftmals fällt es uns schwer, anderen Menschen zu verzeihen, wenn sie böse zu uns waren.
Und führe uns nicht in Versuchung
Wir wollen nicht stehlen, den anderen nicht weh tun, ihnen nichts Böses wünschen und zufügen.
Sondern erlöse uns von dem Bösen
Gib uns die Kraft, lieb und gut zu sein.
Denn dein ist das Reich und die Kraft und die Herrlichkeit in Ewigkeit. Amen.

Wir sollten das Gebet, das uns Jesu lehrte, nicht nur einfach gedankenlos herunterleiern, sondern öfters daran denken, was uns Jesus damit sagen will: Gott hat uns sehr lieb und freut sich ganz besonders über unsere Liebe zu ihm.

Gott ist machtvoller Geist, und die ihn anbeten wollen, müssen vom Geist der Wahrheit erfüllt sein. (Joh. 4,23)

Bete allein oder mit deiner Mama, deinem Papa, deinen Geschwistern oder Freunden das Vaterunser.

19. Mai

Im Zirkus Manjana herrscht große Aufregung. Der Pausenclown Antonio Garcia Castro ist nach der gestrigen Abendvorstellung gestolpert und so unglücklich gestürzt, dass er sich sein rechtes Bein gebrochen hat.
Er ist neben dem Zirkusdirektor die wichtigste Person des ganzen Zirkus. Er hat nämlich die schwierige Aufgabe, die Zuschauer zwischen den einzelnen Zirkusnummern zu unterhalten. Antonio Garcia Castro kann alles: jonglieren, zaubern und die Leute zum Lachen bringen. Alle vom Zirkus wissen, dass er nur schwer zu ersetzen ist.

Gemeinsam beratschlagen sie nun, was zu machen ist.
„Ohne einen Pausenclown können wir den Laden dicht machen", schimpft Pedro, der Hundedompteur.
Da steht plötzlich Jeremia, der kleine Sohn des Zirkusdirektors auf und sagt: „Ich könnte es ja mal als Pausenclown probieren!"
Alle schütteln sich vor Lachen.
„Zehn Jahre und eine halbe Portion, was soll das?" fragt die Zauberin Emira.
„Ich habe oft genug zugesehen, wie's Antonio macht!"
„Vom bloßen Zusehen ist noch niemand ein Artist geworden", donnert der Zirkusdirektor seinen Sohn an. „Übung und unermüdliches Training macht den Meister!"
„Lass es mich doch wenigstens probieren", bettelt Jeremia.
„Dann zeig uns mal", brummt der Zirkusdirektor. „Glaub ja nicht, dass ein Pausenclown so leicht zu ersetzen ist."
Jeremia hat jahrelang Antonio zugeschaut und kennt alle Tricks und Späße. Er hat sich sogar noch einige lustige und listige Sachen ausgedacht.
In der Nachmittagsvorstellung wird ihm sein erster Auftritt erlaubt.

Nach jedem Auftritt Jeremias sind die Zuschauer sprachlos und überschütten ihn mit Beifall. Sein Papa staunt immer mehr, je länger die Vorstellung dauert. Die übrigen Artisten ermuntern ihn und freuen sich über seinen Erfolg.
„Donnerwetter", sagt sein Papa anerkennend, „du kannst ja wirklich was! Junge, warum hast du mir nie was davon gesagt?"
„Du hast mich doch nie gefragt", antwortet Jeremia und wird ganz rot vor Freude über das dicke Lob seines Vaters.
So kommt es, dass Jeremia den Pausenclown spielen darf. Und als Antonio wieder gesund ist und auftreten kann, darf er dessen Gehilfe sein. Antonio ist sehr glücklich über den kleinen gelehrigen Burschen an seiner Seite, und Jeremia ist es auch, denn einige seiner Kunststücke baut Antonio fest in ihr gemeinsames Programm ein.

Impuls
So wie du deiner Mama und deinem Papa vertraust, so kannst du Gott vertrauen. Dann gelingt dir vieles, woran du sonst nicht denkst.

Biblisches Wort
Soviel Selbstvertrauen habe ich vor Gott, weil Christus mich in seinen Dienst gestellt hat. (2. Kor. 3,4)

Aktion
Male einen kleinen Clown auf Karton. Bemale sein Gesichtchen, klebe ihm mit kleinen roten Wollfäden Haare an. Nimm einen kleinen Rest Stoff, klebe ihm ein Clownskostüm auf und mache aus einem Stück Geschenkband eine Schleife. Und schon hast du einen Clown.

20. Mai

Heiß war es auf der Straße nach Gaza, 45 Grad im Schatten. Philippus saß im Schatten eines Baumes und schwitzte. Gott hatte ihn hierher geschickt, aber nichts passierte. Weit und breit kein Mensch.

Am Horizont stieg eine Staubwolke auf. „Ah, da kommt jemand", dachte Philippus. Vielleicht hat Gott eine Aufgabe für mich. Ein Wagen näherte sich, ein Wagen, wie ihn nur reiche Leute haben. Ein Schwarzer saß in ihm und las laut aus der Schriftrolle, die er gerade in Jerusalem erstanden hatte. „Wie ein Lamm, wenn es zum Schlachten geführt wird...", hörte Philippus. Er ging einfach hinter dem Wagen her und fragte: „Verstehst du, was du da liest?"

„Nein", antwortete der auf dem Wagen. „Ich habe niemanden, der es mir erklärt. Du bist doch einer vom Volk Israel, kannst du mir eure heiligen Schriften erklären?"

Nach einer Pause meinte er: „Setze dich zu mir und erkläre mir, wen der Prophet meint."

Das ließ sich Philippus nicht zweimal sagen. Er erzählte dem Reisenden von Jesus, seiner Botschaft, seinen Wundern und seinem Tod am Kreuz. Aber das war noch nicht alles. Jesus war auferstanden, war lebendig in seiner Gemeinde da. Voller Begeisterung schilderte Philippus seinen Glauben.

Nach einigen Stunden kamen sie an einer Wasserstelle vorbei. „Du hast mich überzeugt, Philippus", sagte der Reisende. „Ich habe einen weiten Weg vor mir bis nach Äthiopien. Wahrscheinlich werde ich keine Gelegenheit haben, noch einmal nach Jerusalem zu kommen. Gibt es einen Hinderungsgrund, dass du mich jetzt an dieser Wasserstelle taufst?"

Philippus war erstaunt. So schnell hatte Jesus in das Leben dieses Reisenden eingegriffen?

„Wenn du an den Herrn Jesus Christus glaubst, gibt es keinen Hinderungsgrund", antwortete Philippus.

Der Reisende ließ den Wagen halten und ging mit Philippus zur Wasserstelle. Dort wurde er getauft. Danach zog er weiter in seine Heimat und nahm die Botschaft nach Äthiopien mit.

Von Freude erfüllt setzt der Äthiopier seine Reise fort. (Apg. 8,39)

Die ganze Geschichte kannst du in der Bibel noch einmal lesen, in Apostelgeschichte 8,26-39.

21. Mai

Benedikt darf mit seiner Mama und seinem Papa nach Büsum reisen. Sein Papa hat nämlich in Hamburg eine neue Arbeitsstelle bekommen. Mama will sich Hamburg ansehen und gleich nach einer neuen Wohnung gucken. Als sie diese dann gemietet haben, entschließen sie sich, mit ihm noch ein Wochenende an der Nordsee zu verbringen. Im Hotel bekommen sie ein Zimmer mit der Nummer zwölf. Neugierig, wie Benedikt ist, läuft er den Gang auf und ab und besieht sich alle Türen. Da fällt ihm auf, dass die Zimmernummer 13 fehlt. Nachdem er noch einmal nachgeguckt hat, die 13 immer noch verschwunden bleibt, schreit er ganz laut über den Flur: „Mama, Papa, hier gibt es keine 13. Nach zwölf kommt gleich 14. Wo ist die nur hin?“
Mama ruft ihn ins Zimmer rein, und dann setzt sie sich mit ihm auf das große Bett und sagt: „Du wirst in vielen Hotels kaum ein Zimmer mit der Zahl 13 finden. Das liegt daran, dass viele Menschen abergläubisch sind und denken, diese Zahl bringt Unglück.“
„Aber Mama, wieso denn das? Die 13 ist meine Glückszahl, denn an diesem Tag bin ich doch geboren. Und immer passiert an diesem Tag etwas Schönes.“
„Es gibt aber viele Leute, die fest daran glauben, dass der 13. ein Unglückstag ist. Manche von ihnen warten direkt darauf, dass ihnen an solch einem Tag etwas passiert. Und eh du dich versiehst, passiert ihnen dann wirklich etwas. Entweder sie verlieren Geld, brechen sich einen Arm, fallen die Treppe hinunter oder bekommen Streit.“
„Würden solche Dinge sonst nicht passieren?“ fragt Benedikt seine Mama, weil er nicht glauben will, dass es so abergläubische Menschen gibt.
„Vielleicht, Benedikt, wer weiß das schon so genau. Manche Leute lassen sogar auf dem Abreißkalender die zwölf so lange stehen, bis der 13. vorbei ist. Erst am 14. reißen sie dann den 13. mit dem 12. zusammen ab.“
„Die sind aber dumm, denn die 13 verschwindet doch trotzdem nicht“, sagt Benedikt.
„Nun ja, gegen den Aberglauben ist kein Kraut gewachsen“, sagt Papa. „Denk doch nur, wenn eine schwarze Katze von links so einem Menschen über den Weg läuft...“
„... oder die Spinne am Morgen bringt Kummer und Sorgen“, unterbricht Mama den Papa.
„Oh, das ist aber schlimm für die Leute, die so denken“, sagt Benedikt.
„Natürlich ist das schlimm, denn solche Menschen fühlen sich nicht sicher, haben ständig Angst, dass ihnen was geschieht. Ihnen fehlt einfach das Vertrauen zu Gott“, sagt Papa.

Der 13. ist nicht an einem Armbruch schuld. Die Katze kann nichts für einen Streit, und die Spinne ist nicht für das Unglück am Morgen verantwortlich. Zudem beziehen sich diese Sprichwörter nicht auf Tiere. Bei der ‚Spinne' zum Beispiel mussten die armen Leute früher schon morgens Flachs spinnen, was sie als Unglück empfanden. Die reichen Leute haben am Abend zusammen gesessen, sich unterhalten und gesponnen.

Ich hatte den Herrn immer vor Augen, er stand mir zur Seite, darum fühlte ich mich sicher. (Apg. 2,25)

Du kannst nicht nur beten, du musst auch selbst mithelfen, vom Aberglauben loszukommen.
Z. B. lernen statt auf gute Noten zu warten!

22. Mai

„Wir sind die Schrecken des Meeres“, riefen die großen Fische und zeigten, in welche Tiefen sie runterschwimmen konnten.
„Alle anderen Fische leben in Furcht vor uns; wir aber fürchten nichts. Ihr kleinen Fische seid nichts wert. Ihr könnt nicht kämpfen und seid leicht zu fangen.“
Da kamen Fischer in ihren Booten und warfen ihre Netze aus. Die großen Fische passten nicht auf und wurden schnell gefangen und in die Boote gezogen. Die kleinen Fische, die mitgefangen wurden, konnten durch die weiten Maschen des Netzes entkommen.

Biblisches Wort

Auf Stolz folgt Sturz, nach Übermut kommt Untergang. (Spr. 16,18)

Aktion

Mache einen großen Fisch aus Karton, dann viele kleine Fische. Male sie schön bunt und lustig an, und dann lege sie in ein altes Netz. Das Netz kannst du irgendwo in deinem Zimmer aufhängen.

23. Mai

Ein Krieg brach zwischen den Philistern und dem Volk Israel aus. Die Philister waren ein großes Volk, mit vielen, starken Soldaten. Einer von ihnen hieß Goliat. Er war stark und riesengroß. Goliat stellte sich auf einen Hügel und schrie: „Habt ihr gehört! Schickt mir einen Mann, der mit mir kämpft! Wer von euch wagt es, ihr Feiglinge?"
Mehrmals am Tag rief Goliat das ins andere Lager hinüber. Aber niemand wollte mit dem Riesen kämpfen. Einmal schrie er sogar: „Warum traut ihr euch nicht? Hilft euch euer Gott nicht?"
Da kam David, um seine Brüder zu besuchen. Er hörte den Riesen schreien und wurde böse. „Mein König", sagte David zu Saul, „lass dich von diesem Philister nicht einschüchtern! Ich werde mit ihm kämpfen."
„Du bist fast noch ein Kind, und er ist ein Mann, der von klein auf mit den Waffen umzugehen gelernt hat", sagte König Saul.
„Ich musste für meinen Vater unsere Schafe hüten. Da kam es oft vor, dass ein Löwe oder ein Bär ein Schaf holen wollte. Da musste ich kämpfen, um das Tier zu retten. Mit Löwen und Bären bin ich also fertig geworden, weil Gott auf mich aufgepasst hatte. Deshalb wird er auch auf mich achten, wenn ich gegen Goliat kämpfen werde."
„Von mir aus, versuch es!" sagte König Saul, gab ihm sein Schwert und seine Rüstung.
David suchte am Flussbett fünf glatte Kieselsteine und steckte sie sich in die Hirtentasche. In der Hand hielt er seine Schleuder.
„Was willst du denn mit deinem Stock? Bin ich vielleicht ein Hund?" fragte Goliat spöttisch. Danach rief er seine Götter um Hilfe an.
Goliat ging vorwärts, und David lief ihm entgegen. Er griff in seine Hirtentasche, holte einen Stein heraus, schleuderte ihn gegen den Riesen und traf ihn am Kopf. Goliat stürzte zu Boden und war tot. David hatte Goliat besiegt.

Auch wenn du klein und nicht sonderlich stark bist, kannst du auf Gott vertrauen. Er steht dir immer bei.

David antwortete: Du trittst gegen mich an mit Säbel, Spieß und Schwert. Ich aber komme mit dem Beistand des Herrn, des Herrschers der Welt. (1.Sam. 17,45)

24. Mai

Ich heiße Fernando. Wie alt ich genau bin, weiß ich nicht, weil es Mama nicht mehr weiß. Natürlich hat es auch Papa vergessen. Er sagt zu Mama öfter: „Warum hast du Fernandos Geburtsdatum nicht aufgeschrieben?"
Dann lacht Mama und sagt: „Hast du vergessen, dass wir vier Kinder haben? Wir würden dann vier Zettel suchen."
„Ist doch egal, Hauptsache, wir sind bei euch", sage ich.
Großmutter erzählt uns immer wunderschöne Geschichten von Reicheleutekindern, die nicht wie wir am Rande eines Müllplatzes leben müssen. Ja, wir und Hunderte von anderen Familien wohnen in selbstgebauten Hütten, Bretterverschlägen und Zelten am Rande einer riesigen, schier endlos erscheinenden Müllhalde.
„Rom ist nicht weit von uns entfernt, und die Stadtverwaltung hat Angst, dass der Gestank der Müllhalde und der Anblick unserer Hütten die Touristen von der Ewigen Stadt fernhält. Am liebsten möchten sie uns von hier weghaben."
Hätte Papa Arbeit, hätten wir auch eine andere Wohnung und müssten nicht hier wohnen.

Morgen kommt der Mann von der Stadtverwaltung. Wir sollen eine neue Wohnung bekommen. Er will genau wissen, wann und wo wir alle geboren sind.
„Das mit den Geburtstagen der Kinder könnten wir ja noch so einigermaßen hinbekommen. Aber was sollen wir bei der Frage: Geburtsort hinschreiben?" fragt Papa.
„Am Rande der Müllkippe", antwortet Mama.
„Quatsch! Ist doch kein Geburtsort für Kinder!" sagt Papa.
„Unsere Kinder sind hier am Rande der Müllkippe geboren", sagt Mama.
„Das muss nicht unbedingt in den Geburtsurkunden stehen", sagt Papa.
„Wieso Geburtsurkunden?" fragt Mama.
„Jaja, du hast schon richtig gehört! Die Stadtverwaltung gibt mir außer der Wohnung einen Arbeitsplatz bei der städtischen Müllabfuhr, und zudem wollen sie unseren Kindern noch eine ordentliche Geburtsurkunde ausstellen."
„Ich weiß, wo unser Geburtsort gewesen sein könnte", rief ich. „Wir sind alle in Rom geboren!"
„Fernando, du bist wirklich ein aufgewecktes Bürschchen", sagt Papa und schaut mich voller Stolz an, ehe er den roten Bleistiftstummel nimmt und fein säuberlich hinter dem Wort Geburtsort Rom schreibt.

Impuls: Wenn es dir schlechtgeht, lehne dich an Jesus an. Manchmal kannst du vielleicht sogar helfen, dass es anderen bessergeht.

Biblisches Wort: Und während du das tust, kommt die Armut zu dir wie ein Landstreicher, und die Not überfällt dich wie ein Einbrecher. (Spr. 6,11)

Aktion: Schreibe doch einmal auf, in welchem Ort deine Freunde geboren sind. Falls du noch nicht schreiben kannst, bitte deine Mama, deinen Papa, die Oma oder... Du kannst auch fragen, wo sie geboren sind.

25. Mai

Mirjam lebte mit ihren Eltern in der Altstadt Jerusalems, ganz nahe beim heiligen Tempel. Die Häuser waren dort so nah aneinandergebaut, dass nur wenig Licht in die engen, dunklen Gassen fiel, wenn die Sonne ganz oben am Himmel stand.
Mirjam war sechs Jahre alt. Obwohl sie ihrer Mama tüchtig im Haus helfen musste, war sie fröhlich und zufrieden.

An einem Morgen sollte Mirjam für ihre Mama Öl, Salz, ein Fladenbrot und ein kleines Bündel Zwiebeln einkaufen. Auf dem Weg zum Bazar hielt sie die beiden Kupfermünzen fest in ihrer Hand.
Sie war nur zwei Straßen weit gelaufen, da hörte sie schon die Händler ihre Waren anpreisen. Sie beeilte sich. Es war schön auf dem Bazar. Dort gab es ganze Berge von Datteln, Feigen, Granatäpfeln, die besonders gut rochen, und Berge von Gemüse.
Plötzlich hörte sie in der Luft ein mächtiges Brausen.
‚Ein Sturm bricht los', dachte sie erschrocken. Sie schaute sich um, aber die Blätter der Palmen bewegten sich kaum im sanften Sommerwind.
Da sah sie, dass Männer aus allen Völkern hinüber zu dem weißen Haus gleich neben dem Tempel gingen. Neugierig lief auch sie mit hinein und stellte sich zwischen die vielen Menschen.
Wieder hörte sie das seltsame Rauschen. Dieses Mal über sich. Da Mirjam sich ganz nach vorne gedrängt hatte, konnte sie gut einen der Männer hören, der zu all den Leuten sprach. Sie verstand noch nicht alles, aber ihr fiel ein, dass Jesus wieder in den Himmel zu seinem Vater zurückgekehrt war. Seinen Jüngern hatte er den Heiligen Geist versprochen. Nun warteten sie auf ihn. ‚Jetzt kommt er in die Herzen der Menschen und macht sie glücklich', dachte Mirjam, und ihr wurde ganz leicht und froh zumute.

Gott hat seinen Geist geschickt, damit wir glücklich sind, uns nicht streiten und wir auch, wenn es sein muss, mutig werden. Mit dem Heiligen Geist lernen wir besser zu verstehen, was uns Gott zu sagen hat.

Als das Pfingstfest kam, waren wieder alle, die zu Jesus hielten, versammelt.
(Apg. 2,1)

Beten wir gemeinsam:
Komm, Heiliger Geist,
der Leben schafft,
erfülle uns mit deiner Kraft.
Dein Wort rief uns zum Sein:
Nun hauch uns Gottes Atem ein.
Amen.

26. Mai

Mirjam wollte wieder auf die Straße zurück, aber die Menschen standen so fest wie eine Mauer, und sie musste weiter dem Mann zuhören. Er redete weiter von Gottes Heiligem Geist, den Jesus ihnen versprochen hatte und der nun kommen und sie glücklich machen würde. Jetzt verstand Mirjam schon ein bisschen mehr.
Da lachten einige Leute und riefen: „Ihr seid nicht glücklich vom Heiligen Geist, sondern vom Wein. Schämt euch, schon am frühen Morgen so viel zu trinken!"
‚Oh weh, jetzt wird der Mann bestimmt böse', dachte Mirjam, und sie bekam Angst. Aber der Mann wurde nicht böse. Er redete zu Mirjams Verwunderung ganz ruhig weiter. Und je länger sie zuhörte, um so mehr verstand sie, um was es ging. Gott hatte ein Wunder getan, und jeder, der wollte, durfte an diesem Wunder teilhaben. Da wurde sie ganz glücklich.
Ein Mann rief ganz laut: „Was müssen wir denn tun, um den Heiligen Geist zu bekommen?"
Der Mann antwortete: „Kommt und lasst euch taufen!"
Viele ließen sich das nicht noch einmal sagen und folgten dem Mann nach draußen.
Endlich konnte Mirjam nach Hause laufen und alles erzählen. Ihre Mama hörte aufmerksam zu und schimpfte nicht einmal, dass sie ganz vergessen hatte einzukaufen.
„Dann essen wir heute eben süßen Hirsebrei", sagte Mama.
Sie zündete das Feuer an und setzte einen Topf mit Wasser, gemischt mit Ziegenmilch, auf die eiserne Feuerstelle.

Einige Tage später kam Mirjams Papa vom Beten nach Hause und sagte zur Mama: „Zieh dir und Mirjam die besten Kleider an."
„Wozu denn das?" fragte Mama verwundert.
„Es war doch gestern erst Sabbat."
„Heute lassen wir uns von den Männern taufen, die den Heiligen Geist haben. Ich habe erkannt, dass das, was die Männer sagen, die Wahrheit ist."
„Kommt nun der Heilige Geist auch zu mir?" fragte Mirjam.
„Ja, so haben die Männer gesagt, und ich glaube ihnen", antwortete Papa mit ernster Miene.

Gottes Geist macht den Glauben lebendig. Er führt dazu, dass Menschen wirklich auf Jesus hören. Das Sinnbild des Heiligen Geistes ist die Taube.

Petrus antwortete: Kehrt jetzt um und lasst euch taufen auf Jesus Christus; lasst seinen Namen über euch ausrufen und bekennt euch zu ihm – jeder und jede im Volk. (Apg. 2,38)

Male einige Tauben, schneide sie aus und hänge sie an einzelne Fäden verschiedener Längen. Klebe zwei Holzstäbchen (etwa 20 cm) kreuzweise übereinander und binde daran die Tauben mit den Fäden fest. Jetzt hast du ein feines Mobile.

27. Mai

Einstimmig wird beschlossen, dieses Jahr im Mai in Portugal Urlaub zu machen.
„Ich wollte immer mal schon mit einem Flugzeug fliegen“, freut sich Maximilian, und betrachtet begeistert die Bilder von der Küste, den Klippen, den Sandstränden und dem Meer.
„Wieso Flugzeug? Wir fahren natürlich mit dem Auto“, antwortet Papa und tätschelt Struppi, „denn der Hund kommt auf jeden Fall mit.“
„Och“, mault Alexander, der sich schon in der Pilotenkanzel gesehen hat.
„Erstens ist so ein Flug für uns vier nach Lissabon viel zu teuer, und zweitens hätten wir Probleme mit Struppi“, erklärt Mama, und damit war das Thema „Flugzeug“ für sie erledigt.
„Der Hund kommt also mit?“ fragt Maxi wenig begeistert.
„Selbstverständlich! Wir können ihn doch nicht einfach in ein Tierheim stecken“, sagt Papa.
„Euch stecken wir ja während der Ferien auch nicht in ein Kinderheim“, sagt Mama und lacht. Das war typisch Mama. Maxi findet, dass sie einen eigenartigen Sinn für Humor hat. Wenige Tage später fahren sie los. Kaum haben sie einige Kilometer auf der Autobahn zurückgelegt, sagt Alex, dass er mal muss. Papa hält am nächsten Parkplatz an. Doch wenige Fahrminuten später meldet sich Maxi, weil er jetzt muss.
„Wenn das so weitergeht, kommen wir nie nach Portugal“, stöhnt Mama und nimmt praktischerweise gleich die Tüte mit den belegten Broten mit in den Wagen. Papa hat gerade die Grenze nach Frankreich überfahren, da bittet ihn Mama anzuhalten, weil sie unbedingt französischen Kaffee trinken will. Seufzend tut ihr Papa den Gefallen. Nun setzt sich Mama hinters Steuer, um Papa abzulösen. Plötzlich fällt Maxi ein, dass er heute noch nichts Warmes zu essen gekriegt hat. Mama hält an einer Raststätte, aber als Papa die Preise sieht, beschließt er ganz spontan, dass nicht an jedem Urlaubstag warm gegessen werden muss.
„Heute ist so ein Tag“, verkündet er schlicht und kauft zwei Stangen französisches Weißbrot. Während Maxi und Alex das trockene Brot runterwürgen, beginnt es zu dämmern, und Mama meint, dass sie nachts nichts sehe und deshalb nicht weiterfahren kann.
„Mieten wir uns nun ein Hotelzimmer?“ fragt Alex. Er ist müde.
„Ich löse Mama ab“, sagt Papa großzügig. Und wirklich, Papa fährt die ganze Nacht hindurch. Na ja, fast die ganze Nacht. Ein paar Stunden Schlaf gönnt er sich auch.
Der zweite Reisetag verläuft nicht viel anders als der erste. Mitten in der Nacht kommen sie schließlich doch in ihrer Ferienwohnung an.
Da meint Mama: „So was machen wir nie wieder. Das nächste Mal fliegen wir!“
Total erledigt nickt Papa zustimmend und denkt mit Grausen an die Heimfahrt.

Gott will nicht, dass wir durchs Leben jagen. Er gönnt uns Tage der Ruhe. Ihr solltet den Urlaub so planen, dass sich alle wirklich erholen können.

Am siebten Tage hatte Gott sein Werk vollendet und ruhte von aller seiner Arbeit aus. (1.Mose 2,2)

Lass dir von Mama und Papa auf der Landkarte zeigen, wohin der nächste Urlaub geht. Vielleicht habt ihr schon Prospekte und könnt euch gemeinsam den Ferienort ansehen.

28. Mai

Mama bringt Marius in den Kindergarten. Doch irgend etwas ist anders als sonst.
„Morgen, Frau Berger“, sagt Mama, „warum sind heute so wenig Kinder hier?“
Frau Berger antwortet leise: „Die meisten Kinder haben Kopfläuse.“
„Kopfläuse?“ ruft Mama entsetzt aus.
Drei Tage später geht Mama mit ihren beiden Jungen zum Frisör. Zuerst kommt Basti dran. Als die Friseuse mit dem Kamm durch sein Haar fährt, stutzt sie, schüttelt den Kopf und sagt zu Mama: „Ihr Kind hat Läuse! Ich darf ihm nicht die Haare schneiden.“
„Llläuse?“ stottert Mama und bekommt einen knallroten Kopf.
„Aber, aber...“ Mama nimmt den läuseträchtigen Basti und den, wie sie meint, läuselosen Marius an die Hand und fährt schnurstracks zum Kinderarzt.
„Läuse haben ist toll“, sagt Basti. „Endlich mal keine Schule!“
„Was?“ fragt Mama, „in deiner Klasse haben sie auch Läuse? Warum hast du mir nichts gesagt?“
„Hätte ich sie dann nicht bekommen?“ fragt Basti pfiffig.
„Und ich nicht im Kindergarten“, verkündet Marius.
Der Kinderarzt gibt jedem die Hand und fragt freundlich: „Na, was fehlt uns denn?“
„Nichts“, antwortet Marius.
„So, weshalb seid ihr denn hier?“
„Wir haben Läuse“, sagt Basti stolz.
„Na, dann fehlt euch ja nichts, dann habt ihr was zuviel“, sagt der Arzt, guckt sich ihre Köpfe an, nickt bestätigend und schreibt ein Rezept aus.
Später versuchen Bastian und Marius Mama davon zu überzeugen, dass sie die Läuse behalten könnten, denn sie wollten schon lange ein Haustier. Mama ist dagegen.
„Aber Mama, die machen doch überhaupt keine Arbeit!“ sagt Basti.

Daheim will Mama gleich ihre Köpfe behandeln, doch da wird Basti wütend und brüllt: „Alle Schnecken, Regenwürmer und Käfer, die wir heimbringen, mussten wir wieder zurückbringen. Und jetzt willst du unsere armen Läuse umbringen. Nein! Jetzt ist Schluss mit all dem Zurückbringen, Vergraben und Umbringen! Unsere lieben niedlichen Läuschen behalten wir, und damit basta! Schließlich wollen wir auch mal 'n Haustier!“
„Läuse sind keine Haustiere“, sagt Mama und will die beiden ins Bad schieben. Aber so leicht, wie sie sich's denkt, wird es nicht. Erst als Mama ihnen verspricht, dass sie sich vom Bauernhof, bei dem sie immer ihre Milch holen, eines der kleinen Kätzchen aussuchen dürfen, lassen sich Bastian und Marius davon überzeugen, dass kleine Kätzchen schneller zu finden sind als die winzigen Läuse.

Impuls

Eltern haben Verantwortung für ihre Kinder. Du sollst auf die Eltern hören, denn sie wissen immer, was gut oder schlecht für dich ist. Deine Eltern sind nicht unabhängig, sondern sie hören auf Gott, der ebenfalls weiß, was gut oder schlecht für sie und dich ist.

Biblisches Wort

Von euch hört man überall, dass ihr euch im Gehorsam Gott unterstellt habt. Deshalb freue ich mich über euch. Ich möchte aber, dass ihr mit Klugheit das Gute wählt und mit Entschiedenheit euch vom Bösen abwendet.
(Röm. 16,19)

29. Mai

Impuls

Gott liebt dich und möchte, dass auch du ihn liebst.

Biblisches Wort

Wir jedenfalls haben erkannt und halten im Glauben daran fest, dass Gott uns liebt. (1.Joh. 4,16)

Aktion

Überlege dir, ob es in deiner Bekanntschaft, in der Nachbarschaft oder gar in deiner eigenen Familie Zwillinge gibt.

Ich soll ein Geschwisterchen bekommen, aber statt einem bekomme ich gleich zwei Stück. Lukas und Benedikt heißen unsere Zwillinge. Sie sehen sich so ähnlich, dass ich immer noch nicht weiß, wer wer ist. Mama und Papa wissen das genau. Wie sie das machen? Keine Ahnung!
Im Kindergarten finden es die Kinder ganz toll, dass ich Zwillinge als Geschwister habe. Gerade die Kinder, die allein sind, sind neidisch. Sie fragen mich jeden Tag, wie es den beiden geht.
Ich finde es nicht lustig, trotzdem liebe ich sie. Sie liegen zwar den ganzen Tag in ihren Bettchen und schreien oft so laut, dass ich schon ganz taub bin. Mama sagt, sie sind halt noch sehr klein und können noch nicht alles so verstehen wie ich. Auch mein Freund Florian sagt, wenn sie größer sind, hätte ich bestimmt eine Menge Spaß mit ihnen. Ob das stimmt, weiß ich nicht. Jedenfalls sind sie bisher noch nicht besonders viel gewachsen!

Kürzlich sage ich zu Mama: „Ich bin echt froh, kein Zwilling zu sein. Mich gibt's nur einmal. Und mich kann niemand verwechseln, auch Gott nicht! Lukas und Benedikt gibt's gleich zweimal! Sie sind nicht so einmalig wie ich. Und wer weiß, ob Gott sie nicht doch verwechselt!"
„Aber Rebekka", sagt Mama, „was redest du nur für dummes Zeug! Gott verwechselt nicht einmal die Grashalme auf der Wiese. Die sehen sich viel ähnlicher als Lukas und Benedikt. Zudem weißt du doch, dass jeder Mensch einmalig ist!"
„Die beiden sind nicht einmalig. Es gibt sie zweimal", antworte ich.
„Dummchen", sagt Mama.
Das ärgert mich. So etwas hat sie noch nie zu mir gesagt!
„Lukas und Benedikt sehen sich äußerlich ähnlich, es sind ja eineiige Zwillinge. Wenn sie größer werden, wirst du Unterschiede feststellen können. Und zwar sehr große."

Am Abend, als die Zwillinge schlafen, nimmt sie mich auf den Schoß und sagt: „Nun hör mal gut zu, Kleines! Gott erschafft jeden einzelnen Menschen nur ein einziges Mal. Deshalb ist jeder Mensch einmalig! Und Gott liebt jeden Menschen und verwechselt ihn auch nicht."

Jetzt weiß ich, dass unsere Zwillinge einmalig sind. Und Gott weiß, wer Lukas und wer Benedikt ist, er verwechselt sie nicht, und außerdem liebt er uns alle drei.

30. Mai

In der Nachbarschaft von Christian findet ein Gartenfest statt. Er ist mit seiner Mama eingeladen. Er hat sich schon die ganze Woche darauf gefreut, und nun ist es endlich so weit. Zum Glück ist schönes Wetter, die Sonne scheint, und es ist schon ziemlich warm. Im Garten sind die Tische festlich geschmückt, Lampions und Girlanden hängen zwischen den Bäumen. Am lustigsten sehen die bunten Luftballons aus, die wie riesengroße Trauben an jeder Ecke des Gartens am Zaun befestigt sind. Am liebsten hätte Christian sich schon gleich einen ausgesucht. Aber er muss warten, bis das Gartenfest zu Ende ist.
Doch gleich nach dem Essen verkündet Frau Petersen, dass nun jedes Kind ein kleines Kärtchen bekommen wird. Darauf soll der Name und die Adresse geschrieben werden. Der mit dem weitesten Luftballon erhält vom Kaufhaus eine Reise geschenkt.
Christian läuft schnell an den Tisch und holt sich mit dem Kärtchen einen Kuli und lässt sich von Mama seinen Namen und seine Anschrift aufschreiben. Mit einem starken Bindfaden wird nun an jeden Luftballon ein Kärtchen gebunden. Er hat sich einen knallroten Luftballon ausgesucht. Nachdem alle Kinder ihren Luftballon in der Hand halten, ruft Frau Petersen: „Achtung, fertig, los!" Und alle lassen dann ihren Ballon los. Ist das schön: Die bunten Luftballons schweben hoch hinauf zu den Wolken. Der Wind treibt sie vor sich her.
Christian sieht seinem roten Luftballon hinterher, bis er nicht mehr zu sehen ist.
Längst hat er das Gartenfest vergessen, da kommt eine Karte. Auf ihr steht, dass Christian eine Reise für zwei Personen auf die Insel Rügen gewonnen hat. Zwei Wochen darf er dort in einem Kinderheim verbringen.
Christian freut sich riesig und überlegt, wen er mitnehmen soll. Er fragt seine Mama: „Mama, glaubst du, der Patrick darf mit mir fahren? Er ist doch mein bester Freund."
„Ich weiß nicht", sagt Mama, „vielleicht möchten das seine Eltern nicht, weil er schlecht hört."
„Das macht doch nichts. Ich höre und kann auf ihn aufpassen. Außerdem versteht er mich sehr gut."
Mama spricht mit Patricks Eltern, und sie sind sofort damit einverstanden, weil es für ihn gut ist, unter vielen Kindern zu sein. Sie glauben fest daran, dass sich Patrick dort wohl fühlen wird, besonders, da Christian ja auch dabei sein würde.
So kommt es, dass die beiden zwei wunderschöne Wochen auf der Insel Rügen verbringen.

Es ist schön, wenn du einem anderen eine Freude bereiten kannst. Besonders wenn du einen behinderten Freund hast. Er will auch nicht beiseite stehen, sondern – wie du – mitmachen.

Fröhlichkeit ist gut für die Gesundheit, Mutlosigkeit raubt einem die letzte Kraft. (Spr. 17,22)

Sieh dir in einem Buch an, was du alles für Muscheln und Fische in der Gegend der Insel Rügen finden kannst. Vielleicht holst du dir ein Buch über die Insel aus der Bücherei oder einen Prospekt aus dem Reisebüro. Dann weißt du, wohin Christian und Patrick gefahren sind.

31. Mai

Biblisches Wort

Liebt eure Feinde und betet für alle, die euch verfolgen. (Matth. 5,44)

„Ich hasse Udo ganz fürchterlich", schreit Janek und schmeißt wütend seinen Ranzen in die Ecke. Überrascht schaut Papa ihn an. Aber Janek sprudelt schon weiter: „Er ist hundsgemein. Heute hat er mir mit Absicht ein Bein gestellt, und dann gibt er immer mit seinen dikken Wurststullen an. Dabei schmeißt er die dann doch nur in den Müll und außerdem..."

„Aber Janek", unterbricht Papa ihn, „weißt du nicht, was in der Bibel über den Hass steht?" Janek verdreht die Augen. Er hat schon Ärger genug. Muss Papa ihm da auch noch mit der Bibel kommen?

„Jesus sagt: Jeder, der einen anderen hasst, ist genauso wie ein Mörder", erklärt Papa. „Aber du hast sicher gemeint, dass du Udo nicht leiden kannst, nicht wahr?"

„Ja, genau", stimmt Janek zu. Denn so schlimm ist es mit Udo nun auch wieder nicht. Janek will ihn ja nicht gleich umbringen. Er findet Udo einfach nur blöd. Und manchmal ärgert er sich ganz besonders viel über ihn. So wie heute zum Beispiel.

„Das kann ich verstehen", sagt Papa, „natürlich mögen wir Menschen nicht so gerne, die uns ärgern und wütend machen. Aber in der Bibel steht auch, was wir dann tun können."

„Was denn, Papa?"

„Wir sollen für sie beten und sie lieb haben."

„Das kann ich nicht!" ruft Janek empört.

Auch Papa gibt zu, dass das schwer ist. „Aber mit dem Beten können wir es doch mal versuchen, oder?" schlägt er vor. Und dann faltet er tatsächlich die Hände. Janek zögert noch. Aber dann legt er auch die Hände ineinander.

„Lieber Gott", betet er schließlich, „bitte sei gut zu Udo. Amen."

Und noch während er das sagt, denkt er, dass Udo ihm vielleicht gar nicht mit Absicht ein Bein gestellt hat, sondern dass er ganz aus Versehen darüber gestolpert ist. So könnte es jedenfalls auch gewesen sein.

Und am nächsten Morgen, als Mama ein paar Plätzchen in Janeks Pausendose legt, legt Papa noch ein paar mehr dazu.

„Für deine Freunde", sagt er, und Janek weiß gleich, was er damit meint.

Ob Udo ein paar Plätzchen von ihm annehmen wird?

1. Juni

Eine Autobahn schlängelt sich durch Wälder und Felder. Sie ist grau und breit und ziemlich gerade. Tausend Autos brausen über sie hinweg. Die Autobahn ist ziemlich stolz darauf. Hochmütig reckt sie sich über die Berge. Neben ihr liegt ein kleiner Acker. Er ist matschig, und an seinem Rand wachsen wilde Sträucher. Ab und zu tuckert ein Traktor über ihn, oder ein paar Leute spazieren an ihm entlang. Sonst ist nicht viel los auf dem kleinen Feld. Aber einmal im Jahr ist der kleine Acker sehr aufgeregt. Dann kommt nämlich der Bauer und streut Samen aus.

„Vielleicht wird auf mir Getreide oder Klee für die Kühe des Bauern oder vielleicht werden sogar Blumen wachsen", hofft der kleine matschige Acker.

„Ach, du dummes Feld", lacht da die Autobahn, „sieh mich an: ich bin sauber und glatt und warte auf keinen Samen. Der würde bei mir sowieso nicht aufgehen, denn der Asphalt hat mich hart gemacht und verschlossen. Dafür aber ist mein Leben sicher. Ich weiß, wo es langgeht und was ich habe. Ich führe nach Düsseldorf, und noch jahrelang werden die Autos auf mir dorthin fahren. Aber du, du weißt nicht einmal, was im Herbst sein wird, ob Korn oder Blumen auf dir wachsen werden. Vielleicht wird auch überhaupt nichts wachsen. Dann musst du wieder auf das Frühjahr und auf den Bauern mit seinem Samen warten."

Aber der kleine Acker ließ sich nicht beirren. Er wartete auf den Bauern und auf den Samen. Und tatsächlich senkten sich die Körnchen in seinen Boden. Dann wurde es wärmer, und der Samen begann zu keimen. Ganz vorsichtig streckte er zarte Hälmchen aus der Erde. Regen und Sonne lockten ihn, und der kleine Acker schenkte ihm die beste Nahrung aus seiner Erde. Da wuchsen die schwachen Keime, wurden kräftig und groß, und schließlich wogten pralle Weizenhalme im Wind. Im Herbst aber kam der Bauer, mähte alles Getreide und brachte es zum Müller. Der mahlte daraus Mehl. Und aus dem Mehl hat der Bäkker Brot gebacken. Das Brot aber machte Menschen satt.

So war das Warten und Hoffen des kleinen Ackers nicht umsonst gewesen.

Impuls: Es ist schön, wenn das Wort Gottes bei uns auf guten Boden fällt. Dann kann es wachsen und Gutes hervorbringen.

Biblisches Wort: Bei anderen ist es wie mit dem Samen, der auf guten Boden fällt. Das sind die, die Gottes Worte hören und daran glauben. (Matth. 13,23)

Aktion: Die Geschichte von dem Samen, der auf guten Boden fällt, kannst du in der Bibel nachlesen. Sie steht in Matthäus 13,18-23.

2. Juni

Nun kommt sie also. Sie kommt mit Eimer, Schrubber, Staubsauger und einem ganzen Stapel Putztücher. „Au wei“, denkt Franz und betrachtet beklommen sein Haus. In allen Zimmern stapeln sich zerlesene Zeitungen und zerfledderte Bücher, verbeulte Radkappen und vertrocknete Zimmerpflanzen, aufgerissene Gummireifen und angebissene Brotrinden. Dazwischen schmutzige Wäsche und zerbrochenes Geschirr.

Franz ist schon viele Jahre alt, und in vielen Jahren kann sich eine Menge ansammeln. Jedes Teil ist Franz lieb geworden. Aber manchmal stört es ihn doch, dass sein Haus so ungemütlich ist. Nirgendwo kann er mehr behaglich sitzen, weil alle Stühle, Sessel und sogar das Bett beladen sind. Wenn Franz schlafen gehen will, muss er vorher alles beiseite schieben. Mittlerweile hat er so wenig Platz in seinem Bett, dass er schlecht schläft. Morgens ist er muffig und tagsüber schlecht gelaunt. Der ganze Schmutz und Müll wird ihm zu viel. Dann sehnt er sich nach sauberer Luft und einem hellen Lichtstrahl. Aber durch seine schmutzigen Fenster kann die Sonne nicht mehr hindurch scheinen.

Eines Tages jedoch hat ihm Tante Mathilde geschrieben. „Lieber Franz“, stand in dem Brief, „nun habe ich lange nichts mehr von dir gehört. Bestimmt hast Du in Deinem Durcheinander kein Briefpapier gefunden, um mir zu schreiben. Und wahrscheinlich steht Dein Telefon auch ganz versteckt, so dass Du mich nicht anrufen kannst. Vielleicht sieht Dein Haus so schlimm aus, dass Du nicht mehr weißt, wo Du mit dem Aufräumen beginnen sollst...“

Franz nickte. Ja, genauso ist es. Eigentlich wollte er wirklich längst ausmisten. Neugierig liest er weiter: „Deshalb...“, schreibt Tante Mathilde, „möchte ich kommen und Dir beim Saubermachen helfen...“

Erst hat sich Franz ganz furchtbar erschrocken. Was soll Tante Mathilde von ihm denken, wenn sie seine schreckliche Unordnung sieht. Andererseits: Wie schön und gemütlich kann sein Haus wieder werden. Als Franz sich das ausmalt, freut er sich auf Tante Mathilde. Und da kommt sie auch schon, mit Eimer, Schrubber, Staubsauger und einem ganzen Stapel Putztüchern.

Impuls Kennst du das auch? Legosteine, Bilderbücher und Buntstifte liegen kreuz und quer, und deshalb macht das Spielen keinen Spaß mehr. Manchmal ist aber nicht nur das Zimmer, sondern unser ganzes Leben durcheinander. Das passiert durch Lüge, Streit oder böse Gedanken. Dann möchte Jesus kommen. Er will alles ausräumen, was dein Leben ungemütlich und dunkel macht. Was muss raus, damit du wieder fröhlich sein kannst?

Biblisches Wort Wenn wir unsere Sünden sagen, dann ist Gott treu und gerecht. Er vergibt uns die Sünden und reinigt uns von aller Ungerechtigkeit. (1. Joh. 1,9)

Aktion Wie wäre es, wenn du heute einmal dein Kinderzimmer aufräumst?

3. Juni

Eine ganze Zeit spielen Gerd und Michael Indianer und Cowboy. Aber dann wird es ihnen langweilig, und sie sehen sich nach etwas anderem um. Schließlich schlägt Gerd vor, sie können Mama einen Streich spielen. Sie beschließen, zur Haustür zu schleichen, einmal fest zu klingeln und sich dann zu verstecken, wenn Mama kommt, um nachzusehen, wer da ist. Der Streich gelingt prima. Mama läuft durchs ganze Haus, um zu öffnen. Aber draußen steht niemand. Dabei ist sie sich ganz sicher, dass es geklingelt hat. Sie bleibt noch einen Augenblick stehen. Doch dann geht sie wieder zurück.

Ein paar Minuten später klingelt es noch einmal. Also läuft Mama wieder zur Tür, und als sie diesmal öffnet, sieht sie einen Anorak um die Ecke flitzen. Und der kommt ihr ziemlich bekannt vor.
„Na wartet", denkt sie, „noch einmal lasse ich mich nicht hereinlegen." Und als es das nächste Mal an der Haustür klingelt, achtet Mama überhaupt nicht darauf. In aller Ruhe bereitet sie das Abendessen vor, auch als es heftiger läutet.
„Ihr Bengel, ich kenne eure Tricks", murmelt Mama und stellt Teller und Tassen auf den Tisch.
Später, als Mama und Papa, Gerd und Michael längst beim Essen sitzen, klingelt es wieder. Doch diesmal ist es das Telefon. Mama geht dran.
„Hallo, Ursula, hier ist Tante Monika. Ich habe heute Waffeln gebacken, und die mögen doch deine Jungs so gern. Deshalb war ich heute nachmittag bei euch, um euch welche zu bringen. Leider hat mir aber niemand aufgemacht."
„Schade", sagt Mama. Aber dann muss sie lachen.
„Da sind Gerd und Michael nun selber schuld, dass sie keine Waffeln bekommen haben."
Das versteht Tante Monika nicht. Aber du schon, oder?

Schade, dass Mama nicht geöffnet hat, als Tante Monika Waffeln brachte. Nun bekamen Michael und Gerd keine. Aber eigentlich sind sie selber daran schuld, denn sie haben so lange geklingelt, bis Mama nicht mehr glaubte, dass jemand kommen könnte, der wirklich etwas bringen möchte.
Jesus sagt, dass er auch bei uns anklopft. Er möchte in unser Leben kommen und bei uns wohnen. Und er macht es bestimmt nicht so wie Gerd und Michael, sondern eher wie Tante Monika. Glaubst du das?

Jesus sagt: Ich stehe vor der Tür und klopfe an. Wenn jemand meine Stimme hört und mir auftut, zu dem werde ich einkehren. Ich werde mit ihm essen und er mit mir. (Offb. 3,20)

4. Juni

„Das ist überhaupt nicht wiedergutzumachen“, schimpft Mama und kehrt die Scherben zusammen. Iris war wieder einmal furchtbar bokkig. Und vor lauter Wut hat sie Mamas Lieblingskrug auf den Boden geworfen. Der Krug war für Mama eine Erinnerung an irgend etwas Besonderes. Iris weiß nicht, an was. Aber für Mama war er wichtig. Iris tut es längst leid, dass sie so böse war.
„Kann ich dir helfen, Mama?“ fragt sie bekümmert. Aber Mama schüttelt den Kopf.

„Davon bekomme ich meinen Krug auch nicht wieder“, murmelt sie. Da hat Mama recht. Trotzdem, Iris würde den Schaden gerne wiedergutmachen. Aber sie weiß nicht wie. Sie grübelt den ganzen Tag. Am Abend fragt sie Papa.
„Du, Papa, als du ein Kind warst und etwas Schlimmes angestellt hattest...“
„Da hat mein Papa mich verhauen“, lacht Papa.
„Wirklich?“ staunt Iris.
„Nein, Iris. So war es nicht. Meistens war es schon Strafe genug, dass Mama und Papa traurig über mich waren. Weißt du, mein Papa hatte für mich in der Küche ein Brettchen aufgehängt. Und jedesmal, wenn ich unartig war, schlug er einen Nagel hinein. Wenn viele Nägel in dem Brett steckten, dann war das besonders schlimm.“
„Und was hast du dann gemacht, Papa?“
„Ich habe versucht, wieder lieb zu sein. Und jedesmal, wenn mir das gelungen ist, hat mein Papa einen Nagel aus dem Brett herausgezogen. Einmal habe ich es sogar geschafft, dass kein einziger Nagel mehr im Brett steckte.“
Iris überlegt. Dann sagt sie: „Aber die Nagellöcher, Papa, die sind im Brett geblieben, nicht wahr?“
Papa seufzt. „Ja, Iris, ganz glatt konnte das Brett nicht mehr werden. Aber warum fragst du mich das eigentlich alles?“
Da erzählt Iris ihrem Papa, wie sie heute vor lauter Wut Mamas schönen Krug kaputtgeschmissen hat und wie traurig Mama darüber ist. Und zum Schluss sagt sie: „Es ist genauso wie mit deinem Nagelbrett. Auch wenn ich ganz doll lieb bin, wird der Krug nicht wieder heil.“

Impuls

Wir können nichts wiedergutmachen. Aber Jesus kann es. Er ist wie ein Schreiner, der alle Löcher aus meinem Nagelbrett heraushobelt, oder wie ein Töpfer, der alle kaputtgeworfenen Krüge wieder neu und schön machen kann.

Biblisches Wort

Gott sagt: Und trotzdem vergebe ich deine Schuld und denke nicht mehr an deine Verfehlungen.
(Jes. 43,25)

Flutschi war ein fröhliches, quirliges Fischkind. Es schnellte zwischen Seetang und Korallen hindurch, spielte mit seinem Freund, dem Seepferdchen, und sprang über die Wellen. Aber Flutschi wurde groß und immer größer, denn er fraß unheimlich viel Plankton. Plankton sind klitzekleine Lebewesen im Meer, die den Fischen besonders gut schmecken. Flutschi brauchte nur sein Maul öffnen. Da schwamm sein Mittagessen von ganz allein in seinen gefräßigen Bauch. So wurde Flutschi nicht nur riesengroß, sondern er wurde auch faul, hatte keine Lust mehr zu springen und mit dem Seepferdchen zu spielen, trieb nur noch träge mit der Strömung und wartete auf den nächsten Planktonschwarm.

„Was für ein riesiger Fisch", freuten sich die Fischer, „wenn wir ihn erwischen, werden wir ihn auf dem Fischmarkt verkaufen. Dort können wir viel Geld für ihn bekommen."

Flutschi hörte zwar die Fischer miteinander reden, aber er wusste nicht, was ihre Worte bedeuteten. Denn ein Fisch versteht ja nicht die Menschensprache. Deshalb schwamm er unbekümmert um die Fischerboote herum. Aber Vorsicht, schon schwangen die Männer in den Booten ihre Netze. Schon breitete es sich über den Wellen aus wie ein großes Laken, schon sank es herab und deckte Flutschi zu. Schon hielt es ihn fest mit seinen engen Maschen. Aber Flutschi kümmerte das nicht. Er fand es sogar ganz gemütlich im Netz.

„Wie praktisch", dacht er, „nun brauche ich nicht einmal mehr meine Flossen bewegen. Das Netz zieht mich ja."
„Dummer Flutschi", sagte da das Seepferdchen. Als das Fischernetz sich über das Wasser senkte, war es schnell darunter hervorgeschlüpft.
„Merkst du nicht, dass du gefangen bist? Die Menschen werden dich zum Ufer ziehen. Dort wirst du sterben."
Aber Flutschi winkte nur ab.
„Unsinn, bis dahin ist noch viel Zeit. Und solange lasse ich es mir gutgehen und fresse Plankton. Sieh nur, hier gibt es genug davon."
„Aber nein", rief das Seepferdchen verzweifelt, „du kannst nicht wissen, wieviel Zeit dir noch bleibt. Wenn die Fischer schnell rudern, sind sie auch schneller am Ufer. Wie lange du noch leben kannst, liegt ganz bei ihnen."
Da bekam Flutschi doch einen Schreck. Irgend jemand musste ihn befreien. Und zwar schnell. Aber wer ist wohl stärker als die Fischer und ihr Netz?

5. Juni

Du wollest mich aus dem Netze ziehen, das sie mir heimlich stellten, denn du bist meine Stärke. (Ps. 31,5)

Male auf ein Blatt Papier den Umriss eines Fisches. Nun schneide aus bunten Illustrierten Kreise aus so groß wie Fünf-Mark-Stücke und klebe sie so auf deinen Fisch, dass immer ein halber Kreis über dem anderen liegt. Das sieht jetzt aus wie richtige Schuppen. Male mit Wasserfarbe noch ein paar Wellen, darüber klebst du ein Zitronen- oder Orangennetz: fertig ist dein Flutschi-Bild.

6. Juni

Jeden Abend erzählt Papa Geschichten von Jesus. Jan findet sie alle ziemlich spannend. Am liebsten wäre er dabeigewesen und hätte alles selber miterlebt.
„Ich wäre Jesus genauso gefolgt wie seine Freunde", sagt er.
„Aber das kannst du doch", antwortet Papa.
„Wie denn, Papa, Jesus spaziert überhaupt nicht mehr auf der Erde herum. Da kann ich doch nicht mit ihm laufen."
„Doch, Jan. Wir können Jesus zwar nicht sehen, aber wir können trotzdem eine Menge von ihm erfahren. Und wir können versuchen, so zu leben, wie er es damals seinen Freunden gesagt hat."
„Vielleicht", sagt Jan, „aber ich finde das trotzdem ziemlich schwer."
„Ja", stimmt Papa ihm zu, „wir kennen zwar viele Geschichten von Jesus. Und trotzdem ist er wie ein Geheimnis. Gut, dass wir wenigstens die Bibel haben, in der alles über ihn drinsteht."
Jan seufzt. „Die Bibel ist aber auch wie eine Geheimschrift", sagt er.
Papa lacht. Plötzlich hat er eine Idee.
„Und was macht man mit Geheimschriften?" fragt er. Dann verschwindet er für eine Weile, und als er wieder zurückkommt, schwenkt er ein Blatt Papier vor Jans Nase.
„Was ist das denn?" will Jan wissen.
„Och, da steht nur eine kleine Mitteilung für dich drauf."
Jan dreht und wendet das Blatt. Aber er findet keinen Buchstaben darauf. Das Papier ist so weiß wie sein Bettlaken. Papa lacht nur. Er hilft ihm kein bisschen, sondern er gibt Jan einen Gute-Nacht-Kuss, und dann geht er leise aus dem Zimmer. Jan findet das unfair. Er kann kaum einschlafen vor lauter Neugierde. Am nächsten Morgen ist Papas Blatt sein erster Gedanke. Gleich schaut er es sich an und sucht nach Papas geheimer Botschaft. Aber er kann nichts finden. Beim Frühstück liegt das Papier neben seinem Teller. Mama schaut ein bisschen erstaunt. Aber sie sagt nichts, sondern schüttet Jan einen Becher Milch ein.

„Magst du Kakao", fragt Papa, und als Jan nickt, öffnet er die Kakaodose und taucht einen Löffel hinein. Aber wie ungeschickt ist Papa heute. Er verschüttet ein bisschen Kakao, und ausgerechnet rieselt etwas auf Jans wertvolles Blatt Papier. Erst will Jan sich ärgern. Aber als er näher hinschaut, entdeckt er plötzlich unter dem Kakaopulver eine Schrift.
„Lieber Jan", buchstabiert Jan, „Wanderung zum Abenteuerspielplatz und anschließend eine Geschichte von Jesus. Ich hab' dich lieb, dein Papa."

Die Menschen sollen Gottes Geheimnis begreifen. Dieses Geheimnis ist Jesus. Durch ihn können wir alles erfahren, was Menschen jemals über Gott wissen können.

In Jesus sind alle Schätze der Weisheit und Erkenntnis verborgen. (Kol. 2,3)

Möchtest du wissen, wie Jans Papa seine Geheimschrift geschrieben hat? Ich verrate dir dieses Geheimnis. Er hat ein Stück Wachs von einer Kerze abgebrochen und sie in seiner Hand geknetet, bis sie warm wurde. Dann hat er sie zu einem Stift gerollt und mit diesem Stift seine Botschaft aufgeschrieben. Durch dunkles Pulver wird die Schrift sichtbar. Es geht auch, wenn du Wasserfarbe darüber pinselst.

7. Juni

Melanie findet es toll, dass sie ihre große Schwester Steffi hat. Aber manchmal ist es auch doof, zum Beispiel dann, wenn Steffi sagt: „Das verstehst du noch nicht." Dann fühlt Melanie sich winzig klein und ziemlich dumm. Heute Mittag zum Beispiel. Da waren sie beide bei Oma. Melanies große Schwester besucht sie immer dann, wenn sie irgendein Problem hat, über das sie mit Mama nicht reden will. „Mama versteht das sowieso nicht", meint sie, „und du, Meli, auch nicht." Trotzdem darf Melanie mit zu Oma.

Stumm hat sie zugehört. Steffi hat ganz bekümmert ausgesehen, während sie von ihrer Schule erzählt und davon, dass sie nicht weiß, welchen Beruf sie einmal wählen soll. Überhaupt: Sie findet, dass das ganze Leben so unsicher ist. Sie hat richtig ein bisschen Angst davor. Und zum Schluss seufzt sie: „Ach, Oma, ich weiß gar nicht, wie ich mich entscheiden soll."

Oma antwortet ernst: „Steffi, ich glaube, dass du den richtigen Weg gehen kannst, wenn du dich an Gottes Worten festhältst. Gottes Wort ist wie ein Wegweiser oder wie ein Geländer durch dein ganzes Leben."

„Das verstehe ich nicht", murmelt Steffi enttäuscht.

„Ich aber", platzt Melanie heraus, „weißt du nicht mehr, was Oma mal von dem Seil zwischen ihrer Haustür und dem Hühnerstall erzählt hat?"

„Ach ja", nickt Oma, „das ist wirklich ein gutes Beispiel, Melanie. Damals war ich vielleicht acht Jahre alt, alt genug, um abends die Hühner zu füttern. Im Sommer war das eine leichte Arbeit. Aber sobald im Herbst die Tage kürzer wurden, fürchtete ich mich, allein am Abend über den dunklen Hof zu gehen. Deshalb spannte Vater ein Seil zwischen Haustür und Hühnerstall. Du brauchst dich nur daran festhalten, riet er mir, dann findest du auch im Dunkeln leicht den Weg zum Stall. Solange du das Seil festhältst, brauchst du keine Angst zu haben. Und so war es dann auch: Solange ich das Seil festhielt, fand ich immer sicher den Weg zum Hühnerstall."

„Und was hat das mit mir zu tun?" fragt Steffi.

„Na, das ist doch klar", sagt Melanie, „Omas Seil zum Hühnerstall ist genauso wie Gottes Wort. Solange du dich daran festhältst, wird es dich führen."

Oma lacht. Aber Steffi blickt sie nur erstaunt und verwundert an.

Meine Güte, denkt Melanie, was sind große Schwestern doch manchmal dumm!

Biblisches Wort

Ich halte an deinem Wort fest, darum lass mich nicht verlorengehen. (Ps. 119,31)

Aktion

Ihr könnt die Geschichte nachspielen. Einer spannt mit Wolle (Wäscheleine oder ein anderes Seil) einen Weg durch den Garten (Spielplatz oder Kinderzimmer). Ein anderer lässt sich die Augen verbinden und versucht, den richtigen Weg an dem Seil entlang zu finden. Vielleicht legt Mama am Ende des Seils eine Überraschung hin?

8. Juni

„Gott ist überhaupt der Größte", sagt Helen und schaut in die Wolken. Sie liegt auf dem Rücken im warmen Rasen. Neben ihrem Ohr summt eine Biene, und auf ihrem Arm tanzt ein Sonnenstrahl. Gedankenverloren spielt sie mit ihrer Kette aus bunten Glassteinen, die sie im Kindergarten aufgezogen hat.
„So groß wie ein Wolkenkratzer", überlegt ihr kleiner Bruder Jan. Er sitzt auf Helens angezogenen Knien und schaut seine Schwester erwartungsvoll an.
„Quatsch, Jan, Gott ist noch viel größer. Er reicht bis an den Himmel. Er ist sogar noch höher als die Wolken."
„So?" fragt Jan uns streckt seine Arme in die Luft.
„Noch größer", sagt Helen und springt auf. Dabei purzelt Jan von ihren Beinen herunter. Aber er hat sich nicht weh getan. Viel schlimmer ist, dass Helen ihre schöne Glasperlenkette zerrissen hat. In ihrer Hand baumelt nur noch die Schnur. Die Perlen aber sind alle in die Wiese gekullert.
„Mist", schimpft sie und kniet sich gleich wieder hinunter, direkt neben ihren Bruder, der sie immer noch erwartungsvoll anschaut.
„Vielleicht ist Gott so weit oben, dass er uns überhaupt nicht sieht", sagt er.
Aber Helen hört nicht auf ihn. Sie denkt jetzt nur an ihre Perlen. Ob sie wohl alle wiederfindet? Ein paar hat sie schon aufgesammelt. Gras klebt an ihnen und Erde. Sie glänzen überhaupt nicht mehr, und bei manchen kann man kaum noch erkennen, welche Farbe sie vorher hatten.
„Helen", drängelt Jan, „ich will wissen, ob Gott uns überhaupt sieht. Vielleicht ist er so weit weg, dass er nicht einmal weiß, dass es uns gibt."
„Ach, Unsinn", sagt Helen und pickt noch ein paar Perlen aus der Erde.
„Aber vielleicht sind wir ihm sogar egal. Vielleicht..."
Jan hört sich jetzt ziemlich traurig an. Bestimmt wird er gleich anfangen zu weinen. Deshalb dreht Helen sich doch zu ihm um.
„Nein, Jan", sagt sie, „Gott sieht uns ganz bestimmt. Er hat uns doll lieb. Und er kümmert sich um uns, denn wir sind ihm ganz wichtig. So wichtig, wie... naja, wie..."
„Wie dir deine Perlen?"
„Mindestens", lacht Helen. Und Jan glaubt ihr.

Impuls Du bist für Gott wertvoll.

Biblisches Wort Gott handelt wie ein Kaufmann, der eine schöne Perle sucht. Wenn er sie findet, verkauft er alles, was er hat, und kauft die Perle.
(Matth. 13,45.46)

Aktion Aus Papierstreifen eine Perlenkette basteln.
Streifen ausschneiden, in Pfeilrichtung aufrollen, spitzes Ende ankleben, fertig ist die Perle.

9. Juni

An der Tür hat es geklingelt. Christina geht öffnen. Draußen steht ihr Bruder Stefan. Aber Christina will am liebsten sofort wieder die Tür zuknallen.

„Los, mach auf", ruft Stefan, „ich bin doch der Stefan."

„Das kann jeder sagen", schnauzt Christina. Sie ekelt sich. Der Junge da draußen sieht aber auch wirklich schlimm aus. Von oben bis unten ist er voller Matsch. Seine Hose ist pitschnass. An seinen Schuhen kleben dicke Lehmklumpen. Sogar sein Gesicht und seine Haare sind schlammbeschmiert.

„Igitt, bist du dreckig", schimpft Christina, „nee, dich lass ich lieber nicht rein!"

Stefan möchte aber ins Warme. Er bibbert vor Kälte. Seine Hose tropft. Er steht schon in einer richtigen Pfütze.

„Vielleicht kann ich mich schnell sauber machen", druckst er.

„Bist du verrückt", keift Christina, „wer weiß, ob unter dem Geschmiere überhaupt mein Bruder steckt."

Hilflos schaut Stefan an sich herunter. Und weil er nicht weiß, was er nun tun soll, möchte er am liebsten weinen.

Plötzlich hört er Mama rufen. Sie will wissen, wer gekommen ist. Aber Christina antwortet nicht gleich. Deshalb kommt Mama selber nachschauen.

„Auwei", denkt Stefan, „ob wenigstens Mama weiß, dass ich es bin?"

Aber Mama bleibt zuerst wie erstarrt mitten im Flur stehen. Doch plötzlich breitet sie die Arme aus und stürzt auf Stefan zu. Sie schaut nicht auf den Schmutz und denkt nicht an ihr schönes sauberes Kleid. Sie beugt sich einfach herunter und drückt Stefan fest an sich.

„Was ist dir denn passiert, mein Schatz?"

„Ich bin in den Bach gefallen", gesteht Stefan, und eine Träne kullert über seine schmutzige Wange. Mama wischt sie ihm ab.

„Komm, mein Kind", tröstet sie, „jetzt wird erst einmal gebadet. Nachher trinken wir zusammen Kakao, und dann erzählst du alles, ja?"

Stefan atmet tief durch und nickt. Er ist zwar vor lauter Dreck kaum noch zu erkennen, aber Mama hat trotzdem gleich gewusst, dass er ihr Junge ist.

Impuls

Gott ist wie die Mutter in der Geschichte: Er schaut nicht auf den Schmutz. Unter Erde, Schlamm und Matsch erkennt er den Schatz, nämlich seine Kinder, die er lieb hat, an denen er sich freut und die ihm wichtig sind.

Biblisches Wort

Ein Schatz lag verborgen im Acker. Ein Mann fand ihn, und in seiner Freude ging er hin, verkaufte alles, was er hatte, und kaufte den Acker.
(Matth. 13,44)

10. Juni

Tutu ist braun, strubbelig und ziemlich zerknautscht. Sein Fell ist zerzaust und ein Ohr hängt schief. Tutu ist ein kleiner Teddy. Er gehört Tim. Tim und Tutu sind die besten Freunde auf der Welt. Und weil sie so dicke Freunde sind, trennen sie sich fast nie. Tutu schläft bei Tim im Bett. Und wenn Tim auf den Spielplatz geht, darf Tutu mit. Tim setzt ihn in eine Sandkastenecke und baut für ihn eine Burg. Manchmal kommen andere Kinder und lachen über Tutu.

„Wie hässlich ist dein Teddy", rufen sie. Aber Tim drückt Tutu fest an sich und tröstet ihn. „Ich finde dich schön", flüstert er ihm ins schiefe Ohr. Und Tutu freut sich darüber.

Tim ist fünf Jahre alt. Er hat dicke blonde Haare, eine Menge Sommersprossen und einen vorlauten Mund. Das jedenfalls sagt die Nachbarin.

„Meine Güte, ist der Junge frech", beschwert sie sich bei Tims Mutter, „er hat 'dicke Nudel' zu mir gesagt." Nun ist Mutter böse mit Tim. Dabei ist die Nachbarin wirklich ganz furchtbar dick.

„Aber eine Nudel ist sie nicht. Und wenn du zu ihr 'Nudel' sagst, dann hast du ihr damit weh getan", sagt Mutter streng.

Tim nickt schuldbewußt. Wehtun wollte er der Nachbarin nicht. Und eigentlich will er auch kein frecher Junge sein. Und ob Mutter ihn noch lieb hat, obwohl er doch der Nachbarin weh getan hat?

„Natürlich habe ich dich lieb", flüstert Mutter in Tims Ohr und nimmt ihn ganz fest in die Arme.

Impuls

Manchmal scheinen die Dinge anders, als sie sind. Es sieht so als, als wäre Tutu ein kleiner hässlicher Bär und Tim ein frecher Junge. Aber Tim findet Tutu sehr schön, weil er ihn lieb hat. Und Mutter weiß, dass Tim der Nachbarin nicht weh tun wollte, weil sie ihn lieb hat.

Alles sieht anders aus, wenn man es lieb hat. Gott hat dich lieb. Er sieht, wie du es wirklich meinst.

Biblisches Wort

Der Mensch sieht, was vor Augen ist, Gott aber sieht das Herz an. (1. Sam. 16,7)

11. Juni

Mama steht in der Küche und spült Geschirr. Auf dem Herd stapeln sich noch die schmutzigen Töpfe vom Mittagessen. Lisa sitzt am Küchentisch und macht ihre Hausaufgaben.
„Ich kapier das nicht. Mama, hilfst du mir mal?"
„Gleich", sagt Mama und wischt sich die Hände trocken. Gerade will sie sich über Lisas Heft beugen, da stürzt Lisas kleiner Bruder Gerrit herein.
„Komm mal gucken, was ich für einen tollen Turm gebaut habe", ruft er.
„Gleich", sagt Mama.
Aber da klingelt das Telefon. Mama lässt es klingeln, denn gerade kommt Tanja heim, Lisas große Schwester.
„Hunger", verkündet sie und plumpst auf einen Küchenstuhl.
„In der Mikrowelle", sagt Mama, und das hört sich schon ein bisschen ungeduldig an. Trotzdem beklagt sich Tanja: „Gibt es keinen Nachtisch?"
„Doch", seufzt Mama, „ich mach nachher für euch drei eine Portion Eis zurecht."
„Ich will mein Eis aber gleich", mault Tanja.
„Jetzt reicht es aber", stöhnt Mama und ist schon kurz vor dem Ärgerlichwerden.
Aber plötzlich macht sie etwas ganz Merkwürdiges. Sie lässt ihren Abwaschschwamm ins Geschirrwasser platschen, setzt Kaffeewasser auf und holt sich die Zeitung von der Anrichte. Und dann verschwindet sie mit Kaffeetasse und Zeitung im Wohnzimmer.
Die Kinder schauen sich verdutzt an.
„Was ist denn jetzt los?" wundert sich Tanja.
Da kommt Mama noch einmal zurück in die Küche.
„Ich brauch' jetzt einfach mal eine Pause", erklärt sie den Kindern.
„Und wann hilfst du mir bei meinen Hausaufgaben?" will Lisa wissen.
„Und wann guckst du nach meinem Turm?" quengelt Geritt.
„Und wann bekommen wir unser Eis?" fragt Tanja.
Nun muss Mama doch lachen.
„Besser, ihr lasst mir eine Viertelstunde. Sonst raste ich noch aus. Aber dann bin ich für euch da. Versprochen!"
Und tatsächlich ist Mama nach ihrer Pause wirklich wieder ganz fröhlich und geduldig. Wenn ihr es nicht glaubt, fragt doch Lisa, Geritt und Tanja.

Jesus hat gewusst, dass jeder Mensch zwischendurch Zeit zum Ausruhen braucht, sonst ist er irgendwann so müde, dass er zu nichts mehr richtig Kraft hat. Gut, dass Gott den Sonntag gemacht hat. Da brauchst du nicht in die Schule oder in den Kindergarten. Und Mama und Papa brauchen nicht zur Arbeit. Gott schenkt freie Zeit zum Ausruhen.

Jesus sagt: Geht an eine einsame Stelle und ruht euch aus. (Mark. 6,31)

12. Juni

Gott macht uns selig durch das Bad der Wiedergeburt und Erneuerung. (Tit. 3,5)

Papa kommt verschwitzt und schmutzig aus dem Garten.

„Beeil dich", ruft Mama, „Gertenbachs kommen doch zum Abendessen."

Gleich tappt Papa hinauf ins Bad. Klaus hört von seinem Kinderzimmer aus, wie Papas Sachen auf die Fliesen klatschen, wie Wasser rauscht und dann Papas fröhliches Geplansche. Nach einer viertel Stunde ist er blitzsauber.

„Ah", seufzt Papa, „ich fühle mich wie neugeboren."

Mama hat inzwischen besonders festlich den Tisch gedeckt. Klaus will wissen, warum.

„Weil Gertenbachs viel Kummer haben. Da wollen wir es ihnen schön machen", erklärt Mama. Aber mehr sagt sie nicht, denn da klingelt es schon. Frau Gertenbach sieht wirklich traurig aus. Ihre Augen sind so verquollen, als hätte sie geweint. Und Herr Gertenbach schaut auf seine Schuhspitzen, als würde er sich schämen.

„Dass Sie uns einladen", wundert er sich, „nach dieser ganzen Geschichte..."

Nun ist Klaus natürlich neugierig, welche Geschichte Herr Gertenbach meint. Deshalb ist er während des Abendessens mucksmäuschenstill und hört aufmerksam zu, was die Erwachsenen erzählen. Aber er begreift nur, dass es um eine Menge Geld geht, um Betrug und sogar um eine Gerichtsverhandlung und dass Herr Gertenbach irgendwie darin verwickelt ist.

Frau Gertenbach schluchzt: „Nun ist unser Leben so beschmutzt, so dreckig... so ... ich wünschte, wir könnten noch einmal von vorne anfangen."

„Aber das können Sie", tröstet Mama und reicht Frau Gertenbach ein Taschentuch, „alles, was verkehrt und falsch im Leben gelaufen ist, können wir bei Gott ablegen wie ein schmutziges Kleidungsstück..."

„...und uns dann sauber waschen", fällt Klaus ihr ins Wort. Die Erwachsenen haben ihn fast vergessen. Aber jetzt schauen sie ihn verdutzt an. Schließlich lacht Papa.

„Stimmt, Klaus", nickt er, „Gott will uns alle Schuld abwaschen, genauso, wie ich vorhin allen Gartenschmutz weggeduscht habe. Natürlich müssen Gertenbachs die Strafe bezahlen, die das Gericht bestimmt", erklärt Papa, „aber sie können ins Reine mit Gott kommen und ein sauberes Gewissen bekommen wie neugeborene Babys."

Herr und Frau Gertenbach bekommen kugelrunde Augen vor Staunen. Und plötzlich überstürzen sich ihre Fragen.

Klaus liegt schon lange im Bett, da reden die Erwachsenen immer noch. Wahrscheinlich wird es noch sehr spät.

13. Juni

Fritzi Fuchs jammert und winselt und jault.
„Pst, leise“, ermahnt ihn seine Mutter, „sonst kommt der Bauer und fängt uns.“
„Aber was soll ich denn tun?“ winselt Fritzi Fuchs. Er sitzt fest.
Erst ist er zusammen mit seiner Mutter über das Feld geschlichen, durch den Bauernhofzaun geschlüpft und dann zum Hühnerstall gekrochen. Das kleine Hühnerstalltürchen war offen, drinnen im Stall gackerten die Hühner. Das gibt ein Festessen, hat Fritzi sich gefreut. Das Wasser lief ihm schon im Maul zusammen. Und eilig schob er seinen Kopf durch die Hühnerklappe. Aber owei, was ist das? Das Türchen ist so niedrig, eng, schmal. Egal, denkt Fritzi und schnappt nach dem erstbesten Hühnerbeinchen, das ihm in die Quere kommt. Doch dann passiert es: Plötzlich hängt er fest.
Die Hühnerstalltür ist so klein, weil dort eigentlich nur Hühner heraus- und hereinspazieren sollen. Für Füchse ist sie nicht gedacht. Ganz im Gegenteil. Der Bauer weiß genau, dass Füchse versuchen, sich seine Hühner zum Mittagessen zu holen. Und weil er das nicht will, hat er extra die Hühnerstalltür so winzig gebaut. Nun hängt Fritzi Fuchs darin fest. Sein Kopf steckt zwischen den Hühnern, sein buschiger Schwanz zappelt draußen. Seine Mutter zieht und zerrt daran, doch Fritzi rückt und rührt sich nicht von der Stelle. Die Hühner gackern schon wie wild. Gleich wird der Bauer über den Hof gestiefelt kommen. Und dann wird es Fritzi Fuchs schlecht ergehen. Er hat riesengroße Angst, und seine Mutter ist auch schon ganz verzweifelt.
„Mach dich so dünn wie du kannst“, ruft sie schließlich und zerrt noch ein bisschen fester an Fritzis Schwanz.
„Das mach ich ja schon“, ächzt Fritzi Fuchs.
„Dann spitz noch dein Schnäuzchen“, sagt die Mutter.
„Aber das geht nicht“, seufzt Fritzi Fuchs, „dann müsste ich ja das Hühnchen loslassen, das ich gerade gepackt habe.“
„Lass los“, schreit die Mutter, denn da kommt schon der Bauer.
Und da lässt Fritzi Fuchs eilig das Hühnchen los, denn es ist besser, frei zu sein, als ein Hühnchen zum Mittagessen zu haben und gefangen zu werden.

Impuls

Fritzi Fuchs war richtig gierig und wollte unbedingt das Hühnchen haben. Wie Fritzi geht es auch manchmal den Menschen. Wenn sie in ihrer Gier festhalten wollen, dann kann es schlimm ausgehen. Gott sorgt für uns, deshalb brauchen wir nicht gierig nach allem zu greifen, was uns Leben verspricht.

Biblisches Wort

Wo der Geist des Herrn ist, da ist Freiheit.
(2. Kor. 3,17)

14. Juni

Linda hatte einen kleinen Hamster. Er hieß Timo, hatte schwarze Knopfäuglein und süße kleine Pfötchen, mit denen er aus seinem Häuschen flitzte, wenn Linda den Käfig öffnete, um ihn zu füttern. Aber heute morgen kommt Timo nicht heraus. Erst rüttelt Linda ein bisschen an seinem Haus, dann hebt sie es schließlich hoch. Da entdeckt sie den Hamster leblos in seinem Nestchen. Er ist über Nacht gestorben.

„Hamster werden nicht alt", versucht Mama sie zu trösten. Aber Linda weint und trauert um ihren Timo. Sie lässt sich gar nicht beruhigen. „Was soll ich nur machen?" schluchzt sie.

Da nimmt Mama sie ihn ihre Arme, schaukelt sie ein bisschen, wischt ihr die Tränen vom Gesicht und schlägt schließlich vor: „Sei so lieb, Linda, und bring der alten Frau Rudolf ein Stück von dem Kuchen, den ich gerade gebacken habe."

Linda hätte noch viel lieber mit Mama gekuschelt und mit ihr über Timo geredet. Aber sie gehorcht.

Frau Rudolf ist schon „mindestens 200 Jahre" alt. Sie kann kaum noch gehen und fast nichts mehr sehen. Arme Frau Rudolf! Vielleicht kann Linda ihr ja ein bisschen vorlesen. Erst liest sie aus der Zeitung vor. Aber die ist schon von gestern.

„Holst du mir bitte eine neue am Kiosk?" bittet Frau Rudolf und drückt Linda ein blankes Geldstück in die Hand. Gleich rennt Linda los.

Die Frau vom Kiosk hustet und trägt einen dicken Schal um den Hals. „Komm mir bloß nicht zu nah, Kind", sagt sie, denn sie ist schrecklich erkältet und will Linda nicht anstecken. Arme Kioskfrau!

„Kann ich Ihnen helfen?" fragt Linda.

„Ach, ja, kannst du mir schnell aus der Apotheke ein paar Halspastillen holen?"

„Klar", sagt Linda und rennt schon wieder los.

Der Apotheker hat gerade ein Apothekerglas zerbrochen und sich an der Scherbe den Daumen geschnitten. Nun drückt er ein dickes Taschentuch auf die Wunde, weil er sich selber kein Pflaster darauf kleben kann. Linda tut es für ihn. Dann bringt sie der Kioskfrau ihre Hustenpastillen und danach der alten Frau Rudolf ihre Zeitung. Sie liest ihr sogar noch daraus vor. Und anschließend essen sie gemeinsam Mamas Kuchen. Als Linda am Abend heimkommt, merkt sie plötzlich, dass sie den Nachmittag über gar nicht mehr an ihren Hamster gedacht hat. Und irgendwie ist sie auch längst nicht mehr so traurig.

Impuls Sterben gehört in unsere Welt hinein. Deshalb müssen wir immer wieder einmal Abschied nehmen, von Tieren oder auch von Menschen. Du darfst traurig sein. Für den Hamster kannst du ein Grab anlegen, das du mit Blumen schmückst. Ewiges Leben kann Gott schenken. Deshalb ist es wichtig, das eigene Leben in seine Hand zu geben.

Biblisches Wort Gott sagt: Ich weiß, wie es dir geht, aber ich will heilen, leiten und dich trösten. Ich sorge dafür, dass dein Mund Frieden verkündet und dadurch auch andere Menschen getröstet werden. (Jes. 57,18)

15. Juni

Carina steht allein auf dem Schulhof. Wenn die anderen Kinder herumtoben, lehnt sie an der alten Kastanie, die in der Mitte des Schulhofes steht, und schaut zu. Anfangs haben die anderen gefragt, ob sie mitspielen will. Aber Carina hatte nur die Nase gerümpft und gemeint, sie würde bei so doofen Kinderspielen nicht mitmachen. Sie wäre viel zu groß dafür. Dabei ist sie nicht groß, sondern dick. Wahrscheinlich deshalb, weil sie immerzu isst. Tafelweise stopft sie Schokolade in sich hinein.

„Fresssack", schreit Nelli über den Schulhof. Aber Carina streckt ihr die Zunge heraus und hebt die Nase noch ein bisschen höher.

„Wer so fett ist wie du", stichelt Nelli, „kann sowieso nicht mitspielen."

Nellis Freundin Silke nickt. Dicht vor Carina pflanzen sie sich auf.

„Außer essen kannst du sowieso nichts", stänkert Nelli und rempelt ein bisschen an Carinas Schulter.

„Haut ab!" kreischt Carina.

Hastig stupst sie die Mädchen zur Seite und läuft davon. Nelli und Silke lachen hinter ihr her.

Und dann ist die Pause vorüber, und die Kinder müssen in die Klasse. In der nächsten Stunde haben sie Religionsunterricht bei Frau Wilke. Frau Wilke ist richtig nett. Jede Stunde erzählt sie von Gott.

„Gott hat jeden Menschen lieb", erklärt sie.

„Nur die doofe Carina nicht", flüstert Nelli und stupst Silke, die neben ihr sitzt, in die Seite.

Aber Frau Wilke fährt fort: „Für Gott ist jeder Mensch wichtig und wertvoll, auch der, den wir nicht leiden können, weil wir ihn dumm oder hässlich finden..."

„Carina ist hässlich", kichert Nelli. Aber Silke mag plötzlich nicht mehr mitlachen. Sicher, Carina ist ziemlich dick, und hochnäsig ist sie obendrein. Außerdem hat sie noch nie von ihrer Schokolade abgegeben. Aber wenn das stimmt, was Frau Wilke sagt, dann sieht Gott die Menschen ganz anders an. Seine Augen sehen, was wertvoll ist.

Impuls: Was Gott wohl bei Carina wertvoll findet? Und was entdeckt Gott bei Silke und Nelli? Ehrlich gesagt sind die beiden Freundinnen auch nicht besonders nett. Ob Gott sie trotzdem lieb hat?

Biblisches Wort: Du bist in meinen Augen wert geachtet. (Jes. 43,3)

16. Juni

Sascha drückt sich die Nase platt. Jeden Tag radelt er zu dem Fahrradladen an der Ecke. Im Laden steht das Rad seiner Träume, grün lakkiert und supermodern mit Ledersattel und Rennlenker und allem Drum und Dran. Sascha selber hat ein uraltes Fahrrad. Vor ihm hat es seinem großen Bruder gehört, und Sascha findet, so sieht es auch aus, nämlich verschrammt, vergammelt und ziemlich altmodisch. Keiner aus seiner Klasse fährt so ein Schrottding wie er. Wenn er wenigstens einen Rennradlenker bekommen würde. Aber Papa hat gesagt, er soll mal ruhig warten. Wenn er ein bisschen gewachsen ist, bekommt er ein neues, großes Rad. Aber wachsen dauert furchtbar lange, und Sascha hat einfach keine Geduld mehr.

Wenn Papa am Nachmittag von der Arbeit kommt, hängt Sascha sofort an ihm.

„Wenigstens einen Rennradlenker", bettelt er. Aber Papa brummt nur, schnappt sich die Zeitung und verschwindet in seinem Lieblingssessel. Enttäuscht verzieht Sascha sich in die Garage. Vielleicht kann er noch ein bisschen was aus seinem Rad machen, wenn er es ordentlich auf Hochglanz poliert. Er schiebt es raus auf den Autostellplatz und holt sich einen alten Lappen. Dann ölt er erst einmal die alte Kette. Ganz versunken ist er in seine Arbeit. Er merkt gar nicht, dass Papa rausgekommen ist. Papa steht schon eine ganze Weile hinter ihm.

„Du gibst dir ja wirklich große Mühe", lobt Papa, „aber jetzt leg mal dein Putzzeug weg und komm mit."

Erstaunt hängt Sascha den verschmierten Öllappen über die Fahrradstange. Papa nimmt ihn an die Hand. Wo will er bloß mit ihm hin? Erst spazieren sie die Straße hinunter, dann biegt Papa um die Ecke, und plötzlich stehen sie vor Saschas Lieblingsgeschäft: dem Fahrradladen. Sascha will Papa gleich die schönsten Sachen im Schaufenster zeigen. Aber Papa führt ihn in den Laden. Er steuert genau auf das supermoderne, grünlackierte Fahrrad zu.

„Setz dich mal drauf", fordert er Sascha auf und hilft ihm auf den Sattel.

„Den Sattel kann ich noch ein bisschen niedriger stellen. Gefällt es dir?"

Sascha nickt stumm. Ihm ist ganz heiß geworden, er fühlt sich, als würde er träumen. Papa kauft ihm tatsächlich das tolle grüne Rad. Warum macht er das bloß? Sascha hat doch nicht Geburtstag, und Weihnachten ist es noch lange nicht.

Aber Papa schmunzelt nur und sagt: „Weil ich dich doll lieb habe."

Impuls

Gott ist wie der Vater in der Geschichte. Er möchte uns Freude machen. Wenn du mit ihm lebst, kannst du jeden Tag entdekken, was er dir schenken möchte.

Biblisches Wort

Gott ist nicht gegen uns, sondern für uns. Er hat uns seinen Sohn geschickt. Sollte er uns mit ihm nicht auch alles andere schenken?
(Röm. 8, 31)

Aktion

Lade ein paar Freunde ein und macht zusammen eine tolle Fahrradtour!

17. Juni

Patrick rutscht ungeduldig auf seinem Stuhl herum. Er möchte am liebsten sofort raus zum Fahrradfahren. Aber er muss warten, bis Papa nach dem Frühstück gebetet hat. „Lieber Gott“, sagt Papa, „danke, dass du für uns sorgst, danke für deine Gnade.“ Das mit dem Sorgen versteht Patrick gut, nur das mit der Gnade nicht. Aber zum Fragen hat er jetzt keine Zeit, denn als Papa „Amen“ sagt, stürzt er gleich raus.
„Dass du nur nicht auf dem Parkplatz zwischen den Autos fährst“, ruft Papa ihm nach.
Patrick weiß genau, dass Papa sein Fahrrad für mindestens zwei Wochen in der Garage einschließen wird, wenn er ihm nicht gehorcht. Und wenn Papa etwas sagt, dann tut er es auch.
Auf der Straße radelt Patricks Freund Carsten herum.
„Du, Patrick“, ruft er, „am Samstag will mein Onkel eine Fahrradrallye organisieren, mitten durch den Wald, und er hat gesagt, dass alle meine Freunde mitmachen dürfen. Du kommst doch mit, oder?“
Klar kommt Patrick mit. Mama und Papa haben bestimmt nichts dagegen.
„Aber wir müssen wie wild üben“, erklärt Carsten, „denn wer als erster die Strecke mit allen Hindernissen schafft, der bekommt einen Preis.“
„Den holen wir uns natürlich“, prahlt Patrick. Aber wo sollen sie üben?
„Los, rüber auf den Parkplatz“, schlägt Carsten vor, „da ist es so eng wie im Wald.“
Patrick überlegt nicht lange, sondern saust gleich hinter seinem Freund her. Auwei, hätte er doch lieber nachgedacht. Denn kaum erreichen die beiden Jungen die ersten Autos, da steht Papa plötzlich vor ihnen. Wortlos nimmt er Patricks Rad und schiebt es in die Garage.
„Papa, das kannst du doch nicht machen“, jammert Patrick.
„Doch, ich kann“, sagt Papa ruhig, „und das hast du auch gewusst.“
„Aber was wird nun aus der Fahrradrallye?“
„Nichts“, sagt Papa, „oder glaubst du, ich nehme zurück, was ich gesagt habe?“
Patrick schüttelt bekümmert den Kopf. Papa ist nur fair. Trotzdem, in zwei Tagen ist die Fahrradrallye, Patrick wird nicht dabeisein. Das wird zwei sehr traurige Tage geben.
Aber am Samstag morgen, gleich nach dem Frühstück, ruft Papa Patrick zu sich.
„Ich will dir jetzt dein Rad zurückgeben“, sagt er. Einen Moment ist Patrick sprachlos. Aber dann fragt er erstaunt: „Warum, Papa?“
„Weißt du, Patrick, es gibt Zeiten, in denen man strafen muss, und es gibt Zeiten der Gnade. Gott selber sorgt für uns und beschenkt uns mit allem, was wir brauchen, nicht weil wir es verdient haben, sondern weil er uns lieb hat. Und dasselbe möchte ich nun auch für dich tun.“

Biblisches Wort

Alle sind schuldig geworden und haben den Anteil an Gottes Herrlichkeit verloren. Ganz unverdient aus reiner Gnade lässt Gott sie als gerecht bestehen. (Röm. 3,23.24)

18. Juni

Impuls

Gott hat sich diese Welt bunt und fröhlich gedacht. Doch dann kamen böse Gedanken und Taten in die Welt. Und die machen die Welt schwarz und traurig. Gott aber hat schon einen Plan, wie die Welt wieder schön werden kann.

Biblisches Wort

Die ganze Welt ist vor Gott schuldig geworden.
(Röm. 3,19)

Aktion

Male ein Wachsmalbild. Dann male mit einem schwerzen Wachsmalstift darüber. Wenn du nun einen kleinen Spachtel nimmst und die schwarze Wachsschicht vorsichtig abkratzt, kommt dein schönes Bild wieder zum Vorschein.

Ein Maler hat sich ein schönes Bild ausgedacht. Nun will er es aufmalen. Schon legt er Zeichenblock und Wachsmalstifte zurecht.

„Ih, wie langweilig", sagen die Wachsmalstifte, als sie das leere weiße Papier sehen. Sie sind aus ihrer Schachtel herausgepurzelt und mitten auf dem Zeichenblock gelandet. Und weil sie so fröhlich sind und alles gern haben, was bunt und fröhlich ist wie sie selber, deshalb tanzen sie gleich über das leere Papier. Der grüne Stift malt eine Wiese, und der rote und der gelbe tupfen lustige Blumenpunkte darauf. Das Blau setzt Wölkchen an den oberen Rand, und dann huschen alle anderen Stifte hinterher, braun und lila und pink und mint. Das Ziegelrot bemalt Hausdächer, die hinter dem dunklen Tannengrün hervorlugen. Das Mäuschengrau gibt sich für Straßenpflaster und Bürgersteige her. Und das Orange färbt ein bisschen das Himmelblau und zaubert einen wunderschönen Sonnenuntergang. Die Stifte flitzen nur so über das Papier, und bald ist eine hübsche bunte Welt entstanden. Vögel fliegen am Himmel, und Hasen, Igel und Füchse huschen durch den Wald, auf einer Wiese grasen die Kühe, und Kinder spielen am Bach.

Aber dann geschieht etwas Schlimmes. Plötzlich kullert der schwarze Stift aus der Stifteschachtel.

„Hässlich, hässlich", knurrt er und fährt ritsch ratsch über das bunte Wachsmalbild. Ein schwarzer Strich kreuz und ein schwarzer Strich quer. Und das gefällt dem schwarzen Stift so gut, dass er immer schneller über die bunte Landschaft flitzt. Erst malt er dunkle Gewitterwolken an den Himmel. Dann schwärzt er die Hauswände, die Bäume, sogar die Blumen. Der Bach bekommt plötzlich eine tintenschwarze Brühe und noch immer gibt der schwarze Stift keine Ruhe. Er malt und malt und schließlich gibt es kein buntes Fleckchen mehr auf dem Bild. Alles ist kohlrabenschwarz.

„Was hast du mit dem schönen Bild gemacht?" rufen da die anderen Buntstifte entsetzt. Aber der schwarze Stift grinst nur gemein. Da kommt der Maler. Traurig besieht er sich das Bild. So hat er sich das nicht gedacht, als er das schöne weiße Papier ausgebreitet und seine bunten Wachsmalstifte bereitgelegt hat.

Doch weil er der Maler ist, weiß er, was er zu tun hat.

19. Juni

Anni und Thomas spielen im Garten. Der Vater gräbt die Beete um. Plötzlich schreit Anni „aua", und Thomas kreischt. Als Vater sich umwendet, sieht er, wie Anni tritt und Thomas kneift. Der Vater entschließt sich, einzugreifen. Rasch zerrt er die Kampfhähne auseinander.
„Anni hat angefangen", beklagt sich Thomas.
„Thomas hat meine Sandburg kaputtgemacht", verteidigt sich Anni.
Vater seufzt. „Wollt ihr nicht aufhören zu streiten und mir ein bisschen helfen?"
Er zieht mit einem Stock eine gerade Reihe durch das Beet und daneben noch eine und dann noch eine. In die Rillen streut er vorsichtig Samen, dann schüttet er Erde drüber.
Nun ist Thomas neugierig geworden. Er will wissen, was der Vater in ein paar Wochen ernten wird.
„Och", der Vater kratzt sich am Kopf, „ich glaube, hier werden Autos wachsen und dort..." er zeigt eine Reihe weiter, „dort werden wir vielleicht Buntstifte ernten."
Anni lacht. Beinahe hat sie den Streit mit Thomas vergessen. Was Papa sagt, ist aber auch zu ulkig. Autos und Buntstifte wachsen nicht aus der Erde heraus. Das weiß doch jedes Kind. Anni weiß auch, dass sie nur auf dem Samentütchen nachlesen muss. Vater hat die Tütchen achtlos auf dem Boden liegenlassen. Anni hebt eines auf und buchstabiert: ‚Radieschen'.
„Also", triumphiert Anni, „hier werden Radieschen wachsen."
Der Vater überlegt: „Dann werde ich also nur ernten, was ich auch gesät habe?"
„Aber Papa, das ist doch klar", lacht nun auch Thomas.
„Aha", staunt der Vater und kratzt sich schon wieder am Kopf.

Impuls

Stell dir mal vor, Streit und Ärger wären wie Samen in Vaters Garten. Wenn wir diesen Samen aussäen, was wird dann wohl wachsen? Was kommt heraus, wenn wir uns streiten und ärgern? Schöner wäre es bestimmt, Freundschaft und Frieden zu ernten. Was können wir dann säen?

Biblisches Wort

Was der Mensch sät, das wird er ernten. (Gal. 6,7)

Aktion

Leg feuchte Watte in eine halbe Eierschale. Auf die Watte streust du Kressesamen. Warte ein paar Tage. Mal sehen, was daraus wird!

20. Juni

Martin malt den Himmel, Wolken, Engel und einen großen Palast. Eigentlich gehört noch Gott auf das Bild. Aber Martin weiß nicht, wie Gott aussieht. Er läuft ins Wohnzimmer. Da sitzt Mama am Kaffeetisch. Sie hat Besuch von einer Freundin, die Martin nicht kennt. Die beiden Frauen reden von früher. Früher ist die Zeit, in der es Martin noch nicht gab.

„Mama", fragt Martin, „weißt du, wie Gott aussieht?"

„Später, Martin", sagt Mama, „nimm dir ein Stück Kuchen und geh wieder malen." Aber Martin will keinen Kuchen. Er will wissen, wie Gott aussieht. Deshalb bleibt er einfach stehen. Mama verdreht die Augen.

„Also, das ist Martin", sagt sie zu der fremden Frau.

„Na sowas", ruft die, „du siehst genauso aus wie dein Vater."

Martin weiß nicht genau, wie sein Vater aussieht. Er und Mama leben nämlich allein. Martin kennt seinen Vater nur von Fotografien.

„Ich bin Frau Lange", sagt die fremde Frau und reicht Martin die Hand. Alle drei essen zusammen Kuchen. Dann darf Martin sein Bild zeigen.

„Das ist der Himmel", erklärt er. „Es fehlt nur noch Gott. Aber ich kann ihn nicht malen, weil ich nicht weiß, wie er aussieht."

„Keiner weiß, wie Gott aussieht", meint Mama, die schon wieder ein bisschen ungeduldig wird. Aber Frau Lange sagt: „Gott hat einen Sohn. Der heißt Jesus. Und der ist seinem Vater ähnlich. Genauso, wie du deinem."

Martin denkt wieder an die Bilder aus dem Fotoalbum.

„Ich habe aber keinen Bart und bin nicht so groß wie Papa und..."

„Aber du sprichst wie dein Vater und du legst den Kopf nach hinten wie er."

Martin betrachtet sein Himmelbild. Wenn das so ist, dann müsste er also Gott malen wie Jesus? Frau Lange und Mama nicken.

„Und wie sieht Jesus aus?"

„Keine Ahnung", gibt Frau Lange zu, „in der Zeit, als Jesus lebte, gab es keine Fotoapparate, und deshalb gibt es auch keine Bilder von ihm. Aber wir können erfahren, wie Jesus war, ich meine, wie und was er sagte und was er tat."

„Und wie krieg ich das raus?" platzt Martin dazwischen.

„Es gibt ein ganzes Buch über ihn", lacht Mamas Besuch.

Weißt du, welches Buch Frau Lange meint? Stimmt, sie meint die Bibel. In ihr stehen viele Geschichten über Jesus. Und wenn wir erkennen, wie Jesus ist, dann wissen wir auch eine ganze Menge über Gott.

Wer mich sieht, der sieht den Vater. (Joh. 12,45)

Male ein Bild: Wie stelle ich mir den Himmel vor?

21. Juni

Anna sucht Gott. Sie sucht unter ihrem Bett und in ihrem Kleiderschrank. Aber dort ist er nicht. Sie schaut in ihre Spielzeugkiste und hinter das Bücherregal. Aber auch dort findet sie ihn nicht. Gott hat sich gut versteckt, denkt Anna, und gibt sich noch ein bisschen mehr Mühe. Sie läuft durch das ganze Haus und blickt in jeden Winkel. Aber Gott ist nicht da.

Vielleicht steckt er in der Garage oder im Garten, überlegt Anna. Rasch zieht sie sich Schuhe und Jacke an und läuft vor die Tür. Sie läuft über die Wiese, wo Schneeglöckchen und Krokusse aus der Erde blinzeln. Sie sucht zwischen den Forsythiensträuchern und hinter dem Haselnussbusch, öffnet die Garagentür und sogar die Müllcontainer. Aber Anna kann Gott nicht entdecken.
„Hallo, Anna", ruft Herr Seifert von gegenüber. Er winkt Anna zu sich und schenkt ihr einen Apfel.
„Weißt du, wo Gott ist?" fragt Anna.
„Na, in der Kirche", lacht der Nachbar.
Da läuft Anna schnell aus dem Garten, rennt die Straße entlang, biegt um eine Ecke und überquert eine Fußgängerampel. Dann steht sie vor der Kirche. Die Tür ist groß und schwer, aber nicht abgeschlossen. Anna schlüpft durch den Türspalt. Drinnen ist es dämmrig und kühl. Langsam geht Anna an den Stuhlreihen vorüber. Eine fremde Frau sitzt dort ganz allein – aber Gott ist nicht da, in keiner Nische, nicht bei der Orgel und auch nicht vorn beim Altar. Enttäuscht schleicht Anna wieder hinaus.
Mit gesenktem Kopf trottet sie zurück zum Fußgängerüberweg. Aber sie achtet nicht auf das rote Männchen an der Ampel. Anna läuft einfach auf die Fahrbahn. Da dröhnt eine Hupe, eine Frau schreit, und Reifen quietschen. Anna weiß gar nicht, was passiert ist. Aber plötzlich liegt sie auf dem Asphalt und genau vor ihrer Nase steht ein Auto. Die fremde Frau aus der Kirche kniet neben ihr.
„Alles in Ordnung, Mädchen?" fragt sie und hilft Anna auf die Beine. Anna nickt benommen.
„Gott hat dich begleitet. Er hat auf dich aufgepasst", sagt die fremde Frau.
Anna überlegt. Dann war Gott also bei ihr? Vielleicht sogar die ganze Zeit?
Und sie hat so nach ihm gesucht!

Impuls

Manche Menschen denken, Gott wohnt in der Kirche. Andere glauben, er lebt in der Natur, in Bäumen, Blumen und dem Sonnenschein. Doch Gott ist da, wo wir ihn suchen. Er ist bei uns jeden Tag, auch wenn wir ihn nicht sehen. Wir können Gott erleben, zum Beispiel, wenn er uns vor Gefahren beschützt, so, wie er es bei Anna getan hat. Wie lässt Gott sich wohl noch erfahren?

Biblisches Wort

Die mich suchen, finden mich. (Spr. 8,17)

22. Juni

Gott, du weißt, wie unverständig ich war; meine Schuld ist dir nicht verborgen.
(Ps. 69,6)

„Du hast dir wieder nicht die Zähne geputzt", sagt Mama. Maren wundert sich, woher Mama das weiß.

Aber da zwinkert Mama mit den Augen und lacht: „Eine Mama weiß alles."

„Aber woher, Mama?"

„Deine Haare wachsen schneller, wenn du etwas vor mir verheimlichen willst. Genauso wie bei Pinoccio. Bei ihm war es die Nase und bei dir eben die Haare. So, aber jetzt ab ins Bad zum Zähneputzen!"

Nachdenklich trottet Maren ins Bad, und nachdenklich betrachtet sie sich im Spiegel über dem Waschbecken. Dunkle Locken fallen ihr auf die Schultern, und tatsächlich scheint es ihr so, als wären sie länger geworden.

„Ich müsste sie ein Stückchen abschneiden", überlegt Maren, „wenn meine Haare kürzer sind, dann merkt Mama nicht, dass ich keine Zähne putze."

Maren braucht nicht lange zu suchen. In Papas Schrankfach findet sie seine Bartschere. Schnipp schnapp fährt sie damit durch ihre Locken, und eine nach der anderen landet im Waschbecken. Schnell durch den Abfluss gespült, damit Mama nichts merkt. Aber dann guckt Maren sich noch einmal im Spiegel an. Nun bekommt sie doch einen Schreck. Sie sieht plötzlich ganz verändert aus. Wie soll sie das nur vor Mama verheimlichen? Heute abend kann sie sich ganz tief unter ihrer Decke verkriechen. Aber was soll sie morgen früh machen?

Maren schläft in dieser Nacht sehr unruhig. Ganz unglücklich wacht sie am nächsten Morgen auf. Sie zieht sich an, putzt sich sogar die Zähne und will sich kämmen.

„Soll ich dir helfen?" ruft Mama aus der Küche.

„Nein danke, bin schon fertig", antwortet Maren. Sie hat sich einfach ihren Strohhut auf den Kopf gesetzt und ihre Haare darunter gestopft. So wird Mama bestimmt nicht merken, was Maren angestellt hat. Aber Mama wundert sich, als Maren mit Hut zum Frühstück kommt.

„Die Sonne scheint draußen schon richtig warm", bemerkt sie, „aber hier im Haus brauchst du keinen Sonnenhut."

„Ich hab' ihn schon mal aufgesetzt, weil ich sowieso gleich raus gehe", versucht Maren sich herauszureden.

Aber Mama schüttelt den Kopf.

„Maren, Maren", sagt sie, „willst du mir etwas verheimlichen?"

Woher Mama das nun wieder weiß!

23. Juni

Marcel findet Spazierengehen langweilig. Damit es doch ein bisschen Spaß macht, denkt er sich immer Spiele aus. Heute zum Beispiel ist er ein Räuber, der Leute wie Mama und Papa überfällt. Marcel kriecht hinter ein paar Büsche und lauert seinen Opfern auf. Gemütlich schlendern Papa und Mama näher. Fast haben sie Marcels Versteck erreicht.

„Wo Marcel bloß steckt?" fragt Mama ahnungslos. Da stürzt Marcel, der wilde Räuber, zwischen den Büschen hervor und baut sich breitbeinig vor ihnen auf.

„Geld oder Leben", schreit er, und das hört sich so echt an, dass Mama erschrocken „huch" ruft. Sie kichert zwar auch ein bisschen, aber darauf achtet der wilde Räuber nicht. Er will nur den reichen Mann ausrauben. Der reiche Papa-Mann zieht auch gleich seine Hosentaschen heraus. Aber da ist keine Mark drin, nicht mal ein winzigkleiner Groschen.

„Dann eben das Leben", brüllt Marcel, der Räuber. Schon will er sich auf Papa stürzen. Doch Mama stellt sich dazwischen.

„Bitte, bitte nicht", jammert sie, „dann töte lieber mich!"

„Na gut", knurrt grimmig der Räuber, „du hast es nicht anders gewollt." Dann schießt er tatsächlich mit seinem Stockgewehr, und Mama sinkt getroffen in Papas ausgebreitete Arme. Da hängt sie nun ganz schlaff, ihre Augen sind fest verschlossen. Erschrocken greift Marcel Mamas Hand und schüttelt sie wie wild.

„Mama, das war doch nur Spaß", flüstert er. Da klappt Mama ihre Augen auf.

„Na, da bin ich aber froh", lacht sie. Aber Marcel bleibt nachdenklich.

„Mama, wenn nun wirklich jemand Papa etwas tun will?" fragt er. „Würdest du dich dann auch davorstellen?"

Mama zuckt mit den Schultern. „Ich weiß nicht, bestimmt hätte ich viel zu viel Angst", gibt sie zu, „aber wahrscheinlich geht das jedem so."

„Nicht jedem", schaltet sich nun Papa ein, „Jesus hat keine Angst. Gott wollte die Menschen bestrafen, weil sie sich gegen ihn auflehnen. Da hat Jesus sich davorgestellt und sich anstelle der Menschen töten lassen."

„Wow", ruft Marcel, „warum hat er das denn getan?"

„Weil er die Menschen lieb hat, so lieb, dass er für sie sogar sein Leben gab", sagt Papa. Und dann schmunzelt er und zieht aus seiner Jackentasche sein Portemonnaie.

„Und ich gebe jetzt ein paar Mark und spendiere euch ein Eis, einverstanden?"

„Auch, weil du uns lieb hast?" witzelt Mama.

„Na, klar", sagt Papa. Das glaubt Marcel ihm aufs Wort.

Biblisches Wort

Jesus sagt: Dies möchte ich von euch, dass ihr euch lieb habt wie ich euch. Niemand liebt mehr, als wenn er sein Leben für seine Freunde opfert. (Joh. 15,12.13)

24. Juni

Sören schleppt die Schaufel, Paul trägt den Plan in seiner Hosentasche. Er hat ihn sorgsam vor Gerd versteckt. Gerd ist Pauls großer Bruder. Paul versteht sich nicht besonders gut mit ihm, denn Gerd ist immer so unheimlich vernünftig. Deshalb ärgert Paul ihn oft und spielt ihm freche Streiche. Gerd hätte den Plan bestimmt für schlecht gehalten. Vielleicht hätte er sogar versucht, die beiden Freunde davon abzubringen, oder sogar, ihnen den Plan wegzunehmen. Aber ohne Plan keine Höhle.

Am Bahndamm unter den Holunderbüschen wollen Sören und Paul ein tiefes Loch graben. Obendrüber kommen Äste und Blätter. Nur ein kleiner Ausschnitt soll offen bleiben zum Rein- und Rauskriechen. Sie haben das wirklich prima geplant, denken sie jedenfalls. Paul hat schon ein Loch ausgehoben, das ihm bis zum Bauch reicht. Da rattert plötzlich ein Zug vorüber. Die Büsche zittern, und Erde kollert zurück in die Grube.

„Macht nichts", meint Sören, „jetzt bin ich dran."

Er springt in die Grube und nimmt Paul die Schaufel ab. Der sucht unterdessen schon mal Zweige. Er merkt gar nicht, wie er sich immer weiter von der Höhle und von Sören entfernt. Er merkt nur, wie die Züge vorüberrauschen. Der Boden bebt richtig ein bisschen.

Und da hört Paul plötzlich den Schrei. Erschrocken lässt er seine Äste fallen und rennt zurück zur Höhle. Aber die ist nicht mehr da. Und Sören auch nicht. Aber irgendwo aus dem Boden dringt Ächzen und Stöhnen wie aus einer Geisterbahn. Paul scharrt mit den Hände in der Erde, denn die Schaufel ist auch verschwunden. Aber er kommt nicht weit, und das Stöhnen wird schon leiser. Paul muss Hilfe holen. Aber wen? Mama wird schimpfen, und Papa ist noch in der Arbeit. Tante Gitti will sich sicher nicht schmutzig machen, Pauls kleine Schwester Susi ist noch zu klein und Oma schon zu alt. Ob vielleicht Gerd hilft? Obwohl Paul so oft böse zu ihm war?

Unter der Erde, da, wo vorhin noch eine Grube war, wird es immer stiller. Entschlossen rennt Paul heim, stürzt ins Haus, die Treppe hinauf, reist die Tür zu Gerds Zimmer auf.

„Sören ist verschüttet. Bitte, Gerd, hilf mir!" fleht er.

Sofort lässt Gerd alles stehen und liegen. Am Bahndamm wühlt er wie wild in der Erde. Der Schmutz ist ihm egal und auch, dass Paul oft gemein zu ihm war. Und stark ist er. Ruckzuck hat er Sören aus der Grube befreit. Gott sei Dank!

Die Geschichte hätte auch anders ausgehen können. Stell dir mal vor: Paul rennt also nach Hause, die Treppe rauf und rein in Gerds Zimmer. „Sören ist verschüttet! Bitte, Gerd, hilf mir!" Aber Gerd antwortet nur: „Na und? Warum sollte ich dir helfen? Du bist oft so gemein zu mir. Außerdem seid ihr selber schuld. Ich habe jetzt anderes zu tun. Helfen ist mir auch zu anstrengend, und ich mache mich nur schmutzig dabei." Gut, dass er das nicht gesagt hat. Und gut, dass Gott das nicht sagt, wenn Menschen seine Hilfe brauchen. Er hat seinen Sohn Jesus geschickt, weil er die Menschen lieb hat.

Denn Gott hat seinen Sohn in die Welt gesandt, nicht dass er die Welt richte, sondern dass die Welt durch ihn gerettet werde. (Joh. 3,17)

25. Juni

In einem Obstgarten stand zwischen Pflaumen- und Birnbäumen ein Apfelbaum. Als der Frühling kam, begannen alle Bäume zu blühen. Rosa und weiß leuchtete es im Obstgarten. Die Bienen flogen herbei und schwirrten in den Ästen. Die Sonne lachte, und der Gärtner freute sich.

Nur der Apfelbaum wollte nicht blühen.

„Die Blütezeit ist kurz“, dachte er, „was habe ich von ihrer Schönheit? Wenn ich blühe, werde ich im Herbst voller Äpfel hängen. Meine armen Äste werden so schwer sein, dass ich sie bis zur Erde herunterneigen muss. Vielleicht werden sie sogar abbrechen? Das kann ich auf keinen Fall zulassen. Am besten, ich fange erst gar nicht an zu blühen.“

Der Apfelbaum, glücklich über seinen Entschluss, reckte sich fröhlich in den Himmel. Der Wind spielte in seinen Blättern, und die Vögel zwitscherten lustig in seinem Geäst. So verging Frühling und Sommer. Der Herbst kam. Der Birnbaum hing voll leuchtender Birnen. Der Pflaumenbaum schüttelte stolz seine blauen Früchte. Nur der Apfelbaum stand kahl im Garten. Seine Blätter holte schon der Herbststurm. Kläglich sah er nun aus, und er schämte sich.

„Vielleicht“, überlegte er, „wenn ich mich fest anstrenge, bringe ich noch ein paar Äpfelchen hervor.“

Aber es war zu spät. Nichts als ein paar verschrumpelte grüne Kügelchen baumelten an seinen Ästen. Der Gärtner ging durch den Garten. Er freute sich an der reichen Birnen- und Pflaumenernte. Nur vor dem Apfelbaum blieb er traurig stehen.

„Du fauler Baum“, tadelte er ihn, „ein Apfelbaum soll Äpfel tragen und keine schlechten Früchte.“

Nun schämte sich der Apfelbaum noch mehr.

Aber der Gärtner versprach: „Ich will es noch einmal mit dir versuchen. Ich helfe dir. Ich werde dich düngen, das faule Holz aus deiner Krone schneiden und deine Äste stützen.“

Dann zog der Winter in den Obstgarten. Er deckte alle Bäume mit einer weißen Decke zu. Doch endlich kehrte der Frühling zurück. Ob da der Apfelbaum wohl blühte?

Impuls

Nicht immer ist das, was man im ersten Augenblick für besser hält, eine wirklich gute Idee.

Biblisches Wort

Jeder gute Baum bringt gute Früchte, aber jeder faule Baum bringt schlechte Früchte. (Matth. 7,17)

Aktion

Suche dir in der Nähe einen Garten und schaue nach, ob schon Fruchtansätze zu erkennen sind. Erkennst du, um welche Früchte es sich handelt?

26. Juni

Weißt du, was ein Rettungsring ist? Das ist ein Gummiring mit Luft darin. Meistens hängt er an der Reling eines Schiffes. Wenn sich ein Passagier zu weit aus dem Schiff herausbeugt, kann er ins Meer fallen. Und wenn er nicht schwimmen kann, dann wird es schlimm für ihn enden. Es gibt nichts, wonach er greifen kann, denn Wasser ist nicht fest und rinnt durch die Finger. Der arme Passagier zappelt und strampelt, aber es hilft ihm nichts. Er schluckt Wasser und bekommt keine Luft, und die ganze Geschichte geht schlimm aus, wenn nicht, Gott sei Dank, gerade in diesem Moment ein Matrose auftaucht.
Es ist Paul. Er schlendert gemütlich übers Deck und genießt die Sonne, weil er gerade nichts anderes zu tun hat. Doch plötzlich entdeckt er mitten im Meer zwei Hände, die sich ihm entgegenstrecken.
„Mann über Bord", ruft Paul. Er ist aufgeregt, denn er erkennt, dass sofort etwas unternommen werden muss, damit der Mann im Meer nicht ertrinkt. Der Passagier kann gerade noch den Kopf über Wasser halten.
„Helfen Sie mir, was soll ich tun?" schreit er zu dem Matrosen hinauf.
„Schwimmen", brüllt Paul und zeigt dem Ertrinkenden die Schwimmbewegungen. Doch der Mann rudert nur unbeholfen mit den Armen. Schon schlägt die nächste Welle über ihn hinweg. Er kann sich nicht allein helfen.
Da schleudert Paul den rot-weißen Rettungsring ins Meer.
Doch der Mann im Meer zögert. Was kann so ein Ring schon nützen?
„Fassen Sie den Ring, der kann Sie retten", beschwört Paul den Ertrinkenden.
Ob der Mann im Meer das glaubt? Ob er sich retten lässt?

Impuls

Manche Menschen haben viele Sorgen. Sie versuchen, allein damit fertig zu werden. Aber die Schwierigkeiten sind zu groß. Sie schlagen über ihnen zusammen wie Wellen über dem ertrinkenden Mann. Geht es dir auch gerade so? Vielleicht ist dir etwas Schlimmes passiert. Vielleicht hast du dir wehgetan oder du fühlst dich allein. Vielleicht gab es Streit oder du hast etwas Verbotenes angestellt. Dann möchte Jesus für dich da sein. Ihm kannst du alles sagen. Er hört dir zu und versteht dich. Daran kannst du dich festhalten wie an einem Rettungsring.

Biblisches Wort

Was muss ich tun, damit ich gerettet werde? Glaube an den Herrn Jesus, so wirst du und dein Haus gerettet. (Apg. 16,30)

27. Juni

Owei, das wird Ärger geben! Lars und Nils wollten nur ein bisschen Fahrrad fahren. Erst auf dem Spielplatz, aber das war doof, weil dort die anderen Kinder Fußball gespielt haben. Dann auf der Straße, aber das hatte Mama verboten, weil dort so viel Verkehr ist. Deshalb sind die zwei Freunde auf dem großen Parkplatz hinter den Reihenhäusern herumgekurvt. Erst ganz vorsichtig, weil da so viele Autos stehen, dann aber immer schneller. Und dann nimmt Lars eine Kurve zu eng, und plötzlich ratscht sein Lenker an eine Autotür. Er kann nicht schnell genug bremsen, das Rad schlingert und der dumme Lenker zieht eine tiefe Schramme über den Lack. Und das schlimmste: Das Auto gehört Nils Vater. Der schimpft nicht viel, aber er bestraft hart. Und wenn er den Schaden bemerkt, wird er bestimmt nicht erlauben, dass Lars und Nils weiter miteinander spielen. Dabei sind sie doch so dicke Freunde.

Owei, da kommt er schon. Noch lächelt er den Jungen zu, aber gleich wird er wütend werden, gleich, wenn er die schlimme Schramme entdeckt. Lars und Nils rücken dicht aneinander. Der Vater aber lächelt immer noch.

„Was ist denn hier passiert?" fragt er und ist ganz ruhig dabei. Lars schämt sich. Am liebsten möchte er im Boden versinken. Aber plötzlich tritt Nils vor ihn.

„Entschuldige, Papa", sagt er, „das ist uns beim Fahrradfahren passiert."

„Was heißt hier uns?" fragt der Vater und klingt immer noch nicht wütend.

Jetzt, denkt Lars, jetzt müsste ich sagen, dass ich es war.

Aber schon antwortet wieder Nils. Lars kriegt kaum mit, was er und sein Vater miteinander reden, so aufgeregt ist er. Dauernd wartet er auf das Donnerwetter. Aber, komisch, das Donnerwetter kommt nicht. Ganz im Gegenteil. Plötzlich streicht der Vater seinem Jungen über den Kopf.

„Schön, wie du dich für deinen Freund einsetzt", lobt er, „du musst ihn wirklich sehr gern haben, wenn du das für ihn tust." Dann steigt Vater ins Auto und braust davon. Lars schaut ihm verdutzt hinterher.

„Was tust du denn für mich?" fragt er den Freund.

„Den Schaden abarbeiten", seufzt Nils, „Zaun streichen, Auto waschen und so....."

„Ich helfe dir", verspricht Lars, denn Nils ist wirklich sein bester Freund.

Wie Nils für seinen Freund Lars beim Vater eingetreten ist, genauso will Jesus bei Gott für uns eintreten, wenn wir Schaden angerichtet haben. Der schlimmste Schaden ist, dass Menschen nichts mit Gott zu tun haben wollen. Das ist noch schlimmer als eine Schramme am Auto. Aber Jesus sorgt dafür, dass Gott nicht böse mit uns ist. Jesus trägt die Strafe. Denn er will unser bester Freund sein.

Wenn jemand sündigt, so haben wir einen Fürsprecher bei dem Vater, Jesus Christus, der gerecht ist. (1. Joh. 2,1)

28. Juni

„Wenn du magst", sagt Papa, „nehme ich dich mit in die Stadt. Wir fahren gleich nach dem Frühstück los, einverstanden?"
Aufgeregt rutscht Jan auf seinem Stuhl herum. Natürlich möchte er am liebsten sofort aufspringen. Aber Papa greift noch einmal zur Bibel und liest einen Abschnitt daraus vor. „Du meine Güte", denkt Jan, „jetzt will er bestimmt auch noch beten."
„Können wir das nicht heute abend machen?" fragt Jan ungeduldig. Papa schaut ihn überrascht an.
„Junge, du weißt doch, dass Gott immer an erster Stelle kommt. Wir wollen den Tag mit ihm anfangen."
„Ich aber nicht", bockt Jan.
„Na gut", sagt Papa, „du brauchst nicht beten."
Im Auto drückt sich Jan still in seinen Kindersitz. Aber je näher sie der Stadt kommen, um so mehr lebt er wieder auf. Vielleicht spendiert Papa eine Bratwurst und vielleicht darf Jan ein bisschen in der Spielwarenabteilung des größten Kaufhauses herumbummeln. Papa erlaubt es ihm tatsächlich. Er will in der Zwischenzeit auf die Bank und in ein Elektrogeschäft. Und dann will er Jan bei dem Regal mit den Stofftieren abholen.
„Bleib aber nur in der Spielwarenabteilung", ermahnt Papa ihn. Und Jan will das auch wirklich tun. Aber dann entdeckt er neben den Legokästen die neuesten Kassettenrecorder und daneben die Fernseher. Eine Weile schaut er in die flimmernden Bildschirme. Dann schlendert er weiter zu den Computern und von hier aus in die Sportabteilung, wo er ganz tolle Skateboards entdeckt, und etwas weiter die Fahrräder. Und plötzlich weiß Jan nicht mehr, wo er gelandet ist. Das Kaufhaus ist riesig. Er findet den Weg in die Spielzeugabteilung nicht mehr.
Menschen hasten vorüber. Die meisten sehen mürrisch aus. Jan traut sich nicht, sie zu fragen. „Vielleicht könnte ich Gott fragen", überlegt er. Aber da fällt ihm ein, wie stur er am Morgen gewesen ist. Da wollte er nicht mit Gott reden. Konnte er nun, wo er Hilfe braucht, Gott darum bitten? Jan schämt sich ein bisschen. Trotzdem flüstert er mutig: „Lieber Gott, mach doch, dass Papa mich wiederfindet."
Plötzlich beugt sich eine Verkäuferin zu ihm hinunter.
„Hast du dich verlaufen?" fragt sie freundlich.
Jan nickt. Mühsam hält er seine Tränen zurück. Er schafft es gerade noch, der netten Frau seinen Namen zu nennen. Und die ruft ihn über ein Mikrophon aus. Ganz laut hallt es durch das Kaufhaus: „Jan Jakobsen wartet an Kasse 7 auf seinen Vater, Jan Jakobsen wartet an Kasse 7......"
Nur ein paar Minuten später taucht Papa an Kasse 7 auf. „Gott sei Dank", ruft er und nimmt Jan in die Arme.

Biblisches Wort

Früh bete ich zu Gott. (Ps. 88,14)

29. Juni

Axel ist Klassensprecher. Er ist ungeheuer beliebt, und jeder möchte gern neben ihm sitzen. Nur Reiner nicht. Reiner findet, dass Axel eine große Klappe hat.

„Immer sagt er, was wir anderen machen sollen", beschwert er sich beim Vater.

„Du musst ja nicht tun, was er will", entgegnet Vater.

Aber das ist gar nicht so leicht, denn wenn Axel sagt: „Tu das", dann sagt keiner einfach „nein". Wer nämlich „nein" sagt, den nennt Axel ein Weichei, und die anderen in der Klasse lachen auch noch darüber. Reiner will auf keinen Fall, dass sie über ihn lachen. Deshalb macht er einen großen Bogen um Axel. Aber heute kann er ihm nicht ausweichen, denn in der Pause pflanzt Axel sich direkt vor ihm auf. „Los, komm in die Klasse", fordert er, „Schulranzen auskippen."

Reiner findet, dass Taschenauskippen gemein ist. Und außerdem sollen die Kinder sich während der Pause nicht in den Klassenräumen aufhalten. Aber Axel lacht nur und droht: „Wenn du nicht willst, sag ich den anderen, dass du ein Feigling bist." „Bin ich aber nicht", antwortet Reiner, und zum Beweis schleicht er ganz allein in die Klasse und kippt sämtliche Schulsachen durcheinander. Leider erwischt ihn ein Lehrer, und der macht ordentlich Ärger. Reiner bekommt eine gesalzene Strafarbeit und eine Mitteilung für den Vater.

Der Vater liest sie am Abend. Verwundert schüttelt er den Kopf.

„Eigentlich wollte ich gar nicht...", stammelt Reiner.

„Aber du hast...", unterbricht ihn der Vater.

„Aber Axel hat doch gesagt..."

„Ach Junge, du musst doch nicht machen, was Axel sagt. Oder ist er dein Boss?" „Nee, ist er nicht", gibt Reiner zu.

„Dann brauchst du ihm auch nicht gehorchen", sagt Vater. Darüber muss Reiner nachdenken.

Wem gehorcht der Vater? Vater tut, was sein Chef sagt, weil er für ihn arbeitet. Aber sonst tut Vater eigentlich nur das, was er selber für gut und richtig hält. Er kann ganz frei entscheiden. Reiner möchte das auch. Ob er das schafft?

„Klar", ermutigt ihn Vater, „denk einfach daran, dass Axel dir gar nichts zu sagen hat. Schließlich ist er ja nicht dein Chef, stimmt's?"

„Stimmt", nickt Reiner.

Impuls: Manchmal lassen wir uns zu etwas verleiten, weil wir denken, es wäre für unser Ansehen wichtig. Besser ist es, guten Maßstäben treu zu bleiben.

Biblisches Wort: Wer sündigt, ist ein Sklave der Sünde. (Joh. 8,34)

30. Juni

So sehr hat Gott die Welt geliebt, dass er seinen eigenen Sohn gab, damit jeder, der an ihn glaubt, nicht verloren geht, sondern das ewige Leben hat. (Joh. 3,16)

Auf einem Bauernhof lebte ein kleines Hühnchen. Es hatte weiße Federn, starke Flügel und einen schönen Namen. Das Hühnchen hieß Kiri. Alle Tiere mochten es gern. Aber die Menschen waren enttäuscht von Kiri, denn Kiri tat nicht, was ein Huhn tun soll. Kiri legte keine Eier. Sie setzte sich zwar jeden Tag auf ein Nest. Aber es wollte kein Ei kommen. Deswegen hatte der Bauer beschlossen, Kiri zu verkaufen. Bestimmt würde sie in der Suppe landen. Armes Hühnchen. Alle Tiere machten sich große Sorgen, und sie überlegten, wie sie Kiri helfen konnten.

Der Hund schlug vor: „Ich beisse den Bauern, wenn er dich fangen will." Und das Pferd wieherte: „Ich trete ihn mit meinen Hufen." Die Kuh muhte entrüstet, und die Gans schnatterte aufgeregt.

„Ach, das wird alles nicht helfen", seufzte Kiri und ließ ihre weißen Flügel hängen. Das sah Jonas. Jonas war der Bauernsohn. Vom Zaun des Hühnergartens schaute er gern den Hühnern zu, wie sie in der Erde scharrten, pickten und fröhlich miteinander gackerten. Nur Kiri schlich traurig durch den Garten.

„Armes Hühnchen", dachte Jonas. „Kann ich dir vielleicht helfen?"

„Papa", fragte er den Bauern, „warum musst du das kleine weiße Hühnchen verkaufen?"

„Weil es keine Eier legt. Ein Hühnchen soll Eier legen. Dafür ist es auf der Welt." Vaters Stimme klang betrübt. Auch ihm tat das Hühnchen leid.

„Aber gibt es nicht trotzdem eine Möglichkeit, dass Kiri bleiben darf?" rief Jonas. „Ach Jonas", seufzte der Vater, „vielleicht ..... wenn du das Hühnchen retten möchtest......"

„Ja, ja." Aufgeregt wartete Jonas auf Vaters Vorschlag. Und das, was der Bauer sagte, war wirklich eine tolle Idee. Sofort rannte Jonas hinaus zum Hühnergarten. „Kiri", rief er aufgeregt, „du kannst am Leben bleiben. Vater wird dich nicht weggeben, denn ich werde dich kaufen. Mein ganzes Taschengeld werde ich für dich geben. Dann gehörst du mir. Möchtest du das?"

Was glaubst du, wie aufgeregt Kiri war. Ob sie zu Jonas gehören möchte?

1. Juli

Papa hat Sven mit auf die Baustelle genommen. Papa ist Architekt. Er hat das Haus geplant und nun schaut er, ob es auch so gebaut wird, wie er es den Bauarbeitern erklärt hat.
„Bleib schön dicht bei mir", ermahnt er Sven. Aber Sven ist viel zu neugierig. Er klettert zwischen den Steinen umher, sieht in jedes Zimmer und steigt eine Leiter hinauf in das obere Stockwerk.
„Verschwinde hier", brummt ein Arbeiter. Erschrocken duckt Sven sich hinter einen Stapel dicker Bretter.
„Jungens haben hier nichts zu suchen", hört Sven den Mann schimpfen.
Ist der aber unfreundlich, denkt Sven und kriecht noch ein bisschen tiefer in sein Versteck. Durch einen Spalt kann er den Mann beobachten. Er setzt auf eine halbhohe Mauer eine Reihe roter Backsteine. Ein anderer Mann schleppt frischen Mörtel herbei. Er ist groß wie ein Riese und hat ein rotes Gesicht. Sven findet, er sieht noch viel brummiger aus als der erste Mann.
„Au wei, wenn der mich hier erwischt", überlegt Sven. Vorbei ist es nun mit der Neugier. Sven möchte am liebsten zurück zu Papa. Aber er traut sich nicht an den finsteren Männern vorbei. Sven fängt an, sich zu fürchten, vor den Männern, vor dem fremden Haus, vor dem Alleinsein und auch, dass Papa ihn vielleicht nicht findet. Er könnte laut nach ihm rufen, aber dann entdecken ihn auch die Arbeiter, und wer weiß, was die dann mit ihm machen. Sicher werden sie ihn pakken, durchschütteln und mächtig schimpfen. Bei diesen Gedanken bekommt Sven noch mehr Angst. Er wagt nicht einmal mehr, sich zu rühren. Mucksmäuschenstill kauert er in seiner Ecke.

Doch plötzlich hört er, wie die Leiter quietscht. Schritte stampfen über den Betonboden. Die Arbeiter lachen, und jemand erkundigt sich fröhlich: „Na, alles in Ordnung?"
„Papa!" ruft Sven und springt hinter den Brettern hervor. Papa fängt ihn in seinen Armen auf.
„Nanu, warum versteckst du dich denn?" wundert er sich.
„Weil ich mich gefürchtet habe", gesteht Sven. Er flüstert es ganz leise in Paps' Ohr, damit die Bauarbeiter ihn nicht hören.
„Aber ich bin doch da", flüstert Papa zurück. „Wenn du bei mir bleibst, dann kann dir gar nichts passieren."

Impuls

Wer Gott vertraut, braucht keine Angst zu haben vor dem, was kommt.

Biblisches Wort

Du, Herr, bist meine Zuflucht, bei dir bin ich sicher wie in einer Burg. Mein Gott, ich vertraue dir. (Ps. 91,2)

2. Juli

Marion kann nicht schlafen. Leise klettert sie aus ihrem Bett. Tap, tap, patschen ihre nackten Füße die Treppe hinunter, über den Flur und ins Wohnzimmer hinein. Nanu, wo sind denn die Eltern? Marion sieht Kerzenschein auf der Terrasse. Mama sitzt im Gartenstuhl und schaut in den Himmel und Papa döst ein bisschen. Ganz lau ist der Abend. Marion friert überhaupt nicht, auch nicht, als sie durch die Glastür nach draußen tritt. Trotzdem klettert sie zu Mama auf den Schoß.
„Was machst du denn hier?“ flüstert Mama, „kannst du nicht schlafen?“
Marion nickt. Da nimmt Mama sie in den Arm. Und dann sind beide ganz still. Papa schnauft ein bisschen, in der Hecke raschelt ein Nachtvogel, und vom Himmel blinken die Sterne. Sie leuchten wie Millionen Diamanten.
„Schön, nicht?“ raunt Mama, und Marion nickt.
„Woher kommen die nur alle?“ fragt sie.
„Von Gott“, sagt Mama.
„Der muss aber riesig sein, wenn er so etwas Schönes machen kann, und gleich so viele“, staunt Marion.
„Ja, Marion, und er kennt jeden einzelnen.“
„Wie denn“, fragt Marion, „haben die Sterne etwa Namen?“
„Sicher“, lacht Mama, „einer heißt Andromeda und einer Cassiopeja, oder Aldebaran oder Orion oder ...“
„Ach du meine Güte“, unterbricht Marion, „wenn jeder Stern einen Namen hat, dann muss Gott sich aber viel merken. Da vergisst er bestimmt manchmal die Menschen.“
„Nein, Marion, die Menschen vergisst er nicht, denn die sind ihm wichtiger als alle Sterne zusammen. Er kennt auch unsere Namen, meinen und deinen.“
„Und meinen“, sagt Papa.
Er hört schon eine ganze Weile zu. Marion und Mama haben gar nicht gemerkt, wie er seine Augen aufgeklappt hat und mit ihnen den Sternenhimmel bewundert. Nun schnauft er auch nicht mehr, sondern er summt ein Lied. Marion kennt es schon, denn Mama singt es manchmal vor dem Einschlafen vor. Heute aber stimmt Papa es an.

Impuls: Weißt du, wieviel Sternlein stehen an dem großen Himmelszelt? Gott, der Herr, hat sie gezählet, dass ihm auch nicht eines fehlet. Kennt auch dich und hat dich lieb. Kennt auch dich und hat dich lieb.

Biblisches Wort: Gott allein kennt die Zahl der Sterne und kennt sie alle mit Namen. (Ps. 147,4)

3. Juli

Papa hat im Garten den Kaffeetisch gedeckt. Nun sind er und Claudia noch einmal losgefahren, um in der Bäckerei an der Ecke Kuchen zu besorgen. Und weil sie nicht lange fortbleiben, hat Papa das Tor zur Einfahrt offen gelassen. Als er und Claudia zurückkommen, sehen sie eine fremde Frau in Mamas Lieblingsgartenstuhl sitzen.
„Wer ist denn das?" fragt Claudia erstaunt.
Die Frau hält ihr Gesicht in die Sonne. Sie scheint sich wohl und wie zu Hause zu fühlen.
„Papa, kennst du die Frau?"

Papa schüttelt den Kopf. „Vielleicht wartet sie auf Mama. Wer weiß, woher Mama sie kennt." Und dann fordert er Claudia auf, für die Frau eine Tasse und einen Kuchenteller herauszuholen. Er selber holt die Kaffeekanne aus der Küche.
Im Haus fragt Claudia: „Soll ich sie mal fragen, wie sie heißt?"
„Sei mal nicht so neugierig", lacht Papa, „nachher, wenn Mama wieder da ist, werden wir sicher erfahren, wer sie ist."
Inzwischen ist Mama gekommen. Die Frau steht auf und reicht ihr die Hand.
„Guten Tag", sagt sie freundlich, „Ihr Garten ist wirklich wunderhübsch."
„Nicht wahr", freut sich Mama und zeigt der Frau die Blumenbeete. Papa schenkt schon mal Kaffee und Orangensaft für Claudia ein. Und dann verbringen alle vier einen gemütlichen Sommernachmittag. Papa und Claudia spielen eine Runde Federball, und die fremde Frau zählt die Fehlschläge. Allen macht es riesigen Spaß. Erst am Abend verabschiedet sich die Frau. Mama, Papa und Claudia stehen in der Einfahrt und schauen ihr nach. Als sie an der Straßenecke verschwindet, fragt Claudia endlich: „Mama, wie heißt eigentlich die Frau?"
Auch Papa meint, Mama hätte sie ihnen ruhig vorstellen können. Da schaut Mama Claudia und Papa erstaunt an.
„Ja, kennst du sie denn nicht?" fragt Papa.
„Nein, ich dachte, sie hätte etwas mit dir zu besprechen. Ich habe sie heute das erste Mal gesehen."
„Das ist ja unglaublich. Sie tat so, als würde sie zu uns gehören. Dabei wissen wir nicht einmal ihren Namen", staunt Papa.
„Aber sie war doch ganz nett", schaltet sich nun Claudia ein.
„Das stimmt", nickt Papa, „aber zu uns gehört nur derjenige, den wir auch mit Namen kennen."
„So wie ich?" fragt Claudia.
„Ja, Claudia, so wie du."

Gott sagt: Ich habe dich bei deinem Namen gerufen, du gehörst zu mir. (Jes. 43,1b)

Schau dir euer Familienalbum an. Wen kennst du mit Namen?

4. Juli

Schätze sind sehr schön, doch sie können gestohlen werden. Besser ist es, Schätze bei Gott zu sammeln.

Gott sagte zu ihm: Du Narr. So steht es mit allen, die für sich selber Besitz aufhäufen, aber bei Gott nichts besitzen. (Luk. 12,20.21)

Gehe auf Schatzsuche! Du findest auf dem Gehweg manchmal viele brauchbare Sachen.

Caroline, Angelina und Benedikt beschließen, auf Schatzsuche zu gehen.

„Früher vergruben die Piraten ihre Schätze haufenweise tief im Sand auf einer einsamen Insel", erklärt Benedikt seinen beiden Schwestern.

„Wir sind aber auf keiner einsamen Insel", sagt Caroline. „Wir befinden uns auf der Insel Sylt."

„Früher war das aber eine einsame Insel", beharrt Benedikt, geht bis zu seinen Knien ins Wasser, dreht sich dann um und zählt jeden seiner Schritte bis zurück an den Strand. Dort stößt er seine Schaufel in den Sand und sagt: „Hier müsste der Schatz sein!"

„Da, direkt neben dem dicken Mann, der unter seinem Sonnenschirm schläft?" fragt Angelina ungläubig und schaut Benedikt skeptisch an.

„Klar, genau hier! Schätze, dass der Mann damals noch nicht dalag, als die Piraten ihre goldgefüllte Eisentruhe verbuddelten", sagt er und beginnt eifrig ein Loch zu graben. Den ausgegrabenen Sand schleudert er achtlos um sich.

„Du gräbst ja den Dicken ein", lacht Caroline und sieht gespannt zu, wie der Bauch des Dicken immer schneller unter dem Sand verschwindet, den Benedikt auf ihn wirft.

„Na und? Wie du siehst, stört ihn das nicht! Er schnarcht seelenruhig weiter. Vielleicht will er heute beerdigt werden? Bei Erwachsenen weiß man das nie so genau", antwortet Benedikt und arbeitet weiter. Plötzlich wacht der Mann auf, sieht sich erstaunt um, entdeckt die drei in seiner Nähe und beginnt, fürchterlich zu schimpfen. Während Benedikt es nun für angebracht hält, seinen Schatz an einem anderen Tag zu suchen, und darum schnellstens verschwindet, bleiben Caroline und Angelina stehen, um abzuwarten, ob der Mann seinen dicken Bauch unter all dem vielen Sand wiederfinden wird. Zu ihrer großen Enttäuschung sucht er nicht danach, und so folgen sie Benedikt, der hastig nach Hause läuft.

„Schrott", sagt Benedikt ärgerlich, „muss der Dicke sich ausgerechnet neben unseren Schatz hinlegen? Womöglich gräbt der Faulpelz nun selber nach unserem Schatz und wird mordsmäßig reich, und wir, wir kriegen nichts ab!"

„Suchen wir uns halt eine andere Stelle aus", schlägt Caroline vor.

„Als ob das so einfach wäre", meckert Benedikt.

„Wieso, du hast doch selber gesagt, dass es hier am Strand haufenweise Piratenschätze gibt", erinnert ihn Angelina.

„Gibt's auch! Aber jetzt habe ich keine Lust mehr dazu", sagt er und geht ins Haus, um Mama zu fragen, wann es endlich wieder etwas zu essen geben wird.

5. Juli

„Ich verstehe Gott nicht“, sagt Moritz und schiebt seine Brille ein bisschen höher. Moritz ist einer, der immer alles ganz genau wissen möchte. Deswegen stellt er auch dauernd Fragen. Tanja ist schon ganz müde davon. Sie ist zwei Jahre älter als Moritz und viel schlauer als er, denn sie geht schon zur Schule.
„Das ist doch ganz einfach“, erklärt sie noch einmal, „Gott ist der König. Das verstehst du doch wohl, oder?“
„Nein“, beharrt Moritz, „wenn Gott ein König ist, warum sagt dann Frau Schnitzer in der Kinderstunde, dass er ein Schafhirte ist? Wie kann denn einer alles beide sein?“
Tanja überlegt. Dann zieht sie die Schultern hoch.
„Weiß ich auch nicht. Vielleicht sollten wir Mama fragen.“
Mama steht in der Küche und probiert ein neues Rezept aus.
„Bringt mich jetzt bloß nicht durcheinander“, bittet sie die Kinder. Eine Weile schauen Tanja und Moritz ihr schweigend zu. Aber dann will Moritz doch wissen, was Mama macht.
„Ein Souflee“, flüstert Mama geheimnisvoll.
„Was ist denn ein Souflee?“ fragt Moritz.
„Es ist wie ein Auflauf, aber so locker wie Zuckerwatte. Wenn ich nicht aufpasse, fällt es zusammen wie neulich dein Decken- und Kissenzelt. Ein Souflee ist braun wie Kuchen, aber nicht so süß, sondern kräftig wie ein Mittagessen, weil ich Schinken hineingemacht habe. Außerdem......“
„Ein Souflee ist aber etwas komisch“, wundert sich Tanja, „Zuckerwatte und ein Zelt und Kuchen und Mittagessen in einem.“
Mama lacht.
„Ich habe nicht gesagt, dass es Zuckerwatte und Kuchen ist. Und ein Zelt ist es schon gar nicht. Ich habe gemeint, es ist locker wie Zuckerwatte und braun wie ein Kuchen.“
Moritz schiebt wieder seine Brille hoch.
„Aha“, überlegt er, „wenn das so ist, dann ist Gott also auch kein König und kein Schafhirte, sondern er ist wie ein Hirte und wie ein König.“
„Genau“, platzt Tanja dazwischen, „er hat Macht wie ein König, aber er sorgt für die Menschen wie ein Schafhirte für seine Schafe, stimmt das, Mama?“
„Stimmt“, nickt Mama, „aber was hat Gott mit meinem Souflee zu tun?“
Tanja und Moritz schauen sich an. Also manchmal verstehen Mütter aber auch gar nichts.

Es gibt kein Wort, womit du Gott richtig beschreiben kannst. Am besten suchst du ganz viele Vergleiche, wie du von Gott erzählen kannst.

Jetzt verstehen wir Gott noch nicht ganz, wenn wir aber einmal bei ihm sein werden, dann werden wir ihn richtig erkennen. (1. Kor. 13,12)

6. Juli

Tanja hat erzählt, dass Gott ein König ist. Und Tanja muss das wissen, denn sie ist Moritz' große Schwester, und Moritz glaubt ihr fast alles. Aber richtig verstanden hat er sie diesmal nicht.
„Wenn Gott ein König ist", fragt er, „hat er dann eine Krone auf?"
„Das kann keiner wissen, weil noch niemand Gott gesehen hat", erklärt Tanja.
„Und woher weißt du dann, dass Gott ein König ist?"
„Hach, bist du dumm!" schimpft Tanja.
Sie malt mit Wasserfarben und hat eigentlich gar keine Lust, Moritz zu erklären, warum Gott ein König ist. Soll er sich mal selber Gedanken machen. Aber Moritz fragt trotzdem: „Warum ist denn nun Gott ein König?"
Tanja zuckt mit den Schultern und taucht ihren Pinsel in den Wasserbecher. Dann nimmt sie ganz viel blaue Farbe und verteilt sie auf ihrem Blatt.
„Wird das der Himmel?" fragt Moritz.
„Nein, Wasser", sagt Tanja und tupft mit weißer Deckfarbe wilde Schaumkronen auf die Wellen. Dann malt sie über das Wasser einen dunklen Gewitterhimmel und zwischen die Wellen ein winzigkleines Boot. Menschen sitzen darin. Aber richtig sehen kann man sie nicht, nur ihre Arme. Sie haben sie nach oben geworfen, als würden sie um Hilfe rufen. Moritz findet das Bild ein bisschen gruselig. Er findet es viel schöner, noch ein bisschen über den Gott-König zu sprechen.
Deshalb fragt er noch einmal: „Sagst du mir jetzt, woher du weißt, dass Gott ein König ist?"
Tanja seufzt. Gerade wollte sie noch einen Mann in das Boot malen. Aber nun legt sie den Pinsel zur Seite und schaut Moritz ins Gesicht.
„Weil ein König ein Königreich hat und Untertanen. Und Gottes Königreich ist die Welt und der Himmel und alles, alles, alles...und seine Untertanen sind wir Menschen. Und dann ist er noch König, weil er regiert und aufpasst und über alles Macht hat."
„Über was denn alles?" fragt Moritz.
„Zum Beispiel...", druckst Tanja. Gerade jetzt will ihr kein richtiges Beispiel einfallen. Aber da schaut sie auf ihr Bild, und rasch nimmt sie den Pinsel auf und malt den Mann im Boot fertig. Er steht aufrecht und streckt seinen Arm über die Wellen. Und als sie ihn fertig gemalt hat, sagt sie: „Er hat sogar Macht über den Sturm. Er sagt: Sturm, hör auf, und da hört der Sturm auf."
„Ach so", sagt Moritz, „dann ist Gott wirklich ein König."

Biblisches Wort

Die Leute aber fragten voll Staunen: Was muss das für einer sein, dass ihm sogar Wind und Wellen gehorchen? (Matth. 8,27)

Aktion

Falte ein Papierschiff und lasse es in Badewanne oder Waschbecken schwimmen. Puste mal kräftig ins Wasser. Wie lange dauert es, bis dein Schiff umfällt?
Übrigens: Die Geschichte, wie Gottes Sohn Jesus den Sturm stillt, steht in der Bibel. (Matth. 8,23-27).

7. Juli

Das Schiff schwankt. Schaum tobt auf den Wellen, die über die Reling stürzen. Menschen kreischen. Da kippt das Schiff zur Seite. Schon rauscht die nächste Woge heran. Christiane schlägt entsetzt die Hände vors Gesicht. Da legt Mutter ihren Arm um sie.
„Keine Angst, Kind, es ist nur ein Film", beruhigt sie.
Aber Christiane wagt nicht, ins Fernsehen zu schauen. Sie presst nur fester die Hände vor ihre Augen.
„Es sieht so aus, als müssten alle gleich ertrinken", stammelt sie.
„Aber nein", sagt Mutter, „es sieht nur so aus. Keiner wird wirklich untergehen."
Sie greift nach der Fernbedienung und drückt den Ton-leise-Knopf. Sofort verstummt das Toben der Wellen. Christiane lugt vorsichtig zwischen ihren Fingern hervor. Auf dem Bildschirm wird das Schiff immer noch hin und her geworfen. Aber ohne die schaurige Musik wirkt es längst nicht mehr so schlimm. Trotzdem findet Christiane, dass der Sturm immer noch sehr gefährlich aussieht.
„Woher weißt du denn, dass keinem was passieren wird?" fragt Christiane.
„Weil es nur ein Film ist, und außerdem ist der Regisseur dabei", lacht die Mutter.
„Was ist denn ein Regisseur?"
„Ein Regisseur ist einer, der die Übersicht über den ganzen Film hat. Er kann sagen: weitermachen, oder: stopp, wenn es zu gefährlich wird."
„Aber er kann doch nicht dem Meer sagen: Lass das Schiff in Ruhe, oder?"
„Doch, das kann er," bestätigt die Mutter, „weißt du, was wir im Film sehen, ist gar kein richtiges Meer. Vielleicht ist es nur Wasser in einer großen Wanne, und jemand schlägt mit seiner Hand hinein. Und das Schiff ist in Wirklichkeit nur ein Spielzeugboot. Und der Regisseur zeigt dem Kameramann, wie er filmen soll. Er hat sich genau ausgedacht, wie er es machen muss, damit alles echt aussieht. Deshalb ist es für ihn ganz einfach aufzupassen, dass nichts Schlimmes passiert."
Christiane seufzt. Sie denkt daran, wie sie sich um ihren Freund Sören sorgt, wenn der so gefährliche Kunststücke am Klettergerüst macht, und daran, wie sie sich manchmal fürchtet, wenn sie in der Nacht wach wird, weil sie schlecht geträumt hat. Leider ist ihre Angst dann ganz wirklich und nicht nur ein Film. Es wäre toll, wenn es dann auch einen Regisseur gäbe. Einen für die Wirklichkeit.

Impuls

Gott hat alles gemacht, deshalb hat er auch die Übersicht. Er kann wie ein Regisseur: weitermachen, oder: stopp sagen. Sogar zum Meer. Ihr könnt es selber nachlesen (Markus 4,35-41)

Biblisches Wort

Es ist der Gott, der die Welt geschaffen hat und alles, was darin lebt. (Apg. 17,25)

8. Juli

Einmal erzählte Jesus seinen Freunden eine Geschichte:

Ein Mann hatte hundert Schafe. Jeden Tag führte er sie zu frischen Wasserbächen und auf saftige Weiden, wo sie sich satt fressen konnten. Wenn wilde Tiere kamen, dann verjagte er sie mit seinem Hirtenstab und beschützte so seine Schafe. Er kümmerte sich um sie, wenn sie sich verletzt hatten. Wenn sich ein Schaf einen Splitter in den Fuß getreten hatte, dann zog der Hirte ihn vorsichtig wieder heraus.
Der Hirte kannte jedes Schaf, und die Schafe kannten ihren Hirten. Wenn er sie rief, dann erkannten sie sofort seine Stimme und liefen zu ihm. Abends führte der Hirte seine Schafe zum Schlafen in einen warmen und sauberen Stall. Er schloss hinter ihnen die Tür, damit ihnen nichts passieren konnte. Und dann zählte er sie, damit ihm auch nicht eines fehlte.
Doch eines Abends zählte er nur 99 Schafe.
„Nanu“, dachte der Hirte, „habe ich mich etwa verzählt?“
Er zählte noch einmal, aber es waren nur 99 Schafe im Stall. Ein Schäfchen fehlte. Der Hirte wusste gleich, dass es das kleine vorwitzige Schaf mit dem schwarzen Fleck hinter dem Ohr war. Ihm war schon am Tag aufgefallen, dass es immer ein bisschen abseits der Herde Kräuter und Gräser gezupft hatte. Und als der Hirte seine Herde nach Hause gebracht hatte, war das kleine Schaf nicht mitgekommen. Wo es bloß steckte? Hoffentlich war ihm nichts passiert. In der Nacht konnte es für ein einsames Schaf sehr gefährlich werden. Wilde Tiere lauerten in der Dunkelheit.
Der Hirte machte sich große Sorgen. Deshalb verschloss er sorgfältig die Stalltür, und dann machte er sich auf die Suche nach dem verschwundenen Schäfchen. Er durchstreifte die ganze Gegend, kletterte auf steile Felsen, stieg in tiefe Schluchten und schaute hinter jeden Busch. Und endlich entdeckte er das verlorene Schaf. Es hatte sich in einem Dornengestrüpp verfangen und konnte sich nicht mehr allein befreien. Vorsichtig hob der Hirte es heraus, zog die Dornen aus seinem Fell und nahm es in seine Arme. Dann trug er es nach Hause. Wie froh war der Hirte, dass er sein Schaf wiedergefunden hatte.

Impuls

Was glaubst du, warum Jesus seinen Freunden diese Geschichte erzählt hat? Jesus sagt: „Ich selber bin zu euch wie dieser Hirte. Ich sorge für euch, und ich beschütze euch. Und wenn ihr in Gefahr seid, dann helfe ich euch heraus.“

Biblisches Wort

Der Herr ist mein Hirte; darum leide ich keine Not. (Ps. 23,1)

9. Juli

Johanna ist stinksauer. Immer muss sie tun, was Mama will, zum Beispiel Hausaufgaben machen oder Zähne putzen.
„Ich will am liebsten gar nicht mehr bei dir sein", schimpft sie.
Mama schaut sie traurig an. „Was möchtest du denn?" fragt sie.
„Ich möchte bei Lisa wohnen. Die darf nämlich tun, was sie will", erklärt Johanna.
„Meinst du?" fragt Mama. Aber dann nickt sie, greift zum Telefonhörer und spricht eine ganze Weile mit Lisas Mama. Dann packt sie für Johanna eine Reisetasche. Zwei Stunden später holt Lisas Mama Johanna ab. Nun fühlt Johanna sich schon ein bisschen komisch. Aber als sie bei Lisa ist, hat sie ihr komisches Gefühl schnell vergessen. Die beiden Mädchen spielen bis zum Abend.
Und dann sitzen sie mit Lisas Mama und Papa beim Abendbrot, und Lisas Papa macht ganz viele Späße. Johanna findet es hier viel lustiger als zu Hause. Es sagt ihr auch keiner, wann sie ins Bett gehen muss und dass sie sich die Zähne putzen soll. Lisa schläft schon längst. Aber Johanna spielt noch ein bisschen. Sie ist zwar am nächsten Morgen ziemlich müde und auch in der Schule kann sie nicht so richtig aufpassen. Trotzdem, ihr geht es prima. Lisas Papa macht an jedem Abend seine Späße. Und niemals sagt er Johanna, was sie tun soll. Und Lisas Mama auch nicht. Auch nicht, als Lisa sich zwei Wochen lang keine Zähne putzt.

Aber dann passiert Johanna etwas Schlimmes. Eines Morgens nämlich wacht sie auf und hat schreckliche Zahnschmerzen. Es tut so weh, dass sie am liebsten weinen möchte. Aber Lisas Mama zuckt nur die Schultern. „Ich kann nicht mit dir zum Zahnarzt fahren", sagt sie, „du wirst schon allein gehen müssen."
Johanna hat riesige Angst. „Mama wäre bestimmt mit mir gegangen", denkt sie. Am liebsten würde sie gleich nach Hause laufen. Aber das geht natürlich nicht, denn Mama ist bestimmt böse auf sie. Bestimmt wird sie sagen: „Das hast du nun davon."
Und als Johanna daran denkt, da kullern ihr plötzlich Tränen über das Gesicht. Ob Mama sie jetzt nicht mehr haben will? Johanna muss das unbedingt herausfinden. Plötzlich ist es ihr egal, ob Mama böse sein wird oder nicht. Sie will nur noch nach Hause. Es ist nicht weit, und so rennt sie einfach los. Und als sie zu Hause klingelt, macht Mama sofort die Tür auf. Und was glaubst du, was sie macht? Sie schimpft nicht und schickt Johanna auch nicht wieder fort, sondern sie nimmt ihr Kind fest in die Arme. Dann fährt sie sofort mit Johanna zum Zahnarzt, danach holen sie Johannas Sachen bei Lisa ab, und am Abend reden, kuscheln und lachen sie miteinander. Mama hat Johanna nämlich immer noch ganz doll lieb.

Impuls: Mancher denkt, er komme ohne Jesus besser zurecht, als wenn er sich etwas von ihm sagen lässt. Aber Jesus will uns nichts vom Leben wegnehmen, sondern Geborgenheit und Entgegenkommen zeigen.

Biblisches Wort: Herr, bring uns zu dir zurück, dass wir wieder heimkommen. (Klagelieder 5,21)

10. Juli

Impuls Was glaubt ihr, hat der Vater wohl getan? Hat er geschimpft? Hat er vielleicht gesagt: Du wolltest nicht bei mir bleiben, nun will ich dich auch nicht mehr bei mir haben? Nein, der Vater hat ihn in seine Arme genommen. Er war so froh, dass er seinen Sohn wieder hatte, dass er vor lauter Freude weinte. Und dann hatte er alle, die bei ihm wohnten, zusammengerufen, und gemeinsam haben sie ein großes Wiedersehensfest gefeiert.

Biblisches Wort Mein Sohn war fort, aber jetzt ist er wieder bei mir. Er war verloren, aber jetzt ist er wiedergefunden. (Luk. 15,24)

Einmal erzählte Jesus seinen Freunden eine Geschichte:

Ein Mann hatte zwei Söhne. Eines Tages dachte der jüngere: Ich habe keine Lust, nur zu tun, was mein Vater sagt. Deshalb will ich fortgehen. Doch vorher bat er seinen Vater: „Gib mir jetzt schon das Geld, das ich einmal erben werde.“
Der Vater war sehr traurig, dass sein Sohn nicht bei ihm bleiben wollte. Aber er ließ ihn ziehen und gab ihm auch das Geld.

In einer fremden Stadt kaufte der Sohn sich ein prächtiges Haus, nahm sich Diener, lud Gäste ein und feierte jeden Tag ein großes Fest. Aber ein Fest ist teuer, und wenn einer jeden Tag feiert, dauert es nicht lange, und alles Geld ist ausgegeben. Da verkaufte der Sohn sein Haus. Aber bald war auch das Geld, das er dafür bekam, aufgebraucht.
Nun hätte er arbeiten gehen und neues Geld verdienen können. Aber in der Stadt brach plötzlich eine große Hungersnot aus. Keiner wollte ihm Arbeit geben, und auch die Leute, die vorher mit ihm gefeiert hatten, wollten ihn nicht bei sich haben. Sie hatten Angst, dass sie die wenigen Vorräte, die noch in ihren Kellern lagerten, mit ihm teilen müssten. Der Sohn war schon ganz ausgehungert. Schließlich durfte er bei einem Bauern die Schweine hüten. Der Sohn hatte solchen Hunger, dass er ein bisschen von dem Schweinefutter aß. Aber als das der Bauer sah, schimpfte er und verbot es ihm.
Da wurde der Sohn ganz verzweifelt. „Warum bin ich nur von zu Hause fortgegangen?“ dachte er, „bei meinem Vater hatte ich alles, was ich brauchte. Selbst seinen Dienern ging es immer gut. Am liebsten würde ich zu ihm zurückkehren.“
Aber das traute er sich nicht, denn er dachte, sein Vater würde böse auf ihn sein, weil er ihn verlassen hatte. Doch als sein Magen immer lauter knurrte, entschied er sich doch, nach Hause zu gehen. Er wollte sich bei seinem Vater entschuldigen und ihn bitten, ob er sein Diener sein dürfe.
Ganz ängstlich schlich er heim. Er konnte schon fast sein Vaterhaus sehen. Da blieb er stehen und dachte: „Wenn mein Vater mich sieht, wird er mich bestimmt fortjagen.“ Doch da kam sein Vater ihm schon entgegengelaufen.

11. Juli

Mama hat ganz rote Augen. Das kommt daher, weil sie geweint hat. Lena weiß auch, weshalb. Mama ist traurig, weil sie sich Sorgen um Tobi macht. Tobi ist Lenas großer Bruder. Er geht zwar noch zur Schule, aber er ist so groß, dass er schon fast erwachsen ist. Und deshalb will er auch schon alles machen, was Erwachsene tun, zum Beispiel Bier und Schnaps trinken und abends so lange weg bleiben, bis Mama oder Papa bei seinen Freunden telefonieren und nachfragen, wo er denn so lange bleibt.
Morgens ist Mama dann ganz müde und hat überhaupt keine Kraft mehr für Lena. Überhaupt dreht sich alles nur noch um Tobi. Abends fragt Papa zuerst nach ihm. Erst danach nimmt er Lena auf den Schoß und fragt, was sie am Tag erlebt hat.
Am schlimmsten war es heute mittag. Tobi kam von der Schule heim, nahm Mama in den Arm und sagte, dass es ihm leid tue, dass er ihr in letzter Zeit so viele Sorgen gemacht hat. Und dann hat er Mama seine Mathearbeit gezeigt, und da stand eine supergute Note drunter. Da hat Mama ihn auch in den Arm genommen und wieder fast angefangen zu weinen. Aber diesmal hat sie dabei gelacht. Und eben, als Papa heimkam, hat er sich auch riesig gefreut und Tobi zu einem richtigen Männerabend eingeladen. Lena weiß nicht, was ein Männerabend ist. Aber sie hat gesehen, dass Papa und Tobi sich schick angezogen haben, ganz fröhlich miteinander waren und dann zusammen weggefahren sind. Sie aber wurde einfach ins Bett gesteckt.
„Das ist richtig gemein", beschwert sie sich bei Mama.
Mama sitzt auf ihrer Bettkante und schaut sie verwundert an.
„Vielleicht muss ich auch erst Schnaps trinken. Oder ich gehe einfach weg. Dann macht ihr euch auch Sorgen um mich", platzt Lena heraus.
„Aber Lena, warum willst du uns denn Sorgen machen?" fragt Mama erschrocken.
„Damit ich auch einen Männerabend bekomme", sagt Lena.
Sie denkt, dass Mama sie nun auslachen wird. Aber Mama schaut sie ganz ernst an. Und plötzlich beugt sie sich über sie und drückt sie fest an sich.
„Ich glaube fast, du bist neidisch, du Dummerchen, du", flüstert Mama ihr ins Ohr.
„Aber das brauchst du nicht. Denn wir haben dich genauso lieb wie Tobi."
„Bestimmt?" fragt Lena ängstlich.
„Aber sicher, Kind", sagt Mama und kitzelt sie ein bisschen. Und Lena quietscht und versteckt sich unter ihrer Decke, und als Mama nach ihr greift, kichert sie noch mehr und wirft mit ihrem Kissen nach ihr. Plötzlich wird daraus eine richtig fröhliche Toberei. Und eine Kissenschlacht mit Mama ist mindestens genausogut wie ein Männerabend.

Impuls

Wenn jemand aus einer schwierigen Lage wieder herausfindet, ist das immer ein Grund zur Freude. Manchmal haben die Helfer weniger Zeit für dich, aber das ist nicht schade. Auch du wirst dich freuen, wenn jemand da ist, wenn du Hilfe brauchst.

Biblisches Wort

Reg dich nicht auf über Menschen, die Gottes Gebote missachten! Überlass dem Herrn die Führung, er macht es richtig. (Ps. 37,1.4)

12. Juli

Einmal erzählte Jesus seinen Freunden eine Geschichte:

Ein Vater hatte zwei Söhne. Der jüngere von beiden wollte nicht mehr tun, was sein Vater von ihm wollte. Deshalb ging er fort. Der Vater war sehr traurig darüber, aber er ließ seinen Sohn ziehen.
Der ältere Sohn blieb zu Hause. Er arbeitete mit seinem Vater zusammen auf den Feldern. Sie aßen miteinander, und sie wohnten in einem Haus. Aber eines Tages geschah etwas Aufregendes. Der ältere Sohn kam am Abend müde und schmutzig vom Feld. Doch plötzlich hörte er Musik. Das Haus seines Vaters war festlich beleuchtet, und der Duft von frischem Kuchen und leckerem Bratenfleisch wehte ihm entgegen. Darüber wunderte der Sohn sich sehr. Da kam ihm ein Diener entgegen.
„Herr", rief er, „beeile dich, denn dein Vater feiert ein großes Fest."
„Warum feiert er?" wollte der Sohn wissen.
„Weil dein Bruder zurückgekommen ist."
„Ist das ein Grund zum Feiern?" fragte der Sohn.
Der Diener nickte eifrig. „Du hättest deinen Bruder sehen müssen, als er heimkam. Ganz ausgehungert und zerlumpt sah er aus. Bestimmt ist es ihm sehr schlecht ergangen. Nun freut sich dein Vater, dass er ihn gesund wieder hat."
Als der ältere Sohn das hörte, wurde er sehr zornig.
„Das ist ja allerhand", ärgerte er sich, „mein Bruder ist selber daran schuld, wenn es ihm schlechtging. Er hätte ja nicht von zu Hause weggehen brauchen."
Er war so wütend, dass er nicht mit feiern wollte. Aber da kam sein Vater zu ihm heraus und bat ihn: „Lieber Sohn, feiere doch mit uns!"
Doch der Sohn schüttelte seinen Kopf. „Vater", sagte er, „ich habe jeden Tag für dich gearbeitet, und ich war immer gehorsam. Doch ich habe nie etwas dafür bekommen. Aber mein Bruder, der einfach davongelaufen ist, der dein Geld vergeudet hat und dir nicht gehorchen wollte, für den feierst du nun ein Fest."
Da legte der Vater seine Arme um die Schultern des Sohnes.
„Mein lieber Junge", sagte er, „ich habe euch beide gleich lieb. Freu dich doch, denn dein Bruder ist wieder zu Hause. Du aber warst immer bei mir, und du konntest dich jeden Tag an dem freuen, was mir gehört. Das alles gehört ja auch dir. Hast du das nicht gewusst?"
Doch, eigentlich hat das der ältere Sohn gewusst. Und deswegen brauchte er auch nicht neidisch auf seinen jüngeren Bruder zu sein.

Impuls

Da legte Gott seine Arme um den Menschen. „Mein lieber Junge", sagte er, „ich habe euch beide gleich lieb. Freue dich doch, denn dein Bruder ist wieder zu Hause. Du aber warst immer bei mir, und du konntest dich jeden Tag an dem freuen, was mir gehört. Das alles gehört ja auch dir. Hast du das nicht gewusst?" Doch, eigentlich hat das der ältere Sohn gewusst. Und deswegen brauchte er auch nicht neidisch auf seinen jüngeren Bruder zu sein.

Biblisches Wort

Mein Kind, du bist immer bei mir, und dir gehört alles, was ich habe. (Luk. 15,31)

13. Juli

Endlich Ferien. Mama, Papa, Till und Katrin fahren an die See. Aber dieses Jahr kommt noch Tante Judith mit. In den letzten Wochen hat sie viel geweint.
„Das kommt daher, weil sie eine ziemlich stürmische Zeit hinter sich", hat Mama gesagt, „vielleicht können wir ihr helfen, wieder einen Halt zu finden."
„Irgend etwas hat sie richtig umgehauen. So ist das, wenn es stürmt", weiß Till.
„Was stürmt denn?" fragt Katrin. Aber das weiß Till auch nicht.
Egal, jetzt sind erst mal Ferien, und die beiden sind gespannt auf das Meer und den riesigen Sandstrand.
„Da können wir prima Burgen bauen", freut sich Till. Und das ist dann auch gleich das erste, was sie machen, als sie an ihrem Reiseziel ankommen. Mama und Papa und Tante Judith laden inzwischen das Auto aus. Als sie fertig sind, spazieren sie runter zum Strand und bewundern die tollen Bauwerke. Katrin baut ihre Burg auf einen Untergrund aus Muscheln und Steinen. Sie ist nicht so groß und prächtig wie die von Till, aber sie steht bombenfest. Till dagegen hat ein tolles Bauwerk zustande gebracht. Es steht dicht am Wasser, ist riesig hoch und mit bunten Muscheln verziert.
„Die Burg ist ja super geworden", loben Mama und Papa.
„Meine ist leider ein bisschen mickrig", gibt Katrin zu.
Doch Tante Judith schüttelt den Kopf. In der Nacht fegt ein heftiger Wind über den Strand. Und der pustet einfach Tills superschöne Sandburg weg. Am nächsten Morgen besehen sich alle das Unglück. Till ist den Tränen nahe. Da setzt Tante Judith sich zu ihm in den Sand.
„Es war ja auch ganz schön stürmisch heute nacht", sagt sie und rückt noch ein bisschen dichter an den traurigen Till heran.
„Aber Katrins Burg ist nicht kaputtgegangen", schnieft Till.
„Katrins Burg hat auch einen festen Untergrund", erklärt die Tante, „und der sorgt dafür, dass die Burg nicht so schnell umfällt, auch wenn es stürmisch wird."
Stürmisch und umfallen, das hört sich fast so an wie umhauen, überlegt Katrin, und da kommt ihr plötzlich ein superwichtiger Gedanke.
„Du, Tante Judith?" fragt sie, „Mama hat gesagt, du hättest auch einen Sturm hinter dir. Und Till meinte, der hätte dich umgehauen. Hattest du denn auch keinen festen Untergrund?"
„Ja, wahrscheinlich", sagt Tante Judith. Aber dann lächelt sie.
„Vielleicht finde ich ihn aber noch."

Impuls

Dieser feste Untergrund möchte Jesus sein. Und wenn es in unserem Leben mal richtig stürmisch zugeht, wenn alles durcheinander gerät, wenn wir mal traurig sind und gar keinen Ausweg sehen, dann braucht uns das nicht umzuhauen. Denn bei Jesus können wir bombenfest stehen, so wie Katrins Sandburg auf den Steinen. Hoffentlich lernt Tante Judith bald diesen „Untergrund" Jesus kennen, damit sie wieder fröhlich wird.

Biblisches Wort

Ihr seid wie Gottes Bauwerk. Das Fundament ist gelegt: Jesus Christus. (1. Kor. 3,9.11)

Aktion

In der Bibel gibt es dazu eine ähnliche Geschichte. Lies Lukas 6,47-49.

14. Juli

„Dauernd müssen wir uns Kirchen ansehen“, mault Tim. Auch Sonja, Tims große Schwester, verzieht gelangweilt das Gesicht.
„Na gut“, geben Mama und Papa schließlich nach, „dann geht ihr eben Eis essen und nachher treffen wir uns in der Augustinuskirche, o.k?“
Sonja, die schon fast erwachsen ist, muss versprechen, gut auf Tim aufzupassen. Fest nimmt sie ihn an ihre große Mädchenhand. Aber ohne Mama und Papa wird es Tim doch mulmig.
„Aber wir könnten uns verlaufen, oder...oder...jemand könnte uns entführen“, sagt er.
Doch Sonja lacht nur: „Warum sollte uns denn einer entführen?“
„Damit er Geld von Mama und Papa bekommt“, verteidigt sich Tim.
„Du meinst Lösegeld? Hab mal keine Sorge, Tim. Mama und Papa kaufen uns bestimmt frei. Sie wollen uns ganz sicher wieder zurückhaben. Aber nun komm. Dort drüben ist eine Eisdiele.“
Das Eis schmeckt lecker. Trotzdem bleibt Tim unsicher. Er beruhigt sich erst, als er und Sonja die Augustinuskirche erreichen, wo sie sich mit Mama und Papa verabredet haben. Tim entdeckt die Eltern als erster. Sie stehen vor einem großen Kreuz. Ein Holzmann ist an Händen und Füßen daran genagelt und um die Nägel herum ist das Holz rot angemalt wie Blut. Das Gesicht des Mannes sieht schmerzverzerrt und müde aus. Tim gefällt das grausige Bild überhaupt nicht. Erschrocken schiebt er seine Hand in Papas.
„Warum hängt denn da so ein Mann?“ flüstert er.
„Das ist ein Bild von Jesus“, erklärt Papa, „er ist ans Kreuz genagelt worden, weil...“
Aber er kommt nicht weiter, denn Sonja erzählt gerade von der Eisdiele und von Tims Angst, entführt zu werden.
„Papa, ihr hättet uns doch freigekauft, oder?“ ruft sie fröhlich.
Papa lacht und legt dabei einen Finger auf die Lippen.
„Aber sicher, Kind. Wir geben euch nicht her. Dafür haben wir euch viel zu lieb.“
Nun schämt sich Tim, und am liebsten möchte er von etwas anderem reden. Deshalb fragt er noch einmal: „Was ist denn nun mit dem Jesus am Kreuz?“

Impuls

Es ist wie die Geschichte mit dem Kidnappen. Gott bezahlt für uns Menschen ein Lösegeld, und dieses Lösegeld ist sein Sohn Jesus. Mit seinem Leben kauft er uns zurück, denn Gott hat uns Menschen so lieb, dass er uns nicht hergeben möchte.

Biblisches Wort

Auch der Menschensohn ist nicht gekommen, um sich bedienen zu lassen, sondern um zu dienen und sein Leben als Lösegeld für alle Menschen hinzugeben.
(Matth. 20,28)

15. Juli

Einmal in der Woche spaziert Oma Trudi durch ihren Garten und pflückt sich eine Blume. Sie stellt sie in einer Vase auf ihren Tisch. Dann freut sie sich an der Farbe und an dem feinen Duft, den ihre Blume verströmt. Aber meistens lässt die Blume schon nach wenigen Tagen ihr Köpfchen hängen. Die Blätter werden schlaff und fallen herunter. Traurig sieht das aus. Dann weiß Oma Trudi, dass sie wieder durch den Garten spazieren muss. Manchmal geht Anja mit. Dann darf sie eine Blume aussuchen. Heute wählt sie eine wunderhübsche gelbe Rose. Aber die Rose tut ihr leid.
„Du arme du", murmelt sie, „nun musst du bald sterben."
Oma Trudi hat schon eine hohe Glasvase mit Wasser gefüllt. Dort hinein stellt Anja die gelbe Rose.
„Oma", fragt Anja, während sie sich die Hände an einem Geschirrtuch abtrocknet, „warum blüht die Rose in der Vase eigentlich nicht genauso lange wie im Garten?"
„Weil wir sie von ihren Wurzeln abgeschnitten haben", erklärt Oma Trudi, „nun bekommt sie zwar noch Wasser, aber keine Nahrung mehr aus dem Boden. Weißt du, ohne Wurzeln geht jede Pflanze ein."
„Da haben es die Menschen aber besser", findet Anja, „die können herumspazieren, wohin sie wollen, ganz ohne Wurzeln."
Oma Trudi lacht.
„Nein, so ist es nicht, Anja, auch der Mensch hat Wurzeln. Seine Wurzel ist sein Ursprung."
„Das ist aber ein komisches Wort. Was ist das denn: ein Ursprung?" will Anja wissen.
„Ursprung ist, woher wir kommen."
„Also Mama und Papa und sogar du, weil du meine Oma bist", begreift Anja und dann fügt sie noch hinzu: „Und sogar deine Mama und deine Oma, die meine Ururoma ist und die Ururoma von meiner Ururoma, und.....und .... sogar Gott."
Oma Trudi nickt.

Anja hat ganz recht. Eigentlich ist unser Ursprung bei Gott. Wenn wir in ihm fest verwurzelt sind und wenn wir die Verbindung zu ihm nicht durchschneiden, dann können wir blühen und wachsen und fest und stark werden wie die Rosen im Garten.

Wie ihr nun den Herrn Jesus angenommen habt, so lebt auch mit ihm. Und seid in ihm verwurzelt und gegründet und fest im Glauben, wie ihr gelehrt worden seid, und seid reichlich dankbar. (Kol. 2,6.7)

Suche ein paar Blütenblätter, lege sie zwischen eine Zeitung und diese Zeitung mit deinen Blättern zwischen einen Stapel dicker Bücher. Nach ein paar Tagen sind deine Blütenblätter flach gepresst. Nun kannst du sie auf ein weißes Papier zu einer bunten Blumenwiese kleben.

16. Juli

Manchmal stehen wir ratlos vor Problemen, die sich auftürmen. Wir haben Nachteile einzustecken und wissen nicht, wie die guten Verheißungen Gottes wahr werden sollen. Es ist spannend, wie Gott aus den Tiefs wieder heraushilft, denn er ist auch dann bei uns, wenn wir verzweifelt sind.

Ohne Glaube ist es unmöglich, Gott zu gefallen.
(Hebr. 11,6)

Abraham und Lot geht es gut im Land Kanaan. Ihre Herden finden genug Futter. Deshalb werden sie immer größer. Aber bald zanken die Hirten miteinander.
„Macht Platz für unsere Schafe!“ rufen Lots Hirten an einer Wasserstelle.
„Nein“, sagen Abrahams Hirten, „wir waren zuerst hier. Erst müssen Abrahams Tiere trinken, denn Abraham ist der Chef.“
Als Abraham von dem Streit hört, spricht er mit seinem Neffen Lot. „Unter unseren Leuten darf es keinen Streit geben, denn wir sind Verwandte. Deshalb trenne dich von mir. Wähle das Land, das du haben möchtest, und ich nehme, was übrig bleibt.“
Da steigt Lot mit seinem Onkel Abraham auf einen hohen Berg. Von hier aus können sie die ganze Gegend überblicken. Weit unten schlängelt sich der Jordanfluss wie eine silberne Schlange durch das Tal. Wälder und fruchtbare Wiesen breiten sich an seinen Ufern aus. In der Ferne erkennt Lot die prachtvolle Stadt Sodom.
Dort lässt es sich bestimmt gut leben, denkt er, und deshalb bittet er seinen Onkel:
„Lass mich an den Jordanfluss ziehen. Ich möchte gern in Sodom wohnen.“
Abraham ist einverstanden. Er selbst wird mit seinen Herden, den Hirten und Knechten und mit seiner Frau Sara im Bergland bleiben.
Lot steigt vom Berg herunter. Abraham bleibt allein zurück. Plötzlich hört er Gottes Stimme: „Abraham, alles Land ringsumher von Norden nach Süden und von Osten nach Westen will ich dir und deinen Kindern geben. Die nach dir kommen, werden so viele sein wie die Sandkörner auf der Erde.“
Abraham wundert sich über diese Worte, denn er hat keine Kinder. Sara und er sind schon alt. Viele Tage denkt er über Gottes Worte nach. Was kann Gott wohl gemeint haben? Stundenlang sitzt Abraham vor seinem Zelt und grübelt. Schon sinkt die Sonne, und ein tiefblauer Nachthimmel neigt sich über das Land. Nach und nach kommen die Sterne hervor. Sie blinkern wie helle Laternen.
Mitten in die Stille hinein hört Abraham plötzlich wieder Gottes Stimme: „Abraham, schau dir den Himmel an und zähle die Sterne.“
„Herr, das kann ich nicht, denn es sind zu viele“, antwortet Abraham.
„Abraham, ich verspreche dir: Es werden so viele nach dir kommen wie Sterne am Himmel stehen.“
Da endlich glaubt Abraham, was Gott ihm verspricht, und Gott freut sich darüber.

17. Juli

Weißt du, was eine Karawane ist? Eine Karawane ist eine Reisegesellschaft im Orient. Die Menschen verreisen nicht im Auto oder im Zug, sondern sie laden ihr Gepäck auf Kamele. Sie selbst wandern neben den Kamelen her. Und wenn sie müde sind, reiten sie ein Stück. Das ist nicht besonders bequem, denn ein Kamelrücken schaukelt ganz schön hin und her.

Trotzdem bereitet sich Abrahams Familie auf eine Karawanenreise vor. Seine Frau Sara hat schon Decken und Kleidung, Küchengeräte und Vorräte eingepackt. Nun wartet sie, dass Abrahams Knechte ihr helfen, alles auf die Kamele zu laden. Aber die Knechte sind noch mit Abrahams Herden beschäftigt. Schafe und Rinder müssen zusammengetrieben werden. Sara wird wohl noch eine Weile warten müssen. Seufzend schaut sie noch einmal jedes Gepäckstück nach. Sie darf nichts vergessen, denn sie werden wahrscheinlich nie wieder zurückkommen.

Sara seufzt noch einmal. Der Abschied fällt ihr schwer, denn sie weiß, dass sie alle Freunde und Verwandte zurücklassen muss. Nicht einmal Abrahams Bruder Nahor und seine Frau Milka werden mitkommen. Sara hatte sich immer gut mit Milka verstanden. Sie waren wie Schwestern zueinander. Sie werden sich sicher vermissen. Doch wenigstens ihr Neffe Lot wird sich der Karawane anschließen. Lot ist schon erwachsen. Er hat eigene Herden und Hirten. Die Hirten werden mithelfen, die Karawane zu beschützen, denn so eine Reise ist gefährlich. Überall lauern Räuber oder wilde Tiere. Sara fürchtet sich vor ihnen. Deshalb hat sie versucht, Abraham umzustimmen.

„Lass uns hier bleiben", hatte sie gebettelt, „denn hier sind wir zu Hause."

Aber Abraham hatte traurig den Kopf geschüttelt.

„Wie gerne würde ich tun, was du dir wünschst", hatte er gesagt, „aber Gott hat mit mir gesprochen. Er sagte, ich solle aus meinem Vaterland gehen in ein Land, das er mir zeigen will."

„Du weißt nicht einmal, welchen Weg wir gehen sollen. Abraham, die anderen lachen über dich", hatte Sara erwidert. Aber Abraham hatte sie in den Arm genommen und gesagt: „Ich möchte Gott gehorchen, weil ich weiß, dass er Gutes mit uns vorhat. Wollen wir ihm nicht vertrauen?"

Doch, das will Sara auf jeden Fall, und deshalb lässt sie auch nicht mehr den Kopf hängen, sondern packt energisch die letzten Sachen ein. Beeil dich, Sara, schon kommen die Knechte, um die Kamele zu beladen!

Impuls

Abraham geht einen mutigen Schritt, weil Gott mit ihm geredet hat. Er lässt seine Freunde zurück, um dorthin zu gehen, wo Gott ihn haben will. Abschied nehmen ist schwer, etwas Neues wagen ist spannend. Auf Gottes Zusage hin Neues anpakken ist gut.

Biblisches Wort

Geh aus deinem Vaterland in ein Land, das ich dir zeigen werde. (1. Mose 12,1)

18. Juli

Viele Tage zieht die Karawane voran. Dann endlich erreicht sie das Land, das Gott Abraham versprochen hat. Das Land heißt Kanaan. Abraham möchte Gott für die neue Heimat danken. Sofort baut er einen Altar, vor dem er zu Gott beten kann.

Seine Frau Sara lädt die Kamele ab. Abrahams Knechte helfen ihr. Gemeinsam stellen sie ihre Wohnzelte auf. Für die Tiere bauen sie Ställe. Und die Hirten machen sich auf den Weg, um gute Weiden für die Herden zu suchen. Zufrieden kommen sie zurück. Sie haben genug Futter für Abrahams und auch für Lots Schafe und Rinder gefunden. Gott hat für sie gesorgt. Abraham und allen, die zu ihm gehören, geht es gut.

Aber dann wird plötzlich alles anders. Wochenlang scheint die Sonne. Erst haben sich die Menschen über das gute Wetter gefreut. Aber wenn es lange nicht regnet, vertrocknen die Wiesen, und wenn die Wiesen vertrocknen, finden Rinder und Schafe keine Grashalme mehr. Und ohne Gras können sie nicht leben. So sterben die Tiere. Auch die Menschen haben bald nicht mehr genug zu essen. Sara hat kein Fleisch mehr, das sie für Abraham, ihren Neffen Lot, die Knechte und Hirten kochen kann.

„Alle haben Hunger. Abraham, was sollen wir tun?" fragt sie ihren Mann. Da ruft Abraham die Männer zusammen und befiehlt ihnen: „Packt noch einmal unsere Sachen und treibt alle Tiere zusammen, die übrig geblieben sind. Wir werden nach Ägypten gehen. Dort gibt es Wasser und Weiden für unsere Herden." Ob Abraham das Richtige tut? Er möchte seine Leute vor dem Verhungern retten. Deshalb will er sie nach Ägypten führen. Aber er hat auch Angst. Er fürchtet sich vor Pharao, dem König von Ägypten.

„Sicher wird Pharao uns freundlich aufnehmen", denkt Abraham, „aber wenn er Sara sieht, will er sie bestimmt zur Frau haben, denn sie ist sehr schön. Vielleicht wird er mich töten, damit er Sara heiraten kann." Noch bevor sie Ägypten erreichen, spricht Abraham mit Sara über seine Sorgen. Sara ist sehr erschrocken. Natürlich möchte sie nicht, dass Abraham etwas zustößt. Deshalb ist sie sehr erleichtert, als Abraham ihr vorschlägt: „Sag in Ägypten, dass du meine Schwester bist. Dann werden mich Pharaos Leute am Leben lassen." „Ja", nickt Sara, „um dich zu retten, will ich tun, was du sagst."

Impuls: Gott traut uns zu, dass wir mit eigenen Entscheidungen und Plänen unser Leben gestalten können. Es ist schön, dass Gott soviel Tatkraft und Ideen gibt, Wichtiges auf den Weg zu bringen.

Biblisches Wort: Fragt nach dem Herrn und nach seiner Macht. (Ps. 105,4)

19. Juli

In Ägypten gibt es genug Weideland für Abrahams und Lots Herden. Tiere und Menschen werden satt. Aber als Abraham nach Ägypten kommt, sehen die Ägypter, dass seine Frau Sara sehr schön ist. „Wer bist du?“ fragen sie.

„Ich bin Sara, die Schwester von Abraham“, lügt Sara, so, wie es Abraham ihr geraten hatte.

„Wenn sie nicht mit Abraham verheiratet ist“, überlegen die Ägypter, „dann lasst sie uns zu Pharao bringen, damit er sie zur Frau nehmen kann.“

Pharao freut sich sehr über Saras Schönheit. Deshalb behält er sie bei sich. Er belohnt die Männer, die Sara zu ihm gebracht haben, mit wertvollen Geschenken. Und Abraham, den er für Saras Bruder hält, schenkt er viele Schafe, Rinder, Esel und Kamele. Auch Sara bekommt alles, was sie sich wünscht. Trotzdem ist sie traurig.

„Vielleicht werde ich niemals mehr zu Abraham zurückkommen“, denkt sie.

Aber Gott passt auf Sara auf. Er schickt Pharao und seinen Leuten eine schlimme Krankheit. Kein Arzt kann helfen. Da sendet Pharao weise Männer aus. Sie sollen herausfinden, woher die Krankheit kommt. Tage vergehen, und Pharao wird immer schwächer. Endlich erscheint einer der Weisen bei ihm.

„Pharao, die Seuche wütet, weil Sara hier ist. Sie ist Abrahams Ehefrau und nicht seine Schwester. Schick sie weg!“ sagt der weise Mann.

Als Pharao die Wahrheit über Sara erfährt, lässt er Abraham zu sich rufen.

„Warum hast du gesagt, dass Sara deine Schwester ist, so dass ich sie zur Frau nahm? Nimm sie, und dann geht fort von hier“, befiehlt er.

Da nimmt Abraham Sara zu sich und verlässt eilig Ägypten. Er und alle seine Leute ziehen wieder zurück nach Kanaan, das Land, das Gott Abraham versprochen hatte.

Auf der Reise sprechen Abraham und Sara über ihre Erlebnisse in Ägypten.

„Wir hätten nicht lügen dürfen“, überlegt Sara, „die Wahrheit ist doch herausgekommen. Und trotzdem hat Pharao dich nicht getötet.“

„Ja“, stimmt Abraham zu, „bitte entschuldige, dass ich dich zum Lügen aufgefordert habe. Aber ich hatte Angst. Ich habe Gott nicht mehr vertraut.“

„Abraham, ich vergebe dir. Und bestimmt vergibt uns auch Gott. Er hat uns beschützt, obwohl wir ihn vergessen haben.“

Impuls

Manchmal ist die Angst so groß, dass sie das Vertrauen in Gottes Schutz zudeckt. Aber Lügen helfen nicht weiter, sie machen zusätzlich noch das Vertrauen zwischen den Menschen kaputt. Gott sorgt für alle, die sich auf ihn verlassen.

Biblisches Wort

Verlass dich auf den Herrn von ganzem Herzen, und verlass dich nicht auf deinen Verstand, sondern denke an Gott auf allen deinen Wegen, dann wird er dich recht führen.
(Spr. 3,5.6)

20. Juli

Heiß sticht die Sonne vom Himmel. Es ist Mittagszeit. Im Schatten der Zelte ruhen sich Abrahams Leute von ihrer Arbeit aus. Auch Abraham hockt im Eingang seines Zeltes. Von hier aus beobachtet er Sara, die Ismael das Lesen beibringt. Ismael ist das Kind von Saras Dienerin Hagar. Sara und Abraham haben es zu sich genommen, denn die beiden haben keine eigenen Kinder bekommen. Aufmerksam schaut er zu, wie Sara mit einem Stöckchen Buchstaben in den Sand zieht. Dann liest er, was Sara geschrieben hat. „Gut macht er das“, freut sich Abraham, „ich kann wirklich stolz auf ihn sein.“

Trotzdem ist er sich immer noch nicht sicher, ob Ismael wirklich das Kind ist, das Gott ihm versprochen hat. Abraham ist ganz in Gedanken versunken. Doch als er seine Augen hebt, stehen plötzlich drei fremde Männer vor ihm. Sofort springt Abraham auf.

„Herzlich willkommen“, begrüßt er sie. Dann lädt er sie ein, bei ihm auszuruhen, sich zu waschen und zu essen. Die drei willigen gern ein, und Abraham bittet Sara, dass sie für die Gäste eine Mahlzeit zubereitet. Ismael kann ihr dabei helfen. Während Sara im Zelt Brot und Kuchen, Butter und Milch und Fleisch in Schüsseln und auf Teller füllt, unterhält sich Abraham mit den Fremden.

„Wo ist deine Frau Sara?“ fragt einer der Männer.

„Sie ist drinnen im Zelt“, antwortet Abraham.

„In einem Jahr werden wir dich wieder besuchen. Dann wird Sara einen Sohn bekommen.“

Sara hat durch die Zeltwand hindurch alles mit angehört.

„Unsinn“, denkt sie, „wie kann eine alte Frau wie ich noch ein Baby bekommen?“

Bei diesem Gedanken muss Sara lachen. Sie lacht so laut, dass es Abraham und seine Gäste hören.

Da fragt einer der Männer: „Warum lacht Sara, glaubt sie uns etwa nicht? Gott hat euch einen Sohn versprochen, ein Kind, das Sara auf die Welt bringen wird. Sara ist zwar schon alt, doch für Gott ist nichts unmöglich.“

Als Sara das hört, schämt sie sich, denn nun weiß sie, dass Gott selber die drei Fremden geschickt hat. Und jetzt endlich glaubt sie, dass sie den Sohn bekommen wird, der einmal Abrahams Nachfolger sein soll.

Das Leben ist voller Überraschungen, guter und schlechter. Abraham und Sara müssen lange warten, bis sich das erfüllt, was Gott versprochen hat. Gut, dass sie geduldig dran geblieben sind.

Was Gott verspricht, das kann er auch tun. (Röm. 4,21)

21. Juli

Gott hat drei Männer zu Abraham geschickt. Sie haben ihm gesagt, dass seine Frau Sara in einem Jahr den von Gott versprochenen Sohn bekommen wird. Abraham freut sich sehr darüber. Nachdem er mit den drei Fremden gegessen und geredet hat, begleitet er sie aus seinem Lager hinaus. Er geht mit ihnen bis kurz vor die Stadt Sodom. Hier wohnt Abrahams Neffe Lot. Erinnerst du dich noch an ihn? Lot verließ seinen Onkel Abraham, denn es gab für seine und Abrahams Schafe zusammen nicht genug Futter. Nun lebt Lot mit seiner Frau und zwei Töchtern in Sodom.

Abraham begleitet seine drei Gäste bis kurz vor diese Stadt. Plötzlich bleibt einer der Männer stehen. Mit seinem Wanderstock zeigt er auf Sodom.

„Die Menschen in dieser Stadt sind böse. Deshalb will Gott sie vernichten“, sagt er.

Da ruft Abraham erschrocken: „Aber, Herr, bestimmt gibt es auch gute Menschen in Sodom. Sollen die mit den Bösen zusammen verderben? Das wäre ungerecht. Nein, das kann Gott nicht wollen. Selbst wenn nur 50 Menschen in Sodom leben, die Gott gehorchen...“

Da antwortet Gott selber dem Abraham: „Gut, Abraham, wenn ich 50 Menschen in Sodom finde, die gerecht und in Frieden leben, so will ich um ihretwillen die ganze Stadt verschonen.“

„Aber, Herr“, wendet Abraham ein, „vielleicht sind es nur vierzig, die Gutes tun.“

„Finde ich vierzig, dann will ich die Stadt verschonen.“

„Ach Gott“, bittet nun Abraham, „sei nicht zornig auf mich. Aber was ist, wenn nicht einmal vierzig, sondern nur zwanzig gute und treue Menschen in Sodom leben?“

„Finde ich zwanzig, so will ich ihnen nichts tun. Auch wenn es nur 10 gibt, will ich um ihretwillen die ganze Stadt verschonen.“

Als Abraham das hört, traut er sich nicht, weiter mit Gott zu handeln. Aber was soll werden, wenn nicht einmal 10 Gerechte in Sodom leben? Was wird dann mit seinem Neffen Lot und seiner Frau und seinen Töchtern geschehen? Werden sie sterben müssen wie alle anderen Menschen aus Sodom auch?

Auch Gott sorgt sich um Lot. Er hat in der ganzen Stadt keine zehn Menschen gefunden, die ihm gehorchen wollen. Deshalb wird er mit einem Feuer die bösen Menschen bestrafen. Aber Lot will er retten. Gott schickt ihm die drei Männer, die auch schon bei Abraham waren. Sie sollen Lot warnen und aus der Stadt herausführen. Ob Lot auf sie hören wird?

Impuls

Gott freut sich über Menschen, die auf ihn hören. Und er ärgert sich über die, die ihn links liegen lassen. Selbst die Fürbitte Abrahams kann die Bosheit der Leute in Sodom nicht durchbrechen.

Biblisches Wort

Gottes Werke sind vollkommen, und alles, was er tut, ist recht. Treu ist Gott, gerecht und wahrhaftig. (5.Mose 32,4)

22. Juli

Gott schickt zwei Männer nach Sodom. Sie sollen Lot warnen, dass Gott die Stadt vernichten wird. So straft er die Menschen wegen ihrer bösen Taten.

Lot aber sitzt vor seinem Haus. Als er die Fremden sieht, springt er auf und geht ihnen entgegen.

„Guten Abend", begrüßt er sie und lädt sie ein, die Nacht über bei ihm zu bleiben. Da folgen ihm die beiden in sein Haus. Sie essen zusammen zu Abend, und Lots Frau bezieht für die Gäste zwei Betten. Gerade wollen sich alle schlafen legen, da hören sie lautes Geschrei auf der Straße. Es wird uns nichts angehen, denkt Lot. Doch da pocht es plötzlich an seiner Haustür.

„Lot, mach auf", brüllt eine Horde Männer, „oder wir schlagen deine Haustür ein."

„Was wollt ihr?" fragt Lot. „Geht nach Hause, es ist längst Schlafenszeit."

„Nein, gib vorher die Fremden heraus, damit wir über sie herfallen."

Da tritt Lot hinaus vor die Tür zu den Männern von Sodom.

„Nun mal langsam", versucht er die Männer zu beschwichtigen, „ich kann euch doch nicht meine Gäste ausliefern. Warum wollt ihr ihnen Böses antun? Bitte geht wieder nach Hause!"

Aber die Männer von Sodom verspotten Lot. „Du bist selbst ein Fremder in unserer Stadt", rufen sie, „und du willst uns sagen, was wir zu tun haben? Pass nur auf, mit dir wollen wir noch Schlimmeres tun als mit deinen Gästen."

Und schon stürmen die Männer von Sodom auf Lot ein. Da spürt Lot, wie ihn feste Hände von hinten greifen, ihn in das Haus zurück zerren und rasch die Haustür zuschlagen. Die beiden Fremden haben ihm geholfen. Draußen toben die Männer. Aber Lot ist gerettet. Nun merkt er selber, wie böse die Menschen in Sodom sind. Gleich am nächsten Morgen will er mit seiner Familie die Stadt verlassen. Die Sonne ist kaum aufgegangen, da drängen ihn schon seine beiden Gäste: „Beeil dich, Lot, und nimm alle mit, die zu dir gehören. Schaut euch nicht um, sondern flieht, so schnell ihr könnt."

Lots Onkel Abraham aber macht sich am selben Morgen früh auf den Weg und geht zu der Stelle, wo er mit Gott gesprochen hat. Von hier aus sieht er auf die Stadt Sodom. Rauch steigt von ihr auf wie aus einem Ofen. Nur Lot und seine Familie werden gerettet. Ein großes Feuer vernichtet die Stadt.

Impuls

Gott lässt niemanden allein, der sich auf ihn verlässt. Manchmal hilft er mitten in der Katastrophe. Und doch tut es weh, wenn Menschen ihr Leben verlieren, auch wenn sie viel Schlimmes getan haben.

Biblisches Wort

Der Herr weiß, wie er die, die ihn ehren, aus der Bedrängnis herausreißt. Aber alle, die Unrecht tun, lässt er warten, bis sie am Tag des Gerichts ihre Strafe bekommen. (2.Petr. 2,9)

23. Juli

Nun endlich hat Abraham einen Sohn. Er heißt Isaak. Gott hat versprochen, dass aus ihm ein großes Volk entstehen soll. Um dieses Volk will Gott sich kümmern wie ein Vater um seine Kinder.
Aber eines Tages geschieht etwas Schreckliches. Wieder spricht Gott mit Abraham. Er sagt: „Abraham, nimm Isaak, deinen einzigen Sohn, den du lieb hast, und geh mit ihm auf einen Berg. Opfere ihn dort mit einem Brandopfer."
Ein Opfer ist wie eine Bezahlung. Wenn ein Mensch etwas Böses tut, muss er das Böse eigentlich wiedergutmachen. Weil Menschen aber immer wieder Böses tun und weil sie nicht auf Gott hören wollen, deswegen kann es niemals gut zwischen ihnen und Gott werden. Aus Gottes Sicht haben alle Menschen den Tod verdient. Früher nun erlaubte Gott den Menschen, ein Tier zu schlachten und zu verbrennen. Ein Tier sollte sterben an Stelle der Menschen.
Aber nun erschrickt Abraham sehr, denn Gott verlangt, dass er nicht ein Schaf, sondern seinen Sohn Isaak opfern soll. Mit schwerem Herzen macht Abraham sich am nächsten Morgen mit Isaak auf den Weg.
„Wir wollen auf dem Berg zu Gott beten und ihm ein Opfer bringen", erklärt Abraham seinem Sohn.
Doch Isaak stellt verwundert fest: „Wir haben Feuer und Holz, aber kein Tier."
Da antwortet Abraham: „Gott wird sich selber ein Opfertier suchen." Seine Stimme klingt sehr traurig, seine Schritte werden immer langsamer. Am liebsten möchte Abraham den Berg niemals erreichen, weil er dort seinen Sohn hergeben muss. Aber schließlich kommen sie doch an. Abraham hält mühsam seine Tränen zurück, als er aus Steinen einen Altar baut. Obendrauf schichtet er Holz. Gerade will er Isaak binden, da hört er plötzlich wieder Gottes Stimme: „Abraham, tu deinem Kind nichts. Nun weiß ich, dass du mir gehorchst. Du bist sogar bereit, um meinetwillen deinen einzigen Sohn herzugeben."
Erleichtert bindet Abraham seinen Sohn los. Im gleichen Augenblick hört er das Blöken eines Schafes. Es ist von seiner Herde davongelaufen und hat sich im Gebüsch verirrt. Abraham holt es und opfert es an Isaaks Stelle auf dem Altar. Erleichtert treten sie den Rückweg an.

Impuls

Viele hundert Jahre später wird Gott selber tun, was er von Abraham verlangte. Gott selber opfert seinen Sohn Jesus. Jesus muss sterben. Mit seinem Tod bezahlt er für alles Böse, das Menschen tun. Weil Jesus gestorben ist, sieht Gott unsere Schuld nicht mehr an. Wie lieb muss Gott die Menschen haben, dass er seinen einzigen Sohn für sie opfert.

Biblisches Wort

Jesus erniedrigte sich so tief, dass er sogar den Tod auf sich nahm, ja den Verbrechertod am Kreuz. (Phil. 2,8)

24. Juli

Im Urlaub wird jeden Tag etwas unternommen. Nur nicht am Sonntagvormittag, denn dann geht die Familie zum Gottesdienst. Für Stefanie ist das ein bisschen langweilig, weil es in der Kirche an ihrem Urlaubsort keinen Kindergottesdienst gibt. Der Pfarrer sagt, dass Menschen versiegelt werden, wenn sie zu Gott gehören. Stefanie versteht nicht, was das bedeutet, und will fragen.

Aber Mama legt einen Finger auf ihre Lippen. „Pst, Steffi, später", flüstert sie.

Erst nach dem Gottesdienst erklärt ihr die Mutter, dass die Menschen früher ihre Briefe oder wichtige Schriftstücke mit einer Klebemasse verschlossen haben, in die sie ihren Stempel drückten. Das nannte man versiegeln.

„Und was hat das mit uns und Gott zu tun?" fragt Steffi.

Aber Papa drängelt, dass sie und Mama sich beeilen sollen.

„Oder habt ihr keine Lust mehr, in den Tierpark zu fahren?"

„Doch" ruft Stefanie und hopst ins Auto. Sie freut sich riesig auf die Tiere.

Papa braust auch gleich los. Vor dem Tierpark findet er einen Parkplatz.

„Ich geh schon mal", schlägt Mama vor. Papa und Steffi packen in der Zwischenzeit Saft und Brötchen für das Mittagessenpicknick in Papas großen Rucksack. Als sie an der Kasse ankommen, hat Mama schon den Eintritt bezahlt. Aber sie hat keine Eintrittskarten bekommen, sondern ein Mann am Eingang drückt jedem einen Stempel auf den Handrücken.

„Den kann man ja gar nicht sehen", beschwert sich Stefanie.

„Doch, ich schon", lacht der Kassenmann. Er holt eine kleine Lampe aus der Tasche und leuchtet auf Steffis Hand. Da erscheint plötzlich eine blaue Schrift auf ihrer Haut. „Die Schrift wird sichtbar durch ein besonderes Licht. Man nennt es UV-Strahlen", erklärt der Mann. Stefanie findet das raffiniert. Aber dann vergisst sie UV-Licht und Stempel, denn im Tierpark muss sie die Elefanten, Löwen und Zebras bestaunen. Besonders gut gefallen ihr aber die Affen und die Pinguine. So kommt es, dass ihr erst am Abend wieder der merkwürdige Stempel einfällt. Und auch die Sache mit der Versiegelung, denn ein Siegel ist ja auch ein Stempel. Das jedenfalls hat Mama gesagt. Stefanie muss unbedingt einmal nachfragen.

Impuls

Gut, dass Steffi gefragt hat. So erfährt sie, dass es mit der Versiegelung tatsächlich ähnlich ist wie mit dem unsichtbaren Stempel am Eingang zum Tierpark. Ebenso wie der Kassenmann drückt Gott jedem, der zu ihm gehören möchte, seinen Stempel auf. Sein Stempel ist der Heilige Geist. Und Gott kann diesen Stempel jederzeit sehen. Er braucht dazu keine UV-Lampe. Sein Licht ist die Wahrheit. Und in ihr erkennt er genau, wer zu ihm gehört.

Biblisches Wort

Als ihr zum Glauben kamt, hat Gott euch den heiligen Geist gegeben. Mit ihm hat er euch versiegelt. (Eph. 1,13)

25. Juli

Sabrina drückt sich ihre Nase an der Fensterscheibe platt.

„Wenn doch bloß dieser blöde Regen aufhören würde“, jammert sie, „dann könnte ich mit Svenja schwimmen gehen.“

Sabrina hopst von der Fensterbank, auf der sie gesessen hat, und setzt sich neben ihre Oma aufs Sofa.

„Du, Oma, ob ich Gott um Sonnenschein bitten kann? Sicher ist das nicht schwer für ihn, wo es doch eigentlich sowieso Sommer ist.“

„Gott kann das bestimmt, Sabrina, aber ich denke, dass wir ihn nicht um so etwas bitten sollen. Ich selber habe das mal versucht, und weißt du, was passiert ist?“

Gespannt schaut Sabrina ihre Oma an. Bestimmt wird sie gleich eine Geschichte erzählen.

„Ich war damals etwa so alt wie du jetzt“, beginnt Oma.

„Mein Vater hatte mir versprochen, mit mir in die Stadt zu fahren. Aber es regnete schon seit Tagen, so wurde nichts daraus. Was sollte ich nur tun? Am Abend holte Vater seine Bibel hervor. Er las: Alles, was ihr bittet in meinem Namen, das will ich euch geben. Das war die Antwort. Also betete ich für besseres Wetter. Aber am nächsten Morgen hingen immer noch dicke, schwarze Wolken am Himmel. Hatte ich nicht genug gebetet? Ich probierte es wieder, und tatsächlich, am Nachmittag hellte sich der Himmel auf. Die Wolken verflogen, und ein strahlend blauer Himmel zeigte sich. Vater fuhr tatsächlich mit mir in die Stadt. Prima, dachte ich, Gott hat mein Gebet erhört. Aber dann wurde es immer wärmer und schließlich ganz heiß. Die Sonne brannte wie kein Jahr zuvor. Den ganzen Sommer über regnete es nicht mehr. Der Weizen wird verbrennen, sorgte sich mein Vater, und das Obst wird an den Bäumen vertrocknen, bevor wir es ernten können. Das hatte ich natürlich nicht gewollt. Ich hatte doch nur um ein bisschen besseres Wetter gebetet. Schuldbewusst erzählte ich Vater von meinem Gebet. Doch Vater nahm mich in seine Arme. „Manchmal gibt es solche heißen Sommer“, tröstete er mich, „so etwas kommt vor, auch ohne dein Gebet. Und nun sei nicht mehr traurig. Aber vergiss nie, Kind, dass wir Gott nicht um etwas bitten sollen, das nur zu unserem Vergnügen dient.“

„Aber um was denn sonst?“ unterbricht Sabrina ihre Oma.

„Naja“, sagt Oma, „mein Vater hat mir beigebracht, darum zu beten, dass Gottes Wille geschehen soll. Und vielleicht“, lacht Oma verschmitzt, „vielleicht lässt Gott es heute regnen, weil er will, dass du das auch lernst. Kann doch sein, oder?“

Impuls

Gott ist kein Automat, bei dem man oben die Wünsche hineinsteckt, und unten kommt das heraus, was man will. Gott will, dass wir mit ihm im Gespräch sind und auf ihn hören, was er uns sagen will.

Biblisches Wort

Alles, was ihr bitten werdet in meinem Namen, das will ich euch geben. (Joh. 14,13)

Aktion

Was kann man spielen, wenn es im Sommer regnet? Du kannst ein Schiffchen falten und nachher, wenn die Sonne wieder scheint, auf einer Pfütze schwimmen lassen.

26. Juli

Jochen wollte von Anfang an nicht in diese blöde Kinderstunde. Erst gab es ein Puppenspiel von einem Jungen, der von zu Hause fortlief, lauter dummes Zeug machte und dann, als er kein Geld mehr hatte, wieder nach Hause zurückkehrte. Sein Vater lief ihm mit offenen Armen entgegen, weil er sich riesig freute, seinen Sohn wieder zu haben. Das gefiel Jochen gut. Aber dann trat eine Frau hinter der Bühne hervor und fragte die Kinder nach ihren Vätern. Jochen drückte sich tiefer in seinen Stuhl und hoffte, dass die Frau ihn nicht sehen würde. Aber natürlich musste sie ausgerechnet ihn ansprechen. Erst wollte sie seinen Namen wissen.

„Jochen", flüsterte Jochen.

„Schön, Jochen, möchtest du uns etwas von deinem Papa erzählen?"

Jochen schüttelte den Kopf. Aber da drehten sich alle Kinder zu ihm um und starrten ihn so komisch an, dass er fast ein bisschen ärgerlich wurde. Und deshalb sagte er laut:

„Ich habe nämlich gar keinen Papa."

„Das geht ja gar nicht", entrüstete sich ein Mädchen. Und ein anderes fügte hinzu: „Jeder Mensch hat Vater und Mutter. Ohne Vater und Mutter wärst du nämlich überhaupt nicht auf der Welt."

Jochen spürte, wie ihm die Tränen in die Augen stiegen, weil er plötzlich ganz furchtbar wütend wurde. Die zwei albernen Mädchen hatten ja keine Ahnung. Jochen hatte wirklich keinen Papa. Jedenfalls kannte er ihn nicht, und jedesmal, wenn er Mama nach ihm fragte, winkte sie nur ab. Mama sagte nur, dass sie niemals verheiratet war und es auch gar nicht sein möchte. So etwas kommt vor. Bestimmt gibt es noch andere Kinder, die keinen Papa haben, oder?

Hilfesuchend blickte Jochen die Puppenspielerin an.

„Weißt du, Jochen", erklärte sie, „selbst Jesus, der seinen Freunden die Geschichte erzählte, die ihr eben gesehen habt, hatte keinen Papa auf dieser Welt. Seine Mama hat ihn bekommen, ohne verheiratet gewesen zu sein. Aber Jesus hatte einen Vater im Himmel. Dieser Vater im Himmel ist Gott selber. Und er möchte auch dein Papa sein."

„Wirklich?" staunt Jochen. Und er überlegt, ob Mama dann Gott heiraten muss.

Aber da gab ihm die Frau Puppenspieler die Antwort: „Es genügt, wenn du ihm glaubst und ihn als deinen Papa haben willst. Er wartet schon längst darauf, genauso wie der Vater in der Geschichte."

Impuls: Auf andere Menschen kann man sich nicht immer verlassen, auf die Eltern nicht und auf die besten Freunde nicht. Doch auf Jesus ist immer Verlass.

Biblisches Wort: Gott ist doch unser Vater, und er ist es von Anfang an. (Jes. 63,16)

Aktion: Die Geschichte, die die Puppenspielerin den Kindern zeigte, steht in der Bibel in Lukas 15,11-24. Spielt sie einmal nach!

27. Juli

Einmal verabredeten sich die Tiere auf einer großen Wiese. Alle waren gekommen, der Löwe und der Bär, der Tiger und der Elefant, die Giraffe und der Maulwurf, die Schlange und der Hirsch. Sogar alle Vögel, die Enten und Schwäne und die kleine Biene waren herbeigeflogen.

Sie wollten herausfinden, wer von ihnen es am besten hatte.

„Ich natürlich", brüllte der Löwe, „denn mir kann keiner etwas tun. Ich bin der Stärkste von allen."

„Aber ich bin der Schnellste", fauchte der Tiger, „und deshalb entkommt mir niemand."

„Nein", zischelte die Schlange, „was nützt euch Stärke und Schnelligkeit, wenn ihr es mit meinem Giftzahn zu tun bekommt?"

„Oder mit meinem spitzen Stachel", summte die Biene und schwirrte dem Löwen um die Nase herum.

„Ha", zwitscherten die Vögel, „das alles kann uns nichts anhaben. Wir breiten unsere Flügel aus und fliegen einfach davon. Ihr aber müsst unten auf der Erde bleiben."

„Was ist dabei", brummte der Maulwurf, „ich grabe mir tief in der Erde meinen Bau. Der ist mein Versteck, wo mich keiner finden kann."

So stritten die Tiere miteinander bis zum Abend. Jeder wollte dem anderen beweisen, dass kein anderes Tier ihm gefährlich werden könne.

Nur das Schaf schwieg. Es hatte keine scharfen Zähne und keinen giftigen Stachel. Es konnte nicht schnell laufen und auch nicht fliegen. Und es konnte sich keinen unterirdischen Gang graben.

Da drohten ihm die anderen Tiere: „Schaf, wir werden über dich herfallen. Wie kannst du dich dann schützen?"

Das Schaf aber antwortete: „Ich brauche nicht kämpfen und nicht davonlaufen, ich werde versorgt, behütet und bewacht."

„Das wollen wir sehen", spotteten die Tiere. Der Tiger wetzte seine Krallen, und der Löwe leckte sich schon das Maul. Doch da kam der Hirte. Er schwang seinen Stab und vertrieb die wilden Tiere. Dann nahm er das Schaf auf den Arm, drückte es liebevoll an sich und trug es nach Hause in seinen Stall.

Impuls

Jesus kümmert sich um uns Menschen. Das hat er fest versprochen. Deshalb kannst du mit Jesus zuversichtlich bleiben, auch wenn es heiß hergeht.

Biblisches Wort

Jesus sagt: Ich bin der gute Hirte und kenne meine Schafe und sie kennen mich. (Joh. 10,14)

28. Juli

Papa und Dirk sind schon den ganzen Tag mit ihren Rädern unterwegs. Auf dem Gepäckträger hat Papa ein Zweimannzelt. In Dirks Satteltaschen stecken die Schlafsäcke. Ganz schön schwer sind die. Dirk tun schon mächtig die Beine weh.

„Bestimmt finden wir gleich einen Campingplatz", tröstet Papa. Er ist sich ganz sicher, dass es in dieser Stadt einmal einen gab. „Nur noch ein paar Kilometer", sagt er. Aber weit und breit ist kein Campingplatz in Sicht. Tapfer beißt Dirk die Zähne zusammen.

„Wir werden mal fragen", sagt Papa schließlich.

Dann erfahren sie, dass es hier schon lange keinen Campingplatz mehr gibt. Und nun? Ratlos und erschöpft stehen die beiden am Straßenrand. Außerdem ziehen am Himmel dunkle Wolken auf. Hoffentlich wird es nicht noch regnen. Doch Papa hat eine Idee.

„Wir werden zur nächsten Kirchengemeinde radeln und fragen, ob wir für eine Nacht dort bleiben können", schlägt er vor.

„Das geht bestimmt nicht, Papa. Wir sind doch ganz fremd für die."

„Mal sehen, Dirk", schmunzelt Papa.

Er setzt sich wieder auf den Sattel und biegt vorsichtig auf die Straße. Dirk bleibt nichts anderes übrig, als ihm zu folgen. Aber er glaubt nicht, dass Papas Plan klappt. Bestimmt müssen sie irgendwo in einem Wald ganz allein übernachten, obwohl das eigentlich verboten ist. Und wenn es dann auch noch ein Unwetter gibt....

Aber Papa ruft ihm fröhlich zu: „Du wirst sehen, dass es klappt."

„Und warum?" ruft Dirk zurück.

„Ach Dirk, wenn wir Menschen antreffen, die Jesus genauso lieb haben wie wir, werden sie uns bestimmt nicht zurück auf die Straße schicken, denn alle, die zu Jesus gehören, gehören auch zueinander. Und deshalb glaube ich, dass sie uns bestimmt helfen werden."

Hoffentlich, denkt Dirk, denn am Himmel wird es immer dunkler. Die ersten Regentropfen pitschen schon auf seine Windjacke.

Sie haben jetzt den Marktplatz mit der Kirche erreicht. Direkt neben der Kirche steht das Haus, in dem der Pfarrer wohnt. Papa lehnt sein Rad an den Gartenzaun und klingelt. Dirk zweifelt immer noch. Ihm ist das fast ein bisschen peinlich. Papa kann doch nicht einfach bei fremden Leuten klingeln. Doch da öffnet jemand die Tür. Eine Frau erscheint, und Papa redet mit ihr. Und dann winkt er zu Dirk herüber.

„Komm", ruft er, „schieb dein Rad in den Garten und lade gleich die Schlafsäcke ab. Wir sind hier herzlich willkommen."

Christen gibt es in fast allen Ländern dieser Welt. Trotz unterschiedlicher Hautfarbe, verschiedener Kultur und vielen verschiedenen Gemeinden gehören sie zu einem Herrn, zu Jesus Christus.

An eurer Liebe zueinander werden alle erkennen, dass ihr meine Jünger seid.
(Joh. 13,35)

29. Juli

Sabrina wandert mit ihrer Lieblingstante Olga durch den Wald. Tantes Dackel Willi darf mit. Laut bellend schießt er um die Bäume, und Sabrina rennt hinterher. Aber natürlich ist sie nicht so schnell wie Willi, obwohl der viel kürzere Beine hat. Willi ist längst im Gestrüpp verschwunden. Sabrina setzt sich auf eine Bank und wartet auf Willi und auf Tante Olga. Aber plötzlich steht ein fremder Mann vor ihr und schnauzt sie ärgerlich an: „Ist das dein Hund?“

Sabrina ist so erschrocken, dass sie keinen Ton herausbringt. Zum Glück biegt gerade Tante Olga um die Ecke.

„Der Dackel gehört mir“, erklärt sie. Und dann pfeift sie Willi zurück, der ausnahmsweise einmal gehorcht, und zeigt dem fremden Mann eine merkwürdige Plakette, die an Willis Halsband baumelt.

„Für diesmal ist es in Ordnung“, brummt der fremde Mann, „aber in Zukunft nehmen Sie Ihren Hund im Wald an die Leine.“ Tante Olga nickt liebenswürdig.

„Das war der Förster“, flüstert sie. „Er hätte leicht denken können, dass Willi ein streunender Hund ist, der Hasen und Rehe jagt. Solche Hunde werden manchmal erschossen.“

„Owei“, seufzt Sabrina und rutscht unruhig auf der Bank hin und her.

Aber die Tante lacht: „Es ist ja nichts passiert. Willi trägt seine Hundemarke, und daran kann jeder erkennen, dass er mir gehört. Sogar der Förster hat das eingesehen, und deshalb darf er Willi nichts tun. So, und nun wollen wir weiter.“

Erleichtert springt Sabrina von der Bank. Die hat auch eine Plakette. An der Lehne ist sie angenietet. „Städtische Alten- und Pflegeheime“ steht darauf.

„Sieh mal, Tante Olga“, ruft Sabrina, „die Bank gehört den Heimen.“

Und plötzlich sieht Sabrina noch viel mehr Dinge, die jemandem gehören. Am Wegrand sind Holzstämme aufgestapelt, die mit roten Zahlen und Namen beschriftet sind. Und an der Grillhütte steht ein Schild mit der Aufschrift „Eigentum des Landkreises“.

„Alles gehört jemandem“, überlegt Sabrina und schiebt ihre Hand in Tante Olgas Hand.

Impuls

Alles gehört jemandem, sogar Tante Olga. Sie gehört Gott. Da muss sich Sabrina doch wundern, denn die Tante trägt überhaupt keine Marke und auch kein Schild, nicht mal ein klitzekleines Erkennungszeichen. Oder doch?

Biblisches Wort

Ich habe das Leben jedes einzelnen in der Hand.

(Ez. 18,4)

30. Juli

Katja mag Nik wirklich gern. Aber heute hat sie keine Lust, mit ihm zu spielen. Sie haben sich für diesen Nachmittag verabredet. Nik ist extra den weiten Weg vom Dorf bis zur Ferienhaussiedlung heraufgewandert. Aber nun hat Katja es sich anders überlegt. Sie weiß selber nicht, was in sie gefahren ist. Nik würde warten müssen, denn jetzt will sie über den Strand laufen, Steine und Muscheln sammeln und kleine Welle über die nackten Füße springen lassen.

„Das ist sehr unfair von dir", sag Katjas Mutter streng. Aber Katja hört nicht, sondern läuft einfach los. Nik blickt traurig hinter ihr her.

„Mach dir nichts draus", tröstet Mutter, spendiert ihm Eis und schenkt ihm ein Paket Filzstifte. „Wenn du magst, kannst du bleiben und ein schönes Bild für mich malen", schlägt sie vor, „bestimmt kommt Katja gleich zurück."

Aber Nik schüttelt den Kopf. Er bedankt sich artig für Eis und Stifte und reicht Katjas Mutter die Hand. „Ich gehe jetzt lieber nach Hause", seufzt er. Und dann trottet er zwischen den Ferienhäusern hindurch zurück zum Dorf. Armer Nik!

Katja sieht ihn von weitem. Wie er so den Kopf hängenlässt, nicht fröhlich springt und pfeift, wie er es sonst tut, da merkt sie, dass sie wirklich böse mit ihm gewesen ist. Und plötzlich tut ihr Nik leid und auch ihr eigenes, schlimmes Verhalten. Würde Nik ihr wieder gut sein wollen?

Ganz schnell rennt sie hinter ihm her. Der Sand spritzt unter ihren Füßen hervor, so eilig hat sie es plötzlich. Atemlos kommt sie bei ihm an.

„Nik", keucht Katja, „bitte, bitte entschuldige. Ich habe Steine gesammelt. Den schönsten schenke ich dir, und dann ist alles wieder wie vorher, ja?"

Sie streckt ihre geöffneten Hände aus. Darin liegen bunte, vom Meer blank geriebene Steine. Nik wählt einen flachen aus. Dann zieht er sein Päckchen Filzstifte heraus, nimmt den schwarzen Stift und schreibt auf Katjas Stein: „Katja hat mir wehgetan." Er holt mit dem Arm aus und wirft den Stein so weit er kann hinaus ins Meer. Platsch, versinkt er in den Wellen. Erschrocken starrt Katja erst auf das Wasser und dann auf ihren Freund. „Der schöne Stein", jammert sie.

„Ja, der ist nun weg. Aber mit ihm auch unser Streit", sagt Nik und lacht.

Und Katja lacht vor lauter Erleichterung mit.

Impuls

Damit Streit unser Leben nicht kaputtmacht, müssen wir uns von ihm trennen. Was uns an Schuld belastet, können wir bis zu Jesus werfen und dann fröhlich weitergehen.

Biblisches Wort

Herr, du wirst alle unsere Sünde in die Tiefe des Meeres werfen.
(Micha 7,19)

31. Juli

Am schönsten ist es, wenn Mama nach dem Essen ein bisschen vorliest. Diesmal liest sie aus Marens Kinderbibel.

„Jesus nahm Petrus, Johannes und Jakobus mit auf einen Berg. Dort wollte er beten. Plötzlich leuchtete sein Gesicht wie die Sonne und seine Kleider wurden strahlend weiß. Eine helle Wolke erschien über ihm, und eine Stimme sprach:.. „Moment mal, Maren, ich glaube, das Telefon hat geläutet."

Mama verschwindet im Flur. Hoffentlich dauert es nicht so lange, denkt Maren, denn sie ist schon sehr gespannt, wie die Geschichte weitergeht. Bestimmt wird es Petrus und den anderen nun klar, dass Jesus wirklich von Gott kommt. Maren jedenfalls glaubt das ganz fest. Das muss sie gleich Mama erzählen. Aber als Maren hinter ihr her in den Flur läuft, macht Mama ein ganz besorgtes Gesicht.

„Maren, deck bitte den Tisch ab und spül das Geschirr. Der Kleine von Sieberts ist schlimm gestürzt. Ich werde ihn und Frau Siebert ins Krankenhaus fahren. Ich kann mich doch auf dich verlassen, oder?"

„Och", mault Maren, „Moni wollte nachher kommen. Wir wollten Barbipuppen-Kleider tauschen."

„Bitte, Maren", sagt Mama und greift schon nach ihren Autoschlüsseln. Das ist ungerecht, will Maren sagen, aber sie steht doch auf und fängt an, den Tisch abzudecken. Mama ist kaum zur Tür raus, da kommt Moni.

„He, Maren, beeil dich", ruft sie fröhlich.

„Ich kann nicht. Ich muss erst noch das Geschirr abwaschen."

„Ach was", winkt Moni ab, „mach das doch später. Schau mal, ich habe ganz tolle Kleider mitgebracht. Zeig mir mal deine, ja?"

Maren und Moni sind ganz vertieft. Als Mama wieder kommt, steht noch immer das schmutzige Geschirr vom Mittagessen auf dem Tisch. Mama seufzt und lässt heißes Spülwasser ins Waschbecken laufen. Als Maren sich endlich von Moni verabschiedet, hat Mama das ganze Geschirr allein gespült. Maren hat ein bisschen ein schlechtes Gewissen. Aber Mama sagt nichts, sondern schlägt Marens Bibel auf. Und dann liest sie die Geschichte von heute mittag weiter: „Also: Eine helle Wolke erschien über Jesus, und eine Stimme sprach: Dies ist mein lieber Sohn. Auf ihn sollt ihr hören."

„Na, das ist doch wohl klar", unterbricht Maren ihre Mutter, „wenn ich Petrus oder einer von den beiden anderen wäre, hätte ich schon längst auf Jesus gehört."

„Naja, Maren, mit dem Hören ist das gar nicht so einfach, und eigentlich weißt du das auch", sagt Mama.

Mama spricht natürlich von dem schmutzigen Geschirr. Wenn Maren es nicht einmal schafft, auf Mama zu hören, wie soll sie dann erst auf Jesus hören?

Impuls

„Du kannst das Hören bei mir üben", schlägt Mama vor. „Beim nächsten Mal klappt es bestimmt besser."

Sicher tut es das. Da ist sich Maren ganz sicher. Denn schließlich möchte sie ja wirklich auf Jesus hören – und auf Mama auch.

Biblisches Wort

Gott sagt: Jesus ist mein Sohn, ihm gilt meine Liebe, auf ihn sollt ihr hören. (Mark. 9,7)

1. August

Freust du dich, wenn du eingeladen wirst? Und gehst du dann auch hin? Jesus erzählte seinen Freunden einmal eine Geschichte:

Ein König bereitete ein großes Fest vor. Seine Köche holten das Beste aus den Speisekammern heraus, kochten und backten, brieten und brutzelten und luden alle Köstlichkeiten auf lange Tische. Seine Diener schmückten die Räume und legten sogar wunderschöne Festkleider für die Gäste zurecht. Als schließlich alles fertig war, sagte der König zu seinen Dienern: „Nun geht und holt alle ab, die ich eingeladen habe." Da machten sich die Diener auf den Weg. Aber als sie zum ersten Gast kamen, schüttelte der nur den Kopf.

„Ich kann nicht kommen", entschuldigte er sich, „denn ich habe gerade einen neuen Garten gekauft. Um den muss ich mich jetzt kümmern."

Der zweite sagte: „Ich habe einen funkelnagelneuen Wagen in meiner Garage. Damit möchte ich jetzt unbedingt eine kleine Reise machen."

Enttäuscht gingen die Diener weiter. Doch auch der nächste Gast hatte eine Ausrede.

„Ich habe gerade geheiratet. Nun möchte ich meine Frau nicht allein lassen."

Genauso ging es bei allen anderen eingeladenen Gästen. Keiner wollte mit zum Fest kommen. Sie hatten alle schon etwas vor, das sie für viel wichtiger hielten. Traurig kehrten die Diener zurück zum Schloss. Dort erzählten sie alles dem König.

Auch der König war traurig. Er hatte sich solche Mühe gegeben. Und nun wollten seine Gäste nicht kommen. Wer sollte nun mit ihm feiern?

Da plötzlich hatte der König eine gute Idee.

„Diener", rief er, „geht noch einmal hinaus. Doch diesmal geht auf die Straßen und Plätze und ladet ein, wen ihr findet."

Sofort schwärmten die Diener aus. Sie brachten Bettler und Kaufleute, Kinder und Lehrer, ein altes Mütterchen und einen lustigen Zirkusclown.

„König, wir haben getan, was du uns aufgetragen hast, doch es ist immer noch Platz", verkündeten die Diener. Da schickte der König sie noch einmal hinaus. Und als schließlich das ganze Schloss von Leuten wimmelte, da begann endlich ein wunderschönes Fest.

Die geladenen Gäste, die nicht gekommen waren, hörten die Musik und das Lachen von ferne. Schön dumm, dass sie nicht zum Fest gekommen waren. Ob es ihnen nun doch leid tat?

Impuls: Wenn Gott einlädt, lassen sich viele eine Ausrede einfallen. Leider verstehen sie nicht, dass sie das Wichtigste in ihrem Leben verpassen. Gott zwingt aber niemand, sondern er lädt ein.

Biblisches Wort: Freuen dürfen sich alle, die mit zu tisch sitzen werden in Gottes Reich. (Luk. 14,15)

Aktion: Nimm dir eine alte Zeitschrift und schneide lauter Menschen aus. Klebe sie auf ein Blatt Papier und verziere es oben mit buntem Geschenkband. Vielleicht hat so die Festgesellschaft des Königs ausgesehen.

2. August

Tante Sophie schlendert mit Mama und Tanja durch den Garten. Begeistert betrachten sie Tante Sophies Blumenbeete.
„Wie schön du alles hast," schwärmt Mama. Aber Tante Sophie lacht. „Gott lässt die Blumen so schön blühen. Alles, was er geschaffen hat, ist gut."
Tanja trottet missmutig hinter den beiden her. Sie findet nicht, dass alles gut und schön ist, was Gott geschaffen hat. Zum Beispiel ihre Sommersprossen. Die sind einfach hässlich. Tante Sophie sagt zwar, Gott hat ihr Gesicht gerade so gewollt. Aber Tanja gefällt es trotzdem nicht. Sie überlegt schon lange, wie sie ihre dummen Sommersprossen los werden kann.
Mama und Tante Sophie setzen sich auf die Terrasse und trinken Kaffee. Tanja geht lieber in Tante Sophies Wohnzimmer, damit nicht noch mehr Sonne auf ihre Nase scheint. Gelangweilt blättert sie in Tante Sophies Frauenzeitschriften. Und da entdeckt sie plötzlich etwas Interessantes. „Mittel gegen Gesichtsfalten", buchstabiert sie. Naja, Falten hat Tanja noch keine. Trotzdem liest sie weiter. Wachs und Honig soll miteinander verschmolzen und Quark hinzugefügt werden. Das Ganze soll sie auf ihre Haut schmieren und dort trocknen lassen. „Dieses Mittel befreit Ihre Haut nicht nur von Falten, es macht sie auch samtweich und frei von Sommersprossen", verspricht die Zeitschrift.
Das ist es, denkt Tanja aufgeregt. Ob Tante Sophie alles hat, was sie für das Rezept braucht? Tanja macht sich auf die Suche. In einer Schublade findet sie Kerzen, in der Speisekammer Honig und im Kühlschrank Quark. Sie holt einen Topf und bringt Wachs und Honig auf dem Herd zum Schmelzen. Dann rührt sie den Quark unter, lässt alles ein paar Minuten abkühlen und streicht schließlich die Paste auf ihr Gesicht. Es klebt ganz fürchterlich. Hoffentlich kommen Tante Sophie und Mama nicht gerade jetzt herein. Tanja muss das Ganze ja noch trocknen lassen. Aber nachher, wenn sie die Maske abnimmt und eine wunderschöne, sommersprossenfreie Haut hat, dann werden Tante und Mama erst mal staunen. Das Problem ist nur, dass Tanjas selbstgekochte Salbe auf ihrem Gesicht so fest klebt wie eine Maske.
Was soll Tanja nur tun? Sie ruckt und zerrt, aber das Ding will nicht wieder herunter. Schließlich bleibt ihr nichts anderes übrig, als auf die Terrasse zu Mama und Tante Sophie zu gehen. Die schauen erst ganz erschrocken. Aber dann lachen beide laut los. „Wie siehst du denn aus?"
„Ich wollte so gerne schön werden", jammert Tanja.
„Aber, Kind, das bist du doch", sagt Tante Sophie, und dann geht sie mit Tanja ins Badezimmer und legt solange heiße Handtücher auf ihr Gesicht, bis das Wachs weich wird und sich die Maske von ihrem Gesicht löst. Tanjas Haut ist jetzt rot wie nach einem Sonnenbrand, so rot, dass sie kaum noch ihre Sommersprossen sieht. Bekümmert betrachtet Tanja ihr Gesicht im Spiegel. „Das Rot wird wieder weggehen", tröstet Tante Sophie.
Gott sei Dank, denkt Sophie, denn Sommersprossen sind ihr doch lieber, als so auszusehen.

Impuls

Gott hat uns alle als Originale geschaffen, deshalb sehen wir alle verschieden aus. Keiner ist vollkommen, und doch hat jeder von Gott viele Fähigkeiten geschenkt bekommen.

Biblisches Wort

Ich danke dir, dass ich wunderbar gemacht bin.
(Ps. 139,14)

3. August

Im Kühlschrank ist es dunkel und herrlich kalt. Und so bleibt es, solange niemand die Tür öffnet. Butter und Käse, Wurst und Eier, Gurken und Tomaten fühlen sich so am wohlsten. Denn wenn es kalt bleibt, verderben sie nicht. Nur der Zitrone ist das egal. Ein bisschen abgesondert von den anderen liegt sie in einem Fach in der Kühlschranktür.

„Hach, ich wünsche uns ein langes Leben", kichern die Eier.

„Daraus wird wohl nichts", seufzt die Gurke, „ich habe schon ein paar weiche Stellen, deshalb komme ich bestimmt heute abend auf den Tisch."

Die Tomate räkelt sich im Gemüsefach. „Na und", gähnt sie.

„Dir ist das wohl egal, wie?" meckert die Zitrone.

„Nein, das ist es nicht. Aber wir mit der dünnen Schale verderben nun einmal schneller und müssen deshalb eher gegessen werden."

„Ja, wir mit der dünnen Schale", stimmt ihr die Gurke zu und blickt sehnsuchtsvoll zur Zitrone hinauf.

„Wenn ich doch auch nur so eine dicke Schale hätte", wünscht sie sich.

„Sie muss nicht dick sein, sondern fest", wispern die Eier.

„Ach, ja", seufzt die Gurke, „hätte ich eine Schale wie ihr, dann könnte ich lange leben."

„Unsinn", schaltet sich die Wurst ein. „Ich habe auch nur eine dünne Schale."

„Keine Schale. Du hast eine Haut", wissen die Eier.

„Und ist das nun besser?" fragt die Zitrone, die langsam sauer wird. Auch dem Käse stinkt es allmählich. „Natürlich ist eine Schale besser", bestimmt er.

„Nun streitet doch nicht", schmeichelt die Butter. Aber die Zitrone fällt ihr ins Wort: „Du kannst überhaupt nicht mitreden, denn du hast weder Schale noch Haut."

„Da hast du recht", gibt die Butter zu, „aber ihr tut gerade so, als wäre es wichtig, ob einer Schale oder Haut besitzt. Jeder ist das, was er ist. Und ich finde das gerade gut: Die Wurst ist scharf und der Käse mild. Die Eier sind innen flüssig und Tomate und Gurke weich. Die Zitrone hat Saft und ich selber, ich..."

Die Butter wird still, denn plötzlich öffnet sich die Kühlschranktür. Alle Lebensmittel werden herausgeholt und auf den Tisch gestellt. Selbst die Zitrone wird gebraucht. Ihr Saft wird herausgepresst und in den Tee geschüttet. Ein Glück, dass Käse, Wurst, Gurke oder Tomate nicht in die Teekanne müssen.

„Was wäre, wenn ...", darüber kann man herrlich und endlos reden. Aber es ändert sich nichts. Jeder Mensch kann aus seinen Gaben etwas gestalten und im Konzert der vielen mitspielen. Ein Glück, dass Gott uns ganz verschieden gemacht hat.

Durch Gottes Gnade bin ich, was ich bin. (1.Kor. 15,10)

4. August

Daniel ist zu Besuch bei Tante Gitti. Gestern hat Papa ihn hergefahren. Daniel ist gern bei seiner Tante. Trotzdem hat er Heimweh. Beim Abschied hat Papa ihn fest in den Arm genommen und ihm ins Ohr geflüstert: „Du, Daniel, in zwei Wochen hole ich dich wieder ab. Und damit du merkst, dass ich an dich denke, werde ich dir schreiben. Dann hast du einen Brief von mir, und das ist fast genauso, als wäre ich ganz nah, einverstanden?"

Da hat Daniel genickt, und der Abschied war nicht mehr ganz so schwer. Tante Gitti hat mit ihm Mensch-ärgere-dich-nicht gespielt. Das hat richtig Spaß gemacht. Denn Daniel hat dauernd gewonnen, und Tante Gitti hat sich nicht einmal darüber geärgert, sondern nur gelacht.

Trotzdem hat Daniel Papas Versprechen nicht vergessen. Gleich am nächsten Morgen rennt er an den Briefkasten. Aber als er ihn öffnet, liegen nur ein paar bunte Werbeblätter drin. Tante Gitti beachtet sie überhaupt nicht, denn sie liest gerade in einem dicken Buch.

„Papa hat gar nicht geschrieben", beschwert sich Daniel.

„So schnell geht die Post nicht. Du bist doch erst einen Tag hier", sagt die Tante und beugt sich gleich wieder über ihr Buch.

„Aber Papa hat versprochen, ganz schnell zu schreiben", beharrt Daniel.

„Er schreibt bestimmt", murmelt Tante Gitti.

„Aber wenn ich einen Brief hätte, wäre es fast so, als wäre Papa selber hier."

„Ach Daniel", seufzt Tante Gitti und schiebt ihr Buch ein bisschen an die Seite, „ich verstehe ja, dass du traurig bist."

„Nein, tust du nicht", ruft Daniel, „du sitzt ja doch nur da und liest."

„Ja", nickt die Tante, „und weißt du was? Das ist ein Brief von meinem Papa. Und der ist mir so wichtig, dass ich jeden Tag darin lese."

„Das ist ja gar kein Brief, sondern ein Buch", weiß Daniel. Da nickt die Tante wieder.

„Das Buch ist die Bibel, und sie ist wie ein Brief von Gott. Gott ist mein Vater im Himmel. Und weil er nicht mit mir auf dem Sofa sitzt und redet, deswegen habe ich seine Worte in diesem Buch. Und ich freue mich riesig darüber, denn das ist gerade so, als wäre Gott selber hier. Und weil mir dieser Bibel-Brief so wichtig ist, deswegen verstehe ich ziemlich gut, weshalb du so dringend auf einen Brief von deinem Papa wartest."

„Ach so", sagt Daniel, „da hast du es aber gut."

„Das kannst du auch haben", lacht die Tante, „die Bibel ist nämlich auch Gottes Brief an dich. Soll ich dir daraus vorlesen?"

Klar möchte Daniel diesen Brief kennenlernen.

Deine Wort haben mein Herz mit Glück und Freude erfüllt. (Jer. 15,16)

Schreibe einen Brief an jemanden, den du gerne hast. Wenn du noch nicht schreiben kannst, male einfach ein Bild – vielleicht das Bild von einem Briefträger?

5. August

Biblisches Wort

Nach deinen Weisungen zu leben, erfreut mich mehr als alles Gut und Geld.
(Ps. 119,14)

In den Ferien fährt Katrin am liebsten zu Oma, denn Oma denkt sich jeden Tag etwas Besonderes aus. Sie geht mit Katrin in den Zoo und ins Kino, einmal waren sie sogar im Zirkus. Und am Abend kuscheln sie zusammen, erzählen oder toben sogar. Nur morgens, gleich nach dem Aufwachen, soll Katrin leise sein. Denn dann sitzt Oma in ihrem Schlafzimmer auf der Bettkante und liest in ihrer alten Bibel. Am ersten Morgen ist Katrin einfach hereingeplatzt.

„Pst, Katrin, nicht stören, oder soll ich dir vorlesen?“ hatte Oma gefragt. Aber Katrin ist lieber wieder hinausgeschlichen. Geschichten, die in so einem alten, schwarzen Buch stehen, sind bestimmt ziemlich langweilig. Und es sind nicht einmal Bilder drin. Da wartet Katrin lieber, bis Oma fertig gelesen hat, Frühstück macht und wieder irgend etwas Tolles für den Tag vorschlägt. So vergehen die Ferien ganz schnell. Katrin muss wieder nach Hause. Aber Oma hat versprochen, ihr einen Brief zu schreiben. Jetzt wartet Katrin jeden Tag auf den Postboten. Und eines Tages bringt er tatsächlich einen dicken Umschlag.

„Für Katrin von Oma“, steht darauf. Aufgeregt reißt Katrin ihn auf. Aber es rutscht nur eine dicke, alte Zeitung heraus. Enttäuscht schmeißt Katrin die Zeitung unter den Tisch. Aber als sie zu Boden fällt, klickert irgend etwas ganz merkwürdig. Katrin zieht die Zeitung wieder hervor, dreht und wendet sie und klappt sie schließlich auf. Da entdeckt sie einen kleinen braunen Umschlag zwischen den Seiten. Was soll das nun wieder, denkt sie, reißt auch diesen Umschlag auf, und heraus purzelt ein schwarzes Kästchen. Katrin drückt auf den Verschluss, da springt der Deckel auf. Drinnen liegt auf blauem Samt ein silbernes Kettchen mit einem Kreuz daran. Katrin findet, dass es das Schönste und Wertvollste ist, das sie jemals geschenkt bekommen hat, und sie freut sich riesig. Aber warum hat Oma ihr Geschenk nur so komisch eingepackt?

Vielleicht findet Katrin die Antwort auf der Ansichtskarte, die Oma mit in den Umschlag gesteckt hat. Auf der Karte steht:

„Liebe Katrin, auf den ersten Blick war mein Brief nicht besonders schön, nicht wahr? Trotzdem habe ich ihn dir geschickt, weil ich dir zeigen wollte, dass ich dich lieb habe. Er ist ein bisschen wie meine alte Bibel. Sie ist schwarz und alt und hat nicht einmal Bilder. Aber wenn ich sie in die Hand nehme, aufschlage und darin lese, dann finde ich viel Wertvolles und Schönes in ihr. Sie ist wie ein Brief von Gott. Und in diesem Brief kann ich lesen, dass Gott mich sehr lieb hat, ...und dich auch...“

6. August

Mama näht Blusen für Gitti und Eva. Auch die Mädchen nähen für ihre Puppen. Manchmal stört Mama sie dabei, dann misst sie mit ihrem Maßband an Eva und Gitti herum. Mama ermahnt Gitti, still zu stehen. Dann darf sie zurück zu ihrem Puppenhemdchen. Gerade will sie es hochnehmen, da schreit sie entsetzt auf: „Eva, was hast du getan?" In Gittis Stoff ist ein langer Schnitt.

„Ich brauchte noch Stoff und da habe ich das genommen, aber ich habe nicht gesehen, dass es deines ist. Ich wollte es nicht kaputtmachen", verteidigt sich Eva.

„Gar nicht, das hast du mit Absicht gemacht", schreit Gitti und will sich auf Eva stürzen. Doch da greift Mama ein.

„Streitet doch nicht", beruhigt sie die Mädchen, „Gitti, du darfst dir ein neues Stück Stoff aussuchen. Und in der Zwischenzeit hole ich Plätzchen für uns, einverstanden?" Mama geht in die Küche, und als sie zurückkommt, nähen die Mädchen schon wieder friedlich an ihren Puppenkleidern. Erleichtert greift Mama nach den Mädchenblusen. Doch plötzlich schreit sie entsetzt auf.

„Wer hat hier hinein geschnitten?" schimpft sie. „Gitti, zeig mal dein Stück. Das ist ja genau mein Stoff."

„Du hast doch gesagt, ich darf mir was aussuchen."

„Aber nur von den Resten", schimpft Mama.

„Ich wollte deines nicht kaputtmachen", sagt Gitti kleinlaut.

Da muss Eva grinsen: „Du sagst genau das gleiche wie ich vorhin. Komisch, was?"

„Gar nicht komisch, weil es noch lange nicht das gleiche ist", brummt Gitti.

Aber nun schaltet sich auch Mama ein: „Wenn dein Stoff zerschnitten ist, ist es also etwas anderes, als wenn du meinen zerschneidest? Weißt du, Gitti, da beurteilst du dein Verhalten und das von Eva aber sehr unterschiedlich. Stell dir mal vor, ich würde für Evas Bluse mein Maßband hier benutzen, aber für deine Bluse denke ich mir ein ganz anderes Maß aus. Zum Beispiel, dass 10 cm so klitzeklein sind." Mama drückt Daumen und Zeigefinger aneinander und hält sie Gitti genau unter die Nase. „Was glaubst du wohl, was dabei heraus käme?"

„Ungerecht wäre das, weil meine Bluse dann viel kleiner werden würde", gibt Gitti zu. Sie versteht natürlich, dass Mama für beide Blusen das selbe Maßband benutzen muss. Ob das mit dem, was einer tut, genauso ist?

Bei dem anderen einen Fehler zu entdecken, ist viel leichter, als selbst einen Fehler einzugestehen. Jesus ermutigt uns, zuerst an den eigenen Fehlern zu arbeiten.

Zieh doch erst den Balken aus deinem eigenen Auge, dann kannst du dich um den Splitter in einem anderen Auge kümmern. (Matth. 7,5)

Borge dir Mamas Maßband und einen Zollstock aus einer Werkzeugkiste aus. Nun hole dir noch dein Lineal und vergleiche einmal. Haben alle drei das selbe Maß? Womit kann man noch messen?

7. August

Wenn wir wütend sind, gebrauchen wir schnell die Worte „immer" und „alles". Meist stimmt das gar nicht. Jesus möchte, dass wir bei den anderen gute und schlechte Seiten sehen und nicht nur herumschimpfen.

Richtet eure Gedanken auf das, was schon bei euren Mitmenschen als rechtschaffen, ehrbar und gerecht gilt. (Phil. 4,8)

Nelli und Alexandra kommen vom Spielen. Wütend knallen sie ihre Anoraks auf den Boden.
„Gehören die dahin?" fragt Mama. Aber die beiden Mädchen achten gar nicht auf sie.
Statt dessen schimpft Nelli: „Sabrina ist ganz schön doof."
„Ja, eine richtig blöde Kuh ist sie", stimmt Alexandra zu, „sie ist richtig gemein."
„Aha", sagt Mama, „und weshalb?"
„Sie macht uns immer alles kaputt", beschwert sich Nelli.
„Immer und alles?" fragt Mama.
„Klar", sagt Nelli.
Aber Alexandra stutzt. Sie legt den Kopf auf die Seite und denkt nach. Schließlich sagt sie: „Naja, alles macht sie nun auch nicht kaputt."
„Aber unsere Höhle hat sie kaputtgemacht, sogar mit Absicht", schimpft Nelli.
„Aha", sagt Mama wieder, „was hat Sabrina denn noch gemacht, Nelli?"
Jetzt legt auch Nelli den Kopf schief. Sie überlegt und überlegt. Aber mehr als die Höhle fällt ihr nicht ein. Trotzdem, Höhle kaputtmachen ist schon schlimm genug. Da kann Mama solange „Aha" sagen wie sie will. Mama seufzt.
„Na gut", sagt sie, „ich finde euch ganz schön unordentlich, weil ihr immer eure Anoraks auf den Boden schmeißt."
„Immer ist gar nicht wahr", wehrt sich Nelli, „gestern und vorgestern haben wir unsere Anoraks richtig an den Haken gehängt. Es ist unfair, wenn du sagst, dass wir sie immer auf den Boden schmeißen."
„Aha!" sagt Mama wieder und schaut die Mädchen ernst an.
Die beiden nehmen ihre Anoraks vom Boden und hängen sie an ihre Haken.
„Siehst du", triumphiert Nelli, „wir sind gar nicht immer unordentlich. Aber ich glaube, das siehst du gar nicht."
„Doch", sagt Mama, „ich sehe, dass ihr euch Mühe gebt. Und was seht ihr beide bei Sabrina?"
„Dass sie unsere Höhle kaputtgemacht hat", platzt Nelli heraus.
Aber Alexandra lenkt ein: „Manchmal ist Sabrina wirklich gemein. Aber manchmal auch nicht. Manchmal gibt sie uns von ihrer Schokolade ab oder lässt uns ihr Kaninchen streicheln."
„Manchmal ist sie also auch nett?" fragt Mama.
Alexandra nickt. Nelli zögert noch. Aber dann nickt auch sie.

8. August

Paulus hasste die Christen sehr, durchsuchte ihre Häuser und verschleppte ihre Kinder und Frauen. Er steckte alle ins Gefängnis, die er von den ersten Christen in Jerusalem finden konnte. Viele fürchteten sich vor ihm.
Aber Gott passte auf seine Leute auf. Eines Tages stellte er sich dem Verfolger mitten in den Weg. Paulus war gerade unterwegs nach Damaskus, um auch dort Christen zu verfolgen. Gemütlich ritt er auf seinem Pferd, hinter ihm her seine Diener und Soldaten. Da plötzlich breitete sich ein helles Licht um ihn aus. Paulus war davon so geblendet, dass er aus dem Sattel kippte und auf der staubigen Straße landete. Erschrocken kniff er die Augen zusammen. Da hörte er eine mächtige Stimme:
„Paulus, warum verfolgst du mich?"
„Aber ich verfolge dich nicht. Wer bist du überhaupt?" fragte Paulus.
„Ich bin Jesus", antwortete die mächtige Stimme.
Da erkannte Paulus, wie sehr es Jesus weh tat, dass er seine Leute eingesperrt hatte. Denn wenn einer die Christen gefangennimmt, dann ist es so, als wolle er Christus selber einsperren. Gut, dass Jesus sich nicht so einfach einsperren lässt.
Beschämt rappelte Paulus sich auf. Er wollte die Augen wieder öffnen. Aber das ging nicht. Drei Tage blieb er blind. Seine Diener mussten ihn an der Hand nach Damaskus führen.
In Damaskus lebte ein Mann, der Jesus lieb hatte. Er hieß Hananias. Zu ihm sprach Jesus: „Hananias, geh in die Gerade Straße. Dort wirst du Paulus finden. Lege deine Hände auf seine Augen, dass er wieder sehen kann. Und dann nimm ihn mit in dein Haus."
„Nein, Herr", wehrte sich Hananias, „den Paulus kenne ich. Der ist nur gekommen, um uns alle zu verhaften."
Aber Jesus sagte ihm: „Hab keine Sorge. Geh und kümmere dich um Paulus, denn ich habe ihn ausgesucht, dass er vielen Menschen von mir erzählen soll."
Da gehorchte Hananias. Er holte Paulus zu sich und legte ihm seine Hände auf die Augen. Sofort konnte Paulus sehen. Und gleichzeitig erkannte er, was für ein mächtiger und starker Herr Jesus ist. Zu ihm wollte er jetzt auch gehören.

Impuls

Jesus überzeugt sogar Paulus, der ihn verfolgt. Aus Paulus wird einer der wirkungsvollsten Missionare der ersten Christenheit. Er hat viele Gemeinden gegründet.

Biblisches Wort

Jesus sagt: Gerade Paulus habe ich als mein Werkzeug ausgesucht. (Apg. 9,15)

9. August

Paulus sagt: Wir verkündigen euch nun die gute Nachricht, dass Gott seine Zusagen eingelöst hat. (Apg. 13,32)

Schau dir eine Landkarte vom Mittelmeer an. Ganz oben in Israel liegt die kleine Stadt Antakya. Das war früher einmal Antiochia. Nun kannst du mit deinem Finger der Reise von Paulus und Barnabas bis zur Insel Zypern und dann noch einmal über das Meer bis in die Türkei folgen. Die beiden waren auch in Antalya, einem heute bekannten Urlaubsort, das früher Attalia hieß.

„So, Paulus, du willst also einer sein, der zu Jesus gehört? Das glaubt dir keiner. Bist du es nicht, der die Christen verfolgt und ins Gefängnis geschleppt hat?"
So redeten die Christen, als Paulus an ihre Türen klopfte, denn sie hatten immer noch Angst vor ihm. Nur einer nicht. Er hieß Barnabas, und er setzte sich für Paulus ein.
„Lasst ihn zu uns gehören", bat er die Freunde, „denn Jesus selbst ist ihm begegnet." Da endlich glaubten sie, dass Paulus ihnen nichts mehr tun wollte, und ließen ihn ein. Jeden Tag sprach Paulus mit den anderen Christen. Aber dann wollte er auch denen, die noch nichts von Gott und Jesus wussten, von ihm erzählen. Deshalb ging er hinaus auf die Straßen und Marktplätze und in die Kirche und sagte den Menschen: „Gott hat euch lieb. Deshalb hat er Jesus Christus geschickt. Jesus ist Gottes Sohn."
Da lachten die Leute. Aber Paulus hörte nicht auf, von Gott zu sprechen. Da wurden die Leute ärgerlich und überlegten, wie sie ihn umbringen könnten.
„Rasch, Paulus, du musst verschwinden", rieten ihm seine neuen Freunde. Da verließ Paulus die Stadt. Er reiste durch die umliegenden Städte, lernte überall andere Christen kennen und fand Freunde. Schließlich erreichte er zusammen mit Barnabas die Stadt Antiochia. Und hier sprach Gott wieder mit ihm. Gott sagte: „Barnabas und Paulus habe ich für eine besondere Aufgabe ausgewählt."
Was hatte Gott wohl vor?
„Ich möchte, dass ihr über das Meer fahrt und allen Menschen, denen ihr begegnet, von mir erzählt", sagte Gott. Nun gab es damals noch nicht so tolle Luxusschiffe wie heute. Eine Seefahrt war gefährlich. Trotzdem machten sich Paulus und Barnabas auf den Weg. Zuerst reisten sie zur Insel Zypern und dann weiter nach Pamphylien und Pisidien. Und weil das so komische Namen sind, sagen wir heute Türkei dazu. In jeder Stadt besuchten Barnabas und Paulus die Kirchen und Marktplätze und erzählten, wie lieb Gott die Menschen hat. Viele Menschen glaubten ihnen und wollten auch zu Gott gehören. Aber manche wurden auch ärgerlich und warfen mit schweren Steinen nach ihnen. Doch immer passte Gott auf, dass sie weiterreisen konnten.
Lange waren Paulus und Barnabas für Gott unterwegs. Und das war keine hübsche Urlaubsreise, keine schicken Hotels und weißen Sandstrände. Ich glaube, Barnabas und Paulus haben richtig für Gott gearbeitet.

10. August

„Ach, Barnabas, lass uns nicht streiten“, sagte Paulus, „wir sind doch Freunde. Weißt du nicht mehr, wie wir zusammen über das Meer gefahren sind, um den Menschen von Gott zu erzählen? Lass uns noch einmal zusammen zu ihnen reisen und sehen, wie es ihnen geht.“

„Gern, Paulus, aber ich möchte auf jeden Fall Johannes-Markus mitnehmen. Er hat uns schon damals begleitet.“

„Ja, aber nur ein Stück“, entgegnete Paulus, „und dann ist er einfach umgekehrt. Nein, Barnabas, wir können uns nicht auf ihn verlassen.“

„Ich möchte es noch einmal mit ihm versuchen“, antwortete Barnabas. Aber Paulus ließ sich nicht erweichen. Die beiden, die doch eigentlich Freunde waren, gerieten darüber in einen richtig bitteren Streit. Schließlich schlug Barnabas vor: „Es tut mir leid, aber wir werden uns trennen müssen. Ich will Johannes-Markus auf jeden Fall mitnehmen.“

Paulus blieb nichts anderes übrig, als die beiden ziehen zu lassen. Da machten sich Barnabas und Johannes-Markus auf den Weg zur Insel Zypern.

Und wer sollte nun mit Paulus mitkommen? Paulus fragte Silas, der auch Gott lieb hatte. Silas war sofort einverstanden und packte noch am selben Tag seine Koffer. Sie zogen quer durch die Türkei, und das war ziemlich anstrengend, wenn man nicht im Auto oder mit dem Zug fahren kann.

„Macht aber nichts“, sagte Paulus, „wenn wir nur vielen Menschen von Gott erzählen können.“ Aber irgendwie klappte das auf dieser Reise nicht so gut. Die Menschen hatten anderes zu tun, als auf den Plätzen und Straßen Paulus zuzuhören.

„Was sollen wir hier, wenn doch niemand von Gott hören will?“ fragte Paulus. Aber Gott hatte längst einen Plan. Und eines Nachts, als Paulus und Silas schon an der äußersten Spitze der Türkei, in Troas, angekommen waren, schickte Gott dem Paulus einen merkwürdigen Traum. Paulus träumte von einem Griechen. Ein Grieche? Was wollte der denn? „Komm zu uns und erzähl uns von Gott“, bat der Mann. Da wunderte Paulus sich sehr. Griechenland ist doch schon Europa. Und Europa ist ein ganz anderer Erdteil. Bisher war Paulus nur in Asien herumgereist. Das war sein Heimaterdteil. Gott wollte wohl auch in anderen Erdteilen bekannt werden. Vielleicht sogar auf der ganzen Welt?

Impuls

Streit in der Gemeinde ist nie gut. Aber manchmal ist es dann gut, wenn jeder sein eigenes Feld bekommt. Jesus kann aus diesem Streit etwas machen. Er gibt eine neue Aufgabe.

Biblisches Wort

Jesus sagt: Gott hat mir Macht über Himmel und Erde gegeben. Darum geht nun zu allen Völkern und macht sie zu meinen Jüngern und Jüngerinnen! (Matth. 28,19)

11. August

Von dieser ersten Gemeinde aus verbreitete sich der Glaube an Jesus Christus über ganz Europa. Eine Generation gab ihre eigene Erfahrung mit Jesus an die nächste weiter. So kam der Glaube bis zu uns.

Wer ist weise, dass er dies versteht? Denn die Wege des Herrn sind richtig, und die Gerechten warten darauf. (Hos. 14,10)

Paulus und sein Freund Silas fuhren über das Meer. Die Wellen klatschten gegen ihr Schiff. Paulus stand an Deck, schaute über das Wasser zum fernen Europa und fragte sich, was Gott wohl vorhatte. Gott hatte ihn und Silas nach Griechenland geschickt. Die Menschen dort sollten von Gott erfahren. Hoffentlich wollten sie das auch.

„Am besten, wir gehen zuerst in eine jüdische Synagoge", schlug Paulus vor, „das ist sowieso der Platz, wo es um Gott geht. Vielleicht können wir dort von Jesus reden."

Als dann das Schiff in Griechenland anlegte, marschierten Paulus und Silas zuerst in die große Stadt Philippi.

„Wo hier wohl eine Synagoge ist?" fragten sie sich. Tagelang liefen sie durch Straßen und Gassen, besuchten Plätze und Märkte. Aber in der ganzen Stadt fanden sie keine Synagoge. Wollten die Leute nicht, dass Gott bei ihnen wohnte? Traurig und enttäuscht wanderten Paulus und Silas hinaus vor die Stadt. Und hier, weit draußen am Fluss, entdeckten sie schließlich ein Gebäude. War das vielleicht die Synagoge von Philippi?

Paulus und Silas kamen näher. Aber sie fanden keinen Priester, keinen Pfarrer und keine Gemeinde. Nur ein paar Frauen hockten am Flussufer und redeten miteinander.

„Komm, Paulus, lass uns umkehren. Am besten, wir fahren wieder nach Hause", sagte Silas. „Oder sollen wir etwa diesen Frauen von Gott erzählen?"

Paulus überlegte ein Weile. Gott hatte bestimmt keinen Fehler gemacht, als er ihn und Silas nach Griechenland schickte. Deshalb nickte Paulus nun: „Ja, Silas, lass es uns versuchen, vielleicht wollen sie uns zuhören."

Freundlich begrüßte er die Frauen, setzte sich zu ihnen ins Gras und begann zu sprechen: „Gott selber hat uns geschickt, damit wir euch sagen, dass er euch lieb hat."

Erstaunt horchten die Frauen auf, besonders eine, die Lydia hieß. Aufmerksam hörte sie zu, als Paulus Geschichten von Gott und seinem Sohn Jesus erzählte. Und zum Schluss sagte sie: „Ich möchte auch zu diesem Gott gehören."

„Wenn du das wirklich möchtest, dann darfst du sein Kind sein", versprach Paulus.

Da lud Lydia Paulus und Silas in ihr Haus ein. Sie hatte ein großes und schönes Haus, denn sie besaß ein Stoffgeschäft und war deshalb ziemlich reich. Silas und Paulus wohnten nun bei ihr. Diese Frau war die erste, die in Europa Gott kennenlernte. Und nach ihr noch viele andere Menschen.

12. August

Jeden Tag wanderten Paulus und Silas durch Philippi. Einmal rannte ein Frau hinter ihnen her. Aus ihr schrie ein schlimmer Geist, der die Zukunft wusste. Die Frau sagte den Leuten weiter, was der Geist ihr eingab, und dafür bekam sie Geld. Viele Tage belästigte sie Paulus und Silas. Schließlich wurde es Paulus zuviel.
„Gott hat uns Kraft gegeben, in seinem Namen die bösen Geister zu vertreiben", sagte er. Dann drehte er sich zu der Frau um und gebot dem Geist, sofort zu verschwinden. Der Geist gehorchte.
Nun hätte alles gut sein können. Doch als der Geschäftsmann, der zu der Frau gehörte, erfuhr, dass sie kein Geld mehr einbringen würde, wurde er sehr wütend auf Paulus und Silas. Er schleppte sie auf den Marktplatz. Dort schrie er: „Diese Männer bringen Unruhe in die Stadt." Und er hetzte die Leute gegen sie auf. Armer Paulus, armer Silas! Die Leute packten sie, schlugen sie und warfen sie ins Gefängnis. Ein Wärter stieß sie in die tiefste Zelle und fesselte ihre Füße. Niemand versorgte ihre Wunden. Niemand brachte ihnen Essen oder auch nur ein Schlückchen Wasser. Es gab kein Bett und keine Decke. Nur der harte Steinboden. Und dunkel und kalt und feucht war es. Wie verzweifelt mussten Paulus und Silas gewesen sein. Verzweifelt? Stell dir vor, sie jammerten nicht, sondern sie beteten zu Gott. Und dann sangen sie sogar. Da haben die anderen Gefangenen sich aber gewundert. Ganz still sind sie geworden und haben den Liedern zugehört. So etwas hatte es im Gefängnis noch nie gegeben.
Und dann, so etwa gegen Mitternacht, bebte plötzlich die Erde. Die dicken Eisengittertüren sprangen auf, als wären sie dünne Streichhölzer, alle Ketten fielen von den Gefangenen. Ganz frei konnten sie aus ihren Zellen spazieren. Und wie es im Gefängnis so rumorte und polterte, fuhr der Gefängniswärter erschrocken aus seinem Schlaf. Na, das war eine schöne Bescherung. Bestimmt waren alle Gefangenen verschwunden. Das würde Ärger geben! Aber plötzlich hörte er aus der hintersten Zelle Stimmen. War das nicht Paulus, den er erst am Tag vorher eingesperrt hatte?
„Mach dir keine Sorgen, wir sind alle hier!" rief Paulus. Da holte der Wärter schnell eine Laterne und stürzte in die Zelle. „Dein Gott hat euch befreit", rief er, „wie stark und mächtig muss er sein. Zu diesem Gott möchte ich auch gehören."
Dann nahm er Paulus und Silas mit in sein Haus, wusch ihre Wunden und gab ihnen zu essen. Paulus aber erzählte der ganzen Gefängniswärter-Familie von Jesus. Und alle glaubten an ihn.

Verlass dich auf Gott, dann wird er dich retten.
(Apg. 16,31)

13. August

Paulus und Silas reisten quer durch Griechenland. Schau mal auf einer Landkarte nach! Früher hatten die Städte andere Namen. Aber Philippi, Amfipolis, Thesaloniki, Athen und Korinth kannst du heute noch finden. Das war eine ganz schön weite Strecke. Monate haben Paulus und Silas gebraucht, um sie zurückzulegen. Und zwischendrin gab es immer wieder Ärger. Viele Menschen wurden richtig sauer.
„So, Paulus, du meinst wohl, das wir nicht richtig glauben und deshalb auch nicht richtig leben, wie?“ ärgerten sie sich, wenn Paulus wieder einmal von Gott erzählte. Wer etwas von Gott versteht, der kann nämlich nicht mehr einfach so weiterleben wie vorher. Der kann nicht lügen, betrügen und böse bleiben. Sondern der weiß, dass Gott es gut mit den Menschen meint, und möchte deshalb gerne auf ihn hören. Viele Menschen folgten Gott. Sie waren froh, dass Paulus und Silas gekommen waren und sie mit Gott bekannt gemacht hatte. Aber andere meinten: „Wir brauchen deinen Gott nicht, verschwindet hier und lasst euch nicht mehr blicken.“ Dann bewarfen sie Paulus mit Steinen und trieben ihn aus der Stadt. In der Provinz Achaia schleppten sie Paulus sogar vor ihren Gouverneur. Aber der zuckte nur die Schultern und sagte: „Was gehen mich eure Streitigkeiten an? Der Paulus tut doch nichts Böses.“ Da mussten sie Paulus gehen lassen. Aber vor lauter Zorn verprügelten sie einen anderen Christen. Der hieß Sosthenes. Armer Sostheses! Trotzdem behielt er Gott lieb, und Gott wird ihn besonders getröstet haben.
Gott tröstete auch Paulus und Silas. Er erschien ihnen in der Nacht in einem Traum und ermutigte sie: „Habt keine Angst, sondern erzählt den Menschen von mir. Gebt nicht auf, denn ich werde immer bei euch sein!“

Da fassten Paulus und Silas neuen Mut. Wenn Gott sie begleitete, was konnte ihnen dann schon geschehen? Außerdem hatten viele Menschen schon zu Gott gefunden. Und das war ja genau das, was Gott sich so sehr wünschte. Es hat bestimmt zwei Jahre gedauert, bis Paulus und Silas wieder nach Hause kamen. In Jerusalem haben sie viele Stunden ihren Freunden von der spannenden Reise erzählt.

Ich fürchte nicht Verfolgung und Gefangenschaft, denn mir ist wichtig, dass ich den Auftrag Gottes erfülle, nämlich den Menschen die gute Nachricht zu sagen. (Apg. 20,23.24)

14. August

Zwei Jahre musste Paulus in Jerusalem bleiben. Aber er saß nicht gemütlich zu Hause, sondern wieder einmal im Gefängnis. War Paulus denn so ein Bösewicht, dass er eingesperrt werden musste? Nein, Paulus hatte nur von Gott geredet. Und das hatte die Leute so aufgebracht, dass sie ihn totschlagen wollten. Da hatte ihn der Stadtkommandant lieber in eine Gefängniszelle gesperrt, denn dort konnte Paulus nichts passieren. Und dieser Stadtkommandant erlaubte Paulus sogar, zu den Menschen von Jerusalem zu sprechen. Paulus durfte sich auf eine große Treppe stellen. Soldaten bewachten ihn. Keiner durfte ihn angreifen. So hat Gott es prima eingerichtet, dass viele Menschen in Jerusalem von ihm hörten.

Aber mitten in der Rede begannen die Leute zu schreien und zu toben. Da musste der Kommandant Paulus schnell wieder ins eine Zelle bringen lassen. Die Leute aber waren immer noch wütend auf Paulus. „Wir wollen ihn umbringen", flüsterten sie untereinander, „morgen wollen wir den Kommandanten bitten, dass er Paulus zu den Priestern bringen soll, damit sie ihn verhören können. Und wenn er auf dem Weg dorthin ist, wollen wir ihn überfallen und töten."

Aber ein junger Mann schlich sich noch in der Nacht zum Kommandanten und verriet ihm den Plan. Da befahl der Kommandant: „Sorgt dafür, dass 200 Soldaten, siebzig Reiter und 200 Speerträger heute abend bereitstehen. Ich will Paulus nach Cäsarea zum Gouverneur Felix schicken, und sie sollen ihn begleiten."

So kam Paulus nach Cäsarea. Auch dort bekam er wieder nur eine enge und dunkle Gefängniszelle. Aber jeden Tag holte ihn der Gouverneur Felix in seinen Palast, denn Felix wollte mehr über Gott erfahren. Doch dann kam ein neuer Gouverneur nach Cäsarea. Auch er verhörte Paulus. Paulus verteidigte sich: „Ich habe nichts Böses getan. Solltest du etwas an mir finden, dann bin ich bereit, dafür bestraft zu werden. Aber du wirst merken, dass alle Anklagen falsch sind. Deshalb verlange ich, dass du mich zum Kaiser selber bringst."

Da beriet sich der Gouverneur mit dem König. Der König hieß Agrippa und die Königin Berenike. Lange hörten sie Paulus zu. „Du möchtest wohl, dass ich Christ werde?" fragte der König. Und Paulus antwortete: „Ja, König, ich bete zu Gott, dass du ihn kennenlernst und ihn lieb hast."

Darüber war der König sehr verwundert.

„Eigentlich könnte ich dich frei lassen, denn du hast nichts Schlimmes getan", meinte er, „doch ich werde dich zum Kaiser schicken, wie du es verlangt hast."

Der Kaiser wohnte in Rom, und Rom liegt in Italien. Da musste Paulus sich schon wieder auf eine Reise machen. Und die wurde die weiteste und gefährlichste von allen.

Biblisches Wort

In der Nacht erscheint Gott dem Paulus und sagt zu ihm: Nur Mut, Paulus, wie du hier in Jerusalem für mich eingetreten bist, so musst du es nun auch in Rom tun.
(Apg. 23,11)

15. August

Wendet euch zu mir, so werdet ihr gerettet, denn ich bin Gott und sonst keiner. (Jes. 45,22)

Wieder einmal musste Paulus verreisen, und diesmal sogar als Gefangener. Und was hat ein Gefangener schon viel zu sagen. Keiner hört auf ihn und keiner fragt nach seiner Meinung. Es war längst Herbst geworden, und im Herbst ist eine Seefahrt gefährlich. „Lasst uns den Winter auf der Insel Kreta bleiben", schlug Paulus vor, „denn wenn wir weiterfahren, werden uns auf dem Mittelmeer die Herbststürme überraschen und das Leben der Menschen, die mit uns auf dem Schiff sind, in Gefahr bringen."

„Ach was", schnauzte der Soldat, der auf Paulus aufpasste.

„Was weißt du schon von der Seefahrt? Wenn der Kapitän sagt, dass wir weiterfahren, dann fahren wir eben weiter."

Der Kapitän fragte seine Leute und als ein sanfter Wind aufkam, der die Segel bauschte, das entschieden sich die Seeleute: „Lasst uns fahren, denn der Wind steht günstig."

Sie zogen den Anker hoch und stachen in See. Doch kaum waren sie auf dem offenen Meer angelangt, da brach ein wilder Sturm los. Der Steuermann versuchte, das Schiff aus dem Wind zu lenken. Aber da ließ sich gar nichts machen. Der Wind rüttelte und schüttelte das Schiff die Wellen hinauf und hinunter. Am Tag war es so dunkel wie in der Nacht und die Nacht war stockfinster. Kein Stern blinkte am Himmel. Da verloren die Seeleute allen Mut.

„Habt keine Angst", sagte Paulus zu ihnen, „Gott hat mir gesagt, dass ich Rom erreichen werde. Um meinetwillen wird er auch euch retten. Also seid mutige Männer und vertraut auf Gott."

Zwei lange Wochen musste das Schiff noch auf dem wilden Meer aushalten. Aber dann endlich rief ein Matrose: „Ich sehe Land!"

Sofort steuerte der Steuermann darauf zu und der Sturm trieb das Schiff geradewegs auf eine lange Sandbank. Mit lautem Getöse brachen die Schiffsbalken auseinander. Aber nun war das nicht mehr so schlimm, denn das letzte kleine Stückchen bis zum Strand konnten die Seeleute schwimmen. Manche hielten sich auch an herausgebrochenen Holzteilen fest. Und so wurden alle gerettet. Nicht einem einzigen war etwas schlimmes passiert. Gott hatte auf alle aufgepasst, wie er es versprochen hatte.

16. August

Ein Schiffbruch ist eine schlimme Sache. Das Schiff, das Paulus über das Mittelmeer nach Italien bringen sollte, war in tausend Teile auseinandergebrochen. Aber auf die Seeleute und auf Paulus hatte Gott aufgepasst. Alle hatten das sichere Ufer erreicht. Das Meer hatte sie auf die Insel Malta gespült.
Die Leute von Malta waren freundlich. Gleich kümmerten sie sich um die Verunglückten. Drei Monate behielten sie sie bei sich. Aber dann musste sich Paulus wieder auf die Reise machen. Bestimmt hatte er langsam genug von der vielen Seefahrerei. Aber nun ging es nicht mehr über das weite offene Meer, sondern immer an der Küste Italiens entlang, zuerst nach Syrakus in Sizilien und dann immer weiter hinauf bis nach Rom. Und dann war Paulus endlich am Ziel.
Trotzdem war ihm sehr beklommen zumute. Denn er war ja nicht im Urlaub, sondern ein Gefangener. Bestimmt würde er in Rom ins Gefängnis gesperrt werden. Und dann sollte der Kaiser selber entscheiden, was mit ihm geschehen sollte. Und das alles nur, weil Paulus von Gott erzählt hatte. Aber anstatt ihm zu glauben, ärgerten sich die Menschen über seine Worte. Und vor lauter Ärger dachten sie sich schlimme Dinge aus, die Paulus natürlich nicht getan hatte.
„Der Kaiser wird merken, dass alle Anschuldigungen falsch sind", redete Paulus sich selber zu.
Vom Schiff aus konnte er schon die Hauptstadt Rom sehen. Langsam glitt das Schiff in den Hafen. Aber was war das? Im Hafen wimmelte es von Menschen. Und als Paulus an Land geführt wurde, begrüßten sie ihn herzlich. Da merkte Paulus, dass sie alle Christen waren, wie er selber auch.
„Also bin ich nicht allein", freute sich Paulus und fasste neuen Mut. Und dann passierte noch etwas, worüber Paulus sich riesig freute. Seine Wachen schleppten ihn nicht in ein dunkles Gefängnis, sondern sie führten ihn zu einem Haus ganz in der Nähe des Marktplatzes. Hier durfte Paulus wohnen. Ein Soldat passte vor seiner Haustür auf, dass er nicht entwischte, denn Paulus durfte das Haus nicht verlassen. Aber er konnte aus den Fenstern schauen und das Treiben auf dem Marktplatz beobachten. Er konnte mit den Menschen reden, und viele kamen auch zu ihm herein. Vom Morgen bis in die späte Nacht erzählte Paulus seinen Besuchern von Gott. Ungehindert und offen sprach er davon, wie lieb Gott die Menschen hat. Und viele glaubten ihm.
Und am Abend, wenn er wieder allein in seinem Zimmer saß, dann schrieb er lange Briefe an die Menschen, die während seiner Reisen Gott kennengelernt hatten. Diese Briefe gibt es heute noch. Sie stehen in der Bibel. Und wenn du sie liest, ist es gerade so, als hätte Paulus auch dir geschrieben.

Biblisches Wort

Ich bitte Gott, euch Frieden zu geben. Jedesmal, wenn ich bete, denke ich an euch und danke Gott, unserem Vater, für euch alle. (Phil. 1,2.3)

17. August

Papa hat es eilig. Rasch klettert Laura auf den Kindersitz im Auto, und Papa lässt den Motor an. Eigentlich könnte es sofort losgehen. Aber Papa schnallt Laura erst noch den Sicherheitsgurt um. Laura mag das blöde Ding überhaupt nicht. Sie fühlt sich damit wie festgebunden.

„Es ist nur zu deiner Sicherheit", sagt Papa. Und dann fährt er los. Er fährt ganz schön schnell, denn er hat es ja eilig. Trotzdem passt er genau auf die Verkehrsschilder, die Ampeln und die anderen Fahrzeuge auf, denn er ist ja an die Verkehrsregeln gebunden und darf deshalb nicht anders fahren, egal, wie eilig er es hat.

„Außerdem", erklärt Papa, „sind die Verkehrsregeln dazu da, dass uns nichts passiert."

Aber dann passiert trotzdem etwas. Papa hat, wie es sich gehört, an einer roten Ampel angehalten. Aber hinter ihm braust ein anderes Auto die Straße entlang, und der Fahrer darin hatte es bestimmt noch eiliger als Papa und Laura, denn er achtete nicht auf die Ampel und auch nicht auf Papas Auto. Rums, kracht er an Papas Stoßstange. Laura ist gleich ein bisschen nach vorne gerutscht. Aber weh getan hat sie sich nicht, denn sie war ja mit dem Sicherheitsgurt festgebunden.

Papa schaut sich gleich nach ihr um. Und als er sieht, dass alles in Ordnung ist, klettert er sofort aus dem Wagen. Er ist ziemlich aufgeregt, einmal, weil nun sein Auto eine dicke Beule hat, und dann auch, weil er es doch so eilig hatte. Aber jetzt muss er sich erst mal um den Unfall kümmern, und das kann eine Menge Zeit kosten. Bestimmt wird Papa deshalb die Schlafmütze, die ihm hinten drauf gedonnert ist, ordentlich ausschimpfen. Laura wartet gespannt, was Papa sagen wird.

Aber Papa spricht ganz freundlich mit dem fremden Autofahrer. Laura ist fast ein bisschen enttäuscht.

„Na, den hätte ich aber ordentlich angemeckert", beschwert sie sich später bei Papa. „Aber das kann ich doch nicht", lacht Papa.

„Und warum nicht?"

„Weil Gott möchte, dass die Menschen freundlich zueinander sind und sich nicht mit bösen Worten weh tun. Und an diese Regel habe ich mich gebunden."

Gottes Regeln sind wie ein Sicherheitsgurt. Laura hat sich nicht wehgetan, weil sie mit dem Sicherheitsgurt angebunden war, und der Vater hat der „Schlafmütze" nicht wehgetan, weil er an Gott gebunden ist. Und deshalb ist keinem was passiert.

Durch die Gute Nachricht werdet ihr gerettet, wenn ihr sie unverfälscht festhaltet. (1.Kor. 15,2)

Mit Dominosteinen kannst du einen tollen Auffahrunfall herbeiführen. Stelle Dominosteine hintereinander aufrecht in eine Reihe. Wenn du den letzten Stein anstupst, fallen nacheinander alle Steine um.

18. August

Nur noch ein kleines bisschen, denkt Sonja und schaltet auf ein anderes Programm um. Es ist noch früh. Mama wird bestimmt noch eine Weile wegbleiben. Sie ist einkaufen gefahren, und Sonja wollte nicht mit. Nun ist Sonja ins Wohnzimmer gegangen und hat den Fernseher eingeschaltet. Sie weiß genau, dass sie das nicht darf. Weil ihr nämlich nicht jeder Film guttut, sagt Mama. Ach Unsinn, denkt Sonja, was soll schon passieren? Und außerdem wird Mama bestimmt nichts merken. Der Film, der nun gerade läuft, ist aber auch zu spannend. Manchmal muss Sonja sich sogar die Augen zuhalten. Aber ausschalten kann sie auf gar keinen Fall.
Erst als sie den Haustürschlüssel in der Tür knacken hört, drückt sie eilig den Aus-Knopf. „Alles in Ordnung?" ruft Mama fröhlich aus dem Flur herüber.
Sonja nickt. Aber ihr wird ganz mulmig dabei. Und als Mama ins Wohnzimmer schaut, kann sie ihr überhaupt nicht in die Augen sehen. Komisch eigentlich. Und noch komischer ist es, dass sie auch nicht antworten kann, als Mama sie fragt, warum sie nicht in ihrem Zimmer spielt, sondern im Wohnzimmer herumlungert. Merkwürdig, dass Sonja plötzlich nicht mehr sprechen kann. Sie schluckt nur ein bisschen, und dann drückt sie sich an Mama vorbei.
Warum kann ich nicht reden und Mama nicht in die Augen schauen? Und warum habe ich plötzlich keine Lust mehr zu spielen? Und fröhlich mag ich auch nicht mehr sein? überlegt Sonja.
„Weil ich das nicht will", flüstert ein feines Stimmchen.
„Wer bist du denn?" fragt Sonja.
„Ich bin die Sünde, und wenn du tust, was ich will, dann bestimme ich, was du tun sollst und was nicht."
„Das verstehe ich nicht", stöhnt Sonja.
„Aber das ist ganz einfach", flüstert die Sünde, „du hast dir ausgesucht, etwas zu tun, was du nicht sollst, und nun..."
„Ach, lass mich in Ruhe", schnauzt Sonja, „ich mache, was ich will. Da lass ich mir doch von dir nicht reinreden."
Da ist das Stimmchen plötzlich still.
Doch am Abend kann Sonja lange nicht einschlafen. Immer wieder tauchen gruselige Bilder in ihren Gedanken auf. Und als Sonja näher hinschaut, entdeckt sie, dass es Bilder aus dem verbotenen Fernsehfilm sind. Woher kommen die denn plötzlich?
„Von mir, von mir", kichert die freche Sünde, „ich lasse mich nicht einfach verjagen, nun wo du mich einmal in dein Leben gelassen hast."
Owei, arme Sonja, muss sie nun immer tun, was die Sünde von ihr will?

Impuls

Das Böse in unserem Leben gewinnt um so mehr an Einfluss, je mehr wir es verstekken und beiseite schieben. Jesus hat versprochen, dass er die Sünde wegnimmt, wenn wir sie ihm geben.

Biblisches Wort

Wer sündigt, ist ein Sklave der Sünde. (Joh. 8,34)

19. August

Morgen hat Julia Geburtstag. Sie ist so aufgeregt, dass sie nicht einschlafen kann.

„Erzähl mir noch eine Geschichte", bettelt sie.

„Na gut", sagt Mama und setzt sich an ihr Bett. „Einmal lebte ein König", beginnt sie, „seine Untertanen hatten es sehr gut bei ihm, denn er hatte alle sehr lieb. Jeden Tag schenkte er ihnen etwas Besonderes..."

„Ein Fahrrad", platzt Julia dazwischen. Aber Mama schüttelt den Kopf.

„Nein, Julia. Der König schenkte den Menschen etwas ganz anderes. Den Eltern zum Beispiel schenkte er gesunde Kinder, einem einsamen Mädchen gute Freundinnen. Den Müden schickte er einen Sonnenstrahl und den Traurigen lustiges Vogelgezwitscher."

„Das sind aber komische Geschenke", beschwert sich Julia.

„Das finde ich nicht", sagt Mama, gibt ihr einen Kuss und wünscht ihr gute Nacht. Dann schließt sie die Tür. Julia ist allein. Aber schlafen kann sie immer noch nicht. Warum hat der König nur so komische Geschenke gemacht? Sie denkt an morgen. Hoffentlich bekommt sie etwas Anständiges, etwas, was sie sich wirklich wünscht, zum Beispiel ein Fahrrad. Mit diesem Gedanken schläft Julia schließlich ein.

Am Geburtstagsmorgen strahlt ein Sonnenschein durchs Fenster und kitzelt Julia wach. Die Vögel zwitschern im Garten. Fröhlich springt Julia aus dem Bett. Sie freut sich auf den Tag und auf die Party am Nachmittag mit ihren Freundinnen. Aufgeregt hopst sie die Treppe hinunter in die Küche. Dort hat Mama schon den Geburtstags-Frühstückstisch gedeckt. Kerzen flackern feierlich auf dem Geburtstagskuchen. Doch bevor Mama ihn anschneidet, faltet sie die Hände.

„Lieber Herr", betet sie, „ich danke dir für meine Julia, dass sie gesund und fröhlich ist, ich danke dir für diesen Tag, an dem du die Sonne scheinen lässt. Danke für Julias Freunde, die heute mit ihr feiern werden. Danke, dass du uns so beschenkst."

„Aber Mama", ruft Julia, „du hast Gott gedankt für alles, was der König aus der Geschichte seinen Untertanen gegeben hat."

„So?" fragt die Mutter und tut ganz erstaunt, „dann ist Gott wohl wie dieser König? Ob er auch Fahrräder verschenkt? Nein, ich glaube, das überlässt er lieber den Eltern. Wollen wir mal in der Garage nachsehen?"

Impuls Für unser Leben brauchen wir nicht nur Sachen, sondern auch Personen, mit denen wir auskommen. Deshalb ist es gut, wenn du Freundschaften pflegst. Und danke Gott für alle.

Biblisches Wort Herr, von ganzem Herzen will ich dir danken. (Ps. 9,2)

Aktion Male ein Bild mit allen deinen Freundinnen und Freunden.

20. August

Riesig ragt der Berg vor ihnen auf. Vater, Michael und Onkel Heinz schauen staunend empor.
„Da wollen wir hinauf?“ fragt Michael und ist ein bisschen ängstlich. Er hat zwar ausgeschlafen. Seine Beine sind ausgeruht, und er hat kräftig gefrühstückt. Doch um auf so einen Berg zu klettern, braucht man schon eine Menge Mumm.
Michael steht mit Onkel Heinz und Vater am Fuß des Berges. Ein Pfad windet sich zwischen niedrigen Kiefern hinauf. Onkel Heinz stapft vorneweg, dann kommt Michael und zum Schluss Vater. Er passt auf. Wenn Michael stolpert oder ausrutscht, kann er ihn gleich auffangen. Onkel Heinz pfeift, und der Rucksack auf seinem Rücken hüpft fröhlich. Doch je weiter die drei den Weg hinaufwandern, um so schweigsamer wird der Onkel. Vater schnauft, und Michaels Beine werden schwer.
„Noch ein kleines Stück“, verspricht Vater, „dann rasten wir.“
Michael ist froh, ein bisschen ausruhen zu können. Aber nach der Pause geht es erst richtig los. Der Weg wird immer schmaler. Bald ist er kaum noch zwischen dem Geröll zu erkennen. Hier gibt es keine Bäume und keine Sträucher mehr, nur Felsen, die senkrecht neben Vater, Onkel Heinz und Michael in den Himmel ragen. Auf der anderen Seite fallen sie steil ab. Das Laufen wird mühsam und gefährlich. Onkel Heinz holt aus seinem Rucksack ein Seil und schlingt es Michael um den Bauch. „Nur zur Vorsicht“, brummt er. Aber Michael wird es ganz mulmig. Steinchen rollen unter seinen Schuhen, er rutscht, stolpert und das Seil spannt sich straff. Da spürt er plötzlich die Hand des Vaters im Rücken. Die hält und schiebt ihn und richtet ihn wieder auf.
„Ich bin ganz dicht hinter dir“, flüstert der Vater, „hast du das vergessen?“ Tatsächlich, vor lauter Unsicherheit hat Michael gar nicht mehr an den Vater gedacht. Aber nun fasst er Mut. Und der Vater hilft ihm hinauf bis zum Gipfel. Schön ist es hier, fast wie über den Wolken. Michael kann kilometerweit ins Tal schauen. Er ist richtig ein bisschen stolz. Gut, dass der Vater da ist und ihm geholfen hat!

Impuls

Manchmal vergessen wir, dass Gott dicht hinter uns ist. Gut, dass er sich mit seinem Wort uns immer wieder in Erinnerung bringt.

Biblisches Wort

Fürchte dich nicht, ich bin mit dir, denn ich bin dein Gott. Ich stärke dich, ich helfe dir auch, ich halte dich durch die rechte Hand meiner Gerechtigkeit. (Jes. 41,10)

21. August

Sebastian ist sauer. Er hatte sich so auf die Bergwanderung gefreut. Und nun das! Draußen regnet es in Strömen.

„Wir machen uns trotzdem einen schönen Tag", verspricht Papa. „Wir kochen uns Nudeln und zum Nachtisch Schokoladenpudding und nachher spielen wir Memory."

Sebastian spielt gerne Memory. Trotzdem bleibt er unversöhnlich. Papa sagt immer: Alles kommt von Gott. Aber warum verdirbt Gott dann den schönen Urlaubstag? Warum lässt er es gerade heute regnen? Bei Regen kann man gar nichts unternehmen. Denn Papa und Sebastian wohnen ganz weit oben auf dem Berg in einer kleinen Hütte. Bei Regen sitzen die beiden einfach fest.

Sebastian ist wütend. Warum hat Gott die Berge so hoch gemacht? Warum... warum....?

Auf dem Herd blubbert das Nudelwasser, und Papa schlägt Sahne für den Schokoladenpudding. Auf dem Tisch liegen die Memorykarten. Lustlos schiebt Sebastian sie in Zehnerreihen. Aber dann spielt Papa mit ihm, und Sebastian gewinnt ein Spiel nach dem anderen. „Woher hast du nur so ein gutes Gedächtnis", wundert sich Papa.

Und dann essen sie Nudeln und Pudding und spielen noch einmal Memory. Dieses Mal gewinnt Papa. Er ist ganz stolz. Aber dann denken sie sich ein neues Spiel aus. Sie malen es auf Pappe und spielen mit Würfeln und Figuren aus Playmobil. Auf das Hüttendach trommelt der Regen, und es ist richtig gemütlich. Ganz schnell vergeht der düstere Tag.

Erst am Abend reißt der Himmel auf. Der Wind pustet die dicken Regenwolken fort. Und jetzt zeigt sich die rote Abendsonne. Wie ein riesiger Luftballon rollt sie über die Berge.

„Schau mal", staunt Papa und zieht Sebastian aus der Hütte.

Aber Sebastian fragt nur: „Warum hat Gott die Sonne nicht schon heute morgen scheinen lassen?"

Papa lehnt an der Hüttenwand und blickt in den Himmel. Der verfärbt sich gerade lilarot. Und das rote Licht scheint auf die Berge und taucht sie wie in Feuer. Das sieht so schön aus, dass sogar Sebastian ganz still und friedlich wird.

„Ja, warum?" überlegt Papa. „Und warum lässt er uns jetzt einen so schönen Sonnenuntergang erleben? Warum hat er gemacht, dass wir heute so viel Zeit und Spaß miteinander hatten? Warum gab er uns Nudeln und Pudding und dir so ein super Gedächtnis?"

Ja, warum eigentlich? Vielleicht meint Gott es doch gut?

Wir schauen oft zuerst auf die verdorbenen Pläne. Entdecken wir auch die Möglichkeiten, die sich durch die neue Situation ergeben? Unzufriedenheit ist ein schlechter Ratgeber.

Lobe den Herrn, meine Seele, und vergiss nicht, was er dir Gutes getan hat.
(Ps. 103,2)

22. August

Tim hat in die Briefkästen in der Nachbarschaft Einladungskarten gesteckt. Papa und Mama wollten nämlich ein Sommer-Nachbar-Grill- und Spielfest veranstalten. Und alle sind gekommen. Alle, außer Frau Wicke.

„Frau Wicke ist eine Zicke", hat Tim gekichert. Aber Papa hat gesagt, er soll so etwas nicht sagen – und dass er es schade findet, dass Frau Wicke nicht bei dem schönen Fest dabei sein will. Dann war Frau Wicke aber doch dabei, nicht richtig natürlich. Sie hat sich mit ihrem Gartenstuhl direkt hinter den Zaun gesetzt und von hier aus genau beobachtet, wie Mama Kuchen und Pudding hinausgetragen hat, wie Papa den Grill anheizte und wie Tim Federballschläger und Springseile und alte Kopfkissenbezüge zum Sackhüpfen auf dem Rasen ausbreitete. Als dann die ersten Gäste kamen, reckte Frau Wicke ihren Kopf ein bisschen höher, rümpfte die Nase und murmelte: „Ja, ja, da feiern sie, als ob sie nichts Besseres zu tun hätten."

Aber Tim hat es doch gehört.

„Du, Papa", will er wissen, „was ist besser als feiern?"

Papa findet, dass das eine schwere Frage ist. Spielen, möchte er sagen. Aber eigentlich ist spielen auch ein bisschen wie feiern. Schließlich antwortet er: „Ich glaube noch besser ist, mit Jesus zu reden und zu tun, was ihm gefällt."

„Gefällt ihm feiern denn nicht?" fragt Tim weiter.

„Doch", sagt er, „ich glaube, dass feiern ihm besonders gut gefällt. Jesus war selber gerne mit seinen Freunden fröhlich. Einmal hat er auf einer Hochzeit sogar Wasser in Wein verwandelt."

„Wahnsinn", staunt Tim, „wenn das die Wicke wüsste."

„Frau Wicke", verbessert Papa ihn. „Aber was hat denn Frau Wicke damit zu tun?"

„Sie sagt, wir sollten lieber was Besseres machen. Die ahnt ja nicht, dass feiern das Beste überhaupt ist."

„Vielleicht können wir sie ja davon überzeugen", schmunzelt Papa, legt ein Würstchen, das gerade fertig gegrillt ist, auf einen Teller und trägt es zu Frau Wicke an den Gartenzaun.

„Möchten Sie nicht herüberkommen?" lädt er sie ein. Und da kommt Frau Wicke tatsächlich. Und ich glaube, das Feiern macht ihr sogar richtig Spaß.

Du bekommst nicht immer sofort zu anderen Kontakt, auch wenn du freundlich bist und gerne Besuch bekommst. Dranbleiben und Geduld haben führt weiter. Und wenn der andere nicht will, dann solltest du dir die Freude am Feiern nicht verderben lassen.

Wo Gott seine Herrschaft aufrichtet, geht es nicht um Essen und Trinken, sondern um ein Leben unter der rettenden Treue Gottes und in Frieden und Freude.
(Röm. 14,17)

23. August

Jesus streckt seine Hand aus, fasste Petrus und sagte: Du hast zu wenig Vertrauen! Warum hast du gezweifelt? (Matth. 14,31)

Heute ist es brütend heiß.
„Komm, wir fahren zum Badesee", schlägt Vater vor. Dann packt er Badehose, Handtücher und Sonnencreme ein, schnallt Julia auf dem Autorücksitz fest und fährt los. Am See möchte Julia am liebsten gleich ins Wasser stürzen. Aber ein See ist kein Schwimmbecken. Der Grund ist tief. Sie kann nicht einmal mehr den Boden sehen. Und wer weiß, was dort unten alles auf sie lauert? Wenn sie sich in einer Alge verfängt? Außerdem gibt es hier Wellen. Und vor denen fürchtet Julia sich auch ein bisschen. Vielleicht klatscht ihr ja eine mitten in den Mund. Und dann bekommt sie keine Luft mehr.
Aber mitten auf dem See gibt es eine Insel aus Holz. Dort kann man bestimmt herrlich in der Sonne liegen. Die Holzinsel schaukelt gemütlich auf dem Wasser. Julia würde zu gerne bis dorthin schwimmen. Eigentlich kann sie ganz gut schwimmen. Bestimmt schafft sie es bis zur Insel. Wenn der See nur nicht so tief wäre!
„Wir versuchen es trotzdem", sagt Vater, „schau einfach nicht auf die Wellen."
„Wohin denn sonst?" fragt Julia.
„Auf mich", lacht Vater. „Ich schwimme vor dir her. Und wenn du Wasser ins Gesicht bekommst, kannst du dich an mir festhalten. Wollen wir es mal probieren?"
Eigentlich ist Julia eine richtige Wasserratte. Deshalb nickt sie entschlossen und watet hinter dem Vater in den See hinein. Aber plötzlich spürt sie keinen Boden mehr unter ihren Füßen. Sie taucht ein bisschen herunter, aber da ist auch nichts mehr. Kein Sand und keine Steine, sondern nur Wasser. Da wird es Julia ganz ängstlich zumute. Am liebsten würde sie sofort umdrehen. Aber vor ihr schwimmt der Vater.
„Komm, Julia", ruft er, „bleib bei mir, schau nicht auf das Wasser, sondern auf mich."
Und das macht Julia dann auch. Fest richtet sie ihre Augen auf den Vater. Und plötzlich haben sie die Insel erreicht. Es war gar nicht so schwer. Und sie brauchte sich nicht einmal beim Vater festhalten. Es genügte, dass sie ihn angeschaut hat.
„Und wen schaust du an, wenn du dich fürchtest?" fragt Julia, als sie auf der Holzinsel nebeneinander in der Sonne sitzen.
„Jesus", sagt Vater.
„Wie geht das denn?" fragt Julia erstaunt.
Da beginnt der Vater mit einer Geschichte. Wenn du willst, erzähle ich sie dir morgen.

24. August

Der Vater erzählt Julia eine Geschichte.
Einmal stieg Jesus allein auf einen Berg, um dort mit seinem Vater im Himmel zu reden. „Fahrt ihr nur schon mal über den See", sagte er zu seinen Freunden. „Komisch", wunderten die sich, „wenn Jesus nicht gleich mit uns ins Boot steigt, wie will er dann auf die andere Seite des Sees kommen? Zum Schwimmen ist es viel zu weit. Außerdem wird es schon dunkel."
Doch für Jesus war das kein Problem. Er ist nämlich Gottes Sohn, und das, was Gott kann, das kann er auch. Und Gott kann alles. Deshalb konnte Jesus auch ganz einfach über das Wasser spazieren. Er lief also über die Wellen hinter dem Boot seiner Freunde her. Die haben erst mal einen Schreck bekommen. „Huch, ein Gespenst", schrien sie. Vielleicht hat Jesus wirklich gruselig ausgesehen, so mitten in der Nacht, wie sein Mantel ihm um die Füße wehte und weißer Wellenschaum bis zu seinen Knien spritzte. Aber Jesus rief seinen Freunden zu: „Ich bin es. Habt keine Angst!" Tatsächlich, jetzt erkannten sie ihn.
„Ist ja toll", staunte Petrus. Jesus lief ja auf dem Wasser wie auf einem richtigen Weg.
„Jesus", rief Petrus, „wenn du kein Gespenst bist, dann ruf mich zu dir. Wenn du es willst, dann werde ich auch auf dem Wasser laufen."
„Komm nur", antwortete Jesus. Da stieg Petrus aus dem Boot. Es schaukelte ein bisschen. Aber Petrus dachte nicht an das Boot und nicht an das Wasser. Er dachte nur an Jesus und daran, dass Jesus ein ziemlich mächtiger Herr war. Ein paar Schritte klappten auch ganz gut. Aber dann spürte Petrus ein paar Wasserspritzer an seinen Beinen, und plötzlich wurden auch seine Fußsohlen nass. Wind kräuselte die Wellen und eine klatschte ihm bis ans Knie. Da bekam er Angst. Owei, dachte er, der See ist tief und das Wasser eiskalt. Wie konnte ich nur glauben, dass ich wie Jesus auf dem Wasser laufen kann? Und dann rief er voller Schreck: „Jesus, hilf mir, denn ich sinke!"
Sofort streckte Jesus seine Hand nach ihm aus. Er hielt Petrus ganz fest und führte ihn zurück ins Boot.

„Aber Papa", wundert sich Julia, „wenn Jesus den Petrus zu sich gerufen hat, warum hat er dann nicht gemacht, dass Petrus auch auf dem Wasser laufen konnte?" „Das hat er", antwortet der Vater, „aber Petrus hat sich vor den Wellen gefürchtet."
„Und dann hat er Jesus vergessen, stimmt's, Papa?"
„Ja, Julia, ich glaube, so ist es gewesen."

Herr, wohl dem Menschen, der sich auf dich verlässt.
(Ps. 84,13)

Versuche einmal, auf dem Bordstein oder einem umgefallenen Baumstamm zu balancieren. Das ist gar nicht so einfach. Wenn sich aber jemand ans Ende deines Balancewegs stellt und du schaust nun nicht mehr auf deine Füße, sondern dem anderen mitten ins Gesicht, dann klappt es vielleicht besser.

25. August

Die Kinder quengeln auf den Rücksitzen, Mutter rutscht unruhig auf ihrem Sitz hin und her, und Vater schimpft leise vor sich hin. Dummer Stau, dumme Umleitung, dummer Urlaub! Vater, Mutter und die Kinder wollen die Ferien bei den Großeltern verbringen. Alle freuen sich auf Oma und Opa. Aber nun ist schlechte Stimmung, Zank und Streit bei den Kindern, Ärger und Ungeduld bei den Eltern.

„Spielt doch: ich sehe was, was du nicht siehst", schlägt Mutter vor. Aber dazu haben sie keine Lust.

„Oder wir singen mal was", sagt Vater.

Aber das wollen die Kinder auch nicht.

„Mama, erzähl eine Geschichte", bitten sie. Aber Mutter ist müde und möchte am liebsten nur die Augen zumachen und schweigen.

So, denkt Vater, keine Lust zu nichts? Geht es hier denn nur nach Lust und Laune? Ja, wenn das so ist...

Er rauscht an den anderen Autos vorbei, biegt in die nächste Ausfahrt und ist schon von der Autobahn runter.

„Nanu", wundert sich Mutter und klappt die Augen auf. „Walter, wo fährst du denn hin?"

Vater grinst, schwenkt in eine Seitenstraße, knattert über einen Feldweg, holpert durch einen Wald und tuckert durch ein Dorf. Aufgeregt pressen die Kinder ihre Nasen an die Fensterscheibe. Die Landschaft fliegt an ihnen vorbei. Wo sie jetzt wohl sind? Mutter fragt auch schon ganz ängstlich, wo sie eigentlich hinfahren.

„Na, in die Ferien", lacht Vater.

„Aber Walter, wenn du so kreuz und quer durch die Landschaft kurvst, werden wir nie bei Oma und Opa ankommen", beschwert sich Mutter.

„Ich habe aber keine Lust, auf die dummen Schilder zu achten. Und weil es heute nach Lust und Laune geht, naja, da dachte ich ..."

„Es ist doch egal, was du denkst", schimpft Mutter.

Und die Kinder stimmen mit ein: „Papa, du musst sofort zurück auf den richtigen Weg!"

„Und wie, bitte schön?" fragt Papa. Komisch, dass er das nicht weiß...

Impuls

Ist doch klar: wenn Papa den Weg zu den Großeltern wieder finden will, dann muss er auf die Schilder und Wegweiser achten. Und wie kann man den Weg zu Gott finden? Gibt es auch einen Wegweiser dorthin? Jesus sagt, dass er der Weg zu Gott ist. Wenn wir auf ihn hören, dann können wir Gott entdecken.

Biblisches Wort

Jesus sagt: Ich bin der Weg. Einen anderen Weg zum Vater gibt es nicht. (Joh. 14,6)

26. August

Andi und Florian lungern auf dem Sportplatz herum. Die anderen Kinder aber rennen und springen und werfen Kugeln. Mütter und Väter stehen mit langen Listen dabei und tragen ein, wer am schnellsten gelaufen und am weitesten gesprungen ist. Und mit Maßbändern finden sie heraus, wessen Kugel am weitesten geflogen ist.
„Los, Jungs, macht mit!“ ruft Herr Bender, der Sportlehrer, den beiden Jungen zu. Aber Florian hinkt ein bisschen, weil er neulich beim Fußballspielen umgeknickt ist, und Andi hat wieder so einen schlimmen Heuschnupfen, dass er kaum Luft bekommt. Da ist Rennen nicht drin. Deshalb schauen sie also nur zu.
Aber zum Schluss, als alle Listen vollgeschrieben sind und die Kinder erschöpft auf dem Rasen ausruhen, als Herr Bender mit zwei Vätern das Siegertreppchen aufbaut und ein paar andere Erwachsene den Tisch mit den Preisen für die besten Sportler aufstellen, da sind Andi und Florian doch ziemlich traurig. Sie werden bestimmt keinen Preis bekommen. Denn wer sich nicht ordentlich angestrengt hat, der kann auch nichts gewinnen. Schade, denn auf dem Tisch liegt genau so eine Taschenlampe, wie Andi sie sich schon lange wünscht. Die wird nun bald einem anderem Kind gehören.
Und da geht es auch schon los mit der Siegerehrung und der Preisverleihung. Sehnsüchtig linst Andi zur Taschenlampe. Und stell dir vor: Am Ende bleibt sie tatsächlich liegen. Keiner ist so schnell gerannt, dass er sie gewonnen hätte. Aber Andi wird sie auch nicht bekommen, denn er ist ja überhaupt nicht gerannt.
Doch plötzlich winkt Herr Bender ihn zu sich.
„Willst du die Lampe haben?“ fragt er ihn. Andi fällt fast um vor Freude. Am liebsten möchte er sofort zugreifen. Aber da steht Florian hinter ihm.
„Bist du verrückt“, zischt er Andi ins Ohr, „die kannst du nicht haben. Du hast sie dir ja nicht verdient. Bestimmt will der Bender dich nur verulken. Oder du sollst irgend etwas dafür tun. Vielleicht aufräumen oder so.“
Da zieht Andi enttäuscht seine Hand zurück. Schade, er hätte so gern die Lampe gehabt.
„Aber ich schenke sie dir wirklich“, sagt Herr Bender, „sie gehört mir. Und was mir gehört, damit kann ich machen, was ich will, oder?“
Ja, da hat Herr Bender recht. Andi strahlt, als er die Taschenlampe entgegennimmt. Soll der Florian nur reden, was er will. Andi jedenfalls lässt sich gerne beschenken.

Biblisches Wort

Es kommt also nicht auf den Willen und die Anstrengung des Menschen an, sondern einzig auf Gott und sein Erbarmen. (Röm. 9,16)

Aktion

Schau dich in deinem Kinderzimmer um. Was hast du bekommen, ohne dass du etwas dafür tun musstest? Bestimmt ist das eine ganze Menge. Kannst du auch etwas verschenken, ohne etwas dafür wiederzubekommen?

27. August

Genauso, wie Clemens seiner Mutter vertraut hat, genauso dürfen wir auf Gott vertrauen.

Befiel dem Herrn deine Wege und hoffe auf ihn, er wird's wohl machen. (Ps. 37,5)

Baue aus Klötzen oder Legosteinen einen Irrgarten.

Heute muss Clemens zum Arzt. Dabei ist er überhaupt nicht krank. Er muss nur geimpft werden. „Damit du nicht krank wirst", hat Mama erklärt. Dann hat sie ihn beruhigt, dass Impfen überhaupt nicht schlimm ist. Kleine Spritze, Pflaster drauf, fertig. Clemens fürchtet sich auch kein bisschen. Ganz energisch stapft er an Mamas Hand zum Doktor. Aber bevor er in das Behandlungszimmer gehen darf, muss Mama erst noch der Sprechstundenhilfe eine kleine Karte geben. Darauf steht geschrieben, welche Krankenkasse die Impfung bezahlen wird. Denn es ist ja klar, dass der Arzt und der Impfstoff bezahlt werden müssen. Aber, ach du Schreck, Mama kann die Karte nirgendwo in ihrer Tasche finden.

„Ich muss sie zu Hause liegengelassen haben", murmelt sie. Die Sprechstundenhilfe klopft ungeduldig auf ihren Schreibtisch. „Ja dann...", sagt sie.

„Kann ich sie nicht nachreichen?" bittet Mama.

„Hm, eigentlich ist das sehr ungünstig, denn das Quartal ist rum, und wir müssen mit den Krankenkassen abrechnen."

Clemens weiß nicht, was ein Quartal ist, und er begreift auch nicht, was die Sprechstundenhilfe mit Abrechnen meint. Er versteht nur, dass Mama und er in einer verzwickten Lage stecken. Ohne Karte keine Impfung, und ohne Impfung wird er krank, und dann, dann wird er vielleicht sogar so schlimm krank, dass er nie, nie wieder gesund wird. Oweia! Aber Mama wird schon wissen, was zu tun ist.

„Ich fahre schnell noch mal nach Hause", sagt Mama nun, „darf ich Clemens so lange hier lassen?" Die Sprechstundenhilfe nickt und schickt Clemens ins Wartezimmer. Hier sitzt Clemens nun zwischen lauter fremden Leuten. Macht aber nichts, denn Mama kommt ja gleich wieder. Außerdem gibt es hier ganz tolle Bilderbücher. Clemens hat also genug zu schauen. Neben ihm sitzt eine Frau, die ein winzigkleines Baby auf dem Schoß schaukelt.

„Bist du ganz allein hergekommen?" fragt sie. Und dann will sie noch wissen, ob er gar keine Angst hat.

„Nö", sagt Clemens, und da kommt auch schon Mama herein. Sie hat zu Hause gleich die Krankenkassenkarte gefunden und auch schon bei der Sprechstundenhilfe abgegeben. Nun kann es ja losgehen mit dem Impfen. Mama hat das prima hingekriegt.

28. August

Mimi war ein Mäuschen. Es war so klein, dass jeder meinte, mit ihm machen zu können, was er wollte. „Mimi, hol mir eine Nuss“, kommandierte das Eichhörnchen. „Mimi, kriech in den Hühnerstall und schieb von innen den Riegel auf, damit ich mir ein Hühnchen holen kann“, befahl der Fuchs. „Mimi, buddel ein bisschen in der Erde, damit ich schneller einen Wurm finde“, forderte die dicke Amsel. Doch eines Tages wurde es Mimi zuviel.

„Ich habe ja nichts dagegen, wenn es einen Chef gibt, der mir sagt, was ich tun soll“, dachte es. „Aber das Eichhörnchen, der Fuchs und die Amsel denken nur an sich. Sie nutzen mich aus, und das will ich mir nicht mehr gefallen lassen. Deshalb werde ich von hier fortgehen.“

Also machte sich Mimi auf den Weg in die große weite Welt. Bald kam es in eine Gegend, die ihm ganz fremd war. Hier kannte es niemanden. Und da fühlte Mimi sich sehr einsam. „Hätte ich doch nur jemanden, zu dem ich gehören darf“, dachte es. Früher hatte es wenigstens das Eichhörnchen, den Fuchs und die Amsel gehabt. Aber zu denen wollte es auf gar keinen Fall zurückkehren. Doch wohin sollte Mimi sich sonst wenden? Traurig kroch sie unter einen Stein und weinte. Da krabbelte eine kleine Ameise vorüber. „Warum weinst du?“ fragte die Ameise.

„Weil ich niemanden habe, zu dem ich gehöre“, schluchzte Mimi.

Das tat der Ameise leid, deshalb lud sie Mimi ein, mir ihr zu kommen. Also huschte Mimi hinter der Ameise her. Bald kamen sie an einem großen Feld vorbei. „Hier gibt es Körner in Hülle und Fülle“, freute sich Mimi, „wem gehört das Feld?“

„Meinem Chef“, sagte die Ameise.

Dann kamen sie in einen kühlen Wald. „Hier gibt es eine Menge Verstecke. Wem gehört der Wald?“ wollte Mimi wissen. „Meinem Chef“, antwortete die Ameise. Sie führte Mimi an einem klaren See, an einer bunten Wiese und an einem verträumten Bauernhof vorbei, wo es eine Speisekammer gab, in der Mimi Speck und Käse finden würde. Und jedesmal erklärte die Ameise, dass alles ihrem Chef gehörte.

„Ach, hast du einen reichen Chef“, schwärmte Mimi.

„Ja, und alles, was ihm gehört, gehört auch mir, denn er möchte, dass ich mich wohl bei ihm fühle.“

„Ach, so einen Chef möchte ich auch gerne haben“, wünschte sich Mimi.

„Aber das kannst du“, versprach die Ameise und führte das Mäuschen noch am selben Tag zu ihm.

Gott gehört alles, was es gibt. Die Menschen hat er als Verwalter eingesetzt, sie sollen dafür sorgen, dass es allen Pflanzen und Tieren gutgeht. Jeder soll sich daran freuen, dass die Welt so schön ist.

Wir reden nicht von uns selbst, sondern von Jesus, dass er der Herr ist. (2. Kor. 4,5)

29. August

Frederik ist traurig. Gestern hat er sich mit seinem besten Freund gestritten. Und soll ich dir sagen, weshalb? Weil Frederik ihn in die Kirche zur Kinderstunde eingeladen hat. Da hat Frederiks Freund ihn ausgelacht und gesagt: „Mit so einem Kinderstundenfritzen will ich nicht spielen."

„Es gibt doch noch mehr Kinder in deiner Kindergarten-Gruppe", meint Mama.

„Ach die...", winkt Frederik ab. Er glaubt nicht daran, dass er jemals wieder so einen guten Freund finden wird. Lustlos lungert er in seinem Zimmer herum. Mama hat nun aber keine Zeit, ihn länger zu trösten. Im Hause gibt es nämlich viel Aufregung. Frederiks großer Bruder wird heiraten, und zwar schon in zwei Wochen. Er ist ganz aufgeregt, und Mama und Papa natürlich auch. Frederiks großer Bruder heißt Manfred und seine Braut Ellen. Frederik findet Ellen super nett. Dabei hat er sie erst ein einziges Mal gesehen. Ellen war nämlich für lange Zeit fort. Die Erwachsenen sagen dazu: „Im Ausland". Dort hat sie in einem Heim für Kinder gearbeitet, die nicht richtig sprechen, laufen und essen und nicht mal ein bisschen denken können. Dazu sagen die Erwachsenen: „Behinderte". Dort hat sie also gearbeitet, und deshalb hat Manfred sie auch lange nicht gesehen.

„Weißt du, was meine Freunde gesagt haben?" beschwert er sich bei Mama, „sie haben gesagt, dass ich einen Knall habe, dass ich so eine heiraten will. Sie sollte mal lieber hier zu Hause bleiben und zu Ende studieren und dann ist sie auch ganz schön doof, weil sie sich die Arbeit bei den Behinderten nicht bezahlen lässt. Aber ich warte trotzdem auf sie. Und soll ich euch sagen, warum?"

„Natürlich weil du sie lieb hast", lächelt Mama.

„Die Ellen hat es gut", murmelt Frederik traurig, „die hat jemanden, der auf sie wartet. Aber ich habe jetzt niemanden mehr."

„Doch", sagt Mama, „du hast uns."

„Aber einmal bin ich groß und was dann?"

„Du wirst neue Freunde finden und vielleicht auch einmal eine Frau", tröstet ihn Manfred. Aber daran denkt Frederik noch lange nicht.

Gibt es nicht sonst jemanden, der ihn lieb hat und auf ihn wartet? Und zwar jetzt sofort?

Gott kündigt dir die Freundschaft nicht auf. Er hat Jesus geschickt, um zu zeigen, wie sehr er Freund der Menschen ist.

So wie sich ein Bräutigam über seine Braut freut, wird sich dein Gott über dich freuen. (Jes. 62,5)

Spiel doch mal Hochzeit. Vielleicht findest du jemanden, der mit dir spielt. Einer kann sich als Braut und der andere als Bräutigam verkleiden. Wenn du niemanden findest, der mit dir spielt, dann verkleide deine Puppen oder Stofftiere.

30. August

„Deckst du bitte den Tisch, Felix?“ fragt Mama.

„Ich will nicht“, erklärt Felix, „und ich will auch nicht mehr den Müll rausbringen und nicht abtrocknen und keine Brötchen holen und ...“

„Na hör mal“, sagt Mama, „du bist doch hier nicht der einzige, der etwas tut. Papa und ich verdienen Geld und waschen Wäsche und kochen und kaufen ein. Jeder tut etwas für den anderen. Du wärst schlecht dran, wenn niemand in der Familie etwas für dich tun würde.“

„Gar nicht“, schmollt Felix, „bestimmt käme ich ganz prima selber zurecht.“

„Na gut“, sagt Mama, „dann probier es eben.“

Felix schaut sie erstaunt an. „Ich kann machen, was ich will?“ fragt er ungläubig.

„Sicher. Du kannst dein eigener Herr sein. Aber denk daran, dass auch niemand etwas für dich tun wird.“

Als Felix am nächsten Morgen aufwacht, ist es schon heller Tag. Warum hat Mama ihn nicht geweckt? Ach ja, heute ist ja sein freier Tag. Er kann also schlafen, so lange er will. Aber plötzlich hat er keine Lust mehr dazu. Er springt aus dem Bett und will sich anziehen. Aber der Stuhl, auf den Mama ihm sonst seine frische Wäsche hinlegt, ist leer. Auch gut. Dann muss Felix sich selber etwas aus dem Schrank holen.

Er zieht sich an und läuft in die Küche. Mama spült Geschirr. Der Tisch ist längst abgedeckt. Nanu, gibt es heute kein Frühstück für ihn?

„Wenn du etwas möchtest, dann mach es dir selber“, sagt Mama. Felix braucht lange, bis er sich eine Scheibe Brot abgeschnitten hat. Zu allem Überfluss verschüttet er noch seine Milch.

„Macht nichts“, sagt Mama, „du weißt ja, wo Putzlappen und Eimer sind.“

„Hilfst du mir denn nicht?“ fragt Felix zaghaft.

„Nein, Felix, du kannst dich doch selber versorgen.“

Mühsam wischt Felix die Milchpfütze vom Boden. Es macht ihm längst keinen Spaß mehr, sein eigener Herr zu sein. Und als Mama ihn dann auch noch fragt, was er denn nun mit seinem freien Tag anfangen möchte, zuckt er nur unsicher mit den Schultern. Er könnte seine Legoeisenbahn aufbauen oder Fahrrad fahren. Aber allein macht das alles keinen Spaß. Wenn er aber das Geschirr abtrocknet, ob Mama dann vielleicht eine Runde mit ihm fährt?

Impuls

Gott will nicht, dass jeder für sich allein bleibt. Dafür hat er uns mit Eltern und Geschwistern, Freunden und Gemeinde zusammengestellt.

Biblisches Wort

Gott hat uns zur Freiheit berufen. Missbraucht eure Freiheit nicht als Freibrief zur Befriedigung eurer selbstsüchtigen Wünsche, sondern dient einander in Liebe. (Gal. 5, 13)

31. August

Sandra und Vater wollten durch die Heide radeln, Zelt auf dem Gepäckträger, Kochgeschirr im Rucksack, Wind um die Nase und Sonne im Rücken. Aber dann hat Sandra sich ein Bein gebrochen, und aus der geplanten Fahrt ist nichts geworden. Nun sonnt sich Papa im Liegestuhl, und Sandra humpelt im Garten herum. Plötzlich zupft Tine an Sandras T-Shirt. Tine ist Sandras kleine Schwester.
„Schau mal", ruft sie und hebt ein Gläschen mit Seifenschaum hoch. Sie taucht einen Plastikring hinein, hält ihn vor den Mund und haucht hindurch. Schon löst sich eine schillernde Kugel und schwebt sachte in den Himmel. Tine bläst wieder. Schon kullert eine ganze Reihe regenbogenfarbener Gebilde hervor und steigt der Sonne entgegen.
„Lass mich auch mal!" quengelt Sandra.
Und dann bläst sie. Ihre Seifenblasen sind groß und glänzend und leicht wie Federn. Der Wind nimmt sie und trägt sie über die Wiese, vorbei am Liegestuhl, in dem Vater sitzt und den Kindern zuschaut. Er sieht, wie Tine hinter den durchsichtigen Bällen herspringt, wie sie mit ihren kleinen Händen danach greift, wie sie versucht, sie zu fangen und festzuhalten. Aber die Blasen platzen, sobald Tine sie mit ihren Fingerspitzen berührt. Eben schillerten sie noch in der Sommersonne. Aber – plob – sind sie kaputt! Plötzlich sind sie verschwunden, als hätte es sie nie gegeben. Tine ist enttäuscht.
„Sei nicht traurig", sagt Vater, „ich werde dir einen bunten Ball schenken. Der platzt nicht, wenn du ihn fangen willst."
„Bestimmt, Papa?" Tine kriegt ganz große Augen.
„Darauf kannst du dich verlassen", verspricht Papa.
„Und ich?"
Sandra humpelt näher. Jeder Schritt erinnert sie daran, dass aus der geplanten Fahrradtour nichts geworden ist. Heißer Wunsch, viel Vorfreude, große Erwartungen. Und nichts davon ist übrig geblieben, außer einem schlimmen Bein. Alle Sommer-Fahrradpläne zerplatzt, zerplatzt wie Tines Seifenblasen.
„Sei nicht enttäuscht", sagt Vater, „wir radeln in den Herbstferien durch die Heide."
Nun bekommt Sandra auch große Augen.
Und plötzlich ist sie wieder da, die Vorfreude und die Erwartung.

Der Vater hat Sandra sein Wort gegeben. Und Vaters Wort bleibt. Da gibt es nichts dran zu rütteln. Gottes Wort ist genauso zuverlässig, und er gibt uns viele feste Versprechen.

Das Gras verdorrt, die Blume verwelkt, aber das Wort unseres Gottes bleibt ewiglich. (Jes. 40, 8)

1. September

„Wer wagt, gewinnt", sagt Papa und klopft Jonas aufmunternd auf den Rücken.

Jonas hat sich riesig auf die Schule gefreut. Aber je näher der erste Schultag heranrückt, um so beklommener wird ihm zumute. Und nun kommt Papa auch noch mit seinen Sprüchen. „Was heißt das denn nun wieder?" fragt Jonas.

„Es bedeutet, dass dir die Schule nur dann Spaß macht, wenn du auch hingehst", erklärt Papa.

Jonas schüttelt sich. Was weiß Papa denn davon, was einem sechsjährigen Jungen Spaß macht? Papas können doch nur wissen, was Papas Spaß macht. Aber wie Jonas zumute ist, das kann Papa bestimmt nicht verstehen. Und Mama wahrscheinlich auch nicht. Ob es überhaupt jemanden gibt, der Jonas versteht?

Der erste Schultag rückt immer näher. Und dann kommt der letzte Abend. Nur noch einmal schlafen.

Papa setzt sich auf Jonas Bettkante. „Wir wollen Jesus bitten, dass er dafür sorgt, dass du einen guten Schulanfang hast", schlägt er vor.

Ach du meine Güte, denkt Jonas. Wenn Papa schon nicht begreift, wie ihm zumute ist, wie soll es dann Jesus wissen? Von Schule hat der bestimmt keine Ahnung.

„Doch, hat er", sagt Papa, „Jesus hat von allem eine Ahnung."

„Aber nicht von mir", sagt Jonas trotzig.

„Das haben schon ganz andere Leute gesagt", lacht Papa, „einmal zum Beispiel hat der Fischer Petrus auf dem See Genezareth seine Netze ausgeworfen. Er war ein prima Fischer. Aber in dieser Nacht ging ihm kein einziger Fisch ins Netz. Da kam Jesus. Wirf deine Netze noch einmal aus! sagte er zu Petrus. Wie bitte? hat Petrus gedacht. Ich höre wohl nicht richtig! Was weiß dieser Jesus schon vom Fischen? Aber weißt du was, Jonas? Petrus ist trotzdem noch einmal auf den See hinausgerudert, und dann hat er tatsächlich so viele Fische gefangen, dass gar nicht alle in sein Boot hineinpassten. Andere Fischer mussten ihm zur Hilfe kommen. Da hat Petrus erkannt, dass Jesus sehr wohl Ahnung hat. Auf Jesu Wort hin hat er es gewagt, und er hat eine Menge Fische dabei gewonnen."

„Und was kann ich gewinnen?" fragt Jonas ungläubig.

„Na, zum Beispiel, dass du endlich deine Bücher selber lesen kannst, und dann kannst du noch eine Menge neuer Freunde gewinnen, und außerdem bekommst du noch eine tolle Schultüte."

Stimmt, überlegt Jonas. Vielleicht hat Papa doch ein bisschen Ahnung und Jesus vielleicht auch.

Biblisches Wort

Petrus sagt zu Jesus: „Aber weil du es sagst, will ich die Netze noch einmal auswerfen." (Luk. 5,5b)

Aktion

Lass dir die Geschichte von Petrus vorlesen, sie steht in Lukas 5,1–11.

2. September

Bernd freut sich sonst immer auf den Schwimmunterricht. Aber heute hat Herr Siebrecht, der Sportlehrer, gesagt, dass jeder einmal vom Drei-Meter-Brett springen soll. Und davor fürchtet Bernd sich riesig. Er zittert schon, wenn er nur an den Sprungturm denkt. Die anderen Jungen schlüpfen ruckzuck aus ihren Sachen und ziehen sich ihre Badehosen an. Nur Bernd steht unschlüssig herum.

„Was ist denn mit dir los?“ fragt Fabian und knufft ihn freundschaftlich in die Seite.

„Ich hab’ heute keine Lust“, murmelt Bernd. Und dann beißt er sich erschrocken auf die Lippe. Stimmt ja gar nicht. Er hat schon Lust, jedenfalls zum Schwimmen. Die Wahrheit ist, dass er Angst hat. Und nun hat er gelogen. Und Bernd hat Gott doch versprochen, dass er nicht lügen will. Wenn er die Wahrheit sagt, wird Fabian ihn bestimmt auslachen. Aber Gott wird sich über ihn freuen. Und deshalb erklärt Bernd rasch: „Eigentlich habe ich Angst vor dem Springen.“

Fabian lacht nicht. Statt dessen schlägt er vor: „Sag doch dem Siebrecht, dass du krank bist.“

Fabian hustet ein bisschen und klopft sich dabei auf die Brust.

„Hört sich echt an, oder? Los, Bernd, versuch es auch mal.“

Au ja, denkt Bernd, eine kleine Erkältung wäre eine gute Lösung. Aber wenn er tut, als wäre er krank, dann lügt er doch auch. Und weil er nicht lügen will, schüttelt Bernd schließlich den Kopf.

„Aber dann musst du springen“, wendet Fabian ein.

Bernd nickt. Er mag gar nicht an das grässliche Sprungbrett denken. Trotzdem zieht er seine Badehose an. Und dann geht er langsam hinter den anderen Jungen her zum Schwimmbecken. Die ersten Jungen stehen schon auf dem Drei-Meter-Brett. Herr Siebrecht klatscht in die Hände.

„Jungs, runter ins Wasser mit euch“, ruft er fröhlich, und da platscht einer nach dem anderen ins Becken. Zum Schluss steht nur noch Bernd oben. Ängstlich schaut er hinunter. „Lieber Gott“, betet er, „ich habe nicht gelogen. Bitte sei jetzt auch bei mir.“ Und dann setzt er vorsichtig einen Schritt nach vorn, kneift fest die Augen zu und springt. Und als er unten auftaucht, denkt er erleichtert, dass es gar nicht so schlimm war.

Impuls

„Lügen machen das Leben leichter, und man kommt um das Problem herum“, denken wir. Aber das stimmt nur für den Augenblick. Die Probleme müssen irgendwann angepackt werden. Irgendwann muss Bernd springen. Und Lügen zerstören das Vertrauen untereinander.

Biblisches Wort

Gott sagt: Sei mutig und entschlossen! Hab keine Angst, denn ich der Herr, dein Gott, bin bei dir, sohin du auch gehst. (Jes. 1,9)

3. September

„Du bist richtig doof", schreit Timo und ballt die Faust. Er weiß, dass er Michaela nicht schlagen darf, denn sie ist klein, erst drei Jahre alt. Sie hat schwarze Kringellöckchen und eine niedliche Stupsnase. Manchmal kann Timo prima mit ihr spielen. Sie läuft hinter ihm her und tut alles, was er vorschlägt. Und sie schaut zu Timo hoch und bewundert ihn. Das ist ein tolles Gefühl, weil Timo sich dann richtig groß vorkommt.

Aber manchmal ist sie auch ziemlich gemein, z. B. wenn sie seine Ritterburg umstößt. Und weil Timo Michaela keine runterhauen darf, deswegen beschwert er sich am Abend vor dem Schlafengehen bei Papa.

„Am liebsten hätte ich eine andere Schwester."

„Naja...", überlegt Papa und setzt sich zu Timo aufs Bett, „mal sehen, was sich da machen lässt."

Timo steht der Mund offen vor Staunen. Was will Papa denn machen? Er möchte ihn gerne fragen. Aber Papa ist schon aufgestanden, hat das Licht ausgeknipst und die Tür hinter sich geschlossen. Timo grübelt. Vielleicht gibt es ein Kaufhaus, wo man Geschwister umtauschen kann? Timo träumt davon, wie Papa ihn an die Hand nimmt und mit ihm durch den Laden wandert. In langen Reihen stehen die Kinder, Jungen und Mädchen, rothaarig und blond, mit Sommersprossen oder Stupsnasen. Eine Verkäuferin tritt auf Papa zu. „Mein Junge möchte gerne seine Schwester umtauschen. Er ist mit seiner nicht zufrieden", sagt Papa.

„Was hast du dir denn gedacht?" fragt die Verkäuferin und beugt sich zu Timo runter.

„Och", sagt Timo, „am liebsten hätte ich eine, die noch nicht so groß ist, also jedenfalls kleiner als ich. Und sie soll schwarze Haare haben, Locken, das sieht nämlich süß aus. Und ich möchte gut mit ihr spielen können. Sie soll mitmachen, wenn ich etwas vorschlage, und... und sie soll mich bewundern... weil ich doch ihr großer Bruder bin."

„Aha", sagt die Verkäuferin, „da hätte ich tatsächlich etwas für dich."

Timo ist riesig gespannt. Er hat richtig Bauchschmerzen vor Aufregung. Und vor lauter Bauchweh wacht er auf.

Die Sonne scheint schon ins Zimmer, genau in Michaelas Bettchen. Licht blinkert auf ihren schwarzen Kringellöckchen.

„Wach auf, Michi", ruft Timo und schlägt die Bettdecke zurück. „Komm, spielen!"

Sofort klappt Michaela ihre Äuglein auf und strahlt ihren großen Bruder an.

Geschwister sollen fest zusammenhalten, auf dem Spielplatz, in der Schule oder in der Familie. Es ist schön, wenn man jemanden hat, auf den man sich fest verlassen kann.

Wie schön ist es, wenn Geschwister einträchtig beieinander wohnen. (Ps. 133,1)

4. September

Wenn Uwe in der Schule ist und seine beiden Schwestern Bine und Conny im Kindergarten sind, dann geht Mama ins Büro. Und am Nachmittag kauft sie ein und bügelt und putzt. Sie sieht schon ganz müde aus. Arme Mama! Sie müsste mal richtig ausruhen. Aber die beiden Kleinen lassen sie nicht. Sobald Mama sich fünf Minuten hinsetzt, hängen sie schon an ihr und quengeln, dass Mama ihnen vorlesen soll. Uwe findet das richtig gemein von ihnen. Wenn er Mama doch nur irgendwie helfen könnte.

„Aber das kannst du", freut sich Mama, „und ich weiß auch schon wie. Ich lege mich jetzt eine Stunde hin, und du kümmerst dich um Conny und Bine. Meinst du, das geht?"

„Klar", versichert ihr Uwe. Er ist richtig stolz, dass er etwas für Mama tun kann. Obwohl: leicht wird das bestimmt nicht, denn Conny und Bine sind richtige Nervensägen. Macht aber nichts, denn wenn etwas ganz leicht geht, dann kann es schon nichts Besonderes sein. Uwe möchte aber etwas ganz Besonderes für Mama machen. Deswegen ist es egal, wie sich seine Schwestern aufführen. Er wird schon mit ihnen fertig werden. Als erstes muss er ihnen natürlich zeigen, wer jetzt das Sagen hat. Deswegen setzt er Conny an ihren Kindertisch und befiehlt ihr, sich nicht von der Stelle zu rühren. Und Bine steckt er mit einem Bilderbuch ins Bett.

„Wehe, du stehst auf", droht er ihr. Aber Bine versteht überhaupt nicht, weshalb sie am hellen Tag im Bett liegen soll. Und deshalb tobt und springt sie wie wild auf ihrer Matratze herum. Auch Conny mag nicht still sitzen. Sie hat ihren Kinderstuhl umgeworfen und schreit.

„Ruhe jetzt, Mama schläft", brüllt Uwe.

Aber Mama schläft schon längst nicht mehr. Mama steht in der Tür.

„Ach, Kinder", stöhnt sie, und das macht Uwe ganz traurig. Er wollte Mama so gerne eine Freude machen. Und nun hat das überhaupt nicht hingehauen.

„Ich schaff' das einfach nicht", murmelt er. Da muss Mama doch lachen. Sie hockt sich zu den Kindern auf den Boden, und sofort hängen Conny und Bine wieder an ihr. Auch Uwe lehnt sich gegen sie.

Impuls

Gott will nicht, dass einer den anderen herumkommandiert, sondern dass Menschen miteinander auskommen. Sicher klappt es dann auch bei Uwe, Conny und Bine, wenn Uwe ein bisschen lieber zu ihnen ist.

Biblisches Wort

Gott sagt: Lust an der Liebe und nicht am Opfer, an der Erkenntnis Gottes und nicht am Brandopfer. (Hos. 6,6)

Aktion

Hast du Geschwister? Vielleicht könnt ihr euch zusammen überlegen, womit ihr heute Mama oder Papa eine Überraschungsfreude machen könnt. Aber nichts verraten. Tut einfach, was ihr euch ausgedacht habt. Vielleicht finden Mama und Papa es ganz von allein heraus.

5. September

Es ist Freitag. Wibke kommt von der Schule heim. Aber sie ist nicht so fröhlich wie sonst, sondern schleicht ganz betrübt zu Papa an den Mittagstisch.
„Nanu“, wundert sich Papa, „was ist denn mit dir los?“
„Ärger mit Sabine“, erklärt Wibke. Und dann erzählt sie, dass sie sich fürchterlich gestritten haben. Dabei ist Sabine Wibkes allerbeste Freundin.
„Das lässt sich bestimmt wieder in Ordnung bringen, oder?“ meint Papa.
„Hoffentlich“, nickt Wibke, „wenn ich es nicht schaffe, mich mit ihr zu vertragen, dann ist unsere Freundschaft bestimmt gestorben.“
„Und Vertragen ist schwer, was?“ sagt Papa, „das steht jetzt vor dir, wie ein riesiger Berg, wie?“
Wibke nickt wieder. Sie ist so beklommen, dass sie kein Wort herausbringt.
Deshalb legt Papa tröstend seinen Arm um ihre Schulter.
„Manchmal sehen wir so einen Berg vor uns und denken, das schaffen wir nie. Aber meistens stimmt das nicht“, sagt er. „Wollen wir das mal ausprobieren? Morgen ist doch schulfrei. Da klettern wir zusammen auf den Drachenberg, einverstanden?“
Owei, der Drachenberg! Das ist der steilste, felsigste Berg in der ganzen Gegend. Da will Wibke lieber nicht rauf. Aber Papa nickt ihr aufmunternd zu. Am nächsten Morgen weckt er sie ganz früh auf, packt einen Rucksack und steigt in seine festen Wanderschuhe. Dann fährt er mit Wibke raus vor die Stadt an den Fuß des Drachenbergs. Er nimmt sie an seine Hand, dann marschieren die beiden los. Erst geht es ganz einfach, aber dann wird es immer steiler und anstrengender. Doch endlich erreichen sie den Gipfel. Und dort, auf der allerhöchsten Spitze, steht ein großes Holzkreuz. Wibke setzt sich direkt darunter und ruht sich erst einmal aus. Und als sie endlich wieder zu Atem kommt, muss sie erst mal fragen, warum hier oben überhaupt ein Kreuz steht.
„Kreuze stehen doch sonst nur auf Friedhöfen oder in Kirchen“, wundert sie sich.
Da setzt Papa sich zu ihr und erklärt: „Ein Kreuz auf dem Berg bedeutet, dass Menschen es geschafft haben, den Berg zu besteigen. Sie haben ihn besiegt. Das Kreuz hier ist also nicht ein Zeichen des Todes, sondern ein Zeichen für den Sieg.“
Darüber muss Wibke während des ganzen langen Abstiegs nachdenken. Sie hat ja noch einen anderen schlimmen Berg vor sich, und der Berg heißt nicht Drachenberg, sondern „Vertrag dich mit Sabine“. Ob sie den wohl auch schafft?

Impuls

Papa hat Wibke an die Hand genommen und ihr auf den steilen Drachenberg heraufgeholfen. Jesus will uns auch an die Hand nehmen und uns helfen, die vielen anderen schlimmen Berge zu besteigen, die wir vor uns haben, Vertragen zum Beispiel oder irgend etwas anderes, das uns schwerfällt. Jesus schafft wirklich jeden Berg. Er ist immer der Sieger.

Biblisches Wort

Dank sei Gott, dass er uns durch Jesus Christus, unseren Herrn den Sieg schenkt. (1.Kor. 15,57)

6. September

Thomas hat Geburtstag, und seine Mutter hat ihm seinen Lieblingskuchen gebacken: Schokoladentorte. Mit Sahne hat sie seinen Namen darauf gespritzt und drumherum bunte Smarties verteilt. Das sieht ganz toll aus, und Thomas möchte seine Torte am liebsten allein aufessen. Aber das macht er natürlich nicht. Erstens würde ihm dann bestimmt schlecht werden, und zweitens möchte er sie mit seinen Geburtstagsgästen teilen. Mama schaufelt jedem ein dickes Stück auf den Teller, Uwe und Michael und Torsten und Bernd. Und Papa bekommt eins und Oma und Mama selber auch. Thomas aber erhält das größte.

„Hm, lecker", mümmeln die Jungen mit vollem Mund und stopfen gleich den nächsten Happen hinterher. Ruckzuck ist die ganze Torte aufgegessen. Nur ein einsames Stück liegt noch auf der Tortenplatte. Thomas möchte das am liebsten für sich reservieren. Aber Uwe schielt auch schon sehnsuchtsvoll danach.

„Wollen wir es uns teilen?" schlägt Thomas leise vor.

Doch als er gerade nach dem Tortenheber greifen will, da langt Bernd danach.

„Ich darf doch?" fragt er höflich. Da hilft Mama ihm und schiebt das allerletzte Stück auf seinen Teller. Uwe und Thomas schauen sich enttäuscht an.

„Na, ihr zwei", lacht Papa, „mit dem Stück habt ihr wohl gerechnet, wie? Tja, zu spät. Ich hätte auch gern noch Schokoladenkuchen gegessen. Naja, macht nichts, es ist ja noch Obstkuchen da."

„Stimmt", nickt Thomas. Und dann knufft er Bernd freundschaftlich in die Seite.

„Lass dir die Schokoladentorte ruhig schmecken!"

„Schön, dass du deinem Freund gönnst, was du selber gern gehabt hättest, Thomas", lobt Mama. Doch dann zwinkert sie Thomas geheimnisvoll zu, steht auf, spaziert zum Kühlschrank, und was holt sie aus ihm heraus? Noch eine Schokotorte, zwar nicht so groß wie die erste, und es steht auch kein Schlagsahnename darauf. Aber sie ist bunt vor lauter Smarties. Die Jungen brüllen vor Begeisterung und stürzen sich darüber her wie Wölfe. Und sie essen, bis sie nicht mehr „Piep" sagen können. Sogar für Papa und Oma ist noch ein Stück übrig. Ein Glück, dass Mama nicht noch eine dritte Torte im Kühlschrank hat. Es war schon so für alle mehr als genug.

Impuls

Vieles im Leben bekommen wir geschenkt, das Wertvollste davon ist, dass wir geboren werden. Durch Schenken wird man nicht ärmer, sondern reicher, weil die Freude des anderen dazukommt. Und auch Gott findet Teilen gut.

Biblisches Wort

Schenkt, dann wird Gott euch schenken, ja, er beschenkt euch so überreich, dass ihr gar nicht alles fassen könnt. (Luk. 6,38)

Aktion

Schau mal in deiner Spielzeugkiste nach. Gibt es darin etwas, was sich dein Bruder oder deine Schwester, Freund oder Freundin schon lange gewünscht hat? Vielleicht findest du etwas, das du heute verschenken kannst.

7. September

Im Wald lebte Freddy Fuchs. Freddy hatte scharfe Ohren, starke Beine und einen buschigen Schwanz. Er wohnte in einer gemütlichen Höhle, wo ihn die Hunde des Jägers nicht fanden.

Trotzdem konnte Freddy Fuchs nicht fröhlich sein. Niedergedrückt schlich er durch den Wald. Da begegnete ihm eine Maus. Sie war auf der Suche nach Futter. Dabei blickte sie vorsichtig um sich, damit ihr keine Gefahr entging.

„Warum bist du traurig?" piepste die Maus.

„Ach", seufzte Freddy, „das Leben ist schwer. Sieh dich nur selbst an. Ständig musst du auf der Hut sein." Betrübt legte er seine Ohren an.

Da krabbelte eine Ameise vorüber. Sie zerrte an einem riesigen Ahornblatt. „Warum bist du traurig?" wisperte die Ameise.

„Ach", beklagte sich Freddy Fuchs, „das Leben ist schwer. Sieh nur selbst, wie du dich quälen musst. Deine Last ist zehnmal größer als du selbst." Unglücklich streckte er seine Beine von sich.

Über ihm flatterte ein Spatz. Er trug den Schnabel voller Moos. Damit wollte er sein Nest auslegen. „Warum bist du traurig?" zwitscherte er.

„Ach", jammerte Freddy Fuchs, „das Leben ist schwer. Sie nur selbst, wie du dich plagen musst, um für dein Nest zu sammeln."

Mit hängendem Kopf trottete Freddy in seinen Bau. Dort rollte er sich zusammen und verschlief den ganzen Tag. Erst am Abend kroch er hervor. Der alte Mond leuchtete schon durch die Bäume. Freddy setzte sich auf seine Hinterbeine und heulte ihn an.

„Das Leben ist schwer", beklagte er sich, „die Maus ist von Feinden bedroht, die Ameise klein und kraftlos, und der Spatz hat Mühe, ein Polster für sein Nest zu finden."

Der Mond schickte einen hellen Lichtstrahl zu Freddy Fuchs herunter. „Das Leben muss nicht schwer sein", lächelte er, „ich will es dir erklären: Du hast scharfe Ohren, um für die Maus Gefahren zu wittern, starke Beine, die für die Ameise das Ahornblatt tragen können, und einen schönen buschigen Schwanz. Ein paar Haare daraus wären ein wunderbar weiches Kissen für ein Vogelnest. Nun sei nicht traurig, sondern überleg mal, was du tun kannst, damit das Leben fröhlich und schön ist."

Impuls

Ob man fröhlich oder traurig ist, wenn man Lasten zu schleppen hat, kommt es darauf an, wie man über die Last denkt. Wer die Last als sinnvoll ansieht, kommt besser zurecht. Und besser, man schleppt gemeinsam statt einsam.

Biblisches Wort

Einer trage des anderen Last. (Gal 6,2)

Aktion

Kennst du einen Menschen, der gerade heute deine Hilfe braucht? Biete ihm deine Hilfe an.

8. September

Oma Trudi ist sehr alt. Sie ist so alt, dass sie vor lauter Schwäche nicht mehr aufstehen kann. Den ganzen Tag liegt sie im Bett und schaut aus dem Fenster. Sie beobachtet, wie die Wolken ziehen, wie der Wind in die Birke vor ihrem Fenster fährt und wie die Vögel flattern. Die Vögel liebt sie besonders.
Heute hat Oma Trudi Geburtstag. Die Kinder wollten ihr eine besondere Freude bereiten. Tagelang haben sie im Keller gesägt, gehämmert und gemalt, und nun bringen sie ihr ein riesiges Paket. Erwartungsvoll stehen sie um Omas Bett, der kleine Michel, die blonde Susi, der lange Tom und die stille Tine. Was wird Oma wohl zu ihrem Geschenk sagen?
Oma Trudi schlägt das Einwickelpapier zurück.
„Wie schön!" ruft sie. Auf ihrer Bettdecke steht ein Vogelhäuschen. Es hat einen festen Boden für die Körner, vier Stäbe an den Ecken und darauf das Dach, das hübsch grün angemalt ist.
Oma Trudi strahlt.
„Wer hat sich das nur ausgedacht?" will sie wissen.
„Ich", flüstert Tine bescheiden, „ich hatte die Idee. Weil du doch die Vögel magst. Wenn das Häuschen vor deinem Fenster steht, kannst du sie prima beobachten."
„Ach, und wie hübsch es gebaut ist", freut sich Oma Trudi.
„Das Holz habe ich besorgt und zurechtgesägt", erklärt Tom stolz.
„Ich habe es glatt geschmirgelt und zusammengenagelt", fügt Susi hinzu.
„Und das Dach ist grün, weil ich es so angemalt habe", piepst Michel dazwischen.
„Wie wunderbar..." Oma kann sich gar nicht beruhigen. Vor lauter Vergnügen schlägt sie die Hände zusammen.
„Und das Schönste", lacht sie, „das Schönste ist, dass ihr das Vogelhäuschen zusammen gebaut habt. Jeder hat das gemacht, was er konnte. Wenn nur einer nicht gewollt hätte..." „...dann hätten wir jetzt wahrscheinlich gar kein Geschenk für dich", fällt Tom ihr ins Wort, „und das wär doch schade gewesen, oder?"

Impuls

Was kannst du besonders gut? Malen und basteln? Oder abwaschen, eine lustige Geschichte erzählen oder singen? Überleg mal, wie du mit deiner Gabe heute einem anderen Menschen Freude machen kannst. Du kannst jemand anderem etwas schenken, auch wenn er keinen Geburtstag hat.

Biblisches Wort

Dienet einander, ein jeder mit der Gabe, die er empfangen hat. (1.Petr. 4,10)

9. September

Es war einmal ein Sänger, der konnte so schön singen, dass jeder, der ihn hörte, fröhlich wurde. Aber eines Tages, als er wieder einmal ein Lied anstimmen wollte, fehlte ihm ein Ton. Es war das hohe, vorwitzige „C". Es hatte sich klammheimlich davongestohlen, war ins Gras zwischen die Sommerblumen gekullert und ließ sich von der Sonne auf den Bauch scheinen.

„Warum soll ich mich anstrengen?" dachte es und schaute den Wolken nach, „endlich bin ich frei. Ich möchte nicht länger zwischen dem widerspenstigem H und dem dröhnenden D festsitzen. Nein, hier im Sonnenschein ist es viel gemütlicher als in den Liedern meines Sängers."

So dachte das hohe C und schlief ein bisschen ein. Aber als es wieder aufwachte, noch ein Weilchen die Wolken beobachtet und sich genug an der Sonne gefreut hatte, da wurde es ihm langweilig. Und ein bisschen einsam fühlte es sich auch. Schließlich kam es ihm sogar ziemlich sinnlos vor, den langen Tag herumzuliegen.

„Was soll aus mir werden?" seufzte es. „Ohne die anderen Töne, ohne den Sänger und seine Lieder bin ich nur ein nutzloser Hauch. Der Wind wird mich davontragen, und es wird sein, als hätte es mich nie gegeben."

Doch der Sänger, der jeden Ton lieb hatte, suchte nach seinem C, denn ohne diesen Ton klangen seine Lieder falsch und missgestimmt. Schließlich fand er es, wie es traurig und allein im Gras saß. Er hob es behutsam in die Höhe und fügte es wieder ein an seinen Platz. Dann begann er zu singen, und jetzt hörte sich sein Lied schön an wie das Zwitschern der Vögel, das Plätschern der Bäche und das Rauschen der Bäume. Und der Sänger freute sich an der Musik und mit ihm jeder, der ihn hörte. Selbst das hohe C freute sich.

Es war zwar wieder eingeklemmt zwischen die anderen Töne und musste mittanzen in der Melodie, die der Sänger vorgab. Doch schön klang es, wie sich das kleine hohe C mit den anderen Tönen zu einem fröhlichen Lied zusammenfügte.

Impuls

Gott will unser Leben fröhlich machen wie eine schöne Melodie. Wir brauchen uns nur einfügen lassen an den Platz, an dem er uns haben möchte. Gott sucht nach uns, wenn wir von ihm weggelaufen sind. Es fehlt etwas, wenn wir nicht dabei sind.

Biblisches Wort

Setzt alles daran, so zu leben, dass eure Berufung und Erwählung gefestigt wird. Gott bereitet euch einen herrlichen Einzug in das ewige Reich unseres Herrn und Retters Jesus Christus.
(2. Petr. 1,10.11)

10. September

Auf einem Berg entspringt eine kleine Quelle. Lustig hüpft sie über die Steine, an ihrem Ufer blühen gelbe Sumpfblumen. Die Vögel baden in ihr, und der Hase Langohr trinkt von ihrem Wasser, denn ihr Wasser ist kühl und süß.
Manchmal steigen auch Menschen zu der kleinen Quelle den Berg herauf. Sie breiten ihre Decken neben ihr aus und freuen sich an ihrem munteren Geplätscher. Sie ruhen sich aus oder spielen oder unterhalten sich, bevor sie weiterwandern. Die kleine Quelle findet das immer sehr spannend.
„Was sich die Menschen alles erzählen“, staunt sie. Und selbst der Hase Langohr hockt im Gebüsch und spitzt seine langen Ohren.
„Möchtest du von meinen Bonbons haben?“ fragt gerade ein Mädchen seine kleine Schwester. Wie nett sind doch die Menschen! denkt Langohr. Doch da reißt die kleine Schwester plötzlich die ganze Tüte Bonbons an sich.
„Du gemeines kleines Biest“, brüllt da das Mädchen und schlägt böse nach der Tüte. Da kullern alle Bonbons ins Gras, und eins purzelt sogar in die kleine Quelle.
Nanu, wundert sich der Hase Langohr, eben hat das Mädchen doch noch so nett mit seiner kleinen Schwester gesprochen, und jetzt? Jetzt ist sie plötzlich ganz verändert. Merkwürdig! Ob alle Menschen so sind?
Langohr nimmt sich vor, das einmal zu beobachten. Deshalb betrachtet er sich nun die Eltern der beiden Mädchen. Der Vater hat sich auf der Decke ausgestreckt. „Komm her, meine Liebe“, sagt er zur Mutter, „hier ist ein Sonnenplätzchen, extra für dich.“ Ach, wie lieb er mit ihr spricht, denkt Langohr, als er das hört. Der Menschenmann rollt sich sogar noch ein bisschen zur Seite, damit die Mutter genug Platz auf der Decke findet. Aber da stößt er an einen spitzen Stein.
„Autsch, verflucht noch mal“, schreit er und starrt die Mutter so grimmig an, als hätte sie ihm den Stein mit Absicht untergeschoben.
Erschrocken hoppelt Hase Langohr tiefer ins Gebüsch. Er kommt erst wieder am Abend hervor. Er hat vom langen Verstecken Durst bekommen. Deshalb besucht er wieder die kleine Quelle. Doch als er diesmal von ihrem Wasser trinkt, schmeckt es nicht süß und sauber, sondern bitter wie Sauerampfer.
„Igitt“, ruft er und spuckt aus.
Doch die kleine Quelle murmelt nur: „Das habe ich von den Menschen gelernt. Aus ihren Mündern kommt auch einmal Liebes und einmal Böses. Warum sollte ich dann nicht auch einmal süßes und einmal bitteres Wasser geben?“

Mit Worten kann man ganz viel anrichten, Gutes und Böses. Man kann schreien, beleidigen, fluchen oder streiten. Man kann aber auch trösten, beten, gut zureden, erklären, versöhnen oder lieben. Jesus möchte, dass wir mit unseren Worten viel Gutes verbreiten.

Aus dem selben Mund kommen Segen und Fluch. Ihr Lieben, so soll es nicht sein. Lässt auch die Quelle aus einem Loch süßes und bitteres Wasser fließen? (Jak. 3,10.11)

11. September

Katharinas Mama sagt immer, Katharina soll ehrlich sein. Also ist sie das auch.

„Du hast aber hässliche Zöpfe", sagt sie zu ihrer Schwester Monika.

„Gar nicht", mault Monika und zwirbelt sich einen Zopf um ihren Finger.

„Doch, ehrlich, deine Zöpfe sind doof. Sie sind viel zu kurz und strubbelig."

Da fängt Monika an zu weinen.

„Das sag' ich Mama", schluchzt sie und rennt auch schon los.

„Dann bist du eine Petze, ehrlich, du bist eine richtige Petze", schreit Katharina ihr hinterher.

Katharina ist auch zu anderen Leuten ehrlich. Ihrer Oma zum Beispiel sagt sie, dass sie ganz schön dick sei.

„Na hör mal", sagt da Oma und droht ihr mit dem Zeigefinger. Da verschwindet Katharina lieber.

Wenn sie mit Papa Auto fährt und Papa übersieht mal ein Schild, dann sagt sie ihm, dass er eine richtige Schlafmütze ist. Und damit hat sie manchmal sogar recht. Trotzdem freut sich Papa überhaupt nicht darüber. „So hast du gar nicht mit mir zu reden", schimpft er. Und wenn Mama mal die Milch überkochen lässt, dann ruft Katharina: „Du bist aber ungeschickt." Da ärgert Mama sich dann doppelt: einmal über die übergekochte Milch und einmal über Katharina.

Katharina findet das merkwürdig. Alle sind wütend auf sie. Dabei sagt sie doch nur die Wahrheit.

Doch schließlich wird es Papa und Oma und Monika und sogar Mama zuviel.

„Du bist richtig gemein", platzt Monika heraus.

„Du bist ganz schön frech", ruft Oma.

„Du bist ganz schön vorlaut", ermahnt Papa, und Mama findet Katharina ziemlich lieblos.

„Lieblos?" fragt Katharina, „denkst du etwa, ich habe euch nicht lieb?"

„Nein, eigentlich nicht, dabei redest du mit uns, als könntest du uns überhaupt nicht leiden."

„Aber das stimmt nicht. Ich hab' euch sogar ganz doll lieb. Ich sag' halt nur die Wahrheit."

„Vielleicht kannst du mal die Wahrheit liebevoll sagen", schlägt Papa vor.

Das ist für Katharina ein ganz neuer Gedanke. Aber probieren kann sie es ja mal!

Impuls

Wer das Richtige sagt, muss sich auch überlegen, was beim anderen wirklich ankommt. Wahrheit und Liebe gehören zusammen.

Biblisches Wort

Die Liebe freut sich an der Wahrheit. (1.Kor. 13,6)

Aktion

Wie würde es sich anhören, wenn Katharina liebevoll die Wahrheit sagt? Versuch es mal:

Sie sagt nicht zu ihrer Schwester: „Du hast aber hässliche Zöpfe", sondern...?

Sie sagt nicht zu Oma: „Du bist aber dick", sondern...?

Sie sagt nicht zu Papa: „Du bist aber eine Schlafmütze", sondern...?

Sie sagt nicht zu Mama: „Du bist aber ungeschickt...", sondern...?

Was glaubst du, was Monika, Oma, Papa und Mama ihr dann antworten würden?

12. September

Hilfsbereitschaft zeigt sich nicht nur, wenn du dem anderen die Last schnell abnimmst. Vielleicht könnt ihr die Last gemeinsam tragen, miteinander üben und so zu einem besseren Erfolg kommen.

Unsere Liebe muss sich in Taten zeigen, die der Wahrheit entsprechen: der Liebe, die Gott uns erwiesen hat. (1.Joh. 3,18)

Heike ist Veronikas beste Freundin. Und deshalb hilft Veronika ihr, wo sie kann, besonders aber in der Schule. Heike ist nämlich nicht so gut in der Schule. Die meiste Mühe hat sie im Rechnen.

„Ich kapier' das einfach nicht", stöhnt sie und schiebt Veronika ihr Heft herüber. Owei, da sieht es schlimm drin aus. Kaum eine Aufgabe ist richtig gelöst.

„Wenn das Frau Leupel sieht, dann gibt es bestimmt eine Sechs", meint Veronika. Heike ist schon ganz verzweifelt, denn Frau Leupel, die Mathelehrerin, ist ziemlich streng.

„Kannst du mir nicht helfen?" bittet deshalb Heike ihre Freundin. Klar kann Veronika das! Ruckzuck hat Veronika alle Aufgaben gelöst. Heike braucht sie nur noch abschreiben. Da staunt Frau Leupel, als sie Heikes Aufgaben nachschaut.

„Hast du das etwa selbst gerechnet?" fragt sie verwundert. Heike nickt und Veronika auch. Da staunt Frau Leupel noch mehr und malt in Heikes Heft ein dickes Sternchen. Die beiden Freundinnen freuen sich riesig darüber. Aber dann schaut Frau Leupel auch Veronikas Aufgaben nach, und da wundert sie sich zum zweiten Mal an diesem Schulvormittag, denn Veronikas Aufgaben sind bis auf den letzten Strich genauso wie die von Heike.

„Da hat doch einer vom anderen abgeschrieben", vermutet die Lehrerin. Dann ruft sie beide Mädchen zu sich. „Nun mal raus mit der Wahrheit, ihr beiden, da stimmt doch was nicht mir euren Rechenaufgaben."

Natürlich ahnt sie längst, dass Heike von Veronika abgeschrieben hat. Aber keiner der beiden Mädchen will das zugeben. Heike nicht, weil sie dann bestimmt ihre Sechs bekommt, und Veronika nicht, weil sie doch unbedingt Heike helfen wollte.

„Eine Hilfe ist abschreiben aber nicht", sagt schließlich Frau Leupel. „Veronika, bestimmt hast du es gut gemeint. Aber mit einer Lüge kannst du deiner Freundin nicht helfen."

„Aber ich wollte doch nur...", druckst Veronika.

„Ich weiß", nickt Frau Leupel, „du magst Heike gern, und deshalb wolltest du, dass sie eine gute Note in Rechnen bekommt. Aber wenn du ihr schon helfen willst, dann geht das sicher auch ohne Lüge, oder?" Fragt sich nur wie, überlegt Veronika.

13. September

Große Kinderwoche in der Kirche. Svenja freut sich schon seit Tagen darauf, nicht nur auf die Spiele und Preise, die es zu gewinnen gibt, und auf die spannenden Geschichten und die witzigen Lieder. Am meisten freut sie sich, dass sie selber mitmachen darf. Sie hat nämlich genauso wie die Erwachsenen eine eigene Aufgabe. Svenja darf helfen, bunte Girlanden und Luftballons an die Decke zu hängen. Und wenn die Kinder am Nachmittag kommen, darf sie jedem eine Plakette an das T-Shirt stecken. Auf der Plakette steht in bunten Buchstaben: „Jesus liebt Kinder."

„Mich auch", verkündet Svenja stolz in ihrer Kindergartengruppe, „und deswegen möchte ich jetzt auch mal was für ihn tun."

„Was tust du denn für ihn?" kichert Tanja.

„Ich helfe mit, die Kinderwoche vorbereiten", erklärt Svenja.

„Und vorbereiten ist, was für Jesus tun?"

„Klar", sagt Svenja, „weil ich das nicht für mich mache, sondern dafür, dass viele Kinder von Jesus hören."

Da kichert Tanja nur noch mehr. „Quatsch", spottet sie, „als ob das so wichtig wäre. Was hast du denn davon? In der Zeit, wo du Luftballons aufhängst, könnten wir lieber zusammen spielen."

Da hat Tanja recht, überlegt Svenja, und sie wird schon ein bisschen unsicher. Und als sie dann auch noch eine Einladung von ihrer Freundin Claudi bekommt, möchte sie am liebsten überhaupt nicht mehr bei der Kinderwoche mitmachen. Claudi hat nämlich genau an dem Tag Geburtstag, an dem die Kinderwoche beginnt. Und den möchte sie mit ihren besten Freundinnen feiern. Tanja geht natürlich hin. Ach, bestimmt wird es superlustig bei Claudi. Und Svenja muss zur doofen Kinderwoche.

Aber nun hat sie es einmal versprochen. Und außerdem wollte sie ja was für Jesus tun. Sie wollte ihm so gerne zeigen, dass er ihr wichtig ist.

Mit schwerem Herzen trottet Svenja zur Kirche. Und dann muss sie Luftballons aufblasen. Und einige andere Kinder blasen mit. Dann klettern sie auf Leitern, um die Ballons aufzuhängen. Und eigentlich macht das richtig Spaß. Als dann am Nachmittag die ersten Besucher-Kinder kommen, sieht der Raum kunterbunt und fröhlich aus. Svenja steht am Eingang. Und weißt du, wer plötzlich hereinspaziert? Claudi mit ihrer ganzen Geburtstagsgesellschaft. Und Svenja darf jedem eine „Jesus liebt Kinder"-Plakette anstecken.

Ich bin der Herr, dein Gott! Du sollst keine anderen Götter neben mir haben.
(2.Mose 20,2.3)

14. September

„Lieber Gott, danke für das Essen. Amen", leiert Dominik und dann pikt er mit seiner Gabel in die Fischstäbchen. Nanu, warum fängt Papa denn nicht an zu essen? Papa schaut nachdenklich über den Tisch zu Dominik herüber und schüttelt nur den Kopf. Aber er sagt nichts. Auch gut, denkt Dominik, und dann macht er sich über den Salat her.

Am Abend ist es genau dasselbe. Papa sitzt bei Dominik am Bett. Seine Hände liegen gefaltet in seinem Schoß. Das bedeutet sicher, dass Dominik jetzt sein Abendgebet sagen soll. Er hätte lieber noch ein bisschen mit Papa herumgealbert. Aber Papa sieht so ernst aus. Der hat bestimmt keine Lust zum Quatschmachen. Na gut, dann faltet Dominik eben auch die Hände.

„Lieber Gott, danke für den schönen Tag. Amen", sprudelt Dominik heraus. Papa schüttelt wieder nachdenklich den Kopf. Dann gibt er Dominik einen Gute-Nacht-Kuss.

Am nächsten Morgen betet Papa vor dem Frühstück. Dominik linst schon zum Nutella herüber. Als Papa schließlich „Amen" sagt, grapscht Dominik sofort das Glas. Dick streicht er sich die Schokolade aufs Brötchen. Doch bevor er reinbeißen will, fragt er plötzlich erschrocken: „Haben wir überhaupt schon gebetet?"

„Ach, Dominik", seufzt Papa und schüttelt bekümmert den Kopf.

„Also haben wir oder haben wir nicht?" fragt Dominik. Papa nickt.

„Also, Gott, dann danke ich dir auch noch schnell für das Essen", flüstert Dominik. Und dann schlingt er rasch sein Nutella-Brötchen herunter. Er muss sich beeilen, damit er nicht zu spät zur Schule kommt.

„Ach, du lieber Gott, es ist ja schon halb acht", stöhnt Dominik. Da schüttelt Papa schon wieder den Kopf, und diesmal nimmt Dominik sich vor, ihn am Nachmittag deshalb zu fragen.

Als er aus der Schule kommt, hat er Papas Kopfschütteln tatsächlich nicht vergessen. „Dauernd schüttelst du den Kopf", beschwert sich Dominik bei Papa.

„Das ist nur", antwortet Papa, „weil Gott möchte, dass wir ihn heiligen. Aber ich glaube, dass du..."

„Was bedeutet denn heiligen?" unterbricht ihn Dominik. „Heiligen bedeutet, dass Gott etwas Besonderes für uns sein möchte. Wenn wir ihn anrufen, dann..."

„Ach ich weiß schon", platzt Dominik wieder dazwischen.

Und du? Weißt du auch, was Dominiks Papa meint?

Gottes Namen kann man auch ganz gedankenlos verwenden. Das ist schade und das hat Gott nicht verdient.

Du sollst den Namen des Herrn, deines Gottes, nicht missbrauchen. (2.Mose 20,7)

15. September

„Ich muss jetzt heim", sagt Lucia und schiebt rasch die Memorykarten zusammen.

„Warum musst du denn so früh zu Hause sein?" erkundigt sich Sandra.

„Weil ich das Abendbrot machen muss."

„Und warum macht das nicht deine Mama?"

„Weil meine Mama meine Oma füttern und ausziehen und waschen muss."

„Wenn deine Oma das nicht allein kann, warum gebt ihr sie denn dann nicht in ein Heim?" schlägt Sandra vor. „Du weißt schon, so eins für lauter alte Leute und wo Krankenschwestern so etwas machen wie deine Mama."

„Ach ich weiß nicht", sagt Lucia. Aber der Gedanke mit dem Heim ist vielleicht gar nicht so schlecht. Denn wenn Oma in einem Heim wäre, dann hätte Mama Zeit, das Abendbrot zu machen, und dann könnte Lucia mit Sandra noch eine Runde Memory spielen. Aber jetzt muss sie nach Hause, und zwar ziemlich schnell. Lucia hat einen eigenen Haustürschlüssel. So braucht Mama nicht extra zum Aufmachen an die Tür kommen. Wahrscheinlich ist sie oben bei Oma. Lucia schleicht die Treppe hinauf. Ih, wie es hier stinkt! Bestimmt hat Oma wieder in die Windeln gemacht. Mama kommt gerade aus dem Bad.

„Hallo, da bist du ja", lächelt sie. Lucia nickt und hält sich die Nase zu. Da seufzt Mama: „Oma ist wieder ein kleines Malheur passiert."

„Ich finde, sie ist ein richtiges Schwein", platzt Lucia heraus.

„Na hör mal", sagt Mama, „wenn Oma ein Schwein ist, dann bin ich ein Ferkel. Denn schließlich bin ich ja ihr Kind. Und nun überleg mal, was du dann bist."

„Naja", druckst Lucia, „Sandra hat gesagt, so eine Oma gehört ins Heim. Dann müsstest du nicht mehr ihre dreckigen Windeln sauber machen."

„Nun hör mal gut zu!" sagt Mama, und dabei wird sie ganz ernst. „Als ich ein kleines Baby war, da hat Oma meine Stinkerbabyhosen saubergemacht. Und nun mache ich das eben für sie. Manchmal ist das nicht einfach. Aber ohne Oma würde es mich überhaupt nicht geben. Sie hat mir das Leben geschenkt. Davon gebe ich ihr nun ein bisschen zurück. So, und jetzt runter mit dir zum Abendbrotmachen. Ich komme gleich nach."

Nachdenklich schlurft Lucia in die Küche. „Mama lebt, weil es Oma gibt. Und ich selber?" murmelt sie, während sie Teller und Teetassen auf den Tisch stellt. Da kommt Mama herein „Dich gäbe es dann auch nicht", lacht sie, „und das wäre wirklich schade."

Du sollst deinen Vater und deine Mutter ehren.
(2. Mose 20,12)

16. September

Manchmal kommen die Erwachsenen nicht miteinander zurecht. Kinder sind manchmal Opfer, und das tut weh. Ermutigt eure Eltern, zusammenzubleiben. Wenn sie auseinandergehen, dann seid nicht ihr schuld, sondern eure Eltern. Gott hat den Menschen die Ehe und die Familie gegeben, damit sie nicht alleine sind, sondern zu jemandem gehören. Deshalb achte deine Familie und tu nichts, was sie zerstören könnte.

Du sollst nicht die Ehe brechen.
(2. Mose 20,14)

Karola kann nicht einschlafen. Immer muss sie an Tine denken. Tine ist ihre Freundin, sie spielen fast jeden Tag zusammen. Aber seit einer Woche ist Tine nicht mehr rausgekommen. Deshalb hat Karola bei ihr geklingelt. Eine sehr traurige Tine hat ihr geöffnet. Sie war so traurig, dass sie zu nichts Lust hatte, nicht zum Draußen Spielen und auch nicht zum Drinnen Spielen.

„Weil meine Eltern sich nicht mehr lieb haben. Papa wohnt jetzt nicht mehr bei uns", hat Tine gemurmelt. Und dann hat sie auch ein bisschen geweint. Und daran muss Karola jetzt dauernd denken, deswegen kann sie nicht einschlafen.

Ob ihr Papa sie und Mama auch allein lassen würde? Und ob Tines Papa wohl wieder zurückkommt? Schließlich hat er doch mal Tines Mama geheiratet. Und dann haben sie Tine bekommen. Da kann er doch nicht einfach weglaufen. Bestimmt wird er bald merken, wie es ohne Tine und ihre Mama ist. Und dann wird er schleunigst zurückkommen. Ja, genauso wird es sein. Karola seufzt erleichtert. Nur noch schnell noch mal aufs Klo. Und dann wird Karola bestimmt einschlafen können.

Leise tappt Karola über den dunklen Flur. Es ist ganz leise im Haus. Nein, stimmt nicht, im Wohnzimmer brummt der Fernseher, und jetzt hört Karola Mama und Papa miteinander reden. Aber was ist denn das? Mamas Stimme klingt ganz schrill, und Papa knurrt richtig. Meine Güte, die beiden streiten ja! Aber warum nur? Ob sie sich nicht mehr lieb haben?

Plötzlich bekommt Karola Angst. Ihre Knie werden ganz weich, und ihr Kinn fängt an zu zittern. Papa wird doch nicht.....? Erschrocken stürzt sie ins Wohnzimmer.

„Hört auf, das dürft ihr nicht", schreit sie und klammert sich an ihren Papa.

„Aber Karola, was ist denn, warum schläfst du nicht?" fragt Papa.

„Weil ihr euch streitet, und dann gehst du weg, genauso wie Tinas Papa, und das will ich nicht. Ihr sollt euch wieder vertragen, du und Mama!"

Erstaunt schauen Mama und Papa sie an. Aber dann fängt Mama plötzlich an zu lächeln. „Kind", sagt sie, „Papa und ich sind nicht immer einer Meinung. Aber wir gehören trotzdem zusammen."

„Ja", stimmt Papa zu, „und deswegen werden wir nicht gleich auseinandergehen. Dafür ist es viel zu schön, eine Familie zu sein, oder nicht?"

„Na klar", denkt Karola und ist sehr erleichtert.

17. September

Du sollst nicht stehlen. (2.Mose 20,15)

Hach, ist das schön hier! denkt Larissa und schlendert durch die Gänge im Kaufhaus. In den Regalen liegen Barbypuppen, Stofftiere, Legobaukästen, Buntstifte und Gummibälle. Toll, so eine Spielzeugabteilung! Aber leider ist Larissas Portemonnaie leer. Und Mama wollte ihr auch kein Geld geben.

„Du musst nicht alles haben, was du siehst", hat Mama gesagt. Na gut, dann eben nicht. Larissa schlendert weiter. Mama ist unten bei den Lebensmitteln. Larissa fährt mit der Rolltreppe runter. Sie sieht Mama schon von weitem, wie sie mit ihrem Einkaufswagen zwischen Stapeln von Konservendosen und Kühltruhen herumkurvt. Larissa spaziert zu den Süßigkeiten. Hach, wie lecker, denkt sie. Aber sie hat nicht mal Geld für eine Tüte Gummibärchen. Und Mama wird bestimmt keine in ihren Einkaufswagen legen. Also gibt es heute weder ein neues Spielzeug noch Gummibärchen. Aber vielleicht wenigstens eine klitzekleine Packung Kaugummi. Und wenn Larissa sie nicht kaufen kann, dann macht es bestimmt nichts aus, wenn sie sie einfach ohne zu bezahlen in ihre Hosentasche steckt. Im Regal liegen ja noch genug andere Packungen. Da fällt es bestimmt nicht auf, wenn eine fehlt.

Und schwups, ist schon ein Päckchen Kaugummi in Larissas Tasche verschwunden. Verstohlen schaut sie sich um. Keiner hat es gesehen. Ihre Hand in der Hosentasche legt sich fest um das Kaugummi.

„Ach, da bist du ja!", sagt Mama. Gerade schiebt sie mit ihrem Einkaufswagen um die Ecke, „war es schön oben bei den Spielzeugen?"

Larissa nickt. Langsam trottet sie hinter Mama her. Und die greift rechts und links in die Regale und packt Schokolade und Chips und ganz zum Schluss eine große Tüte Gummibärchen in ihren Wagen. Larissa schluckt. Sie hat einen dicken Kloß im Hals, und die Hand in ihrer Tasche brennt richtig ein bisschen. Als Mama auf die Kasse zusteuert, wird ihr fast schwindelig. Blödes Kaugummi, denkt sie, und plötzlich will sie es gar nicht mehr haben, denn was einer mit schlechtem Gewissen isst, dass schmeckt bestimmt nicht gut.

Deshalb dreht Larissa sich plötzlich um und rennt noch einmal zurück zu den Regalen mit den Süßigkeiten. Ganz vorsichtig legt sie die Kaugummipackung zurück. Mama hat in der Zwischenzeit schon bezahlt. Nun packt sie ihren Einkauf in ihre große Tasche. Nur die Tüte mit den Gummibärchen nicht. Die drückt sie Larissa in die Hand.

„Du kannst ruhig schon welche nehmen", sagt Mama. Und was glaubst du, wie gut Larissa die Gummibärchen geschmeckt haben!

18. September

Du sollst nichts Unwahres über deinen Mitmenschen sagen. (2.Mose 20,16)

Große Pause! Die Kinder stürzen raus auf den Schulhof. Nur Lars trödelt. Langsam zockelt er hinter den anderen her. Die kicken sich schon Gummibälle zu.

„Los, mach mit", rufen sie Lars zu. Aber Lars winkt nur schnippisch ab. Er findet Ballspielen nämlich albern. Er hat diese blöde Rennerei überhaupt nicht nötig.

Er kann zu Hause so oft Fußball spielen, wie er will. Anstelle eines Gartens hat sein Papa nämlich einen ganzen Fußballplatz, mit Toren und weißen Strichen auf dem Rasen. Und wenn er will, kann Lars sogar einen eigenen Trainer bekommen.

„Ehrlich?" staunen da die anderen. Ganz schnell haben sie ihre Bälle vergessen und kommen zu Lars herüber. Dicht drängen sie sich um ihn. Lars erzählt aber auch wirklich spannende Sachen. Er sagt, dass sein Papa nicht nur einen Fußballplatz hat, sondern sogar eine richtige Schwimmhalle. Und wenn die anderen Lust haben, können sie alle zum Schwimmen kommen. Und sie brauchen nicht mal bis zum Sommer warten, weil das Bad von Lars' Papa beheizt wird, mindestens bis 100 Grad. Und danach können alle Kinder Würstchen bekommen, weil es nämlich bei Lars' Mama die besten der Welt gibt.

„Ach was", sagt plötzlich Frau Langefeld. Sie ist Lars' Klassenlehrerin und hat heute Hofaufsicht. Die Kinder haben gar nicht gehört, wie sie zu ihnen getreten ist.

„Doch", beharrt Lars, „mein Papa hat sogar eine Fabrik."

„Soso", sagt Frau Langefeld, „was denn für eine?"

„Eine Autofabrik natürlich."

In diesem Augenblick klingelt die Schulglocke. Die Kinder zotteln zurück in ihre Unterrichtsräume. Und als Lars nach der Schule nach Hause kommt, hat er seine Geschichten vom Schwimmbad und den Würstchen und erst recht die von der Autofabrik vergessen. Aber ein paar Tage später bekommt sein Papa einen Brief von Frau Langefeld. Darin fragt sie, ob sie in Papas Fabrik ihr neues Auto bestellen kann.

„In welcher Fabrik?" fragt Papa und schaut Lars erstaunt an.

Ja, hat denn Frau Langefeld wirklich alles geglaubt? Dabei arbeitet Lars' Papa doch nur in einer Autowerkstatt, und die gehört ihm nicht einmal selber. Und ein Schwimmbad gibt es natürlich auch nicht, sondern nur ein Planschbecken.

„Mein lieber Freund", sagt Papa streng. „Übertreibungen sind auch Lügen. Nur in einem hast du recht, nämlich dass es bei Mama wirklich die besten Würstchen der Welt gibt."

19. September

Luisa besucht ihre Cousine Nicole. Mama sitzt mit Tante Gisela im Wohnzimmer und trinkt Kaffee, während die beiden Mädchen in Nicoles Kinderzimmer verschwinden.

„Wow", stößt Luisa aus, als Nicole die Zimmertür öffnet. Nicoles Kinderzimmer ist nämlich umwerfend. Sie hat ein tolles Hochbett, und an der Wand steht ein Regal voller Spielsachen, die Luisa auch gerne hätte. Da gibt es ein ganzes Barbypuppenhaus mit einem Schrank voller Puppenkleider und ein großes Bauernhofbilderbuch. Wenn man es aufklappt, springen einem Kühe und Schweine und Hühner entgegen.

„So eins möcht' ich auch haben", schwärmt Luisa.

Aber am schönsten findet sie Nicoles Stofftiersammlung. Da gibt es einen Eisbären mit seidigweichem Fell, der so groß ist wie ein Teppich. Mit dem spielt Luisa den ganzen Nachmittag. Am liebsten würde sie ihn mit nach Hause nehmen. Sie selber hat nämlich nur einen alten braunen Zottelbären. Und der ist längst nicht so schön weich.

Als sie am Abend mit Mama nach Hause fährt, quengelt sie auf der ganzen Fahrt:

„Ich hab' gar kein schönes Zimmer und nur lauter blöde Spielsachen. Ich will wenigstens einen Eisbären haben!" „Aber du hast doch deinen Zottel", sagt Mama.

„Ich will keinen Zottel, ich will einen Eisbären", mault Luisa, „und zwar genauso einen wie Nicole hat. Mein Zottel ist richtig doof."

Und als sie zu Hause ankommen, schmeißt Luisa ihren alten braunen Bären in die hinterste Kinderzimmerecke. Selbst zum Einschlafen holt sie ihn nicht hervor. Mama seufzt: „Na gut, du wirst schon sehen."

Und am nächsten Abend sitzt auf Luisas Bettdecke ein riesengroßer, schneeweißer, schäfchenweicher Eisbär. Glücklich schließt Luisa ihn in ihre Arme. Aber einschlafen kann sie nicht mit ihm. Sein dickes Fell kitzelt ihr nämlich in der Nase. Und außerdem nimmt er viel zu viel Platz in ihrem Bett weg. Unruhig wirft sich Luisa im Bett hin und her. Und dauernd ist ihr das Eisbärenmonstrum im Weg. Schließlich hält Luisa es nicht mehr aus. Ärgerlich stupst sie den Eisenbären vors Bett und kramt nach ihrem alten, gemütlichen Zottel. Hm, wie schön kuschelig der ist. Komisch, dass Luisa so neidisch auf ihre Cousine war.

Du sollst nicht versuchen, etwas an dich zu bringen, das deinem Mitmenschen gehört. (2.Mose 20,17)

20. September

Mama pflückt Äpfel. Dorothee hilft ihr. Sie soll die guten Äpfel in eine Kiste und die wurmstichigen in einen alten Korb sortieren. Doch Dorothee ist nicht bei der Sache. Manchmal muss Mama in die Kiste mit den guten Äpfeln greifen und einen faulen herausholen.

„Nun pass aber mal ein bisschen auf", ermahnt sie Dorothee, „wo bist du bloß mit deinen Gedanken?"

„Bei Melanie", platzt Dorothee heraus.

Mama seufzt. „Ich dachte, Melanie ist kein Thema mehr."

„Aber warum denn nicht?" quengelt Dorothee. „Warum erlaubst du mir nicht, dass ich mit Melanie spiele?"

„Weil Melanie ein schlechter Umgang ist", sagt Mama und reicht Dorothee wieder einen Eimer frisch gepflückter Äpfel.

„Was ist denn ein schlechter Umgang?" fragt Dorothee.

„Jemand, von dem du nichts Gutes lernst. Ich habe es dir schon erklärt: Melanie ist frech und vorlaut, und sie lügt."

„Aber, Mama, Melanie geht mit mir in den Kindergottesdienst. Und dort hört sie genauso von Jesus wie ich. Und deswegen wird sie bestimmt irgendwann begreifen, dass sie nicht lügen darf und auch nicht frech sein soll."

„Hoffentlich", sagt Mama bekümmert. Und dann klettert sie von der Leiter und setzt sich neben Dorothee ins Gras zwischen die Apfelkisten.

„Hör mal, Doro! Wir haben uns lange Zeit um Melanie gekümmert. Aber bisher hat sie sich nicht geändert. Und nun habe ich Angst, dass du..."

„Nein, Mama, ich bin bestimmt nicht frech, und lügen tu ich auch nicht!"

„Da bin ich mir nicht so sicher", sagt Mama, und dann greift sie aus der Kiste mit den guten Äpfel einen heraus, aus dem ein dicker gelber Wurm herausschaut.

„Siehst du", sagt Mama, „es ist wie mit diesem Apfel. Wenn wir den schlechten zwischen den guten liegen lassen, dann wird der Wurm aus dem schlechten Äpfeln auch in die guten reinkrabbeln. Und dann sind alle schlecht."

Dorothee betrachtet die Äpfel.

„Ach so", sagt sie schließlich, „dann sind also Melanies Lügen und ihre Frechheiten genauso wie lauter Apfelwürmer."

„Stimmt", nickt Mama, „und wir wollen doch nicht, dass du wurmstichig wirst."

Paulus erzählt den Korinthern nicht von Äpfeln, sondern von Sauerteig. Er sagt: Nur ein kleines bisschen Sauerteig genügt, um den ganzen Teig sauer zu machen. Entfernt also den alten Sauerteig, damit ihr rein und unverdorben seid.

Ihr sollt mit niemand Umgang haben, der sich Bruder nennt und trotzdem am Geld hängt oder Götzen verehrt. (1.Kor. 5,11)

Genau dasselbe wie bei Apfelwürmern oder Sauerteig passiert auch mit Wasser und Tinte. Nimm ein Glas klares Wasser. Nur ein kleiner Tropfen Tinte macht das ganze Wasser blau. Probier es mal aus!

21. September

„Das tust du nur, um mich zu ärgern“, beschwert sich Moni und zerrt an Vaters Hand. Aber der Vater hält sie ganz fest. Die beiden warten an der Ampel, und die zeigt ein rotes Männchen. Ein rotes Männchen heißt: Fußgänger stehen bleiben und Fahrzeuge fahren. Tatsächlich braust eine lange Schlange Autos an Moni und ihrem Vater vorbei. Schlimm, wenn Moni dazwischen geraten würde.
„Sei doch vernünftig“, sagt der Vater. Aber Moni will nicht vernünftig sein. Sie hat auf der anderen Straßenseite einen Spielwarenladen entdeckt. Im Schaufenster steht ein Kasperltheater und zwischen den zugezogenen Vorhängen lugen Kasperl, die Prinzessin und ein Krokodil hervor. Moni möchte sich das Theater und die Puppen zu gerne aus der Nähe ansehen – und zwar sofort. Da stört die dumme Ampel nur. Und Vaters Hand stört auch. Deshalb zieht und zerrt Moni. Und sie schmollt und schimpft und stampft mit dem Fuß. Aber der Vater gibt nicht nach.
Doch endlich springt die Fußgängerampel auf Grün um und die Autoampel zeigt Rot. Das bedeutet, dass nun die Autos stehenbleiben müssen. Wenn Moni jetzt die Straße überquert, kann ihr nichts passieren. „Noch einmal gucken“, ermahnt sie der Vater. Aber schließlich lässt er sie los, und Moni darf zum Spielwarenladen auf die andere Straßenseite laufen.
Als Vater Moni fest an der Hand hielt, ob er sie da wirklich ärgern wollte?

Impuls

Gott hat auch „Ampeln“ aufgestellt, nicht, um uns zu ärgern, sondern um uns zu schützen. Seine Ampeln sind natürlich keine Verkehrsampeln mit grünen und roten Männchen. Gottes Ampeln sind seine Gebote. Kennst du sie?

Biblisches Wort

Gott sagt: Lass dein Herz meine Worte aufnehmen, halte meine Gebote, so wirst du leben. (Spr. 4,4)

22. September

Wirkliche Freunde nehmen dich so, wie du bist. Wenn du erst anders werden musst, ehe dir jemand seine Freundschaft gewährt, stehst du in der Gefahr, etwas zu tun, was dir selbst nicht entspricht.

Nichts kann uns von Gottes Liebe trennen.
(Röm. 8,39)

Sonntags geht die ganze Familie zum Gottesdienst. Für Enrico ist das ganz logisch, denn der Sonntag ist für Gott da. Aber heute trödelt er. „Beeil dich", sagt Papa und rückt vor dem Spiegel seine Krawatte zurecht, „der Gottesdienst fängt in 20 Minuten an." Aber Enrico will heute nicht.

„Warum denn nicht?" fragt Mama.

„Deshalb", sagt Enrico und zeigt durchs Fenster raus auf die Straße. Draußen steht Tobi. Enrico hat früher oft mit ihm gespielt.
Aber in der letzten Woche kicherte Tobi immer so komisch, wenn er Enrico traf.

„Warum kicherte er denn?" will Mama wissen.

„Weil er es blöd findet, dass ich in die Kirche gehe. Er sagt, wenn ich nicht auch sonntagvormittags mit ihm spiele, dann will er nicht mehr mein Freund sein."

„Ja, das kenne ich. Familie Wolf will auch nichts mehr mit uns zu tun haben, weil wir zu Jesus gehören. Und sieh mal, dort drüben!" Mama zeigt auf das Haus gegenüber. Tobi sieht gerade noch, wie jemand hinter der Gardine verschwindet.

„Die Leute beobachten uns genau. Und sie finden es überhaupt nicht gut, dass wir Gott wichtiger nehmen als sie."

„Und gerade weil Gott uns so wichtig ist, sollten wir jetzt zum Gottesdienst", sagt Papa, „egal, was die Leute denken."

„Aber wenn wir dann unsere Freunde verlieren..." wendet Enrico ein.

„Wir verlieren vielleicht unsere Freunde, aber niemals Gottes Liebe. Und wir gewinnen andere."

„Niemals? Gott hat uns immer lieb?" fragt Enrico.

Papa nickt.

„Auch, wenn ich was Böses mache? Auch, wenn ein Erdbeben kommt und alles kaputt macht, auch, wenn ich einen Unfall habe und vielleicht sterben muss?"

„Auch dann", versichert Papa. Und dann, als sie schon im Auto sitzen und auf dem Weg zur Kirche sind, erzählt Papa von einem Mann. Er hieß Hiob, und er verlor alles, was er besaß, und das war eine ganze Menge, denn er war ein reicher Mann. Sogar seine Frau und seine Kinder starben ihm. Seine Freunde verstanden sich nicht mehr mit ihm, und obendrein wurde er noch sterbenskrank.

„Aber eines blieb ihm", sagt Papa. Mama und Tobi wussten natürlich sofort Bescheid. „Nämlich, dass Gott ihn lieb hatte."

23. September

Benni hat zum Geburtstag einen funkelnagelneuen Gameboy bekommen. Stundenlang lümmelt er auf seinem Bett und spielt damit.
„Lass mich auch mal", bettelt Maritta. Aber Benni rückt sein neues Spielzeug nicht heraus. Mama hat Maritta getröstet: „Du kannst dir ja auch einen zum Geburtstag wünschen." Aber bis Maritta Geburtstag hat, dauert es noch sooooo lange. Und sie mag einfach nicht mehr warten. Neidisch beobachtet sie, wie Benni spielt. Da plötzlich schaut Mama ins Zimmer.
„Benni, ich hatte dich gebeten, den Müll rauszubringen. Hast du das schon getan?" fragt sie.
„Gleich", murmelt Benni.
„Sag nicht nur ‚gleich!', sondern mach es auch", ermahnt Mama ihn. Kaum ist sie verschwunden, schmeißt Benni ärgerlich seinen neuen Gameboy auf die Bettdecke. Aber plötzlich grinst er.
„Du, Maritta, willst du mal spielen?"
„Klar", freut sich Maritta.
„Ich geb ihn dir, wenn du den Müll rausbringst."
„Mama hat gesagt, dass du das machen sollst", sagt Maritta.
„Und wenn ich dir den Gameboy schenke, machst du es dann?" fragt Benni.
Maritta überlegt. Sie muss noch einmal nachfragen, ob Benni das wirklich ernst meint. „Ehrenwort", verspricht er, „ich schwöre, kannst dich drauf verlassen!"
„Na gut", sagt Maritta und ist auch schon verschwunden. Rasch trägt sie die Mülltüte zur Tonne, und ganz schnell ist sie wieder zurück. Aber als sie Benni an sein Versprechen erinnert, lacht der nur.
„Ich habe gesagt, dass ich dir meinen Gameboy schenken werde, aber natürlich meinte ich, dass du ihn erst zum Geburtstag bekommst. Aber zu welchem Geburtstag, das weiß ich selber noch nicht."
Maritta schaut ihn ungläubig an. So ein Gemeinheit! Sie ist so enttäuscht, dass sie laut zu schreien anfängt. Erschrocken eilt Mama ins Kinderzimmer.
„Maritta, hast du dir weh getan?" ruft sie. Maritta schüttelt den Kopf. Sie kann vor lauter Schluchzern kaum reden. Aber endlich bekommt Mama doch heraus, was vorgefallen ist.
„Wein mal nicht, Maritta", tröstet sie, „der Gameboy gehört jetzt dir."
„Wie bitte?" ereifert sich Benni.
„Du hast es ihr versprochen", erklärt Mama, „und du möchtest doch, dass wir dein Wort ernst nehmen und dir glauben können, wenn du etwas sagst, oder?" Wie wird es weitergehen?

Gott will, dass wir uns aufeinander verlassen können.

Jesus sagt: Ihr sollt überhaupt nicht schwören. Sagt einfach: Ja oder Nein. (Matth. 5,34.37)

24. September

„Schlechter Morgen!“ sagt das kleine Männchen. Ungekämmt, mit schmutzigen Fingern und verschmiertem Hemdchen steht es vor Susannes Bett.

Susanne reibt sich die Augen. Träumt sie oder ist sie schon wach?

„Ich wünsche dir einen wirklich schlechten Morgen“, sagt das Männchen. Und bevor Susanne etwas erwidern kann, fügt es noch hinzu: „Und deinem Bruder Oliver und deinen Eltern und deiner Freundin und Oma und Opa und überhaupt allen andern Menschen wünsche ich auch einen furchtbar schrecklich, miesen Morgen.“

Nun setzt Susanne sich im Bett auf.

„Warum wünschst du denn allen etwas Hässliches?“

„Weil Hässlichsein Spaß macht. Hässlich sein ist viel schöner als artig und lieb sein. Brrr... Lieb sein und gehorchen und Freude machen sind grässlich, grässlich, grässlich!“

„Naja“, sagt Susanne. Sie schlägt ihre Decke zurück, springt aus dem Bett und tappert ins Bad. Das Männchen tappert hinter ihr her.

„Probier es mal“, wispert es Susanne ins Ohr, „putz dir heute keine Zähne, sondern spuck mal in den Spiegel. Klatsch dem Oliver einen nassen Lappen ins Gesicht und sag ihm mal was Gemeines. Findest du nicht, dass er das längst verdient hat? Zum Beispiel, weil er dich gestern nicht in sein Baumhaus gelassen hat?“

„Naja“, sagt Susanne wieder. Irgendwie findet sie das Männchen lustig. Es sieht niedlich aus mit seinen frech blitzenden Augen. Und deswegen möchte Susanne ihm am liebsten glauben. Es wäre auch wirklich mal schön, Oliver einen Waschlappen um die Ohren zu klatschen. Sie wollte ihm schon lange mal seine Gemeinheiten heimzahlen.

Andererseits... Susanne kratzt sich am Ohr. Andererseits versteht sie sich meistens ganz gut mit ihrem Bruder. Und wenn sie ihn jetzt ärgert? Wer weiß...

„Hör mal“, sagt Susanne und tippt dem Männchen auf die vorwitzige Nasenspitze, „ich glaube, deine Idee ist doch nicht so gut.“

„Doch, doch, doch, doch ...“ kräht das Männlein.

Aber jetzt schüttelt Susanne energisch den Kopf.

„Sag mal, wer bist du eigentlich? Und wo kommst du überhaupt her?“

„Ich bin der kleine Herr Zank und ich komme direkt aus deinem Herzen.“

Susanne seufzt. So etwas hat sie sich fast schon gedacht. Denn der Herr Zank kam ihr gleich ziemlich bekannt vor.

Böse Gedanken kommen uns in den Sinn, das ist bei Kindern und Erwachsenen so. Wir können aber verhindern, dass sie sich in uns festsetzen und immer mehr Platz einnehmen. Susanne macht es richtig, dass sie die vorwitzigen Bosheiten zurückweist.

Aus dem Herzen kommen böse Gedanken. Das sind die Dinge, die den Menschen unrein machen, aber nicht, dass er es unterlässt, sich vor dem Essen die Hände zu waschen. (Matth. 15,19.20)

25. September

Ludwig Kümmelohr hört schlecht, denn er hat sich seit Monaten nicht mehr die Ohren gewaschen.
„Eigentlich müsstest du Petersilienohr heißen", meint seine Frau, „denn deine Ohren sind so schmutzig, dass bestimmt bald Petersilie darin wächst."
„Unsinn", sagt Ludwig Kümmelohr, „hör dich doch mal um, nichts als Zank und Streit, Betrug und Lüge. Das macht einen erst zum Schmutzfink und Bösewicht. Nein, da ist es schon besser, ich bekomme erst gar nichts mit."
Frau Kümmelohr will ihm antworten, aber da hält Ludwig Kümmelohr sich auch noch die Ohren zu. „Alte Besserwisserin", faucht er seine Frau an. Dann setzt er sich in seinen großen alten Ohrensessel am Fenster und starrt hinaus auf die Straße.
Draußen spielen Kinder. Sie fahren Fahrrad, zwei Jungen malen mit Straßenkreide. Ludwig Kümmelohr beobachtet, wie ein Fahrradfahrer immer wieder mit seinem Rad über die Straßenkreidebilder saust.
„Ih, wie gemein", ruft er, „wenn ich mir anschaue, wie die Kinder sich ärgern, werde ich vielleicht selber noch ganz ärgerlich. Am besten ist es, wenn ich nicht nur taub, sondern auch noch blind werde." Eilig klappt er seine Augen zu.
Armer Ludwig Kümmelohr! Nun sitzt er im Stillen und im Dunkeln. Eine Weile findet er das sogar noch ganz gut. Aber mit der Zeit fühlt er sich ziemlich einsam.
„Alle sind böse, verdreckt und gemein", grummelt er vor sich hin, „Schlitzohren und Stänkerer, Streithammel und Fieslinge, sogar die Kinder!"
Da tippt ihm eine freundliche Hand auf die Schultern. Zögernd linst Ludwig Kümmelohr zwischen seinen Wimpern hindurch. Vor ihm steht seine Frau. Sie hat Wattestäbchen besorgt. Vorsichtig stochert sie Ludwigs Ohren frei.
„Was bist du doch für ein einsamer, alter Griesgram geworden", murmelt sie.
„Ist das ein Wunder, wenn ich so viel Ärgerliches hören und sehen muss", verteidigt sich Ludwig Kümmelohr, „schau dir doch nur mal die Kinder an!"
„Unsinn", sagt Frau Kümmelohr, „die spielen doch miteinander. Zwei malen Straßenbilder, und die anderen fahren darauf. Ist doch eine nette Idee, oder?"
Ach so, denkt Ludwig, wenn das so ist, dann waren also gar nicht die Kinder böse, sondern nur seine eigenen Gedanken?

Impuls

Das Schlechte in der Welt lässt sich nicht dadurch vermindern, dass man sich einigelt und zurückzieht. Das Schlechte in dieser Welt lässt sich nur dadurch zurückdrängen, dass wir selbst Gutes tun. Wenn auch die Großen in Politik und Wirtschaft sich so verhalten, würde manches besser gehen.

Biblisches Wort

Was aus dem Mund herauskommt, das kommt aus dem Herzen, und das macht den Menschen unrein.
(Matth. 15,18)

26. September

Wcr Großes vorhat, der muss klein anfangen, denn er wird das Kleine brauchen, um etwas Großes zu bauen. Gott schenkt uns ganz viele Ideen. Gut, wer an seinem Platz entdeckt, was er alles tun kann, ohne auszuwandern.

Du hast dich in kleinen Dingen als zuverlässig erwiesen, darum wrde ich dir auch Größeres anvertrauen.
(Matth. 25,21)

In einem Wald hatten Ameisen am Stamm einer alten Tanne einen schönen Hügel aufgebaut. Er reichte hinauf bis an die untersten Tannenzweige. Dort wohnte ein Eichhörnchen. Jeden Tag blickte es hinunter, wo es kribbelte und krabbelte. Es sah aus wie ein großes Durcheinander. Aber das Eichhörnchen wusste, dass jede Ameise eine besondere Aufgabe erfüllte. Nur eine Ameise streckte die Beinchen von sich und träumte von großartigen Abenteuern.
„Warum arbeitest du nicht?" fragte das Eichhörnchen die Ameise.
„Ich habe keine Lust", antwortete die, „es macht mir keinen Spaß, Stöckchen zu suchen und herbeizuschleppen."
„Aber nur, wenn jede Ameise ihren Teil beiträgt und treu am Ameisenhügel baut, könnt ihr euer Zuhause erhalten", erklärte das Eichhörnchen. „Stell dir vor, deine Brüder und Schwestern würden denken wie du."
Die Ameise lachte.
„Willst du mich belehren?" spottete sie. „Ich will mich nicht abmühen mit dem dummen Ameisenhügel. Ich habe von Häusern aus Stein gehört, von Burgen und Wolkenkratzern. Die will ich bauen."
Das Eichhörnchen hopste aufgeregt von einem Ast zum anderen.
„Was willst du mit Häusern aus Stein, wenn du nicht einmal hier ein paar Zweiglein tragen willst?" rief es. Aber die Ameise krabbelte einfach davon. Sie wanderte durch Städte und Dörfer, schaute in Hütten und Bungalows und Schlösser. Sie marschierte durch die ganze Welt. Sie bestand unzählige Gefahren und erlitt viele Entbehrungen. Schließlich kam sie in einen Wald. Hier endlich entdeckte die Ameise, wonach sie so lange gesucht hatte. Vor Aufregung zitterten ihre Beine, und ihr Herz klopfte. Am Stamm einer alten Tanne lehnte ein wunderschönes Gebäude. Es hatte alles, wovon eine Ameise träumt, Flure und Zimmer, Keller und Kammern und eine Menge Bewohner, die emsig durch die Gänge wuselten. „An diesem Haus mitzuarbeiten muss eine großartige Aufgabe sein", dachte die Ameise und kroch näher. Plötzlich knackten über ihr Tannenzweige, und als die Ameise hinaufspähte, sah sie ihre Freundin, das Eichhörnchen.
„Herzlich willkommen zu Hause!" rief es der Ameise entgegen.

27. September

„Mensch, der Marcel aus meiner Klasse ist aber mal doof!" Maximilian möchte sich totlachen.
Aber sein Papa fragt ganz ernst: „Warum denn das?"
„Weil er nicht mal die einfachsten Wörter lesen kann. Er stottert nur immer irgendwie herum. Das ist schon ziemlich komisch."
„Das finde ich nicht", sagt Papa und ist immer noch ganz ernst.
„Ach, Papa, du hast ihn ja auch noch nie lesen gehört", lacht Maximilian.
„Dich habe ich auch lange nicht mehr gehört", stellt Papa fest, und dann kramt er Maximilians Lesefibel aus der Schultasche, schlägt sie auf und tippt mit seinem Finger oben auf die Seite.
„Fang mal hier an", fordert er ihn auf, und Maximilian beginnt: „Holka..."
„Das heißt Holger", sagt Papa.
„Also: Holger hat einen ...Huuund. Der ...Huuund haß...heißt Hase, nein Haso, ...ich meine: Hasso."
„Naja", sagt Papa und klappt das Buch wieder zu, „du liest ja ganz wundervoll."
Maximilian merkt gleich, dass Papa sich über ihn lustig macht. So wundervoll hat er nämlich gar nicht gelesen, und nun schämt er sich ein bisschen. Am liebsten möchte er sich in sein Zimmer verziehen und üben. Er wird es Papa schon zeigen. Aber da macht Papa einen anderen Vorschlag:
„Was hältst du davon, wenn du mit Marcel zusammen lesen übst? Ich meine: Weil er doch so doof ist und du es so prima kannst...Du würdest ihm damit bestimmt helfen."
Das ist ja mal eine ganz neue Idee, denkt Maximilian. Und tatsächlich lädt er Marcel am nächsten Tag ein. Erst spielen die beiden Jungen ein bisschen mit Maximilians Autorennbahn. Aber nach der zehnten Karambolage lassen sie die Autos liegen und holen ihre Lesebücher hervor. Eine ganze Stunde stecken sie ihre Köpfe zusammen. Dann bringt Papa ihnen Kakao.
„Na, ihr zwei", schmunzelt er, „ihr seid aber fleißig!"
„Ja, hör mal, was Marcel schon gelernt hat", strahlt Maximilian.
Marcel liest, und Papa hört aufmerksam zu.
„Das hast du gut gemacht", lobt er, „und nun bist du dran, Maximilian."
„Holger hat einen Hund", liest Maximilian, „der Hund heißt Hasso."
„Wundervoll", lacht Papa, und diesmal meint er es ernst.

Impuls

Maximilian hat Marcel geholfen. Und dabei hat er gleich selber besser lesen gelernt, denn: wer einem anderen hilft, der hilft sich selber auch.

Biblisches Wort

Ein jeder sehe nicht auf das Seine, sondern auch auf das, was dem anderen dient.
(Phil. 2,4)

28. September

Hell schrillt die Klingel.

„Nicht schon wieder", seufzt Mutter und geht zur Tür. Als sie öffnet, steht Florian vor ihr. Seine Augen stehen voller Tränen, und seine Mundwinkel sind traurig nach unten gezogen. Mit seinem Handrükken fährt er sich über die laufende Nase.

„Mama, sie machen es immer wieder", schnieft er. Und jetzt rollt tatsächlich eine Träne über sein Gesicht. Mama beugt sich zu ihm hinunter.

„Was machen sie denn?" fragt Mama und legt einen Arm um ihn.

„Torsten nimmt mir immer den Ball weg, und Stefan hat mir schon wieder ein Bein gestellt, und Basti lacht auch noch darüber. Dauernd ärgern sie mich!"

„Ach, Florian, könnt ihr euch nicht vertragen? Versuch's doch noch mal, ja?"

Florian schluckt. Doch dann beißt er tapfer die Zähne aufeinander, dreht sich um und läuft auf die Straße hinaus.

„Na also", denkt Mutter und schließt hinter ihm. Doch gleich muss sie wieder öffnen, denn kleine Jungenhände hämmern von außen gegen die Haustür. Schnell reißt Mama sie wieder auf.

„Was soll ich bloß machen? Sie ärgern mich immer noch!" keucht Florian.

„Warum wehrst du dich nicht? Meine Güte, Florian, du bist doch stark und groß, größer jedenfalls als Stefan. Zeig ihnen mal, was in dir steckt!" schlägt Mutter vor.

Florian legt nachdenklich den Kopf zur Seite. Er muss eine ganze Weile überlegen. Aber plötzlich richtet er sich auf und sprudelt heraus: „Aber wenn ich mich wehre und Stefan auch ein Bein stelle, dann tritt er mich vielleicht. Und wenn ich ihn zurücktrete, dann haut er mich, und so geht das dann immer weiter. Ich glaube, so können wir uns nie vertragen."

Nun muss Mutter überlegen. Und als sie fertig ist, lacht sie und ruft: „Florian, ich glaube, du hast recht. Vielleicht sollten wir es ganz anders anfangen. Was hältst du davon, wenn ich jetzt Kakao koche, und du lädst Torsten, Stefan und Basti dazu ein. Vielleicht haben sie dann gar keine Lust mehr, dich zu ärgern."

Zuerst schaut Florian seine Mutter ziemlich verwundert an. Aber dann nickt er.

„Ich kann es ja mal versuchen", sagt er und dreht sich langsam um. Ob die Sache mit dem Kakao klappt?

Impuls

Böses schaukelt sich auf, du schlägst zurück, der andere hat wieder Gründe. Und die Erwachsenen sind nicht besser, auf diese Weise beginnen Kriege. Es braucht Leute, die aufhören können mit dem Bösen, im Großen wie im Kleinen. Zwischen den Völkern und auf dem Bolzplatz.

Biblisches Wort

Überwinde das Böse mit Gutem. (Röm. 12,21)

29. September

Thomas rennt wie verrückt. Sein Gesicht ist ganz rot, die Haare kleben ihm in der Stirn, und in seiner Seite sticht es schmerzhaft. Aber er gibt nicht auf. Er läuft so schnell er kann. Schon hat er alle anderen Jungen überholt. Selbst Udo, der sonst immer der schnellste ist, bleibt hinter Thomas zurück.
Die Menschen auf der Zuschauertribüne brüllen. Irgendwer schreit Thomas' Namen.
„Papa", denkt Thomas. Aber er schaut nicht hinauf, um keine Sekunde Zeit zu verlieren. Dicht hinter ihm nähert sich nämlich mit langen Schritten der schnelle Udo. Thomas legt sich noch einmal ins Zeug, und da, endlich, sieht er die Ziellinie, stürzt auf sie zu, rast über sie hinweg, dicht hinter ihm Udo. Die Zuschauer toben, aber Thomas sackt zusammen. Er kann nicht mehr. Er liegt im Sand und versucht, seinen Atem zur Ruhe zu bringen. Die Augen hat er geschlossen. Als er sie wieder öffnet, schaut er in Papas Gesicht. Papa sieht besorgt aus. Seine Stirn ist ganz faltig und sein Mund ernst.
„Geht es, Junge?" fragt er. Thomas nickt. Papa reicht ihm eine Flasche Wasser und ein Handtuch.
„Was für ein Wahnsinn", murmelt er, während er mit dem Handtuch Thomas' Rücken abreibt.
„Hab' ich etwa verloren?" keucht Thomas. „Oder was ist los?"
Papa schüttelt den Kopf.
„Wenn ich sehe, wie fertig du bist, dann tut mir das gerade so weh, als wäre ich gelaufen", erklärt Papa. Aber plötzlich hellt sich sein Gesicht auf.
„Aber verloren hast du nicht, Thomas. Du hast sogar gewonnen. Und das freut mich riesig. Ich bin mächtig stolz auf dich!"
„So, als wärst du gelaufen?" lacht Thomas.
Papa nickt und lacht auch.
„Das ist schon komisch", wundert sich Thomas, „wenn ich k.o. bin, geht es dir auch nicht gut, und wenn ich gewinne, dann freust du dich, als wärst du der Sieger."
„Stimmt", sagt Papa, „das kommt daher, weil wir fest zusammengehören."
Und dann hilft Papa Thomas auf die Beine und geht mit ihm zur Siegerehrung.

Impuls: In der Gemeinde helfen sich die Gemeindeglieder gegenseitig. Nur wenn du selbst sagst oder der andere sagt, was wirklich los ist, kann man dir oder ihm helfen, für ihn beten oder ihn unterstützen.

Biblisches Wort: Wenn ein Glied leidet, so leiden alle Glieder mit, wenn ein Glied geehrt wird, so freuen sich alle Glieder mit. (1.Kor. 12,26)

30. September

„Was du nur immer erzählst", beklagt sich Steffi. Sie lehnt an Oma Meiers Gartenzaun. Die Ellenbogen hat sie aufgestützt und den Kopf in die Hände gelegt. Steffi ist den Tränen nahe. Oliver steht neben ihr. Er möchte sie gern trösten

„Das war doch nur dummes Zeug", flüstert er. „Ich wollte wirklich nicht, dass du traurig bist..."

„Von wegen: dummes Zeug", schimpft Steffi, „nun denken alle Kinder aus unserer Straße, dass ich ein Feigling bin, nur weil du ihnen erzählt hast, dass ich mich nicht auf Oma Meiers Pflaumenbaum traue. Dabei stimmt das überhaupt nicht. Frag Oma Meier selbst! Ich hab' ihr nämlich alle Pflaumen runtergeholt, auch die, die ganz oben hingen."

„Ja, das stimmt", bestätigt die alte Frau Meier. Sie hat gerade das Fenster geöffnet und ein Blech Kuchen zum Abkühlen auf die Fensterbank gestellt. Sie hat genau gehört, was die Kinder miteinander reden.

„Tut mir echt leid", sagt Oliver, „was kann ich nur tun, damit alles wieder in Ordnung kommt?"

Steffi schnieft kräftig durch die Nase und zuckt mit den Schultern.

„Tja", überlegt Oma Meier. „Am besten ist es, Oliver, du sammelst alle Pflaumen, die Steffi geschüttelt hat, wieder ein und hängst sie an den Baum zurück. Dann steigt Steffi noch einmal auf den Baum und zeigt den anderen Kindern, dass sie kein Feigling ist."

„Das geht doch gar nicht", ruft Oliver.

Oma Meier überlegt: „Es wird tatsächlich schwierig, denn ich habe alle Pflaumen bereits verbraucht. Ich habe Mus gekocht und mit dem Rest Pflaumenkuchen gebacken. Er steht schon zum Auskühlen am Fenster."

„Owei", jammert Oliver, „dann ist es also unmöglich, mein dummes Gerede rückgängig zu machen."

„Wahrscheinlich", meint Oma Meier, „denn mit den Pflaumen ist es wie mit unbedachten Worten. Keiner kann sie wieder einsammeln und zurücknehmen. Denk daran, bevor du etwas über einen anderen erzählen willst. Aber nun kommt herein. Oder soll ich etwa den Kuchen allein essen?"

Nein, das soll Oma Meier natürlich nicht. Begeistert stürzten Oliver und Steffi in Oma Meiers Küche, wo der Tisch schon gedeckt ist.

Und nachher, wenn beide Kinder Kuchen gegessen haben bis kurz vor Bauchweh, dann klettern sie noch einmal zusammen auf den Baum – auch ohne Pflaumen.

Impuls

Gott hat seine Gebote gegeben, damit alle gut miteinander auskommen. Wer über den anderen vor Gericht eine falsche Zeugenaussage macht, kann ihm bösen Schaden zufügen.

Biblisches Wort

Du sollst nichts Falsches über andere reden.
(2.Mose 20,16)

1. Oktober

Schwester Annemarie bittet die Kinder, am nächsten Tag Kastanien mitzubringen. Morgen würden sie nämlich Männchen und Tiere daraus basteln. Bastian hat noch nie etwas im Kindergarten gebastelt, weil er zu den Kleinsten zählt. Er ist so begeistert, dass er laut ruft: „Ich bringe einen ganzen Sack voll Kastanien mit!"

„Mama, ich brauche einen ganz Sack voll Kastanien", sagt er, als ihn Mama abholt. „Im Stadtpark gibt es ganz, ganz viele. Gehst du mit mir hin?"

Am Nachmittag geht Bastian mit seiner Mama in den Park. Doch was muss er sehen? Viele, ganz viele Kinder sind schon dort und sammeln Kastanien.
„Guck mal", meckert er, „die sammeln meine Kastanien auf."
„Bastian", antwortet Mama, „hier dürfen alle Kinder die Kastanien auflesen. Sie gehören nicht nur dir!"
Doch er hört nicht zu, rennt zu Vanessa, die auch in seinen Kindergarten geht, und reißt ihr ihren kleinen, braunen Korb aus der Hand. Vanessa schreit sofort los. Vor lauter Schreck lässt Bastian den Korb fallen, und er sieht, dass nur drei Kastanien herauskullern.
„Mehr hast du nicht?" fragt er.
Vanessa schüttelt den Kopf, bückt sich, hebt die drei Kastanien auf und sagt unter schluchzen: „Die großen Jungen von der Schillerschule sammeln für die Wildschweine im Zoo."
„Dann müssen wir eben woanders hingehen", sagt Mama, überlegt kurz und meint: „Wir gehen zum Waldspielplatz."
„Darf Vanessa mit?" fragt Bastian, dem es auf einmal leid tut, dass er ihr den Korb weggenommen hat. „Willst du? Tut mir leid, wegen eben."
„Da müssen wir aber erst ihre Mutter fragen", sagt Mama. Dann machen sie einen kleinen Umweg. Natürlich darf sie mit. Und nach einer halben Stunde haben sie den Spielplatz endlich erreicht.

Auf dem Waldspielplatz gibt es viele Kastanienbäume. Unendlich viele Kastanien liegen auf dem Boden herum.
„Ist ja toll", ruft Vanessa und freut sich mächtig.
Beide sammeln eifrig Kastanien. Als der Korb und sein Säckchen voll sind, gibt Mama den beiden noch den Einkaufsbeutel. Der wird auch bald voll.

Am nächsten Tag sind sie die einzigen Kinder, die so viele Kastanien haben. Sie teilen sie mit den anderen Kindern, und Schwester Annemarie freut sich darüber.

Impuls

Manchmal ist es gut, die ausgetrampelten Pfade zu verlassen und neue Wege zu gehen. Mit Gott kannst du immer neue Wege gehen. Das ist ganz toll.

Biblisches Wort

Du führst mich den Weg zum Leben. In deiner Nähe finde ich ungetrübte Freude; aus deiner Hand kommt mir ewiges Glück. (Ps. 16,11)

Aktion

Bastle aus Kastanien und abgebrannten Streichhölzern Männchen und Tiere.

2. Oktober

Urs geht gemächlich von der Schule durch den Stadtpark nach Hause. Im Stadtpark befindet sich ein kleiner Teich. Urs geht ganz nahe an das Wasser heran und sieht unzählige Goldfische hin- und herflitzen. Wie flink sie sind, denkt er, kramt aus seinem Ranzen ein Stück Brot und wirft kleine Stücke davon ins Wasser. Pfeilschnell kommen die Goldfische angeschwommen und schnappen gierig nach den Krümeln. Begeistert beobachtet er die Fische beim Fressen.

Plötzlich hört er zwei helle Glockenschläge von der nahen Kirchturmuhr. Oh weh, schon halb eins, und zehn vor zwölf war die Schule aus. Er wirft die letzten Brotkrümel ins Wasser und rennt heim.

„Musst du immer so trödeln?" fragt sein Papa. „Wo verträumst du nur immer deine Zeit?"
„Ich bin durch den Stadtpark heimgegangen", sagt Urs.
„Fein, aber jetzt komm", sagt Papa. „Alle sind am Verhungern. Wir haben mit dem Essen nur auf dich gewartet."
„Tut mir leid, entschuldige", murmelt Urs.
„Na, da bist du ja endlich, du Trödelurs", sagt Mama und stellt die Suppenschüssel auf den Tisch. „Wasch dir schnell die Hände!"

„Papa, was wäre, wenn es keine Uhren gäbe?" fragt Urs während des Essens.
Papa überlegt.
„Ist das vielleicht eine doofe Frage", sagt Martin. „Die Zeit ist einfach futsch. Ist doch logisch!"
„Urs hat weder eine doofe Frage gestellt, noch ist es logisch, dass dann die Zeit weg ist", sagt Mama.
„Mama hat recht", sagt Papa. „Mit den Uhren wäre keineswegs die Zeit verschwunden. Tag und Nacht können wir nämlich auch ohne Uhren unterscheiden."
„Im Winter dauert die Nacht länger als der Tag, und im Sommer ist es umgekehrt", sagt Martin und freut sich über seinen tollen Einfall.
„Halt", antwortet Papa. „Wie steht es mit den Zügen, den Flugzeugen und den Linienbussen? Zur Arbeit und in die Schule kämen wir dann entweder zu früh oder zu spät. Im Fernsehen und in den Rundfunkanstalten wäre ebenfalls ein einziges Chaos."
„Überlege mal, Urs", sagt Mama, „ohne Uhrzeit wüssten wir auch nicht, wann Sonntag wäre."
„Schade, ich dachte, wenn die Zeit verschwinden würde, die genaue Uhrzeit vor allem, hätte ich Vorteile. Aber es sieht aus, als gäbe es nur Nachteile", sagt Urs.
„Tja, da hast du wohl recht", sagt Papa und lacht. „Gott hat uns die Zeit geschenkt, und damit wir sie nicht so vertrödeln, hat er einen Mann beauftragt, Uhren zu erfinden. Seitdem gehen wir mit der Zeit sorgfältiger um. Allerdings, seit es den Fernseher gibt, verschwenden manche Leute ihre Zeit davor. Ob das richtig ist, wage ich zu bezweifeln."

Impuls: Die Zeit ist ein Geschenk Gottes an dich. Sie ist kostbar. Du kannst sie nicht vermehren, und du kannst die verflossene Zeit auch nicht zurückholen.

Biblisches Wort: Meine Zeit steht in deinen Händen. (Ps. 31,16)

Aktion: Überlege dir, welche Arten von Uhren es gibt, und male sie auf.

3. Oktober

Alle Kinder sitzen im Kindergarten im Kreis.
„Wer von euch weiß, was das Erntedankfest bedeutet?“ fragt Tante Melanie.
„Danke sagen“, ruft Friederike.
„Richtig!“ sagt Tante Melanie. „Doch das Erntedankfest besteht aus drei Wörtern und nicht nur aus einem.“
„Wir feiern ein Fest“, schreit Simon.
„Halt, erst kommt die Ernte“, sagt Alena.
„Also Ernte, Dank und Fest. Wir feiern also ein Fest, weil wir für die Ernte danken wollen.“
„Was ist Ernte, Tante Melanie?“ fragt Marco.
„Getreide mähen, Beeren pflücken, Salat abschneiden, Zwiebeln und Kartoffeln aus der Erde buddeln. Alles, was der Bauer auf seinen Feldern anbaut und was reif ist, erntet er dann. Und damit alles wachsen und gedeihen kann, schickt uns Gott Sonne und Regen“, antwortet Tante Melanie. „Hätten wir keine Sonne, würden alle Pflanzen verdorren. Gäbe es zu viel Regen, würden alle zarten Pflanzenwurzeln ertrinken. Deshalb haben wir allen Grund, Gott danke zu sagen. Deshalb feiern wir ein Fest“, erklärt Tante Melanie.
„Feiern wir im Kindergarten auch das Erntedankfest?“ fragt Julia.
„Nein, wir feiern das Erntedankfest mit der ganzen Gemeinde in der Christuskirche“, sagt Tante Melanie.
„Dürfen wir etwas mitbringen?“ fragt Robert.
„Ja, natürlich! Jeder von euch darf ein Körbchen mit Äpfeln, Birnen und Nüssen mitbringen. Ihr könnt auch Gemüse mitbringen wie zum Beispiel Karotten, Tomaten, Erbsen, Kartoffeln und Salat.“
„Und was machen wir mit all den Sachen?“ fragt Marco.
„Die werden dann nach dem Gottesdienst ins Altenheim gebracht“, antwortet Tante Melanie.
„Dann könnten wir doch ein Fest mit den Leuten im Altenheim feiern“, sagt Friederike.
„Das ist eine tolle Idee“, ruft Simon begeistert aus.
„Ich werde mal nachfragen, ob die Leiterin vom Altenheim damit einverstanden ist“, sagt Tante Melanie. „Zu so einem Fest sollten wir uns aber vorbereiten.“
„Wir könnten Lieder singen“, sagt Julia.
„Und jedem einen Apfel auf den Kuchenteller legen“, ruft Alena.
„Wir könnten Kartoffeln einmal durchschneiden und eine Karotte, einen Apfel, ein Brot, alles, was zum Erntedankfest passt, hineinschneiden lassen. Dann bestreichen wir das mit Farbe und drucken das auf weiße Servietten“, sagt Robert.
„Genau so machen wir es“, sagt Tante Melanie.

Es wurde ein schönes Erntedankfest im Altenheim. Die alten Leute und die Kinder hatten mächtig viel Spaß.

Impuls

Es ist schön, mit anderen ein Fest zu feiern. Gott freut sich, wenn auch du ihm für all das dankst, was er dir schenkt.

Biblisches Wort

Sobald das Korn reif ist, schickt der Bauer die Schnitter, denn es ist Zeit zum Ernten. (Mark. 4,29)

Aktion

Drucke mit Kartoffeldruck einige Servietten für euch zu Hause.

4. Oktober

Vor 150 Jahren auf einem Dorf in Hessen. Am Morgen des Erntedankfestes herrscht auf dem Hof bei Bauer Matthes bereits reges Treiben. Alle helfen mit, die Tiere zu versorgen. Bauer Matthes und seine Familie, die Knechte und Mägde wollen rechtzeitig in der Kirche sein.
Die Scheune wurde schon am Vortag festlich geschmückt, Tische und Bänke für das Festessen aufgestellt. Auf dem Hof steht schon die Tanzbühne. Sie hat ein kleines Dach, so dass auch bei Regenwetter getanzt werden kann.

Endlich sind sie alle fertig. Jeder hat sich festlich angezogen. Die Kinder haben ihre Körbchen mit den Erntegaben in der Hand und warten schon ungeduldig auf dem Leiterwagen. Der Bauer, die Bäuerln und das Gesinde verteilen sich bald auf die anderen Wagen, die alle von Pferden gezogen werden. Es ist eine fröhliche Fahrt zur Kirche. Im Gottesdienst danken alle Gott für die gute Ernte. Die Kinder bringen ihre Körbchen an den Altar. Die Gaben werden noch am selben Tag an die Armen des Dorfes verteilt.

Nach der Kirche fahren sie wieder auf den Hof zurück. Einige Frauen sind von der Kirche daheim geblieben, sie haben das Mittagessen gekocht und die Tische gedeckt. Vor dem Platz des Bauern und der Bäuerin steht die Erntekrone. Sie ist aus lauter Ähren gebunden und soll alle daran erinnern, wie wichtig das Getreide im Leben ist. Als die dampfenden Suppenschüsseln auf dem Tisch stehen, spricht Bauer Matthes das Tischgebet, dann stürzen sich alle auf das gute Essen. Danach bedankt sich der Bauer bei seinen Mägden und Knechten für ihre Arbeit und zahlt all denen ihren Lohn aus, die nach dem Erntedankfest seinen Hof verlassen, um sich bei einem anderen Hof nach Arbeit umzusehen.

Endlich spielen ein paar junge Burschen zum Tanz auf. Die Kinder haben dabei sehr viel Spaß, denn sie dürfen auch tanzen und brauchen erst spät ins Bett.
Du lässt die liebe Sonne scheinen,
schaffst Regen auch zu seiner Zeit.
Und segnest deine schöne Erde
mit Wachstum und mit Fruchtbarkeit.
Lehr deine Güte uns begreifen.
Führ gnädig uns durch harte Zeit.
Lass uns auch wachsen, lass uns reifen
Durch diese Zeit zur Ewigkeit.

Impuls: Dinge von früher zu wissen, ist gut. Du weißt dann, weshalb manche Dinge heute anders sind. Auch früher haben sich die Leute über das gefreut, was Gott hat wachsen lassen.

Biblisches Wort: Du lässt das Gras sprießen für das Vieh und lässt die Pflanzen wachsen, die der Mensch anbaut, damit die Erde ihm Nahrung gibt. (Ps. 104,14)

Aktion: Überlege einmal, was du mit Mehl alles machen kannst.

5. Oktober

Bernd wohnt außerhalb der kleinen Stadt auf einem Bauernhof. In den Kindergarten muss ihn seine Mama fahren, denn der ist sehr weit weg. Wenn Mama auf dem Feld helfen muss, kann sie ihn nicht hinfahren. Dann hat er schreckliche Langeweile.
Die anderen Kinder in seiner Gruppe finden es toll, dass er auf einen Bauernhof lebt. Sie denken, dass es schön ist, jeden Tag Kühe und Schweine, Enten und Hühner zu füttern. Bestimmt gibt es auch kleine Kätzchen, mit denen er schmusen und spielen kann, und einen Hund, mit dem er herumtollen kann. Ab und zu ist es auch so. Aber lieber spielt er mit seinen Autos, guckt Bilderbücher an oder sieht fern. Er beneidet seine Freunde, die besuchen sich gegenseitig und spielen miteinander. Außerdem sind sie nicht so allein wie er.

Gerade im Herbst hat Mama viel zu tun, denn die Kartoffeln und Rüben müssen geerntet werden.
„Wie wär es, wenn wir einmal alle Kinder aus deinem Kindergarten mit ihren Eltern einladen würden? Wir könnten an einem Samstag oder Sonntag am Rande unseres Kartoffelfeldes ein Feuer machen und Kartoffeln rösten. Dazu können wir Würstchen braten. Wäre das was?" fragt Mama, der Bernd leid tut, weil er gerade jetzt kaum noch in den Kindergarten gehen kann. Sie hat wenig Zeit, ist dauernd draußen auf den Feldern.
„Oh ja, das wäre echt prima", freut sich Bernd und ist nicht mehr traurig.
„Das Wetter muss aber schön sein", sagt die Mama.
Da betet Bernd jeden Tag zu Gott um schönes Wetter.

Am nächsten Sonntag strahlt die Sonne vom wolkenlosen Himmel. Bernd ist glücklich und freut sich mächtig darüber, dass Gott ihm seine Bitte erfüllt hat. Papa bringt mit dem Traktor Klapptische, Bänke, Teller, Bestecke und Gläser aufs Feld. Mama und Bernd stellen die Tische auf und richten alles her. Um zwölf Uhr sind alle Kinder da. Bernd darf das Feuer anzünden. Zuerst brennt das Feuer lichterloh, wird dann immer kleiner und kleiner, bis schließlich nur noch glühende Asche übrigbleibt. In diese heiße Asche legt Mama die Kartoffeln, während Papa auf dem Holzkohlengrill die Würstchen brät. Nach dem Essen sind alle Kinder satt. Dann spielen die Kinder, die Eltern unterhalten sich. Am Abend fragt Mama: „War es ein schöner Tag, Kleiner?"
„Ein super, super, toller Tag", sagt Bernd strahlend und gibt seiner Mama und seinem Papa je einen ganz dicken Gutenachtkuss.
Im Bett denkt Bernd: „Gott ist echt super und mein bester Freund."

Impuls

Schöne Tage, an denen du viel erlebst, sind auch ein Geschenk Gottes. Du kannst ihm dafür danken.

Biblisches Wort

Gott, ich will dir immer danken für das, was du getan hast. Vor allen, die zu dir halten, will ich dich rühmen, weil du so gütig bist. (Ps. 52,11)

Aktion

Du kannst mit deinen Eltern im Garten grillen. Vielleicht hast du Freunde, die dich zum Grillfest einladen.

6. Oktober

Ein ziemlich reicher Mann besaß eine Herde Schafe. Er ließ sie auf seinen Weiden nahe am Meer grasen. Er hütete die Schafe selbst und hatte seine helle Freude an ihnen, denn sie gaben viel Wolle. Jedes Jahr bekamen seine Muttertiere Lämmer, von denen er dann welche verkaufte. So verdiente er viel Geld, war aber trotzdem nicht glücklich. Oft saß er stundenlang auf einem Felsen am Ufer und schaute nach den Schiffen, die im nahen Hafen ein- und ausfuhren. Sie sahen wunderschön aus. Da dachte der Schäfer: „Wenn ich Schiffe hätte und reiche Ladung über das Meer fahren könnte, statt jahraus, jahrein Schafe zu hüten, ging es mir bestimmt noch besser."
Eines Tages verkaufte er seine ganze Herde mitsamt den Weidegründen und kaufte für das Geld zwei schöne Schiffe und neue Ware. Er fuhr selbst mit einem Schiff aus und machte in den Häfen gute Geschäfte. Das zweite Schiff ließ er von einem Kapitän fahren.
Als er nach einiger Zeit wieder in den Hafen kam, vermisste er sein zweites Schiff. Er wartete Tage über Tage, fragte andere Kapitäne, ob sie es gesehen hätten. Doch niemand hatte es gesehen.
„Hoffentlich ist es nicht den Seeräubern in die Hände gefallen", sagte einer der Kapitäne. „Die treiben ganz schön ihr Unwesen in dieser Gegend."

Nach einer Woche kam einer der Matrosen, der mit dem Schiff ausgefahren war, und erzählte dem Schäfer, dass das Schiff überfallen worden war. Das war eine schlimme Nachricht. Aber der Schäfer tröstete sich und sagte: „Ich habe ja noch das andere Schiff. Mit dem habe ich gute Geschäfte gemacht. Ich werde mir bald wieder ein neues kaufen können." Diesmal blieb er zu Hause und schickte sein Schiff wieder mit einem Kapitän auf die Reise. Wieder wartete er. Auch dieses Schiff kam nicht zurück, denn es war in einem schrecklichen Sturm untergegangen.
Nun besaß er nichts mehr und wusste nicht, wovon er leben sollte. „Was war ich doch für ein Narr", sagte er. Als er gar nichts mehr zu essen hatte, fragte er bei dem Mann, der seine Herde gekauft hatte: „Brauchst du einen Hirten?"
Der Mann freute sich: „Natürlich kannst du meine Schafe hüten."

So saß der Schäfer wie früher wieder jeden Tag auf dem Felsen am Meer und sah den Schiffen zu. Es schien alles wie früher – nur dass ihm die Herde jetzt nicht mehr gehörte.

Manchmal schauen wir neidisch, weil wir denken, der andere hat es besser. Aber es geht nicht immer gut, wenn wir nur von der Sehnsucht leben.

Die Augen des Menschen wollen immer noch mehr. (Spr. 27,20)

Male ein Bilderbuch von der Geschichte.

7. Oktober

Im Tempel von Jerusalem herrschte ein Treiben und Lärmen wie auf einem Jahrmarkt. Die Leute standen herum, tauschten lautstark Neuigkeiten aus. Kinder lärmten, sprangen, tobten und spielten. Überall standen Tische, die Händler verkauften Opfertiere. Die machten natürlich auch eine Menge Schmutz und Lärm. Ochsen scharrten aufgeregt mit den Hufen, Schafe blökten, Ziegen meckerten, Tauben gurrten und flatterten ängstlich in ihren Käfigen herum. Die Händler boten schreiend diese Opfertiere an.

Auch Jesus kam in die Stadt, ging in den Tempel und sah die lärmenden Händler, wie sie den Tempel verunreinigten und die Käufer betrogen. Sie gaben das Wechselgeld falsch heraus, denn viele der Käufer konnten nicht rechnen. Eine Weile betrachtete Jesus dieses Treiben. Dann nahm er voll Zorn einen Strick vom Boden auf und schwang ihn wie eine Peitsche. Damit fegte er alle Münzen von den Tischen.
„Was fällt euch ein?" rief er zornig. „Steht nicht in der Heiligen Schrift, dass Gott erklärt hat: 'Mein Tempel soll eine Stätte sein, an der alle Völker zu mir beten können.' Ihr aber habt eine Räuberhöhle, ein Haus der Diebe daraus gemacht."
Er ließ die Opfertiere frei und warf die Tische um. Ein wildes Durcheinander entstand. Tiere flohen, Leute versuchten das Geld aufzusammeln, das auf dem Boden lag. Wut- und Angstschreie erfüllten die Luft, die Händler liefen davon. Plötzlich wurde es ganz still. Da kam der Hohenpriester mit seinen Priestern und Ratsleuten und rief: „Unerhört, wie Jesus sich aufführt! Es ist kaum zu glauben. Wie kommt er dazu?"
„Ist er der Herr des Tempels?" fragte ein Priester.
„Er wird schon sehen, wer der Herr des Hauses ist", antwortetete der Hohepriester.
„Wir werden es ihm schon noch zeigen!" sagte einer der Ratsleute.

Bis tief in die Nacht berieten die Priester und Ratsleute mit dem Hohenpriester hinter verschlossenen Türen, was sie gegen Jesus unternehmen konnten. Sie alle suchten dann nach einer Möglichkeit, Jesus umzubringen. Sie fürchteten seinen Einfluss, denn die Volksmenge war tief beeindruckt von dem, was er im Tempel gesagt hatte. Jesus aber hatte am Abend mit seinen Jüngern wieder die Stadt Jerusalem verlassen.

Impuls: Die Händler im Tempel dachten nur ans Geld und nicht daran, dass Gebet wichtiger ist, als Geld zu verdienen.

Biblisches Wort: Jesus sagte: Mein Tempel soll eine Stätte sein, an der alle Völker zu mir beten können. (Mark. 11,17)

Aktion: Sucht Wörter, die eine doppelte Bedeutung haben. Zum Beispiel: Birne (Frucht) – Birne (Glühlampe)

8. Oktober

Michelle lebt in einer herrlichen Villa direkt oberhalb des Rheinufers. Sie hat noch zwei Brüder, doch die sind viel, viel älter als sie. Der eine studiert, der andere macht gerade sein Abitur. Michelles Papa kommt immer erst am Wochenende heim, und Mama ist jeden Tag bei ihren Freundinnen oder beim Einkaufsbummel. Für Michelle ist ein Au-pair-Mädchen da, die sich um sie kümmert, doch sie bleiben immer bloß ein Jahr. Michelle hat ein Pony, einen Hund, eine Landschildkröte und ist trotz aller Tiere einsam.

Am unteren Ende der Kaimauer entdeckt Michelle eines Tages einen uralten Frachtkahn.

„Hey, ihr dürft hier nicht ankern", ruft sie.

„Wer sagt das?" fragt eine kecke Stimme, und gleich darauf sieht Michelle ein Mädchen in ihrem Alter.

„Ich sage das!" ruft Michelle. „Das ist unsere Anlegestelle für Papas Motorboot."

„Gut, nun hast du es gesagt. Und, denkst du, unser Schiff macht sich was draus? Der Motor ist nämlich im Eimer. Der sagt nicht mal mehr blubb."

„Ihr habt also eine Notlandung machen müssen?" fragt Michelle.

„Quatsch, wir sind mit unserem Piratenschiff gestrandet."

„Was, du bist auf einem Piratenschiff? Bist du entführt worden oder selbst ein Pirat?"

„Ha, entführt. Ich, Marina, bin der Schrecken der Rheinschiffer."

„Ich bin auch eine Piratin und heiße Michelle. Du weißt doch, alle richtigen Piratinnen fangen mit M an."

„Willst du mein Schiff besichtigen?" fragt Marina.

„Klar, ich komme!" ruft Michelle und rennt über die Schiffsplanken.

„Zuerst zeige ich dir meine Kajüte", sagt Marina und öffnet am Ende des dunklen Ganges eine Tür.

Michelle sieht ein wunderhübsch eingerichtetes Zimmer und staunt: „Ist das ganz allein deine Kajüte?"

„Na klar! Sieh nur, wie ich als Piratin so hause!" antwortet Marina und freut sich mächtig, dass ein Mädchen in ihrem Alter aufs Schiff gekommen ist.

„Was für ein Glück, dass ihr gerade an unserer Kaimauer gestrandet seid", sagt Michelle und freut sich. „Darf ich morgen wiederkommen?"

„Logo", sagt Marina, „wir Piratinnen müssen uns ja besser kennenlernen."

Michelle und Marina haben einen wunderschönen Nachmittag. Sie verstehen sich gut und beschließen, Freundinnen zu werden. Lange Zeit ist Michelle nicht mehr allein, und auch Marina ist glücklich. Als das Frachtschiff wieder in Ordnung ist und Marina weiterfahren muss, versprechen sich beide zu schreiben. Und wenn Marinas Schiff wieder ankert, sich auf jeden Fall zu sehen.

Auch wenn jemand sehr reich ist, braucht er Freunde. Wenn du Freunde hast, bist du nicht allein. Selbst wenn sie weit weg sind, könnt ihr euch schreiben oder etwas malen. Seht ihr euch dann wieder, freut ihr euch besonders.

Haltet im Umgang miteinander stets vor Augen, was für einen Maßstab Jesus Christus gesetzt hat. (Phil. 2,5)

Schreibe einen Brief an deine Freundin, deinen Freund oder an Oma, Opa, Tante, Onkel und...

9. Oktober

Tante Fränzi ist die lustigste und liebste Tante der Welt. Ich bin froh, dass sie die Schwester von Papa ist und nicht von sonst irgend jemand anderen. So gehört sie zu unserer Familie und wir gehören zu ihr!

Neulich besuchte sie uns und brachte einen großen Korb mit. Sie tat, als wäre der Korb furchtbar schwer. Sie hatte ein buntes Tuch darüber gelegt. So konnte ich nicht sehen, was drin war. Natürlich war ich neugierig und wollte wissen, was im Korb drin war.

„Da ist ein Baum drin. Aber kein gewöhnlicher Baum, sondern ein besonderer", sagte sie und tat sehr geheimnisvoll.

„Was für ein besonderer Baum?" fragte ich.

„Ein Traum von einem Baum", antwortete sie leise flüsternd.

„Das glaube ich nicht", antwortete ich, denn so groß war der Korb nun auch wieder nicht.

„Bäume stehen im Garten", rief Dominik.

„Oder auf Wiesen", sagte Dennis.

„Dieser nicht", sagte Tante Fränzi.

„Darf ich den Korb mal hochheben?" fragte ich. Als sie nickte, probierte ich, ob ich ihn heben konnte. Er war ganz leicht. „Da kann niemals ein Baum drin sein", sagte ich enttäuscht.

„Trag den Korb ins Kinderzimmer", sagte sie zu Dominik. „Ich will euch den Traum von einem Baum zeigen."

„Einen Traum von einem Baum gibt es nicht", sagte ich und dachte daran, dass es besser gewesen wäre, wenn sie uns den Korb voller Schokolade mitgebracht hätte.

„Setzt euch!" sagte sie, ging in die Küche und kam mit einem Küchenmesser zurück. „So, dann wollen wir mal." Sie zog das Tuch weg. Alles, was im Korb war, war ein kleiner, einsamer Apfel.

„Das soll ein Baum sein?" fragte Dennis, und ich sah ihm an, dass er genauso enttäuscht war wie Dominik und ich.

„Ein Traum von einem Baum", sagte Tante Fränzi. Dann schnitt sie den Apfel auseinander, holte die kleinen, braunen Kerne heraus und legte sie behutsam auf den Tisch.

„In jedem der Kerne schläft ein Bäumchen. Wenn wir die Kerne im Garten in die Erde stecken und fleißig gießen, werden daraus kleine Pflänzchen. Diese werden mit den Jahren immer größer und größer, irgendwann werden es mächtige und starke Bäume. Im Frühling tragen sie zartrosa Blüten. Vögel, die aus dem Süden kommen, ruhen sich etwas später auf den Bäumen aus. Im Sommer können wir im Schatten liegen und den Wolken zugucken und im Herbst die Äpfel ernten. Und dann..." Während Tante Fränzi erzählte, hatte ich die Augen zugemacht und alles gesehen.

„Und dann fängt alles wieder von vorne an", unterbrach Dennis sie und riss mich so ziemlich unsanft aus dem Traum vom Apfelbaum.

„Du hast recht gehabt", sagte ich, „im Korb war wirklich ein Traum von einem Baum."

In deiner Phantasie kannst du dir sehr vieles vorstellen: Im Kern des Apfels befindet sich ein ganzer Baum, der Baum trägt im Frühling Blüten, im Sommer kleine Früchte und im Herbst Äpfel, aus denen wieder Bäume entstehen. Gott hat uns Phantasie geschenkt.

Seht die Vögel an! Sie säen nicht, sie ernten nicht, sie sammeln keine Vorräte – aber euer Vater im Himmel sorgt für sie. Und ihr seid ihm doch viel mehr wert als die Vögel. (Matth. 6,26)

Schneide einen Apfel auseinander und zähle die Kerne. Wie viele sind es?

10. Oktober

Impuls Vielleicht denkst du manchmal, dass du so sein möchtest wie jemand anderes oder du würdest gerne so leben wie er. Dann denke aber auch daran, dass das andere nicht immer gut für dich sein könnte.

Biblisches Wort Ihr verzehrt euch nach etwas, was ihr gern hättet. Ihr mordet und seid eifersüchtig, aber das bringt euch dem ersehnten Ziel nicht näher. Ihr versucht es mit Kampf und Gewalt, aber ihr bekommt trotzdem nicht, was ihr wollt, weil ihr Gott nicht darum bittet. (Jak. 4,2)

Aktion Schau nach, wo und wie Adler und Rabe leben.

Ein Rabe trieb sich oft in der Nähe eines Adlerhorstes herum. Voller Neid beobachtete er, wie der große Vogel hoch in der Luft seine Kreise zog und wie schnell und sicher er sich auf seine Beute stürzte. Der Adler nahm ein Schaf in seine Krallen und schwang sich damit mühelos wieder in die Höhe. Der Rabe hätte das auch gerne gekonnt.

Eines Tages kam ein Schäfer mit seinen Schafen in das Tal. Er ließ seine Schafe auf der Wiese weiden. Es waren viele Schafe und viele Lämmer. Die Lämmer hielten sich bei ihren Müttern auf, denn diese hatten den Adler hoch oben in den Lüften kreisen sehen.

Der Rabe sah von einem Baum aus zu, wie der Adler pfeilschnell von oben herunterstürzte, sich mitten aus der Schafherde ein Schaf packte und damit in seinen Horst flog. Weder der Schäfer noch der Hirtenhund konnten den Adler daran hindern, mit dem laut jammernden Schaf wegzufliegen. Er war einfach viel zu schnell.

„Warum soll ich das nicht auch können", murmelte der Rabe vor sich hin und hüpfte aufgeregt von einem Ast zum anderen. Immer wieder blickte er zu den Schafen hinüber, die sich jetzt ängstlich aneinander drängten, weil der Adler sie erschreckt hatte.
Lange beobachtete der Rabe die Schafe. Auf einmal entdeckte er ein besonders schönes Schaf unter seinem Baum.
„Das gibt für mich aber eine gute Mahlzeit", sagte er sich. Erregt schlug er mit den Flügeln und stürzte sich zum Schaf hinunter. Er schlug seine Krallen in das Fell des Schafes. Aber oh weh! Er besaß zwar die Gefräßigkeit des Adlers, aber nicht dessen Kraft. Und außerdem hatte er vergessen, dass ein Schaf schwerer war als ein Stück Käse. Zu allem Unglück hatte das Schaf, das der Rabe gepackt hatte, ein starkes, gekraustes Fell, in dem seine Krallen rettungslos hängen blieben. Da hing er nun fest, der arme Rabe. Der Schäfer kam herbeigerannt und lachte den unglücklichen Räuber aus. Dann packte er den Raben, trug ihn in seine Hütte und sperrte ihn in einen Käfig. Als seine Kinder kamen, schenkte der Schäfer ihnen den Raben und sagte zu ihnen: „Seht ihr, so kann es einem ergehen, wenn einer mehr sein möchte, als er ist. Es kann böse enden, wenn ein kleiner Dieb gern ein großer Räuber sein möchte."

11. Oktober

Eine alte chinesische Legende erzählt von einer Frau, die ihren Sohn verloren hat. Sie war traurig und verzweifelt. Sie hatte an nichts mehr Freude, lebte allein und hatte sich von ihren Freunden zurückgezogen. Sie konnte es nicht ertragen, dass die anderen glücklich waren.

Eines Tages dachte sie, dass sie so nicht mehr weiterleben könne. Da beschloss sie, einen heiligen Mann aufzusuchen, der allein in den Bergen wohnte. Sie packte etwas zu essen und zu trinken in ein Bündel, nahm etwas Geld mit und machte sich auf den Weg. Der Weg zu dem heiligen Mann war beschwerlich und steinig. Sie musste oft ein Päuschen einlegen und dachte, dass sie wohl nie zu dem heiligen Mann kommen würde. Endlich hatte sie es geschafft. Der heilige Mann wohnte in einer Höhle. Er wusste, weshalb sie gekommen war, und trotzdem fragte er sie.
„Ich komme von weit her und habe meinen Sohn verloren. Welche Gebete kennst du, um meinen Sohn wieder zum Leben zu erwecken?"
„Bring mir einen Senfsamen aus einem Haus, das niemals Leid kennengelernt hat", antwortete der heilige Mann. „Damit werden wir den Kummer aus deinem Leben vertreiben."
Da ging die Frau und begab sich auf die Suche nach diesem einen kleinen Senfkorn.
Nach Tagen kam sie an ein prächtiges Haus und klopfte an die Tür. „Ich suche ein Haus, das niemals Leid erfahren hat", sagte sie.
Die Bewohner des Hauses guckten sie erstaunt an. Eine Frau sagte: „Da bist du bei uns am falschen Ort." Und sie zählte auf, was alles an Unglück über sie und ihre Familie gekommen war. Sie hatten durch einen Überfall von Banditen beinahe alles verloren.
Da dachte die Frau bei sich: „Wer kann diesen armen unglücklichen Menschen mehr helfen als ich? Niemand kann sie besser verstehen, denn ich habe ja auch schweres Unglück erfahren müssen."
So blieb sie bei der Familie, half und tröstete, so gut sie konnte.
Als sich die Familie so einigermaßen wieder erholt hatte, dachte die Frau: „Ich habe genug geholfen und Trost gespendet." Sie packte ihr Bündel und suchte aufs Neue ein Haus ohne Leid. Aber so sehr sie auch suchte und suchte, Tage, Wochen und Monate, überall begegnete ihr das Leid.
So kam es, dass sie sich nur noch mit dem Kummer und den Sorgen anderer Menschen beschäftigte. Sie blieb überall eine Weile, half, so gut sie konnte, trocknete Tränen und tröstete. Inzwischen hatte sie ganz vergessen nach dem Zauber-Senfkorn zu suchen. Sie brauchte es ja auch nicht mehr, denn sie hatte ihren eigenen Kummer über die Sorgen und Nöte der anderen vergessen.

Es ist nicht gut, sich immer nur selbst zu bemitleiden. Auch andere haben Leid auszuhalten. Sich gegenseitig trösten ist eine schöne Aufgabe, denn geteiltes Leid ist halb so schweres Leid.

Euch allen schließlich sage ich: Haltet in derselben Gesinnung zusammen und habt Mitgefühl füreinander! Liebt euch gegenseitig als Brüder und Schwestern, seid gütig und zuvorkommend zueinander! (1.Petr. 3,8)

Nimm einen Schwamm und lege ihn ins Wasser. Lasse ihn sich vollsaugen, dann drücke ihn fest aus. Er darf nicht mehr tropfen. Schütte Kressesamen auf den Tisch und wälze den Schwamm drin herum. Lege ihn auf einen Teller und stelle ihn ans Fenster. Mache ihn jeden Tag ein wenig mit einer Sprühflasche feucht. Bald wird die Kresse sprießen!

12. Oktober

Torbi Tordony heißt der Wind, der hoch oben zwischen den riesigen Wolkenbergen wohnt. Ausgelassen und stürmisch jagt er die Wolken zuhauf zusammen, peitscht gleichzeitig die Wogen der Meere so hoch, dass sie mit den Wolken zusammenstoßen. Er tobt über die Wiesen, Felder und Wälder. Am liebsten lässt er jedoch die Drachen der Kinder durch die Lüfte wirbeln.

Heute macht er eine kleine Pause, holt nur einige wenige Blätter von den Bäumen und sieht zu, wie Fabian seinen Drachen steigen lässt. „Ho ho", lacht er laut, „dieser Drache gefällt mir. So einen schönen Drachen habe ich seit dem letzten Jahr nicht mehr gesehen!" Er bläst sich tüchtig auf. Der Drachen fliegt ihm entgegen.
„Nicht so heftig, du machst mich ja kaputt, wenn du weiter so wild bläst", beschwert sich Fabians Drachen.
Da nimmt Torbi Tordony sich ein wenig zurück und spielt sanft mit dem Drachen. Er wiegt ihn hin und her, lässt ihn nach oben steigen und dann nach unten fallen. Er fängt ihn knapp vor der Erde wieder auf.
„Das ist prima, das gefällt mir", jubelt Fabians Drachen und wünscht sich, dass Torbi Tordony nie mehr aufhören würde.
Doch Torbi Tordony langweilt sich bald. So ruhige Spiele mag er nicht besonders. Er bläst sich auf und wirbelt Fabians Drachen kräftig im Kreis herum.
„Nicht so stürmisch", schreit er, „du reißt noch meine Schnur ab, und dann hat Fabian mich nicht mehr."
„Es macht doch Spaß, und mir ist kein bisschen mehr langweilig", ruft Torbi Tordony.
Fabians Drachen ist schwindlig. Er will nach unten. Auf einmal spürt er einen mächtigen Ruck. Da weiß er, dass seine Schnur gerissen ist.
„Drachen, komm zurück!" schreit Fabian, ein paar dicke Tränen kullern ihm über die Wangen.
„Ich kann nicht", schreit der Drachen und weiß, dass Fabian ihn nicht hören kann. Torbi Tordony weht ihn immer weiter vom Fabian weg.
„Jetzt gehörst du mir, mir ganz allein", lacht der Wind und treibt ihn vor sich her.
„Hilfe, da unten ist das Meer", jammert der Drachen.
„Du Angsthase", ruft Torbi Tordony, „das Meer macht dir doch nichts!"
„Ich bin doch nur aus Papier", schluchzt der Drache.
„Und ich will nicht mehr mit dir spielen. Angsthasen sind langweilig", sagt der Wind, bläst noch einmal kräftig. Dann macht er auf der Stelle kehrt und beginnt wieder sein Spiel mit den Wolken.
Ganz langsam trudelt der Drache nach unten. Er landet mitten auf einem Marktplatz.
„Ein Drache, ein Drache", ruft Pascal und nimmt ihn. „Da fehlt nur die Schnur", sagt er zu seinem Papa. „Kein Problem", sagt Papa, „ich mache dir eine neue Schnur dran."
Der Drache freut sich, wieder einem Jungen zu gehören.

Impuls

Den Wind kannst du spüren, aber nicht sehen. Du siehst allerdings seine Stärke, denn er kann die Blätter von den Bäumen reißen. Stärkere Winde richten sogar großen Schaden an. Die Kraft Gottes lässt sich mit dem Wind vergleichen. Man sieht sie nicht, und sie ist doch da.

Biblisches Wort

Der Wind weht, wo es ihm gefällt. Du hörst ihn nur rauschen, aber du weißt nicht, woher er kommt und wohin er geht. So geheimnisvoll ist es auch, wenn ein Mensch vom Geist geboren wird. (Joh. 3,8)

Aktion

Lass mal wieder deinen Drachen steigen!

13. Oktober

„Es ist wirklich ein dickes Ding", sagt Hubert, der Obergartenzwerg, und schüttelt sich einige Regentropfen aus dem Gesicht. „Meierling lässt uns einfach stehen, anstatt dass er uns ins warme Gartenhäuschen bringt."

„Ja, es ist nass und kalt. Ich friere", sagt der kleine Gartenzwerg Michel und klappert mit den Zähnen.

„Ich würde auch lieber im Warmen stehen", flüstert Bambi, das Reh.

„Mich hat der heftige Regen gestern aus meinem Teich geschwemmt. Nun liege ich daneben und kann mich nicht mehr bewegen. Oder hat einer von euch schon mal einen Goldfisch gesehen, der auf der Erde herumschwimmen kann?" fragt der Goldfisch aus Plastik.

„Was haltet ihr davon, wenn wir einfach auswandern?" fragt Marino, der dickbäuchige Gartenzwerg mit der Pfeife. Schweratmend schubst er den Goldfisch wieder in den Teich zurück.

„Danke", sagt der Goldfisch und schwimmt erst einmal einige Runden.

„Gute Idee mit dem Auswandern", sagt der Obergartenzwerg Hubert und ärgert sich ein bisschen, dass ihm das nicht eingefallen ist.

„Wohin sollen wir denn auswandern?" fragt Michel.

„Am Ende der Gartenanlage steht eine kleine Hundehütte, die ist leer", antwortet Marino.

„In einer Hundehütte kann ich nicht schwimmen", blubbert der Goldfisch.

„Da ist auch ein Teich. Da hast du sogar Gesellschaft. So viel ich gesehen habe, sind dort zwei deiner Art", sagt Marino.

„Au fein! Fragt sich nur, wie ich dort hinkomme."

„In meinem Eimer. Wasser ist durch den Regen genug drin", sagt Michel. „Hubert und Marino, ihr müsst mir nur tragen helfen."

„Geht klar", sagt Hubert, der Obergartenzwerg.

„Ich will auch mit", ruft Bambi, das Reh.

„Neben der Hundehütte steht ein großer Strauch. Der ist genau richtig für dich, da wirst du nicht mehr nass", sagt Marino.

„Wann wandern wir aus?" fragt Michel und ist schon ganz ungeduldig, denn er liebt Abenteuer.

„Am besten sofort", sagt der Obergartenzwerg Hubert.

Als der Schrebergartenbesitzer Meierling am Ende der Woche in seinen Garten kommt, wundert er sich sehr, denn nirgends kann er seine Gartenzwerge entdecken. Auch das Reh und der Goldfisch sind weg.

„Das können nur Diebe gewesen sein, wer sonst?" brummt er vor sich hin und beschließt, sich am Montag gleich neue Gartenzwerge zu kaufen.

Der Obergartenzwerg Hubert, Michel und Marino, Bambi, das Reh und der Goldfisch fühlen sich pudelwohl in ihrem neuen Zuhause. Sie sind froh, nicht mehr in Meierlings Garten leben zu müssen.

Impuls

Dinge, die dir anvertraut sind, darfst du nicht vernachlässigen. Gott hat uns Menschen seine Erde anvertraut, und so müssen wir darauf achten, dass wir sie nicht zerstören. Wir können aus ihr nicht einfach auswandern.

Biblisches Wort

Gott sagte: Seid fruchtbar, vermehrt euch und füllt die ganze Erde. (1.Mose 9,1)

14. Oktober

Missmutig tapst Bruno, der Braunbär, allein durch die Gegend. Er ist auf der Suche nach einem neuen Revier. Mama Bär hat ihn einfach weggeschickt, nachdem sie ihm alles beigebracht hat, was er zum Überleben braucht. Am lustigsten war das Fischfangen im Bach. Immer wenn er dachte, einen Fisch gefangen zu haben, war ihm dieser wieder entwischt. Aber Mama Bär hatte viel Geduld und wusste, irgendwann würde er es bestimmt lernen. Nun erwartet sie wieder Junge und hat keine Zeit mehr, sich um ihn zu kümmern.

Endlich findet er ein Revier, das ihm gefällt. Wie er schon festgestellt hat, gibt es da Beeren und genug Kleintiere zum Jagen. Auch ein Bach mit vielen Fischen fließt durch sein Revier. Sogar Honig findet er, den er ja besonders gerne mag. So geht der Sommer zu Ende. Im Oktober ist es in diesem Jahr noch sehr warm. Und so vergisst er ganz, sich eine Höhle für seinen Winterschlaf zu suchen. Als er eines Morgens aufwacht, schneit es. Alles ist schon ganz weiß. Erschrocken läuft er herum, um sich eine Höhle zu suchen.
Die erste Höhle, die er findet, ist zu klein. Die zweite zu feucht und die dritte zu zugig. Die vierte ist besetzt. Er wandert immer höher die Felsen hinauf. Eisiger Wind fegt ihm durch das Fell. Sein Magen knurrt, aber nirgends sieht er etwas zum Jagen. Alle Tiere haben sich in Sicherheit gebracht. Zurück zum Wasser will er auch nicht laufen, denn er braucht zuerst einmal einen Schlafplatz.
Auf einmal entdeckt er hinter einem Felsvorsprung eine Höhle. Vorsichtig nähert er sich ihr und merkt, dass sie nicht bewohnt ist. Er tapst hinein. Sie gefällt ihm sofort, denn sie ist warm und vor Zugluft geschützt. Platz ist auch genug da.
„Die nehme ich mir", brummt er vor sich hin und legt sich hinein. Kaum liegt er, überfällt ihn die Müdigkeit, und er schläft ein.
Auf einmal erwacht Bruno, denn ein lautes Knurren hat ihn geweckt. Er lauscht angestrengt. Doch dann merkt er, dass es sein Magen ist, der sich gemeldet hat. Bruno hat Hunger. Er muss wohl eine sehr, sehr lange Zeit geschlafen haben, denn als er seine Höhle verlässt, liegt hoher Schnee. Die Luft ist eisig, und nur widerwillig macht er sich auf den Weg zur Jagd. Aber nirgends lässt sich etwas sehen. Deshalb muss er hinunter zum Bach. Dort fängt er auch tatsächlich noch Fische und stopft sich damit voll. Als er einigermaßen satt wieder in seiner Höhle liegt, hat er nur einen Wunsch: Er möchte, dass es bald wieder Frühling wird. Er träumt von der Sonne und grünen Wiesen.

Impuls

Manchmal geht es dir nicht besonders gut. Bitte Gott, dass er dir hilft. Gott kann beides: Er kann die Kraft geben, das Schwierige zu tragen. Er kann es wieder Frühling werden lassen.

Biblisches Wort

Macht euch keine Sorgen, sondern wendet euch in jeder Lage an Gott und bringt eure Bitten vor ihn. Tut es mit Dank für das, was er euch schon geschenkt hat.
(Phil. 4,6)

Aktion

Zerreiße viele Zeitungen in kleine Schnipsel. Hebe sie für morgen in einem Eimer auf.

Eines Tages sah Stefan ihn. Er saß auf einer Decke am Boden und tat nichts. Vor sich hatte er einen alten Schlapphut, in dem sich ein paar Groschen befanden.
„Bist du ein Bettler?“ fragte Stefan interessiert und sah ihn neugierig an.
„So in etwa! Eigentlich bin ich...“ Der Mann schwieg.
„Ein Stadtstreicher?“ fragte Stefan.
„So in etwa!“ antwortete der Mann und hielt einer Frau, die hastig vorbeieilte, den Hut hin.
„Was biste denn nun wirklich?“ fragte Stefan ungeduldig.
„Beides“, antwortete er.
„Wo kommste denn her?“ fragte Stefan weiter.
„Von da“, sagte der Mann und deutete nach links.
„Jetzt weiß ich, was du bist“, sagte Stefan. „Du bist ein Wanderer und kommst von Köln.“
„Richtig“, antwortete der Mann.
„Und warum bettelst du?“
„Weil ich schon lange unterwegs bin und im Moment keine Arbeit habe.“
„Helfen dir denn dann die paar Groschen?“ Stefan wollte es genau wissen.
„Ist besser als nichts! Meinst du nicht auch?“
„Papa und Mama sagen das auch immer, dass ein paar Groschen besser sind als gar nichts. Und die wissen das bestimmt.“
„Wie heißt du eigentlich?“ fragte der Mann.
„Stefan. Ich gehe schon in die erste Klasse. Meine Lehrerin heißt Frau Bayerlein und ist ganz toll lieb.“
„Ich bin auch Lehrer und habe in Latein und Griechisch unterrichtet.“
„Und warum hast du jetzt keine Arbeit mehr?“ fragte Stefan.
„Es gibt zu viele Lehrer. Meine Frau ist auch Lehrerin, und nur einer von uns beiden darf arbeiten.“
„Wo ist denn deine Frau jetzt?“ fragte Stefan. Da fiel ihm plötzlich ein, dass seine Mama und sein Papa ihm gesagt hatten, dass er mit Fremden nicht reden dürfe. Ohne auf Antwort zu warten sagte er „Tschüs“ und lief davon. Er war schon ein ganzes Stück weit gelaufen, da dachte er daran, dass er dem Mann eigentlich etwas von seinem Taschengeld hätte geben können. Aber das hatte er ja schon für ein Micky-Maus-Heft vorgesehen. Auf einmal hatte er eine Idee. Er raste zurück, holte, ohne was zu sagen, sein Frühstücksbrot, das er nicht gegessen hatte, aus seinem Ranzen. Er drückte es dem Bettler in die Hand und lief eilig nach Hause.
Daheim erzählte Stefan seiner Mama von dem Bettler. Seine Mama war nicht gerade begeistert, nicht, weil er geholfen hatte, sondern weil er mit dem Fremden so ausführlich gesprochen und seine Mama Angst um ihn hatte.

15. Oktober

Du sollst gut sein, anderen helfen, etwas abgeben, dich dabei jedoch nicht in Gefahr begeben.

Die haben alle nur etwas von ihrem Überfluss abgegeben. Aber diese arme Witwe hat alles hergegeben, was sie selbst dringend zum Leben gebraucht hätte. (Mark. 12,44)

Die Zeitungspapierschnipsel von gestern kannst du nun in dicken Tapetenleim einweichen. Das wird nun eine graue zähe Masse. Aus dieser Masse kannst du alle möglichen Dinge formen (Kasperlkopf, Krokodil). Lasse deine Figuren trocknen!

16. Oktober

Felicitas, Dominik, Benedikt und Theresa sitzen im Kinderzimmer und langweilen sich. Draußen stürmt es und regnet in Strömen. Sie wissen nicht, was sie tun sollen. Felicitas und Dominik haben ihre Hausaufgaben längst gemacht. Benedikt und Theresa waren nicht im Kindergarten, weil Mama keine Zeit hatte, sie hinzufahren. Als Mama ins Zimmer kommt, um ihnen Kakao und Plätzchen zu bringen, schaut sie in lauter lange Gesichter.
„Was ist denn mit euch los?" fragt sie.
„Wir wissen nicht, was wir tun sollen", antwortet Benedikt.
„Es ist einfach langweilig", sagt Theresa.
„Im Fernsehen gibt es nichts Gescheites", sagt Felicitas.
„Ihr müsst doch nicht immer fernsehen", antwortet Mama. „Es gibt noch so viel andere Dinge, die ihr tun könnt."
„Was denn nur?" fragt Dominik.
„Wie wär's, wenn ihr mir helft, den Koffer mit den alten Sachen vom Speicher zu holen? Dann könntet ihr euch verkleiden und Theater spielen", schlägt Mama vor.
„Eine tolle Idee", sagt Felicitas. Schon stürmen alle die Treppe hinauf. Theresa zieht sich ein langes weißes Kleid an und ist die Prinzessin. Felicitas nimmt sich zwei Röcke und ein großes Tuch. Die Röcke zieht sie übereinander an, das Tuch hängt sie sich um die Schultern. Sie ist die Hexe. Dominik findet einen schwarzen Anzug und einen Zylinder. Er ist der große und mächtige Zauberer. Benedikt entdeckt ein feines Clownskostüm.
Der Clown macht Späße, Kopfstand und reißt Grimassen. Der Zauberer zaubert aus seinem Zylinder einen Stoffhasen und viele bunte Tücher aus der Truhe. Die Hexe holt sich aus der Küche den Schrubber und reitet damit durch die Wohnung. Die Prinzessin steht vor dem Spiegel und bewundert sich. Neben dem Bett sieht sie Mamas hohe Schuhe und schlüpft hinein. Nun kommt sie sich noch mehr wie eine Prinzessin vor. Dann fassen sie sich an den Händen und tanzen um Mama herum. Theresa kann mit den hohen Schuhen nicht so gut tanzen und schleudert die Schuhe von den Füßen, so, nun kann sie mit den anderen richtig mittanzen.
„Halt, halt, mir wird ja ganz schwindelig", ruft Mama.
„Wir hören erst auf, wenn du uns eine Geschichte erzählst", sagt Dominik.
„Es muss eine Hexe, eine Prinzessin, ein Clown und ein Zauberer darin vorkommen", sagt Felicitas.
„Schön", sagt Mama, setzt sich zu ihnen und erzählt eine selbsterfundene Geschichte.
So war der langweilige Regentag doch noch ein wunderschöner, fröhlicher Tag geworden.

Es ist schön, wenn du mit deinen Geschwistern oder Freunden etwas gemeinsam spielst. Gemeinsam könnt ihr eure Ideen entwickeln und austauschen. Ihr könnt auch gemeinsam beten oder in den Kindergottesdienst oder den Kinderkreis gehen.

Denn wo zwei oder drei in meinem Namen zusammenkommen, da bin ich selbst in ihrer Mitte. (Matth. 18,20)

Frage deine Mama, ob sie alte Sachen zum Anziehen hat. Dann kannst du zusammen mit deinen Freunden Verkleiden spielen. Vielleicht erzählt dir deine Mama dann auch eine selbsterfundene Geschichte.

17. Oktober

Sarah geht jeden Abend mit ihrem Papa zum Bauern Lutz Milch holen. Sie freut sich immer auf diese halbe Stunde. Sie darf nämlich in den Kuhstall. Das ist kein gewöhnlicher Stall mit Boxen, in denen die Kühe nur so rumstehen und angekettet sind. Nein, Bauer Lutz hat einen Ökohof. Da dürfen die Kühe in den Ställen frei umherlaufen. Überall hat er Stroh hingestreut, so dass die Kühe sich einfach dort, wo sie gerade wollen, hinlegen können. Eine Melkmaschine gibt es auch nicht. Frau Lutz und ihre Tochter Bettina melken die Kühe mit der Hand. Genau so, wie es früher war. Das findet Sarah ganz toll, denn sie kann es sich nicht vorstellen, dass es den Kühen gefällt, automatisch gemolken zu werden.

„Gell, die Kühe vom Bauern Lutz sind so glücklich wie die lila Kuh in der Werbung?" fragt Sarah ihren Papa.

„Bestimmt sind sie glücklich. Doch ob sie so glücklich sind wie die lila Kuh, kann ich dir nicht sagen. Du weißt ja, dass die lila Kuh nur eine Figur aus der Werbung ist", antwortet Papa.

„Klar, es gibt doch keine lila Kühe", sagt Sarah und sieht interessiert zu, wie Bauer Lutz mit einer Gabel das Heu von der Tenne wirft. Frau Lutz trägt es mit der Heugabel zu der Futterstelle.

Plötzlich streicht eine kleine Katze um Sarahs Beine.

„Ist die niedlich!" ruft sie und nimmt das Kätzchen auf den Arm.

„Ist eine der sechs Herbstkätzchen", sagt Frau Lutz. „Wenn es dein Papa erlaubt, kannst du sie mit zu dir nehmen."

„Ehrlich?" fragt Sarah und schmust mit dem kleinen schwarzen Kätzchen.

„Aber ja. Du kannst sie wirklich behalten, wenn du willst", sagt Bauer Lutz. „Wir wissen sowieso nicht wohin damit."

„Papa, darf ich sie mitnehmen? Sie ist so süß", fragt Sarah und sieht ihn bittend an.

„Wir müssen Mama fragen", sagt Papa und streichelt das Kätzchen auf Sarahs Arm.

„Wann?" Am liebsten hätte Sarah die Kleine gleich mitgenommen.

„Sie können gerne telefonieren", sagt Frau Lutz. „Im Flur steht das Telefon."

„Meinen Sie?" fragt Papa etwas unsicher.

„Kein Problem", antwortet Frau Lutz.

Papa überlegt einen Moment, dann nickt er und macht sich auf den Weg zum Telefon. Als er wiederkommt, sagt er strahlend: „Mama erlaubt, dass du das Kätzchen mit nach Hause bringst."

„Au toll!" ruft Sarah strahlend aus und lässt das Kätzchen nicht mehr vom Arm. „Ich werde sie Schnurrchen nennen."

„Ein schöner Name", sagt Papa. Dann nimmt er die Milchkanne, und sie gehen zum Auto.

Impuls

Hast du Tiere, musst du dich um sie kümmern. Es soll ihnen bei dir gut gehen. Gott hat uns die Erde anvertraut mit allem, was darauf ist.

Biblisches Wort

Und Gott sah alles an: Es war gut. Und Gott segnete seine Geschöpfe. (1. Mose 1,21.22)

Aktion

Spiele mit deinen Eltern, Geschwistern und Freunden: Ich sehe was, was du nicht siehst.

18. Oktober

Jesus erzählte seinen Jüngern viele Gleichnisse, damit sie Gott besser verstehen konnten. Er berichtete:

„Es lebten einmal zwei Männer. Jeder von ihnen wollte sich ein Haus bauen. Ein Mann hatte sich zuvor genau erkundigt und wusste, wie wichtig ein fester Untergrund dafür war. Deshalb baute er das Fundament und die Grundmauern seines Hauses auf einen Felsen. Als das Haus fertig war, wohnte er darin. Eines Tages tobte ein fürchterlicher Sturm über das Land. Es regnete in Strömen. Die Flüsse traten über die Ufer. Das Wasser kam bis zu den Mauern hoch und umspülte sie. Weil aber der Mann sein Haus auf einen festen Grund gebaut hatte, stürzte es nicht ein."

Nach einer Weile fuhr Jesus dann fort: „Der andere Mann kümmerte sich überhaupt nicht um den Untergrund, auf dem sein Haus stehen sollte. Ihm war es gleich. Deshalb baute er sein Haus auf Sand. Da kam wieder ein Sturm auf. Es regnete in Strömen, die Flüsse traten über die Ufer. Der Sturm warf die Wellen gegen das Haus. Es konnte dem Druck des Wassers nicht standhalten und stürzte in sich zusammen."

Jesus sagt: Wer diese meine Worte hört und sich nach ihnen richtet, wird am Ende dastehen wie ein kluger Mann. (Matth. 7,24)

19. Oktober

Jesus erzählte: „Ein Bauer ging aufs Feld, um zu säen. Aus einem Korb streute er die Körner im hohen Bogen aus. Ein Teil der Körner fiel auf den Weg. Dort wurden sie festgetreten oder die Vögel pickten sie auf. Einige Körner fielen auf felsigen Grund. Die Saat ging zwar auf, doch die Wurzeln fanden keinen rechten Halt. Sie vertrockneten in der Sonne. Andere Körner fielen unter ein Dornengestrüpp. Das Korn wuchs, aber auch das Dornengestrüpp wurde größer und erstickte die zarten Pflänzchen. Viele Körner fielen aber auf fruchtbare Erde. Die Ähren bekamen lange Wurzeln, das Korn wuchs und reifte in der Sonne."

Der Sinn ist: Die Saatkörner bedeuten das Wort Gottes. Viele Menschen hören es nur mit halben Ohr. Das sind die Körner, die auf den Weg fallen. Manche Menschen hören Gottes Wort gern, glauben aber nur kurze Zeit und verlieren ihren Glauben. Es sind die Körner auf steinigem Boden. Andere Menschen hören die Botschaft, nehmen sie aber nicht auf. Das sind die Saatkörner unter dem Dornengestrüpp. Der Rest der Menschen aber glaubt an das Wort Gottes und lebt danach. Das ist die Saat, die auf fruchtbaren Boden fällt.

Impuls: Öffnest du für Jesus dein Herz, öffnet er dir deine Gedanken für andere Menschen.

Biblisches Wort: Jesus sagt: Wer Ohren hat, soll gut zuhören! (Matth. 13,9)

Aktion: Singe einmal mit Mama und Papa und deinen Geschwistern all die Lieder, die du im Kindergarten gelernt hast.

20. Oktober

Auf dich und auf das, was du sagst, müssen sich andere verlassen können. Mit Unzuverlässigkeit verlierst du Freunde.

Eine offene, ehrliche Antwort ist ein Zeichen von wahrer Freundschaft. (Spr. 24,26)

Nimm viele Apfelkerne, fädle sie auf und mache dir davon eine Kette.

Katrin ist nicht nur schlampig, sondern auch unzuverlässig. In ihrem Zimmer sieht es nie aufgeräumt aus. Wenn Mama sagt, dass sie aufräumen soll, hat sie keine Lust. Auf den Weg zum Kindergarten trödelt sie. Einmal ist sie dort erst angekommen, als die anderen Kinder sich schon zum Heimgehen angezogen hatten. Doch das hat ihr nichts ausgemacht.

„Selber schuld, wenn du Schluss machst, bevor ich da bin", hat sie einfach zu Frau Gerstenberger gesagt, damit war für Katrin die Sache erledigt.

Wenn sie sich mit ihrer Freundin Sabine zum Spielen verabredet, kommt sie nie pünktlich. Deshalb hat Sabine schon oft gesagt, dass sie um zwei Uhr kommen soll, wenn sie will, dass Katrin um drei Uhr da ist. Seitdem das Katrin gemerkt hat, kommt sie automatisch immer eine Stunde später.

Sagt Mama, sie soll um sechs Uhr zum Abendessen daheim sein, wird es manchmal sieben oder gar halb acht.

Katrin verspricht auch viel und hält kaum etwas. Gerade darüber ist Mama ärgerlich, denn sie sagt, dass sie nichts versprechen soll, was sie nicht halten kann.

„Selber schuld, wenn die anderen glauben, ich würde meine Versprechen halten", sagt Katrin dann immer.

Eines Tages kommt ein neues Mädchen in den Kindergarten. Sie heißt Lydia. Lydia ist noch schlimmer als Katrin.

„Kommst du heute nachmittag zu mir zum Spielen?" fragt Katrin sie.

„Hol mich ab", sagt Lydia.

Als Katrin dann gegen drei Uhr bei ihr auftaucht, tut Lydia so, als würde sie nichts von der Verabredung wissen.

„Wir wollten doch bei mir mit meinem Barbiepuppenhaus spielen", sagt Katrin und ist ein klein wenig enttäuscht.

„Schon möglich", antwortet Lydia. „Aber jetzt habe ich keine Lust dazu. Geh heim und spiel allein!"

„Kann ich nicht ein bisschen bei dir bleiben?" fragt Katrin.

„Nein, du hörst doch, dass ich keine Lust habe", sagt Lydia, dreht sich um und geht einfach weg.

„Du bist doof", sagt Katrin und beschließt, nie wieder mit Lydia zu spielen.

Daheim beklagt sie sich bei Mama. Doch anstatt sie zu trösten, sagt Mama nur: „Da siehst du mal, wie das ist, wenn du dich auf den anderen nicht verlassen kannst. Du bist doch auch nicht anders. Weshalb beklagst du dich dann?"

„Bin ich denn wirklich so schlimm?" fragt Katrin.

„Auf jeden Fall sehr unzuverlässig, und das weißt du auch ganz genau. Du hast es ja jetzt selbst erlebt, wie das ist."

„So wie die Lydia will ich aber nicht sein", sagt Katrin.

„Dann versuch es zu ändern", sagt Mama. „Wirst sehen, es ist gar nicht so schwer."

21. Oktober

Die Schlange war das klügste Tier von allen, die Gott geschaffen hatte. Sie war listig und fragte Eva: „Hat Gott wirklich gesagt, ihr dürft die Früchte von den zwei Bäumen in der Mitte des Gartens nicht essen?"
„Nein", sagte Eva, „dann müssen wir sterben."
„Das ist nicht wahr. Wenn ihr vom Baum der Erkenntnis esst, werdet ihr alles wissen und so klug sein wie Gott. Deshalb hat er es euch verboten."
Eva sah den Baum an, und die Früchte leuchteten. Sie dachte, dass diese Früchte bestimmt ganz köstlich schmecken würden. Und da erkannte Eva: Sie wollte genau so klug sein wie Gott. Sie pflückte die Frucht und aß. Sie schmeckte wirklich köstlich. Sie hielt die Frucht Adam hin, und auch er nahm einen Bissen davon. Nachdem sie gegessen hatten, fühlten sie sich auf einmal traurig und unglücklich. Dann sahen sie, dass sie nichts anhatten. Sie versuchten, sich mit großen Feigenblättern zu bedecken.
Als Gott durch den Garten ging, versteckten sie sich hinter den Bäumen. Vorbei war es mit dem Glück im Garten Eden. Gott wusste, wo er sie finden konnte.
„Die Schlange hat mich verführt", rief Eva, „es war die Schlange!"
Da wurde Gott böse und verfluchte die Schlange.
Gott schickte Adam und Eva aus dem Garten Eden hinaus. Nie mehr durften sie zurückkehren. Sie mussten hart arbeiten, um sich zu ernähren. Weil sie nicht auf Gott gehört hatten, mussten sie eines Tages sterben.

Impuls

Wir geben nicht gerne zu, dass wir schuld sind. Lieber schieben wir es auf andere oder Gott selbst. Oder wir suchen möglichst viele, die mit schuld sind. Seitdem Jesus da ist, können wir unsere Schuld bei ihm abladen.

Biblisches Wort

Kein Mensch kann vor Gott als gerecht bestehen. Kein Mensch hat Einsicht und fragt nach Gottes Willen. Alle haben den rechten Weg verlassen, verdorben sind sie alle, ausnahmslos. (Röm. 3,10-12)

Aktion

Nimm eine runde oder ovale Käseschachtel aus Spanholz oder Pappe, male sie erst rot, grün oder blau an, und male dann auf den Deckel ein schönes Bild. Du kannst auch ein Foto von dir draufkleben und rundum einen schönen Rahmen malen.

22. Oktober

Impuls

Gottes Wort ist wichtig, auch wenn es dir manchmal etwas Unbequemes sagt. Und wenn du Gott etwas versprichst, halte es auch.

Biblisches Wort

Da trat der Herr zu ihm und rief wie zuvor: Samuel! Samuel! Der Junge antwortete: Sprich, dein Diener hört. (1.Sam. 3,10)

Aktion

Schneide eine leere Haushaltspapierrolle in drei unterschiedlich große Stücke und beklebe sie mit verschiedenen Stoffresten oder Glanzpapier. Je lustiger die Figuren sind, um so schöner wird es dann. Klebe die drei Teile hochkant auf eine runde Scheibe, die du ebenfalls bunt beklebst. So hast du feine Behälter für Buntstifte, Radiergummi, Pinsel und vieles mehr.

„Fehlt dir etwas, Hanna?“ fragte Elkana besorgt. „Liebe ich dich nicht und sorge für dich, als hättest du mehr als zehn Kinder?“
Da schüttelte Hanna traurig den Kopf: „Ich kann für kein Kind sorgen, das macht mich traurig.“
Hanna ging zum Tempel und bat Gott: „Oh Gott, schenke mir doch ein Kind. Ich verspreche dir auch, dass es dir immer dienen wird.“
Bald bekam Hanna einen Sohn. Sie liebte ihn über alles und war glücklich. Sie nannte ihn Samuel. Hanna vergaß ihr Versprechen nicht, das sie Gott im Tempel gegeben hatte.
Wie in jedem Jahr brachte Elkana Gott im Tempel seine Geschenke dar. In diesem Jahr nahm Hanna ihren kleinen Samuel an die Hand und brachte ihn zum Priester Eli.
„Du hast mich damals gehört“, sagte sie zu ihm. „Ich bin die Frau, die Gott um ein Kind gebeten hatte. Gott hat es uns geschenkt, und nun gebe ich es in deine Obhut.“ Hanna ging mit Elkana nach Hause zurück.
Samuel blieb im Tempel. Hanna durfte ihn jedes Jahr besuchen und brachte ihm neue Kleider mit. Eli segnete Hanna und Elkana und betete für sie, damit sie noch weitere Kinder bekommen würden. Und sie bekamen noch drei Buben und zwei Mädchen.
Samuel half dem Priester Eli und ging ihm gern zur Hand. Eines Nachts hörte Samuel, der nahe bei der Bundeslade im Tempel schlief, eine Stimme, die rief: „Samuel!“
Er schreckte hoch, doch niemand war zu sehen. Vielleicht hatte Eli gerufen? Samuel ging zu ihm und fragte ihn. Doch Eli hatte ihn nicht gerufen.
Samuel legte sich hin. Doch wieder hörte er die Stimme, die rief: „Samuel!“ Beim dritten Mal war auch Eli hellwach und erkannte, was geschehen war: Gott selbst hatte Samuel gerufen. Eli sagte zu Samuel: „Wenn dich die Stimme wieder ruft, dann sage: Sprich, oh Herr, mein Gott, dein Knecht hört dich.“ Noch einmal rief Gott Samuel. Zitternd antwortete Samuel: „Sprich, oh Herr, mein Gott, dein Knecht hört dich.“
Gott gab Samuel eine traurige Botschaft für Eli. Samuel wartete bis zum frühen Morgen. Erst als Eli ihn zu sich rief und ihn fragte, was Gott gesagt hatte, bemerkte er das traurige Gesicht des Jungen.
„Sag's mir ruhig“, sagte Eli.
Da sagte er Eli, dass die ganze Familie wegen seiner Söhne, die einen schlechten Lebenswandel hatten, bestraft werden würde.
„Gott weiß, was das Beste ist“, sagte Eli ganz ruhig. „Lass Gott nur tun, was ihm richtig erscheint!“
Später, als Samuel älter wurde, erkannten die Israeliten, dass Gott mit ihm war, und sie hörten auf Samuels Worte.

23. Oktober

Vivien hockt mit ihrer Lieblingspuppe Linda im Arm zwischen all den vielen Kisten und Kartons und flüstert dieser wütend ins Ohr: „Wir packen unsere Sachen nicht aus. Verstanden? Wir laufen wieder zu meiner Freundin Bianca zurück."
Vivien ist so mit ihrer Puppe Linda beschäftigt, dass sie Mamas Rufen nicht hört. Mama öffnet die Tür. Neben ihr steht ein kleines dunkelhaariges Mädchen.
„Hallo, du hast Besuch! Emilia ist auch erst eingezogen. Sie kommt aus Portugal."
„Ich will niemand kennenlernen. Ich brauche keine neue Freundin. Meine Freundin heißt Bianca!" sagt Vivien, kneift die Augen ganz fest zu und wartet, bis Mama mit dem Mädchen wieder geht.
Doch Mama geht nicht. „Denkst du, dass es Papa und mir Spaß macht umzuziehen? Glaube mir, wir wären auch lieber in der alten Wohnung geblieben", sagt sie.
„Drei Zimmer hätten mir gereicht", sagt Vivien und guckt finster zu dem fremden Mädchen hin.
„Dir schon! Aber was wäre mit Steffen? Hättest du dein Zimmer mit ihm teilen wollen? Er kann ja nicht ewig in unserem Schlafzimmer bleiben", antwortet Mama.
Vivien ruft empört: „Steffen, in meinem Zimmer? Wo der nur schreit!"
Da lacht Mama und sagt: „Eben darum sind wir umgezogen! Du hast ein eigenes Zimmer, und Steffen wird auch eines Tages eins haben. Sei jetzt lieb und packe deine Sachen aus!"
„Niemals!" schreit Vivien und bleibt sitzen.
Mama geht aus dem Zimmer. Emilia bleibt wartend an der Türe stehen und sagt schüchtern: „Wie namens deine Puppa?"
„Linda", knurrt Vivien unfreundlich. Einen Augenblick später kichert sie und sagt: „Es heißt nicht 'wie namens', sondern 'wie heißt deine Puppe'. Kapiert?"
Emilia nickt freudig und antwortet: „Juanitta!"
„Hey, kommst du echt aus Portugal?" fragt Vivien. Alle Wut ist verflogen.
„Portugal schön! Viel Sonne, viel warm, viel Wasser! Aber Wasser nicht vom Himmel, Wasser kommt an Land! Schön, sehr schön!"
Da begreift Vivien schlagartig, dass auch Emilia Heimweh hat und allein ist. Sie sagt: „Hey, möchtest du mir nicht helfen auszupacken? Danach kannst du ja deine Juanitta holen. Meine Linda will sie nämlich kennenlernen!"
Ans Weglaufen denkt Vivien nun nicht mehr. Sie fühlt sich in der neuen Wohnung schon ein wenig wie zu Hause.
Als Vivien das ihrer Mama nach dem Nachtgebet sagt, meint Mama nachdenklich: „Daheim sind wir dort, wo unsere Freunde sind. Ohne Freunde würden wir uns sogar in einer großen Menschenmenge einsam fühlen!"

Impuls

Beim Umzug heißt es zuerst Abschied nehmen, Abschied von allem Vertrauten. Umzug heißt auch, gespannt sein auf das Neue. Du kannst neue Freundschaften aufbauen. Auf jeden Fall kommst du an einen Platz, an dem Jesus bereits ist, weil er überall ist.

Biblisches Wort

Ich kann Not leiden, ich kann im Wohlstand leben; mit jeder Lage bin ich vertraut. Ich kenne Sattsein und Hungern, ich kenne Mangel und Überfluss. Allem bin ich gewachsen durch den, der mich stark macht. (Phil. 4,12)

24. Oktober

Auch wenn du gute Absichten hast, kannst du nicht einfach anderen ihre Sachen wegnehmen. Du möchtest ja auch nicht, dass man deine Sachen verschenkt, ohne dich zu fragen.

Wer gestohlen hat, der stehle nicht mehr. (Eph. 4,28)

Nimm ein Blättchen Seidenpapier, lege ein Geldstück darauf und lege beides vorsichtig auf die Wasserfläche. Das Papier geht unter, wenn es sich vollgesaugt hat. Das Geldstück sinkt nicht, weil es durch die Oberflächenspannung auf der Oberfläche des Wassers getragen wird.

Marvins Mama liegt im Krankenhaus. Sein Papa muss Geld verdienen, und so passt der große Bruder Janic auf Marvin auf.

Marvin findet das gar nicht so schön. Bei Mama ist es schöner, denn da muss er nicht so viel helfen wie bei Janic. Als ihm einmal ein Teller beim Abtrocknen runterfällt, schimpft Janic. Marvin will zu seiner Mama. Da Papa seiner Mama immer etwas mitbringt, überlegt Marvin, was er der Mama schenken kann. Während er noch überlegt, sieht er vom Fenster aus den Apfelbaum in Nachbars Garten.

„Das ist die Idee", flüstert er leise vor sich hin. Er weiß, dass die Nachbarn tagsüber arbeiten. Schnell nimmt er einen Einkaufsbeutel, klettert über den Zaun und füllt den Beutel mit schönen, saftigen Äpfeln. Endlich steht er vor dem großen Krankenhaus. Da fällt ihm ein, dass er die Zimmernummer nicht weiß. Er geht einfach rein und fragt eine Schwester.

„Wie heißt denn deine Mama?" fragt sie.

„Mama", sagt Marvin.

„Gut, aber wie heißt sie mit dem Nachnamen?"

„So wie ich!"

„Und wie heißt du?"

„Marvin."

„Marvin und wie weiter?"

„Boland."

„Gut, dann komm mal mit", sagt die nette Schwester und geht mit ihm zu einem Häuschen am Eingang, in dem ein Mann sitzt. Sie fragt ihn, und der Mann schreibt etwas auf einen Zettel. Die Schwester nimmt den Zettel und sagt zu Marvin: „Am besten wird es sein, wenn ich dich hinbringe. Sonst verläufst du dich noch."

Als sie da sind klopft die Schwester an eine Tür, öffnet sie und sagt: „Frau Boland, Sie haben Besuch."

Marvin rennt zu seiner Mama und drückt sie ganz fest.

„Schau, was ich dir mitgebracht habe, damit du ganz schnell wieder gesund wirst", sagt er und hält ihr den Beutel mit den Äpfeln entgegen.

„Wo ist denn Papa?" fragt sie.

„Ich bin ganz allein gekommen", sagt Marvin stolz.

„Und wo hast du die Äpfel her?"

„Vom Apfelbaum."

„Von Schröders Apfelbaum?"

„Ja, da liegen so viele unter dem Baum."

„Wissen Schröders denn davon?" fragt Mama misstrauisch.

„Nein, die sind doch beide arbeiten."

„Aber Marvin, du darfst die Äpfel doch nicht einfach wegnehmen. Du sagst das heute abend Schröders, entschuldigst dich und bringst die Äpfel wieder zurück", sagt Mama.

Marvin ist ein bisschen enttäuscht, aber er sieht ein, dass die Äpfel seiner Mama nicht gut schmecken würden.

25. Oktober

Robin sitzt warm eingepackt im Rollstuhl. Er kann nicht laufen, aber er kann vom Gartenzaun aus auf die Wiese sehen. Auf der Wiese lassen einige Kinder Drachen steigen. Wie gerne würde auch Robin einen Drachen steigen lassen. Doch das geht nicht, denn er kann ja nicht vor dem Drachen herlaufen, bis dieser in der Luft ist. Wenn sein Papa mehr Zeit hätte, könnte er ihm dabei helfen. Aber Papa ist oft wochenlang unterwegs. Darüber ist Robin traurig.
Auf einmal sieht er, wie sich die Schnüre von zwei Drachen ineinander verschlingen. Die beiden Jungen, denen die Drachen gehören, ziehen wie wild an den Schnüren. Da ruft Robin ganz laut: „Ihr müsst sie runterlassen, sonst gehen eure Drachen kaputt."
Die beiden Jungen hören Robins Rufen nicht. Sie sind zu sehr damit beschäftigt, die beiden Drachen auseinander zu bekommen. Die Schnüre verheddern sich immer mehr, und der Wind bläst kräftig. Robin versucht noch lauter zu schreien: „Hey, lasst sie doch runter! So geht das nicht! Rollt ganz schnell eure Schnüre auf!"
Endlich schauen die beiden Jungen zu Robin hinüber und sehen, wie der mit den Armen fuchtelt. Da begreifen sie. Schnell rollen sie die Schnüre auf, die Drachen kommen langsam runter und landen auf der Wiese. Zuerst versuchen sie, die Schnüre zu entwirren. Aber das geht nur schwer und wird ihnen zu langweilig. Da kommen sie mit den Drachen zu Robin an den Zaun.
„Ist ein langweiliger Kram", sagt der eine zu Robin.
„Ein bisschen Geduld gehört schon dazu", antwortet Robin. „Wenn ihr zu mir in den Garten kommt, helfe ich euch gern."
„Sollen wir über den Zaun klettern?" fragt Nils.
„Wird schwierig werden mit den Schnüren. Lauft zur Tür, meine Mama wird euch aufmachen", sagt Robin.
Es dauert nicht lange, da stehen Nils und Erik vor Robin.
„Und was nun?" fragt Erik.
„Gebt mir mal die Schnüre, jeder von euch hält seinen Drachen fest", sagt Robin, und mit viel Geduld entwirrt er sie.
„Danke!" sagt Nils.
„Hast echt viel Geduld", sagt Erik.
„Kunststück, sitz du mal den ganzen Tag in einem Rolli. Da bleibt dir nichts anderes übrig."
„Das stelle ich mir ganz schlimm vor", sagt Nils.
„Ist es auch. Besonders, wenn ich immer allein bin."
„Hey, willste mit auf die Wiese kommen?" fragt Erik. „Wir schieben dich hin."
„Wenn es meine Mama erlaubt", antwortet Robin.
Doch da rennt Nils schon ins Haus und fragt die Mutter von Robin. Sie überlegt einen winzigen Augenblick, dann erlaubt sie es.
Robin freut sich riesig, als er abwechselnd die Drachen von Nils und Erik halten darf. Noch nie hat Robin so viel Spaß gehabt. Von diesem Tag an sind Nils, Erik und Robin gute Freunde.

Impuls

Du musst Geduld haben. Manchmal geht alles nicht so schnell, wie du es gerne hättest. Geduld haben heißt auch warten können.

Biblisches Wort

Bestimmt wird er dich wieder lachen lassen und deinen Mund mit frohem Jubel füllen. (Hiob 8,21)

Aktion

Bastle mit deinem Papa oder mit deiner Mama einen Drachen.

26. Oktober

Elviras Mama achtet darauf, dass Elvira immer fein angezogen ist. Immer trägt sie niedliche spitzenbesetzte Kleider. Alles muss farblich zusammenpassen. Natürlich darf sich Elvira auch nicht schmutzig machen.
„Mach dich nicht schmutzig!" sagt Mama von morgens bis abends. „Pass auf deine Sachen auf! Setz dich nicht auf die Parkmauer. Fass nicht alles an!"
Sie kann mit den anderen Kindern nicht im Sandkasten spielen. Sie könnte sich ja schmutzig machen. Elvira beneidet die Mädchen und Jungen, die Jeans und T-Shirts anhaben. Deren Mamas sagen nicht dauernd, sie sollen sich nicht schmutzig machen.
Heute ist Elviras erster Kindergartentag. Sie ist ganz stolz, dass sie schon so groß ist.
„Haben Sie für Elvira Jeans und T-Shirt mitgebracht?" fragt die Erzieherin Mama, die Elvira bringt.
„Nein, Elvira trägt keine Jeans. Meine Tochter weiß sich zu benehmen. Sie macht sich auf keinen Fall schmutzig", antwortet Elviras Mama.
Da nimmt Tante Bärbel Elvira an die Hand und geht mit ihr zu den anderen Kindern. Weil Elvira nur dasteht, getrauen sich die anderen Kinder nicht mit ihr zu spielen. Sie sieht einfach zu fein aus.
„Komm mit", sagt Tante Bärbel, „wir ziehen dir einfach etwas anderes an, und dann kannst du genau so wie die anderen toll spielen!"
Elvira ist sehr stolz, als sie die etwas zu großen Jeans anhat. Auch das T-Shirt passt ihr nicht so ganz. Doch das macht ihr nichts aus. Endlich kann sie toben, im Sandkasten spielen und auf dem Boden sitzen wie all die anderen Kinder auch. Sie ist glücklich.
Als ihre Mama sie abholen will, kann sie nicht glauben, was sie sieht. Sie will gerade mit der Erzieherin ein ernstes Wort reden. Schließlich hat sie Elvira nicht so fein gemacht, damit sie im Kindergarten wie ein Lumpenlieschen herumläuft. Da kommt Elvira auf sie zugestürzt und ruft: „Mama, war das heute schön! So schön war es noch nie. Alle Kinder haben mich mitspielen lassen. Ich musste nicht mehr nur zusehen. Und Tante Bärbel hat gesagt, wenn ich mich schmutzig mache, wäscht sie die Sachen wieder."
Da sieht Elviras Mama ein, dass sie einen großen Fehler gemacht hat. Nicht die Kleider sind wichtig, sondern dass Elvira ein glückliches und fröhliches Kind ist.
Am nächsten Tag kommt Elvira strahlend in den Kindergarten. Sie hat neue Jeans und ein T-Shirt an.
„Ich darf mich schmutzig machen, hat Mama gesagt", erzählt sie Tante Bärbel.

Impuls
Nicht nur du, sondern auch die Erwachsenen müssen lernen. Versuche mit deinen Eltern zu sprechen, wenn du etwas anderes denkst. Handelt einfach eine gute Vereinbarung aus, mit der jeder leben kann.

Biblisches Wort
Und wir wollen aufeinander achtgeben und uns gegenseitig zur Liebe, zu guten Taten anspornen. (Hebr. 10,24)

Aktion
Sammle frische bunte Blätter und dünne Ästchen (1 – 2 cm lang abbrechen). Lege ein Blatt etwa bis zur Mitte über ein zweites Blatt und hefte sie mit einem Hölzchen zusammen. Das dritte Blatt lege genau wieder so auf das zweite Blatt und befestige es mit dem nächsten Hölzchen, und so machst du weiter, bis ein Kranz entstanden ist.

27. Oktober

Erde im Topf und nichts darin,
Stell ihn vor die Türe hin!
Warte auf den Regen,
Wart' auf Gottes Segen,
Warte auf den Wind,
Der dir Samen bringt.
Warte!
Eines Tages, von alleine
wächst es in dem Topf ganz feine.

Lieber Gott, ich denk,
Das ist dein Geschenk.
(Marianne Kunz-Jäger)

Abendgebet

Wie könnt ich ruhig schlafen
In dunkler Nacht,
wenn ich, oh Gott und Vater,
nicht dein gedacht?
Es hat des Tages Treiben
mein Herz zerstreut.
Bei dir, bei dir ist Friede
und Seligkeit.
(Marianne Kunz-Jäger)

Alles, was dieser Gott tut, ist vollkommen, was der Herr sagt, ist unzweifelhaft wahr. (Ps. 18,31)

28. Oktober

Biblisches Wort

Jesus sprach zu ihnen: Habt Glauben an Gott! (Mark. 11,22)

„Also, vor mindestens hundert Milliarden Jahren bestand unser Sonnensystem aus einer riesigen Wolke von Gasen und Staubteilchen, die durch den leeren Weltraum wirbelten“, erklärt Frau Grunert. Gespannt hört Harald zu, als sie erzählt, dass sich aus diesen Staubteilchen nach und nach eine gewaltige drehende Scheibe bildete und aus dieser Scheibe wiederum große feurige Bälle aus Gas. Vor etwa vier Milliarden Jahren kühlten diese Bälle schließlich ab. „Und ob ihr's glaubt oder nicht, das waren dann die Planeten und auch unsere Erde“, sagt Frau Grunert.

Harald schaut sie erstaunt an. Das ist aber komisch, denkt er. Denn er hat immer gedacht, dass Gott die Erde gemacht hat. Das jedenfalls hat er in seiner Kinderbibel gelesen. Aber vielleicht hat Frau Grunert keine Bibel zu Hause, sondern nur andere dicke Bücher, in denen eben drinsteht, dass die Erde aus winzigen Teilchen entstanden ist, die im Universum herumgeschwirrt sind. Vorstellen kann Harald sich das nicht, denn wie kann die ganze große Erde mit Meeren und Flüssen, mit Bergen und Schluchten, mit Wäldern, Wiesen, Blumen und Tieren und wie können schließlich sogar alle Menschen aus ein bisschen Gas und Staub von ganz allein entstanden sein? Wie hat sich dieser Staub so zusammengefügt, dass sich schließlich Farben und Formen, Arme und Beine, Wasser und Blut und sogar seine eigenen Gedanken gebildet haben? Könnte Frau Grunert ihm das mal bitte erklären?

Aber da klingelt die Pausenglocke. Frau Grunert packt ihre schlauen Bücher ein, nickt den Kindern zu und verschwindet auf den Schulhof. Die Kinder stürzen hinter ihr her. Frau Grunert hat Hofaufsicht. Sie muss aufpassen, dass die Kinder während der Pause keine Dummheiten machen.

Aber was muss sie denn da sehen? Auf der anderen Seite des Hofes, da wo das Klettergerüst und der große Sandkasten aufgebaut sind, entdeckt sie Harald. Und was macht er? Er schmeißt mit vollen Händen den Sand aus dem Sandkasten. Er wirft ihn richtig hoch, so dass die Sandkörnchen wie ein feiner Staubschleier herunterrieseln.

Hoffentlich fliegt kein Körnchen in irgendein Kinderauge, denkt Frau Grunert und rennt zu Harald rüber. „Was machst du denn da für einen Unsinn?“ schimpft sie.

„Das ist ein Experiment“, erklärt Harald, „mir fehlt nur noch ein bisschen Gas. Aber vielleicht klappt es auch so, dass aus dem Staub ganz von allein etwas entsteht.“

„Das glaubst du doch selber nicht“, entrüstet sich Frau Grunert.

„Nee“, sagt Harald, „eigentlich glaube ich das wirklich nicht.“

29. Oktober

Am späten Abend des 10. November 1483 wurde Martin Luther in Eisleben geboren. Seine Mutter Margarete und sein Vater Hans freuten sich sehr, denn der kleine Martin war ihr erstes Kind.
Später ging er in Mansfeld zur Schule. Dort gefiel es ihm nicht, da die Lehrer zu streng waren. Deshalb schickte ihn sein Vater in eine Klosterschule nach Magdeburg. Dort blieb er ebenfalls nicht sehr lange, denn die Mönche erzogen die Kinder mit Strenge und erzählten, dass Jesus sie hart bestrafen würde, wenn sie nicht gehorsam sein würden. Deshalb kam er nach Eisenach zu einer Kaufmannsfamilie. Mit den Kindern der Familie tobte er schon nach wenigen Wochen durchs Haus und wurde ein guter Schüler. Mit seinen Ängsten konnte er besser umgehen. Weg waren sie nicht.
Danach studierte er in Erfurt, legte sein Examen als Lehrer ab und unterrichtete Studenten. Doch er war nicht zufrieden, denn er wollte mehr von Gott hören.
Eines Tages war Martin unterwegs. Ein sehr schweres Gewitter kam auf. Dicht neben seinen Füßen schlug der Blitz ein. Martin schrie: „Nein, ich will nicht sterben. Heilige Anna, hilf mir! Ich verspreche dir, ich will auch als Mönch ins Kloster gehen, wenn du mir hilfst."
Am folgenden Morgen ging er ins Kloster. Die Augustiner nahmen ihn in ihren Orden auf.
Die Augustiner waren ein strenger Orden. Martin fühlte sich trotzdem wohl bei ihnen und beschloss, Priester zu werden. Er las viel in der Bibel. Das war ihm wichtig, denn er suchte die Liebe Gottes.
Als er Priester geworden war, sollte er Studenten unterrichten. Aber er wehrte sich dagegen, denn er sagte: „Ich bin kein guter Priester, denn ich fürchte mich vor Gott." Doch der Leiter des Ordens sagte: „Die Studenten brauchen Lehrer, die wissen, wie man mit der Angst umgeht." So blieb ihm nichts anderes übrig, als die Studenten zu unterrichten.
Doch seine Angst vor Gott blieb. Er verstand nicht, dass Gott die Menschen liebte, wenn er sie für jedes kleine Vergehen bestrafen wollte. Lange dachte Martin über den Satz: ‚Gott ist gerecht' nach. Plötzlich las er in der Bibel: ‚Gott ist gerecht, wer darauf vertraut, der wird leben.'
Und so predigte er dann: „Ihr müsst nicht nach Rom reisen, um eure Sünden loszuwerden. Lest, was in der Bibel steht. Dort findet ihr die Wahrheit: Ihr braucht Gott nicht durch gute Werke gnädig zu stimmen, der Glaube genügt."

In der Bibel steht die Wahrheit. Nicht durch gute Taten lässt sich Gott gnädig stimmen, sondern durch deinen Glauben.

Denn für mich steht fest: Allein aufgrund des Glaubens nimmt Gott Menschen an und lässt sie vor seinem Urteil als gerecht bestehen. Er fragt dabei nicht nach Leistungen, wie das Gesetz sie fordert. (Röm. 3,28)

Klebe die übrig gebliebenen getrockneten Blätter auf weißes Papier zu einem Bild zusammen.

30. Oktober

Impuls

Vergebung kann man nicht kaufen, sondern nur im Namen Jesu zugesprochen bekommen. Man kann sich auch keinen Vorrat an guten Taten anlegen, den man dann durch entsprechende Bosheiten wieder verkleinert. Wer mit Absicht Böses tut, verbaut sich die Vergebung so lange, bis er das Böse einsieht.

Biblisches Wort

Denn dort, wo Jesus Christus ist, gilt: Du bist befreit von dem Gesetz, das von der Sünde missbraucht wird und zum Tode führt. Denn du stehst jetzt unter dem Gesetz, in dem der Geist Gottes wirkt, der zum Leben führt.
(Röm. 8,2)

Aktion

Lass dir von Mama einen schönen bunten Handschuhtopflappen geben. Daran soll sie kleine runde Glöckchen nähen. Wenn du ihn dann überziehst und schüttelst, kannst du jede Musik begleiten.

„Wollt ihr nicht in der Hölle braten, könnt ihr euch von euren Sünden loskaufen", rief der Mönch Johann Tetzel laut auf dem Marktplatz in Mainz. „Kauft sofort, denn ihr wisst ja nicht, ob ihr morgen noch lebt! Das Fegefeuer ist schrecklich, doch die Hölle ist noch viel, viel schlimmer! Stellt euch vor, die ganze Ewigkeit lang in der Hölle sein zu müssen!"

„Ich will so einen Ablassbrief", rief ein alter Mann aus der Menge und humpelte mühsam auf seinen Krücken nach vorne. Seine letzten Spargroschen hatte er für den Ablassbrief geopfert.

„Möchtest du nur einen Brief kaufen? Du kannst auch einen für deine Frau oder deine Kinder haben. Jeder Brief kostet einen halben Gulden!" sagte Johann Tctzel.

„Was ist denn so ein Ablassbrief?" fragte Katharina ihren Vater, der gleich sechs Briefe für die ganze Familie gekauft hatte.

„In dem Ablassbrief steht, dass dir alles, was du Böses getan hast und noch tun wirst, vergeben wird. Du hast keine Sünden mehr", sagt der Vater von Katharina.

Sie dachte einen Augenblick nach, dann fragte sie: „Die Sünden sind vergeben? Auch solche, die ich noch nicht getan habe?"

„Ja, auch die sind vergeben. Ist jetzt alles viel leichter als früher. Da mussten wir eine Wallfahrt machen, um deine Sünde loszuwerden", antwortet der Vater.

„Es musste früher auch gefastet werden", sagte ein Mann, der sich auch einen Ablasszettel gekauft hatte. „Hungern ist nicht schön, und die Wege zu den Wallfahrtsorten waren weit und beschwerlich."

„Jaja, so ein Ablassbrief ist schon sein Geld wert. Da bin ich all meine Sorgen für die ganze Familie und für alle Zeit los", sagte Vater.

„Können wir nun soviel Böses tun, wie wir wollen?" fragte Katharina.

„Ja", sagte Vater.

„Ich kaufe einen Ablassbrief für mich und meine verstorbene Frau", sagte ein anderer Mann und gab Johann Tetzel einen Gulden.

„So ist es recht! Da kann sie sofort aus dem Fegefeuer heraus. Die wird sich freuen", sagte Johann Tetzel. „Die Seele aus dem Feuer springt, wenn das Geld im Kasten klingt!"

Martin Luther beobachtete das Treiben um den Ablassverkäufer und ärgerte sich mächtig: „Da wird mit der Dummheit der Leute Schindluder getrieben. Der Erzbischof Albrecht von Mainz füllt mit einem Teil des Geldes seine Kriegskasse auf, und der Papst baut davon eine neue Peterskirche in Rom", dachte er. „Ich muss mal sehen, was dazu in der Bibel steht."

31. Oktober

„Nein, vier Vaterunser und drei Rosenkränze sind zu viel", sagte die Kaufmannsfrau Charlotte Cotta wütend, stand auf und verließ den Beichtstuhl. „Das ist doch die Höhe! Ich habe einen Ablassbrief gekauft, viel Geld dafür bezahlt, und nun soll ich auch noch beten. Kommt nicht in Frage. Bei diesem Martin Luther gehe ich nie wieder beichten!" Aufgebracht lief sie aus der Kirche. Auf dem Kirchplatz standen viele, die ebenfalls noch beichten wollten. Agnes Gensfleisch befand sich unter ihnen. Sie freute sich, Charlotte zu sehen.

„Ich werde mich beim Erzbischof beschweren", sagte Charlotte und erzählte Agnes, was der Priester gerade von ihr verlangt hatte.

„Die Priester sollen uns von den Sünden lossprechen, wenn wir ihnen den Ablassbrief zeigen, und von uns nicht noch extra etwas verlangen", sagte Agnes, die Frau des Bäckermeisters Gensfleisch, verständnisvoll.

„Der Martin Luther will, dass wir unsere Sünden bereuen. Gibt's denn sowas?" fragte Charlotte.

„Schlimm, denn da können wir gleich wieder fasten oder auf eine Wallfahrt gehen. Das Geld für den Ablasszettel könnten wir uns dann sparen", sagte Agnes, ging in die Kirche, um zu hören, was Martin Luther zu ihr sagen würde.

Spät am Abend verließ Martin Luther müde die Kirche. Den ganzen Tag lang hatte er sich all die kleinen und großen Sünden anhören müssen. Dabei war das so nutzlos, denn beinahe alle hatten einen Ablassbrief dabei, den sie ihm vorzeigten. Von Reue über die Sünden war keine Spur mehr. Sie alle wollten nur von ihren Sünden losgesprochen werden.

'Das ist nicht richtig! Die Sünden müssen bereut und Buße muss getan werden', dachte er und überlegte sich, wie er etwas ändern könnte. Er fragte seine Freunde und Rechtsgelehrte, was in den Kirchengesetzen zum Ablass steht. Er schrieb 95 Sätze (Thesen) zum Ablass auf.

Nach langem Überlegen schlug er sie an die Kirchentür in Wittenberg als eine Einladung zum Gespräch. Er hatte nämlich nichts über den Ablasshandel in der Bibel gefunden. Und Jesus hatte nie vom Ablass gesprochen. Wie ein Lauffeuer verbreiteten sich die Thesen im ganzen Land. Mit den 95 Thesen (Sätzen) begann die Reformation der Kirche, die zur Bildung evangelischer Kirchen auf der ganzen Welt führte.

Impuls

Gott gebraucht Menschen, um uns aus eingefahrenen Gedanken aufzuschrecken und neu an die biblische Botschaft zu erinnern. Martin Luther war einer von ihnen.

Biblisches Wort

Nur die finden bei Gott Anerkennung, die in vertrauendem Glauben annehmen, was Gott durch Jesus Christus für uns getan hat. (Gal. 2,16)

1. November

Mama besucht den alten Mann, der zwei Straßen weiter wohnt und zu dem Tobias Onkel Kurt sagen darf. Onkel Kurt lebt allein. Mama hilft ihm, seine Wohnung sauber zu halten. Tobias ist nicht mitgekommen, weil er ein bisschen krank ist. Er hustet und soll deshalb nicht in die kalte Luft hinaus. Nun lümmelt er auf seinem Bett und langweilt sich. In allen Zimmern ist es still. Nur manchmal knackt und raschelt es. Draußen schlägt eine Tür. Ist ein Fremder im Haus? Ein Dieb vielleicht?

Tobias möchte sich verkriechen. Am liebsten unter das Bett. Aber da ist es dunkel und wer weiß? Vielleicht lauert dort schon der Räuber? Wo Mama nur bleibt?

Ob Tobias mal bei Onkel Kurt anruft und nach Mama fragt? Bis zum Telefon ist es nicht weit. Es steht draußen im Flur, und wenn Tobias leise vom Bett rutscht und sich aus dem Zimmer schleicht, wird der Räuber ihn vielleicht nicht bemerken. Tobias malt sich aus, wie er Onkel Kurts Nummer wählt, wie Mama ihn durchs Telefon tröstet und verspricht, gleich zu kommen. Aber Tobias fürchtet sich trotzdem. Nun fängt auch noch der Hals an, weh zu tun. Tobias spürt, wie ihm Tränen in die Augen steigen.

Onkel Kurt ist jeden Tag allein. Aber er hat immer einen zum Reden. Das jedenfalls hat er einmal gesagt. Er hat von Gott erzählt und davon, dass er mit ihm spricht. Und wenn man einen zum Reden hat, dann ist man nicht mehr einsam.

Tobias möchte auch mit Gott reden, gerade jetzt, wo er Angst und Halsschmerzen hat. Aber er weiß nicht, wie. Ob er Gott anrufen kann? Ob Gott ein Telefon hat? Und wenn nicht, wie kann man ihn sonst erreichen? Ob Tobias mitten in die Luft hinein rufen kann: Du, Gott, hier sind überall so gruselige Geräusche, und ich möchte, dass Mama schnell nach Hause kommt, und außerdem, Gott, tut mir der Hals weh. Ob Reden mit Gott so geht?

Tobias überlegt. Er merkt gar nicht, wie die Zeit vergeht. Und plötzlich ist Mama wieder da.

„Du, Mama“, sprudelt er heraus, „hier waren überall so gruselige Geräusche, und ich wollte, dass du schnell nach Hause kommst, und außerdem, Mama, tut mir der Hals weh!“

Tobias findet, dass es ganz leicht ist, mit Mama zu reden. Vielleicht ist es mit Gott genauso? Tobias will es einmal ausprobieren.

Impuls: Mit Gott reden ist tatsächlich ganz einfach. Du kannst einfach drauflos erzählen. Du kannst auch flüstern, weinen oder lachen. Gott hört dich ganz bestimmt. Er freut sich, wenn wir mit ihm sprechen.

Biblisches Wort: Rufe mich an in der Not. (Ps. 50,15)

2. November

Heute nimmt Mama Tobias mit zu Onkel Kurt. Vorher haben sie eingekauft, Käse und Fleisch und Nudeln. Daraus will Mama für den Onkel einen Auflauf kochen, Tobias darf helfen. Er schneidet den Käse in Würfel. Onkel Kurt kann nicht allein sein Essen zubereiten. Er hat ganz krumme Finger, und er sagt, dass sie manchmal so weh tun, dass er nicht einmal ein Messer damit halten kann. Er sagt, diese Fingerkrankheit heißt Gicht. Gut, dass Mama dann kommt und für Onkel Kurt sorgt. Wer weiß, vielleicht müsste er sonst verhungern?

„Nein, das wohl nicht gerade", lacht der Onkel, „ich kann ja auch etwas essen, das ich nicht vorher kleinschneiden muss. Aber du hast schon recht, es ist gut, dass ihr beide da seid, du und deine Mama, und euch um mich kümmert."

Tobias ist auch froh, dass es Mama gibt, denn sie kümmert sich nicht nur um Onkel Kurt, sie kümmert sich auch um ihn.

„Schade, dass du keine Mama mehr hast", findet Tobias. Onkel Kurt nickt.

„Ja, und auch keinen Papa mehr. Meine Eltern sind vor vielen Jahren gestorben. Trotzdem bin ich nicht allein."

„Weil du uns hast!" ruft Tobias.

„Euch und Gott im Himmel. Gott im Himmel ist wie ein Vater."

„Wenn dein Papa noch leben würde, dann hättest du ja zwei Papas", wundert sich Tobias.

„Ja, einen auf der Erde und einen im Himmel."

„Und der ist für dich da, auch jetzt, wo du keinen Papa mehr hast?" fragt Tobias.

„Ja, Gott sorgt für mich."

Tobias denkt an seinen Papa. Ob der Vater im Himmel genauso wie ein Papa seine Kinder in den Arm nehmen kann, ob er sie tröstet und ihnen zuhört? Ob er mit ihnen spielt und Spaß macht? Und wenn er sich kümmert wie richtige Eltern, ob er dann auch dafür sorgt, dass seine Kinder etwas zu essen haben? Mama jedenfalls hat sich prima gekümmert. Der Auflauf ist fast fertig. Aus dem Herd heraus riecht es ganz lecker. Tobias freut sich schon riesig auf das Mittagessen.

Impuls

Vater! Mach deinen Namen groß in der Welt. Komm und richte deine Herrschaft auf.

Biblisches Wort

Vater unser im Himmel. (Matth. 6,9)

3. November

Es ist Mittagessenszeit. Tobias ist draußen mit seinem Freund Lars Fahrrad gefahren. Sie haben sich richtig ausgetobt. Jetzt hat Tobias Hunger. Er steht in der Küche und wartet auf Mama. Aber Mama telefoniert.
„Ach, Gott, das ist ja furchtbar“, ruft sie in den Hörer. Sie spricht mit ihrer Freundin. Aber Tobias bekommt nicht mit, worüber. Mama schiebt einfach die Tür zu. Nun steht Tobias allein in der Küche.
Er hört nur, wie aus dem Topf auf dem Herd Dampf zischt und wie die Dunstabzugshaube rauscht. Vielleicht bekommt er etwas mit, wenn er die Abzugshaube ausschaltet? Tobias schiebt einen Stuhl an den Herd, klettert drauf und drückt auf den Knopf an der Dunstabzugshaube. Es wird tatsächlich still. Nur auf dem Herd blubbert es noch. Kartoffeln, denkt Tobias und will mal kurz unter den Deckel linsen. Aber der Deckel ist heiß. Tobias lässt ihn fallen, er poltert zu Boden und Tobias gleich hinterher. Sofort stürzt Mama herein.
„Mein Gott, Tobias“, ruft sie, „ist dir was passiert?“
Verlegen rappelt Tobias sich hoch. Er hat sich am Kopf gestoßen. Mama schaut gleich nach, ob alles heil ist. Sie seufzt: „Gott sei Dank, alles in Ordnung.“ Dann sieht sie nach dem Essen. Aber die Kartoffeln sind angebrannt. Es fängt schon an, komisch zu riechen.
„Du lieber Gott“, stöhnt Mama, „die schönen Kartoffeln. Die kann ich nun wegwerfen. Naja.“ Sie klatscht energisch in die Hände. „Ich brate uns ein paar Eier, und du erzählst mir was, ja?“
Tobias überlegt. Er reibt seinen Kopf. „Gott sei Dank, alles in Ordnung“, hat Mama gesagt. Und so wie Mama redet, so will Tobias auch erzählen. Also beginnt er: „Ach, du liebe Mama, Lars und ich sind vorhin mit dem Fahrrad über den Bordstein gerast. Meine Mama, das hat geholpert. Aber Mama sei Dank sind wir nicht umgefallen.“
„Du erzählst aber komisch“, wundert sich Mama. „Sag doch nicht dauernd Mama, wenn du mich überhaupt nicht meinst. Das kommt mir richtig lächerlich vor.“
„Kommt Gott sich auch lächerlich vor?“ fragt Tobias.
„Ach, du lieber Gott, Tobias ...“, sagt Mama und wird ganz verlegen.

Impuls

Wie oft rufen Menschen Gottes Namen gedankenlos. Sie sagen: „O Gott“ oder „Gott sei Dank“. Ob sie ihm dann wirklich etwas sagen wollen?

Biblisches Wort

Dein Name werde geheiligt.
(Matth. 6,10)

4. November

Mama spült Onkel Kurts Geschirr. Tobias lungert ihr um die Beine und zieht vor lauter Langeweile eine Flunsch. „Weißt du nichts mit dir anzufangen?" fragt Mama.
Doch, das weiß Tobias schon. Er würde gern aus Onkel Kurts Sofakissen eine Höhle bauen. Aber er weiß schon, dass Mama das nicht erlaubt. Mama will, dass er abtrocknen hilft oder malt, also irgend etwas tut, wo er still sitzt und nichts durcheinander bringt. Dabei bringt Onkel Kurt auch alles durcheinander. Gerade hat er sein Bücherregal ausgeräumt. Tobias trottet zu ihm ins Wohnzimmer.
„Du kannst ja mal ein Staubtuch holen und anfangen, die Regale abzuwischen", ruft Mama. Auch das noch, denkt Tobias und macht ein langes Gesicht. Beleidigt schmeißt er sich neben Onkel Kurt aufs Sofa.
„Immer muss ich tun, was Mama will", beschwert sich Tobias bei dem Onkel, „dabei würde ich viel etwas lieber spielen, wo ich selbst bestimmen kann. König zum Beispiel."
Der Onkel versteht sofort. „Weil ein König bestimmt, was die Menschen in seinem Reich tun", nickt er. „Weißt du was, wir basteln eine Krone und dann bist du König. Und mein Wohnzimmer ist dein Reich."
Onkel Kurt erklärt, wie man aus Zeitungspapier einen Königshut bastelt. Tobias faltet ihn, weil der Onkel das mit seinen schlimmen Gichthänden nicht kann. Jetzt ist Tobias König. Erst baut er sich einen Palast aus Onkel Kurts Sofakissen, dann wischt er die Bücherregale aus, denn Tobias ist ein netter König. Mama zieht zwar die Stirn kraus, als sie die zerwühlten Kissen sieht, aber als Onkel Kurt lächelt, zieht sie sie wieder glatt.
Nun vergeht der Nachmittag ganz schnell. Bis zum Abend ist Onkel Kurts Wohnung blitzblank. Selbst die Bücher stehen wieder im abgestaubten Regal.
Mama verspricht: „Nächste Woche kommen wir wieder."
„Wenn Gott will", sagt Onkel Kurt.

Impuls

„Du weißt doch", sagt Onkel Kurt zu Tobias, „Gott ist ein König. Und Könige bestimmen, was in ihrem Reich geschieht." Tobias nickt. „Hoffentlich will Gott, dass wir nächste Woche wiederkommen", wünscht er sich.

Biblisches Wort

Dein Reich komme, dein Wille geschehe wie im Himmel so auf Erden. (Matth. 6,10)

Aktion

Falte einen Zeitungshut!

5. November

„Igitt", schimpft Tobias. Es hat zur Pause geklingelt. Tobias holt aus der Schultaschen seine Frühstücksdose heraus. Neugierig linst er hinein. Wieder nur Wurstbrot mit einer Scheibe Tomate oben drauf. Igitt. Tobias mag keine Tomate. Und eigentlich auch keine Wurst. Wenn Mutter ihm einen Schokoriegel oder Gummibärchen eingepackt hätte, ja dann ... Enttäuscht packt Tobias die Dose zurück in die Schultasche.
„Du hast dein Frühstück schon wieder nicht gegessen", stellt die Mutter am Mittag fest. Am Abend stellt sie Tobias Schulbrot auf den Abendbrottisch. Aber auch da rührt Tobias es nicht an, denn die Kruste ist hart geworden, die Wurst wellt sich und die Tomate ist ganz schlabberig. Schließlich isst es der Vater.
„Junge, wovon willst du nur groß werden?" fragt er.
„Am liebsten von Schokolade und Gummibärchen", schlägt Tobias vor.
„Naja, wenn du meinst", sagt die Mutter, „dann bitte schön."
Tatsächlich springt sie auf und holt für Tobias eine große Tüte Gummibärchen. Lecker! Tobias stopft sich gleich eine ganze Hand voll in den Mund. Zum Frühstück bekommt er wieder welche, und als er in der Pause seine Frühstücksdose öffnet, liegen darin lauter bunte Gummibärchen. Zum Mittagessen bricht ihm die Mutter eine ganze Tafel Schokolade in den Teller. „Abwechslung muss sein", sagt sie, und Tobias knabbert fröhlich seine Schokolade. Zum Abendbrot darf er aussuchen: Gummibärchen oder Schokolade. Tobias entscheidet sich für Gummibärchen. Und so geht es am nächsten Tag weiter und am übernächsten auch. Vater schmiert sich zum Frühstück ein leckeres Honigbrötchen. Tobias bekommt Gummibärchen. Mutter stellt zum Mittag Kartoffeln, Möhren und Bratwurst auf den Tisch. Aber auf Tobias Platz liegt wieder nur eine Tafel Schokolade. „Diesmal mit Nüssen und Rosinen", sagt die Mutter. Tobias würgt sie tapfer hinunter. Aber als der Vater beim Abendessen eine dicke Scheibe Brot mit Wurst belegt, da bettelt Tobias doch: „Papa, darf ich auch eine haben?"
„Aber sicher, Junge", lacht der Vater und reicht Tobias das frisch belegte Brot. Er legt sogar noch eine Tomatenscheibe obendrauf, und die schmeckt Tobias besonders gut.

Impuls

Gut, dass Gott so viel Verschiedenes wachsen lässt. So können wir unser Essen abwechslungsreich gestalten. Allerdings gibt es viele Länder, in denen Kinder mit einer Handvoll Reis pro Tag auskommen müssen.

Biblisches Wort

Unser tägliches Brot gib uns heute. (Matth. 6,11)

6. November

Vergib uns unsere Schuld.
(Matth. 6,12)

Mama wühlt im Küchenschrank. Zwischendurch schaut sie immer wieder zur Uhr. „Schon so spät“, murmelt sie, „Onkel Kurt wartet bestimmt längst. Aber ich kann sie einfach nicht finden...“

„Was suchst du denn?“ fragt Tobias.

„Pralinen“, erklärt Mama, „ich hatte welche für Onkel Kurt besorgt. Er hatte mich darum gebeten. Aber nun kann ich sie einfach nicht finden.“

Gut, dass Mama Tobias den Rücken zukehrt. So kann sie nicht sehen, wie er rot wird. Tobias weiß nämlich, wo die Pralinen geblieben sind. Er hatte nur eine essen wollen, nur eine einzige. Aber die schmeckte so merkwürdig. Da musste er gleich noch eine probieren. Und dann sah es so komisch in der Schachtel aus, dass er gleich noch eine und noch eine nahm. Und plötzlich war die Packung leer. Tobias hatte sie zusammengeknüllt und in den Mülleimer beim Nachbarn geworfen, damit Mama nichts merkt. Das hatte sie auch nicht. Aber jetzt waren die Pralinen weg.

„Schade“, findet Mama, „jetzt müssen wir ohne Pralinen zu Onkel Kurt.“

Mit Tobias zusammen macht sie sich auf den Weg. Dabei wäre Tobias heute am liebsten zu Hause geblieben. Irgendwie fühlt er sich überhaupt nicht gut. Onkel Kurt merkt das gleich. Er nimmt Tobias mit ins Wohnzimmer und zieht ihn neben sich aufs Sofa.

„Na, Junge, was ist los mit dir? Irgend etwas stimmt doch nicht?“

Tobias kann nicht antworten. Er hat einen dicken Kloß im Hals. Mit hängendem Kopf sitzt er neben dem Onkel. Den ganzen Nachmittag. Ein trauriger Nachmittag.

„Ich geh noch schnell die Pralinen besorgen“, ruft Mama herüber. „Kann Tobias solange hier bleiben?“

„Sicher“, stimmt Onkel Kurt zu. Mama geht, und Tobias fühlt sich noch unwohler. Onkel Kurt wandert nachdenklich im Wohnzimmer herum.

„Merkwürdig“, murmelt er, „dass deine Mutter die Pralinen vergessen hat.“

„Aber das hat sie doch gar nicht“, platzt Tobias endlich heraus, „sondern ich habe sie heimlich aufgegessen. Onkel Kurt, es tut mit leid. Bitte, bitte entschuldige.“

Onkel Kurt atmet tief durch. Aber er wird überhaupt nicht böse.

„Gut, dass du es zugibst, Tobias. Von mir aus soll es damit in Ordnung sein. Aber ich glaube, du hast nicht nur mir gegenüber etwas Unrechtes getan.“

„Ja, ich weiß schon, Mama gegenüber auch...“

Onkel Kurt nickt. Aber er ist sich ziemlich sicher, dass Tobias sich nachher auch bei seiner Mutter entschuldigen wird. Und das tut er dann auch.

7. November

Wie auch wir vergeben unseren Schuldigern.
(Matth. 6,12)

Tobias hat heimlich alle Pralinen aufgegessen, die Mama für Onkel Kurt gekauft hatte. Aber Gott sei Dank ist Onkel Kurt nicht böse auf ihn und Mama auch nicht, denn Tobias hat sich bei beiden entschuldigt, und jetzt ist alles wieder gut. Darüber ist Tobias richtig froh.
Nun sitzt er in seinem Zimmer auf dem Boden. Er hat Zeitungen ausgebreitet, weil er mit Wasserfarben malen will. Auf großes Zeichenblockpapier pinselt er Wellen und Wolken und ein Piratenschiff. Es gelingt ihm wirklich gut. Da ruft Mama zum Abendessen. Aber Tobias ist viel zu beschäftigt. Gerade malt er den gefürchteten Kapitän Huck mit Augenklappe, Säbel und Hakenhand. Mama ruft wieder. Und als Tobias auch diesmal nicht hört, platzt sie einfach in sein Zimmer. Sie stupst die Tür auf und tappt mitten auf seine Zeitungen. Und dabei stößt sie an den Wasserbecher. Ein großer Schluck schwappt auf Tobias' Bild. Nun sieht es aus, als wäre ein Sturm ausgebrochen. Alles ist voller Wasser. Man kann kaum noch sehen, wo das Meer aufhört und das Schiff anfängt.
„Mein schönes Bild...", schreit Tobias, „Mama, kannst du denn nicht aufpassen?" Rasch holt Mama ein Papiertaschentuch und tupft die Überschwemmung auf. Aber Tobias Bild ist nicht mehr zu retten. „Du hast alles kaputtgemacht", schimpft er.
„Es tut mir leid", sagt Mama. Aber Tobias ist böse. Er mag nicht mehr mit Mama reden, denn sie hat sein Piratenschiff verdorben.
„Es war keine Absicht", sagt Mama, „entschuldige bitte."
Aber Tobias antwortet nicht. Stumm sitzt er am Abendbrottisch, stumm geht er ins Badezimmer, stumm putzt er seine Zähne und wäscht sich Gesicht und Hals, stumm schlüpft er in seinen Schlafanzug. Er ist sogar noch ärgerlich, als Mama zum Gute-Nacht-Sagen an sein Bett kommt.
„Ach, Tobias", seufzt Mama, „willst du mir nicht endlich wieder gut sein? Jeder macht doch mal was Dummes."
Da hat Mama recht, denkt Tobias. Beschämt erinnert er sich an seinen Pralinendiebstahl. Onkel Kurt und Mama sind ihm deswegen nicht mehr böse. Da kann er doch wohl auch wieder gut sein, oder? Außerdem wird er morgen ein neues Piratenschiff malen und mal sehen: vielleicht wird das sogar noch besser.

8. November

Tobias hat sich mit Onkel Kurt verabredet. Sie wollen im Park die Enten füttern. Tobias hat versprochen, Onkel Kurt abzuholen. Er wohnt ja nur zwei Straßen weiter. Tobias hat also keinen langen Weg. Es reicht aber trotzdem, um auf Ludwig zu stoßen. Tobias wäre ihm gern ausgewichen, denn Ludwig ist groß und frech und ärgert am liebsten Kinder, die kleiner und schwächer sind als er selbst. Aber Ludwig schlendert schon auf ihn zu. Tobias möchte am liebsten davonlaufen, aber er traut sich nicht. Deshalb geht er nur einen Schritt schneller.

„Wo willst du denn so eilig hin?" hört er Ludwig hinter sich her rufen. Am besten, er antwortet gar nicht. Aber da ist Ludwig schon neben ihm.

„Willst du ein Kaugummi?" fragt er. Tobias findet, dass sich das ein bisschen nett anhört. Ludwig hält ihm sogar eine ganze Packung hin, und Tobias zieht sich ein Kaugummi heraus. Aber als er die Verpakkung öffnen will, merkt er, dass sie leer ist.

„Siehst du jetzt doof aus", brüllt Ludwig, „damit hast du wohl nicht gerechnet, was?"

Verlegen schüttelt Tobias den Kopf, aber Ludwig legt ihm eine Hand auf die Schulter und lacht: „War doch nur Spaß!" Ob Tobias ihm glauben soll?

„Pass mal auf", sagt Ludwig, „jetzt gehen wir zum Kiosk, und da kauf' ich dir Kaugummi, zwei Päckchen, oder willst du auch noch mehr?" Er nimmt seine Hand von Tobias' Schulter, greift in seine Hosentasche und lässt ein paar Geldstücke klimpern. „Ich hab' genug für mindestens zwanzig Päckchen."

Toll, denkt Tobias, und dann lacht er: „Eins wäre schon in Ordnung." Ludwig lacht zurück und fasst ihn wieder um die Schulter. Und dann traben die beiden zusammen die Straße hinunter. Aber Ludwig läuft nicht zum Kiosk. Er führt Tobias geradewegs zum Park. Schon stupst er ihn zwischen die Bäume. Da bekommt Tobias Angst. Hätte er Ludwig doch bloß nicht geglaubt.

Gott sei Dank kommt in diesem Augenblick Onkel Kurt vorbei. Als er die beiden Jungen entdeckt, lässt Ludwig Tobias sofort los und macht sich davon.

„Junge", sagt Onkel Kurt, „ich habe auf dich gewartet, aber weil du nicht gekommen bist, bin ich schon mal vorgegangen. Und ich glaube, das war ganz gut so, was?"

„Sehr gut sogar", nickt Tobias, „denn sonst hätte es schlimm ausgehen können."

Tobias hat sich von Ludwig verführen lassen. Wenn uns so etwas passiert, kommt nicht immer ein Onkel Kurt vorbei, der uns hilft und beisteht. Aber Gott möchte mit uns gehen. Er kann uns helfen, dass wir zum Bösen „nein" sagen. Denn schließlich ist es besser, ohne Kaugummi Enten zu füttern, als mit Kaugummi in etwas Böses hineingezogen zu werden.

Und führe uns nicht in Versuchung, sondern erlöse uns von dem Bösen. (Matth. 6,13)

9. November

Dein ist das Reich und die Kraft und die Herrlichkeit in Ewigkeit. Amen. (Matth. 6,13)

Mama und Tobias haben Onkel Kurt ein bisschen überrascht, denn heute sind sie früher gekommen als sonst. Onkel Kurt sieht noch ganz verschlafen aus.

„Nicht, verschlafen, sondern vertieft", lacht Onkel Kurt, „lasst mir noch ein viertel Stündchen, ja?"

„O.k.", sagt Mama und verschwindet in Onkel Kurts Schlafzimmer. Tobias poltert hinter ihr her.

„Leise, Tobias, Onkel Kurt betet", ermahnt Mama ihn.

„Ich denke, er ist vertieft. Was heißt denn eigentlich vertieft?"

„Vertieft heißt, dass jemand ganz tief in irgendwelchen Gedanken steckt."

„Steckt Onkel Kurt jetzt tief in Gebetgedanken?" fragt Tobias.

„Wahrscheinlich", sagt Mama, „und nun hilf mir mal, ja?"

Mama zieht Onkel Kurts Bett ab und Tobias das Kopfkissen. Dabei überlegt er, was wohl tiefe Gebetgedanken sind. Er wird einfach Onkel Kurt fragen.

„Alles, was du mit Gott besprichst, ist ein Gebet", erklärt der Onkel ihm später.

„Kann ja sein", stimmt Tobias zu, „ aber ich verstehe trotzdem nicht, was tiefe Gebetgedanken sind. Weißt du, manchmal rede ich einfach nur so daher, und dann sage ich Amen und denke, das war jetzt ein Gebet. Aber ich glaube nicht, dass das dann wirklich tiefe Gebetgedanken waren."

„Wenn du sicher sein willst", sagt Onkel Kurt, „dann kannst du das Gebet beten, das Jesus uns beigebracht hat. Dieses Gebet enthält alles, was Menschen angeht."

„Du meinst das Vaterunser-Gebet, stimmt's?"

Onkel Kurt nickt.

„Und Gott wird es hören, denn sein ist das Reich und die Kraft und die Herrlichkeit in Ewigkeit."

„Und was bedeutet das nun wieder?" will Tobias wissen.

„Das bedeutet, dass Gott Kraft hat, seinen Willen durchzusetzen. Er kann uns täglich mit Essen versorgen. Er kann vergeben, wenn wir Unrechtes getan haben, und uns dabei helfen, auch andere zu entschuldigen. Er hat sogar die Macht, uns vor Gefahren zu bewahren, denn er ist der herrliche König, der über den Himmel und die Erde regiert, und das immer und immer und immer."

„Dann ist Gott aber ziemlich stark und mächtig und hoch", staunt Tobias.

„Ja, Tobias, und das ist wirklich ein tiefer Gebetgedanke."

10. November

Schon seit Wochen läuft Papa mit einem besorgten Gesicht herum. Auch Mama lacht nicht mehr so oft wie früher. Und manchmal kommt Papa erst spät von der Arbeit nach Hause. Jonas will wissen, warum das so ist und warum Papa keine Zeit mehr hat, um mit ihm zu spielen.

„Papa muss nach der Arbeit zum Arbeitsamt", erklärt Mama, „das ist ein Büro, wo Leute Arbeit vermittelt bekommen."

„Papa hat doch Arbeit", wundert sich Jonas.

„Ja, noch, Jonas. Aber seine Firma hat ihm gekündigt. Das bedeutet, dass er ab nächsten Monat dort nicht mehr arbeiten kann. Und wenn er nicht arbeitet, dann verdient er auch kein Geld."

„Aber dieses Amt wird sicher Arbeit für Papa finden, oder?"

Mama zuckt bekümmert mit den Schultern.

„Hoffentlich, Jonas. Aber manchmal kann es auch Monate dauern. Und bis dahin werden wir mit sehr wenig auskommen müssen, verstehst du das?"

Jonas nickt. Er kann gar nicht mehr sprechen, weil plötzlich ein dicker Kloß in seinem Hals steckt. Deshalb also sind Mama und Papa in letzter Zeit immer so traurig. Doch auf einmal kommt Jonas ein guter Gedanke.

„Mama", schlägt er vor, „wir könnten doch Gott um Arbeit für Papa bitten."

Mama hält es eigentlich nicht für richtig, Gott um Dinge zu bitten, um die sie sich selber kümmern sollten. Aber Arbeit für Papa scheint nicht zu diesen Dingen zu gehören. Und deshalb beginnen die drei, um eine Arbeitsstelle zu beten. Mama spricht nicht mehr über dieses Thema, und sie lacht auch wieder ein bisschen. Sie vertraut Gott, dass er für sie sorgen wird. Papa bleibt zwar immer noch ziemlich niedergedrückt. Aber eine Woche später liegt im Briefkasten ein Brief vom Arbeitsamt. Aufgeregt reißt Papa ihn auf.

„Sie haben eine Arbeitsstelle für mich gefunden. Und weißt du, wann ich anfangen kann?" ruft er fröhlich und schwenkt den Brief vor Mamas Nase herum.

„Bestimmt genau einen Tag, nachdem du aus deiner alten Firma ausscheiden musst", sagt Mama.

Da bekommt Papa ganz runde Augen. „Woher weißt du das denn?" fragt er.

„Um den Zeitpunkt mache ich mir keine Sorgen", erwidert Mama, „wenn Gott für Arbeit sorgt, dann auch zur richtigen Zeit."

Schön, dass es so geklappt hat. Aber auch wenn jemand trotz aller Mühe nichts gefunden hat, bleibt er in Gottes Hand.

Du hast mir doch immer geholfen; lass mich jetzt nicht im Stich! Verstoß mich nicht, Gott, du mein Retter! (Ps. 27,9)

Welchen Arbeitsplatz haben dein Papa oder deine Mama? Versuche es herauszufinden.

11. November

„Johanna, gehören deine Sachen nicht auf den Stuhl?" schimpft Mama. Erschrocken schaut sich Johanna in ihrem Zimmer um: Hose, T-Shirt und Strümpfe liegen auf dem Boden verstreut.
„Aber ich habe alles richtig zusammengelegt", verteidigt sie sich.
„Und wo kommt diese Unordnung her?" fragt Mama.
Johanna zuckt mit den Schultern. Sie ist sich ganz sicher, dass sie ihre Sachen über den Stuhl gehängt hat. So etwas passiert in letzter Zeit öfter. Gestern waren es Johannas Wasserfarbenbilder, die jemand von ihrem Schreibtisch gefegt hat. Und der Becher mit dem schmutzigen Farbwasser war auch umgestoßen worden. Mama hatte deswegen mit Johanna geschimpft, und auch, weil heute morgen Papas Hausschuhe verschwunden waren und Mama sie erst nach langem Suchen unter dem Sofa wiederfand.
„Was soll der Unsinn?" hatte sie sich beschwert, mit dem Zeigefinger gedroht und gesagt: „Mein liebes Fräulein..."
„Ich war es nicht!" rief Johanna.
Aber Mama hatte nur geantwortet: „Ich sehe, was ich sehe."
Johanna findet, dass Mama sie ziemlich ungerecht behandelt. Niedergeschlagen schleicht sie in ihr Zimmer. Sie hat doch gar nichts getan. Gott weiß das bestimmt. Deshalb betet Johanna: „Lieber Gott, kannst du mir helfen? Du weißt doch, dass ich meine Sachen und die Bilder nicht auf den Boden geworfen habe. Und ich habe auch nicht Papas Hausschuhe unter das Sofa gestoßen. Bitte, bitte hilf mir, dass Mama mir glaubt."
Erst passiert gar nichts. Johanna hockt traurig in ihrem Zimmer. Aus der Küche steigt Plätzchenduft herauf. Mama hat gebacken und das Blech zum Auskühlen an das geöffnete Fenster gestellt. Doch plötzlich hört Johanna, wie Mama schreit:
„Du bist das also, du kleiner Unhold."
Johanna will gleich die Treppe hinunter. Doch da kommt ihr plötzlich aus der Küche Hubers graue Tigerkatze entgegengesprungen. Ein Plätzchen schaut noch aus ihrem Mäulchen. Sie rast die Stufen hinauf und flitzt in Johannas Zimmer. Mama rennt hinter ihr her. Als sie die Tür aufstößt, wühlt sich Hubers Katze gerade zwischen Johannas Hose und T-Shirt. Aber Mama packt sie am Nackenfell.
„Du bist das also alles gewesen, du kleiner Unhold", sagt sie.
Unschuldig blinzelt Hubers Katze zu ihr hinauf. Da muss Mama lachen.

Impuls

Und Mama muss noch etwas tun. Sie muss sich bei Johanna entschuldigen. „Ich habe dich ausgeschimpft für Dinge, die eigentlich Hubers Katze angestellt hat. Es tut mir leid, dass ich dir Unrecht getan habe."
„Ist schon gut, Mama, Gott hat ja alles wieder in Ordnung gebracht", sagt Johanna. Und das muss sie Mama erst einmal erklären.

Biblisches Wort

Gott hilft jedem, dem andere Unrecht tun.
(Ps. 109,3)

12. November

Einmal lebte eine Kerze. Sie war rot, schlank und glatt, und sie war stolz darauf, dass sie so schön aussah. Aufrecht stand sie in ihrem Kerzenhalter. Aber um sie herum war es finster, niemand konnte sie sehen.

Doch eines Tages kam eine Streichholzschachtel vorbei. Fast wäre sie im Dunkeln an der Kerze vorübergegangen.

Da rief die Kerze ihr nach: „Bleib bei mir und leiste mir Gesellschaft, denn ich bin allein."

„Ach nein", antwortete die Streichholzschachtel, „denn hier ist es ungemütlich und finster. Aber ich habe Hölzchen bei mir, die könnten dich zum Leuchten bringen."

„Was?" rief da die Kerze erschrocken, „willst du, dass ich verbrenne? Wenn du mich anzündest, wird mein schöner roter Wachs weniger werden, und am Ende werde ich ganz verschwunden sein. Nein, lass deine Hölzchen nur stecken. Warum soll ich leuchten, wenn ich dann doch nur sterben werde?"

Die Streichholzschachtel dachte über eine Antwort nach. Lange Zeit schwieg sie. Aber als sie wieder sprach, antwortete sie der Kerze mit einer Menge anderer Fragen:

„Warum blüht eine Blume, wenn sie doch einmal verwelken muss?" wollte sie wissen, „oder: warum wachsen den Sommer über Äpfel und Kirschen und Pflaumen an den Bäumen, wenn sie im Herbst aufgegessen werden? Warum waschen sich die Vögel im Bach, wenn sie doch wieder schmutzig werden? Warum geht morgens die Sonne auf, obwohl sie doch wieder untergehen muss, wenn die Nacht kommt?"

„Aber das ist doch klar", entrüstete sich die Kerze. „Blumen blühen, um die Welt zu verschönen. Das Obst wächst, um Menschen und Tiere zu sättigen, die Vögel müssen sich säubern, damit ihre Federn nicht verkleben, und die Sonne geht auf, damit es Tag wird und Menschen, Tiere und Pflanzen Licht und Wärme zum Leben haben. Dafür ist sie da."

Und noch als die Kerze sprach, erkannte sie, wozu sie selbst bestimmt war, und sie schämte sich sehr.

„Wenn du möchtest, helfe ich dir, dass du brennen kannst", bot die Streichholzschachtel noch einmal an. Diesmal nickte die Kerze. Da ließ die Schachtel ein Hölzchen heraus, entzündete es und gab das Feuer an die Kerze weiter. Das Hölzchen verlöschte gleich wieder. Aber die Kerze brannte ruhig, und ihr Schein verbreitete Licht und Wärme ringsumher.

Jesus Christus sagt: Ihr seid das Licht der Welt.
(Matth. 5,14)

13. November

Wochenende. Papa muss nicht ins Büro, und Mama braucht auch nicht arbeiten. Herrlich, ein ganzer Tag voller Zeit! Lisa freut sich, denn die Eltern wollen mit ihr einen Überraschungsausflug machen.
„Ich schaue noch nach der Post", sagt Papa, „dann fahren wir los." Er bringt einen Brief für Lisa mit. Aufgeregt reißt sie ihn auf. Heraus segelt eine Einladungskarte. „Juchhu", schreit Lisa, „Kerstin lädt mich zu ihrem Geburtstag ein. Darf ich hin?"
„Wann ist denn der Geburtstag?" fragt Mama.
Auf der Karte steht: Sonntag, 15.00 Uhr.
„Das ist ja schon morgen", überlegt Mama, „aber ich denke, es wird gehen. Und nun wollen wir los." Doch Lisa steht unschlüssig herum.
„Nun komm schon", ruft Papa, „oder ist noch irgendwas?"
„Naja", druckst Lisa, „was soll ich Kerstin bloß schenken?"
„Ich habe bestimmt etwas", beruhigt sie Mama.
Stimmt, Lisa erinnert sich an Mamas Überraschungskiste. Die steckt voller Sachen, an denen Kinder Freude haben: Buntstifte und Bilderbücher und Kasperpuppen und Legosteine. Dorthinein greift Mama, wenn sie mal ein Kindergeschenk braucht. Kein Grund zur Sorge also. Trotzdem... Mama, Papa und Lisa sitzen längst im Auto, da grübelt Lisa immer noch: Wer weiß, was Mama aus der Kiste auswählt. Ob Kerstin das Geschenk gefallen wird?
„Was ist bloß mit dir los?" wundert sich Papa. „Du bist ja so still." Gerade fährt er auf ein riesiges Schild zu. „Erlebnispark" steht darauf. „Na", sagt Papa, „was sagst du nun?"
Lisa hat sich schon lange gewünscht, mit den Eltern in den Erlebnispark zu fahren. Aber irgendwie kann sie sich jetzt nicht freuen. Sie muss dauernd an Kerstins Geburtstag denken. Wen Kerstin wohl noch eingeladen hat? Vielleicht die doofe Anita?
Lisa grübelt und grübelt. Ruckzuck ist der Tag vorüber, ein Tag voller Sorgen. Lisa ist enttäuscht. Es hätte so schön werden können!

Impuls

Machst du dir auch manchmal Sorgen? Sprecht einmal miteinander über eure Sorgen. Manche Sorgen sorgen dafür, dass wir uns den ganzen Tag lang nicht freuen können. Schade! Denn Gott möchte, dass wir uns freuen. Er sorgt für uns.

Biblisches Wort

Sorgt nicht für morgen, denn der morgige Tag wird für das Seine sorgen.
(Matth. 6,34)

14. November

Einmal lebten zwei Brüder. Der eine hieß Andreas, der andere Simon. Sie waren Fischer. Jede Nacht fuhren sie hinaus auf den See Genezareth, um zu fischen. Fischer arbeiten immer in der Nacht, denn da kommen die Fische an die Wasseroberfläche und lassen sich leichter fangen. Wenn die Fischer nun die ganze Nacht gearbeitet haben, sind sie am Tag müde. Dann schlafen sie. Andreas schlief nicht. Andreas war nämlich ein neugieriger Mann. Draußen vor der Stadt hatte er einen merkwürdigen Mann merkwürdige Geschichten erzählen hören. Dieser Mann hieß Johannes. Er war so merkwürdig, weil er in der Wüste lebte, mit einem Fell bekleidet war und nur das aß, was er in der Wildnis fand. Aber noch merkwürdiger als er selber waren seine Geschichten. Jede handelte von Jesus.

„Jesus ist Gottes Sohn", rief er. „Gott selber hat ihn zu den Menschen geschickt. Er wird euch zeigen, wie lieb Gott euch hat."

„Na, sowas", dachte Andreas, „ist das denn möglich?" Und eines Tages, als er wieder einmal Johannes zuhörte, da zeigte dieser doch tatsächlich auf einen fremden Mann. „Dieser dort", rief er und streckte seine Hand aus, „dieser dort ist Jesus. Auf ihn sollt ihr hören." Logisch, dass Andreas da nicht schlafen konnte. Als er Jesus begegnete, war seine Müdigkeit sofort verschwunden. Denn wer kann schon schlafen, wenn Gottes Sohn selber vorübergeht? Lieber rannte Andreas ihm so schnell er konnte hinterher. Als Jesus das merkte, drehte er sich zu ihm um. „Was willst du?" fragte er.

„Herr, ich möchte dich kennenlernen", bat Andreas.

„Dann komm mit mir!" antwortete Jesus.

Voll Freude ließ Andreas alles stehen und liegen und folgte Jesus. Die Netze lagen noch am Strand. Aber Andreas war das egal. Denn nichts war jetzt so wichtig wie Jesus. Nur einen hatte Andreas nicht vergessen, das war sein Bruder Simon, der den Tag verschlief.

„Aber das geht doch nicht", dachte Andreas, „ich habe Jesus gefunden. Wie kann ich da meinen Bruder schlafen lassen? Schnell will ich ihn wecken und ihm von Jesus erzählen."

Und das hat er dann auch gleich gemacht.

So hat einer dem anderen von Jesus weitererzählt. Johannes erzählte es dem Andreas und Andreas erzählte es seinem Bruder Simon. Und ich, ich erzähle es dir.

Impuls

Zur Gemeinde kommt einer am ehesten dazu, wenn er eingeladen wird. Wenn man ihm die Begeisterung für Jesus abspürt, ist das ein gutes Bekenntnis.

Biblisches Wort

Andreas sagte zu seinem Bruder Simon: Wir haben den versprochenen Retter gefunden. Und dann nahm er ihn mit zu Jesus. (Joh. 1,41.42)

15. November

Frau Sammelsum lebt mit vielen hundert Bienen in einem Bienenstock im hohlen Stamm einer alten Eiche. Jeden Morgen schwirrt sie über die Wiese und sammelt und sammelt und sammelt Honig. Sie hat schon einen großen Vorrat gehortet.
„Seht nur, wie fleißig ich bin!" ruft sie den anderen Bienen zu, reckt ihren Bienenrüssel stolz in die Luft und saust schon wieder weiter. Sie arbeitet wie wild, bald reicht der Platz im Bienenstock nicht mehr aus, um ihren Honig unterzubringen.
„Ich muss eine eigene Wohnung finden, in der ich meinen Reichtum lagern kann", überlegt sie und summt suchend um die Eiche herum. Da entdeckt sie tief unten im Stamm die Höhle eines Eichhörnchens.
„Was für eine hübsche Wohnung", denkt Frau Sammelsum. Doch der alte Herr Eichhorn braucht seine Wohnung für sich selber.
Trotzdem schreit Frau Sammelsum: „Raus aus der Höhle. Oder soll ich dich stechen?"
Herr Eichhorn jammert und bittet, aber es hilft ihm nichts. Frau Sammelsum setzt sich in seinen Pelz und kitzelt ihn mit ihrem Stachel. Da bekommt der Alte so einen Schreck, dass er schnell seine Höhle verlässt. Nun sitzt er auf einem Ast und beobachtet, wie die geizige Biene ihren Honig in seine schöne Wohnung bringt. Jeden Tag hockt er dort, während die Biene sammelt und sammelt und sammelt. Sie ist schon ganz müde vom vielen Hin- und Herfliegen und Honigschleppen. Aber sie gönnt sich keine Ruhe. Immer mehr Honig trägt sie herbei. Doch schließlich sackt sie erschöpft ins Gras am Fuße der Eiche. Sie schafft es nicht einmal mehr, bis in Herrn Eichhorns Höhle zu fliegen.
Auch Herrn Eichhorn geht es schlecht. Weil er keine Wohnung mehr hat, muss er in einer Astgabel übernachten. Der Abendwind hat ihm eine kräftige Erkältung gebracht. Frau Sammelsum hört, wie schlimm er hustet.
„Ein Löffel Honig würde ihm guttun", denkt sie, „ich hätte genug. Aber natürlich kann ich von meinem Honig nicht ein einziges Tröpfen hergeben. Andererseits..."
Frau Sammelsum streicht sich über ihre Flügel, die schlaff und müde herunterhängen.
„Andererseits", denkt sie, „was nützt mir mein Reichtum, jetzt, wo ich mich kaum noch rühren kann."
Mit letzter Kraft ruft sie Herrn Eichhorn.
„Nimm meinen Honig. Er wird deinem Hals gut tun", flüstert sie. Da klettert Herr Eichhorn in seine alte Wohnung und leckt am Honig. Als es ihm besser geht, trägt er vorsichtig Frau Sammelsum zu sich herein.
Ob die beiden noch Freunde werden?

Impuls

Wer alles nur für sich selbst haben will, der verliert. Er verliert Freunde und Freude.

Biblisches Wort

Den Reichen gebiete, dass sie nicht stolz seien, auch nicht hoffen auf den ungewissen Reichtum, sondern auf Gott, dass sie Gutes tun, reich werden an guten Werken, gerne geben und behilflich seien. (1.Tim. 6,17f.)

16. November

Torsten hat alle seine Murmeln verloren. Er hat mit Maike um die Wette geklickert, aber Maike war einfach besser als er. Ihre Murmeln kullerten immer ein winziges kleines bisschen dichter an die Zielkugel. Und nun hat Torsten nicht mehr eine einzige in seinem Beutelchen. Dabei hatte er so schöne. Wenn er sie gegen die Sonne hielt, dann funkelten und blitzten sie wie tausend Regentropfen oder wie Sterne. Aber jetzt waren sie futsch. Jetzt gehörten sie alle Maike. Aber nicht mehr lange. Das hat Torsten sich fest vorgenommen. Er sitzt in seinem Zimmer und grübelt, wie er sie zurückbekommen kann. Er wird üben müssen, und dann wird er gewinnen, sogar gegen Maike. Plötzlich hört er Mama.

„Torsten", ruft sie, „komm schnell runter, Papa wird gleich da sein!"

Ach ja, Papa. Stimmt, Papa war ja verreist. Ziemlich lange sogar, und heute kommt er zurück. Das hat Torsten ganz vergessen. Natürlich hopst er gleich die Treppe runter. Als er, nur so im Vorüberhopsen, aus dem Flurfenster guckt, sieht er draußen auf dem Bordstein Maike hokken. Sie hat alle Murmeln in ihren Schoß geschüttet, auch die von Torsten. Sofort reißt Torsten die Haustür auf und rennt zu ihr.

„Du, die gewinne ich alle wieder zurück", ruft er, „ich werde üben, und dann bin ich bald besser als du, tausendmal besser sogar."

Aber Maike lacht nur.

„Wo willst du denn Murmeln zum Üben herbekommen?" spottet sie.

„Von meinem Freund natürlich. Ich werde gleich Michael fragen. Du wirst schon sehen."

Und schon rast Torsten die Straße hinunter. Im Haus an der Ecke wohnt Michael.

Aber bis dahin schafft es Torsten nicht. Er rennt nämlich mitten in den Bauch von jemandem hinein. Verblüfft hebt er seinen Kopf und schaut genau in Papas Gesicht.

„Willst du etwa weg?" lacht Papa, „dabei dachte ich, du wartest auf mich."

Klar Mensch, endlich ist Papa zurück! Da können Maike und die Murmeln ruhig warten. Torsten schiebt seine Hand in Papas große. Gemeinsam gehen sie die Straße zurück. Zu Hause darf Torsten in Papas Taschen nachschauen, was Papa mitgebracht hat. Und weißt du, was er herausfischt? Einen Beutel voll mit den schönsten Murmeln, denn Papa weiß wirklich prima Bescheid.

Impuls

Gott weiß Bescheid, was wir zum Leben brauchen. Er ist wie ein fürsorglicher Vater. Und wenn er uns manchmal warten lässt, meint er es doch gut.

Biblisches Wort

Euer Vater weiß, was ihr braucht. Sorgt euch nur darum, dass ihr euch seiner Herrschaft unterstellt, dann wird er euch schon mit dem anderen versorgen. (Luk. 12,30.31)

Aktion

Hast du auch Murmeln? Dann klicker einmal eine Runde mit deinen Freunden oder Geschwistern.

17. November

Biblisches Wort

Gott hat seinen Engeln befohlen, dass sie dich behüten. (Ps. 91,11)

In den nächsten Tagen wollen wir über Engel nachdenken. Gar nicht so leicht, denn kaum jemand hat sie bisher gesehen. Aber es gibt sie doch. Die Bibel erzählt, dass sie unterschiedliche Aufgaben haben. Aber immer sollen sie für uns da sein. So will Gott das zumindest. In den nächsten Tagen will ich euch einige Geschichten erzählen, die nie so passiert sind, aber vielleicht helfen sie euch, Engel ein bisschen besser zu verstehen.

Jeden Abend betet Jessica. Sie erzählt Gott alles, was sie am Tag erlebt hat. Und zum Schluss bittet sie: „Lieber Gott, schick deinen Engel, dass er mich in dieser Nacht behütet. Amen." Dann kuschelt Jessica sich fest in ihre Decke. Gleich wird sie einschlafen. Schon spürt sie, wie sich sacht der Schlaf auf ihre Augen legt.

Doch plötzlich schreckt sie auf. Ist da nicht jemand? Tatsächlich, Jessica spürt, dass jemand da ist. Merkwürdig.

Vorsichtig setzt sie sich im Bett auf.

„Fürchte dich nicht", sagt deutlich eine Stimme.

„Aber wenn du plötzlich in meinem Zimmer bist ..."

Der Fremde seufzt: „So geht es mir oft, wenn die Menschen mich sehen."

„Na, hör mal", schimpft Jessica, „was platzt du auch in mein Zimmer herein?"

„Ich platze ja gar nicht... Eigentlich bin ich immer bei dir. Ich bin nämlich ein Beschützer. Aber es gibt auch andere, zum Beispiel Boten, und Tröster, ..."

„Halt", ruft Jessica, „das verstehe ich nicht. Wer bist du denn eigentlich?"

„Ich bin dein Engel", sagt der Mann und verbeugt sich höflich.

Jessica bekommt vor Staunen kugelrunde Augen. Sie hat also einen eigenen Engel. Der Engel lächelt. „Da bittest du nun jeden Abend, Gott soll dir einen Engel schicken. Und bitte schön, da bin ich also..."

„Ich habe mir Engel ganz anders vorgestellt, eher so mit Flügeln und goldenen Haaren und so."

„Merkwürdig, was ihr Menschen für Vorstellungen habt", wundert sich der Engel.

„Ja, wie seid ihr denn sonst...?" will Jessica wissen.

„Du wirst es erfahren", verspricht der Engel, „aber jetzt wird geschlafen." Jessicas Augen werden ganz schwer.

„Ich würde nur noch gerne wissen", murmelt Jessica, „ob du einen Namen hast."

„Ich heiße Rafael", flüstert der Engel und setzt sich auf die Bettkante.

„Bleibst du bei mir, Rafael?"

„Ja, Jessica, ich werde über dich wachen."

18. November

Jessica hat einen Engel. Er heißt Rafael. Natürlich gehört er ihr nicht wirklich, aber er bewacht sie jede Nacht, denn er ist ein Beschützer-Engel. Aber es gibt auch Engel, die andere Aufgaben erfüllen.

„Welche denn zum Beispiel?" fragt Jessica ihren Beschützer-Engel.

Rafael überlegt. Von welchem seiner Kollegen soll er zuerst erzählen? Er entscheidet sich für Gabriel.

„Gabriel ist ein Boten-Engel. Er hat Nachrichten von Gott gebracht", erklärt er.

„Aha", nickt Jessica, „Gabriel ist also so etwas Ähnliches wie ein Postbote, oder?"

„Ja, nur, dass er keine Briefe bringt. Er hat Gottes Botschaften persönlich weitergesagt."

„Was denn für Botschaften?"

Rafael lacht.

„Weißt du das denn nicht? Kennst du denn nicht Gottes Botschaft?"

„Nö", mault Jessica, „Gabriel war ja noch nie bei mir."

„Das braucht er auch nicht mehr", erklärt Rafael, „denn Gott hat den Menschen tatsächlich einen Brief geschrieben. Dort steht seine ganze gute Nachricht drin. Aber damals, als die Menschen diesen Brief noch nicht hatten, da hat Gott Gabriel zu einer Frau geschickt, die Maria hieß und in Nazareth wohnte. Er sagte ihr, dass sie ein Baby bekommen würde. Dieses Baby sollte Jesus heißen. Und etwa ein knappes Jahr später kam Gabriel noch einmal auf die Erde. Gott schickte ihn zu den Hirten, die auf den Feldern in der Nähe der Stadt Bethlehem ihre Herden weideten....."

„Du erzählst ja von Weihnachten", unterbricht Jessica ihren Engel.

„Stimmt, Jessica, an Weihnachten hat Gabriel den Menschen Gottes gute Nachricht gebracht. Er sagte ihnen: Jesus ist geboren. Gott hat euch seinen Sohn geschickt, damit alle, die an ihn glauben, zu Gott kommen können."

„Und wo ist nun Gottes Brief, in dem das alles drin steht?" fragt Jessica.

„Gottes Brief ist die Bibel. Und weil die Menschen die Bibel haben, braucht Gabriel nicht mehr zu ihnen kommen."

„Dann hat Gabriel jetzt also Urlaub?"

„Gabriel schon", lacht Rafael, „aber ich nicht. Ich passe auf dich auf, während du schläfst. Gute Nacht, Jessica."

Biblisches Wort

Seht doch, wie sehr uns der Vater geliebt hat! Seine Liebe ist so groß, dass er uns seine Kinder nennt.
(1.Joh. 3,1)

19. November

Engel sind dienstbare Geister, ausgesandt zum Dienst für die, die zu Gott gehören sollen. (Hebr. 1,14)

Die Geschichte von Jesus in der Wüste kannst du in der Bibel nachlesen. Sie steht im ersten Buch des Neuen Testamentes, dem Matthäusevangelium, im 4. Kapitel, Vers 1 bis 11.

Jessica will noch mehr über Engel wissen. An einem Abend, kaum dass sie sich unter ihre Decke gekuschelt hat, bittet sie Rafael: „Erzähl mir mehr von euch Engeln."

Rafael seufzt: „Du kommandierst mich herum, als wäre ich ein Diener."

Aber Jessica gibt nicht nach. Schließlich reicht ihr noch nicht, was sie bisher über Engel erfahren hat. Deshalb quengelt sie so lange, bis sich ihr Engel schließlich erweichen lässt.

„Also, es gibt tatsächlich Diener-Engel", beginnt Rafael, und Jessica spitzt neugierig die Ohren.

„Solche Diener-Engel hat Gott einmal seinem Sohn Jesus geschickt. Jesus ging in die Wüste. Dort wollte er mit seinem Vater im Himmel reden. Aber wie er so ganz allein ist, weit und breit kein Mensch, kein Wasser, kein Brot, da fallen ihm schlimme Gedanken zu. 'Wenn ich Gottes Sohn bin', denkt er, 'dann kann ich doch aus jedem Stein Brot machen, dann kann ich mich vom höchsten Berg herunterstürzen, ohne mich zu verletzen, dann kann ich sogar der Herrscher der ganzen Welt werden.' Aber Jesus merkte gleich, dass diese schlimmen Gedanken Gott nicht gefielen. Dabei wollte er doch auf Gott hören und ihm gehorchen. Und das tat er dann auch. Er zauberte sich kein Brot aus Steinen, er sprang von keinem Berg herunter, und er machte sich auch nicht selbst zum Weltherrscher. Er vertraute seinem Vater. Und der sorgte für ihn. Er schickte ihm seine Engel. Und die dienten Jesus."

„Dienen sie auch den Menschen?" fragt Jessica.

„Natürlich, besonders denen, die zu Gott gehören."

„So einen Engel hätte ich auch gerne", wünscht sich Jessica.

„Aber du hast doch mich", wendet Rafael ein.

„Ja, aber du bist ein Beschützer-Engel."

„Stimmt", nickt Jessicas Engel, „und deshalb wird jetzt nicht mehr geschwatzt, sondern beschützt. Schlaf gut, Jessica!"

20. November

Seit ein paar Tagen besitzt Jessica eine kleine Katze.
„Wenn du möchtest, dass sie nicht davonläuft, müssen wir sie eine Weile einsperren", hat Mama erklärt. Jessica wollte gleich das Katzenkörbchen in ihr Kinderzimmer holen. Aber für die Nacht hat Mama das verboten. „Sonst springt das Kätzchen noch in dein Bett. Und da gehört es nun mal nicht hin!" Sie hat Katze und Katzenkörbchen einfach in die Gästetoilette verbannt. Nun jammert das Tier nach seiner Freiheit.
„Du armes, du", denkt Jessica, „die ganze Nacht allein im Dunkeln."
Am liebsten möchte sie aus ihrem Bett klettern und ihr Kätzchen herauslassen.
Doch plötzlich spürt sie, dass ihr Engel wieder da ist. „Wie du das nur schaffst, so zu mir hereinzukommen."
„Engel sind gute Geister", erklärt Rafael, „sie haben keinen Körper aus Fleisch und Blut wie ihr Menschen." „Das ist praktisch", findet Jessica. Doch dann seufzt sie, und Rafael weiß sofort weshalb.
„Du bist traurig, weil dein Katze eingesperrt ist, nicht wahr?"
„Ja", nickt Jessica, „schade, dass es keine Befreier-Engel gibt."
„Aber die gibt es, Jessica. Und pass mal auf: Einmal befreiten sie einen Mann sogar aus dem Gefängnis. Er hieß Petrus. Petrus wurde mit seinen Freunden eingesperrt, weil er den Menschen von Gott und seinem Sohn Jesus erzählt hatte. Den Herrschern, die damals regierten, gefiel das überhaupt nicht, denn sie wollten selber Gott sein. Und deshalb nahmen sie Petrus fest. Aber Gott schickte in der Nacht seinen Engel, und der befreite Petrus und seine Freunde durch dicke Gefängnismauern und verschlossene Gittertüren hindurch. Nicht einmal die Wachen haben etwas davon gemerkt. Was glaubst du, was die sich am nächsten Morgen gewundert haben?!"
„Das hat der Engel prima gemacht", freut sich Jessica.
„Ja, denn Gott will, dass viele Menschen von ihm hören und zu ihm finden."
„Aber was ist nun mit meinem Kätzchen?" überlegt Jessica.
Rafael lächelt. „Im Augenblick soll es sich nur an sein neues Zuhause gewöhnen. Und horch mal: es ist ganz still. Ich glaube, es ist schon längst eingeschlafen."

Gott will, dass allen Menschen geholfen werde und sie zur Erkenntnis der Wahrheit kommen. (1. Tim. 2,4)

Lies die Geschichte von der Befreiung des Petrus. Sie steht in der Bibel, Apostelgeschichte 5,17-29.

21. November

Jessica weiß jetzt schon eine Menge über Engel. Sie weiß, dass Engel zwar aussehen wie Menschen, aber eigentlich gute Geister sind. Sie behüten die Menschen, sie dienen und sie befreien.
„Warum tun sie das?“ möchte Jessica wissen.
Der Engel schweigt.
Jessica überlegt. Was hat der Engel ihr an den letzten Abenden erzählt?
Sie erinnert sich, dass Gott die Beschützer-Engel denen schickt, die ihn darum bitten. Der Diener-Engel kommt und sorgt für den, der Gott gehorchen und zu ihm gehören möchte, und der Befreier-Engel befreit die Menschen, die anderen von Gott weitersagen und sie mit ihm bekannt machen wollen. Eigentlich geht es also immer um Gott selber.
„Richtig“, sagt Rafael, der Jessicas Gedanken gleich durchschaut. „Es geht um Gott, weil er der Herr über alles ist. Und wir Engel sind da, um ihn zu loben.“
„Wofür denn loben?“ fragt Jessica.
„Na, zum Beispiel dafür, dass Gott dich gemacht hat und dass er dich lieb hat.“
„Ja, und dafür, dass er dich geschickt hat, um auf mich aufzupassen...“, wirft Jessica ein.
„Und dass du jeden Abend mehr von ihm erfährst...“, fährt Rafael fort.
„Aber dann geht es Gott ja auch um mich“, erkennt Jessica.
„Richtig, denn du bist ihm wichtig, er hat dich lieb. Er wünscht sich, dass du ihn auch lieb hast und dass du mit ihm leben möchtest. Was meinst du, was wir Engel uns freuen, wenn ein Mensch diese Liebe Gottes erlebt und annimmt? Dann strahlt der Himmel heller als die Sonne. Sieh nur selbst...“ Rafael beginnt zu leuchten wie der Himmel an einem Frühlingsnachmittag. Aber plötzlich wird er durchsichtig wie Nebel, durch den helles Licht scheint. Jessica fürchtet schon, dass er gleich verschwinden wird.
„Ich bin da, auch wenn du mich nicht siehst“, beruhigt Rafael sie, „du siehst mich nur, damit ich dir Gott zeigen kann. Du weißt doch: Eigentlich geht es um Gott selber.“
„Ja, und darum, dass er mich lieb hat“, murmelt Jessica, dann fallen ihr die Augen zu.

Biblisches Wort

Es wird Freude sein bei den Engel Gottes über einen Menschen, der umkehrt und zu Gott gehören möchte. (Luk. 15,10)

22. November

Jessica ist noch ganz aufgeregt. Am Nachmittag kam Katja. Sie geht in Jessicas Klasse. Aber eigentlich mögen sie sich nicht besonders. Jessica findet Katja ziemlich eingebildet. Deshalb hat sie sie auch nur widerwillig in ihr Kinderzimmer gelassen. Mit spitzen Fingern hatte Katja über die Regale von Jessicas Kaufmannsladen gestrichen, die Nase gerümpft und gemurmelt: „Mit so etwas spielst du?" Eingebildete Nuss, hat Jessica gedacht und vor Wut gekocht. Selbst am Abend, als Jessica schon längst im Bett liegt, rumort es noch vor lauter Ärger in ihrem Bauch. Sie bekommt kaum mit, dass ihr Beschützer-Engel Rafael wieder da ist. Erschrocken fährt sie zusammen, als er sie anspricht: „Warum bist du so wütend?"

„Wegen Katja", poltert Jessica. Dann erzählt sie dem Engel ihr Erlebnis vom Nachmittag. „Sie tut gerade so, als wäre mein Laden der letzte Kinderkram. Dabei weiß ich genau, dass sie selber gerne verkaufen spielt. Aber sie tut so, als wäre sie etwas Besonderes. Ich finde sie ziemlich hochmütig."

„Ja, der Hochmut", seufzt Rafael, „den gibt es bei den Menschen genauso wie bei uns Engeln."

„Wirklich?" staunt Jessica.

„Aber natürlich", nickt Rafael, „es gibt auch Engel, die sich über andere erheben. Einer wollte sogar über Gott selber stehen. Durch diesen Engel kam das Böse in die Welt."

„Das hätte Gott ihm verbieten sollen", ereifert sich Jessica, „Gott kann das doch."

„Ja, Gott kann erlauben oder verbieten, denn er ist mächtig. Aber er zwingt keinem seinen Willen auf. Den Engeln nicht und auch nicht den Menschen."

„Aber wenn er das tun würde", überlegt Jessica, „dann müssten sich alle miteinander vertragen."

„Es würde vielleicht so aussehen", sagt Rafael, „aber stell dir mal vor, Katja kommt zum Spielen, und du empfängst sie mit einem dicken Knüppel. Und dann drohst du ihr, dass du zuhaust, wenn sie etwas gegen deinen Kaufmannsladen sagt oder nicht so mit dir spielt, wie du es willst. Wäre das vielleicht besser?"

Jessica schüttelt den Kopf. Am schönsten wäre es natürlich, wenn Katja freiwillig mit Jessica spielen würde, einfach, weil sie sie mag, und nicht, weil sie Angst vor ihr hat. Vielleicht kann Jessica morgen mal mit Katja darüber reden.

Aber jetzt wird geschlafen – und zwar ganz freiwillig.

Damit sind unsere Engelgeschichten zu Ende. Übrigens, du brauchst gar nicht zu warten, bis ein Engel dir was von Gott erzählt. Lies in der Bibel. Da steht alles über Gott drin.

Deinen Willen, mein Gott, tue ich gern. (Ps. 40,9)

23. November

„Susanne, gib mir mal bitte meine Brille!"
„Aber Oma, ich bin doch nicht Susanne", sagt Stefanie.
„Ja, natürlich", murmelt Oma, „Susanne ist ja deine Mama, nicht wahr? Ja, als ich noch besser sehen konnte..." Verträumt schaut Oma in die Ferne.
„Wo sie nur immer hinschaut?" fragt Stefanie leise ihre Mutter.
„In eine andere Zeit", flüstert Mama. Dann schiebt sie Stefanie aus dem Zimmer.
„Komm", sagt sie, „bestimmt wird Oma jetzt ein bisschen schlafen."
Stefanie ist ganz leise, damit sie Oma nicht stört. Früher, als sie klein war, hat sie Oma nie gestört. Da hat Oma auch nicht so viel geschlafen und auch nicht so komisch in die Ferne geschaut. Und Oma hat nicht Susanne zu ihr gesagt, sondern Steffi.
„Warum vergisst Oma dauernd meinen Namen?" fragt sie. „Und in welche Zeit schaut sie eigentlich?"
„Sie schaut zurück in die Zeit, als ich noch ihr kleines Mädchen war. Deshalb sagt sie auch manchmal Susanne zu dir", erklärt Mama.
„Aber früher war Oma ganz anders", findet Stefanie.
Mama lacht. „Die Menschen verändern sich eben im Alter."
„Alle?"
Mama nickt.
„Und gibt es niemanden, der bleibt, wie er ist?"
„Doch, Steffi, Gott bleibt immer gleich. Er verändert sich nie."
„Wird Gott denn nicht alt?"
„Nein, Steffi, und deshalb wird er auch nicht vergesslich. Er merkt sich deinen Namen ganz bestimmt. Aber nun wollen wir schauen, ob Oma eingeschlafen ist, ja?"
Oma schläft nicht. Aufrecht sitzt sie in ihrem Sessel und murmelt leise vor sich hin.
„Bibelsprüche", sagt Mama.
„Hat sie die denn nicht vergessen?" wundert sich Stefanie.
„Nein, Steffi, was einer mal als junger Mensch gelernt hat, das vergisst er nie wieder. Und weißt du, was Oma auch noch weiß? Sie weiß, dass Gott versprochen hat, bei uns zu bleiben, auch wenn wir ganz alt werden."
„Stimmt", lacht Oma dazwischen, „und nun Steffi, gibst du mir bitte meine Brille?"
„Klar, Oma", sagt Steffi und freut sich, denn Oma hat diesmal ihren Namen gewusst.

Gott sagt: Ich verändere mich nicht. Auch wenn ihr alt werdet, bleibe ich doch der selbe. Bis in euer Alter will ich euch tragen und bei euch sein. (Jes. 46,4)

Kennst du ein Gedicht auswendig oder einen Bibelvers? Lerne doch den vom heutigen Tag auswendig. Mal sehen, wie lange du ihn dir merken kannst.

24. November

Opa Berger ist uralt. Er hat kranke Beine und kann nicht mehr allein aufstehen. Deshalb sitzt er den ganzen Tag in seinem Lehnstuhl am Fenster. Seine Hände zittern, und er kann kaum noch sehen. Aber er kann gut zuhören. Deshalb besuchen ihn die Kinder aus der Nachbarschaft gerne. Sie erzählen ihm alles, was sie erleben. Opa Berger nickt dazu und lächelt.

„Opa Berger ist schon furchtbar alt. Bestimmt wird er bald sterben", sagen die Leute, aber die Kinder glauben das nicht.

„Doch, doch, jeder Mensch muss sterben, keiner lebt ewig", sagt Opa Bergers Sohn, der junge Herr Berger. Und dabei werden seine Augen ein bisschen feucht.

Die kleine Kati steht hinter der Tür und hört den großen Leuten zu. Sie findet es merkwürdig, dass keiner Opa Berger fragt. Er wird doch wohl selber wissen, wie es mit seinem Sterben ist, oder? Leise tritt sie an seinen Lehnstuhl und legt ihre Hände auf seine Knie.

„Opa", flüstert sie, „wirst du bald sterben?"

„Bestimmt, Kati, denn ich habe schon viele und reiche Jahre gelebt", antwortet Opa Berger. Da bekommt Kati einen Schreck. Dann haben die Erwachsenen also doch recht?

„Ich will aber nicht, dass du aufhörst zu leben, sondern ich möchte, dass du noch mal von vorne anfangen kannst, hundert oder zweihundert Jahre lang."

Opa Berger lächelt.

„Aber das werde ich, Kati, und nicht nur hundert oder zweihundert Jahre, sondern immer und immer und immer..."

Nun versteht Kati überhaupt nichts mehr. Erst sagt Opa Berger, dass er bestimmt nicht mehr lange leben wird, und gleich danach erklärt er, er lebe immer und immer und ohne Ende. Wie soll das denn gehen?

„Es geht, weil der Tod eigentlich wie eine Geburt ist", sagt Opa Berger, „zuerst werden wir von unserer Mutter geboren. Da gibt Gott uns das Leben als Menschenkinder. Und dann, wenn wir Gott kennenlernen, schenkt er uns ein neues Leben als seine Gotteskinder. Und schließlich, wenn wir sterben, weckt er uns wieder auf und gibt uns das ewige Leben. Und das dauert immer und immer und immer."

„Na, da bin ich aber froh", lacht Kati, und das ist Opa Berger auch.

Biblisches Wort

So wie Christus von den Toten auferweckt wurde durch die Herrlichkeit des Vaters, genauso sollen auch wir in einem neuen Leben wandeln. (Röm. 6,4)

25. November

Jesus sagt: Ich bin der Erste und der Letzte, ich bin der Anfang und das Ende. (Offb. 22,13)

Manfred hat einen kleinen Spatz gefunden. Ganz schlapp lag er unter dem Holunderstrauch im Garten. Gleich zeigt Manfred ihn seinem Papa.

„Darf ich ihn behalten?" fragt er.

„Ach, Mani, ich glaube, er wird nicht am Leben bleiben. Er ist schon so kraftlos. Wer weiß, was ihm passiert ist. Aber wenn du willst, dann versuchen wir, ihm zu helfen."

Da baut Manfred aus einem Brotkörbchen und Watte ein Nest und legt sein Vögelchen hinein. Papa versucht, ihn mit Hackfleisch zu füttern. Ein bisschen gelingt ihm das sogar. Trotzdem wird der kleine Spatz immer schwächer. Am nächsten Morgens liegt er leblos in seinem Brotkorbnest.

„Er ist gestorben", sagt der Vater. Da wird Manfred ganz traurig. Er weint sogar ein bisschen. Schließlich legt der Vater seine Hand auf Manfreds Schulter.

„Wir wollen ihn begraben", schlägt er vor. Sie legen den Spatz in eine Käseschachtel und tragen ihn hinaus in den Garten. Unter dem Holunderbusch, dort, wo er ihn gefunden hat, gräbt Manfred ein kleines Loch. In das Loch legt er die Schachtel. Dann schüttet er Erde darüber.

„Nun liegt der Spatz ganz allein im Dunkeln", sagt Manfred. Papa nickt.

„Wie ist das denn: tot sein?" fragt Manfred.

„Ach du liebe Zeit, Mani, warum willst du das denn unbedingt wissen?"

„Weil ich sonst Angst bekomme", gibt Manfred zu. „Ich möchte nämlich mal nicht so in der dunklen Erde liegen."

Papa nickt. „Das verstehe ich", sagt er, „die Dinge, die wir nicht kennen, sind uns immer ein bisschen unheimlich. Und wie es mit dem Sterben ist, das weiß keiner."

„Nicht mal ein einziger?" fragt Manfred erschrocken.

Aber Papa tröstet ihn. „Doch, Manfred, Jesus kennt den Tod, denn er ist gestorben. Aber dann ist er nicht tot geblieben, sondern auferstanden. Und deshalb brauchen wir keine Angst mehr haben, denn Jesus hat versprochen, dass er bei uns sein wird, wenn unser Leben zu Ende geht. Er ist der Anfang von allem..."

„Von der ganzen Welt, nicht wahr?"

„Ja, Manfred, und auch von unserem Ende."

„Ob er jetzt auch bei unserem Spatz ist?" fragt Manfred.

„Na, das denke ich doch", sagt Papa, und Manfred denkt das eigentlich auch.

26. November

In der Küche gleich neben der Tür hängt ein Kalender. Jana betrachtet ihn genau. Noch vier Tage, dann fängt ein neuer Monat an. Und wenn ein neuer Monat anfängt, dann gibt es Taschengeld, 20 D-Mark. Eigentlich ist das ganz schön viel Geld, aber für Jana reicht es nie. Denn Jana möchte sich tausend Sachen kaufen.
Sie schaut noch einmal auf den Kalender. Dann seufzt sie. Sie musst tatsächlich noch vier ganze Tage warten, bis sie ihr Geld bekommt. Vielleicht kann Mama ihr aber auch diesmal – ausnahmsweise – das Taschengeld früher geben. Am besten sogar gleich heute.
„Wozu brauchst du denn so dringend Geld?" fragt Mama.
„Weil ich unbedingt einen Rucksack haben möchte, so einen, wie Claudi und Petra auch haben", erklärt Jana.
„Aber du hast schon zwei Rucksäcke, und außerdem hat das bestimmt noch vier Tage Zeit, oder?"
„Nein, hat es nicht. Ich muss den Rucksack ganz dringend haben." Jana stampft mit dem Fuß auf. Aber Mama zuckt nur mit den Schultern.
„Es nützt nichts. Du kannst deinen Rucksack erst kaufen, wenn du das Geld dafür hast. Was kostet er denn eigentlich?"
„29 Mark", sagt Jana.
„Aber du bekommst nur 20 Mark Taschengeld. Dann fehlen dir also noch 9 Mark", stellt Mama fest. Rasch rechnet Jana selbst nach. Stimmt. Mama hat recht.
„Kannst du mir nicht 9 Mark mehr geben? Nur diesen einen Monat? Ich muss unbedingt, ganz furchtbar dringend den Rucksack haben", bettelt Jana.
„Nein, Jana, so fangen wir erst gar nicht an", bestimmt Mama streng. Aber da stampft Jana noch fester mit dem Fuß auf und zieht einen beleidigten Flunsch.
„Du gönnst mir gar nichts", mault sie. Und dann rauscht sie bitterböse ab in ihr Kinderzimmer. Mama aber bleibt hart. Jana bekommt ihr Taschengeld erst am Anfang des neuen Monats, und zwar genau 20 Mark und keinen Pfennig mehr.
„Dann muss ich ja noch einen Monat warten", heult Jana.
„Stimmt", nickt Mama.

Das macht Jana dann auch. Und soll ich dir sagen, was passiert, als der Monat herum ist und sie wieder neues Taschengeld bekommt? Da ist der Rucksack längst nicht mehr so wichtig. Jana hat ihn schon vergessen. Du musst nicht alles sofort haben. Wenn du etwas wartest, stellt sich heraus, wie wichtig dir das Gewünschte ist.

Gott sagt: Verlasst euch darauf: Ich gebe euch soviel Korn, Wein und Öl, dass ihr euch daran satt essen könnt. (Joel 2,19)

Schau dir Zeitungen und Illustrierte an. Da wird viel Werbung gemacht für Dinge, die wir eigentlich gar nicht brauchen. Schneide Bilder von solchen Sachen aus und klebe sie auf ein großes Papier. Solche Bilder nennt man Collagen.

27. November

Draußen kracht und donnert es. Die Wolken schütten Sturzbäche auf die Wiese vor dem Haus. Maren steht am Fenster und beobachtet das Gewitter. Ganz dunkel ist es geworden. Maren gruselt sich ein bisschen. Aber Mama kommt und legt ihre Arme um sie. Da ist die Dunkelheit schon nicht mehr so schlimm.

„So ein Unwetter hat es lange nicht gegeben", sagt Mama, „arme Oma Trudi."

Erstaunt schaut Maren zu Mama hinauf.

„Was hat denn das Gewitter mit Oma Trudi zu tun?" will sie wissen.

„Wenn das Wetter umschlägt, kriegt sie es gleich wieder mit dem Herzen", erklärt Mama.

Komisch, denkt Maren, was soll schon mit einem Herzen bei Gewitter passieren? Darüber grübelt sie so lange, dass sie gar nicht merkt, wie der Sturm zum Regen wird und der Regen zum Tröpfeln. Schließlich ist das Unwetter vorüber. Ein Sonnenstrahl blinkert durch die Wolken, und gleich glänzt die Wiese, als hätte jemand einen Eimer Silber ausgeschüttet. Schön sieht das aus. Gleich rennt Maren hinaus. Draußen riecht die Luft wie frisch gewaschen.

Ob es Oma Trudis Herzen jetzt besser geht? Am besten, Maren fragt einmal nach. Sie braucht nur drei Häuser weiter die Straße hinunterlaufen. Oma Trudi kommt ihr schon entgegen. Schwer stützt sie sich auf ihren Stock, und schwer geht auch ihr Atem.

„Oma", ruft Maren, „geht es dir gut?"

„Natürlich", lacht die alte Frau, „Gott schickt den Regen. Aber dann lässt er auch wieder die Sonne scheinen. Hat er das nicht gut eingerichtet?"

„Aber was ist mit deinem Herz, Oma? Mama hat gesagt, wenn das Wetter schlecht wird, geht es auch deinem Herzen schlecht."

„Ja, Maren, dann tut mir mein Herz weh. Tut dir dein Herz nicht auch mal weh?"

Doch, manchmal schon, überlegt Maren. Machmal tut es ihr innen drin weh, dann zum Beispiel, wenn sie Angst hat oder wenn sie sich sehr allein fühlt. Aber irgendwann geht es ihr auch wieder besser, meistens dann, wenn Mama oder Papa oder Oma Trudi sie in den Arm nehmen. Vielleicht ist ja In-den-Arm-Nehmen so etwas wie ein Sonnenstrahl ins Herz.

Impuls

Jesus steht zu den Menschen auch dann, wenn sie von niemandem in den Arm genommen werden. Deshalb bist du mit Jesus wirklich nie allein.

Biblisches Wort

Gott hat einen hellen Schein in unsere Herzen gegeben, damit die Menschen die Herrlichkeit erkennen, die Christus ausstrahlt.
(2. Kor. 4,6)

28. November

Hans war ein armer Bauer. Auf seinen Feldern wuchs kein Getreide, an seinen Obstbäumen hingen keine Früchte. Jeden Abend kroch er hungrig ins Bett. Deshalb beschloss er, in die Stadt zu gehen, um dort sein Glück zu finden.
Unterwegs begegnete ihm der König. „Wohin gehst du?“ fragte er.
„Ich gehe in die Stadt. Ich will dort arbeiten und reich werden“, antwortete Hans.
„Komm lieber mit mir in mein Reich“, sagte der König. „Lebe bei mir, und du bekommst alles, was du brauchst!“
Aber Hans rief: „Ich kenne weder dich noch dein Land. Ich weiß nicht einmal, ob du überhaupt ein richtiger König bist.“
Diese Worte machten den König traurig. Trotzdem schenkte er Hans ein goldenes Brot. „Vertrau mir doch und lebe bei mir! Dann brauchst du nie wieder hungern“, bot er ihm an. Hans nahm das Brot und steckte es in seine Tasche. Aber mit dem König ging er nicht mit, sondern er wanderte schnurstracks in die Stadt.
Hier war alles anders, als Hans es sich vorgestellt hatte. Alle Menschen waren nur mit sich selbst beschäftigt, keiner gab ihm Arbeit. Hans wusste nicht, wo er schlafen und was er essen sollte. Da erinnerte er sich an das goldene Brot. Er nahm es aus seiner Tasche und biss hinein. Sofort machte es ihn satt.
Wäre ich doch nur mit dem König gegangen, dachte er, dann wäre ich nicht so einsam, und ich müsste mir keine Sorgen um meine Mahlzeiten machen. Ich will den König und sein Reich suchen!
Hans schaute in jedes Haus und in jede Gasse. Einmal rief ihm eine Frau zu: „Feiere mit mir!“ Aber Hans antwortete: „Ich kann nicht, denn ich bin auf dem Weg in das Königreich.“ Am Abend entdeckte er in seiner Tasche ein neues goldenes Brot.
Am nächsten Tag begegnete ihm ein Geschäftsmann. „Komm mit in meine Bank“, lud er Hans ein, „dort kannst du eine Menge Geld verdienen.“ Aber Hans lehnte ab. „Zuerst muss ich das Königreich finden.“
Jeden Tag suchte er nun nach dem Königreich. Es war sein erster Gedanke beim Aufwachen und sein letzter beim Einschlafen. Und solange er nach ihm suchte, versorgte ihn der König auf wunderbare Weise mit goldenem Brot.

Impuls

Gott ist wie der König, aber manchmal denken wir, er steht einem Leben mit vielen schönen Sachen im Weg. Wenn man dann gemerkt hat, dass Gott wirklich Leben schenkt, ist viel Zeit vertan.

Biblisches Wort

Sucht zuerst nach Gottes Reich, dann wird euch alles andere zufallen. (Matth. 6,33)

29. November

Einmal lebte ein sehr reicher Mann. Er hatte ein großes Haus und eine große Garage voller Autos. Die fuhr er in seinem riesigen Park spazieren. Er traute sich nämlich nicht, mit seinen Autos auf der Straße zu fahren. Dort könnte ihn vielleicht jemand anfahren. Er wollte auf gar keinen Fall, dass seine schönen Autos einen Kratzer oder sogar eine Beule bekommen. Außerdem hatte der reiche Mann Angst, dass ein Dieb sein Auto aufbrechen und stehlen könnte, wenn er es einmal für einen kurzen Moment auf einem Parkplatz abstellte. Aus lauter Angst vor den Dieben baute der reiche Mann eine hohe Mauer um seinen Park. Dort fuhr er nun mutterseelenallein seine Autos umher und ließ niemanden herein. Nicht einmal einen Chauffeur oder jemanden, der seine teuren Autos putzen würde, wollte er bei sich haben. Deshalb musste der reiche Mann seine vielen Autos alleine waschen. Damit war er den ganzen Tag beschäftigt. Abends aber saß er in seinem großen Haus am Fenster und starrte auf seine Garage hinunter.

„Dort stehen nun alle meine schönen Autos", freute er sich, und er nahm sich vor, noch viel Geld zu verdienen, damit er sich immer mehr Autos kaufen könnte. Denn Autos waren ihm nun einmal das allerliebste. Dann zog er den Rolladen vor das Fenster und schaltete den Fernseher ein. Er wollte nämlich die Nachrichten sehen.

„Heute nachmittag", sagte die Nachrichtensprecherin, „ist eine berüchtigte Autoknackerbande aus dem Gefängnis ausgebrochen."

Der reiche Mann griff sich erschrocken an sein Herz. Aber die Nachrichtensprecherin verkündete schon die nächste Meldung. „Außerdem wird in der kommenden Nacht ein starker Wirbelsturm über unser Land fegen. Er hat die Kraft, Dächer abzudecken und sogar Autos durch die Luft zu wirbeln."

Voller Entsetzen schaltete der reiche Mann seinen Fernseher aus.

„Lieber Gott", rief er, „was soll nur aus meinen schönen Autos werden?"

„Ach, du armer, reicher Mann", antwortete Gott ihm da, „hättest du doch lieber etwas, das kein Dieb stehlen und kein Sturm davontragen kann."

„So etwas gibt es ja gar nicht", protestierte der Mann.

„Doch", sagte da Gott, „zum Beispiel Freundschaft oder ein liebevolles Herz, Mitleid mit anderen Menschen oder gute Taten... Das ist Reichtum, der mir gefällt."

Sammelt lieber Reichtümer bei Gott, die nicht von Motten und Rost zerfressen werden und die kein Dieb stehlen kann. (Matth. 6,20)

Lege ein Geldstück unter ein Stück Papier. Nun male vorsichtig mit einem Bleistift über das Papier. Was nun auf deinem Blatt erscheint, das schneide aus. So kannst du dein eigenes Spielgeld basteln. Verschenke es an deine Eltern und Geschwister.

30. November

Papa stellt sein Frühstücksgeschirr ineinander.

„Nun danken wir Gott, dass er uns gibt, was wir brauchen", schlägt er vor und faltet die Hände. Christian ist gespannt, wie Gott das mit dem Geben macht. Jetzt, wo er bald in die Schule kommt, braucht er dringend ein eigenes Zimmer. Ob Gott ihm das geben wird? Zeit, um Papa zu fragen, hat er keine, denn Papa schiebt ihn schon vom Stuhl herunter und in den Flur hinaus. Rein in den Anorak, raus ins Auto. Mama steht an der Haustür und winkt. „Viel Erfolg", ruft sie Papa hinterher.
Papa muss im Rathaus einen Antrag besorgen. Christian weiß nicht genau, was ein Antrag ist. Er weiß nur, dass es ein wichtiges Papier ist, das Papa ausfüllen und dann irgendeinem Beamten geben muss. Und dann, wenn der Beamte einverstanden ist, dürfen Mama und Papa an ihr Haus noch ein Kinderzimmer für Christian anbauen. So ist das also mit Anträgen.
Im Rathaus spricht Papa zuerst mit einem Mann, der in einem Glashaus in der riesigen Eingangshalle sitzt. Dieser Mann schickt Papa und Christian in den dritten Stock, Zimmer 315. Aber in Zimmer 315 sitzt eine Frau, die so ein Papier, wie Papa es braucht, überhaupt nicht kennt.
„Versuchen Sie es mal zwei Türen weiter", empfiehlt sie. Papa klopft zwei Türen weiter an. „Verzeihung, bekomme ich bei Ihnen...?" fragt er.
„Vierter Stock links, Zimmer 415."
Papa und Christian tippeln in den vierten Stock hinauf.
„Warten Sie, ich telefoniere kurz mit Herrn Lehmann von der Bauaufsicht", sagt das Fräulein aus Zimmer 415. Aber Herr Lehmann von der Bauaufsicht macht gerade seine Kaffeepause. Und was nun?
Zwei Stunden irren Papa und Christian durch die Rathausflure, bis sie endlich den Antrag bekommen.
„Sag mal, Papa, ist es bei Gott auch so schwierig, das zu bekommen, was man dringend braucht?" fragt Christian.
„Was denn zum Beispiel?"
„Naja, vielleicht ein Kinderzimmer."
„Das will ich doch nicht hoffen", lacht Papa.
Zu Hause füllt er gleich den Antrag aus, steckt ihn in einen Umschlag und schickt ihn an den Beamten im Rathaus zurück. Vielleicht an Herrn Lehmann?
Ein paar Wochen später bekommen Papa und Mama und Christian einen Brief. Darin steht, dass sie das Kinderzimmer bauen dürfen.
Ob Gott wohl dafür gesorgt hat?

Impuls

Auf manches muss man lange warten, sich anstellen und quälen. Aber Gott vergisst uns nicht.

Biblisches Wort

Gott weiß, was ihr braucht, noch bevor ihr ihn darum bittet. (Matth. 6,8)

1. Dezember

Es ist Advent, aber noch sieht es nicht sehr feierlich im Wohnzimmer aus. Was fehlt? Natürlich, zuerst muss ein Adventskranz her. Und um einen schönen dicken Kranz binden zu können, brauchen wir Tannenzweige. Simon und Andi wollen im Wäldchen hinter dem Haus Zweige sammeln, die der Winterwind von den Tannen heruntergerissen hat. Jetzt wird es früh dunkel. Die Bäume werfen lange Schatten. Sie sehen aus wie Gespenster mit Armen, die nach den Kindern greifen. „Lauft nicht zu weit weg“, ermahnt Mama die Kinder. Aber die beiden haben keine Angst. Sie finden es im dunklen Wald richtig abenteuerlich.

Als sie um sieben Uhr nach Hause kommen, bringt jeder einen ganzen Arm voll Tannenzweige mit. Daraus bindet Mama den Adventskranz, während Andi von den Gespensterbäumen erzählt. Simon gruselt sich ein bisschen, das sieht man ihm deutlich an. Er schüttelt sich und rückt näher heran.

„So, ihr meint, es ist ein Abenteuer, im Dunkeln noch im Wald herumzulaufen?“ fragt Mama.

„Ich erzähle euch mal, was wirklich ein Abenteuer ist. Ein Abenteuer ist“, beginnt sie, „ein Abenteuer ist Advent.“

Andi und Simon maulen enttäuscht. Sie hätten lieber eine Geschichte von einem Seefahrer gehört oder von einem wilden Räuber, der sich auf den Weg macht, um etwas Spannendes zu erleben.

„Was hat denn Advent mit Abenteuer zu tun?“ will Andi wissen.

„Advent bedeutet Abenteuer“, erklärt Mama.

„Aber das stimmt doch gar nicht“, widerspricht Simon.

„Advent, das heißt, dass jemand ankommt. Das jedenfalls habe ich in der Schule gelernt.“

„Da hast du aber gut aufgepasst“, sagt Mama, „Advent heißt nämlich beides: ankommen und Abenteuer. Advent feiern wir, weil sich vor vielen Jahren ein König auf den Weg gemacht hat, um zu den Menschen zu kommen. An Weihnachten erinnern wir uns an seine Ankunft. Aber bis dahin sind es noch ein paar Wochen. Wir können die Zeit nutzen, um diesem König entgegenzugehen. Das kann ein richtiges Abenteuer werden.“

Nun sind Andi und Simon doch gespannt. Wenn ein König kommt, ein richtiger König, das ist bestimmt ein besonderes Ereignis.

Gemeinsam binden alle den letzten Zweig am Kranz fest, stecken vier rote Kerzen obendrauf und dazwischen bunte Schleifen. Die Kinder freuen sich schon darauf, wenn sie am nächsten Sonntag eine der Kerzen anzünden werden. Und auf die ganze Adventszeit freuen sie sich auch. Vielleicht wird es noch ein Abenteuer? Mal sehen!

Jubelt laut, ihr Bewohner Jerusalems. Seht, euer König kommt zu euch. (Sach. 9,9)

Bis Heiligabend wird an jedem Tag etwas gesammelt, gebastelt oder getan. Bis zum 24. Dezember entsteht eine komplette Krippe. Sucht schon einmal ein Brett (oder eine dicke Pappe), das die Adventszeit überstehen kann.

2. Dezember

Am Abend versammeln sich Andi, Simon und Mama im Wohnzimmer. Simon zündet Kerzen an, Mama fragt, welches Adventslied sie singen wollen.
Aber Andi will nicht singen. Andi hat eine dringende Frage.
„Warum feiern wir überhaupt Advent?" will er wissen.
Die Menschen feiern die Ankunft eines Königs. Roten Teppich ausrollen, Fahnen am Balkon, Menschenmassen auf den Straßen und natürlich Polizei, die aufpasst, dass dem König nichts passiert. Schwarze Limousine ohne Verdeck, schöner Prinz, der den Leuten zuwinkt, Hofdiener, die den Kindern Bonbons zuwerfen. Ein hübscher Rummel, nur leider alles falsch!
So ein König kommt nämlich nicht. Aber eins ist sicher: Es kommt ein König. Und ich verrate auch schon einmal seinen Name: Der König heißt Jesus.
Wollen wir ihm entgegengehen?
Die Jungs jedenfalls sind sehr gespannt.
Gerade haben es sich alle auf dem Sofa gemütlich gemacht. Da kommt Papa herein.
Er hat den ganzen Tag gearbeitet und sich auf die Kinder gefreut. Die Kinder aber auch auf ihn. Übermütig stürzen sie ihm entgegen. Vorbei ist es mit der Gemütlichkeit. Es ist ein Lärm in der Adventsstube wie auf einem Jahrmarkt. Manchmal nämlich bringt Papa etwas für die Jungen mit. Auch jetzt zupfen sie erwartungsvoll an seiner Jacke und greifen ihm in die Taschen. Aber was ist denn das? Papa trägt ein großes Brett unter dem Arm. Ist das etwa für die Kinder? Und was sollen sie damit?
„Das Brett", sagt Papa, „habe ich mitgebracht, damit wir dem König Jesus entgegengehen können."
„Auf einem Brett?" wundert sich Andi.
Und dann erklärt Papa, wie er es sich gedacht hat:
Auf das Brett will er mit den Kindern einen Weg bauen. Natürlich können sie nicht mit ihren großen Füßen darauf laufen. Auf dem Brett können sie nur klitzekleine Fingerschrittchen machen. Und für jedes Schrittchen legen sie einen hübschen Stein, den sie im Garten oder im Wald oder auf dem Spielplatz finden.
23 Tage sind es nun bis Weihnachten, 23 Tage, bis der König kommt. Jeden Tag können Andi und Simon ein Steinchen legen. Und am 24. Dezember ist der Weg fertig.

Bahnt für den Herrn einen Weg durch die Wüste, baut eine Straße für unseren Gott. (Jes. 40,3)

Vielleicht hast du auch Lust, so einen Weg zu bauen. Du kannst an Stelle eines Brettes Pappe benutzen oder ein großes Tablett. Mal sehen, wie dein Steinchenweg bis Weihnachten aussieht. Vielleicht hat er Kurven oder sogar eine Kreuzung? Und wer weiß, was noch alles geschieht auf diesem Weg!?

3. Dezember

Andi war am Bach und hat eine ganze Hand blanke, bunte Steine herausgefischt. Die braucht er für den Weg, den er und sein Bruder Simon auf Papas Brett bauen wollen. Nun hat er eiskalte Hände, denn über Nacht hat es gefroren. Über dem seichten Bachwasser hat sich eine dünne Eisschicht gebildet. Andi musste sie durchbrechen, um an die schönsten Steine heranzukommen. 22 flache, blankgewaschene Steine hat er gefunden. Am liebsten würde er sofort den ganzen Weg damit legen.
Andi darf nur einen Stein legen, ein Stein für jeden Tag. Morgen ist Simon dran. Sie dürfen abwechselnd die Steine legen, damit es keinen Streit gibt.
„Das ist aber langweilig", mault Andi. „Ja, und gar nicht abenteuerlich", beschwert sich Simon. Aber dann fällt ihm plötzlich etwas ein: „Ich würde gerne wissen, warum der König Jesus zu den Menschen gekommen ist. Vielleicht kann uns Papa das erklären?"
„Also gut", stimmt Papa zu, „aber ihr müsst Geduld haben, denn das ist eine lange Geschichte."
Die Kinder nicken und kuscheln sich tief ins warme Sofa. Papa beginnt:
„Einmal war ein Vater, der hatte viele Kinder. Der Vater hatte seine Kinder sehr lieb. Deshalb schenkte er ihnen viele schöne Dinge, zum Beispiel einen Garten, in dem sie spielen konnten und in dem leckeres Obst wuchs. Von allen Früchten durften sie essen, soviel sie wollten. Und niemals bekamen sie davon Bauchweh.
Aber eines Tages geschah etwas Schlimmes: Plötzlich wollten die Kinder nicht mehr auf ihren Vater hören. Sie wollten sogar ganz ohne ihn leben. Der Vater war darüber sehr traurig. Aber was sollte er tun? Er musste die Kinder gehen lassen. Und so gingen sie fort von ihm.
Viele Jahre lebten die Kinder nun ohne den Vater, jedes für sich. Sie heirateten und bekamen selber Kinder. Sie bauten Häuser, Städte, Autos und Fabriken. Sie bauten sich alles, was sie haben wollten. Eigentlich hätten sie nun zufrieden sein können und glücklich. Aber das waren sie nicht. Die Kinder waren in der ganzen Welt verstreut. Deshalb fühlte sich jedes sehr einsam. Der Vater, der über die Welt blicken konnte, sah das. Er rief nach seinen Kindern. Aber die Kinder hatten es mit der Zeit verlernt, auf die Stimme des Vaters zu hören. Nun tat es ihnen leid, dass sie den Vater verlassen hatten. Aber sie konnten ihn nicht hören und auch nicht mehr finden. Sie wussten nicht mehr den Weg zurück zu ihm. Manche Kinder hatten sogar ganz vergessen, dass sie einmal einen Vater hatten. Das war besonders traurig.
Aber zum Schluss wusste der Vater doch noch einen Ausweg ..."

Sie halten sich die Ohren zu und schließen die Augen, damit sie nur ja nicht sehen, hören und begreifen, sagt Gott. Sonst würden sie zu mir umkehren, und ich könnte sie heilen.
(Matth. 13,15)

„Wir könnten doch um den Weg herum einen Garten bauen, vielleicht so einen, in dem die Menschen gelebt haben, als sie noch bei ihrem Vater waren", schlägt Andi vor. Simon hat auch schon eine Menge Einfälle, wie sie diesen Garten gestalten können. Sie brauchen nur Blätter und kleine Zweige aus dem Garten, Moos und Baumrinde, Tannenzapfen und vielleicht ein paar von den Kastanien, die sie im Herbst gesammelt haben. Probiere aus, wie das auf deinem Brett aussieht!

4. Dezember

Du bist wahrscheinlich neugierig, wie die Geschichte von gestern weitergeht. Du erinnerst dich doch noch? Die Kinder, die so einen schönen Garten geschenkt bekommen hatten, wollten nichts mehr von ihrem Vater wissen. Sie liefen davon und richteten sich ihr Leben ohne Garten und ohne den Vater ein. Aber glücklich waren sie nicht. Sie vermissten ihren Vater.

Simons und Andis Papa hat es sich mit den Jungen auf dem Sofa bequem gemacht, eine Schale Weihnachtsplätzchen vor sich. Papa zündet eine Kerze am Adventskranz an. Nun ist es richtig gemütlich, und alles wäre in bester Ordnung. Papa will heute die Geschichte weitererzählen. Aber leider ist nicht alles in bester Ordnung. Simon nämlich sticht der Hafer. Und wenn einen der Hafer sticht, dann kann man gar nicht mehr ruhig sitzen, dann muss man herumzappeln und ausprobieren, womit man einen anderen ärgern kann. Auch Andi sticht der Hafer. Mama sieht das an seinen spitzbübischen Augen. Aber was sie noch sieht, gefällt ihr gar nicht. Simon hat hinter Papas Rücken zu Andi herübergelangt und kneift ihn ein bisschen in den Arm. Das lässt Andi sich natürlich nicht gefallen. Sofort rutscht sein Fuß herüber und stupst Simons Hausschuh unter den Tisch. Papa versucht, sich rasch dazwischen zu schieben. Aber es ist schon zu spät. Einer zwickt, der andere schubst, und ruck, zuck sind die beiden in eine Rauferei verstrickt. Mama will noch ablenken und knackt ein paar Nüsse, die sie den beiden Kampfhähnen zur Versöhnung hinhält. Aber gleich geht der Zank weiter, weil Andi natürlich die Nuss greift, die Simon gerne haben wollte.

„Ach, Kinder, es sind doch genügend da", seufzt Mama und knackt rasch noch ein paar Nüsse. Aber die beiden lassen sich nicht versöhnen.

„Andi hat angefangen", beschwert sich Simon.

„Gar nicht wahr", brüllt Andi.

Papa muss die beiden mit Gewalt auseinanderhalten.

„Schluss jetzt", ruft er, „ihr benehmt euch wie die Menschen aus der Geschichte!"

Sofort werden die Jungen hellhörig. Richtig, Papa wollte ja die Geschichte zu Ende erzählen. Aber nun ist ihm das Geschichtenerzählen vergangen.

„Schade", schmollt Simon.

„Erzählst du, wenn wir uns wieder vertragen?" fragt Andi.

Papa schüttelt den Kopf.

„Vielleicht singen wir noch ein Lied", schlägt Mama vor, denn sie findet es einfach zu traurig, wenn dieser Adventsabend in so bedrückter Stimmung endet.

Papa ist einverstanden, und Simon weiß auch gleich ein Lied, das er gerne singen würde. Diesmal meckert Andi nicht herum, sondern stimmt fröhlich mit ein.

Biblisches Wort: Jesus wird sein Volk von aller Schuld befreien. (Matth. 1,21)

Aktion: Kennst du ein Adventslied, das du mit deiner Familie zusammen singen kannst? Und wenn ihr fertig gesungen habt, dann vergiss nicht, einen weiteren Stein auf dein Brett zu legen.

5. Dezember

Gott in seiner Macht hat uns alles geschenkt, was wir zu einem Leben in wahrer Frömmigkeit brauchen. (2.Petr. 1,3)

Putzt eure Schuhe, damit wirklich etwas hineingelegt werden kann. Und vergesst nicht, den fünften Stein an den Weg eurer Advents-Landschaft zu legen. Aber ihr habt sicher daran gedacht.

Heute hat es geschneit. Der Wald ist weiß wie mit Puderzucker überstäubt. Zum Schlittenfahren reicht es leider nicht. Einen Schneemann können die Kinder auch noch nicht bauen. Trotzdem spielen Simon und Andi den ganzen Tag draußen. Sie haben in der dünnen Schneedecke Spuren entdeckt, die man sonst kaum findet: kleine spitze Vogelfußabdrücke und winzige Mäuschenspuren. Am Zaun hat Simon ein eigenartiges Muster gefunden: zwei Pfötchenabdrücke nebeneinander und zwei hintereinander.

„Hier ist ein Hase gewesen", weiß Andi. Gleich klettert er über den Zaun und verfolgt die Spur. Im Schnee ist das ganz leicht. Aber plötzlich verliert sie sich im Gebüsch. Andi zwängt sich zwischen den Ästen hindurch. Sie schlagen ihm ins Gesicht, Schnee rieselt in seinen Kragen. Er wird ganz nass am Hals. Aber er gibt nicht auf. Fast hat er es geschafft, denn ist da vorne nicht etwas? Vorsichtig schiebt er sich durchs Dickicht, Simon folgt ihm wie ein Indianer auf allen vieren. Aber die Hasenspur ist verschwunden. Dafür stoßen sie plötzlich auf eine andere mit festen Rändern, scharf in den Waldboden gedrückt und größer als ihre eigene. Simon probiert es aus. Er stellt seinen Fuß in die Spur. Er muss einen sehr großen Schritt machen, um den anderen in den nächsten Abdruck zu passen.

„Es sieht aus, als wäre hier ein Riese gelaufen", sagt er erschrocken.

„Unsinn", sagt Andi, „höchstens ein großer Mann."

Aber wer wandert hier, wo die Jungen ihre Geheimgänge haben? Der richtige Weg ist eigentlich ein ganzes Stück entfernt.

Andi und Simon müssen am Abend unbedingt ihrem Papa von ihrer Entdeckung erzählen. Beim Abendbrot zappeln sie ungeduldig auf ihren Stühlen herum. Papa merkt gleich, dass sie etwas wissen wollen.

„Heraus mit der Sprache", ermuntert er sie. Da erzählen die Kinder von den seltsamen Spuren, die sie im Wald entdeckt haben.

„Wisst ihr wirklich nicht, wer das gewesen sein kann?" fragt Papa.

„Aber das ist doch klar. Das war der Nikolaus."

„Der richtige Nikolaus?" fragen die Jungen verdutzt.

„Aber sicher", stimmt Papa zu. „Morgen ist Nikolaustag. In der Nacht kommt der Nikolaus und legt Kindern kleine Überraschungen in geputzte Schuhe."

„Owei", seufzt Mama, „aber wie sehen eure Schuhe aus?"

Die sind natürlich beim Herumstreunen im Wald dreckig geworden.

„Ob der Nikolaus darin etwas versteckt?"

„Wir können sie gleich nach dem Abendbrot putzen", schlägt Simon vor.

So gerne und gründlich haben die Kinder noch nie ihre Schuhe gewienert. Andi spuckt sogar ein bisschen auf das Leder, wie er es einmal in einem Cowboyfilm gesehen hat. Seine Schuhe werden blank wie ein Spiegel. Auch Simon schrubbt kräftig. Dann stellen sie ihre sauberen Schuhe vor die Tür.

„Mal sehen, ob morgen wirklich etwas drin ist", überlegt Simon.

6. Dezember

Andi und Simon sind sehr aufgeregt. Schon am Morgen legen sie einen weiteren Stein an ihren Advents-Weg. Dann springen sie – noch in den Schlafanzügen – vor die Tür und schauen nach ihren Schuhen. Tatsächlich: Da stecken bunte Päckchen drin, Schokoladentaler in Goldpapier, Mandarinen und Nüsse und für jedes Kind ein großer Schokoladennikolaus. Also ist in der Nacht doch der Nikolaus gekommen – oder etwa nicht? In die bunten Päckchen hat er Strümpfe eingepackt. Simon wundert sich, woher der Nikolaus seine Größe weiß. Am liebsten würde er ihn fragen. Vielleicht, wenn er sich beeilt, kann er ihn einholen. Aber über Nacht ist das kleine bisschen Schnee vom Vortag weggetaut, so wird Simon die Nikolausspur nicht verfolgen können. Außerdem weiß er genau, dass Mama schimpfen wird, wenn er barfuß und nur mit seinem Schlafanzug in den Wald hinausläuft. Beim Frühstück muss er Papa fragen, wie die Geschichte weitergeht. Als dann alle um den Frühstückstisch herum sitzen, erzählt Papa auch gerne weiter:

„Also“, fragt er zuerst, „wo waren wir stehengeblieben?“

„Dass der Vater seine Kinder zu sich zurückholen wollte ...“, sagt Simon.

„... und auch schon wusste wie“, ergänzt Andi.

„Er hat ihnen jemanden geschickt. Ich möchte nur wissen, wer das war?“

„Das war“, antwortet Papa mit geheimnisvoller Stimme, „das war sein Sohn, der immer bei ihm gewesen ist und gerne auf ihn gehört hat. Er ist zu den Menschen auf die Erde gekommen, und seinetwegen feiern wir Advent.“

Simon überlegt. Hatte Papa nicht schon vor ein paar Tagen von ihm erzählt? War dieser Sohn also der Sohn Gottes, der König, auf den sie warteten?

„Ja“, bestätigt Papa. „Der Vater, von dem ich euch erzählt habe, ist Gott selber, und sein Sohn ist Jesus. Er ist ein Mensch geworden wie wir.“

„Dann feiern wir an Weihnachten also seinen Geburtstag?“ fragt Simon.

„Ja, das stimmt“, sagt Papa. Aber dann kann er nicht mehr weitererzählen. Er muss nämlich los zur Arbeit. Simon findet das schade.

Aber Andi hat schon wieder eine prima Idee:

„Dann feiern wir auch richtig Geburtstag, mit Spielen und Kerzen und einem Kuchen.“

Er springt vom Frühstückstisch auf und tanzt durch die Küche.

„Lasst uns einen Kuchen backen, einen Geburtstagsku - hu - chen“, singt er.

Eigentlich hatte Mama für heute etwas anderes vor, aber weil es so lustig ist, wie Andi in der Küche herumhopst, und sie ihm den Spaß nicht verderben will, ist sie einverstanden.

Papa wirft sich seine Jacke über.

„Mal sehen, was das gibt“, lacht er.

„Der wird sich wundern!“ freut sich Andi.

Jesus wurde Mensch in dieser Welt und teilte das Leben der Menschen. (Phil. 2,7)

Holt Mehl, Butter, Nüsse und Eier, Zucker und Gewürze. Und dann backt zusammen lauter bunte Weihnachtsplätzchen. Plätzchen sind nämlich Geburtstags-Weihnachts-Kuchen.

Und hier ist das Rezept von den Weihnachts-Geburtstags-Kuchen-Plätzchen:

125	Gramm	Butter
250	Gramm	Zucker
2		Eier
50	Gramm	Kakao
1	Teelöffel	Zimt
1/2	Teelöffel	Nelken
1/2	Teelöffel	Muskat
300	Gramm	Mehl
1/2	Päckchen	Backpulver

Aus dem ausgerollten Teig stecht Figuren aus und backt sie ungefähr 12 Minuten bei 180 °.

Wenn die Plätzchen ausgekühlt sind, könnt ihr sie mit Zitronenglasur und bunten Streuseln oder Schokolade verzieren.

Für die Zitronenglasur braucht ihr Zitronensaft von einer ausgepressten Zitrone und soviel Puderzucker, dass der Guss sich gut verstreichen lässt.
Aber Vorsicht, dass er nicht zu dünn wird. Sonst gebt noch ein wenig Puderzucker dazu. Und nun viel Freude beim Backen!

7. Dezember

„Wie geht das nun, dass der Sohn von Gott Mensch wird?“ fragt Simon.

Andi und Simon sitzen auf dem Teppich. Manchmal tun sie das, weil auf dem Boden mehr Platz zum Spielen oder Basteln ist als am Tisch. Heute sitzen sogar Papa und Mama mit ihnen unten.

In der Mitte steht ein Adventskranz. Eine Kerze darauf brennt.

Andi hat ein Blatt Papier vor sich liegen. Er malt den Kranz. Er will sich das Bild in seinem Zimmer übers Bett hängen, damit er nach der Adventszeit nicht vergisst, wie schön die Kerze geleuchtet hat.

Simon malt nicht. Er möchte viel lieber beobachten, wie schön die Flamme flackert. Dabei fällt ihm wieder ein, was Papa gestern erzählt hat: Jesus, der Sohn Gottes, ist ein Mensch geworden. Wie er das bloß gemacht hat? Wie wird aus Gott plötzlich ein Mensch? „Na, wie wird wohl einer ein Mensch?“ fragt Mama.

„Vielleicht“, überlegt Andi, „vielleicht ist Jesus plötzlich vom Himmel geplumpst?“

„Das bestimmt nicht“, sagt Mama, „was glaubt ihr, wie die Menschen sich da erschrocken hätten. Nein, Gott musste sich etwas einfallen lassen, das den Menschen vertraut war. Sonst hätten sie sich bestimmt sehr vor Jesus gefürchtet und nicht auf ihn gehört.“

„Aber was könnte das sein?“ fragt Simon.

„Gott hat Jesus auf die Welt geschickt wie andere Menschen auch“, erklärt Papa.

„Du meinst, Jesus ist geboren wie jedes kleine Baby?“

„Ja, genauso“, bestätigt Papa.

„Gott hat eine Frau ausgesucht, die Maria hieß. Sie war mit einem Tischler verlobt. Der hieß Josef. Diese beiden sollten die menschlichen Eltern von Jesus werden. Maria ist genauso schwanger geworden, wie es eure Mama gewesen ist, bevor ihr auf die Welt gekommen seid. Könnt ihr euch das vorstellen?“

„Klar können wir das“, ruft Andi. Sofort malt er auf sein Papier eine Frau mit einem kugelrunden Bauch. Die Frau sieht wirklich ein bisschen aus wie seine Mama. Sie hat braune Haare und ein Kleid, wie sie es gerade trägt.

Der Engel kam zu ihr und sagte: Sei gegrüßet, Maria, der Herr ist mit dir; er hat dich zu Großem ausersehen. (Luk. 1,28)

Einer malt Maria, der andere Josef. Schneidet die Figuren aus, klebt sie auf feste Pappe und drückt die Füße in ein Stück Knete, damit sie stehen bleiben. Andi trägt seinen Josef zum Advents-Garten-Weg, legt den siebten Stein ins Moos und setzt seinen Pappe-Josef direkt darauf. Maria darf daneben. Ein bisschen sehen Simons Maria und Andis Josef doch wie Mama und Papa auf einer Reise durch die Adventslandschaft aus.

Und wie sehen Maria und Josef bei dir aus?

8. Dezember

Maria sagte: Ich gehöre dem Herren, ich stehe ihm ganz zur Verfügung. Es soll an mir geschehen, wie du gesagt hast. (Luk. 1,38)

Verstehst du die Engelsprache, und weißt du auch, was der Engel Maria gesagt hat? Versuche, es herauszubekommen. Über allem Rätselraten vergiss aber nicht, heute einen weiteren Stein an den Advents-Weg zu legen.

Andi und Simon toben durch alle Zimmer, schreien und verstecken sich, brüllen und erschrecken sich, schmeißen Stühle um und reißen den Milchtopf vom Herd.

Mama steht dabei, die Hände in die Hüften gestemmt, und weiß nicht, ob sie böse werden oder fröhlich mitmachen soll.

Zuerst schimpft sie ganz fürchterlich wegen der Milch. Aber nachdem die weiße Pfütze aufgewischt ist, lässt sie sich doch von der fröhlichen Balgerei anstecken. Schon fliegt ein Pantoffel durch die Küche, ein Stuhlkissen hinterher. Und Simon schlägt mit zwei Topfdeckeln den Takt dazu.

In Null Komma nichts ist die Küche wüst wie ein Schlachtfeld.

„Stopp!“ brüllt Mama in den Topfdeckellärm. „Nun ist die Küche wie eine Räuberhöhle, aber passt mal auf, was ich noch durcheinanderbringe...“

Mir sind ganz merkwürdige Worte eingefallen, alle Buchstaben sind durcheinandergewirbelt:

„nehesresua meßorG uz hcid tah ttoG, airaM, hcid uerF.“

„Was ist denn das?“ fragt Simon erstaunt.

„Das ist die Engelsprache“, erklärt Mama.

„Verstehst du die denn?“ will Andi wissen.

„Na ja, eigentlich habe ich sie mir nur ausgedacht.“

„Und warum Engelsprache?“ fragt Simon.

Da erzählt Mama den Jungen, was ihr vorhin eingefallen ist, als sie mit ihrem Geschimpfe beide so erschreckt hat. Maria hat sich wahrscheinlich ebenso erschreckt, als plötzlich ein Engel vor ihr stand.

„Und warum kam ein Engel zu Maria?“ will Simon wissen.

„Einer musste ihr doch sagen, dass sie Jesus, den Sohn Gottes, auf die Welt bringen sollte“, erklärt Mama.

„Und das tat er vielleicht so:

nennen suseJ ud tsllos neD. negnirb tleW ruz nhoS nenie dnu nedrew regnawhcs tsriw uD.“

Simon und Andi schauen sich verwirrt an.

„Und was heißt das nun?“ fragen sie.

„Das müsst ihr selber herausfinden.“

Als am Abend Papa nach Hause kommt, ist die Küche wieder aufgeräumt und das Geheimnis enträtselt.

Papa ist ganz schön erstaunt, als Andi ihn in der Engelssprache begrüßt:

„apaP, dnebA netuG.“

9. Dezember

„Als der Engel zu Maria kam, da leuchtete es also wie hunderttausend Lichter auf einmal“, erinnert sich Simon.
Er betrachtet den Adventskranz, an dem nun schon zwei Kerzen brennen.
Gemütlich, wie der Kerzenschein an den Wänden entlang flackert. Das Kerzenlicht macht, dass die Kinder ganz still werden.
Wenn auch die anderen beiden Kerzen am Kranz brennen, dann ist bald Weihnachtsabend. Lange dauert es nicht mehr. Simon und Andi können es jeden Tag an ihrem Advents-Brett ablesen. Heute morgen haben sie den neunten Stein an ihren Weg gelegt.
„Hunderttausend Lichter“, überlegt Simon weiter, „das muss ausgesehen haben wie ein ganzer Sternenhimmel.“
„Aber wir haben nur zwei Kerzen“, sagt Andi.
„Nun seid nicht traurig“, sagt Papa, „wir können uns einen Sternenhimmel basteln. Dann haben wir es genauso hell wie Maria, als der Engel zu ihr kam.“
„Einen Sternenhimmel?“ wundern sie sich.
Papa kramt ein bisschen in der Weihnachtsüberraschungskiste, wo Geschenkband, Kerzen, silbernes Engelshaar und trockene Tannenzapfen aufbewahrt werden.
„Wo ist sie denn, wo ist sie denn?“ brummet er, sucht und kramt und findet zum Schluss eine Rolle festes Glanzpapier. Es ist auf einer Seite rot und auf der anderen golden. Er hat noch eine zweite Rolle, blau und silbern.
„Das wird unser Sternenhimmel“, ruft er.
Jedes Kind darf sich eine Farbe aussuchen. Simon nimmt blau, weil er findet, das sieht eher nach Himmel aus, und Andi entscheidet sich für die rote Folie. Rot ist wie Feuer und Feuer ist Licht.
Und dann erklärt Papa, wie es gemacht wird. Mama muss ihr Nähkästchen holen und jedem Kind eine dicke Stopfnadel geben. Die Kinder schneiden die Folie zuerst in Rechtecke. Dann legen sie sie auf eine weiche Unterlage, vielleicht ein Handtuch? Und dann piksen sie mit ihren Nadeln lauter kleine Löcher in die Folie. Wenn sie nun ihre Stichelei aufstellen und dahinter eine Kerze halten, dann leuchtet das Kerzenlicht durch die kleinen Einstiche, dass es aussieht wie Sterne am Himmel.
Andi ist begeistert und stochert gleich auf das nächste Stück Folie ein. Aber Simon hat eine bessere Idee. Wie ist es, wenn man kleine Muster in den Himmel pikst? Vielleicht richtige Sterne mit Zacken oder die ganze Milchstraße oder seinen Namen oder ...
„Einen Engel“, sagt Andi und versucht es gleich. Gut ist er geworden, der Andi-Engel.
Mama nimmt alle kleinen Kunstwerke beiseite und heftet mit einer Büroklammer ihre Querseiten zusammen. So entstehen lauter Laternen, in die Papa Teelichter setzt. Er zündet die Lichter an. Wie hell wird es plötzlich in der Adventsstube. Und welche herrlichen Muster flackern jetzt an der Wand!

Biblisches Wort

Bileam verheißt: Ein Stern geht auf im Volk der Jakobssöhne. (4.Mose 24,17)

Aktion

Wer weiß, welche Muster dir einfallen? Besorge dir Folie und pikse in sie Figuren hinein, die dir gefallen.

10. Dezember

Das Spielzeug liegt verstreut am Boden. Hemden und Hosen liegen unordentlich über Stühlen, so dass man nicht weiß, wo man sich hinsetzten soll. Aber wenn Andi und Simon in ihrem Durcheinander überhaupt nichts mehr finden, dann müssen sie wohl Ordnung schaffen, wenigstens ein bisschen.

Als Mama heute morgen in Simons Zimmer schaut, hat sie einen ganz schönen Schreck bekommen.

„Hier sieht es ja aus wie bei einem Umzug", ruft sie, „oder wie bei Maria und Josef."

Bei Maria und Josef? Aber die hatten doch noch gar keine Kinder! Josef war ein ordentlicher Schreiner, und seine Frau Maria sollte doch erst ihr Kind bekommen. Sie sollte Jesus, den Sohn Gottes zur Welt bringen. Das jedenfalls hatte Papa erzählt. Und bei denen sollte es so schlimm ausgesehen haben wie in Andis und Simons Kinderzimmer? Simon schüttelt ungläubig den Kopf.

„Doch, doch", sagt Mama, „vielleicht waren Maria und Josef ein bisschen ordentlicher als ihr. Aber einmal hat es bestimmt bei ihnen genauso wüst ausgesehen wie jetzt euer Zimmer. Sie mussten nämlich umziehen. Jeder sollte in seinen Geburtsort wandern. Dort musste man sich in eine Steuerliste eintragen lassen. Das hatte Kaiser Augustus, der damals über das Land herrschte, befohlen. So konnte er nämlich am besten nachprüfen, ob alle seine Untertanen pünktlich und regelmäßig ihre Steuern zahlten. Deshalb machten sich Josef und Maria auf den Weg nach Bethlehem. Dort nämlich war Josef geboren. Also mussten Maria und Josef packen, Decken und Lebensmittel für die Reise, frische Kleidung und natürlich ein bisschen Wäsche für das Baby, das geboren werden sollte. Und bis das alles auf den Esel gepackt war ..."

„Wieso denn Esel", fragt Andi verwundert, „oder ist das eine neue Automarke?"

„Quatsch", sagt Simon, der schon eine Menge weiß. „Die hatten doch noch keine Autos."

„Stimmt", bestätigt Mama. „Maria und Josef mussten den ganzen Weg zu Fuß zurücklegen. Sie konnten froh sein, dass sie wenigstens den Esel hatten, der ihr Gepäck trug. Manchmal ist Maria bestimmt ein Stückchen auf dem Rücken des Esels geritten, weil sie mit ihrem Baby im Bauch bestimmt nicht soviel Kraft hatte, den ganzen Weg zu wandern."

„Wie anstrengend", ruft Simon mitleidig.

„Weißt du was, Andi", schlägt Simon vor, „wir basteln einen Esel. Dann braucht Maria auch auf unserem Brett nicht mehr laufen."

Das ist eine gute Idee. Aber vorher müssen sie die Schere suchen. Und wenn sie die gefunden haben, dann werden sie mächtig drauflos schneiden. Bestimmt werden sie die Schnipsel im ganzen Zimmer verstreuen. Das ist nämlich Simon- und Andi-Ordnung.

Auch Josef machte sich auf den Weg. Er ging nach Judäa in die Stadt Davids, nach Bethlehem. Denn er stammte aus der Familie von König David. (Luk. 2,4)

Zeichne den Esel nach, schneide ihn aus Pappe aus. Gib ihm Füße aus Knete oder ein kleines Stück Styropor und stelle ihn zu Josef und Maria.

11. Dezember

Als aber die Zeit erfüllt war, sandte Gott seinen Sohn.
(Gal. 4,4)

Wieder hat es geschneit. Über der Landschaft liegt eine dicke weiße Decke. Im Wald drückt der Schnee die Zweige der Bäume so tief herunter, dass sogar ein Kind sie erreichen kann. Wenn Andi an den Zweigen schüttelt, staubt ein weißer Schneeschauer herunter. Natürlich schüttelt er gerade dann, wenn Simon unter dem Baum steht. Er freut sich riesig, wenn der feuchte Schnee in Simons Anorakkragen rieselt. Aber warte, Andi, Simon wird sich wehren!
Im Nu sausen die weißen, nassen Bälle durch die Luft. In Null Komma nichts sind die Jungen mitten drin in der schönsten Schneeballschlacht. Aber was ist denn das, da fliegt ein Ball aus einer Richtung, in der weder der eine noch der andere seine Deckung hat.
Hinter einer dicht verschneiten Tanne lacht Papa. Aber er hätte sich besser nicht verraten, denn jetzt verbünden sich die beiden Kinder und feuern ihren gesamten Schneeballvorrat auf ihn ab.
„Halt, halt!" prustet Papa.
„Aufhören, sonst bin ich gleich pitschnass. Und dann können wir nicht mehr ..."
Papa kommt mit erhobenen Händen hinter der Tanne hervor.
„Frieden, ja?!" sagt er. „Ich wollte doch mit euch eine Schneewanderung machen."
„Musst du denn heute nicht arbeiten?" fragt Simon.
Nein, heute hat Papa frei. Heute will er mit seinen Kindern den Schnee genießen. Wer weiß, wie lange der liegen bleibt? Statt seiner Aktentasche hat Papa einen Schlitten hervorgeholt. Die Jungen sind begeistert.
„Prima", freut sich Andi, „der Schlitten ist mein Esel, der muss mich jetzt tragen."
Schon sitzt er auf dem Schlitten. Aber Papa kippt den Schlitten einfach um und Andi purzelt in den Schnee.
„Nein, geritten wird nur bergab", sagt Papa. Dann stapft er los.
Simon malt sich aus, dass sie jetzt miteinander auf Wanderschaft gehen, genauso wie Maria und Josef es getan haben.
„Ach, ich glaube, bei denen war das ganz anders", sagt Papa, „bei denen war es nicht kalt und weiß wie bei uns. Die brauchten bestimmt keine Handschuhe und keine warme Mütze über den Ohren. Bei denen war es nämlich heiß."
„Heiß, mitten im Winter?" wundert sich Andi.
„Ja, heiß, denn Maria und Josef wohnten in einem Land, das Israel heißt. Dort schneit es niemals oder nur ganz selten, und dort sind die Jahreszeiten ein bisschen anders als bei uns. Deshalb haben Maria und Josef nicht gefroren, sondern wahrscheinlich geschwitzt."
„Dann mussten sie auf ihrer Reise nicht so viel Gepäck mitnehmen", überlegt Andi, „wenigstens keine Mützen und Anoraks."
„Aber warme Decken", erklärt Papa, „denn nachts ist es dort bitterkalt geworden. Und hätten sie da denn frieren sollen?"
Nein, das sollten sie natürlich nicht. Wie gut, dass ihr Esel mittrabte. Der konnte alle Decken tragen und Maria noch dazu, jedenfalls, wenn es bergab ging.

12. Dezember

Über Nacht ist frischer Schnee gefallen. „Juchu“, freuen sich die Jungen, „dann können wir heute gleich noch eine Rodelpartie machen!“ Mama packt die beiden in dicke Felljacken. Nun können sie losziehen. Der Schnee hat alle Spuren von gestern zugedeckt. Er hat sich ausgebreitet über Sträucher und Gebüsch, über Pfade und Wege wie eine riesiges, dickes Bettuch. Kein Wunder also, dass Andi und Simon den Weg verlieren. Aber ihre Freude über den Schnee ist so groß, dass sie überhaupt nicht merken, wie sie sich immer weiter aus der vertrauten Umgebung entfernen.

„Eigentlich müssten wir längst an dem steilen Berg sein, wo wir gestern so prima rodeln konnten“, sagt Andi.

Erschrocken schaut Simon sich um. Da merken die Kinder, dass sie sich verlaufen haben. Nur gut, dass sie den Wald gut kennen. Sonst könnte es nämlich wirklich gefährlich werden allein im Wald. Beide Kinder seufzen erleichtert, als sie Rauch entdecken, der über den Bäumen emporkräuselt.

„Der kommt bestimmt aus unserem Schornstein“, vermutet Simon. Und er hat recht. Wenige Augenblicke später sind sie tatsächlich wieder zu Hause. Erst wundert Mama sich, dass die Kinder schon so bald zurück sind.

„Wir haben uns nämlich ein bisschen verlaufen“, erklärt Simon.

„Was hätte nicht alles passieren können!“ Mama ist ganz schön erschrocken.

Aber Simon hat den Schreck schon vergessen. Schon kommen ihm wieder lauter lustige Gedanken.

„Und Maria und Josef, wenn die nun ihren Weg nach Bethlehem nicht gefunden hätten, die wären vielleicht erschwitzt“, lacht er.

„Was ist denn das für ein Quatsch?“ fragt Andi.

„Naja, bei uns es bitterkalt, und in Israel, bei Maria und Josef, da ist es bitterheiß.“

Andi schüttelt den Kopf. Was hat er doch für einen dummen Bruder!

„Wenn es keinen Schnee gibt, dann deckt auch nichts den Weg zu“, erklärt Andi.

„Und außerdem“, sagt Mama, „außerdem waren ja noch sehr viel andere Menschen unterwegs. Das Gesetz, dass jeder in seinen Geburtsort gehen musste, um sich dort in eine Steuerliste eintragen zu lassen, galt ja nicht nur für Maria und Josef. Die beiden mussten sich also nicht allein zurechtfinden.“

„Vielleicht gab es sogar Wegweiser“, vermutet Andi.

Du Bethlehem, im Land Juda. Aus dir wird der Herrscher kommen, der mein Volk Israel schützen und leiten soll. (Matth. 2,5)

Stellt einen Wegweiser an den Advents-Weg. Schneidet aus Pappe einen Pfeil aus, schreibt mit schwarzem Filzstift „Bethlehem“ drauf und klebt ihn an einen Schaschlikspieß. Den Spieß pikt ihr in einen Korken, damit er nicht umfällt, und stellt ihn neben den Adventsweg. Nun können Maria und Josef sich bestimmt nicht verlaufen.

13. Dezember

„Es sind also viele Menschen unterwegs nach Bethlehem?" fragt Andi.
„Klar, mindestens tausend oder hunderttausend oder hundert Millionen, alle, die sich zählen ließen, weißt du doch", sagt Simon.
„Aber doch keine hundert Millionen. Kannst du dir vorstellen, wie viele das sind? Das sind so viele, die kann man gar nicht alle auf einmal sehen."
„Na gut", lenkt Simon ein, „vielleicht ein paar weniger. Aber bestimmt waren es gaaaaanz viele."
„Owei, das war bestimmt ein Gedrängel auf dem Weg."
„Ja, und erst in Bethlehem selber. Es muss zugegangen sein wie beim Weihnachtseinkauf in der Fußgängerzone."
Simon kann sich das gut vorstellen. Er ist selber erst vor ein paar Tagen mit Mama in die Stadt gefahren, um mit ihr ein paar Weihnachtseinkäufe zu erledigen. Und das Gewühl in den Kaufhäusern hat ihm schon gereicht. Das einzig gute war, dass Mama ihm eine Grillwurst spendiert hatte.
Und Maria und Josef? Wie ist es denen wohl ergangen? Ob die sich wenigstens in Bethlehem ein Würstchen leisten konnten? Und wo haben die übernachtet?
„Bestimmt waren alle Hotels überfüllt, bei dem Andrang", sagt Simon.
Andi springt auf und flitzt zu seinem Bett. Er steckt sich sein dickes Kopfkissen unter den Pullover.
„Ich bin ein Gastwirt", ruft er, und so sieht er auch aus, kugelrund und wohlgenährt.
Simon spielt mit. Er hängt sich ein Tuch über die Schultern. So hat Josef vielleicht seinen Umhang getragen.
„Ach, lieber Wirt", bittet er, „hast du nicht noch ein Zimmer frei?"
Aber der Wirt schüttelt den Kopf.
„Alles besetzt", knurrt er, „ihr hättet früher kommen müssen."
Josef jammert: „Wo sollen wir jetzt nur die Nacht verbringen? Es wird schon ganz kalt und bald wird meine Frau ihr Baby bekommen. Soll es mitten auf der Straße geboren werden?"
Nun bekommt Andi doch Mitleid.
„Vielleicht hat Josef ein Zelt aufgebaut", sagt er.
Aber Simon wendet ein, dass es damals noch gar keine Zelte gab.
„Na und, die haben sich eins gebaut, mit Fellen und Decken natürlich", vermutet Andi.
„Unsinn. Stell dir mal die arme Maria vor: Erst muss sie so eine anstrengende Reise machen, und zwar nicht in einem schicken Mercedes, sondern auf einem schaukelnden Esel, und dann soll sie auch noch in einem Zelt schlafen?"
Er ist richtig empört.
„Ja, aber wo haben sie denn sonst geschlafen?" fragt Andi. Er kann sich außer einem Zelt nichts anderes vorstellen.

Biblisches Wort

Aber allen, die Jesus aufnahmen und ihm Glauben schenkten, verlieh er das Recht, Kinder Gottes zu werden. (Joh. 1,12)

Aktion

Bastelt den Stall. Dazu nehmt ihr einem Schuhkarton den Deckel ab und dreht die Öffnung nach unten. Schneidet an der langen Seite ein umgedrehtes „U" heraus. Danach könnt ihr ihn mit Holzbalken bemalen oder mit Balken aus Holz bekleben.

14. Dezember

Gott spricht: Ich, der Herr, der Herrscher der Welt, will mich um meine Herde kümmern. (Sach. 10,3)

Backt euch Bratäpfel, indem ihr einfach alles so macht wie oben beschrieben.

Mama sitzt auf einem Hocker mitten in der Küche. Zwischen ihren Knien hält sie eine Plastikschüssel und schält Äpfel. Die Schale ringelt sich wie ein plattgedrückter Regenwurm in die Schüssel. Die geschälten Äpfel kommen auf den Tisch, den Mama vorher gründlich blankgescheuert hat.

Neugierig schnurrt Simon um sie herum.

„Was gibt das denn?" will er wissen.

„Lass dich überraschen", sagt Mama.

Na gut, wenn Mama nichts verraten will, denkt Simon. Auf jeden Fall hat er schon eine andere Frage parat.

„Du, Mama", beginnt er, „Andi und ich haben gestern Maria und Josef gespielt, wie die nach Bethlehem gewandert sind, wie sie ein Hotelzimmer gesucht, aber kein freies gefunden haben. Alle Unterkünfte waren schon besetzt. Weißt du, wo die beiden übernachten konnten?"

Mama sticht das Kerngehäuse aus den Äpfeln. Dabei erklärt sie: „Ein Wirt bekam Mitleid mit Maria und Josef und schickte sie zu einer Höhle in einer Gegend, wo Hirten ihre Schafe weideten. Die Höhle wurde in feuchten und kalten Nächten oft als Unterstand für die Herden genutzt. Und in diesem Stall fanden Maria und Josef ihr Nachtlager."

Während Mama erzählt, legt sie die durchlöcherten Äpfel auf ein eingefettetes Backblech. Simon wird immer neugieriger. Was das wohl gibt? So backt man doch keinen Apfelkuchen. Aber Mama will noch nichts verraten.

„Arme Maria", sagt Simon, „wie unbequem muss es im Stall gewesen sein."

„Sie haben wohl auf Heu geschlafen. Im Stall gab es noch einen Ochsen, und natürlich den Esel, der Marias und Josefs Gepäck getragen hat. Wo Tiere sind, da ist es auch warm. So brauchten die beiden wenigstens nicht frieren."

Mama stellt den Backofen an. Nun wird es auch in der Küche warm.

Simon hilft ihr. Er hat eine zweite Schüssel geholt, in die Rosinen und eine Tüte gemahlene Nüsse geschüttet werden. Simon streut einen Teelöffel Zimt dazu und eine ordentliche Schütte voll Zucker. Dann spritzt Mama Zitronensaft und einen Schuss Sahne darüber und rührt alles mit einem Holzlöffel zusammen. Zum Schluss füllen sie die süße Masse in die Apfellöcher, stippen auf jeden Apfel einen Klecks Butter und schieben das Ganze in den vorgeheizten Backofen.

„Ah, Bratäpfel!" schwärmt Simon. Wenn man Geduld hat und warten kann, findet man viele Dinge ganz von allein heraus.

Bis die Äpfel fertig sind, müssen alle noch eine Weile warten.

„Und was machen wir in der Zwischenzeit?" fragt Simon.

„Was hältst du davon, wenn wir eine leckere Vanillesoße kochen?" schlägt Mama vor.

Prima Idee, findet Simon.

15. Dezember

Jesus sagt: Ich habe ihnen die Worte weitergesagt, die du mir gegeben hast, und sie haben mich aufgenommen. (Joh. 17,8a)

Manchmal streiten sich die Kinder, manchmal streiten die Eltern. Eltern sind sich nämlich auch nicht immer einig. Und was passiert dann? Böser Blick, böses Wort, böse aneinander vorbeigehen, kein munteres Lachen im Haus und keine Geduld mit den Kindern. Die Kinder finden das überhaupt nicht gut. Ganz still sitzen sie beim Abendessen. Simon schaut erst zu Papa und dann zu Mama. Er möchte so gerne, dass alles wieder gut ist. Aber Papa und Mama sind böse miteinander. Und deshalb können sie gar nicht fröhlich sein. Kein schönes Abendessen. Eigentlich tun Simon und Andi ihnen leid. Die beiden müssen nun Mamas und Papas schlechte Laune ertragen.

Papa streicht Butter auf sein Brot. Dabei seufzt er so tief, als wäre das eine anstrengende Arbeit. Aber Mama glaubt, er seufzt nicht deswegen, denn plötzlich schiebt er seine Hand zu ihr herüber.

„Wollen wir uns wieder vertragen?" fragt er leise.

Nun muss auch Mama seufzen, aber es ist ein Seufzen der Erleichterung. Natürlich will sie sich wieder vertragen.

Simon strahlt.

„Papa", fragt er, „wenn wir uns alle gut sind, ist es dann so wie in Gottes Garten?"

Ja, der Garten... So viele Tage bauen Simon und Andi ihn schon auf ihrem Adventsbrett nach. Und dabei hätten sie fast vergessen, was es mit ihm auf sich hat. Weißt du es noch? Richtig, Gott gab den Menschen den schönen Garten. Aber sie wollten nicht mehr auf ihn hören. Darum mussten sie den Garten verlassen. Und dann? Was hatte Papa noch erzählt? Gar nichts, weil Andi keine Geduld mehr hatte. Am nächsten Abend erzählte Papa auch nicht weiter, weil sich die Jungen gestritten hatten. „Ihr benehmt euch wie die Menschen aus dem Garten", hatte Papa gesagt. So ist das also: Menschen leben nicht mehr im schönen Garten, sind nicht mehr bei Gott, können keinen Frieden halten. Aber wie gut, dass Gott die Menschen nicht allein lässt. Er hat ihnen seinen Sohn Jesus geschickt. Der kann sie wieder zu ihm zurückbringen.

„Und wie tut er das?" will Simon wissen.

„Er hat den Menschen viel von Gott erzählt", erklärt Papa, „so können die Menschen Gott wieder kennenlernen. Jesus hat auch die Menschen gelehrt, in allen Dingen nach Gott zu fragen."

„Aber trotzdem leben die Menschen nicht in dem schönen Garten", wendet Andi ein, „trotzdem streiten sie noch."

Papa nickt.

„Da hast du recht, Andi, aber Jesus hat auch gezeigt, wie wir uns wieder vertragen können. Und wenn wir uns miteinander versöhnen, dann ist es schon ein bisschen wie in Gottes Garten."

„Genau!" ruft Simon dazwischen.

16. Dezember

„Damit alle Menschen Gott kennenlernen können, müssen auch alle wissen, dass Jesus auf die Welt gekommen ist", überlegt Andi.
Er ist über seine Adventslandschaft gebeugt, rückt Moos zurecht und stellt ein paar Kiefernzapfen auf. Die hat er vor ein paar Tagen mit Simon zusammen im Wald gesammelt. Einen ganzen Beutel voll haben sie gefunden. Über Nacht haben sie die schönsten und größten auf die Heizung gelegt, bis zum nächsten Morgen haben die Zapfen durch die Wärme ihre Schuppen geöffnet. Unter der Heizung liegt nun der feine Samen. Simon fegt ihn mit einem Handbesen zusammen. So, nun ist alles wieder ordentlich und Simon kann Andi beim Bauen helfen.
„Aber es wissen doch alle Menschen, dass Jesus geboren ist", sagt er, „sonst würden sie doch nicht Weihnachten feiern."
„Stimmt nicht", triumphiert Andi, „viele Menschen feiern Weihnachten und wissen nicht warum."
Simon schüttelt ungläubig den Kopf. Das kann er sich gar nicht vorstellen. Gibt es wirklich Leute, die ein Fest feiern ohne Grund?
„Klar, weil feiern schön ist!" weiß Andi.
Das sieht Simon ein.
„Und weil es alle tun", sagt Andi.
Das sieht Simon nicht ein.
Papa sagt manchmal, nur, weil alle etwas tun, muss es noch nicht richtig sein. Aber Advent und Weihnachten feiern, das ist richtig, oder? Schließlich ist es doch Jesu Geburtstag. Schade, das das nicht alle Leute wissen.
Andi rückt gerade Maria und Josef ein Stück auf dem Steinchenweg weiter. Der Esel trottet gemütlich hinterher.
„Damals haben nur Maria und Josef gewusst, dass Jesus geboren werden soll. Weißt du noch, der Engel hat es Maria gesagt", erinnert sich Andi.
„Und sonst hat der Engel es keinem erzählt, nur der Maria?" wundert sich Simon.
Andi zuckt mit den Schultern.
Sie beschließen, am Abend Papa zu fragen.
Aber als Papa kommt, denken sie nicht mehr daran, denn Papa klopft verheißungsvoll auf seine Aktentasche. Sofort springen die Jungen um ihn herum, denn Klopfen auf die Aktentasche bedeutet, dass eine Überraschung darin steckt. Tatsächlich, Papa zieht einen Beutel kleine, runde Schokoplätzchen hervor. Auf der Unterseite sind sie braun, wie eben Schokolade braun ist, und auf der anderen Seite sind sie über und über bestreut mit bunten Zuckerstreuseln. Das schönste aber ist, dass sie so klein sind, dass man sie zwischen die Schuppen der Kiefernzapfen schieben kann. Eifrig verzieren die Jungen alle Zapfen. Einige Plätzchen wandern natürlich auch in den Mund. Nun sehen die Zapfen aus wie verschneite Winterbäume und die Münder der Jungen wie Hundeschnäuzchen.

Der Engel sagte: Habt keine Angst! Ich habe eine große Freudenbotschaft für euch und das ganze Volk. (Luk. 2,10)

Sammle Zapfen, lege sie auf die Heizung und schmücke sie anschließend mit Schokoplätzchen.

17. Dezember

„Natürlich hat Gott dafür gesorgt, dass alle Menschen erfuhren, dass Jesus auf die Welt gekommen ist", erklärt Papa.

Eigentlich wollte Papa gemütlich Zeitung lesen. Aber Andi und Simon haben ihn so mit Fragen bestürmt, dass aus der Gemütlichkeit nichts geworden ist. Seufzend schiebt Papa die Zeitung beiseite. Sofort kuscheln sich die Jungen an ihn, einer rechts, der andere links.

„Und wie hat er das gemacht?" fragt Simon.

Andi hat natürlich wieder eine Menge Vorschläge parat. Bevor Papa überhaupt Luft holen kann, legt er auch schon los: „Erst gings durch alle Fernsehnachrichten: Guten Abend, meine sehr verehrten Damen und Herren, ... oder ein Auto mit so einem Mickifon ...."

„Megaphon", verbessert Papa.

„Also mit so einem Mega-dingsbums auf dem Dach fuhr durch alle Straßen. Heute ist Jesus geboren, heute ist Jesus geboren..."

„Oder es stand eine Anzeige in der Zeitung, eine Geburtsanzeige", wirft Simon ein.

„Oder ein ganzer langer Artikel, gleich vorne auf der ersten Seite, und alle Leute haben es schon beim Frühstück gewusst", ergänzt Andi.

Papa lacht.

„Also, ob die Leute damals zum Frühstück ihre Zeitung bekamen, das weiß ich nicht. Aber eines ist sicher, einen Fernseher oder ein Auto gab es bestimmt nicht, und ein Megaphon erst recht nicht."

Die Jungen schauen sich ratlos an. Wie sonst hat Gott seine gute Nachricht weitergegeben?

„Überlegt doch mal", sagt Papa, „wie hat es denn Maria erfahren, dass sie Jesus zur Welt bringen würde?"

„Natürlich, der Engel! Der ist vom Himmel herabgeflogen, hat durch jedes Fenster geschaut, an jede Tür geklopft, hat es auf den Marktplätzen ausgerufen, ist in die Schulen und Krankenhäuser, zur Polizei und zur Feuerwehr gekommen, vielleicht war er sogar im Gefängnis. Bestimmt war er aber zuerst beim König. Denn ein König muss es zuerst erfahren, dass Gottes Sohn zu den Menschen kommt."

Aber Papa schüttelt den Kopf.

„Gott macht es ganz anders, als wir es uns vorstellen. Gott hat seinen Engel zuerst zu den Menschen geschickt, die außerhalb der Stadt lebten und die gar nicht so richtig dazugehörten. Diese Menschen sind ihm nämlich ebenso wichtig wie alle anderen. Bei Gott hat ein König nicht unbedingt Vorrang."

Nun wollen Andi und Simon natürlich wissen, wer diese Leute waren. Papa erzählt: „Der Engel kam zuerst zu den Hirten, die auf dem Feld bei ihren Schafen übernachteten. Sie blieben auch nachts bei ihren Herden. Sie passten auf, dass kein wildes Tier ein Lämmchen holte."

„Das muss sehr aufregend gewesen sein", sagt Simon.

Er malt aus, wie die Hirten ganz verschlafen um ihre Hirtenfeuer lagerten. Plötzlich wird es hell wie am Tag. Nanu, was ist denn geschehen, ist die Nacht schon vorüber? Wir sind doch gerade erst eingeschlafen. Und wie müssen sich die Hirten erschreckt haben, als plötzlich der Engel vor ihnen stand, hell wie die Sonne!

Groß ist von jetzt an Gottes Herrlichkeit im Himmel, denn sein Friede ist herabgekommen auf die Erde zu den Menschen. (Luk. 2,14)

18. Dezember

Denkt daran: Sein Volk sind wir, er sorgt für uns wie ein Hirte für seine Herde. (Ps. 100,3)

Für die Schafe braucht ihr Wollreste, am besten weiße, braune oder beige. Schneidet aus fester Pappe Kreise aus, so groß wie eure Schafe werden sollen. In die Mitte dieser Kreise bohrt ihr ein Loch. Nun legt zwei gleich große Kreise aufeinander, zieht den Wollfaden durch das Loch, außen herum, wieder durch das Loch usw., bis die ganze Pappe mit Wolle umwickelt ist. Dann schneidet ihr die Wolle an der Stelle auseinander, wo die Außenkante der Pappkreise war. Dann müsst ihr die Wolle zwischen den zwei Pappkreisen fest zusammenbinden. Erst dann dürft ihr die Pappe entfernen. Nun habt ihr eine Bommel.
In den Wolleball klebt ihr unten vier Streichholzbeine, vorne aus Stoffresten oder Filz zwei Schäfchenohren und hinten einen Schäfchenschwanz.

In der Nacht gab es ein fürchterliches Unwetter. Dicke Regentropfen pitschen auf das Haus. Manche sind sogar zu Hagelkörnern gefroren. Die trommeln wie Pferdegetrappel auf die Dachziegeln und scheppern durch die Regenrinne. Eisiger Wind jagt um die Hausecke und schlägt die Zweige des Apfelbaumes an die Fensterscheiben.
Bei diesem Unwetter können Andi und Simon natürlich nicht schlafen.
Tip, tap, schleichen sie auf nackten Füßen über den Flur. Und da stehen sie vor der Schlafzimmertür, ein bisschen zitternd vor Kälte und ein bisschen zitternd vor Angst. Denn so ein mächtiges Unwetter ist schon zum Fürchten.
„Ganz schön unheimlich", meint Simon.
„Und so dunkel", bestätigt Andi.
„Ja", ruft Simon, „wenn es doch bloß so hell wäre wie bei den Hirten, als der Engel kam..."
„... um ihnen zu erzählen, dass Jesus geboren ist", ergänzt Andi.
„Aber wie müssen sich da die Schafe erschreckt haben", überlegt Simon.
„Owei", stöhnt Papa, „das wollen wir uns jetzt lieber nicht ausmalen, sonst kommen wir nämlich überhaupt nicht mehr zum Schlafen."
„Es regnet auch schon nicht mehr so schlimm", sagt Mama.
Jeder nimmt einen Jungen Huckepack, Papa trägt Andi, weil er der größere ist, und Mama Simon, denn sie ist nicht so stark wie Papa. Und dann geht es – galopp – zurück in die Kinderbetten.
„Wir haben gar keine Schafe", ruft Andi.
„Wieso Schafe?" fragt Simon verblüfft.
Aber Papa klatscht in die Hände. „Ruhe und Schluss jetzt. Über Schafe reden wir morgen."
Gleich beim Frühstück erklärt Andi, dass auf dem Adventsbrett Schafe fehlen und natürlich auch die Hirten. Die gehören unbedingt mit zur Weihnachtsgeschichte und deshalb auch auf das Brett.
„Stimmt", sagt Simon, „und wo bekommen wir die her?"
„Wir können eine Herde basteln", schlägt Papa vor.

19. Dezember

Nun also grast auf Simons und Andis Adventsbrett mitten im Moos eine schöne, wuschelige Schafherde. Nur die Hirten fehlen. Nanu, haben sie ihre Schafe allein gelassen?
Simon holt aus seinem Holzbaukasten einen schwarzen Holzschäferhund und stellt ihn zu den Schafen. Der wird nun aufpassen.
Und die Hirten, wo sind die? Richtig, die haben sich noch mitten in der Nacht auf den Weg nach Bethlehem gemacht. Der Engel hatte ihnen ja erzählt, dass dort ein neuer König geboren war. In einem Stall ist Jesus, Gottes Sohn, auf die Welt gekommen. Zu diesem Stall trieben die Hirten bei schlechtem Wetter ihre Schafe. Die Hirten kannten den Weg gut. Trotzdem nahmen sie ihre Laternen mit, denn nachdem der Engel wieder verschwunden war, war die Nacht so finster wie zuvor. Die Sterne leuchteten zwar hell, vielleicht heller als in anderen Nächten. Aber eine Laterne beleuchtet den Weg doch besser als ein Sternenhimmel.
So griff also der älteste Hirte, der auch der Anführer war, nach seiner Lampe. Und der zweitälteste hob ein weiches Lämmchenfell auf. Er dachte, vielleicht friert das neugeborene Kind. Aber wenn seine Mutter Maria es in das Fell wickelt, wird es ihm schön warm. Und plötzlich kamen auch den anderen Hirten lauter gute Ideen, was sie dem Jesuskind mitbringen konnten: Honig, den sie selber aus wilden Bienenstöcken gesammelt hatten, einen Liter Schafsmilch, Kerzen, um den dunklen Stall zu beleuchten, Heu für Josefs Esel und ...
„Vielleicht einen Schnuller oder einen Teddybär", ruft Andi.
„Unsinn, woher sollen denn die Hirten so etwas haben?" fragt Simon entrüstet.
„Also ich", verteidigt sich Andi, „wenn ich Jesus besucht hätte, ich hätte ihm bestimmt einen Teddybär mitgebracht."
„Du einen Teddy, und ich vielleicht ein paar Legosteine?" überlegt Simon.
Gerade kommt Mama ins Zimmer. Was haben die Jungen sich da für ein Spiel ausgedacht?
Darf sie mitspielen?
„Also", beginnt Mama, „der älteste Hirte bringt eine Lampe mit, der zweite ein Lammfell, Honig, Schafsmilch, Kerzen, Heu, Andi bringt einen Teddy, Simon Legosteine und ich einen Stapel Windeln mit."
Begeistert machen die Jungen mit. Andi führt gleich das Wort-Ketten-Spiel fort.
Er zählt auf: „Lampe, Lammfell, Honig, Schafsmilch, Heu, Teddy, Legosteine, Windeln und ich noch: einen Strampelanzug."
Nun ist Simon dran.

Die Hirten kehrten zu ihren Herden zurück, priesen Gott und dankten ihm. (Luk. 2,20)

Bringst du noch die ganze Wort-Kette zusammen? Und fallen dir noch weitere Geschenke ein? Vielleicht möchtest du mit deinen Eltern und Geschwistern eine neue Wort-Kette beginnen? Mal sehen, wie viele Wörter du dir merken kannst.

20. Dezember

Maria aber bewahrte all das Gehörte in ihrem Herzen. (Luk. 2,19)

Sucht aus eurem Schatzkästchen drei Gegenstände aus, die die Weisen Jesus schenken wollen, Gold, Weihrauch und Myrrhe.

Am Nachmittag hat Mama sich im Wohnzimmer eingeschlossen. Andi und Simon pressen ihre Nasen an die Tür und versuchen, durchs Schlüsselloch zu schauen. Aber Mama hat vorsorglich ein Stück Stoff davorgehängt.

„Es wird nicht gelinst", ruft sie fröhlich und bleibt mindestens eine Stunde hart, obwohl die Jungen quengeln und drängeln, sie solle sie doch nur ein bisschen gucken lassen. Sie wissen genau, dass Mama heute ihre Geschenke einpackt. Nun würden sie gerne einen klitzekleinen Blick in Kartons und Tüten werfen. Aber natürlich erlaubt Mama das nicht. Schließlich will sie ihnen nicht die Weihnachtsüberraschung verderben. Vier Tage müssen sie noch warten, dann ist Heiligabend.

Ungeduldig klopfen die Jungen gegen die Tür.

„Baut doch noch ein bisschen an eurem Adventbrett", schlägt Mama vor, während sie gerade ein Geschenk in Sternchenpapier wickelt. „Habt ihr schon den zwanzigsten Stein an euren Weg gelegt?"

„Schon längst", ruft Andi.

Simon klappert mit dem Türgriff.

„Wir durften auch wissen, was die Hirten dem Kind in der Krippe schenkten", nörgelt er, „nun möchten wir auch wissen, was wir bekommen."

„Wartet noch vier Tage, soviel Geduld müsst ihr haben", antwortet Mama von drinnen.

Durch die verschlossene Tür hört sie, wie sich die Jungen ausmalen, was sie wohl unter dem Weihnachtsbaum vorfinden werden. Vielleicht eine Legoritterburg oder ein Kinderlexikon, vielleicht neue Wasserfarben oder den Plüschaffen, den Simon sich schon so lange wünscht. „Und was bekommen Mama und Papa?" hört Mama Simon erschrocken fragen. Die beiden flüstern noch eine Weile. Dann ist es plötzlich mucksmäuschenstill. Als Mama die Wohnzimmertür aufschließt und nachschauen will, sind die beiden verschwunden. Nanu, sind sie gar nicht mehr neugierig? Sie geht ein Stück den Flur herunter. Da hört sie, wie es im Kinderzimmer quiekt und kichert und kratzt und raschelt, wie zwei Buben angestrengt schnaufen und stöhnen. Mama möchte doch zu gerne wissen, was sie da machen. Sie drückt die Türklinke herunter. Aber die Tür ist abgesperrt.

„Aufmachen, ihr zwei", fordert sie die Jungen auf.

Aber die sind unerbittlich.

„Überraschung", johlen sie schadenfroh aus einem Mund.

„Packt ihr etwa auch Geschenke ein?" will Mama wissen.

„Es wird nichts verraten. Du musst noch vier Tage warten", rufen sie fröhlich.

21. Dezember

Simon schaut verträumt in den Abendhimmel. Papa will ihm die Namen der Sterne erklären, den kleinen und den großen Bär, dazwischen ein Sternenpaar, das man als die Jagdhunde bezeichnet. Es gibt sogar einen kleinen und einen großen Löwen, im Sternbild des Zwillings den kleinen Hund und dicht bei Sirius den großen Hund. Aber Simon möchte mit seiner Phantasie lieber eigene Sternenbilder und Figuren am schwarzen Abendhimmel entdecken.

„Schaut mal", ruft er, „dort ist ein richtiges Sternenband. Es sieht aus wie lauter Autos, die auf der Autobahn im Stau stehen."

„Das ist die Milchstraße", erklärt Papa.

Simon lacht. Milch am Himmel? Wer weiß, vielleicht ist Schnee nur Milch, die von der Milchstraße heruntertropft.

Mama zündet die Kerzen am Adventskranz an. Gleich verblasst draußen das Sternengeflimmer und schmilzt zusammen in ein unendliches Meer strahlender Pünktchen.

Nun brennen die Kerzen hell wie Sterne. Während die Kinder von den Plätzchen naschen und dabei in die Flammen schauen, erzählt Mama von drei klugen Männern, die genauso wie Simon vorhin den Himmel betrachteten, um einen fremden, neuen Stern zu entdecken.

„Und wisst ihr, was? Tatsächlich sahen sie einen merkwürdigen Stern, heller als alle anderen Sterne und mit einem langen Schwanz, den er hinter sich her zog."

„So eine Erscheinung nennt man einen Kometen", sagt Papa.

„Die drei klugen Männer wollten es genau wissen. Sie wollten nämlich herausfinden, was für einen seltsamen Stern sie entdeckt hatten und warum er so plötzlich aufgetaucht war. Also beobachteten sie, rechneten und überlegten, verglichen und beobachteten wieder. Schließlich fanden sie die Lösung. Der Stern mit dem wunderschönen Schweif war ein Zeichen dafür, dass ein König geboren wurde."

„Jesus ist geboren", ruft Andi.

„Ja", nickt Mama, „Jesus, Gottes Sohn, ist zu den Menschen auf die Erde gekommen. Die drei Weisen haben es erkannt: ein neuer König ist geboren. Nun brauchten sie nur dem hellen Stern folgen, der würde sie zu diesem König führen. Was glaubt ihr, wie schnell sie ihre Sachen auf Esel und Kamele gepackt haben..."

Biblisches Wort

Wo finden wir den neugeborenen König der Juden? Wir haben seinen Stern aufgehen sehen und sind gekommen, um ihm zu huldigen. (Matth. 2,2)

Aktion

Bastelt Kamele aus Pfeifenreinigern (bekommt ihr im Tabakgeschäft). Formt den Kopf und anschließend den Körper. Hängt dem Kamel einen braunen Stoffrest oder gar ein Fellchen über.

22. Dezember

Mama schreibt die letzten Weihnachtsgrüße und überlegt, was alle am Heiligen Abend miteinander spielen können.
Gut, dass gerade niemand da ist, der sie dabei stört. Andi und Simon sind nämlich mit Papa in den Wald gefahren. Sie wollen einen Tannenbaum holen. Papa kennt einen Platz, an dem er selbst einen Baum schlagen darf. Er hat das vorher mit dem Förster abgesprochen.
Für einen Baum ist das eine tolle Sache: Er wird erleben, wie die Menschen Weihnachten feiern, wie sie spielen und singen und sich gegenseitig beschenken. Unter seinen Ästen werden die Geschenke liegen, der Duft seiner Nadeln vermischt sich mit den Gerüchen von Plätzchen und Weihnachtsbraten. Und das schönste für so einen Baum: Er selber wird mit bunten Kugeln, Figuren, Schleifen und leuchtenden Kerzen geschmückt.
Gerade schleppt Mama den Karton mit dem Weihnachtsbaumschmuck aus dem Keller. Ein bisschen verstaubt ist er. Als sie ihn öffnet, entdeckt sie, dass die Holzfiguren, die sie in den vergangenen Jahren an den Weihnachtsbaum gehängt haben, nicht mehr sehr schön aussehen. Ein Engel hat einen Flügel verloren, beim Pferdchen ist ein Bein abgebrochen. Dem Schneemann fehlt der Hut, und der Nikolaus ist ganz verblasst. Armer Tannenbaum! Mit diesen Figuren wirst du nicht besonders festlich aussehen.
Während Mama noch überlegt, poltern Andi, Simon und Papa herein. Papa schleppt eine schlanke Blautanne in den Flur.
Enttäuscht schauen Andi und Simon in den Karton.
„So ein schöner Baum und so hässliche Figuren", mault Andi.
Aber plötzlich hat Mama eine Idee.
„Geht euch schnell die Hände waschen", fordert sie die Jungen auf. Mama verschwindet im Wohnzimmer, mit Bügelbrett und Bügeleisen.
„Was, du willst jetzt Wäsche bügeln?" staunt Papa.
Nein, keine Wäsche, sie bügelt Stroh.
„Strohsterne für den Baum", freut sich Simon.
Und gleich legen die beiden los. Strohsterne sind gar nicht so schwer. Man braucht nur ein bisschen Geduld dazu. Aber die haben Andi und Simon.
Ein Stern ist besonders groß und schön geworden. Er hat sogar einen Schweif.
„Wie der Stern, der die drei Weisen nach Bethlehem geführt hat", erklären die Jungen. Papa nickt. „Genauso", sagt er, „und deshalb stecken wir ihn ganz oben auf die Baumspitze."

Als sie den Stern sahen, kam eine große Freude über sie. (Matth. 2,10)

Wie könnt ihr Strohsterne basteln? Entweder kauft ihr Stroh in einem Laden oder ihr bügelt es. Zwei Halme werden zu einem Kreuz gelegt und mit Garn in der Mitte festgebunden. Legt zwei solcher Kreuze übereinander und bindet sie wieder fest. Nun habt ihr einen Stern mit acht Strahlen. Die Strahlen könnt ihr spitz zuschneiden oder, wenn die Halme breit genug sind, ein V hineinschneiden. Ihr könnt sie auch unterschiedlich lang lassen.
Natürlich könnt ihr auch zwölf- oder sechzehnstrahlige Sterne basteln. Legt einfach entsprechend viele Kreuze übereinander oder beginnt mit drei Halmen, die ihr überkreuzt. Probiert einfach aus. Hübsch sieht es auch aus, wenn ihr buntes Stroh benutzt.

23. Dezember

Den ganzen Morgen lungern die Kinder vor der Wohnzimmertür herum.
Einmal noch schlafen, dann endlich, endlich, ist Weihnachten, Heiligabend, Jesus-Geburtstag. Die Kinder halten es kaum noch aus. Was kann man nur machen, um sich die Wartezeit zu verkürzen?
Simon weiß etwas: Etwas nämlich fehlt im Weihnachtszimmer, etwas, das noch nicht ganz fertig ist, aber unbedingt unter den Weihnachtsbaum gehört, etwas, das die Kinder die ganze Adventszeit hindurch beschäftigt hat.
„Unser Advents-Brett", ruft er.
Richtig. Der Weg auf dem Brett ist fast fertig.
Schön sieht er aus. Schön, wie sich 23 bunte Steine durch Moos und Blätter schlängeln, vorbei an Bäumen aus Kiefernzapfen und kleinen Gebirgen aus Steinen und übereinandergestapelten Holz- und Rindenstücken. Und viel ist passiert auf dem Weg.
„Weißt du noch?" fragt Andi, „Advent ist ein Abenteuer."
Was die Kinder alles in der Adventszeit erlebt haben, kann man gut auf dem Brett erkennen.
Da stehen Josef und Maria, schon fast am Ende des Weges, neben ihnen der geduldige Esel, den Andi mit ein paar bunt verzierten Weihnachtsplätzchen bepackt hat, sozusagen als Proviant für Maria und Josef. Zwischen die Schokoplätzchen-Kiefernzapfen-Bäume hat Simon seine Folienlaterne aufgebaut als Zeichen dafür, dass ein Engel auf der Erde war und die gute Botschaft von Jesu Geburt verkündigt hat. Dort drüben neben einem Berg aus Eicheln und Kastanien weiden die Schafe. Die Hirten haben sie den Hütehunden überlassen. Sie selber haben sich nämlich schon auf den Weg zur Krippe gemacht. Auf den Weg zur Krippe?
Der Weg ist fast fertig, es fehlt nur noch ein Stein. Aber wo ist die Krippe?
Erschrocken schauen sich die Jungen an. Morgen soll Jesus geboren werden, und es gibt nichts, wohinein Maria ihr Kind legen könnte, jedenfalls nicht auf Simons und Andis Adventsbrett.
„Kein Problem, Jungs", tröstet Mama die beiden, „ihr habt noch einen ganzen Tag Zeit, um eine Krippe zu bauen."
„Und wie?" fragen die beiden ratlos.

Biblisches Wort

In ihm war das Leben, und dieses Leben war das Licht für die Menschen. (Joh. 1,4)

Aktion

Den schon gebastelten Stall (aus dem Schuhkarton) aufstellen. Und nun die Krippe basteln: Schaschlikspieße auf angemessene Länge gebrochen – gerade gewachsene Äste tun es auch –, zu einem Kreuz zusammengebunden, zwei solcher Kreuze basteln, Streichholzinnenschachtel auf die zwei aufgestellten Kreuze legen, ein bisschen festkleben und zum Schluss mit Gras oder Watte auspolstern.
Und nun kann Jesus kommen. Maria und Josef sind schon da und die Hirten und die Weisen, die dem Stern gefolgt sind, ebenfalls, und natürlich Andi und Simon und Mama und Papa.
Gemeinsam haben sie in den letzten Wochen auf Jesu Geburtstag gewartet, sich auf den Weg gemacht, die zur Krippe führt, und dabei Abenteuer erlebt. Aber das schönste Abenteuer ist Weihnachten selbst.

24. Dezember

Der Engel sagt: Ich bringe euch eine gute Nachricht: Euch ist heute der Heiland geboren. (Luk. 2,10.11)

Heute ist Heiligabend. Prima, freut sich Alice, heute gibt es eine Menge Geschenke. Sie hat sich einen Puppenwagen gewünscht und einen Stofftiger. Aber die Geschenke gibt es natürlich erst abends. Alice kann es vor lauter Aufregung kaum aushalten.
„Spiel doch was!" schlägt Mama vor. Aber Alice ist so gespannt, dass sie gar nicht weiß, was sie spielen soll. Da gibt Mama ihr ein Bilderbuch.
„Eigentlich wollte ich heute abend daraus vorlesen", sagt sie, „aber du darfst es dir jetzt schon einmal anschauen."

Natürlich ist es ein Buch über Weihnachten. Maria und Josef, Ochse und Esel, die Hirten und ganz viele Engel. Alice ist enttäuscht, denn diese Geschichte kennt sie schon in- und auswendig. Sie hätte tausendmal lieber den Puppenwagen gehabt. Trotzdem kuschelt sie sich in eine Bettecke und beginnt in dem Buch zu blättern. Ein Bild gefällt ihr besonders gut. Es zeigt einen strahlenden Engel. Sein Kleid ist wie Gold, seine Augen leuchten wie Sterne.
„Die leuchten so, weil ich mich freue", sagt der Engel plötzlich. Erst wundert Alice sich, dass der Engel reden kann. Aber dann fragt sie: „Warum freust du dich denn so?"
„Weil ich den Menschen die gute Nachricht bringe. Ich verkündige, dass Gott ihnen ein besonderes Geschenk macht."
„Ein Geschenk?" horcht Alice auf und denkt gleich wieder an den Puppenwagen. Aber da erzählt der Engel von einem König.
„Ach richtig, Jesus", weiß Alice. „Aber der ist doch kein Geschenk!"
„Doch, Alice. Er ist zwar nicht hübsch eingepackt, sondern kommt ganz arm, verachtet und klein. Aber durch ihn schenkt Gott den Menschen alles, was sie brauchen."
„Was denn, Engel?"
„Seine Liebe. Jesus zeigt den Menschen, dass Gott sie lieb hat. Und das ist wichtiger als alles andere auf der Welt."
Noch wichtiger als ein Puppenwagen? überlegt Alice. Aber da rüttelt plötzlich jemand an ihrer Schulter. „Alice, aufwachen", flüstert Mama, „es ist soweit."
Und dann darf Alice ins Weihnachtszimmer. Ein hell erleuchteter Tannenbaum strahlt ihr entgegen, darunter liegen bunt eingepackte Päckchen. Sie verdecken fast die Krippe mit Maria und Josef und dem Jesuskind. Und ganz versteckt hinter einem riesigen Paket steht sogar der Engel. Und was glaubst du, ist in dem riesengroßen Paket? Natürlich der Puppenwagen. Und drinnen sitzt sogar der Stofftiger. Da hat Alice sich aber gefreut. Und der Engel bestimmt auch, denn der hat Alice sogar ein bisschen zugezwinkert.

25. Dezember

Im Stall ist es warm. Der Ochse hat sich ins Stroh gekuschelt und dämmert seinen Träumen entgegen. Bis gestern war er einsam, aber plötzlich rumorte es draußen. Jemand schob die Stalltür auf und leuchtete mit einer hellen Laterne hinein.
„Hier ist es gut“, sagte ein fremder Mann, dann führte er ein graues Eselchen herein.
Enttäuscht hatte der Ochse gebrummt: „Hier wohne aber ich.“
Dummer Ochse. Warum freust du dich nicht, dass du nicht mehr allein bist? Doch wenn einer Kummer hat, dann mag er keinen fremden Esel bei sich haben, selbst dann nicht, wenn der Esel ihn freundlich mit der Nase anstupst.
Ein kleiner Junge kam zur Welt. Er schrie ganz kräftig und laut, wie alle kleinen Babys es tun. Da wurde der Ochse aber richtig böse.
„Auch das noch“, schimpfte der Ochse, „da kommt ja kein Ochse zur Ruhe. Ein Esel, und nun eine ganze Familie, Vater, Mutter und Kind, das hält kein Ochse aus“, muhte er. Dann hatte der Vater ihm sogar noch seine Futterkrippe weggenommen. Er polsterte sie dick mit Heu aus, und die Mutter legte ihr Baby hinein.
„Ach, hätte ich euch nur nicht hereingelassen“, schimpfte der Ochse.
„Dann hätte Gottes Sohn in der kalten und dunklen Nacht zur Welt kommen müssen“, sagte der Esel.
„Ach was, dummer Esel, was redest du da von Gottes Sohn?“
„Das Kind in der Krippe ist Gottes Sohn“, flüsterte der Esel. „Die Menschen wollten ihm keinen Platz geben. Und nun willst du ihn auch noch rausschmeißen?“
„Unsinn“, schnaufte der Ochse, denn er konnte sich gar nicht vorstellen, dass Gottes Sohn so niedrig und klein, ohne Wohnung und ganz arm zu den Menschen kam.
„Doch“, nickte der Esel, „Gott macht sich ganz klein. Nur so trauen sich auch die zu ihm, die selber klein sind, wie zum Beispiel die Kinder. Keiner braucht vor ihm Angst haben, und jeder darf kommen. Sogar ich dummer Esel. Und alle anderen auch, die Reichen und Frommen, die Bettelarmen und Traurigen, die Einsamen und Verlassenen...“

Impuls

Gott hat die Tiere und die Menschen nicht vergessen - und dich und mich auch nicht. Für alle hat er seinen Sohn geschickt.

Biblisches Wort

Gott selber wurde ein Mensch und wohnte unter uns. In seinem Sohn hat Gott uns seine ganze Güte und Treue gezeigt. (Joh. 1,14)

26. Dezember

Wenn ich ihn nur bei mir wohnen lasse, wenn ich mich nicht vor ihm verstecke, und wenn ich mit ihm teile, was ich habe. Und nun sagt er sogar, dass er mein Freund sein will und dass er mich lieb hat. Dann komm herein, König, und sei herzlich willkommen!

Gott verspricht: Freu dich und sei fröhlich, denn ich komme und will bei dir wohnen. (Sach. 2,14)

Du liebe Zeit, der König kommt! Und wie sieht es hier aus. Nichts ist aufgeräumt und in Ordnung. Der Tisch hat Kratzer, das linke Stuhlbein wackelt. Das Sofa ist durchgesessen, und die Betten nicht richtig gelüftet. Wo soll der König sitzen und wo soll er schlafen? Was soll ich ihm zu essen geben? Im Kühlschrank liegt nur noch ein Wurstzipfelchen und im Brotkasten ein trockener Kanten. Owei, ich habe nichts, was ich dem König geben könnte. Bestimmt wird es ihm nicht bei mir gefallen, denn ein König ist ja gewöhnt, in einem goldenen Palast zu wohnen, auf seidenen Kissen zu schlafen und die leckersten Puddings und Kuchen zu essen. Deshalb wird der König, wenn er kommt, bestimmt die Nase rümpfen. Igitt, wird er rufen, hier kann ich doch nicht wohnen!

Was? Er will sogar bei mir wohnen? Nicht nur mal vorbeischauen? Er will mich nicht nur besuchen, sondern richtig bei mir bleiben? Na, das wird er ganz bestimmt nicht. Und vielleicht ist das auch ganz gut so. Am besten, er spaziert mit seinen Dienern und Soldaten ganz schnell an meinem Haus vorbei. Denn wenn er anklopft und ich ihm aufmache, dann wird er sich ausbreiten, seinen Purpurmantel in meinen Schrank und seine goldenen Bilder an meine Wände hängen. Bestimmt wird er seine Musikkassetten in meinen Kassettenrecorder legen, und ich kann dann gar nicht mehr hören, was ich gerne möchte. Er wird bestimmen, was es zum Mittagessen gibt, wer die Spielzeugkiste aufräumt und wer den Müll rausbringen muss. Nein, nein, besser, der König kommt nicht zu mir. Aber ich könnte ein bisschen am Fenster nach ihm schauen. Wenn ich mich hinter der Gardine verstecke, sieht er mich nicht gleich. Zu spät, er hat mich schon entdeckt.

„Mach auf!" ruft er, und nun klopft er sogar an die Tür. Ob ich wirklich öffnen soll? Nun ruft er schon wieder. Und weißt du, was er sagt? Ich soll keine Angst haben, sondern fröhlich sein. Ich brauche ihm auch gar nichts Besonderes geben, kein Festessen und keine seidenen Kissen. Er ist sogar mit meinem Wackelstuhl zufrieden.

27. Dezember

„Ach, schon wieder ein graues Haar", seufzt Mama und dreht ihren Kopf vor dem Spiegel hin und her, „es werden immer mehr. Bald bin ich grau wie ein Esel."

„Mach dir nichts daraus", lacht Papa und legt seinen Arm um Mamas Schulter.

Aber Jutta findet die Idee mit dem Esel klasse. „Mama ist ein Esel, Mama ist ein Esel", singt sie und tanzt um Mama und Papa herum.

„Sei mal nicht so frech", weist Papa sie zurecht. Aber Mama ist überhaupt nicht beleidigt. „Lass mal", sagt sie, „ein Esel zu sein ist noch nicht mal das schlechteste."

„Wie bitte?" wundert sich Papa. Auch Jutta hört plötzlich auf zu tanzen und schaut Mama erstaunt an.

„Na ja", erklärt Mama, „ich finde, ein Esel ist ein besonderes Tier. Er trägt das, was für andere zu schwer geworden ist. Er ist geduldig, treu und stark. Und das wäre ich auch gerne. Und außerdem hat Jesus einen Esel gewählt, wenn er mal reiten wollte. Damals zum Beispiel, als er nach Jerusalem geritten ist. Die Menschen haben ihm zugejubelt, ihre Mäntel ausgezogen und vor ihm auf der Straße ausgebreitet. Sie wollten Jesus zum König krönen. Aber Jesus wollte keine Krone. Er wollte für die Menschen da sein und sich nicht von ihnen bedienen lassen. Und ich glaube, deshalb ist er nicht auf einem stolzen Königspferd nach Jerusalem geritten, sondern auf einem kleinen grauen Eselchen."

„Ach so", sagt Papa und ist plötzlich ganz nachdenklich geworden. Auch Jutta hat über die Eselei nachgedacht. Und da fällt ihr gleich noch eine Jesus-Esel-Geschichte ein.

„Ein Esel war dabei, als Jesus geboren wurde", ruft sie, „stimmt doch, oder?"

„Stimmt", sagt Mama, „er war mit im Stall, in dem Maria Jesus zur Welt brachte."

„Und ein Ochse war auch dabei", weiß Jutta.

„Ja, vielleicht stand auch ein Ochse mit im Stall. Aber mir genügt es, wenn ich wie ein Eselchen bin", lacht Mama und zupft sich ein paar graue Haarsträhnen aus der Stirn.

„Naja", brummt Papa, „wenn du also der Esel bist, dann bin ich vielleicht der Ochse?"

Da muss Mama noch mehr lachen und Jutta auch. Denn das ist wirklich zu komisch. Nun hat Jutta eine Esel-Mama und einen Ochsen-Papa. Aber solange Papa kein dummer Ochse ist, ist das schon in Ordnung.

Impuls

Ochse und Esel in der Weihnachtsgeschichte sind ein Gleichnis aus Jesaja 1,3. Sie verstehen Gott besser als die Menschen und sind offener für das, was Gott tut, als die, die viel über Gott nachdenken.

Biblisches Wort

Ein Ochse kennt seinen Herrn und ein Esel die Krippe seines Herrn; aber Israel kennt's nicht, und mein Volk versteht's nicht. (Jes. 1,3)

28. Dezember

Weihnachten ist vorbei. Aber das Haus ist immer noch voller Gäste. Tante Josefine und Onkel Paul sind da. Anika findet das klasse. Ihr gefällt nur nicht, wie Onkel Paul redet. Immerzu nörgelt er herum, beim Essen, beim Spazierengehen im Schnee und sogar noch, wenn abends alle zusammen gemütlich im Wohnzimmer sitzen und die restlichen Weihnachtsplätzchen naschen.

„Weihnachtsplätzchen", knurrt er, „ich möchte mal wissen, was das soll. Und erst der Tannenbaum und..."

„Ja, ja, und die Geschenke und das große Festessen und die vielen Lichter in der Stadt...", sagt Anikas Papa und lacht.

„Aber das ist doch, weil Weihnachten ist", ruft Anika.

„Weihnachten", schnaubt Onkel Paul, „es gibt so viel Schlimmes in der Welt, Kriege und Hunger und Katastrophen ..., und da setzen wir uns hin und feiern."

„Aber Jesus ist doch geboren", verteidigt Anika das Weihnachtsfest, „und Jesus ist der König der ganzen Welt."

„Stimmt", nickt Papa, „und weil er der König ist, haben wir allen Grund zum Feiern."

„Unsinn", schimpft Onkel Paul. „Ich sehe keinen König, sondern nur eine Menge Trubel, Kitsch und Geldausgeben und, und ..."

„Nun hör mal, Paul", schaltet sich nun Mama ein, „genauso wie du haben schon früher die Menschen gedacht. Wann kommt endlich der König, den Gott versprochen hat, haben sie sich gefragt. Wann kommt der, der die Traurigen tröstet, die Unterdrückten befreit und den Mutlosen Hoffnung gibt? Hat Gott uns denn vergessen? Und als die Jahre vergingen, verloren sie ihren Glauben. Aber ein Mann vertraute Gott. Er hieß Simeon und arbeitete im Tempel. Nachdem Jesus geboren war, brachten seine Eltern ihn in den Tempel, um ihn segnen zu lassen. Und wen sah Simeon? Natürlich ein winzigkleines Baby, wie es viele auf der Welt gab. Aber Simeon sah noch mehr. Er sah auch den versprochenen König und..."

„Genau", platzt Papa dazwischen, „viele Menschen sehen heute nur den Weihnachtstrubel. Aber wir wollen Jesus sehen."

Anika springt auf und zeigt auf die Krippe, die sie schon in der Adventszeit mit Mama und Papa aufgebaut hat. „Du musst nur richtig hingucken, Onkel Paul", lacht sie, „dann erkennst du bestimmt auch den Jesus-König."

Nun haben meine Augen den Heiland gesehen.
(Luk. 2,30)

Schneide aus einer Zeitung verschiedene Gegenstände aus und klebe jedes auf ein Blatt Papier. Nun nimm ein weiteres weißes Papier, schneide aus der Mitte ein Loch heraus und lege dieses Papier auf deine Zeitungsbilder. Nun ist nur noch ein kleines Stückchen des Gegenstandes sichtbar. Erkennen Mama oder Papa oder deine Geschwister trotzdem den richtigen Gegenstand?

29. Dezember

Sven hat zu Weihnachten einen funkelnagelneuen Schlitten bekommen. Logisch, dass er ihn sofort ausprobieren muss. Stolz zieht er ihn zum Rodelhügel im Park. Plötzlich ruft jemand seinen Namen: „He, Sven, warte mal!"
Es ist Habdab, der Junge mit der dunklen Haut aus Svens Kindergartengruppe. Habdab und seine Eltern kommen aus einem Land, in dem gerade Krieg ist. Deswegen können sie dort nicht mehr leben. Armer Habdab! Natürlich lässt Sven ihn auf seinem Schlitten mitfahren. Und Habdab findet Svens Schlitten superklasse.
„Den hab' ich zu Weihnachten bekommen", erklärt Sven stolz, „wünsch dir doch nächstes Jahr auch einen. Dann können wir um die Wette rodeln."
„Das geht nicht", sagt Habdab traurig, „meine Eltern wollen nämlich nichts von Weihnachten wissen. Und deshalb gibt es auch keine Geschenke."
„Aber warum denn nicht?" fragt Sven.
„Weil sie sagen, dass dieser Jesus nur ein ganz normales Baby war. Wegen dem braucht keiner so einen Wirbel machen."
Na, gibt es denn sowas? Kann man denn Weihnachten einfach ausfallen lassen?
„Leider ja", sagt Svens Papa am Abend. Sven hat ihm natürlich von Habdab erzählt. „Das war schon früher so, dass manche Leute Jesus nicht als König und Herrn der Welt anerkennen wollten", erklärt Papa. Und dann erzählt er: „Der König Herodes, der damals, als Jesus geboren wurde, regierte, wollte natürlich auf gar keinen Fall einsehen, dass Jesus König der Welt ist. Hier bin ich König und sonst niemand, sagte er. Er nahm sich vor, Jesus umzubringen. Doch weil er nicht wusste, welches Baby nun genau Jesus war, deshalb wollte er alle kleinen Jungen erschlagen lassen. Aber Gott hat natürlich auf Jesus aufgepasst. Er hat Maria und Josef gesagt, dass sie in ein anderes Land flüchten sollten..."
„Genauso wie Habdab und sein Papa und seine Mama, nicht wahr", fällt Sven seinem Papa ins Wort.
„Ja, genauso", nickt Papa, „auch Jesus musste mit seinen Eltern seine Heimat verlassen. Doch er ist zurückgekehrt, und dann hat er den Menschen erzählt, wie lieb Gott sie hat."
„Schade, dass Habdab und seine Mama und sein Papa das nicht wissen", sagt Sven.
„Dann erzählen wir es ihnen eben", meint Papa, „vielleicht wollen sie dann doch Weihnachten feiern."
„Vielleicht sogar mit uns zusammen?" ruft Sven begeistert.
„Ja, vielleicht", stimmt Papa zu.

Erzählt allen, die noch nicht zu Gott gehören, was Gott für ein Herr ist. (Ps. 96,3)

Die Geschichte, wie Maria und Josef vor dem König Herodes nach Ägypten fliehen mussten, steht in der Bibel im Matthäusevangelium 2,1–23. Spiel sie doch einmal mit deinen Freunden oder Geschwistern nach. Wer ist Herodes? Wer Maria und Josef und wer der Engel?

30. Dezember

In einem großen Haus, in einem gemütlichen Wohnzimmer, in einer geräumigen Schublade lebten eine Handvoll Kerzen. Sie lagen dort gemütlich beieinander. Aber eine Kerze ist ja nicht dafür da, um im Schrank herumzuliegen. So warteten sie darauf, dass ein Mensch kommen und eine Kerze herausnehmen würde. Und jede hoffte, dass sie ausgewählt werden würde.
Eines Tages ruckte es am Schrank. Die Lade wurde geöffnet, eine Menschenhand griff hinein und hob eine kleine rote Kerze heraus. Wie freute sich die Kerze! Endlich durfte sie brennen.
Die Menschenhand stellte die rote Kerze in ein gläsernes Windlicht, riss ein Streichholz an und hielt es an den Docht. Gleich sprang ein Funke über, schon flackerte eine fröhliche Flamme. Ringsum breitete sich Licht aus. „Wie schön ich leuchte", freute sich die kleine rote Kerze.
Aber plötzlich legte sich die Flamme zur Seite, leckte nach links und nach rechts, richtete sich wieder auf und stieß in die Höhe. Der Wind war hereingefahren. Er lachte höhnisch, pustete über die Kerze, warf die Flamme hin und her und hätte sie fast ausgeblasen, wenn nicht die rettende Hand eingegriffen hätte. Ruhig setzte sie eine Glasglocke über die Kerze. Nun konnte der böse Wind ihr nichts mehr anhaben. Er heulte um das Glas. Aber alles Heulen nützte ihm nichts. Die Kerze brannte ruhig und hell.
Doch was passierte nun? Die Flamme wurde ja immer kleiner. Die Kerze gab sich große Mühe. Trotzdem sank die Flamme immer mehr zusammen. Sie leuchtete nur noch ganz schwach.
„Luft", schrie die kleine rote Kerze verzweifelt, „ich brauche Luft." Sie hatte fast alle Luft in der Glasglocke aufgebraucht. So konnte sie nur noch mühsam glimmen. Doch gerade rechtzeitig erschien wieder die freundliche Menschenhand. Ob sie wohl der Kerze geholfen hat?

Impuls

Manche Menschen sind wie die Kerze in der Geschichte. Sie möchten Helligkeit und Freude verbreiten. Doch Kummer, Sorgen und Leid möchten alles Schöne auslöschen. Gott schafft immer wieder Luft, damit uns niemand unsere Freude nehmen kann.

Biblisches Wort

Gott wird das geknickte Rohr nicht brechen und den glimmenden Docht nicht auslöschen. (Jes. 42,3)

Aktion

Zünde ein Teelicht an. Wenn es richtig brennt, setze eine Glasschüssel darüber. Nun beobachte, was mit der Flamme passiert.

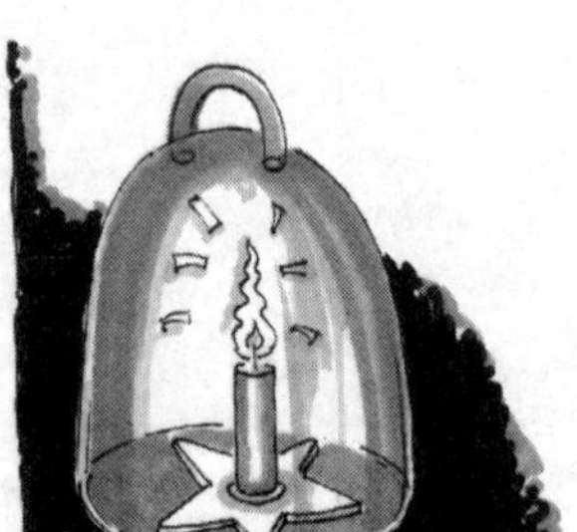

31. Dezember

Gleich ist es elf Uhr, nein, dreiundzwanzig Uhr. Dreiundzwanzig Uhr heißt, dass es schon fast mitten in der Nacht ist. „Nur noch eine Stunde", sagt Mama.

„Und dann?" fragt Conrad.

„Ach, bist du dumm, Coni", meint Conrads Schwester Ester, „was glaubst du, warum wir heute so lange aufbleiben dürfen? Weil nämlich Jahreswechsel ist."

„Was ist das?" fragt Conrad und reibt sich Augen, denn er ist ziemlich müde. Dreiundzwanzig Uhr ist aber auch ganz schön spät.

„Jahreswechsel bedeutet, dass ein Jahr aufhört und ein neues beginnt", schaltet sich Papa ein, „und bis das neue beginnt, dauert es nur noch eine Stunde."

„Und was machen wir bis dahin?" fragt Mama, die auch schon ein bisschen schläfrig wird.

„Wir können uns erzählen, was wir im vergangenen Jahr erlebt haben", schlägt Papa vor. Ester weiß auch gleich eine ganze Menge.

„Ich bin in die Schule gekommen", ruft sie, „und vorher waren wir noch zum Urlaub am Meer. Und dann bin ich beim Schlittenfahren so schlimm gestürzt. Und einmal haben wir Conrad verloren, damals im Kaufhaus."

„Ja, und ich hatte den schlimmen Unfall", erinnert sich Mama, „aber Gott sei Dank ist nichts Schlimmes passiert."

„Ja, Gott sei Dank!" sagt Papa.

„Und was noch", fragt Conrad, „was hat Gott noch gemacht?"

„Ach, bist du ein Dummer", schimpft Ester, „wir haben doch jeden Tag eine Geschichte von ihm gehört. Da müsstest du doch wissen, was Gott gemacht hat!"

„Was denn?" fragt Conrad und reibt sich schon wieder die Augen.

Da nimmt Mama ihn auf ihren Schoß. Und Papa fängt an zu erzählen:

„Ganz am Anfang hat Gott die Welt gemacht. Er hat sich alles prima ausgedacht. Auch die Menschen. Aber bald wollten die Menschen Gott nicht mehr in ihrem Leben haben."

„Und dann?" fragt Conrad gespannt.

„Da ist Gott sehr traurig geworden. Aber er hat seinen Sohn Jesus geschickt. Der hat den Menschen gezeigt, wie sie Gott wieder in ihr Leben lassen können."

„Und dann?" murmelt Conrad.

„Und dann ist es gleich Mitternacht", ruft Mama.

„Und dann fängt endlich das neue Jahr an", freut sich Ester.

„Und dann kommt Gott auch wieder zu uns?" fragt Conrad.

„Ja", lacht Papa, „auch im neuen Jahr ist Gott jeden Tag willkommen."

Silvester oder Geburtstag sind Zeiten, in denen man sich gern erinnert. Und wer zurückdenkt, der wird auch danken und für andere bitten.

Alle müssen feierlich bekennen: Jesus Christus ist der Herr! Und so wird Gott, der Vater geehrt. (Phil. 2,11)

Was ist alles bei dir im letzten Jahr passiert? Hast du gemerkt, dass Gott bei dir war? Was hast du Neues von ihm erfahren? Erzählt es euch mal gegenseitig. Lest zum Abschluss Psalm 121.

Bibelstellenverzeichnis

ALTES TESTAMENT

NEUES TESTAMENT

okay

Schülerkalender

missionarische Bibellese
Mit Christiahn, Comics, Rätseln, Infos und Stundenplänen – alles auf 144 farbigen Seiten. Der biblische Impuls für jeden Tag ermutigt Kinder, eigenständig die Bibel zu lesen.

144 Seiten, DM/sfr 6,50 / öS 48 (Staffelpreise)
Best.nr.: 182.118

Nicki

weil Kinder und Eltern dadurch mehr aus der Bibel erfahren

weil Kinder ganzheitlich angesprochen werden

weil es eine Menge Geschichten, Rätsel, Lieder, Ausmalbilder gibt

Vierfarbiges Verteilblatt für Kinder,
264 farbige Seiten pro Jahr.
Abopreis für ein Exemplar DM 18,00 pro Jahr
(plus Versandkosten).

BORN-VERLAG, Kassel